本专著为国家社会科学基金后期资助项目（编号：17FZS043）最终成果

本专著得到江苏省社会科学基金后期资助项目（编号：14HQ013）

南京大学中华民国史研究中心学术前沿系列研究项目的资助

抗战前南京公共交通与城市嬗变

Public Transportation and Urban Evolution in Nanjing before the Anti-Japanese War

李沛霖 著

人民出版社

国家社科基金后期资助项目
出版说明

  后期资助项目是国家社科基金项目主要类别之一，旨在鼓励广大人文社会科学工作者潜心治学，扎实研究，多出优秀成果，进一步发挥国家社科基金在繁荣发展哲学社会科学中的示范引导作用。后期资助项目主要资助已基本完成且尚未出版的人文社会科学基础研究的优秀学术成果，以资助学术专著为主，也资助少量学术价值较高的资料汇编和学术含量较高的工具书。为扩大后期资助项目的学术影响，促进成果转化，全国哲学社会科学规划办公室按照"统一设计、统一标识、统一版式、形成系列"的总体要求，组织出版国家社科基金后期资助项目成果。

全国哲学社会科学规划办公室

2014 年 7 月

序

　　李沛霖副教授现任教于南京邮电大学,并在南京大学中华民国史研究中心担任兼职副研究员,曾师从我的学生张连红教授攻读博士学位。沛霖治学严谨、勤奋努力,在中国近代城市史、交通史领域取得了较为丰硕的成果。前些日子,他告知我,其研究专著《抗战前南京公共交通与城市嬗变》即将在人民出版社出版,我非常高兴。沛霖请我撰写序言,我欣然接受。这本专著获得了国家社科基金后期资助项目,总字数约55万字,是一部扎实、厚重的学术成果。

　　本书从一个较为崭新的视角,把握近代南京城市变迁的历史图景,探索公共交通与城市嬗变的相依发展、共生共长。具言之,该研究通过管窥全面抗战前南京城市公共交通兴起的历史前提,对机械化公共交通的运营发展作出全息概览;并以近代中国公共交通行业翘楚——江南汽车公司为中心,洞悉彼时中国公共交通企业及行业发展的普遍规律;通过解析彼时南京城市人力车业、马车业等运营情况,辅以经济学"博弈论"的学理推论机械交通与人畜力工具博弈的结局。进而在此基础上,观测抗战前公共交通与南京城市人口的交互关系,考议公共交通与南京城市财政的逻辑关联,探讨公共交通与南京城市管理的相互推演,考察公共交通与南京城市生活方式的交相促进。即从多维视域,全景洞悉近代公共交通系统带来南京城市社会各个界面的变迁,及对其城市化进程所产生的深远影响。

　　鉴于此,该书有以下主要特点。

　　其一,选题新颖,范式整合。该研究选取"公共交通与城市嬗变"这一并不多见的历史选题,并将历史学、西方经济学、城市社会学等学科方法科际整合,从中明确公共交通与城市变迁的具体内涵、构成要素、形成机制、作用特征、观念基础、内在逻辑、量化进程,具有拓展创新的意义。

　　其二,逻辑清晰,分析精当。作者从公共交通视角,以近代南京城市为例,系统阐释彼此的覆合共存、交错共生。全书的行文框架除"导论"、"结语"部分外,共分为8章29节,由"抗战前南京公共交通兴起的历史前提"开篇,至"公共交通与城市生活的交相促进"归结。各章节关联相扣,由一个画面延展至多个画面,层次清晰、结构严密、言之綦详。如展读书录,即呈现出公共交通与城市嬗变的生发流变过程,读后则受益良多,亦不胜感慨其分析之精、叙述之细、用功之勤。

其三,层层深入,观点鲜明。该书在对城市机械化、人畜力公共交通作出回顾后,重点对公共交通系统在近代城市中的应用作出系统论述,从而浸润到各个层面。明晰公共交通事业不仅在于基础设施的建设,更强调与社会民生、城市发展之间的密切联系。其间,对于逻辑关联的义理铺陈,正是作者解析周全、深入研证、以简驭繁之处。它们是作者成果的结晶,也是中国经济社会史研究进程中的财富。

其四,资料丰富,立论有据。本书一大特色在于广征博引、经世致用,引用参考资料的未刊档案、民国文献及专著论文达 400 余部。在资料运用上,事有线索、文有来龙,注重资料的新颖性、准确性、系统性,论证有理有据,各个向度的阐述各成系列、相辅相成、相得益彰,基本反映了认识对象的整体和内部结构及其相关事物的立体形象。这既显示作者对资料的博采善择之功,亦反映出其严谨治学之态和较高水平的学术研究能力。

如此观之,《抗战前南京公共交通与城市嬗变》一书不仅题材新颖、独具创见、文字清畅、意趣兼得、阐幽发微、精当合理,更是一部具有重要学术价值和可资镜鉴的好书,亦为应时代所需、顺时势所趋的力作。我有幸先睹为快,特敷数言,让读者在分享阅读喜悦的同时,更能深刻体悟它对当代中国公共交通系统与城市建设发展的珍贵启示和实践意义。希望沛霖再接再厉,在其感兴趣的研究领域,推出更加优秀的学术成果。

张宪文

2020 年 2 月 18 日于南京

(作者为南京大学荣誉资深教授、南京大学中华民国史
研究中心名誉主任、中国现代史学会名誉会长)

目 录

图 表 目 录

导　　论

一、研究对象和意义

基本概念的准确界定是理论分析的基石,然而忽略概念而直接研究问题,于学术研究言,则为缘木求鱼。有鉴及此,本著须对相关概念作出厘清与界定。

(一)研究对象

1. 城市

历史发展表明,"城市不仅仅能用具体的形式体现精神宗教,以及世俗的伟力,而且城市又以一种超乎人的明确意图的形式发展着人类生活的各个方面"①。作为人类文明进步的产物,"城市是人民的经济、政治和精神生活的中心,是进步的主要动力"②。城市的演进展现了人类从草莽未辟的蒙昧状态繁衍扩展到全世界的历程。正如法国神学家雅克·埃吕尔所说的:城市也代表着人类不再依赖自然界的恩赐,而是另起炉灶,试图构建一个新的、可操控的秩序。③ 纵观当今世界,"当前的某些经济特点和问题可以追溯到城市的起源和随后发生的变化"④。

可以确定,中国是世界上城市历史悠久、数量众多的国家之一。然古时"城"与"市"的含义相异。如古语中,"城"最早是指一种大规模的、永久性的防御设施,其主要功能为防御敌方侵袭。⑤ 大约在西周时,中国早期的城市开始出现:天子所居的王城,诸侯所在的都邑,卿大夫的食邑,子男的城。⑥ 按照许慎《说文解字》的说法:"城,以盛民也";"市,买卖所之也"。即城是指都邑四周的城墙,而"城"相对应的"市",是指商品交换和交易的

---

① [美]刘易斯·芒福德:《城市发展史——起源、演变和前景》,倪文彦等译,中国建筑工业出版社 1989 年版,第 23—24 页。

② 《列宁全集》第 23 卷,人民出版社 2017 年版,第 358 页。

③ 转引自[美]乔尔·科特金:《全球城市史》,王旭等译,社会科学文献出版社 2010 年版,第 11 页。

④ [英]K.J.巴顿:《城市经济学——理论和政策》,上海社会科学院部门经济研究所城市经济研究室译,商务印书馆 1984 年版,第 14 页。

⑤ 参见刘国光主编:《中外城市知识词典》,中国城市出版社 1991 年版,第 2 页。

⑥ 参见傅林祥:《交流与交通》,江苏人民出版社 2009 年版,第 14 页。

场所,它是剩余产品产生后的产物。由此,市是古时商品流通的中心,①即"日中为市,致天下之民,聚天下之货,交易而退,各得其所"(《周易·系辞下》)。伴随着生产力发展及商品交易的日趋频繁,从而商品交易的"市"向"城"驱动;而"城"则需要通过商品交换维持社会生活。进而在生产力与生产关系的矛盾运动中,"城"与"市"相互结合,并终而走向逻辑与历史、形式与内容的高度统一。②

迨及近代,1908 年清政府颁布《城镇乡地方自治章程》,其中规定:城乡行政分设,以府、厅、州、县治城厢为"城",城厢以外的市、镇、村、庄、屯、集等,人口满 5 万以上的为"镇",人口不满 5 万的为"乡"。该章程对中国的城市建制设置产生重要的影响。其一,第一次从行政管理上将城与厢区别开来,在城、镇的设置标准中包含了人口与政治的因素,成为以后市制建立的一个标准;其二,突出京师的地位,这是中国"市"在行政地位上分为不同等级的源头。③ 至 1911 年,江苏省临时议会通过《江苏暂行市乡制》,该例以上述章程为蓝本,区别为:县治城厢地方为"市",其余市镇村庄屯集等地,人口满 5 万者为"市",不足者为"乡"。④ 此例颁布,进而揭示近代中国市制建制的滥觞。由见,斯时对"城市"概念虽无整体性阐释,但从零散表述中仍见端倪。时至现代,第一个以城市为研究对象的是地理学,地理学所指城市是地处交通方便、有一定面积的人群和房屋密集的结合体。经济学家则认为,城市是一个拥有各种技能的人口集团,从事非农业劳动,主要依靠制造业和商业满足居民需要的地方。社会学侧重从"异质性居民聚居"和"具有综合功能的社会共同体"的角度定义。而美国《现代社会学词典》对城市的解释为:人口密集,居住在一个比较小的地区,从事非农职业的人们。城市人口的活动是专业化的,而且在功能上互相关联,并有一个正式的政治体系所管制。⑤ 上述界定,基本代表西方学界对于"城市"的一般性看法。

观照我国,《中国大百科全书》中则将城市界定为:大量异质性居民聚居,以非农职业为主,具有综合功能的社会公同体。《中外城市知识词典》对城市的定义是:区别于乡村的一种相对永久性的大型聚落。是以非农业

---

① 参见谢文蕙等:《城市经济学》,清华大学出版社 1996 年版,第 2—4 页。
② 参见张曾芳等:《运行与嬗变——城市经济运行规律新论》,东南大学出版社 2000 年版,第5—6 页。
③ 参见罗玲:《近代南京城市建设研究》,南京大学出版社 1999 年版,第 52 页。
④ 参见王佃利等主编:《现代市政学》,中国人民大学出版社 2004 年版,第 9 页。
⑤ 参见张钟汝、章友德等:《城市社会学》,上海大学出版社 2001 年版,第 2—4 页。

活动为主体,人口、经济、政治、文化高度集聚的社会物质系统。① 不啻如此,关涉其本质,亦有学者明确指出:城市的本质从根本上来说,是在一定地域内集中的经济实体、社会实体、物质实体这三者的有机统一体。② 即城市是伴随着生产力的发展、社会劳动分工的加深和生产关系的改变而产生的,……人们从城市这个复杂的综合体中看到的是人类科学、文化、艺术、物质文明和精神文明综合的结晶。③ 依前而述,城市是人类社会发展到一定阶段的必然产物,是物质文明和精神文明的综合体。

2. 交通

关于"交通"的理解,代有不同。按照 1935 年《中华百科词典》的解释,交通是指"人类货物、居住、书信之移动",包括"邮电等通信事业和水上行业、陆地铁路汽车业、空中飞行业"④。近代学人则再将其归纳为广义、狭义。广义解释,"以为交通就是人类互相关系的一种现象,即如人类间语言的往来,亦得称为交通"。狭义解释有三:其一,"交通既是人类间的一切经济关系。例如凡人类间之经济的往来,货物的交换等事项,都得称为交通"。其二,"交通是专指人类、货物及书信之空间的移动。明言之,即是凡对于妨碍人类之社会、政治、经济、精神各种关系之空间的隔离,能设法予以减少排除的行为,均得称为交通"。⑤ 其三,"交通就是使人,货物,音信,移动其位置的一种行为;但是不基于人的意思,假定货物从甲地移至乙地,那只可看作自然界的一种现象,不能说他是交通,我们即知交通是人的行为"。⑥ 斟酌之下,近代对于交通的解释均有相近之处。

时至当代,"交通"则泛指由人、物、语言、信号、图像的位移与传输形成的人流、物流和信息流。现代交通包括运输和信息传输两大系统。现代运输系统包括铁路运输、公路运输、水路运输、航运运输和管道运输五种方式。它的功能是实现人和物的位移。信息传输系统包括邮政和电信,它的功能是将邮件、电报、电话等信息进行处理、传递和输送。另外,关于交通的性质,如 20 世纪 80 年代以来,美国将交通运输业归入广义的服务部门;日本和德国则根据三次产业划分原则,将交通运输、公共事业和信息技术服务部

---

① 参见《中国大百科全书》总编委会《社会学》编辑委员会编:《中国大百科全书》(第二版)第 3 卷,中国大百科全书出版社 2009 年版,第 471 页。
② 参见陈敏之:《论城市的本质》,《城市问题》1983 年第 2 期。
③ 参见李雄飞:《历史文化名城建筑遗产的保护》,《城市规划》1982 年第 3 期。
④ 舒新城主编:《中华百科辞典》,中华书局 1935 年版,第 245 页。
⑤ 金家凤:《中国交通之发展及其趋向》,正中书局 1937 年版,第 1 页。
⑥ 向默安:《我国交通事业之整理与发展》,载《交通杂志》第一卷第一期,交通杂志社 1932 年版,第 7 页。

门划入第三产业；中国按本国国情提出三次产业分类原则，把交通划为第三产业。[①] 诚如学者指出：邮电、交通、生产性服务行业等属于第三产业中直接为生产服务的部门。[②] 虽然"交通"含义的外延相较前时更为恢宏，但如仔细斟酌，亦发现对于"交通"的理解并无巨变，由当代阐释中仍可循前人考究的印记。

3. 公共交通

事实上，在城市化带来的诸多问题中，"城市交通总是最受关注的问题。因为城市组织、经济发展，生态环境和生活质量等，都与城市交通有密切关系"[③]。进一步言，城市交通（urban transportation）是指在城市内为运送客、货服务的交通，是城市系统中的子系统。城市交通由客运交通和货运交通构成，重点是客运。城市交通分私人交通和公共交通两部分。私人交通（private transportation）是指步行和以自用车辆为交通工具的出行。[④] 公共交通（public transportation）则是指城市内为方便公众出行所营运的客运交通，它是城市交通的重要组成部分。公共交通包括公共汽车、有轨电车、无轨电车、地下铁道和出租汽车等城市客运系统。[⑤] 也有论者表述不同，观点实质相似。如定义公共交通为"大中城市及其郊区，用各种运输工具运送大量乘客的运输系统"[⑥]，或"在城市（包括郊区）中通过交通工具为公众出行服务的运输系统"[⑦]。即公共交通是指城市铁路、地铁、轻轨铁路、有轨电车、公共汽车、无轨电车、单轨铁路等交通工具组成的运输体系[⑧]；是在城市陆地上按一定的间隔时间在固定路线上来回行驶、沿途停靠站点的交通形式，主要包括公共汽车、有轨电车、无轨电车和轨道交通等方式[⑨]。从而，公共交通是在城市一定区域内，利用公共汽（电）车、轨道交通车辆等工具和

---

① 参见《中国大百科全书》总编委会编：《中国大百科全书》（第二版）第11卷，中国大百科全书出版社2009年版，第385—386页。

② 参见马洪主编：《中国经济结构问题研究》，人民出版社1981年版，第497页。

③ 蔡君时：《世界公共交通》，同济大学出版社2001年版，第1页。

④ 参见《中国大百科全书》总编委会编：《中国大百科全书》（第二版）第11卷，中国大百科全书出版社2009年版，第385页。

⑤ 参见《中国大百科全书》总编委会编：《中国大百科全书》（第二版）第3卷，中国大百科全书出版社2009年版，第476—477页。

⑥ [美]不列颠百科全书公司：《不列颠百科全书：国际中文版》，中国大百科全书出版社不列颠全书编辑部译，中国大百科全书出版社1999年版，第544页。

⑦ 陈燮阳、乔惠英：《城市公共交通的发展》，《汽车研究与开发》2003年第2期。

⑧ 参见刘统畏：《交通通讯与国民经济》，重庆出版社1988年版，第114页。

⑨ 参见刘贤腾：《交通方式竞争：论我国城市公共交通的发展》，南京大学出版社2012年版，第3页。

有关设施,按照核定的线路、站点、时间、票价运营,为社会公众提供基本出行服务的社会公益性事业。①

由上看出,公共交通是指在城市及其所管辖区范围内供公众出行乘用的、经济的、方便的诸种客运交通方式的总称,包括公共汽车、电车、出租汽车、轮渡、地铁、轻轨以及缆车、索道等客运交通方式。其是国家综合运输网中的枢纽和节点,是城市客运交通体系的主体,是城市建设和发展的重要基础之一。② 另有学者有更宽泛的定义,认为公共交通是指城市中供公众乘用的经济方便的各种交通方式的总称,是由公共汽车、电车、轨道交通、出租汽车、轮渡等交通方式组成的公共客运交通系统。③ 即广义的公共交通,是指在城市及其近郊范围内方便居民和公众的出行,供人们使用的经济型、方便型的各种客运交通方式的总称。狭义的公共交通,是指在规定的线路上,按固定的时刻表,以公开费率为城市人们提供短途客运服务的系统;是由常规公共汽车、快速公共汽车、电车、轨道交通、出租汽车、轮渡等多种交通方式组成的公共客运交通系统。④ 而当代美国学者保罗·D.柯西奥亦指出:"大容量公共交通是一个与阳光地带城市相关联的无约束的个人机动性完全相反的交通运输系统。"⑤

一言以蔽之,上述表述虽略有差异,但究其实质并非迥异。即学界基本认同公共交通是"城市中供公众乘用的各种交通方式的总称"。然因全面抗战前⑥南京城市区域的特殊性和重要性,加之研究对象不能过于宽泛,以免模糊主旨,由是本著中的公共交通主要涵盖当时南京城市区域内如市内铁路、公共汽车、出租汽车、人力车和马车等公共交通方式,并不包括水上轮渡、(省)城际铁路、航空飞机等长途运输方式。

（二）抗战前南京的研究意义

城市是社会发展的标志,城市的发生是社会变迁的结果。⑦ 作为人类文明的产物,城市自诞生起就一直引领着社会变迁,其不仅是国家政治、经济、文化中心,更是推动区域整体发展的关键力量。近代中国建设基点多集

---

① 参见交通运输部道路运输司编:《城市公共交通管理概论》,人民交通出版社 2011 年版,第 4 页。
② 参见杨兆升:《城市智能公共交通系统理论与方法》,中国铁道出版社 2004 年版,第 1 页。
③ 参见刘波等:《城市公共交通管理》,中国发展出版社 2007 年版,第 1 页。
④ 参见闫平、宋瑞:《城市公共交通概论》,机械工业出版社 2011 年版,第 1 页。
⑤ 转引自[美]韦恩·奥图、帕特里夏·亨德森编:《公共交通、土地利用与城市形态》,龚迪嘉译,中国建筑工业出版社 2013 年版,第 89 页。
⑥ 本书所指"抗战前",皆为 1937 年 7 月 7 日全面抗日战争爆发前,以下均简称"抗战前"。
⑦ 参见夏征农主编:《辞海》,上海辞书出版社 1979 年版,第 346 页。

中于城市,其又作为重大历史变革的中心而影响全国,所谓城市发展是近代中国经济的牵引力,实为至言。可以确定,在中国城市发展史上,南京地位恢宏,"为我国历史上之名都"。作为长江中下游的中心城市和历史文化名城,南京"据长江下游,扼东南要卫。钟山与幕府、狮子、乌龙、雨花山诸山矗立城郭,环城而抱。清凉居城西,鸡鸣居城北,富贵居城东,与附郭诸山互为犄角。大江襟带,流深港阔,秦淮萦绕,水道纵横,莫愁、玄武诸湖点缀南北,其自然形势确具大都的规模"①。即"南京自古为帝王之都,虎踞龙蟠,山川如画,文物著六朝之长,财富擅东南之美"。其城市建设最早可追溯至春秋时期,公元前472年范蠡"佐越灭吴在吴国西境筑越城",是为南京筑城始。嗣公元229年,三国吴帝孙权"首先定都于此",都名建业。② 经吴帝及后裔50年营建,建业已不再是偏于一隅的越城、金陵邑可比,成为一座初具规模的都城。继而,东晋和南朝宋、齐、梁、陈"相因为都,六朝之名由此而来"。隋唐后,五代南唐李璟"亦曾据此为王",宋高宗南渡"一度定都于此"。公元1368年,明太祖"驱胡建国,诏定南京为首都"。清代太平天国"又一度定此为天京"。③ 简言之,南京"形势显要,甲于东南,自古迄今,十为国都"④,2000多年建城史和500余年国都史⑤使其"六朝古都"、"十朝都会"盛名广为流传。

不啻如此,南京名号"每因朝代而异,如此其疆域亦不尽同"。如楚曰金陵,秦曰秣陵,汉属丹阳,吴曰建业,宋曰建康,唐曰升州;晋隋唐清代"皆著江宁之名,民国因之"。而"南京"之名始于明代,太祖朱元璋"复以此为帝都诏曰南京,是为南京得名之始";其对于国内"政治设施,辄以大刀阔斧之手段,毅然行之"。如定都南京筑城郭、建宫室,"规模宏远气象一新",城垣于洪武二年始建至洪武六年竣工,周长约34.23公里,"为世界最长的城垣。工程坚固历五百余年而依然巍存,可以想见当时建设首都的魄力"。

---

① 参见行政院新闻局:《首都建设》,1947年12月印行,第1页。
② 参见南京市政府秘书处:《新南京》,南京共和书局1933年版,第1页。
③ 参见行政院新闻局:《首都建设》,1947年12月印行,第1页。
④ 陈植:《南京都市美增进之必要》,《东方杂志》第二十五卷第十三号,1928年7月10日发行,第35页。
⑤ 民国元年前,南京建都史大致为:吴,公元229—280年,世数4。东晋,317—419年,世数11。(南朝)宋,420—478年,世数8;齐,479—501年,世数7;梁,502—556年,世数4;陈,557—589年,世数5。(五代十国)杨吴,933—937年,世数1;南唐,938—976年,世数3。南宋(行都),1137—1275年,世数7。明,1366—1421年;1644—1645年(南明),世数3。太平天国,1853—1864年,世数2。即南京定都共计11代、55世、572年。参见南京市政府:《首都市政》,大成出版公司1948年版,第3页。

南京为明都 54 年间,不仅首次成为全国性国都,"并为当时世界第一大城"。明成祖迁都北京后,仍以南京为留都,"续有建设"。①

有清一际,南京再次成为中国重要的政治、经济和文化中心。顺治六年(1649),清廷在南京设江宁府,为两江总督府所在地。1853 年,太平天国首领洪秀全、杨秀清据有南京,定其为都曰天京,"清廷为之大震"。同治三年(1864)太平天国覆灭,清廷续在南京建两江总督府。1840 年鸦片战争爆发,中国步入近代史时期。1842 年 8 月英军直逼南京城下,29 日迫使清政府在南京江面的英舰"皋华丽"号上签订近代史上第一个不平等条约——《南京条约》,至此中国进入半殖民地半封建社会。直至"辛亥首义,一举而覆清社",1912 年 1 月 1 日中华民国成立,孙中山作为临时大总统"即就职于南京",因而南京成为民国肇基之地。② 正如孙氏《实业计划》中所指出,"南京为中国古都,在北京之前,而其位置乃在一美善之地区。其地有高山,有深水,有平原,此三种天工,钟毓一处,在世界中之大都市诚难觅如此佳境也……当夫长江流域东区富源得有正当开发之时,南京将来之发达,未可限量也"。③ 然命运多舛,袁(世凯)氏当国后,国都又迁于北京。北洋时期,南京建制不断更迭,如 1914 年为"金陵道"、1925 年为"南京市政公所"。其时,因地方军阀混战,中央权力衰微,南京有市制之名,却无市制之实。

被军阀盘踞十余年后,1927 年 4 月 18 日国民革命军"重定南京为首都",6 月 6 日"奉国民政府令改南京市为南京特别市",直接隶属于国民政府。④ 继而,南京步入近代发展史上最辉煌的时期。期间,其为"首都所在,中外具瞻,各种建设,尤应突飞猛晋,树之风声"⑤,即"市政固日进无己之事业,而南京为吾国首都,全国人民所期望其建设完善者,尤为殷切"⑥。从而当局充满期许,"南京襟江为城,湖山之美,城郭之大,气候之适,以之建为首都,其前途发展,殆不可限"⑦;且"南京首都所在,中外具瞻,关系愈大,斯

①　参见行政院新闻局:《首都建设》,1947 年 12 月印行,第 1 页;南京市政府:《首都市政》,大成出版公司 1948 年版,第 1—2 页。

②　参见南京市政府秘书处:《新南京》,南京共和书局 1933 年版,第 1 页。

③　孙中山:《孙中山选集》上册,人民出版社 2011 年版,第 267—268 页。

④　参见南京特别市市政府秘书处编译股:《一年来之首都市政》,南洋印刷厂 1928 年印,第 16 页。

⑤　王漱芳:《十年来南京市政之回顾》,第 1 页,载《十年来之南京》,1937 年 6 月编印。

⑥　刘纪文:《南京市政府成立十周年纪念感言》第 3 页,载《十年来之南京》,1937 年 6 月编印。

⑦　孙科:《首都计划》,"序",第 1 页,载《首都计划》,1929 年 12 月编印。

改造之责任愈重"①。由是,国民政府定都于此,"国际观瞻所系,全国向心所关,不可不有适应于首都的宏伟气象与未来发展之远大而完善之建设,于是南京之广大的现代化的都市建设乃告开始"②。至此,南京步入城市建设的历史高峰。

　　关于南京定都③后至 1937 年 7 月全面抗日战争爆发前的城市发展形态,诚如时人所述,"南京自国府奠为首都,设特别市以治理,励行建设,经当局之努力设施,百废俱举,建市十年,焕然改观"。④ 即抗战前"十年中之经济建设,虽无若何惊人之成绩,但吾人如以南京市今昔之情形一一比较,则其锐意猛晋,努力建设之精神,颇足矜式,而可预测将来之成功"⑤。此外,外人亦作出评介。1935 年美国领事在发给本国电报中称:"南京城市建设正在取得巨大的进步"。1937 年,复游南京的外国游人亦感慨:"当我上星期重游南京时,发现整座城市已经让我无法辨识,期间我虽听说其在政府领导下取得巨大进步,但直到我来到此地时,才意识到南京的变化确实是翻天覆地的。"甚至连美国《国家地理》杂志亦赞誉:"从一个破败、被巨大城垣所环绕下的农村地区,一跃而成为中国发展最猛的城市……对南京而言,这座城市已愈加进步,足以匹配首都之名。"⑥

　　如此情事,诚如美国哈佛大学东亚研究中心柯伟林教授在《中国工程科技发展:建国主义政府(1928—1937)》中所言:"抗战前南京是中国第一个按照国际标准、采用综合分区规划的城市……如果南京今天可以称作'中国最漂亮、整洁而且精心规划的城市之一'的话,这得部分归功于国民政府的工程师和公共事业官员的不懈努力。"⑦而国民政府建设南京的实践意义,亦可从美国加州大学周锡瑞教授的理解中可窥一斑:"这样做目的是,在国际空间上为民族和国家赢得一席之地,并通过国际认同以达到对自我民族身份的认可。而当国家通过此类成果成功获得国际认同后,便会产

---

① 　南京特别市市政府秘书处编译股:《一年来之首都市政》,南洋印刷厂 1928 年印,第 3 页。

② 　行政院新闻局:《首都建设》,1947 年 12 月印行,第 2 页。

③ 　本书所指定都,均为国民政府 1927 年 4 月 18 日定都南京事,以下均同。

④ 　吴琢之:《都市合理化的交通工具》,载《交通月刊》第一卷第一期,京华印书馆 1937 年版,第 37 页。

⑤ 　中央党部国民经济计划委员会:《十年来之中国经济建设》下篇,南京扶轮日报社 1937 年版,第 1 页。

⑥ 　Zwia Lipkin, *Useless To The State: Social Problems and Social Engineering in Nationalist Nanjing, 1927-1937*, University of Harvard East Asia study center, 2006, pp.58-59.

⑦ 　转引自周岚:《首都计划》"导读",第 1—2 页,载《首都计划》,南京出版社 2006 年再版。

生民族身份与现代性之间的彼此关联"。①

　　综上所述,南京"为国都所在,不只一朝,其在政治上地位之重要,亦可知矣"②。即 2000 多年建城史和 500 余年国都史,使其在中国城市中的恢宏地位得以彰显。且不难发现,"首都或一般大工商业中心,在颇大程度上决定着人民的政治命运"。③ 自 1927 年定都至抗战前,南京作为国民政府"首都",是全国政治、经济和文化中心,更是国际闻名的大都市;其处于城市发展史上最辉煌的时期之一,并达到近代时期的顶峰。因而,探寻其城市历史的发展轨迹,忽视此期则极为不智;且研究抗战前的南京城市,有助于为现代化建设提供理论帮助和历史借镜。既如此,研究彼时南京城市繁盛的成因及其近代化历程,对当代中国城市可持续发展均具有重要的启迪意义和现实价值。所以,从城市史研究取样而论,以抗战前南京城市作为个案剖析,是为上佳之选。

　　(三) 公共交通的研究价值

　　其一,论题的理论价值。譬如"现代经济学之父"亚当·斯密在《国富论》(1776 年)中,就谈及交通运输对城乡经济发展的促进作用,即"一切改良中,以交通改良最为实效"④。而公共交通作为城市客运交通系统的主题,是对国民经济和社会发展具有全局性、先导性影响的基础产业⑤;其不仅为乘客提供交通运输服务,维系着城市功能的正常运转,是城市社会和经济赖以生存、发展的基础,在国民经济发展中占有重要地位⑥。

　　历史证明,公共交通是效率最高的交通方式,几乎所有国家和地区在经历痛苦曲折后,都毫无例外地选择了优先发展公共交通的政策。⑦ 因为城市运输的特点是运输距离短,流量大,流向较固定,且时间要求高,特别是通勤、通学,晚点将影响生产、办公和学习。在城市人员多、道路少、用地紧张的情况下,只有发展公共交通系统才能适应这种迅速、大量的运输需要。且公共交通相对私人专用运输言,具有运量大、占地少、污染小、成本低等优

---

① Joseph W. Esherick: *Remaking the Chinese City*: *modernity and national identity*, 1900 – 1950. Honolulu: Hawaii University Press, 2000, p.4.

② 南京市政府秘书处:《新南京》,南京共和书局 1933 年版,第 1 页。

③ 《列宁选集》第 4 卷,人民出版社 1972 年版,第 121 页。

④ 参见[英]亚当·斯密:《国民财富的性质和原因的研究》上卷,郭大力等译,商务印书馆 1972 年版,第 140 页。

⑤ 参见杨兆升:《城市智能公共交通系统理论与方法》,中国铁道出版社 2004 年版,第 1 页。

⑥ 参见刘波等:《城市公共交通管理》,中国发展出版社 2007 年版,第 1 页。

⑦ 参见徐光远主编:《城市经济学》,中国经济出版社 2009 年版,第 164 页。

点,比私人运输能力要大得多。① 即"一个有效的公共交通系统相对于个人小汽车而言更加平等,因为它并不歧视城市中任何的单一群体。它对于年轻人、老年人和弱势群体以及任何其他市民而言,都是一种安全的交通模式"②。由见,"如果大家都恢复使用公共车辆,则对所有人都有好处",当局"办好公共交通以便鼓励不使用私人小汽车,就是一例"③。简言之,个人出行的普遍经验是:一个高效的、有足够载荷的公共交通系统比私家车要高效得多。④

往昔,"许多城市都以各种不同的方式对大容量公共交通的需求予以回应"⑤。如公共交通在 19 世纪末至 20 世纪 50 年代已风行欧美。英国公共交通的历史最为悠久,1898 年伦敦首行公共汽车,1930 年起已实行全面化管理。⑥ 在美国,20 世纪 30 年代公共交通在客运中占主导地位,曾是世界上使用最广泛、先进的交通方式。1900—1950 年间又是法国公共交通的黄金时代,有轨和无轨电车、公共汽车在机动化交通方式中占主导地位。⑦第二次世界大战期间,美国公共交通系统是比较成功的。"私营"公共交通变得非常成功,因为政府要求汽车工业停止生产小汽车,随之由政府配给汽油。"那是公共交通的黄金时期,一个极其符合供应经济学原理的运营状态"。美国历史上的公共交通乘客量出现在 1945 年,那时小汽车和汽油供应非常少,将近 190 亿人次乘客都是由大容量公共交通系统运输。从而,公共交通将在城市中心区未来发展中发挥重大作用,这种观点在北美各地普遍流行。⑧

其间,中国历届当局对于发展南京公共交通亦在积极进行,因为"建设都市对于交通问题,是决不可稍加忽视的"⑨。如自其城市公共交通滥觞至

① 参见刘统畏:《交通通讯与国民经济》,重庆出版社 1988 年版,第 114—115 页。

② [美]韦恩·奥图、帕特里夏·亨德森编:《公共交通、土地利用与城市形态》,龚迪嘉译,中国建筑工业出版社 2013 年版,第 106、200—201 页。

③ 参见[英]K.J.巴顿:《城市经济学——理论和政策》,上海社会科学院部门经济研究所城市经济研究室译,商务印书馆 1984 年版,第 127、158 页。

④ 参见[英]肯尼斯·巴顿:《运输经济学》,李晶等译,机械工业出版社 2012 年版,第 226 页。

⑤ [美]韦恩·奥图、帕特里夏·亨德森:《公共交通、土地利用与城市形态》,龚迪嘉译,中国建筑工业出版社 2013 年版,第 55 页。

⑥ 参见《中国大百科全书》总编委会编:《中国大百科全书》(第二版)第 7 卷,中国大百科全书出版社 2009 年版,第 518 页。

⑦ 参见蔡君时:《世界公共交通》,同济大学出版社 2001 年版,第 16、36 页。

⑧ 参见[美]韦恩·奥图、帕特里夏·亨德森编:《公共交通、土地利用与城市形态》,龚迪嘉译,中国建筑工业出版社 2013 年版,第 9、14、151 页。

⑨ 虞清楠:《首都的交通问题》,载《首都市政周刊》第 32 期,1928 年 8 月 12 日。

1937 年全面抗战爆发前,公共交通成为重点建设的工程。彼时该业呈现多元之势,市内铁路、公共汽车、出租汽车、人力车及马车等交通工具持续展现、竞相驰骋"关系全市民行,至为重要",且公共汽车"关系交通之重任,影响全市数十万民众之福利"①,是市民最主要的交通方式。不仅如此,相较斯时上海、北京而言②,南京公共汽车在全国同业中可为翘楚。这不仅因南京是兴办公共汽车较早的城市③,且"按内地通行公用汽车,南京尚属第一处"④,并"为京沪区各地汽车票价中之最低者"⑤,"在国内官办商营事业中比较,尚为独廉"⑥。更为重要的是,抗战前该业日益精进,最终在南京诞生"当时我国最大的商办汽车公司"、"国内规模最大的商办汽车运输公司"⑦——江南汽车股份有限公司,成为近代中国公共交通行业的典范。不仅如此,其他公共交通工具亦为近代南京城市发展作出重要进献,如市内铁路是彼时"京市交通枢纽"⑧;出租车、人力车及马车等亦演绎相应角色。至此,抗战前南京市的公共交通已经非常发达。⑨　因而,以公共交通的独特视角,通过探究其运营态势并推之与近代南京城市嬗变的关系,进而深化其城市化进程的理解,由此归纳近代中国城市向现代转型的普遍规律。即本著为探索中国城市史和社会经济史的关键节点,亦可为当代公共交通与城市发展交互发展产生启示。

　　其二,论题的应用价值。步入机械化时代,最好的城市交通方式可能是

---

①　《江南汽车公司组织》,1933—1937 年,南京特别市政府工务局档案,南京市档案馆藏(本书所列档案均为该馆藏,以下不再一一注明),档号 1001-3-84。

②　上海华界 1927 年始营公共汽车,北京 1935 年经营公共汽车(参见《中国大百科全书》总编委会编:《中国大百科全书》(第二版)第 3、7 卷,中国大百科全书出版社 2009 年版,第 477、518 页)。

③　参见王瑞芳:《近代中国的新式交通》,人民文学出版社 2006 年版,第 137 页。

④　《新都之交通新事业》,《申报》1928 年 7 月 14 日,第 9 版。

⑤　《江南汽车股份有限公司第十六年度(三十六年)业务报告》,1948 年,江南汽车公司档案,档号 1040-1-735。

⑥　《南京市征特别补助费用》,1937 年,江南汽车公司档案,档号 1040-1-1503。

⑦　该论断的具体论述可参见中国公路交通史审编委员会:《中国公路运输史》第一册,人民交通出版社 1990 年版,第 489 页;南京市地方志编纂委员会:《南京公用事业志》,海天出版社 1994 年版,第 1 页;宋国强主编:《南京市公共交通总公司成立七十周年纪念画册(1931—2001)》,南京市公共交通总公司 2001 年 12 月编印,第 8 页;中共南京市委党史办公室:《石城星火》,南京出版社 1991 年版,第 95 页;施顺福:《南京沦陷前英勇支前的江南汽车公司》,《钟山风雨》1995 年第 4 期;王路宪:《南京公交迎来七十华诞》,《城市公共交通》2003 年第 3 期;王桂荣:《60 年多前南京人出行》,《江苏地方志》2009 年第 6 期;等等。

⑧　《呈请购发统煤及发预备费以资救济》,1937 年 8 月,南京特别市政府档案,档号 1001-1-589。

⑨　参见刘牧:《当代北京公共交通史话》,当代中国出版社 2007 年版,第 49 页。

公共交通,例如地铁或专营公共汽车等。仅从解决城市交通问题的角度讲,这也许是最经济的方案。同时,政府可提高公共交通的服务水平,从而吸引更多的人使用公共交通系统,这样会减少人们使用小汽车的需求,从而缓解交通拥挤。改善城市交通的有效基本手段应是公共交通。① 因之,"公共交通在各类城市都应优先发展"。② 如当今世界特大城市,伦敦、纽约、巴黎及莫斯科等,都建立有庞大的公共交通系统。③ 巴西帕拉南州首府——库里蒂巴市,也因其"导向式公共交通"系统的成就,被联合国誉为"国际典范城市"。④

事实上,由于中国城市人口众多,许多城市都把优先发展公共交通置于城市和交通发展的重要地位,因此公共交通的良性发展及其与城市规划的互动就更具战略意义。⑤ 随着我国经济社会的迅速发展,城市化、机动化和现代化进程不断加速。大城市的居民出行量持续攀升,日常客运需求越来越大,由于小汽车出行比例居高不下,使得道路交通负荷日益加重,交通拥堵状况日趋严重。而公共交通具有线网覆盖面广、运量大、运送效率高、运输成本低、能源消耗低、污染少等优点。采用公共交通出行,可降低道路交通负荷、保障道路畅通、减少尾气排放、改善城市环境等。同时也通过建设公共交通运营组织与调度的信息化系统来提高对公共交通的管理能力和运营效率,为乘客提供经济、快捷、准点、方便和舒适的服务。⑥ 在此基础上,可以吸引更多的城市民众选择公共交通方式出行。

不难发现,鉴于公共交通系统对解决城市交通问题的重要性和有效性,优先发展公共交通系统,已成为许多城市居主导地位的战略思想。⑦ 现时,公共交通已成为促进中国城市现代化进程的关键因子。然不可否认,伴随

---

① 参见刘凤良主编:《经济学》,高等教育出版社 1998 年版,第 183—184 页。

② 《中国大百科全书》总编委会编:《中国大百科全书》(第二版)第 3 卷,中国大百科全书出版社 2009 年版,第 483 页。

③ 参见刘统畏:《交通通讯与国民经济》,重庆出版社 1988 年版,第 114 页。

④ 联合国认为库里蒂巴是国际典范城市,尤其是它的公共交通系统。世界银行指出,该市公共交通系统是世界上最好、最实际的城市交通系统。它的示范性不仅适应于发展中国家,也适应于工业发达国家。事实上,纽约、温哥华和里昂等城市已开始仿效库里蒂巴建立它们自己的快速公共交通系统。(参见梁峰:《国外的交通》,中国社会出版社 2006 年版,第 140—141 页)

⑤ 参见[美]韦恩·奥图、帕特里夏·亨德森编:《公共交通、土地利用与城市形态》,龚迪嘉译,中国建筑工业出版社 2013 年版,第 216 页。

⑥ 参见周里捷、姚振平:《大型活动地面公共交通运营组织与调度系统》,电子工业出版社 2011 年版,"前言",第 1 页。

⑦ 参见冯云廷主编:《城市经济学》,东北财经大学出版社 2011 年版,第 363 页。

中国城市化与机动化进程的加速,资源与环境压力剧增,30 多年前出现在北美的诸如城市蔓延、交通拥堵、社会矛盾的激化等问题如今正凸显于中国大地。当下我国各大城市交通设施不完善、行车拥堵、"堵城"剧增、交通安全事故频发等现象叠现。据统计,我国近年来交通事故发生十分频繁,年均超过 50 万起,因交通事故死亡人数年均超过 10 万人,已经连续 10 余年位居世界第一。2010 年,中国汽车保有量约占世界汽车保有量的 3%,但交通事故死亡人数却占世界的 16%。根据亚洲开发银行 2005 年 12 月 13 日的报告,2000—2004 年 5 年间,我国因道路交通事故造成 50 多万人死亡,约260 万人受伤,相当于每 5 分钟就有一人因交通事故死亡,死亡率为世界第一。我国民用机动车拥有量不及世界的 3.5%,而道路交通事故死亡人数却占 20%,居世界之首。同时,因交通事故造成的损失约为国内生产总值的 1%—3%,损失金额逾 125 亿美元,高于公众卫生服务和农村义务教育的国家财政预算。① 交通事故在我国安全生产事故中占 80% 以上。近年来虽对城市交通管理日趋强化,但"成都孙伟铭案"、"南京张明宝案"等危害公共安全的重大交通事故仍有呈现。这不仅对社会经济和人民生活产生消极影响,亦对城市发展带来重重阻滞。由此可见,通过科学规划和协调组织,建立便捷、高效、利民的现代化公共交通系统,研判解决城市交通问题的最现实、最经济的途径,对于当代中国城市来说迫在眉睫。可以确定,本题正是把握近代中国"首善之市"公共交通的发展脉络,深入探讨其对城市变迁的量化影响,以为当代公共交通系统的循序渐进提供借镜,探索解决城市交通问题的现实途径,最终为当下中国城市的可持续发展、变迁与转型,展现有益的应用价值。

　　另须指出的是,本著研究的上限时段为南京城市早期的公共交通——市内铁路于 1909 年通车,并兼及此前的城市道路交通发展概况;下限时段置于抗战前的 1937 年,是因战争全面爆发后公共交通业经营窳败、面临凋敝,此后该业又被日军控制的"华中都市公共汽车股份有限公司南京营业所"占据经营。譬如江南汽车公司报告中所陈:1937 年为该公司"遭遇打击之一年,亦开创以还,最不幸之年度"②。再如是年 8 月,市内铁路"值非常时期,军运源源不绝,如至军事发生时,恐客运减少,收支无法平衡"③。出

---

① 参见黎德扬等:《交通社会学》,中国社会科学出版社 2012 年版,第 358、385 页。
② 《合同章程及第七年度报告》,1935—1938 年,江南汽车公司档案,档号 1040-1-1548。
③ 《呈请购发统煤及发预备费以资救济》,1937 年 8 月,南京特别市政府档案,档号 1001-1-589。

租汽车业则"因抗战多被政府征调前方应用或集中待命，以致不能营业"①。人力车业自该月 15 日"敌机空袭以后，有资本之人力车商及各行车夫均回原籍避难，纵有营业者十分之一二"②。上列数端，足见战争爆发后南京公共交通业经营已属非常之态。从而，自公共交通开始起步至抗战前，南京城市处于一个相对稳定的发展时期，是利于公共交通业相与赓续的时代。由是，为归结事物发展一般属性并为求得普遍意义，故将此期作为研究时段的基本预设。

综上所述可知，城市发展对国家建设具有重要意义，公共交通于城市发展又至为关键。即公共交通对于城市政治、经济、文化、社会的发展及市民生活质量的提高均有重大影响，是维系城市功能的重要设施和物质载体。两者彼此交互推进，周而复始地卷入人类文明进步的旋涡中去。顺便指出，研究公共交通问题，亦是探索近代中国城市史和社会经济史的一项重要内容，从某种层面能折射出城市由传统到近代的转型，由农业社会向工业集群演变的过程。抗战前，公共交通已成为南京市民出行的重要参考，其不仅与城市社会变迁嬗替息息相关，并对城市化进程的影响至深至巨。由是，探究其时公共交通的运营态势，进而通过城市道路、城市人口、城市财政、城市管理和城市生活等各个向度，论证公共交通与南京城市嬗变的内在逻辑，不仅可透视近代城市向现代化演变的进程，为中国城市史研究提供崭新视角，并可为当代公共交通系统与中国城市改革转型产生启示，将区域研究的意义定位为通过研究区域最后展现中国近现代化的独特进程。更为重要的是，本题通过把握公共交通对城市嬗变的量化影响，可为探索当下中国城市可持续发展及解决"城市病"③等问题展现历史借镜，最终呈现应用价值和现实作用。

二、研究动态及述评

毋庸讳言，闭门造车是学术研究的禁忌。从而，须了解所做论题的研究现

---

① 《财政局车船捐磁牌》，1937 年 10 月，南京特别市政府档案，档号 1001-1-1613。
② 《关于人力车交捐及征收其它税收问题之往来文书》，1937 年 9 月，南京特别市政府档案，档号 1001-1-965。
③ 近年来，我国越来越多的城市患上"城市病"，环境污染、交通拥堵、房价虚高、管理粗放、应急迟缓等问题愈加突出，这些"城市病"给市民工作和生活带来诸多不便，降低人们的幸福感。"十三五"期间，以习近平同志为核心的党中央以新的发展理念，决心根治"城市病"。2015 年 12 月 20 至 21 日，时隔 37 年，中央再次召开城市工作会议，并指出"要着力解决城市病等突出问题，不断提升城市环境质量、人民生活质量、城市竞争力，建设和谐宜居、富有活力、各具特色的现代化城市"。（参见《习近平为"城市病"开良方》，人民网 2015 年 12 月 24 日，见 http://politics.people.com.cn/n1/2015/1224/c1001-27973347.html）

状及发展趋势,进而对学术史进行相应梳理及述评。由此,不仅可廓清研究视野并及时发现漏卮,亦能明确日后努力方向并开拓理论前沿,以求学术进步。

（一）近代城市公共交通研究

近代以降,关涉交通的研究多阐述其发展历程及对国家建设的重要意义;对于新式交通工具——汽车的研究也限于机械原理等技术层面。① 自新中国成立后至改革开放前,相关领域研究几陷停滞。嗣后,关于近代交通与中国城市或区域变迁的研究渐次展开。譬如江沛等考察抗战前正太、京汉铁路与石家庄城市的工商业、人口增长和街市扩展等方面的关联②;进而认为在胶济铁路作用下,青岛完成由小渔村到现代化城市的嬗变,并由此带动山东省乃至近代华北地区交通和经济格局的变动③。与此同时,丁贤勇以近代江南地区为着陆点,论述新式交通促进人们传统时间观念向近代的转变④;并深入探讨新式交通对近代江南交通格局变动的影响⑤。且丁氏以民国时期浙江省为基点,认为新式交通把中心城市与周边地区连在一起,对浙江区域的城市化影响至巨⑥;继而指出,20 世纪 30 年代浙赣铁路使浙江中西路地区主要城镇的格局出现变化,重新调整人们的活动范围,并由此拓展腹地空间⑦。

---

① 相关论著可参见叶恭绰《交通救国论》（商务印书馆 1924 年版）、盛叙功《交通地理》（商务印书馆 1931 年版）、王勤育《民国以来之中国公路建设》（载《学林》1937 年第 6 辑）、金家凤《中国交通之发展及其趋向》（正中书局 1937 年版）、白寿彝《中国交通史》（商务印书馆 1937 年版）、俞飞鹏《十五年来之交通概况》（1946 年编印）等。调查资料可参见交通部统计科编《中华民国九年交通统计图表》（北京和济印刷所 1921 年版）、交通杂志社编《交通杂志》第一卷第一期（交通杂志社 1932 年版）、交通部《中华民国二十二年交通部统计年报》（国立中央图书馆印刷所 1935 年版）、交通部铁道部交通史编纂委员会编《交通史·路政编》（1935 年编印）、中央统计处编《全国公路统计》（正中书局 1935 年版）、中国军事交通委员会编《交通月刊》第一卷第一期（京华印书馆 1937 年版）等。相关汽车研究的论著,可参见张富天《最新实用汽车学》（汽车编辑社 1925 年版）、交通部公路总局汽车器材总库技术室编《中国公路汽车配件使用里程寿命》（1931 年版）、胡嘉昭《汽车》（商务印书馆 1931 年版）、胡天白《汽车学 ABC》（ABC 丛书社 1933 年版）、何乃民《高等汽车学》《汽车概论》《汽车设计》《汽车机务管理》《汽车学纲要》（均为南京共和书局出版,出版时期为抗战前）,等等。
② 江沛、熊亚平:《铁路与石家庄城市的崛起:1905—1937 年》,《近代史研究》2005 年第 3 期。
③ 参见江沛、徐倩倩:《港口、铁路与近代青岛城市变动:1898—1937》,《安徽史学》2010 年第 1 期。
④ 参见丁贤勇:《新式交通与生活中的时间:以近代江南为例》,《史林》2005 年第 4 期。
⑤ 参见丁贤勇:《新式交通与近代江南交通格局的变动》,《史学月刊》2016 年第 8 期。
⑥ 参见丁贤勇:《新式交通与社会变迁:以民国浙江为中心》,中国社会科学出版社 2007 年版。
⑦ 参见丁贤勇:《浙赣铁路与浙江中西部地区的发展:以 1930 年代为中心》,《近代史研究》2009 年第 3 期。

关于城市公共交通领域,李沛霖对近三十年来中国近代城市公共交通的研究现状及未来趋势作出回顾与展望。① 鲍成志则阐释新式公共交通与近代中国城市发展的某些联系。② 王印焕以城市近代化过程中的矛盾视域分析电车和人力车这两种新旧交通工具,并指出前者取代后者是为历史必然。③ 通过人力车与机械化公共交通的复杂关系,邱国盛认为近代中国城市公共交通同整个城市早期现代化一样,注定要经历一个艰辛的特殊发展历程。④

不啻如此,以单体城市为研究基点,相关成果持续展现,其中以上海为多。⑤ 譬如廖大伟指出,上海华界公共交通如电车、公共汽车等,在城市现代化演进中产生出不容忽视的作用。⑥ 何益忠则通过对马车、小车和行人的交通行为的争论,展示开埠后上海城市社会中的中外双方在民族情感、生活习惯等方面冲突,进而探究隐藏在冲突背后的真正根源。⑦ 刘椿进一步检讨 20 世纪初期上海城市公共交通客运与"官商管理模式"变迁的内在联系。⑧ 徐涛则揭示自行车对上海乃至中国城市社会生活方式的变革意义。⑨ 方华探讨了公共交通系统在上海城市发展中的作用。⑩ 张松、丁亮则通过回顾近代上海租界公共交通线路分布、客运量和交通管理等演进过

---

① 参见李沛霖:《中国近代城市公共交通研究的回顾与展望》,《武汉大学学报(人文科学版)》2017 年第 1 期。

② 参见鲍成志:《试论新式公共交通兴起与近代中国城市发展》,《四川大学学报(哲学社会科学版)》2009 年第 2 期。

③ 参见王印焕:《交通近代化过程中人力车与电车的矛盾分析》,《史学月刊》2003 年第 4 期。

④ 参见邱国盛:《人力车与近代城市公共交通的演变》,《中国社会经济史研究》2004 年第 4 期。

⑤ 相关著作可参见上海市交通运输局编《上海公路运输史》第一册(上海社会科学院出版社 1988 年版)、上海市公用事业管理局编《上海公用事业(1840—1986)》(上海人民出版社 1991 年版)、王力群等《上海是轮子转出来的——上海公共交通百年录》(学林出版社 1999 年版)、蔡君时《上海公用事业志》(上海社会科学院出版社 2000 年版)、李沛霖《电车交通与城市社会:1905—1937 年的上海》(社会科学文献出版社 2019 年版),等等。

⑥ 参见廖大伟:《华界陆上公交的发展与上海城市现代化的演进(1927—1937)》,《档案与史学》2003 年第 3 期。

⑦ 参见何益忠:《近代中国早期的城市交通与社会冲突——以上海为例》,《史林》2005 年第 4 期。

⑧ 参见刘椿:《20 世纪初上海城市客运业与官商互动模式的嬗变》,《深圳大学学报(人文社会科学版)》2005 年第 5 期。

⑨ 参见徐涛:《自行车普及与近代上海社会》,《史林》2007 年第 1 期。

⑩ 参见方华:《上海城市公共交通在城市发展中的作用(1843—1927 年)》,《皖西学院学报》2008 年第 2 期。

程,并指出其发展对都市空间和市民生活的近代化产生较大影响。① 值得强调的是,陈文彬重点研究 1908—1937 年公共交通与近代上海社会经济发展的关系。② 即其阐释城市节奏演进与近代上海公共交通结构变迁的关系③,并述评近代上海租界公共交通专营制度④,进而探讨公共交通为近代上海城市生活带来的深刻变化⑤。另,针对近代上海城市公共交通主干——电车业,李沛霖从人口需求、人口压力、人口流动等视角,析论电车事业与城市人口的交互关系⑥,以时尚理念、公共参与、国家利权等维度,探寻公共交通与城市"现代性"的共生共长⑦,并对彼时上海英法商电车企业的经营与管理作出深度剖析⑧。

除此而外,对人畜力公共交通与近代上海的联系,有学者以近代上海马车为个案,管窥上海开埠后"性别移动"和城市流动空间形成间的复杂关联。⑨ 邱国盛则由人力车视角看近代上海城市公共交通的演变。⑩ 孔祥成进一步考察民国上海人力车夫群体的构成及生存,并反思该业的历史宿命。⑪ 罗国辉则对近代上海人力车夫群体的生存实态、形象和文化展开探析。⑫ 杨齐福以当时沪宁杭城市化发展为基点,通过折射人力车夫群体形

---

① 参见张松、丁亮:《上海租界公共交通发展演进的历史分析》,《城市规划》2014 年第 1 期。
② 参见陈文彬:《近代化进程中的上海城市公共交通研究(1908—1937)》,学林出版社 2008 年版。
③ 参见陈文彬:《城市节奏的演进与近代上海公共交通的结构变迁》,《学术月刊》2005 年第 7 期。
④ 参见陈文彬:《近代上海租界公共交通专营制度述评》,《社会科学》2008 年第 1 期。
⑤ 参见陈文彬:《近代城市公共交通与市民生活:1908—1937 年的上海》,《江西社会科学》2008 年第 3 期。
⑥ 参见李沛霖:《公共交通与城市人口析论——以抗战前上海电车业为基点的考察》,《民国档案》2018 年第 2 期。
⑦ 参见李沛霖:《公共交通与城市现代性:以上海电车为中心(1908—1937)》,《史林》2018 年第 3 期。
⑧ 参见李沛霖:《抗战前城市电车事业的经营与管理——以上海法商电车电灯公司为例》,《上海地方志》2019 年第 1 期;《近代城市电车史略:以上海公共租界为中心》,《海洋文明研究》2019 年第 4 辑。
⑨ 参见罗岗:《性别移动与上海流动空间的建构——从〈海上花列传〉中的"马车"谈开去》,《华东师范大学学报(哲学社会科学版)》2003 年第 1 期。
⑩ 参见邱国盛:《从人力车看近代上海城市公共交通的演变》,《华东师范大学学报(哲学社会科学版)》2004 年第 2 期。
⑪ 参见孔祥成:《现代化进程中的上海人力车夫群体研究——以 20 世纪 20—30 年代为中心》,《学术探索》2004 年第 10 期。
⑫ 参见罗国辉:《近代上海人力车夫群体的形象》、《近代上海人力车夫群体文化探析》,《兰台世界》2012 年第 31 期、2014 年第 19 期;《近代上海人力车夫群体生存实态》,《山西师范大学学报(社会科学版)》2014 年第 1 期。

象凸显城市苦力的边缘场景。① 马陵合通过剖析上海公共租界当局改良人力车管理制度，从而揭示中国近代城市化的痼疾和畸形②；继而指出，因城市发展水平的制约、特定的利益格局及扭曲的城乡关系，其时华、租界当局对人力车夫的救助仅流于形式③。随之，何建国等认为1934年公共租界人力车纠纷危机中，虽车商等组成"利益联盟"与工部局博弈，但车夫利益并没有人能真正为其代言。④ 另有研究者针对近代上海公共交通的罢工情事，展开深入论证。⑤

　　其间，关乎北京的相关成果亦有展现。⑥ 譬如李志红指出民国时期北京城市发展迟缓、政府经营模式弊端，导致公共汽车业无法得到足够资金支持。但汽车仍给城市近代化如促进旅游业、公共文明及女子职业化等带来积极影响。⑦ 李玉梅则重点研究民国北京电车公司运营和发展缓慢的原因，并兼论电车、公共汽车与人力车的矛盾，从中探讨电车在北京城市公共交通近代化过程中的作用。⑧ 邱运华等认为民国元年电车开行，虽经激烈斗争，最终跨街牌楼与电车同时并存，实现传统与现代两种文化表征在北京城市空间中的交叠。⑨ 美国学者斯特兰德则以人力车为主线，重点探讨20世纪20年代北京城市生活及社会关系，如学生运动、市民及人力车

---

① 参见杨齐福：《民国时期城市苦力的多维研究——以沪宁杭城市人力车夫为考察中心》，《福建论坛（人文社会科学版）》2013年第6期。

② 参见马陵合：《人力车：近代城市化的一个标尺——以上海公共租界为考察点》，《学术月刊》2003年第11期。

③ 参见马陵合：《人力车夫救助：以民国时期的上海为中心》，《经济社会史评论》2010年第1期。

④ 参见何建国、谢永栋：《近代城市发展中的规范与危机：1934年上海人力车纠纷探析》，《兰州学刊》2011年第2期。

⑤ 参见于道远等：《1940年上海法租界电车公共汽车工人罢工事件处理报告》，《民国档案》1990年第1期；沈海波：《中共领导的第一次工人罢工——上海法租界电车工人罢工》，《党史研究与教学》1998年第6期；邵雍：《1935年上海法租界人力车夫罢工初探》，《社会科学》2009年第1期；莫庆红：《1930年上海法租界电车工人57天大罢工论析》，《党史研究与教学》2010年第6期。

⑥ 相关著作可参见北京市档案馆编《北京电车公司档案史料》（北京燕山出版社1988年版）、北京市公路交通史编委会编《北京交通史》（北京出版社1989年版）、北京市地方志编纂委员会编《北京志·市政卷·公共交通志》（北京出版社2002年版）、刘牧《当代北京公共交通史话》（当代中国出版社2007年版），等等。

⑦ 参见李志红：《民国时期北京城市公共汽车事业研究（1935—1948）》，首都师范大学2008年硕士论文。

⑧ 参见李玉梅：《民国时期北京电车公司研究》，河北大学2012年博士论文。

⑨ 参见邱运华、王谦：《民初北京电车的开行与北京城市空间的变迁》，《北京社会科学》2014年第6期。

夫与警察的关系。① 邱国盛亦关切近代北京人力车夫的收支状况、生存状态。② 刘敬忠等重点观测民初北京电车与人力车矛盾冲突的根源。③ 庄珊曼进而具体分析 1929 年北平人力车夫风潮的根本原因（电车开行）及其影响。④

　　另外，关涉近代通商口岸和经济发达大城市的相关成果亦有展现。具如刘海岩指出电车在近代天津出现曾引发激烈的社会抗议。但最终电车为市民所普遍接受，并由此加快了城市人口和资本的空间流动，促进近代天津城市空间的重构。⑤ 针对晚清天津电车肇事个案，秦方从中管窥事故展现出的现代性在中西方、传统与现代中的复杂面向。⑥ 韩鹏则考证民国天津人力车业的经营特点、行业变迁及同业公会。⑦ 通过对1929—1931 年汉口公共汽车业剖析，艾智科探究其发展中的困难因素，及其与城市居民生活所产生的密切联系。⑧ 汤蕾进一步指出 1945—1949年汉口政府、人力车业工会和公会、人力车商在该业中充当不同的管理角色，共同构筑多重管理的权力网络。⑨ 李婧则从城市区域扩张、旅游发展、文化教育及民众意识嬗变等角度，阐释公共汽车业对民国杭州城市发展的影响。⑩

　　关乎西南城市，譬如杜乐秀阐述 20 世纪 20 年代成都公共汽车的客运特点和管理规定，兼论汽车运输职工的遭遇及其为争取生存权利而进行的斗争。⑪ 余晓峰进一步阐释近代成都公共交通管理体制的变迁，同时探讨公共汽车业经营及对成都近代城市公共交通体系发展的作

①　参见 David Strand, *Rickshaw Beijing：city people and politics in 1920s*, University of California Press，1989。

②　参见邱国盛：《北京人力车夫研究》，《历史档案》2003 年第 1 期。

③　参见刘敬忠、李玉梅等：《民国初期北京电车与人力车的矛盾》，《兰台世界》2011 年第11 期。

④　参见庄珊曼：《1929 年北平人力车夫风潮研究》，首都师范大学 2007 年硕士论文。

⑤　参见刘海岩：《电车、公共交通与近代天津城市发展》，《史林》2006 年第 3 期。

⑥　参见秦方：《受伤的身体　复杂的现代性——以 1906 年吕美荪电车事故为个案的分析》，《学术月刊》2015 年第 12 期。

⑦　参见韩鹏：《民国时期天津人力车研究》，辽宁大学 2013 年硕士论文。

⑧　参见艾智科：《公共汽车：近代城市交通演变的一个标尺——以 1929 年到 1931 年的汉口为例》，四川大学 2007 年硕士论文。

⑨　参见汤蕾：《多重权力网络下的近代中国人力车夫——以 1945—1949 年的汉口人力车夫为中心》，华中师范大学 2006 年硕士论文。

⑩　参见李婧：《民国时期杭州公共交通研究：以公共汽车为中心》，杭州师范大学 2012 年硕士论文。

⑪　参见杜乐秀：《二十世纪二十年代成都汽车客运业研究》，四川大学 2006 年硕士论文。

用等问题。① 张致森则通过来源构成、工作家庭等方面管窥当时成都人力车夫群体及其最终归宿。② 张伟进一步管窥抗战时期公共交通业对"陪都"重庆经济发展的所起到的推动作用③；薛圣坤则对新中国成立前重庆公共汽车业的经营态势及其对城市发展的影响展开论述④。可以确定的是，上述区域或城市公共交通的相关成果，史料充分、视角独特、分析精到，为日后学界的视野开拓、领域拓展及深化研究夯实了基础。

（二）近代南京公共交通研究

关涉近代南京公共交通的初步研究，可溯至民国当时。如秦伯未《公共汽车组织法刍议》认为："公共汽车是有益便利的事业，应使贫民得以享用。"⑤随之，林一指出南京公共汽车便利行旅，"且行旅即便营业发达"。⑥继而，时人《告反对南京长途汽车者》认为公共汽车简捷经济，如南京通行"斯诚国家前途之好现象"⑦。由见，学人对南京通行公共交通特别是公共汽车，所论多为赞同。进入 20 世纪 30 年代，董修甲在《京沪杭汉四大都市之市政》中着重探讨南京、上海等都市公共交通情事，并提出"宜乎各都市，均以公共汽车代电车也"⑧的论点。嗣后，吴琢之的《都市合理化的交通工具》从运输价值、经济条件和建设国防等三个方面，认为"首都"南京"自应以公共汽车为合理化之工具"⑨，与董氏论点趋同。此外，当时资料和著述亦对近代南京公共交通稍带涉及，然多为调查统计，学术性缺失。由见，彼时对于南京城市公共交通的探询多为建议或是提倡，但关注该业与城市变迁的研究，此期尚未呈现。

新中国成立后至改革开放前，因政治氛围影响，关乎近代南京城市史的

---

① 参见余晓峰：《传统与变革——从公共汽车的出现看成都近代城市公共交通的变迁》，四川师范大学 2007 年硕士论文。

② 参见张致森：《二十世纪三十～四十年代成都市人力车夫研究》，四川大学 2007 年硕士论文。

③ 参见张伟：《抗战时期重庆城市公共交通发展研究》，西南大学 2014 年硕士论文。

④ 参见薛圣坤：《重庆城市公共汽车事业研究（1933—1949）》，重庆师范大学 2012 年硕士论文。

⑤ 秦伯未：《公共汽车组织法刍议》，《申报》1922 年 4 月 22 日，第 3 版。

⑥ 林一：《南京城内筹办通行长途汽车》，《申报》1923 年 9 月 15 日，第 1 版。

⑦ 豪：《告反对南京长途汽车者》，《申报》1924 年 2 月 16 日，第 2 版。

⑧ 董修甲：《京沪杭汉四大都市之市政》，大东书局 1931 年版，第 69 页。

⑨ 吴琢之：《都市合理化的交通工具》，载《交通月刊》第一卷第一期，京华印书馆 1937 年版，第 48 页。

研究陷于停滞。20 世纪 80 年代后,此域研究逐次展开,至今成绩斐然。①
其间,关涉近代南京城市交通的史志专著和研究论文持续显现。史志专著,
有吕华清《南京港史》(人民交通出版社 1989 年版)、江苏省交通史志编纂
委员会编《江苏公路交通史》第一册(人民交通出版社 1989 年版)、江苏省
南京市公路管理处史志编审委员会编《南京近代公路史》(江苏科学技术出
版社 1990 年版)及南京市地方志编纂委员会编《南京交通志》(海天出版社
1994 年版)等。此中,南京市地方志编纂委员会编《南京公用事业志》(海
天出版社 1994 年版)对近代南京城市公共交通作出专章史料梳理,介绍公

----

① 相关著作可参见蒋赞初:《南京史话》,中华书局 1963 年版;秦孝仪主编:《革命文献》第
91、93 辑《抗战前国家建设史料——首都建设(一)、(三)》,(台北)"中央"文物供应社
1982 年版;南京市教学研究室:《南京乡土史》,江苏教育出版社 1987 年版;南京市政协文
史资料委员会:《金陵破晓》,南京出版社 1989 年版;南京市人民政府经济研究中心:《南
京经济史论文选》,南京出版社 1990 年版;潘谷西:《南京的建筑》,南京出版社 1995 年版;
陈胜利、茅家琦主编:《南京经济史》上册,中国农业科技出版社 1996 年版;中共南京市委
党史工作办公室等:《南京百年风云(1840—1949)》,南京出版社 1997 年版;后来涞、崔书
玖:《南京商贸史话》,南京出版社 1999 年版;罗玲:《近代南京城市建设研究》,南京大学
1999 年版;王云骏:《民国南京城市社会管理》,江苏古籍出版社 2001 年版;(台)秦风:《民
国南京(1927—1949)》,文汇出版社 2005 年版;薛冰:《南京城市史》,南京出版社 2008 年
版,等。另有南京市地方志编纂委员会编撰的市志丛书系列,如《南京简志》(江苏古籍出
版社 1986 年版);《南京粮食志》《南京海关志》《南京物资志》《南京邮政志》(中国城市出
版社 1993 年版);《南京工商行政管理志》《南京二轻工业志》《南京税务志》《南京市政建
设志》(海天出版社 1994 年版)、《南京财政志》(河海大学出版社 1996 年版)、《南京建筑
志》(方志出版社 1996 年版)、《南京价格志》(海天出版社 1996 年版),《南京日用工业品
商品志》、《南京蔬菜志》《南京房地产志》(南京出版社 1996 年版);《南京电力工业志》
(方志出版社 1997 年版)、《南京机械工业志》(方志出版社 1998 年版)、《南京劳动志》(方
志出版社 1999 年版)、《南京经济协作志》(方志出版社 2001 年版)、《话说南京》(南京出
版社 2007 年版),等等。研究论文,可参见安嘉华:《政治都市的发展——抗战前的南京
(1927—1937)》,(台北)"中国"文化大学 1988 年硕士论文;刘孟信:《1927—1937 年南京
市行政制度研究》,南京大学 1993 年硕士论文;罗玲:《试论南京城市近代化的特征》,《东
南文化》1993 年第 1 期;张平:《南京国民政府建立初期首都市政与城市现代化》,南京大
学 1997 年硕士论文;王俊雄:《国民政府时期南京首都计划之研究》,台湾成功大学 2002
年博士论文;刘广斌:《抗战前十年南京经济建设研究》,南京大学 2003 年硕士论文;熊浩:
《南京近代城市规划研究》,武汉理工大学 2003 年硕士论文;唐丽萍:《1927—1937 年间
的南京都市建设》,《城建档案》2003 年第 4 期;李百浩等:《近代南京城市转型与城市规划
的历史研究》,《城市规划》2003 年第 10 期;张斌:《1928—1937 年南京城市居民生活透
析》,吉林大学 2004 年硕士论文;侯风云:《传统、机遇与变迁——南京城市现代化研究
(1912—1937)》,南京大学 2006 年博士论文;佟银霞:《刘纪文与民国时期南京市政建设
及管理(1927—1930)》,东北师范大学 2007 年硕士论文;曹燕:《民国时期南京饮食业研
究》,南京师范大学 2008 年硕士论文;董佳:《国家权力与南京首都建设研究(1927—
1937)》,南京大学 2009 年博士论文;李沛霖:《三十年来民国南京城市经济研究综述》,
《民国档案》2011 年第 2 期,等等。

共汽车、市内铁路、出租汽车、马车及人力车等经营,并着重考察公共汽车业的经营与管理等。虽上述专著的学术价值更多体现在相关资料的梳理上,但为学界按图索骥提供诸多线索。

再如研究论文,一些学者初步探讨城市交通与近代南京发展的关系。① 李建飞以公共交通为题,论述民国时期南京市内铁路、公共汽车、出租汽车、马车及人力车等发展概况。② 王桂荣亦对当时南京人的公共交通出行方式展开简论。③ 但两文均以叙事为主、分析简略。嗣后,陈蕴茜以城市空间与知识体系为主线,提及民国南京有多条公共汽车线路,且市内铁路的发车使民众时间意识增强。④ 邢利丽则对国民政府时期南京公共汽车的发展态势及经营管理作出探讨。⑤ 吴本荣进一步指出,近代南京公共交通系统发展促进城市空间融合,改变城市经济结构,提升城市管理水平、改善人们生活,对城市近代化产生深远影响。⑥

可以发现,李沛霖对此域研究更为关注。如其指出,抗战前南京城市公共汽车业日益增长的三个动因,即道路建设的推动、人口增长的需求及《首都计划》的倡扬。⑦ 嗣后,李氏等从人口需求、人口分布和人口流动等视域,考察民国时期南京公共交通与城市人口的互动⑧;以公共交通的税捐厘定保障城市财政、税捐统计查验管控城市财政、税捐占比进献城市财政等视角,考议抗战前南京城市财政与公共交通的关联⑨;从交通法规订立、车辆登记检验、人员训验考验和违法行为处罚等路径,探讨其时公共交通与城市

---

① 参见顾纪瑞《南京交通电信近现代化的历史道路》、周一凡《南京近代公路的兴建》,载南京市人民政府经济研究中心:《南京经济史论文选》,南京出版社 1990 年版;史全生《下关开埠与南京经济发展》、张学恕《南京下关开埠与近代长江流域经济发展》、周才方《略论近代南京社会生活的变迁》,载俞明主编:《下关开埠与南京百年》,方志出版社 1999 年版;徐吉谦:《南京城市交通的发展与展望》,《现代城市研究》1997 年第 6 期,等等。

② 参见李建飞:《民国时期的南京公共交通》,《南京史志》1997 年第 1 期。

③ 参见王桂荣:《60 年多前南京人出行》,《江苏地方志》2009 年第 6 期。

④ 参见陈蕴茜:《城市空间重构与现代知识体系的生产——以清末民国南京城为中心的考察》,《学术月刊》2008 年第 12 期。

⑤ 参见邢利丽:《国民政府时期南京城市公共汽车事业研究》,安徽大学 2014 年硕士论文。

⑥ 参见吴本荣:《公共交通与南京城市近代化(1894—1937)》,《南京工业大学学报(社会科学版)》2009 年第 1 期。

⑦ 参见李沛霖:《城市公共汽车事业考辨——以抗战前"首都"南京为中心》,《历史教学》2011 年第 9 期。

⑧ 参见李沛霖:《公共交通与城市人口关系辨析——以民国时期南京为中心的考察》,《史学集刊》2014 年第 6 期。

⑨ 参见李沛霖、叶美兰:《抗战前南京城市财政与公共交通关联考议》,《民国档案》2014 年第 2 期。

管理的推演①；以城市空间、日常流动、时间观念和市民意识等视点，考察近代公共交通与南京城市生活方式的促进②；并对民国南京城市公共交通工具间的博弈及政府在其间的角色和应策展开辨析③；再通过管窥城市道路建设与公共交通系统的互为依存，洞悉南京城市近代化进程的持续演变④。

　　除上述综述性成果外，抗战前南京公共交通业发展进程中的个案，也曾得到专文论述。如对"当时我国最大的商办汽车公司"——江南汽车公司，李沛霖将其发展历程归结为四个阶段，并探讨其成为 20 世纪 30 年代中国公共交通翘楚的情事。⑤ 另有研究者关注抗战前该公司兴盛的原因，⑥针对企业性质，徐泰来等认为其是"典型的官僚资本企业"⑦，陈自芳观点相类，并认为原因之一是蒋介石参与投资该公司，⑧但另有论者认为其为"民营性质"⑨，与前述"最大的商办汽车公司"的观点呼应。从而，关涉江南公司最具争议的问题呈现：其发展壮大采取的是合法途径还是不正当手段？其是"官僚资本"或为"民营商办"？此外，还有学者对近代南京公共交通其他工具展开研究，如研讨市内铁路的发展沿革及运营态势。⑩ 另有研究者

---

① 参见李沛霖、叶美兰：《民国首都城市公共交通管理略论（1927—1937）》，《学海》2014 年第 5 期。

② 参见李沛霖：《近代公共交通与城市生活方式：抗战前的"首都"南京》，《兰州学刊》2014 年第 9 期。

③ 参见李沛霖：《民国时期南京公共交通工具博弈及政府因应》，《暨南学报（哲学社会科学版）》2015 年第 9 期。

④ 参见李沛霖：《城市道路与公共交通关系探微——近代南京的个案分析》，《西南交通大学学报（社会科学版）》2017 年第 5 期。

⑤ 参见李沛霖：《1930 年代中国公共交通之翘楚——江南汽车公司》，《档案与建设》2013 年第 11 期。

⑥ 参见石三友：《江南公司兴衰》，载《金陵野史》，江苏人民出版社 1985 年版；徐泰来：《江南汽车公司内幕》，载《江苏文史资料选辑》第 20 辑，江苏古籍出版社 1987 年版；江苏省交通史志编纂委员会：《江苏公路交通史》第一册，人民交通出版社 1989 年版；王玉德：《在黄金路上畅通无阻——记南京江南汽车公司的"公关"》，载《沉与浮——中外企业家纵横谈》，武汉工业大学出版社 1989 年版。

⑦ 徐泰来：《回忆南京江南汽车公司》，《钟山风雨》2001 年第 1 期；相似观点可参见中共南京市公共交通总公司委员会：《江南汽车公司工人的觉醒》，载《石城星火》，南京出版社 1991 年版。

⑧ 参见陈自芳：《中国近代官僚私人资本的比较分析》，《中国经济史研究》1996 年第 3 期。

⑨ 顾纪瑞：《民国初期到抗日战争前江苏资本主义经济的新发展》，《江苏社联通讯》1989 年第 4 期。

⑩ 参见章丽廷：《营运五十年的南京市内小火车》，《南京史志》1987 年第 24 期；晓寒：《南京市内小火车忆旧》，《档案与建设》1999 年第 7 期；经盛鸿：《南京近代的铁路建设》，载俞明主编：《下关开埠与南京百年》，方志出版社 1999 年版；李沛霖：《近代中国市内铁路之先行：宁省铁路——京市铁路》，《档案与建设》2015 年第 6 期，等等。

对彼时南京人畜力公共交通的发展与经营,作出一定程度的探讨。①

海外方面,美国学者科尔曼的《中国南京的市政政治(1927—1937)》②、马斯格罗夫的《建设梦想:国都建立南京(1927—1937)》③、埃里克的《南京与长江下游:从古至今》④,澳洲学者威廉豪斯的《记录南京的大变迁(1947—1949)》⑤等论著,亦对近代南京城市公共交通的相关领域稍有关切,但往往着墨较淡、一笔带过。与此同时,美国学者利普金的《于国无用:民国南京的社会建设及问题(1927—1937)》则研究其时南京社会建设,更关注城市下层社会生活的探讨。通过对城市贫民、工商业人员、人力车夫的剖析,作者认为:1949 年后中华人民共和国对北京的形象维护,实与国民政府时代的思维一脉相承。⑥

回溯学术史,中国近代城市公共交通的相关研究卓见成效、成果迭现。然依拙见,此中漏卮仍无法回避,相关领域仍需开拓:其一,研究内容缺乏整体性和连续性。公共交通与城市变迁是城市史、经济社会史研究的一项重要内容,但迄至现时,关涉本题主要以分散在各领域的论文形式呈现,专事研究的学术专著尚未问世,从而使公共交通与近代南京城市变迁、社会交互及对城市发展的作用和影响无法全面彰显。其二,研究缺乏深度。既往成果过多关注于近代公共交通与城市生活领域的交互,但对该业与城市道路、城市人口、城市财政、城市管理等社会发展相关的重要领域,仍乏应有关切,从而使城市嬗变程度难以量化,进而出现"以偏概全"现象,陷入浅尝辄止的窘境。其三,史料挖掘尚存较大空间。当前学界对抗战前"我国最大的商办汽车公司"——江南汽车公司的研究比较薄弱。即相关研究过多描述

---

① 参见郑忠、王洋:《城市边缘人:民国南京人力车夫群体探析》,《南京师大学报(社会科学版)》2012 年第 3 期;王洋:《民国南京人力车夫的控制问题研究》,《江苏教育学院学报(社会科学)》2013 年第 1 期;李沛霖:《城市人畜力公共交通析论——以 1910—1937 年的南京为中心》,载张利民主编:《城市史研究》第 36 辑,社会科学文献出版社 2017 年版;等等。

② Maryruth Coleman, *Municipal Politics in Nationalist China*, *Nanjing*, *1927-1937*, Harvard University, 1990.

③ Charles D. Musgrove, "Building a Dream: Constructing a National Capital in Nanjing, 1927-1937". In Joseph W. Esherick: *Remaking the Chinese City: modernity and national identity*, 1900-1950. Honolulu: Hawaii University Press, 2000.

④ Danielson Eric N., *Nanjing and the lower Yangzi: From Past to Present*, Times Editions, 2004.

⑤ Hamilton Willian Stenhouse, *Notes from Old Nanking 1947 - 1949: The Great Transition*, Pandanus Books, Research School of Pacific and Asian Studies, the Australian National University, 2004.

⑥ 参见 Zwia Lipkin, *Useless To The State: Social Problems and Social Engineering in Nationalist Nanjing*, *1927-1937*, University of Harvard East Asia study center, 2006.

并有文学发挥的随意,对结论缺乏科学的研究;且针对该公司原始档案所作的学术整理甚为寥寥,这不仅使其企业性质和发展原因等语焉不详,并产生"争议"。其四,跨学科研究方法运用不足。据既往成果观之,除一些研究采用历史文献、社会学等方法外,对于其他学科的理论和范式则较少涉猎。既如此,引进和嫁接西方经济学、运输经济学、城市社会学、交通社会学、人口地理学等学科的理论模型及研究范式,实现跨学科的通力合作,将科际整合理念浸润于近代公共交通与中国城市发展研究的各个层面,为当前亟须解决的问题。

推广其意,公共交通与城市嬗变研究是探索中国城市史、社会经济史的重要内容,但当前学界对此类问题的探索尚不足见。有鉴于此,这一悬而未决且尤待关注的课题,使本域尚存较大的研究空间并亟待拓展。所以,本著以深化近代城市史和社会经济史研究的纵深面和学术内涵为旨趣,不仅具有重要的理论意义和现实的应用价值,对于推进南京城市史和中国公共交通史的整体研究当有裨益。

三、研究方法和框架

近代史家傅斯年有言,"一分材料出一分货,十分材料出十分货,没有材料便不出货"。即"材料之内,使他发见无遗;材料之外,我们一点也不越过去说"[①]。因之,本著以未刊档案及近代文献为资料本源,采用科际整合的研究方法,进而探寻论题的逻辑理路及历史规律。

(一)研究方法

法国年鉴学派曾指出:历史学要建立以问题导向的分析史学和关注以人类活动整体的历史,要与其他学科如与地理学、社会学、心理学、经济学、语言学、社会人类学等进行合作。[②] 而与"世界历史学的发展趋势一样,城市史对传统史学的背离,首先应表现为研究方法的改变,即由叙述的、定性的方法,改变为分析的方法、定量的方法"[③]。即城市史学是具有交叉性、边缘性的学科,与其他学科具有共生性,其研究方法要以协同学的原则顾及到学科间的联姻,将人文学科和某些自然科学方法熔于一炉。由是,本著以科际整合的研究方法,从中推论公共交通对近代南京城市嬗变的量化程度及

---

① 傅斯年:《历史语言研究所工作之旨趣》,载《国立中央研究院历史语言研究所集刊》第一本第一分册,商务印书馆 1928 年版,第 4、10 页。
② 参见[英]彼得·伯克:《法国史学革命:年鉴学派(1929—1989)》,刘永华译,北京大学出版社 2006 年版,第 2 页。
③ 刘海岩:《近代中国城市史研究的回顾与展望》,《历史研究》1992 年第 3 期。

深切影响。

一是历史文献研究法。史学是讲究严谨和实证的学科,由是本著主要援引南京市档案馆所藏《南京特别市政府》(全宗号 1001-1)、《南京特别市政府财政局》(1001-2)、《南京特别市政府工务局》(1001-3)、《南京市筑路摊费审查委员会》(1001-10)、《江南汽车公司》(1040)等未刊档案。研究利用的另一类史料主要是存于南京市图书馆民国文献典藏部的近代文献:政府、民间的调查统计资料,以及《中央日报》《申报》等相关报道和社评等。同时,及时跟踪和掌握国内外研究动态,对所及资料进行甄选、整理及辨析,在充分挖掘和掌握文献的基础上,开展深入研究。

二是西方经济学方法。研究社会经济史,没有材料固然不行,没有理论特别是没有西方经济学的学理相助同样不行。由是,本著运用西方经济学的理论与范式,试图分析论题所透射的相关历史现象。如运用"需求价格弹性"系数($E_p > 1$ 或 <1),探讨城市人口增长对公共交通的需求性,及其对城市人口、城市财政所产生的效用;通过"垄断市场和竞争市场"及"博弈论(game theory)的占优策略(dominant strategy)、纳什均衡(Nash equilibrium)"等理论和模型,研讨公共交通工具间角力所呈现的"效率化"态势,并产生"消费者剩余"(consumer surplus)等社会福利现象,进而解析公共交通业的市场结构、工具博弈及其对城市发展的影响。

三是城市社会学方法。城市社会学肇始于欧洲,发达在美国。其是研究城市的社会结构、社会组织、社会群体、社会管理、社会行为、生活方式、社会心理、社会关系以及社会发展规律的学科。本著以公共交通与城市嬗变为研究目标,即须研讨该业对近代南京城市社会群体、社会问题、社会管理、生活方式及社会心理等诸多方面的影响;即在城市这一有机整体下,考察公共交通与社会基本构成要素的相互联系。由此,城市社会学不仅为研究提供了关键的学理支撑,亦是本著须借助的研究方法之一。

四是统计分析法。本著所涉数据统计甚多,如未刊档案、近代文献中关于当时南京城市工商业和交通业的相关统计、南京市人口数量统计、城市新筑道路和养路修路统计、城市交通管理数据统计、南京公共车辆统计、市内铁路营业报表、江南公司年度损益表等。从而,将上述统计数据加以整理,再进行归纳和分析,从中管窥此中的普遍关联和线性规律。

五是个案和比较研究法。主要应用于江南汽车公司、市内铁路等个案分析,以其运营态势为基点,检视近代南京机械化公共交通发展的基本脉络。同时,对机械化交通工具与人畜力工具(人力车、马车等)作出比较分析,从中辨识为何某些工具会逐渐窳败而他者则日臻兴盛? 并最终得出结论。

六是定量、定性分析相结合方法。这是经济史研究中的常用之法。即本著采用定量分析与定性分析相结合,结构分析与过程分析相结合,微观分析与宏观分析相结合,体现出研究方法上明显的综合性。此类方法在研究体系的整体脉络中一以贯之。

（二）研究框架

公共交通作为近代中国城市研究的一项重要内容,从某种层面上反映着我国城市由传统到近代演化、由农业社会向工业社会转变的步伐。抗战前,公共交通作为南京市民出行的主要参考,与城市变迁息息相关。从而,以公共交通为核心的城市沟通系统带来近代南京城市社会各界面的嬗变,并对其城市化进程产生深远影响。既如此,以公共交通这一独特视角,通过探究运营态势并推之与近代南京城市嬗变的关系,最终可加深对城市化进程的深刻理解。由是围绕研究目标,本著共分为八章。

第一章首先从抗战前南京城市工商经济演进格局、邮电运输发轫递进等向度,观测公共交通兴起的城市经济背景。其次,通过考察近代南京城市人口演变进程,管窥其人口增长的态势及其原因,引申公共交通出现与发展的现实需求性。最后,论证当局参照《首都计划》、"首都建设"规模化对于城市干道的建设、修理和养护,为公共交通奠定发展基础,终而阐释近代南京公共交通蔚然兴起的客观必要性。

第二章首先对近代南京城市公共交通先行——市内铁路展开剖析。即从组织沿革、设备管理、行车和票制、营业收支及其与公共汽车对弈等方面管窥其经营管理的态势。其次,通过对比公共汽车业在国民政府定都前后的运营情事,进而分析抗战前当局在公共汽车与电车之间抉择的根本原因。最后,对其时出租汽车业的车辆、乘车价目和营业等态势展开辨析,最终全面概览城市机械化公共交通的运营与发展。

第三章以近代中国公共交通行业翘楚、"当时我国最大的商办汽车公司"——江南汽车公司为典型个案,展开分析。即从该公司的股本筹集与结构、组织架构体系、内外勤人员管理、运行车辆和场站建设等管理方面,从行车路线、乘客票价、营业收支、财务盈亏等经营领域,全方位阐释该公司在抗战前运营的整体态势,从中洞悉近代中国公共交通企业及行业生存与发展的普遍规律。

第四章基于抗战前南京城市公共交通行业呈现多元发展态势,首先解析人力车业的营业车辆、乘车票制、营业收支,进而对车夫的从业人数、生活状态等作出关切。其次,对马车业的运营车辆、乘车票制、行业组织及政府扶持等展开研讨。最后,以经济学"博弈论"学理和范式,研判机械化公共交通与人畜力工具竞争博弈引致后者的生存危机,并透过政府所扮演的角色及应对之策,最终推论双方博弈的终局。

第五章首先在抗战前大量移民涌入南京城市的背景下,研讨公共交通如何应对城市人口增长和人口需求日盛的局面,及该业对于人口压力所作出的积极应对之策。其次,从城市人口空间扩展、人口密度均衡化等向度,探寻公共交通在人口分布中所承担的角色。最后,以促进职业人口出行、推动商业活动交流等视角,研判公共交通对于人口流动的具体影响,最终使公共交通与城市人口的良性交互得以展现。

第六章基于抗战前城市公共交通业向南京当局所纳"车捐"位税捐之首,并年均(1927—1937 年)占全市财政总收入(含国民政府中央补助)12%的背景下,首先概览南京城市财政状况并剖析原因,进而以公共交通业纳捐为主线,研讨当局对该业的税捐厘定保障城市财政、税捐统计查验管控城市财政,由此呈现其税捐对全市财政收入的进献和对城市经济的强力支持,从中管窥公共交通与城市财政的逻辑关联。

第七章首先概述南京当局为加强城市管理水平所订立的公共交通法规,及在法规执行中所遇的现实问题。其次,阐释管理部门对公共车辆登记检验、行车速率和载客、车辆停放和停车场建设等督查与管控。再次,考察当局对公共交通从业者的训练和执业考验,探究其对交通违法行为的惩治。最后,探讨当局对交通设备和设施的配置与建设,最终管窥近代南京城市交通管理赓续演变的历史路径。

第八章首先以交汇南北铁路干线、线性关联公路枢纽为切点,论证抗战前南京城市公共交通连接城际联运的情事。其次,通过公共交通的行停时刻,阐释其对城市生活节奏和市民时间观念转变的作用。再次,以票价低廉使市民享用展现平等意识,从公交企业与官方签订合同呈现契约意识,探讨该业对塑造城市权利意识的影响。最后,从乘车行为和票制的规范及民众热议、维护权益、积极介入等向度,探寻该业对公众参与的持力推进,最终洞悉近代公共交通与城市生活的互相促进。

综上可见,公共交通系统是影响中国近代城市化进程的重要因子,在当代探索中国城市可持续发展路径及解决"城市病"的背景之下,研讨公共交通与城市发展,更是应时代所需、顺时势所趋。[①] 由是,本著通过把握抗战

---

① 参见李沛霖:《中国近代城市公共交通研究的回顾与展望》,《武汉大学学报(人文科学版)》2017 年第 1 期。

前南京公共交通的发展脉络,深入研判其对城市变迁的作用及影响,以为当下中国城市改革转型及探索解决"城市病"等问题提供历史借镜,并依此延伸对当代公共交通系统与中国城市改革发展的未来展望与深度思考,最终呈现有益的决策参考及应用价值。

第一章　抗战前南京公共交通
兴起的历史前提

迨及近代，1858 年清政府与英、法签订《天津条约》，其中中法条约规定将南京、琼州、潮州、台湾、淡水、登州六口列为开放口岸。但南京时为太平天国国都，此事搁浅。1898 年 4 月，清廷与各国修订长江通商章程，其中第二条规定：凡有约各国之商船，准在后列之通商各口往来贸易，即镇江、南京、芜湖、九江、汉口、沙市、宜昌、重庆八处。是年冬，法国声言将攻取南京，清廷为使各国互相牵制，同意南京开埠通商。① 至 1899 年 5 月 1 日，南京下关滨江正式设关征税，定名金陵关，标志其正式成为对外贸易口岸和开埠城市。自辛亥革命倾覆清廷后，"国人以燕京久为帝室所在，环境恶劣，且地位交通远逊金陵，咸主乘此时机，即将首都南迁"，1912 年元旦孙中山先生"受国民爱戴，被举为首任元首，莅宁就职时，万人空巷，欢呼雷动，为南中空前盛举"。② 继而，自中华民国成立至抗战前，南京又先后成为民国肇基之地和国民政府"首都"。因之，对近代南京城市发展历程和公共交通兴起的历史前提作一背景式梳理，尤为必要。

第一节　城市工商经济的演进格局

实质上，近代南京市政机构设置随着对外通商逐渐形成。如 1866 年 12 月，下关设稽查洋务局，负责登记过境外商姓名；1868 年 10 月设金陵洋务局；1897 年在下关开辟商埠并设商埠局；1899 年对外开埠 10 月设江南商务局；1902 年设马路工程局。③ 自南京正式成为对外开放城市后，1907 年 11 月"上江两县（南京）试办地方自治"，由官绅引导订立《江南筹办地方自

---

① 参见王铁崖：《中外旧约章汇编》第一册，生活·读书·新知三联书店 1982 年版，第 866 页。
② 陈植：《南京都市美增进之必要》，《东方杂志》第二十五卷第十三号，1928 年 7 月 10 日发行，第 35 页。
③ 参见江苏省南京市公路管理处史志编审委员会：《南京近代公路史》，江苏科学技术出版社 1990 年版，第 31 页。

治总局开办简章》数则，"为宪政之基础"。① 翌年，清政府实行"预备立宪"，南京成为率先自治改革的少数城市之一，时设立自治总局及户籍调查局，并设置巡警道及培植警务人才学校，创办各项公用事业机关。② 随之，城市工商业持续递进，抗战前稳步发展。

一、工业发展的历史轨迹

（一）定都前的工业概况

开埠前，南京虽为东南一大都会、两江总督衙门所在地，但由于尚未对外开放，从而西方对南京的影响并不明显，其经济依然保持传统方式，新式工业发展缓慢。如鸦片战争前，中国丝织手工业发展得较为充分，在南京、苏州、杭州等江南丝织业中心地区的城镇中，明末清初以来产生了商人支配丝织生产的包买主（账房）制经营，表现出传统丝织手工业生产经营方式发生变化的痕迹。③ 进而，南京在 18 世纪中叶后逐渐发展成为丝织业城市，成为当时中国丝织业的重要中心，其盛况已经超过苏州。④ 如 1840—1858 年是南京传统手工业发展的鼎盛时期，即丝织业在清乾隆至咸丰时期达至全盛，其出品可分为四种，即缎、云锦、绒、绸，"当其全盛时，全市织机共有三万余张，每年出缎三十余万匹，价值一千二百余万元"⑤，居民依此为生活者达 20 万人，丝织品行销海内外。⑥ 嗣太平军将到之际，机户外逃北至南通、南至淞沪，其留在城中的由太平天国组织"织营"，集中的丝织工人有数

---

① 参见叶楚伧、柳诒徵：《首都志》下册，正中书局 1935 年版，第 539—540 页。
② 参见南京市政府秘书处编：《新南京》，南京共和书局 1933 年版，第 1 页。
③ 参见汪敬虞主编：《中国近代经济史：1895—1927》下册，人民出版社 2000 年版，第 1913 页。
④ 参见于素云、张俊华等：《中国近代经济史》，辽宁人民出版社 1983 年版，第 22 页。
⑤ 1933 年之前，中国主要以银两作为货币单位，并亦有其他货币交易方式。1933 年后，国民政府的"废两改（银）元"实现了货币的单一化。1935 年 11 月后，国民政府的"法币政策"再改变了货币的本位制度：自本年 11 月 4 日起，以中央、中国、交通等三家银行发行之钞票为法币。所有完粮纳税，及一切公私款项收付，概以法币为限，不得行使现金，违者没收。三家银行以外，曾经财政部核准发行之银行钞票，流通时限截至 11 月 3 日。凡持有生银、银币、银锭、银块等者，应自 11 月 4 日起，交由发行准备管理委员会，或兑换为法币使用。兑换基准是以 1 法币元换 1 银元。（参见卓遵宏、姜良芹等：《南京国民政府十年经济建设》，南京大学出版社 2015 年版，第 406 页）
　　并且，本书所引近代档案、文献在描述全面抗战前的单位"元"时，并未明确标明是"（银、银两）元"或是"（法币）元"，则基本以"元"为单位标示。既如此，因为抗战前的 1 法币元兑换 1 银元，为全书统一起见，除引用材料中明确标明"元"的单位之外，本书所指"元"，均为抗战前的"（银、银两）元"或"（法币）元"，故下文均以"元"标示。
⑥ 参见南京市政府秘书处：《十年来之南京》，1937 年 6 月编印，第 135 页。

千人,最多时达 14000 人。如 1853 年太平军占领南京后,因"圣库"制度由军中扩至整个城市,本着"人无私财"的原则,废除私人丝织业,仅有公营商店。彼时,南京丝织业大批停歇,后来苏浙地区的动荡,也影响丝织品的正常生产,这就使得生丝的生产由内销转为外销,大大促进生丝的出口,从而使英美对华贸易逆差增长得更快。如以英国论,这项逆差就由 1842—1846 年的年均 3539500 镑,猛增至 1854—1858 年的 7192759 镑,其中 1854 年的逆差达到 9587410 镑。①

　　彼时,"南京工业旧以丝织手工业为大宗,其中尤以缎业为有名"②。太平天国覆灭后,1865 年清政府在南京重设官办的江宁织局,传统手工业逐渐恢复生机,从而"洪杨兵燹后,尚存织机万余台,男女工五万余人,每年仍可出缎二十余万匹,产值仍在千万元以上"③。据当时统计,南京丝织业见于记载的"账房"有 200 余家,各家租用织机,多者至 200 台,少者亦在数十台,是为缎业最盛时期。其中,"正源兴记"缎庄控制的代织机多达 3000 台,日收素缎 320 匹(需 1800 多台织机)、锦缎 70 匹(需 1200 多台织机),当时也被目之为"绸缎大王"。④ 嗣该业逐渐衰落,如丝织业的云锦业 1880 年仅剩织机 300 张,织工 1300 人,年产量约 3000 匹,价值仅 15 万海关两。至 1904 年,清政府再因"物力艰难"宣布裁撤江宁织局,一切贡物停止。⑤由此造成大量机匠失业,加上物美价廉的洋货哔叽、毛葛等涌入,南京丝织品市场渐被洋货侵占。

　　虽传统手工业衰落,但部分手工业仍在发展,值得一提的是手工织布业。鸦片战争前,以南京命名的"紫花布"在全国名噪一时。即中国著名的手工棉布——号称南京布的"紫花布"的出口,至少可以追溯到 18 世纪初叶,最高的出口量曾经达到 336 万匹(1819 年)。⑥ 至 1895 年,在南京城内朝天宫及中华门外附近,约有 20 余户从事棉织业,共有腰织机 30 余台。1902 年,郑宜元开设公茂厂织毛巾。次年,官办工艺局设工场于南京复成仓,招收艺徒 100 余人,教以织布。至 1908 年,南京已有棉织机 300 余台,用以织造土布。据江宁商务总会调查,该年一年间经营布业的商号年盈余

①　参见严中平主编:《中国近代经济史:1840—1894》上册,人民出版社 2001 年版,第 525、358 页。

②　南京市政府:《首都市政》,大成出版公司 1948 年版,第 62 页。

③　叶楚伧、柳诒徵:《首都志》下册,正中书局 1935 年版,第 1020 页。

④　参见汪敬虞主编:《中国近代经济史:1895—1927》下册,人民出版社 2000 年版,第 1915—1916 页。

⑤　参见陈胜利、茅家琦主编:《南京经济史》上册,中国农业科技出版社 1996 年版,第 262 页。

⑥　参见严中平主编:《中国近代经济史:1840—1894》上册,人民出版社 2001 年版,第 336 页。

达白银 5.6 万两。再至 1925 年，南京小织布厂达 350 家，工人达 2300 人，日产布 2000 余匹。①

值得强调和指出的是，金陵制造局的创建标志着南京工业近代化的肇始。该厂前身为苏州洋炮局，后李鸿章调任两江总督，将此局迁往南京，在聚宝门（今中华门）外择地建厂。1865 年兴建，次年 7 月开工，为南京第一家引进西方技术及设备的兵工厂，也是中国第一批近代化装备的工厂，"屋宇皆仿外洋之式营造，以道员一人掌之，购机器于外洋，募洋匠为师，督诸匠制造炮位、门火、车轮盘架、子药、箱具、开花炸弹、洋枪抬抢、铜帽等项"②。该厂共有员工、役夫、亲兵等 400 余人，后逐渐增至 1000 余人；拥有化铁、铸造、金属加工等机械及 10—25 匹马力电动机 4 部、蒸汽锅炉 6 台、抽水机 6 台。1886 年徐建寅利用该局中设备连成铸钢，开创西法炼钢的新纪录。至 19 世纪 90 年代，该局每年可造后膛抬枪 180 支，两磅后膛炮 48 尊，一磅子快炮 16 尊，各项炮弹 65800 颗，抬枪自来火子弹 5 万粒，毛瑟枪子弹 81500 粒。该厂所用工人大部分是军队兵弁，存在人身依附关系，不具有自由雇工性质。③ 根据金陵制造局历年（1883—1891 年）收支显示，收入分别为 109149 两、153368 两、118293 两、110043 两、114104 两、114088 两、114082 两、124635 两、114000 两，支出分别为 108857 两、153166 两、118520 两、109902 两、114051 两、113545 两、113978 两、124595 两、114007 两。④ 简言之，1865—1895 年全国各地共开办大小军火工厂 21 处，其中规模较大的如江南制造局、金陵制造局、天津机器局和湖北枪炮厂等，它们的常年经费多达数十万两（银）。

伴随社会发展，具有资本主义性质的南京近代工业产生于 1894 年，为商民投资兴办的胜昌机器厂。该厂以修理船舶及动力机械为主，起始资本 3000 元，工人 10 余人。至 19 世纪末，又先后开办咸阳火柴厂和青龙山煤矿等厂矿。其中，咸阳火柴厂是个手工工场，青龙山煤矿因系官办规模稍大，资本为 18.1 万元。此外，1866—1911 年的 45 年中，南京又陆续出现同泰永机器翻砂厂、金陵自来水厂、南洋印刷官厂、金陵电灯官厂、享耀电灯厂、杨永兴机器厂、津浦路南段机车厂、金陵机器火砖厂、泰记和茂工厂 9 家

---

①　参见陈胜利、茅家琦主编：《南京经济史》上册，中国农业科技出版社 1996 年版，第 263、284 页。

②　叶楚伧、柳诒徵：《首都志》下册，正中书局 1935 年版，第 830 页。

③　参见孙毓棠：《中国近代工业史资料》第一辑（上），科学出版社 1957 年版，第 334、565 页。

④　参见严中平主编：《中国近代经济史：1840—1894》下册，人民出版社 2001 年版，第 1593 页。

厂矿,此中除津浦路南段机厂资本不详外,其余 8 家资本总额为 108.77 万元。① 无论家数或资本额都较前期增加。且除津浦南段机车厂、南洋印刷官厂(光绪末年建立,采用机器印刷)、金陵电灯官厂为官办外,余 6 家均为商办,商办资本 72.37 万元,其中金陵自来水厂达 42 万元。其他商办工厂规模则较小,如杨永兴机器厂的资本额仅 200 元、工人 4 人。② 其间,官办工厂发展较为迅速。如金陵制造局规模仅次于江南制造局,居全国第二。津浦机车厂,是当时国内少数几家大型铁路车辆修理工厂,其由铁路局管辖,资金充裕。1909 年冬,筹办的金陵电灯官厂(民国初年改为江苏省立南京电灯厂,见表 1—1)"由江南财政局禀请两江总督拨款兴办",装有 100 千瓦发电机组,采用蒸汽机为动力,官拨资金 20 万两,资本总数约 70 万元③;是当时国内最大的电气企业,开辟我国官办电气事业的新纪元。上述 3 家企业,在南京近代工业中执牛耳达数十年之久。

表 1—1　金陵电灯官厂组织纲要表(1911 年)

发电所地址	发电所两处,一处在城内西华门,一处在下关江边	变压所地址	城内分设变压所七所,在三山街、贡院、水西门、中正街、三元巷、螺丝湾、督军署处,但下关及城北一带,有一部分采用小变压器挂于电杆上端
配电所地址	城内龙王庙	发电方式	城内单相三线式,下关三相三线式
有灯数	50000 盏	发电容量	城内 805KVA,下关 1250KVA
营业区域	城内下关共约 12 方里		
职别	**员额(人)**	**职别**	**员额(人)**
厂　长	1	见习生	5
总务部	14	机器工头	2
营业部	15	机器工匠	41
技术部	11	线路工头	1
物料部	6	线路工匠	24
下关发电所	4	合　计	124

资料来源:叶楚伧、柳诒徵:《首都志》下册,正中书局 1935 年版,第 1039—1041 页。

　　伴随开埠,机制食品大量涌入南京。食品加工业发展起来,外地商人纷

---

①　参见俞明主编:《下关开埠与南京百年》,方志出版社 1999 年版,第 20 页。

②　参见建设委员会经济调查所统计课:《中国经济志·南京市》,正则印书馆 1934 年版,第 197 页。

③　参见叶楚伧、柳诒徵:《首都志》下册,正中书局 1935 年版,第 1039 页。

纷来宁开设酱园。1899 年首创椿和酱园后,徐恒大、益美、陈义森等私人酱园相继开业,生产具有宁扬绍三帮风味、花色品种众多的产品。而稻米手工业作坊——砻坊,一般都设在米行或堆栈的后堂,工商结合,其规模在一二十人,形成了一支小手工业者队伍。1899 年设于窑湾街的胡义典砻坊为南京最早的砻米作坊。其后,新兴的食品工业发展很快(见表 1—2),在所有厂数中占到一半以上,其中碾米业异军突起。如 1913 年,唐鉴庭在下关凤仪里开设南京最早的米厂——德和米厂,开启南京机器碾米先河。其后,从城南到城北共有机器碾米厂 20 家,企业资本 40400 元,职工约 412 名,营业额最高的厂达 6000(银)元。1921 年,卞筱卿创办的大同面粉股份有限公司,是当时民营企业中资本最雄厚的一家,资本为 100 万元,职工达 185 名,有 720 匹马力柴油引擎 1 部,各种工作机 94 部,年产月兔牌面粉 150 万袋,产品行销江苏、安徽等地。其间,南京还出现开埠以来的第一家外资工厂——英商和记洋行,由 1912 年英人韦氏兄弟在南京下关江边择地建厂、投资设立。次年开工生产,时有职工 300 余名,年加工能力为冻鸡鸭 260—300 万只,冻蛋 3000 余吨,产品全部远销欧洲。[①] 和记洋行是当时南京具有现代化生产技术的大型工厂之一,也是国内首屈一指的蛋品肉类加工厂。

表 1—2　1912—1926 年南京市食品工厂一览表　　　　　单位:元

厂名	成立年份	厂址	职工(人)	资本	营业额	厂名	成立年份	厂址	职工(人)	资本	营业额
德和	1913	凤仪里	12	3000	3200	天盛	1921	江宁县	44	2000	6000
华丰	1914	九龙桥	34	25000	40000	高锦元	1922	米行街	21	1000	3600
永泰	1915	九龙桥	8	2000	4000	黄福昌	1922	下码头	40	4000	5000
信昌	1916	芦席巷	11	500	1500	周锦记	1922	中华门	16	1500	4500
天福	1916	惠民桥	9	2000	4800	泰和	1922	上码头	18	2000	6000
震丰	1918	上码头	12	1400	4200	涌生和	1923	汉西门	19	3500	4000
振昌	1918	三叉河	29	3000	1500	隆和	1923	中华门	12	1000	3000
丰余	1919	汉西门	6	1000	800	周和	1924	西街	10	1000	3000
义丰祥	1919	扫帚巷	24	1000	3000	杜天兴	1925	上码头	22	2000	6000
高荣昌	1920	米行街	26	4000	3000	金厚丰	1925	燕翅口	24	1000	4500
济丰	1921	光华门	43	50000	52000	华丰	1925	扫帚巷	49	3500	1050
大同	1921	三叉河	185	100 万	—						

资料来源:南京市地方志编纂委员会:《南京粮食志》,中国城市出版社 1993 年版,第 157—158 页。

---

① 参见陈胜利、茅家琦主编:《南京经济史》上册,中国农业科技出版社 1996 年版,第 263、283 页。

概言之,1912—1926 年南京新建工厂 53 家,年均增加近 4 家。其中碾米厂 19 家,面粉厂 1 家,酿酒厂 2 家,烛皂厂 1 家,绸厂 1 家,布厂 6 家,袜厂 2 家,砖瓦厂 2 家,机器厂 5 家,印刷厂 4 家,数种矿业 10 家。新建工业以民营为多,1926 年时民营企业的资本额已达 118.5 万元。[①] 此期轻工业工厂与前期相比有较大发展。但除少数厂家资本超万元外,其余规模很小,资金仅千元甚至数百元,机器设备简陋,类似作坊。而官办企业规模较大,并以更新设备、扩大规模为主。

(二) 定都后的工业发展

不可否认,南京"新式机械工业兴于民国初年,建都设市后,迭有进展"[②]。如 1927 年 4 月 18 日国民政府定都后,积极倡导首都建设、加之人口剧增等原因,由此"慈善机关之整顿,社会调查之举行,平民工厂之设立"[③]等工作逐而展现。1930 年 7 月,国民政府实业部在南京成立"中央工业试验所",本地工业得地利之便,新建工厂不断涌现(见表 1—3)。如据南京社会局统计,截至 1933 年 6 月底,全市共有登记工厂 122 家,资本总数为5768578 元。其中印刷业 30 家、资本共 445050 元(定都前开设 4 家),机米业 39 家、资本 1116002 元,机械制造业 16 家、资本 49600 元,面粉业 3 家(2家系定都后创设)、资本 1420000 元,电气业 2 家、资本 3419828 元,烛皂业 4家、资本 10000 元,饮食品制造业 4 家、资本 120000 元,纺织业 5 家、资本33000 元,水泥砖瓦制造业 7 家、资本 124000 元,铁器制造业 5 家、资本20200 元,电镀电刻业 4 家、资本 4800 元;其他工业 3 家,即煤球业、电池业、凿井业各 1 家,资本共 10800 元。[④]

表 1—3　1931 年南京市各业工厂概况统计表

业　别	性　　质				家数	资本总额（元）
	公办	独资	合资	公司		
绵织业	1		2		3	86000
洋瓦业		2			2	12000
面粉业			1	1	2	620000
银楼业			2		2	87000

① 参见建设委员会经济调查所统计课:《中国经济志·南京市》,正则印书馆 1934 年版,第137 页。
② 南京市政府:《首都市政》,大成出版公司 1948 年版,第 63 页。
③ 南京特别市市政府秘书处编译股:《一年来之首都市政》,南洋印刷厂 1928 年印,第 5 页。
④ 参见南京市政府秘书处:《新南京》,南京共和书局 1933 年版,第 3—13 页。

（续表）

业　别	性　质				家数	资本总额（元）
	公办	独资	合资	公司		
酒　业		1	1		2	75000
报　业	1				1	45000
机器业		3	1		4	9200
烛　业			1		1	5000
印刷业	1	4	1	7	13	340900
总　计	3	10	9	8	30	1280100

资料来源:南京社会局:《南京社会特刊》第三册,文心印刷社 1932 年版,第 58 页。

自 1927—1934 年 7 年中,南京市新建各业工厂达 567 家,年均新建 81 家。至 1934 年 4 月,全市工厂数 847 家,工人 6456 人,分布于 21 个行业,资本总额达 1084.7 万元。1933 全年营业额为 1483 万元。[①] 另据资源委员会关于南京工业的不完全统计(至 1934 年 10 月),南京 16 个行业有工厂 678 家,工人 9853 人,各种机器设备 1890 台,产品总值 2344 万元。其中印刷厂 219 家,丝织厂 200 家,棉织厂 105 家,翻砂铁工厂 66 家,砖瓦厂 9 家,炼焦厂、制冰厂各 2 家,玻璃厂、自来水厂、制蛋厂各 1 家,煤球厂 5 家,制皂厂 14 家,碾米厂 50 家,面粉厂 3 家;这些工厂年产翻砂铁 504 吨、砖 4000 万块、瓦 150 万片、煤球 1 万吨、肥皂 4.7 万箱、布 22.2 万匹、缎 3 万匹、白米 125 万石、面粉 334 万袋、冰蛋 3600 吨、饮用冰 400 万磅。[②] 1935—1936 年期间全市新登记工厂计 39 家、资本 1836400 元、工人 1859 人、产品总价值 7851560 元[③],工业发展已呈规模之势。

具言之,斯时"江苏省立南京电灯厂"更名为"首都电厂",从而"乃即扩大组织,增加资本,改进技术,以进于光明"[④]。如该厂总部移至原下关发电所厂地,1931 年安装 2 台 5000 千瓦汽轮发电机,1934 年又增加 1 台 1 万千瓦发电机和新式锅炉,使年发电量为 3300 万千瓦时,较 1927 年前增加十余倍。[⑤] 其机器设备均采至英美德瑞士等国,堪称先进。1935 年 7 月至 1936

---

① 参见建设委员会经济调查所统计课:《中国经济志·南京市》,正则印书馆 1934 年版,第 211 页。

② 参见刘大钧:《中国工业调查报告》下册第二编,经济统计研究所 1937 年编印,第 1—5 页。

③ 参见南京市政府秘书处统计室:《南京市政府行政统计报告(民国二十四年度)》,南京胡开明印刷所 1937 年版,第 176 页。

④ 王漱芳:《十年来南京市政之回顾》第 1 页,载《十年来之南京》,1937 年 6 月编印。

⑤ 参见王云骏:《民国南京城市社会管理》,江苏古籍出版社 2001 年版,第 20 页。

年 6 月间,首都电厂投资总额为 3200000 元,资产总额为 11189324 元,其中固定资产 8609178 元,发电容量 12600 千瓦,发电度数 37004350 千瓦时,用户 39237 户,注册电器商店数 41 家,登记工人数 326 人,收入总数 2986341元,实支总数 1733124 元。① 当时,首都电厂不仅供应南京市区的全部电力,且输电至长江北岸的南京永利铔厂与龙潭的中国水泥厂。其间,1929年 8 月南京市政府成立自来水筹备处。1933 年 4 月自来水厂开始供水,工程总额及机件水管等费约 400 万元。1935 年每月营业收入约 35000 元,经常支出月约 15000 元,每日给水能率为 4 万立方公尺。② 自 1935 年 7 月至1936 年 6 月,该水厂埋设自来水管线长度 105278 公尺,开机时间 5338.87小时,水管商数 30 家,抽水量 4167977 千立方公尺,营业收入 553239.65元,工人 329 人;自来水用户总计 3096 户,其中住宅为最多有 2084 户,其次为公司与商号 505 户、机关 194 户、学校及会所 120 户。③ 彼时,该厂零售水站已遍布全市。

　　不啻如此,浦镇机厂在南京定都后改由国人主持厂务,直属铁道部。1933 年已有资金 171 万元,机床 37 台、化铁炉 2 只、工人 913 人,年修理机车及客货车 826 辆。总产值 125 万元。1937 年发展到有职工 1500 多人,是当时中国同业中规模最大的工厂之一。④ 此期,大机器工业除上述企业外,还有被誉为"远东第一大厂"的永利化学工业公司南京永利铔厂。其初始资本为 550 万元,至 1936 年增资达 1000 万元。该厂 1937 年 2 月正式投产,下属 5 个工厂,年产红三角牌硫酸铔 1.87 万吨,硫酸 1.15 万吨,盐酸3600 吨,硝酸 152 吨。其不仅制造出中国第一批硫酸铵(肥田粉),更是当时中国乃至远东地区最大、最先进的化工企业,由此打破英德两国长期垄断中国化肥市场的局面,为中国近现代化学工业奠定根基。至 1937 年,金陵制造局年产马克沁重机枪 626 挺,八二迫击炮 440 门,机步枪弹 2802 万粒、手枪信号弹 154280 粒,迫击炮弹 299840 发,防毒面具 28980 具等。尤其是所产马克沁重机关枪质量上乘、产品精良,定名为"宁造式"。⑤ 再据 20 世纪 30 年代初统计,和记洋行每日屠宰生猪 3000 头左右,加工鸡鸭 20000 只

　　① 参见南京市政府秘书处统计室:《南京市政府行政统计报告(民国二十四年度)》,南京胡开明印刷所 1937 年版,第 300—301 页。
　　② 参见叶楚伧、柳诒徵:《首都志》下册,正中书局 1935 年版,第 1046—1047 页。
　　③ 参见南京市政府秘书处统计室:《南京市政府行政统计报告(民国二十四年度)》,南京胡开明印刷所 1937 年版,第 234—241 页。
　　④ 参见南京市地方志编纂委员会:《南京机械工业志》,方志出版社 1998 年版,第 14—15 页。
　　⑤ 参见经盛鸿:《南京沦陷八年史》上册,社会科学文献出版社 2005 年版,第 14—16 页。

左右,蛋制品每天产量 160 吨,最高达 300 吨,年产量 5 万吨,超过上海怡和、茂昌、班达等六家大蛋厂的总和,其工人多达 2000—4000 人[1];成为当时中国规模最大的食品加工厂。

国民政府定都南京,"因之新兴工业,以砖瓦、营造、印刷等进展为最速"。例如砖瓦业,初仅谈海、征业二厂,定都后新增 6 家。其中以宏业为最大,资本 20 万元;谈海、新利源、新建、协议记、通华、征业、大兴的资本分别为 5 万、3 万、2 万、1 万、1 万、3 千、1 千元。各厂全年共出砖 1100 万块、瓦 411 万片、瓦筒 147000 个,总计产值 513760 元。斯时,南京的机制砖瓦厂,拥有轮窑数占全国总数 1/5 以上。再如营造业,"南京自奠都以来,建筑频繁,故营造厂特别发达"。全市共有 480 家,其中资本在 5 万元以上有 63 家,1 万元以上 79 家,2 千元以上 186 家,200 元以上 152 家。各厂共计资本约 500 万元左右,全年营业额约在 500—600 万元间。复如印刷业,定都前全市印刷厂仅有 4 家。定都后逐年增加,抗战前已增至 28 家,共计资本 443550 元,营业总额年约 100 万元。再如碾米业,自南京"奠都以后,人口激增,食粮之消耗益多,碾米业亦因之发达",抗战前全市碾米厂共 39 家,资本 8 万余元,每日出米可达 6000 石;面粉制造厂原有大同、扬子、泰昌三家,后两家至抗战前已停业,仅存大同一家,资本 100 万元,年出面粉 150 万袋、价值 400 万元(工厂登记详见表 1—4)。[2]

表 1—4　南京市工厂登记概况(1936 年 6 月调查)

工厂名称	厂长或经理	资本(元)	开办年月	机械动力(M 代表马力,E 代表机械能)	职员人数	工人数(人)	工资(元)	
							最高	最低
新泰正记机厂	沈耀庭	1000	1936.4	M.2	2	4	28	5
生泰翻砂铁工厂	童阿金	1000	1930.6	M.5	2	22	30	10
协昌机器厂	陈春龙	5000	1920.10	M.7.5	6	49	60	20
同裕机器厂	朱久祥	1800	1933.7	M.5	1	19	30	10
上海机器厂	庄永良	1500	1936.3	M.4	1	12	20	9
正大电镀厂	蓝春泉	1000	1925.5	M.14.5	1	18	—	—
泰昌电镀厂	顾钟全	10000	1935.5	M.24	2	29	27	12
孙贵记电镀厂	孙咨荣	700	1936.1	M.2	1	5	25	4
新昌鑫井工厂	沈起荣	500	1925.5	M.2	1	5	15	5

---

[1]　参见国民政府实业部国际贸易局:《中国实业志·江苏省》,1933 年 2 月编印,第 177 页。
[2]　参见南京市政府秘书处:《十年来之南京》,1937 年 6 月编印,第 134—136 页。

（续表）

工厂名称	厂长或经理	资本（元）	开办年月	机械动力（M代表马力，E代表机械能）	职员人数	工人数（人）	工资（元）	
							最高	最低
大兴机器厂	朱学金	300	1933.3	M.3	2	16	120	15
公昌机器厂	褚才根	5000	1928.7	M.5	3	41	29	8
中兴机器厂	山云昌	2000	1925.6	M.3	1	12	21	15
平和轩机器厂	平宝善	2000	1924.9	M.8	2	41	30	9
永兴机器厂	杨培清	10000	1930.3	M.7.5	4	50	33	12
边隆丰机器厂	边凤祥	2000	1918.3	M.6	2	9	30	10
和平铁厂	曾广珠	5500	1929.3	M.5	2	18	40	20
同兴昌锅厂	葛清泉	8000	1931.6	M.3.5	4	20	20	10
福兴机器厂	陈亭赞	800	1930.12	M.3	1	11	14	3
永泰昌机器厂	钱月泉	3000	1920.月	M.5	3	40	40	10
森泰机器厂	陈烈忠	300	1934.7	M.3	1	11	24	9
江南修理厂	吴琢之	5000000	1935.10	M.46	55	170	90	30
胜昌余记工厂	徐秀珊	3000	1896	M.3	1	13	45	6
民生铁工厂	顾照福	2000	1935.10	M.3	1	16	50	20
三民印刷局	沈君陶	200000	1934.1	M.5.8	24	140	50	8
大同面粉厂	卜筱卿	1000000	1928.8	E.720	93	156	242	12
宏业砖瓦厂	虞汀舫	300000	1933.8	E.150	12	370	21	15
自来水厂	周梓骧	5000000	1932.4	E.600	87	195	70	12

资料来源:南京市政府秘书处统计室:《南京市政府行政统计报告(民国二十四年度)》,南京胡开明
　　　印刷所1937年版,第174—175页。

　　顺便指出,南京定都时"犹有织机八千台,从业者计二万余人,其产品
行销国内外"①。嗣受"舶来品之倾销,一面受朝鲜、安南,销场之重税,而该
业工人复墨守成规,不知改进,甚至暗相竞争,粗制滥造,至营业一落千
丈"。如1929年该业工人为9300人,1933年3300人。抗战前全市织机仅
千余张,工人三四千名。② 但因当时西人来华游历者多购锦缎而归,因此南
京云锦业在衰退中有所恢复,"颇有起色",如1932年有云锦织户120家,
拥有织机500架;1937年该业又有发展,年产值约为50万元。③ 概言之,抗

① 　南京市政府:《首都市政》,大成出版公司1948年版,第62页。
② 　参见南京市政府秘书处:《十年来之南京》,1937年6月编印,第135页。
③ 　参见国民政府实业部国际贸易局:《中国实业志·江苏省》,1933年2月编印,第177页。

战前南京已有大小工厂 629 家。其中纺织工业 11 家，饮食品制造业 59 家，木材制造业 1 家，土石玻璃制造业 10 家，营造业 480 家，机器及金属品制造业 22 家，冶炼工业 3 家，矿产工业 2 家，化学工业 4 家，电器工业 7 家，造纸及印刷业 30 家[①]；战前十年间南京新开办厂矿企业 558 家，资本除少数厂矿不详外总额达 3087.36 万元，无论厂数及资本额均比定都前增长十几倍[②]。

　　不难发现，开埠前后是南京近代工业发展的转折点，此前手工业较为兴旺，之后机器工业快速发展特别是国民政府定都后。其间，官办企业以投资大、设备新的重工业为主，轻工业则以民间商办为主。但从上述企业的规模及资本看，重工业较轻工业更为发达，凸显此期工业发展的历史特点。即近代以来南京工厂数量、资本规模和职工人数等均有所增加。如据 1935 年《申报年鉴》所载，南京市人口数 726131 人，工业人口已达 113412 人。[③]可以确定的是，工业发展促进城市经济繁荣和人口就业，对人口产生吸附效应，进而为公共交通提供丰富客源，并使公交乘客群体得以持续扩张，此类情事实因"城市中的工人希望增加公共交通"[④]。

二、商业运营的基本态势

　　漫长封建社会中，南京一直保持全国或江南的中心地位。步入清代，南京设江宁府，为两江总督府所在地。1864 年 7 月，太平天国天京失据，城内外各地被夷为瓦砾，几近废墟，居民被杀戮或外逃，商业活动随之停止。如曾国藩所言，"南京地方元气过伤，商民疲困"。[⑤]继而清军在天王府废墟重建两江总督衙门，曾、李（鸿章）先后任总督，从而商业活动逐步恢复。如曾氏为复兴商市，令镇江、常州两地木商带资来宁，于上新河重开木市。专事经纪的木行，由原先数家发展到 32 家。[⑥]

　　至 1899 年，南京"开辟下关商埠，置商埠督办"[⑦]。即为适应对外通商需要，1907 年前后，下关商埠局自置督办，办理关于商埠的一切建设事宜，包括铁路、马路、电灯、电话、消防、路灯、巡警等公共事业。[⑧]事实上，下关

---

①　参见南京市政府：《首都市政》，大成出版公司 1948 年版，第 63 页。

②　参见俞明主编：《下关开埠与南京百年》，方志出版社 1999 年版，第 30 页。

③　参见王云骏：《民国南京城市社会管理》，江苏古籍出版社 2001 年版，第 160 页。

④　刘凤良主编：《经济学》，高等教育出版社 1998 年版，第 185 页。

⑤　参见南京社会局：《南京社会特刊》第三册，文心印刷社 1932 年版，第 11 页。

⑥　参见南京市地方志编纂委员会：《南京物资志》，中国城市出版社 1993 年版，第 21 页。

⑦　南京市政府秘书处：《新南京》，南京共和书局 1933 年版，第 1 页。

⑧　参见江苏省南京市公路管理处史志编审委员会：《南京近代公路史》，江苏科学技术出版社 1990 年版，第 32 页。

开埠的商业行为对近代南京城市经济有重要影响。据开埠初对外贸易统计,南京年年入超且进口洋货增幅快,土货出口微乎其微。即 1900—1911 年 12 年中除 1902 年缺统计外,有 6 年无出口记录,其余有出口记录的年份均未超过千两(见表 1—5)。根据江宁商务总会申报 1908 年宁商业盈亏情形,"以洋货而论,究其发达之迹,即为土货失败之前因……至亏折各业,其远因近因各有所在。近因以铜元之充积,远因以外货之流行。然受铜元之影响,圜法一定,犹可收拾将来。惟对于外国之竞争,如丝缎各业,则皆一落千丈,岌岌可危,无可挽回之希望。失今不救,后患何可胜言"。[①] 其时,进口洋货以生活消费品为大宗,造成南京市场上的国产商品如丝织品及其原料较大幅度的缩减。

表 1—5　南京进出口货价值统计表(1900—1928 年)　　单位:海关两

年份	土货出口值	洋货进口值	合计	年份	土货出口值	洋货进口值	合计
1900	—	15000	15000	1915	1942973	563867	2506840
1901	468	10000	10468	1916	3709541	1185370	4894911
1902	—	—	—	1917	3664690	1661174	5325864
1903	—	8413	8413	1918	2189900	1659805	3849705
1904	—	389853	389853	1919	6759529	3120556	9880085
1905	702	128936	129638	1920	6648383	4411399	11059782
1906	476	387578	388054	1921	2522879	8274009	10796888
1907	133	72538	72671	1922	3688121	8562794	12250915
1908	873	176217	177090	1923	4036887	3845613	7882500
1909	906	1795096	1796002	1924	2497479	3968058	6465537
1910	—	2087504	2087504	1925	3429461	4347052	7776513
1911	—	1428654	1428654	1926	6059688	4324808	10384494
1912	—	1538442	1538442	1927	101395	941452	1042847
1913	123	2645070	2645193	1928	2800007	1049206	3849213
1914	1055456	3619865	4675321				

资料来源:叶楚伧、柳诒徵:《首都志》下册,正中书局 1935 年版,第 1068—1070 页。

---

① 　叶楚伧、柳诒徵:《首都志》下册,正中书局 1935 年版,第 1056—1057 页。

　　民国初立后,在内外贸易发展牵动下,南京出进口货物价值增长颇速(见表1—5),全市商业规模扩大。如开埠后几年间,对外经济往来骤增,仅南京本地生产的绸缎外销达千余万两。巨款频繁往来,客观刺激了钱庄业发展。据1894年统计,当时有汇划庄三四十家,中小钱庄达数百家。20世纪初,南京地区商业曾一度萧条,仅钱庄能以"息率日高而制胜",年盈余利润达十多万两。如清末民初南京钱庄业的业务为兑换、存款和放款,资本为万元以上的牌号有通和、震丰、福康、保余、裕大、怡丰、仁泰昌,资本数分别为30000元、15000元、20000元、13000元、15000元、20000元、10000元,合计牌号28家,资本共计172900元,职员316人。[1]

　　且1903年清政府设立商部,随之各省设立商务局并鼓励设立公司、办厂矿、成立商会等政策法规。江南商业总会,于此时在南京胭脂巷成立。从而作为新兴行业的百货业在南京逐渐形成,陆续发展成有一定规模的"京广杂货店"、"洋广杂货店"。三山街的裕成永京广杂货店就是较早出现的店家之一。这些商店的经营范围、经营品类均比原先货店有所发展,同时注重门面装饰和商品陈列,以吸引顾客。一些传统商业因受西方舶来品影响,在此阶段有所发展并在内涵上予以更新。如铜锡业,外国输入洋伞、洋针、洋表等均流入南京市场,对金属制品及修配的需求有所扩大,铜锡店不少在此间开设。自1860—1905年南京建有9家浴室,开有两家照相馆。另在规模较大商业中建立行业组织,如光绪中期绸布业组建同业公会,最早称尚始公所后改云章公所;1900年甘松琴等组成广货业公所,公所成员商店有70余家。[2] 据1908年南京商业贸易盈亏表显示,36类商业(钱、缎机、绒机、花绸机、布、丝经、帽、丝线、米、烟、茶叶、酱园、典、土、纱机、绸、洋货、衣、靴鞋、棉货、杂谷、药、广货、香烛、酒、杂货、油坊、茶食、纸、首饰、锅炭、扇、木、铜锡、磁器、漆)中,18家盈利,5家持平,11家亏折。其中,以钱业盈余为最(盈12.8万两),米业亏折最多(亏8.6万两)。[3] 此时,南京商业贸易缓步发展。

　　不仅如此,1908年沪宁铁路和1911年津浦铁路通车,也促进南京各类商业发展,"其受交通发达的影响,尤为重大。即由于交通的发达,是愈使国际贸易发展起来"[4]。如1921年,在全国较有近代经济根基的地区兴起交易所的热潮。到11月,仅上海设立的交易所就达112家,汉口、天津、广

---

①　参见叶楚伧、柳诒徵:《首都志》下册,正中书局1935年版,第754、1076—1078页。

②　参见陈胜利、茅家琦主编:《南京经济史》上册,中国农业科技出版社1996年版,第259—260页。

③　参见叶楚伧、柳诒徵:《首都志》下册,正中书局1935年版,第1057—1058页。

④　金家凤:《中国交通之发展及其趋向》,正中书局1937年版,第6页。

州、南京、苏州等地也有交易所 52 家。① 再据海关报告,1925 年南京由水道运至国内外各处的国货共达 1950 万两;又据 1927 年京沪铁路管理局报告,南京每年商务共达约 3800 万元。② 据金陵关统计,1932、1933 年南京进出贸易总值分别为 52316977、41794372 元。③ 至 1931 年杭州有(商业)同业公会 103 个,1933 年南京有 96 个。④ 依据市商会同业公会统计,至 1934 年年底南京市有商店 13003 家(另有不合营业登记的商店 5000 余家及特税免征商店 2000 家未列入),有食粮绸布等 96 类商业、经理店员 86079 人、资本 1243 万余元,1933 年营业额达 7234 万余元。⑤ 由表 1—6 见,1929—1935 年全市注册商业有 1600 家,注册资本总额 726 万余元。

表 1—6 南京市商业注册统计表(1929 年 4 月至 1935 年 6 月)

类　别	家数	资本总额（元）	类　别	家数	资本总额（元）
金融类	13	1350300	化学工业及化妆品类	91	263200
娱乐类	19	215645	纺织工业类	140	836950
新闻类	6	67600	服用品类	175	411400
建筑材料类	50	169100	橡革工业类	3	6000
营造类	28	517600	书店文具仪器及印刷类	61	465750
家具类	32	57200	饰物类	74	210800
冶炼类	15	24500	饮食品及烟草类	493	1393680
机器及金属品类	86	402500	其他	172	460160
交通类	80	254900			
土石玻璃类	62	155260	总计	1600	7262545
备注	以上材料以在社会局办理商业注册商号为限,虽经注册而已呈报闭歇者则不在内				

资料来源:南京社会局:《南京社会·调查统计资料专刊》,华东印务局 1935 年版,第 31 页。

譬如 1933 年南京市浴室达 73 家,其中的三新池浴室建筑面积达 1500 平方米,有大小厅堂 13 个,员工 180 人。浴室最集中的地区是夫子庙一带,

① 参见汪敬虞主编:《中国近代经济史:1895—1927》中册,人民出版社 2000 年版,第 1577 页。

② 参见国都设计技术专员办事处:《首都计划》,1929 年 12 月编印,第 216 页。

③ 参见叶楚伧、柳诒徵:《首都志》下册,正中书局 1935 年版,第 1071—1072 页。

④ 参见徐涤新等主编:《中国资本主义发展史》第三卷,人民出版社 2003 年版,第 243 页。

⑤ 参见建设委员会经济调查所统计课:《中国经济志·南京市》,正则印书馆 1934 年版,第 212 页。

在周围不到半公里地盘内有 10 家之多。饮食业亦颇兴旺,夫子庙小吃十分著名。当时大小食馆不下 20 家,新奇芳阁、奎光阁、蒋有记、永乐园、六凤居等食客盈门。① 位于中山东路的中央饭店更为巨擘,自 1929 年开业几乎天天客满,其他著名的有杨子饭店、首都饭店等。而随永安、太平商场相继开设,一些商店如李顺昌西服店、盛锡福鞋帽店、亨得利钟表店、精益眼镜店、张小泉刀剪店、冠生园食品店等竞放异彩。1934 年南京市旅馆约有 321 家、网点人员 4273 人,分布全市各处,尤以下关车站、大行宫、夫子庙等处最为集中。② 此期,日用百货业成为城内店数最多、营业额最大的行业。如据 1936 年调查,京广百货业有 143 家,鞋业有 147 家,钟表业有 122 家,皂烛碱业 20 家,扇帽业 87 家,棉货业 27 家。除日用百货与粮食业为大宗外,与城市人口消费相关的绸布业及新兴的交电器材商业也与日俱增。如 1936 年南京绸布店增至 62 家,资本达 913950 元;该年前后又出现最早一批无线电行,如天兴记、祥生、达华等,店址多在夫子庙、中山路。③ 即 1935 年 7 月至 1936 年 6 月间,全市商业注册 543 家、资本 184.7 万元,可见商业发展之速(见表 1—7)。

表 1—7　南京市商业注册(1935 年 7 月至 1936 年 6 月)

类　别	家数	资本(元)	类　别	家数	资本(元)
金融类	8	37100	化学工业及化妆品类	31	88400
娱乐类	1	10000	纺织工业类	24	124600
建筑材料类	18	48300	服用品类	62	209300
营造类	11	235200	橡皮工业类	2	4500
家具类	12	23800	书店文具仪器及印刷类	39	121250
冶炼类	10	23300	饰物类	21	33940
机器及金属品类	41	118000	饮食品及烟草类	151	375560
交通类	21	87850	其他	82	284020
土石玻璃类	9	21900	合计	543	1847320

资料来源:南京市政府秘书处统计室:《南京市政府行政统计报告(民国二十四年度)》,南京胡开明印刷所 1937 年版,第 192 页。

---

① 参见南京市地方志编纂委员会:《南京日用工业品商业志》,南京出版社 1996 年版,第 95 页。
② 参见陈胜利、茅家琦主编:《南京经济史》上册,中国农业科技出版社 1996 年版,第 335 页。
③ 参见南京市地方志编纂委员会:《南京日用工业品商业志》,南京出版社 1996 年版,第 37、73 页。

再如 1936 年 1 月 12 日拥有建筑面积 8201 平方米、高 3 层的近代南京第一家大型商场——中央商场在新街口开业。其由国民党政要、社会贤达招股集资,是由京沪津汉闽浙川粤等埠的华商大厂号 80 余家组合创设的专卖国产百货的大型商场。① 这不仅是南京商业向现代化迈进的重要一步,当时还在全国产生巨大影响。据 1937 年 11 月《中央日报》调查,当时向南京社会局登记的商店共 22 类,有 1.68 万家。其中商店数超过 1000 家的种类有:生活必需品类计 2067 家,食品类计 2129 家,杂货类计 2454 家,服装类 1478 家,家具类 1438 家,旅店餐馆类 1090 家。② 问题实质在于,除定都前后因战乱导致供需矛盾扩大、价格上扬外,1927—1936 年间南京物价总水平趋于平稳,如以 1924 年的价格水平作基期(100%),1925 年则增加 2.8%,1926 年增加 14.7%,1927 年增加 13.7%,1928 年减少 1.2%,1929 年增加 9.3%,1930 年增加 4.3%,1931 年减少 3.3%,1932 年减少 9.9%,1933 年减少 18.0%,1934 年减少 0.3%,1935 年增加 4.0%,1936 年增加 9.3%。③ 这种价格态势,也为商业运营提供稳定发展的市场条件。

其如上述,自南京开埠后对外贸易增长与世界市场发生联系,近代商业逐而发展;自国民政府定都至抗战前,全市商业发展尤速且具规模,达到近代的顶峰。其原因在于,定都后城市人口增加、城市规模扩张、机关团体林立及城市建设规模化等方面的持续助力。上述动因,引起城市商业经济的巨大需求,为公共交通的快速发展创设良性的市场经济条件,亦为该业的兴起和精进奠定基础。

第二节　城市邮电运输的发轫递进

近世以降,"我国近年来之新建设,最有成绩可述者,莫若交通事业",即"近代的交通,无论在经济、政治、文化各方面,都已占极重要的地位"④。而南京拥有得天独厚的交通条件,伴随近代邮电运输业的发展,不仅为公共交通的兴起作出重要保障,亦同时引发交通模式和城市社会的深度变革。

---

① 参见沈嘉荣主编:《南京史话》下册,南京出版社 1995 年版,第 88 页。
② 参见胡平:《近代市场与沿江发展战略》,中国财政经济出版社 1996 年版,第 282 页。
③ 参见南京市地方志编纂委员会:《南京价格志》,海天出版社 1996 年版,第 9—11 页。
④ 金家凤:《中国交通之发展及其趋向》,正中书局 1937 年版,"朱序",第 1 页、第 2 页。

一、邮电业的发轫发力

毋庸赘言，"交通事业与政治、经济、文化、国防之关系，均极重要"[①]，如"各种报纸杂志因运送迅速，容易广播于国内外，学者之往返，邮电之发达，皆足灌输智识"[②]。虽近代我国国营交通"组织庞大固占国库收益一大部分，而关系文化、军事、国防、商业尤为重要"；但环顾各种交通事业，如铁路、邮政等"被制于受雇之客卿或操纵于债权之代表，几无一事可以完全自主"[③]。如1876年，中英《烟台条约》商讨之际，总税务司英人赫德即"欲以邮政载入"请设送信官局，总理衙门以其建议商之北洋大臣李鸿章。1878年，李氏请开设北京、天津、烟台、牛庄、上海5局，略仿欧洲邮政办法，委赫德管理其事，"后各国客邮纷纷设立，侵占我国的邮政"。根据1907—1911年中国邮政收支显示，历年营业收入分别为1822378、2095612、2777266、3190348、3792780（银）元，营业支出分别2355716、2572956、3146619、3425726、4158697（银）元。[④]彼时，我国邮政事业基本入不敷支。

清末之季各省实施新政，南京市政得以展开，各项公共事业机关如邮政、电报、电话、电灯、医院等，次第创办。如清政府创设邮局，"裁提塘改文报局，接收驿站，往来公文半由邮局传递"，1896年3月批准开办国家邮政，仅在北京、镇江等地设邮政局。翌年2月，镇江邮政局在贡院街成立南京邮政支局，是为南京邮政肇始。而该支局"租用之屋甚狭"，每月租金仅20元，"一般商民对此自号大清邮政之新设机关，初未异常重视"。1899年南京辟为通商口岸，其始拨归南京海关税务司管理，即以税务司兼领邮政司，"惟初办之邮务，仅限于南京本地一处"。至1903年开始在江苏内地推行，"是时铁路未筑，往来内地邮件概用邮差或船只运寄"。嗣后邮务拓展，南京组成邮界，邮务长一职始派专员充任。所有邻省安徽邮局，亦归南京邮务长节制，并于安庆、镇江、苏州等处设立副邮界总局。[⑤]1901—1903年，日本和德国又先后在南京下关开办邮局各1所，还在城内府东大街日商大福洋行设信箱一处，当时对外国在南京开设的邮局统称为"客邮"。随着城区邮

---

① 韦以黻：《发刊词》，载《交通杂志》第一卷第一期，交通杂志社1932年版，第1页。

② 向默安：《我国交通事业之整理与发展》，载《交通杂志》第一卷第一期，交通杂志社1932年版，第9页。

③ 交通部铁道部交通史编纂委员会：《交通史·电政编》第一集，1936年编印，"交通史电政编叙"第1页。

④ 参见金家凤：《中国交通之发展及其趋向》，正中书局1937年版，第314、320页。

⑤ 参见叶楚伧、柳诒徵：《首都志》下册，正中书局1935年版，第875—877页。

政局所设立增多,至 1905 年南京邮政局已在句容、浦口、钟鼓楼、南京城内、溧水、下关、水西门、大河口、湖熟、六合等处设立邮务支局。1910 年,金陵关税务司将所辖邮务移交南京邮区邮务总办;苏州、镇江、安庆、芜湖等邮政分区为该总办接管,并设总局于下关,南京成为长江下游地区的邮政枢纽。至 1923 年,南京有邮政代办所 68 处,邮政箱筒 41 处。①

国民政府定都南京后,当局亦不断增设邮电局所。如 1935 年 7 月至 1936 年 6 月间,南京市邮政局所为 21 个,职工人数 1067 人,邮路里程 151377 公里,邮件数(国内 54491033 件、国外 403292 件),包裹(国内 140988 件、国外 927 件),营业收入 1179395 元、支出 1348737 元。同期,全市办理邮政储金局数达 16 个,储金存户 11142 个,1935 年度储金存款 1895109 元、储金提款 1689224 元、储金投资 1 项。各局均可通汇汇兑,同期国内、国际汇兑开发银元分别为 6066863、88704 元、兑付银元 176022 元,营业收入 105749、支出 126886 元。② 至 1936 年年底,全市有邮政支局 36 个,代办所 25 个,并开通南京与全国各省市的邮政业务。③

再如电信业。"近代通信以邮电为主要工具,而电信一项,传达尤为迅捷"④,电信是近代最快速的信息传播工具,是步入近代化社会的标志之一。即我国近代交通事业中"电政之创办为时最久",自 1880 年北洋大臣李鸿章奏办电报始。⑤ 是年,李氏为加强防务奏准清政府兴建天津至上海陆路电线;翌年两江总督兼南洋通商大臣刘坤一致电李,要求津沪线经江苏时,从镇江展设支线通往江宁(南京)。由此,南京电报由江南官电局于 1881 年开办经营,"初为海防军务,只传官报"。⑥ 是年 8 月,刘坤再派金陵制造局的龚照瑗主持镇江至江宁线的架设工程,开办计程 160 里,先设镇江、江宁两局及督署报房,"仿照北洋章程变通办理"。11 月附设同文电学馆,招募学生 20 名。1882 年 1 月电线工竣,设线经费 11900 余两,由江南军需局拨给。⑦ 此是我国最早在省境内展设的官线,亦为南京电报业肇始,初用于江海军务和沟通南北洋大臣衙门间的联系。

---

① 参见南京市地方志编纂委员会:《南京邮政志》,中国城市出版社 1993 年版,第 27 页。

② 参见南京市政府秘书处统计室:《南京市政府行政统计报告(民国二十四年度)》,南京胡开明印刷所 1937 年版,第 298 页。

③ 参见南京市地方志编纂委员会:《南京邮政志》,中国城市出版社 1993 年版,第 29 页。

④ 赵曾珏:《中国之电信事业》,商务印书馆 1943 年版,第 1 页。

⑤ 参见交通部铁道部交通史编纂委员会:《交通史·电政编》第一集,1936 年编印,"交通史电政编叙"第 1 页。

⑥ 参见叶楚伧、柳诒徵:《首都志》下册,正中书局 1935 年版,第 878 页。

⑦ 参见交通部铁道部交通史编纂委员会:《交通史·电政编》第一集,1936 年编印,第 22 页。

至 1882 年,当局展设天津至北通州,上海至苏州、常州、镇江、扬州、江宁、徐州、海州、南通州等处电线。[①] 翌年,继任南洋大臣左宗棠奏请推广长江电线,采用官督商办形式,由商人集资将镇江至江宁支线展设至汉口,即至江宁南岸起经芜湖设支线至安庆,复折回至殷家汇、大通,由九江渡江循北岸达汉口,又过江至武昌。宁汉工程 1884 年告竣,共 1630 里、费用 99200 两。其间,又先后增设下关、象山、崇明、福山、浏河各分局,镇江、无锡各转报局等处,总共线路 434 里。又自江宁至镇江设立巡电房,于麒麟门、石榴园、高资三处始设总局,"金陵省垣机器局内,旋改设于支应局督练公所"。1884 年,两江总督曾国荃再架设下关至金陵电报局线一条;翌年 4 月起,将自南京至镇江 160 余里官线并沿途三处巡线房及下关电线移交商局办理,"只留分局作为官线,其余悉归商局"。[②] 因各地线路架设,南京至天津、两广、上海、云南、陕西及甘肃等地的陆路电报相继开通,至 1904 年南京"电报改章,兼收商报"。[③]

我国电话事业,原由外商在租界经营。1900 年后,南京、苏州、武汉、广州、北京、天津、上海、沈阳等城市先后由中国自行设立市内电话,多属商办。[④] 譬如 1900 年因义和团事件,"北而平津先由八国联军置电话,南而金陵亦有苏抚置电话",而金陵电话"是为国有电话之始"。[⑤] 即是年 8 月,江南官电局在南京设立南洋德律风总汇处,置 50 门磁石式交换机一台,"南京电报局开办电话,专为实缺各衙署之用",所装电话仅 14 处且规模异常简陋,但其成为我国第一个开办市内电话的城市。至 1904 年,电话改归督练公署办理;翌年"改章收费,推广安设",传播商务信息服务开放使用,至 1910 年有 200 余号。[⑥] 民国元年,南京电话改归"省办"后,先后开办城南、下关、浦口、浦镇 4 分局,安装市内电话 3000 门,用户 1200 余户。1926 年开通至上海的长途电话。[⑦]

国民政府定都初,南京原有无线电台一座,1928 年又建成短波电台一座,后经多次改组,终于 1935 年建成拥有 500 万特机器的南京无线电台,开

---

① 参见金家凤:《中国交通之发展及其趋向》,正中书局 1937 年版,第 260 页。

② 参见交通部铁道部交通史编纂委员会:《交通史·电政编》第一集,1936 年编印,第 17、22 页。

③ 参见叶楚伧、柳诒徵:《首都志》下册,正中书局 1935 年版,第 878 页。

④ 参见徐涤新等主编:《中国资本主义发展史》第二卷,人民出版社 2003 年版,第 850 页。

⑤ 参见交通部铁道部交通史编纂委员会:《交通史·电政编》,1936 年编印,"交通史电政编叙"第 1 页。

⑥ 参见叶楚伧、柳诒徵:《首都志》下册,正中书局 1935 年版,第 879 页。

⑦ 参见交通部铁道部交通史编纂委员会:《交通史·电政编》第二集,1936 年编印,第 4 页。

通其与全国各主要省市的无线电联系。1935年7月至1936年6月间,南京电话局数为4个,电话路线长度332.067公里,电话机(自动式)6057台,职工人数447人,用户数5468户,营业收入586715元,营业支出264518元,资本支出223818元,且长途电话均由电话局兼办,并入电报内。同期,全市有线电报局1个,职工人数480人,路线长194公里,电报机349台,发电字数11999637字、次数192705次,年度营业收入839112.39元、支出634361.84元、资本支出481346.05元。① 同时,国民政府还先后在南京成立京沪区长途电话管理处、交通部九省长途电话工程处,至抗战前已基本建成以南京为中心的全国长途电话网。且不难发现,"交通运输业是逐渐地靠内河轮船、铁路、远洋轮船和电报的体系而适应了大工业的生产方式"②。从而,作为城市发展重要指标——邮电业的发轫发力,亦对近代南京公共交通体系的兴起奠定了经济基础。

二、运输业的递进嬗变

一般而论,"费用低廉而管理良好的内河运输系统,承担着日益繁忙的地区间的交通运输。城市化的步伐正在加快,市场网络日益将农村紧密地联系在一起"。③ 由历史考之,两千多年来南京交通运输与城市共生共兴、形势天成的区位优势,经过历代经营缔造,运输事业成就斐然。

(一) 水路运输

"考交通之始,初有舟楫","我国上古时代,史乘所载,伏羲刳木为舟,剡木为楫,是斯时亦有船舶之创造"。④ 南京居长江下游,东距长江江口约400公里,距长江最近处约6公里,"其水道之深广,即上海亦无以过"⑤,具备水上运输的良好条件,近代南京"沿江上下过往客货大都赖水路运输"⑥。中国交通近代化肇始于轮船航运业,轮船亦是近代南京主要的水上交通工具。即经过南京的长江"是而东流,已达于海,此江为南京水路交通之重要

---

① 参见南京市政府秘书处统计室:《南京市政府行政统计报告(民国二十四年度)》,南京胡开明印刷所1937年版,第299页。

② 〔德〕马克思:《资本论》第1卷,人民出版社1975年版,第421页。

③ 〔美〕费正清编:《剑桥中华民国史 1912—1949》上卷,杨品泉等译,中国社会科学出版社1994年版,第713页。

④ 韦以黻:《现代交通政策国防化》,载《交通月刊》第一卷第一期,京华印书馆1937年版,第19页。

⑤ 国都设计技术专员办事处:《首都计划》,1929年12月编印,第120页。

⑥ 南京市政府:《首都市政》,大成出版公司1948年版,第12页。

部分,轮船出入必经之"①。

譬如 1858 年《天津条约》使长江航运权被列强攫取,法国要求南京辟为对外口岸,"惟现在长江上下游均有贼匪,俟地方平靖,再选择自汉口溯流至海的口岸通商"②。然事实上,太平天国期间列强轮船已在南京江面往来不绝。如九江、汉口开埠后,外轮欲达长江中游地区,须经过太平天国控制的南京下关江面。英美法等列强打着中立旗号与之谈判。太平天国并不反对中外通商和互开口岸,但同意外轮在不为清政府运送军队、物资及鸦片前提下,前来南京进行贸易往来。如 1854 年太平天国宣布:"平定时,……万国皆通商,天下之内兄弟也。立埠之事,候后方定,害人之物为禁。"事实上并没有等到"平定",南京即已对外通商。如 1861 年,其对外正式声明:"永远通商营业"③。至此,当时经过和停泊南京江面的外轮颇多,有时一日之中往往有 30 余艘中外船只。④

1868 年,美国旗昌轮船公司在南京下关设"洋棚",办理客运业务。而轮船招商局(1873 年在上海成立总局)作为近代中国轮船业的重要代表,同年在下关设棚场经营客运。1877 年,招商局买下旗昌的洋棚独营南京客运业务,这也是南京地区最早的中国轮船机构。自开埠后,南京航运业发展更加迅速,时"下关为沿长江重要商埠之一,上下水轮船,无不停泊于此"⑤。中外轮船来往络绎不绝,当时南京港的轮船每年上下旅客达 10 万人左右,外轮公司有英商怡和、太古,日商大阪,德商美最时。1900—1906 年,四大外轮公司均在下关开设分支机构并建造现代化码头,加强客货运输,从而扩大南京与外国的接触。据海关统计,1900 年前南京港停泊的中外轮船中,以中轮为最,其占总吨位的份额为 62.63%、外轮为 37.37%。但随外商新建码头增多,中外轮停泊比例发生变化,1901 年中轮占 33.16%、外轮占 66.84%,1904 年外轮已超 70%,1908 年中轮减至 17.91%,外轮则为 82.09%。⑥ 虽 1898 年招商局在南京设分局,但因船只性能不良、码头设备破败,无法与外轮竞争。至 1936 年,该局总资本为 20146914 元、有大轮 27 艘,其南京分局轮船 9 艘、总吨数 25966.91 吨。⑦ 当时外轮公司在南京水

① 南京市政府秘书处:《十年来之南京》,1937 年 6 月编印,第 2 页。

② 王铁崖:《中外旧约章汇编》第一册,生活・读书・新知三联书店 1982 年版,第 97 页。

③ 参见严中平主编:《中国近代经济史:1840—1894》上册,人民出版社 2001 年版,第 531 页。

④ 参见俞明主编:《下关开埠与南京百年》,方志出版社 1999 年版,第 42 页。

⑤ 南京市政府秘书处:《十年来之南京》,1937 年 6 月编印,第 54 页。

⑥ 参见吕华清主编:《南京港史》,人民交通出版社 1989 年版,第 117 页。

⑦ 参见南京市政府秘书处统计室:《南京市政府行政统计报告(民国二十四年度)》,南京胡开明印刷所 1937 年版,第 302 页。

上运输已占优势,靠泊的外轮主要属于英、日两国。

其间,南京民营小航运业逐步发展,原因是清廷放松禁令,同意"将通商省份所有内河,无论华洋商均驶小轮船,藉以扩充商分,增收税厘"。1899年,有民营丰和轮船公司的小轮航于镇江至南京间。同年,南京亦有华商集股开办小轮船公司。1900年,德祥报关行设置小轮一艘,开办短途客运业务。小轮因航行灵便,能深入内江小河,航行范围较大轮为广,加之其运价低廉,故发展较快。1902年,全年进出南京港的小轮总吨位为5500吨,第二年即增一倍,1906年时已达18731吨。因进出南京的小轮增多,南京通外地的轮运航线增加。至1910年,行经南京或以其为起点的航线已有10余条,可分达扬州、镇江、六合、仪征、芜湖、宜昌、长沙、汉口等地。自航运业发展后,南京进出口总值从1900年143.9万海关两,增至1908年534余万海关两。其中1905年更达626.8万海关两。① 抗战前南京的内河航线有京扬(扬州)、京口(镇江口岸)、京芜(芜湖)、京和(和县)、京六(六合)、京马(马鞍山)、京九(九皇埂)诸线(见表1—8)。②

表1—8　南京地区内河轮船各班船名价目表(1936年5月16日调查)

公司名称	船名	开往地点	价目(普通)	客位	通行南京艘数	总吨数	备注
泰丰盛记轮船局	新兴泰	芜湖	5角	321	2	83.31	每日上午7时开,和州普通3角
	庆丰	九里埝	2角	138			
扬子公司	振益	扬州	6角	302	3	434.80	该轮局由镇江开来,共有船11艘
天泰轮局	同庆	六合	4角	74	3	112.43	每日上午8时半开
泰昌轮局	芜宁	镇江口岸	5角	303	4	627.29	每日上午7时半开,镇江普通3角,该轮局由芜湖开来,共有船17艘
源大轮局	协泰	和州	3角	126	5	268.16	每日上午8时开
福记轮局	瑞泰	桥林	1角6分	88	2	84.54	每日上午9时开
	富泰	关门桥	1角	145			每日上午7时开

资料来源:南京市政府秘书处统计室:《南京市政府行政统计报告(民国二十四年度)》,南京胡开明印刷所1937年版,第302页;南京市政府秘书处:《十年来之南京》,1937年6月编印,第55—57页。

---

① 参见吕华清主编:《南京港史》,人民交通出版社1989年版,第118—120页。
② 参见南京市政府:《首都市政》,大成出版公司1948年版,第12页。

且20世纪20年代末,南京可与新加坡,美国纽约、三藩,英国伦敦、利物浦进行水上交通,但须由上海出口。[1] 进入20世纪30年代,在南京经营长江水运和海运业务的中外轮船公司先后有20余家,轮船多达90余艘,总吨位为14万。仅在南京市登记的货船吨位在1933年时高达8054吨。[2] 具如三北轮埠公司(1914年成立,总公司在上海)总资本200万元,(连同鸿安、宁兴二家公司)共有大轮船28艘,其南京分局轮船9艘,总吨数19986.26吨。宁绍商轮公司(1909年成立,总公司在上海)总资本150万元,共有大轮船3艘,其南京分局轮船1艘,总吨数3073.76吨。[3] 至抗战前夕,南京长江航线"东经镇江、江阴、南通至上海,西经芜湖、九江、汉口、宜昌达重庆,经常有船行驶"[4],主要公司及船名见表1—9。

表1—9 抗战前中外轮船公司南京长江航线表

公司	性质	拥有轮船数
招商局	中国交通部主办	江新、江顺、江安、江华4只大号船;建国、江靖、江大3只次号船
三北公司	中国商办	长兴、青浦2只大号船;新宁、松浦2只次号船
宁绍公司	中国商办	宁绍号船1艘
怡和公司	英商办理	公和、德和、联合、隆和、吉和、瑞和6只大号船;宝和、湘和、同和、昌和4只次号船
太古公司	英商办理	吴淞、芜湖、武穴、大通、安庆、鄱阳、武昌、温州、黄埔9只大号船;长沙、沙市、吉安、湘潭4只次号船
日清公司	日商办理	凤阳丸、襄阳丸、洛阳丸、大贞丸、大福丸5只船
备注	各公司轮船吨数:大号为2500—3000吨,次号1000—1200吨	

资料来源:南京市政府秘书处:《十年来之南京》,1937年编印,第54页。

不啻如此,南京下关与浦口间还通行轮渡交通。1911年津浦铁路南段通车,直抵浦口。津浦铁路通车初,浦口市场管理局利用民间筹资5200两,购得"浦北"小轮一艘,专为津浦铁路客货渡江用。1913年,津浦路南段局在浦口组建轮埠事务所,统一管理并先后添置渡轮代替民间客货驳运,承办轮渡业务,设1200客位"飞鸿轮"开办宁浦线(1921年该轮遇险沉没)。

---

[1] 参见国都设计技术专员办事处:《首都计划》,1929年12月编印,第5页。

[2] 参见陈胜利、茅家琦主编:《南京经济史》上册,中国农业科技出版社1996年版,第361页。

[3] 参见南京市政府秘书处统计室:《南京市政府行政统计报告(民国二十四年度)》,南京胡开明印刷所1937年版,第302页。

[4] 南京市政府:《首都市政》,大成出版公司1948年版,第12页。

1921 年设"澄平"(485.30 千瓦)、1922 年设"安宁"(191.17 千瓦)、"陵通"(73.53 千瓦)三轮(此三轮抗战开往重庆)。① 国民政府定都后,"南京市既属天然良港,又为国都所在之地,地位之重要,实有超过国内一切城市之概"②。然过江小轮仅下关至浦口一条航线,不敷长江两岸大量人口往来,其间有小木划子驶于江面渡运,但常发生舟翻人亡事故。即浦口与下关横隔大江,"致津浦京沪两路近在对岸不能接轨。且有时风浪滔滔、天堑险阻,旅客往还货物起卸费力耗时,极不经济"。从而,国民政府铁道部为将南京江南、江北地区连成一线、便利行旅,"以渡江建设为发展近畿交通之政策",决议实施活动引桥轮渡计划,建设"首都铁路轮渡"。1930 年 12 月 1 日开始兴工建筑引桥及基础工程,南北两岸接轨工程及设备则有津浦、沪宁两铁路分任。至 1933 年 9 月各项工程完竣,购运渡轮由英国运到南京,10 月正式通行客车(见表 1—10),同时设立轮渡段直隶于铁道部专管轮渡事宜,"性质完全独立,而技术行车事项则由津浦路代管"。由此,该轮渡有英制"长江号"蒸汽渡轮 1 艘、总吨位 2923 吨,1937 年每天达 16 渡。③ 其不仅沟通南北两条重要铁路干线,降低南京交通的运输成本,更成为近代中国第一座铁路轮渡。

表 1—10　首都铁路轮渡价目表(1933 年 10 月)

客　运		货　运	
旅客	头等 6 角,二等 4 角,三等 2 角	整车货物	分为六等,每吨最低 7 角 5 分,按等递加 1 角 5 分,至 1 元 5 角为最高价额
行李	每 20 公斤收费 5 分,起码收费 1 角		
包裹	每公斤收费 3 厘,起码收费 2 角	零担货物	分为六等,每 50 公斤最低 7 分 5 厘,按等递加 1 分 5 厘,至 1 角 5 分为最高价额

资料来源:中央党部国民经济计划委员会:《十年来之中国经济建设》上篇,南京扶轮日报社 1937 年版,第 12 页。

(二) 陆路和航空运输

南京开埠后,"商埠依赖轮毂交通,日增月盛","计交通最盛之点首推

---

① 参见南京市地方志编纂委员会:《南京公用事业志》,海天出版社 1994 年版,第 118—121 页。

② 国都设计技术专员办事处:《首都计划》,1929 年 12 月编印,第 51 页。

③ 参见中央党部国民经济计划委员会:《十年来之中国经济建设》上篇,南京扶轮日报社 1937 年版,第 9—10 页。

津浦、沪宁两路"[1]。如沪宁铁路(定都后改称京沪铁路)1903 年兴工 1908 年通车,干线自南京下关车站起至上海北站止,全线均系单轨,车站 49 个[2];中经和平门、尧化门、栖霞山、镇江、丹阳、常州、无锡、苏州、昆山等处,全路共 311.04 公里;北接首都铁路轮渡,与津浦铁路相通,南与沪杭甬铁路衔接,贯通浙赣铁路,尧化门站与江南铁路接轨,"资以联运"[3]。次如津浦铁路,由英德两国"借款修筑",1907 年兴工 1911 年通车。全线均系单轨,唯浦镇至浦口间 3.6 公里为双轨;设站 88 个,每日上下行车 12 次。[4] 其跨越冀鲁皖苏四省,起自天津,止于(南京)浦口,中经德州、济南、泰安、兖州、临城、徐州、蚌埠、滁州等处,共长 1009.48 公里(如表 1—11)。该铁路"乃南北交通枢纽",北与北宁铁路衔接,南与京沪铁路相通,且自"首都铁路轮渡完成通车,直达联运,尤称便利"[5]。

表 1—11　津浦铁路各站价目表(1933 年)

价目 站名	特别快车	普通快车	价目 站名	特别快车	普通快车
	三等票价	三等票价		三等票价	三等票价
天津总站	3 角	1 角 5 分	福履(符离)集	13 元 7 角 5 分	12 元 5 角 5 分
天津西站	3 角 5 分	2 角	南宿州	13 元 9 角 5 分	12 元 7 角 5 分
沧　州	2 元 4 角 5 分	2 元 1 角 5 分	固　镇	14 元 7 角 5 分	13 元 5 角 5 分
泊头镇	3 元 1 角 5 分	2 元 8 角 5 分	蚌　埠	15 元 6 角 5 分	14 元 3 角
德　州	4 元 5 角 5 分	4 元 1 角	临淮关	16 元 5 分	14 元 7 角
济南府	7 元 3 角	6 元 7 角	明　光	16 元 6 角 5 分	15 元 3 角
泰安府	8 元 5 分	7 元 3 角	滁　州	17 元 9 角	16 元 4 角
兖州府	9 元 6 角 5 分	8 元 7 角 5 分	浦　镇	18 元 8 角 5 分	17 元 2 角
临　城	11 元 4 角	10 元 3 角 5 分	浦口(南京)	18 元 9 角	17 元 2 角 5 分
徐州府	12 元 5 角 5 分	11 元 5 角	下关(南京)	18 元 9 角 5 分	17 元 3 角

资料来源:南京市政府秘书处:《新南京》,南京共和书局 1933 年版,第 21—22 页。

并且,1913 年 1 月北洋政府宣布撤销驿站,驿道被逐渐改造成为汽车路(公路)。南京地区的驿道几经改建、拓宽、裁弯取直等,绝大部分被沿

①　雷生:《南京汽车道之新计划》,《申报》1924 年 1 月 26 日,第 2 版。
②　参见叶楚伧、柳诒徵:《首都志》下册,正中书局 1935 年版,第 856 页。
③　南京市政府秘书处:《十年来之南京》,1937 年 6 月编印,第 43 页。
④　参见叶楚伧、柳诒徵:《首都志》下册,正中书局 1935 年版,第 858—859 页。
⑤　南京市政府秘书处:《十年来之南京》,1937 年 6 月编印,第 43 页。

用,逐步建成可通行汽车的公路。如京杭线沿用马群、麒麟至汤水镇的古驿道;宁芜线沿用板桥、江宁抵慈湖的古驿道等。1931年京杭公路建成通车,后相继建成京芜、浦合等公路干线,南京成为"七省联运"的起点。至1934年,南京地区公路已筑成通车者有京杭路、京芜路、京建路及市内等线(见表1—12)。具如当时京杭公路为苏浙皖三省联络公路之一,起自南京中山门外,迄于杭州武林门,中经江苏的汤山、句容、溧阳、宜兴,浙江的长兴、湖州等处,计长326公里;苏段长途汽车站"由江南公司承办,与浙省省办之长途汽车联运。其宜兴站,与宜锡公路衔接,为通达苏沪捷径"。再如京建公路,起于南京中华门外安德门,与京芜公路交接,迄于安徽郎溪(建平)。该路自南京至溧水红蓝埠一段"路面早已筑成",由江苏省建设厅与京芜公路合设管理处,办理长途汽车。[①]

表1—12　南京市公路汽车营业概况表(1934年)

路别	起讫	路长(公里)	交通机关	车辆数	每日行车次数	职工数	营业额(元)
京杭公路京长段	南京至长兴	189	江南汽车公司	37	18	508	618500
京芜路	南京至芜湖	92	江苏建设厅公路管理处	8	9	39	47152
京建路	南京至溧水	55	京建线办事处	2	8	22	25200

资料来源:建设委员会经济调查所统计课:《中国经济志·南京市》,正则印书馆1934年版,第87—88页。

　　进一步言,20世纪初发明飞机,"铁路公路之外,又增开空路,人类交通,蔚为奇观"[②]。如1928年国民政府率先于南京明故宫遗址建设首都机场(明故宫机场)于1929年启用,首航南京至上海段的民航线。这是南京民用航线始,亦为全国第一条民航线。国民政府交通部1929年与美国合作成立"中国航空公司",1930年成立南京办事处;1931年又与德国汉莎航空公司合作成立"欧亚航空公司",亦设南京办事处。譬如抗战前途经南京的航空线,主要有中国航空公司、欧亚航空公司的航班。如中国航空公司首先开辟上海—南京—汉口线,后扩展到宜昌、巴县、成都。即"沪汉渝蓉线"(如表1—13),由上海,经南京、安庆、九江、汉口、沙市、宜昌、万县、重庆,达成都;由南京西上时间,为每星期二、三、五、六日上午8:30分;东下时间,为

---

① 　参见南京市政府秘书处:《十年来之南京》,1937年6月编印,第44页。
② 　韦以黻:《现代交通政策国防化》,载《交通月刊》第一卷第一期,京华印书馆1937年版,第19页。

每星期一、三、四、六日上午 10:25 分。该公司另有"沪平线",由上海,经南京、海州、青岛、天津,至北平;由南京北上时间为每星期二、五日上午 9 时,南下时间为每星期三、六日中午 12:38 分。[1] 至 1936 年,该公司飞行 246.6 万公里,乘客 18567 人,1200 万人公里,载运邮件 70806 公斤。[2]

表 1—13　中国航空公司沪汉渝蓉线沪汉段客票价目表（1933 年）　　　单位:元

	上海	南京	安庆	九江	汉口
单程	48				
来回	84	南京			
单程	112	64			
来回	196	112	安庆		
单程	152	104	40		
来回	266	182	70	九江	
单程	200	152	88	48	
来回	350	266	154	84	汉口

资料来源:南京市政府秘书处:《新南京》,南京共和书局 1933 年版,第 36 页。

再如欧亚航空公司的飞行线,有由上海,经南京、郑州、西安、兰州、宁夏,至包头线,暨由郑州折至北平线,西安折经成都至昆明线;由南京西上时间为每星期二上午 8 时,东下时间为每星期四下午 17:10 分;"南京飞行站,在明故宫"。[3]

具如 1933 年该公司京平兰线京兰段里程及价目显示,路线为上海—南京—洛阳—西安—兰州,里程分别为 270 公里、960 公里、1280 公里、1850 公里,价目分别为 50 元、150 元、215 元、455 元;乘客随身免费行李体积以 75×50×50 公分为限,重量以 10 公斤为限;超过额定重量行李每 1 公斤按票价的 1.5% 收费,不及 1 公斤者按 1 公斤计,余类推。[4] 1936 年,该公司飞行 91.1 万公里,乘客 5115 人,312 万人公里,载运邮件 26961 公斤。[5] 可见,两公司开辟的国内航线多以南京、上海为主要站点,从而架构南京与中国乃至国际各大城市间的空中航线网。

概而言之,抗战前南京为"水陆交通要道,且首都所在,冠盖云集,水陆码头,占地甚广",码头工人数在 5000 人以上。且南京由空中向东北行直达

---

[1]　参见南京市政府秘书处:《十年来之南京》,1937 年 6 月编印,第 57 页。
[2]　参见徐涤新等主编:《中国资本主义发展史》第三卷,人民出版社 2003 年版,第 97 页。
[3]　参见南京市政府秘书处:《十年来之南京》,1937 年 6 月编印,第 57 页。
[4]　参见南京市政府秘书处:《新南京》,南京共和书局 1933 年版,第 39 页。
[5]　参见徐涤新等主编:《中国资本主义发展史》第三卷,人民出版社 2003 年版,第 97 页。

于海约长 240 公里;由铁路直达上海约 310 公里,西南由江南铁路达芜湖约 99.205 公里,其"为全国主要交通路线之中心"①。既如此,南京外部交通运输的建设与完善,为城市内公共交通的蔚然兴起创设良好的生存环境和重要的设施保障。

第三节　城市人口的变迁及其原因

纵观西方学界,最初将人口与经济、社会相联系的是英国古典经济学家马尔萨斯(Malthus)。② 继而"人口决定论"影响与日俱增,因为"人口与经济发展相互制约的辩证规律对任何时代都是适用的"③。随着近代南京城市工商业、邮电运输业发展,加之"自确立为首都以后,积极施行建设"④,引致就业机会增多,进而对人口产生吸附效应,导致抗战前南京城市人口大幅增加。城市人口无疑是公共交通兴起的重要背景和前提,人口增长与变迁对于该业发展具有相当的推动作用。

一、人口演变的进程

人口数量是指在特定的地理区域里和特定的时间内全部人口的总和,人口数量给予社会经济、政治的影响,是最为显著的。⑤ 即"经济发展需要人口增长,而人口增长又需要城市扩大"⑥。在中国前工业社会,南京的江南中心地位毋庸置疑,其人口变迁历程繁复,"人民聚居,已有二千年之历史(自范蠡佐越灭吴而筑城江上,自楚灭越而置金陵邑)"⑦。由西汉至清前期南京人口概况显示,西汉为 405170 人,东汉为 630545 人,东晋为 237341 人,元为 132787 人,明洪武二十四年为 473200 人,清咸丰二年为 90

---

① 参见南京市政府秘书处:《十年来之南京》,1937 年 6 月编印,第 127、1—2 页。

② 马尔萨斯《人口论》(1798 年)中提出"两个级数"理论:人口的增殖力无限大于土地为人类生产生活资料的能力。即人口若不加抑制,就会以几何级数增长,而生活资料仅以算术级数增长。(参见[英]托马斯·马尔萨斯:《人口原理:珍藏本》,陈小白译,华夏出版社 2012 年版,第 8 页)

③ 胡焕庸、张善余:《中国人口地理》上册,华东师范大学出版社 1984 年版,第 54 页。

④ 吴琢之:《都市合理化的交通工具》,载《交通月刊》第一卷第一期,京华印书馆 1937 年版,第 47 页。

⑤ 参见梁中堂:《人口学》,山西人民出版社 1983 年版,第 261—262、181 页。

⑥ [美]刘易斯·芒福德:《城市发展史——起源、演变和前景》,倪文彦等译,中国建筑工业出版社 1989 年版,第 316 页。

⑦ 刘纪文:《南京市政府成立十周年纪念感言》,第 2 页,载南京市政府秘书处:《十年来之南京》,1937 年 6 月编印。

万人。① 即汉朝时期南京(丹阳郡)进入史上第一个人口高峰期。嗣后,南京相继作为东吴、东晋和南朝的都城,城市规模持续扩大。历史上第一次大规模的人口南迁,就与西晋覆灭后司马睿在建康建立东晋王朝有直接联系。此一事件不仅致使南京地区人口增加,并对整个南方人口麇集、新城市产生影响甚巨。如东晋初年(公元4世纪初)建康城居民约有4万户20余万人,经过200多年发展,至南朝梁武帝时(6世纪前半期)已增至28万户,即以每户4口计,总人口逾百万,成为当时全中国也是全世界最大的城市。而中国以外的第一个百万人口城市是伦敦,它直至1810年前后才达到这一水平,比南京晚了1500年。② 因之,自古至今南京的重要地位,除因政治、军事和经济影响外,与人口规模亦有关联。

明朝建立后,南京作为全国政治中心、明都54年间,人口增长迅速。即如"推广城垣,开筑宽广通衢与人行道,划分区域,统计户籍人口,取缔游民及公娼制,建筑大规模之公用房屋",从而"市政雏形,于以粗具"③。如洪武四年(1371)全城仅20万人,20年后增至47.3万人,其中手工业匠户即有45000户,此外还有多达20万人的驻军。④ 至万历三十年(1602),丁宾称"南京十三门内外人家几十余万"。万历中期,利玛窦游历南京时,发现"城中居民区仍然占有它的绝大部分"。明末文人顾梦游也言:"及见神宗全盛治,城内连云百万家。"⑤清代康熙五年,南京地区人口户数为43342户。其成为清两江总督驻地后,始终是江南区域的政治、军事及文化中心。此期虽缺乏翔实人口数据,但从居民主要构成见,第一类是各级官僚、军队及家属,各级衙门的差役及为这些人等服务的下层居民;第二类是从事各种商业、服务业者,其中包括商人、小贩,店铺、旅店、酒馆及银楼的员工、役从,还包括大批歌女、娼妓及为上层人士服务的各色市民;第三类是以丝织为主的工匠、工人。乾隆至咸丰时期丝织业"达到全盛,并依此为生者约二十余万人"⑥。

1853年春太平军攻打南京,城内部分居民或逃或亡。但太平军涌入又使天京初期人口有所增加,即城内估量革命军人数约有3—4万是蓄长发

① 参见叶楚伧、柳诒徵:《首都志》(上),正中书局1935年版,第495—499页。
② 参见胡焕庸、张善余:《中国人口地理》上册,华东师范大学出版社1984年版,第246、262页。
③ 南京市政府秘书处:《新南京》,南京共和书局1933年版,第1页。
④ 参见胡焕庸、张善余:《中国人口地理》上册,华东师范大学出版社1984年版,第252页。
⑤ 参见陈胜利、茅家琦主编:《南京经济史》上册,中国农业科技出版社1996年版,第183页。
⑥ 参见首都各界提倡国货委员会调查组:《南京市各业概况调查》,东南印刷所1935年版,第6页。

者,此外尚有后来投入与被迫从军者,为数约在 8—10 万间。① 具如是年夏季,天京城有男子 10 万人以上,女子约 14 万人以上。城内民众分男、女馆而居,由此太平天国建都初南京城内人口至少为 35 万。1864 年,曾国荃带领湘军攻破天京后实行大屠杀,至少有十余万平民丧生,"哀号之声,达于四远。其乱如此,可为发指"。② 由此人口锐减,天京陷落时全城不过 3 万人,太平军不足 1 万余人。经此劫难,南京人口跌入近代史上的最低谷,尔后进入缓慢恢复的阶段。如光绪二十七年(1901),人口恢复到 22.5万人,1910 年增至 23 万人,次年增至 26.7 万人。③ 即南京经历兵燹,1912年人口仅 26.9 万,至 1927 年国民政府定都初 15 年间才增至 36 万(见表1—14)。

事实上,"科学化之城市设计,关于人口某个期间内变动之趋势,必先从事于精审之研究,以为设计之标准"。④ 由此定都初,南京市政府因"全市户口若干,对于市政设施,至关重要。而当时京市户口尚无确实之统计,故于市政进行之际,首先从事户口之调查",由市府全体职员、学生及警察同时出发,于半日内将全市确实户口调查完毕,"此事在国内尚属创举"。⑤ 至1936 年 7 月 4 日,南京市政府再次开展人口普查,由南京市地方自治推进委员会主持,并会同市党部、首都警察厅、宪兵司令部各机关共同协助进行。且为便利工作起见,还组织南京市户口总复查工作团,由市长马超俊担任总团长,团员为市各机关临时调用人员 5345 人,正式对全市人口进行普查。根据历次调查结果,均以"京市自建都以来,人口激增"⑥为结论。如据首都警察厅 1933 年 7 月调查,南京人口为 133495 户、计 681855 人。⑦ 至 1936年 5 月,市长马超俊致行政院内政部咨文提及:本市城乡各区户总数计为197937 户,男女人口数合计 1019148 人。再据该厅 1937 年 3 月、5 月、6 月调查,南京人口分别为 1019667、1016814、1015450 人。⑧ 由是,抗战前夕南

① 参见陈胜利、茅家琦主编:《南京经济史》上册,中国农业科技出版社 1996 年版,第 239 页。

② 参见胡焕庸、张善余:《中国人口地理》上册,华东师范大学出版社 1984 年版,第 59 页。

③ 参见南京市地方志编纂委员会:《南京人口志》,学林出版社 2001 年版,第 54 页。

④ 国都设计技术专员办事处:《首都计划》,1929 年 12 月编印,第 14 页。

⑤ 参见刘纪文:《南京市政府成立十周年纪念感言》,第 2 页,载南京市政府秘书处:《十年来之南京》,1937 年 6 月编印。

⑥ 南京市政府:《南京市政府行政计划(民国二十四年度)》,出版时间、地点不详,第 21 页。

⑦ 参见南京市政府秘书处:《新南京》,南京共和书局 1933 年版,第 4 页。

⑧ 参见中国第二历史档案馆、吉林省社会科学院合编:《南京大屠杀》,中华书局 1995 年版,第 1081—1082 页;南京市政府秘书处:《十年来之南京》,1937 年 6 月编印,第 4 页。

京市有 200668 户,人口达 1018795 人。①

表 1—14　南京市历年人口比较表(1912—1936 年)

年份	人口数 (个)	较上年 增减数	增减千分率 (‰)	年份	人口数 (个)	较上年 增减数	增减千分率 (‰)
1912	269000	—	—	1925	395900	400	1
1913	269000	—	—	1926	395900	—	—
1914	377120	108120	401.9	1927	360500	−35400	−89.4
1915	368860	−8260	−22.1	1928	497526	137026	380.1
1916	378200	9340	25.5	1929	540120	42594	85.6
1917	377549	−651	−1.7	1930	577093	36973	68.5
1918	376291	−1258	−3.3	1931	653948	76855	133.2
1919	392100	15809	4	1932	659617	5669	8.7
1920	392100	—	—	1933	726131	66514	100.8
1921	380200	−11900	−30.4	1934	795955	69824	96.2
1922	380900	700	1.8	1935	1013320	217365	273.1
1923	401500	20600	54	1936	1006968	−6352	−6.3
1924	395500	−6000	−19.9				
附注	各年人口系该年 12 月份人口数;1935 年 3 月省市划界本市增加 3 乡区,故人口增 21 万 7 千余						

资料来源:南京市政府秘书处统计室:《南京市政府行政统计报告(民国二十四年度)》,南京胡开明印刷所 1937 年版,第 20 页。

　　由表 1—14 显示,民元年(1912)至定都始(1927)的 15 年间南京人口增 9.1 万余人,年均增加数仅 6 千人左右。而定都至次年(1928)已增加 13.7 万余人,增率达 38%,一年间增量较前 15 年总和为多。自 1927—1936 年除个别年份人口增量为少外,其余年均增幅在 6 万以上。进入 1935 年后,南京人数已超百万,至抗战前达 101 万余人。1927—1936 年的 9 年间,人口增长倍数为 1.79;而奠都之初与民国元的 15 年间,倍数仅 0.34。同时可以确定的是,南京市自 1934 年 79 万余人增至次年 100 万余人,与附近乡区划入市区有直接联系(见表 1—15)。

---

　　①　参见南京市政府:《首都市政》,大成出版公司 1948 年版,第 8 页。

表 1—15 南京市乡区保甲人口统计表(1937 年 2 月)

区别	乡镇别	保数	甲数	户数	人口总数	男	女
燕子矶区	金固乡	12	127	1660	6603	3490	3113
	笆斗乡	7	66	725	3248	1750	1498
	七里乡	10	83	908	4276	2331	1945
	太平乡	9	93	1262	5936	3111	2825
	乌龙乡	7	59	660	3243	1704	1539
	万山乡	10	94	1231	5901	3175	2726
	八卦乡	12	113	1441	8744	5068	3676
	和平乡	12	121	1541	7235	3900	3335
	栅□乡	15	197	2987	12016	6639	5377
	燕子矶镇	8	76	932	3839	2039	1800
	合计	101	1029	13347	61041	33207	27834
孝陵卫区	孝陵镇	14	115	2213	9442	5137	4305
	马群镇	13	109	1301	7853	4206	3647
	仙鹤镇	9	87	942	4382	2374	2008
	海新乡	11	90	848	5540	2896	2644
	穀秀乡	14	139	1998	9352	4990	4362
	合计	61	540	7302	36570	19603	16967
上新河区	上新河镇	30	300	3348	15637	8289	7348
	善德镇	7	87	1099	6370	3497	2873
	南滨乡	15	161	2356	10358	5641	4717
	北滨乡	27	292	3400	15609	8417	7192
	南圩乡	16	138	1539	8492	4359	4133
	北圩乡	10	101	1033	5889	2963	2926
	江胜乡	10	101	990	5047	2719	2328
	凤台乡	8	92	1753	7956	4383	3573
	合计	123	1271	15518	74545	40268	34277
共计		285	2840	36167	172156	93078	79078

资料来源:《人口汽车保甲等各项统计》,1935—1937 年,南京特别市政府档案,南京市档案馆藏(本书所列档案均为该馆藏,以下不再一一注明),档号 1001-1-1720。

易于看出,抗战前南京"人口呈现剧增态势",即"本市近年户口骤增"①。如全市户数 1929 年为 102122 户,1930 年为 112799 户,1933 年 141317 户,至 1936 年增为 181476 户。在此 181476 户中,普通户 116722 户,棚户 46118 户,商户 15902 户,船户 409 户,庙宇 408 户,官署 588 户,学校 351 户,医院 178 户,养济院 72 户,教堂 17 户,公所 87 户,其他 623 户。② 人口剧增,导致粮食需求加大。据 1932 年统计,南京自定都以来人口增至 65 万余,需米每月 98100 担。至 1936 年全市 1006968 人,年需米达 1837717 担。③ 此期,全市粮行、米店号共 600 多家,以应对人口增长对粮食的大幅需求。且因人口骤增,"房屋供不应求,以致一般房主乘机抬高租金,周年利率,远过于民法之最高限度"④;由此"京市人口日增,公私建筑日多,全市繁荣,蒸蒸日上"⑤。

二、人口增长的因由

推而言之,城市人口量增加,主要指"自然增长"或"机械增长"。⑥ 即人口增长包括两方面:一种是人口的自然增长,另一种是机械变动即人口移动所引起的人口增长。社会进步和经济增长不一定必然表现为人口的增长,但是一定区域的人口保持较长时期的增长,必然是经济发展的结果。⑦ 前已述及,定都后南京人口迅增,至抗战前已达百万。但 1914—1922 年的八年间,其人口增加速率仅为 1.25‰,即每千人增一人余,尚不及世界一战前法国人口增加率为 1.6‰,仅在我国 1835—1923 年增加率 0.99‰之上。由见,定都前南京"人口增加之速率,实甚低微"。再据 1929 年 1—5 月南京特别市卫生局人口生死率调查,出生分别为 194、193、207、220、158 人,死亡分别为 465 人、472 人、461 人、455 人、514 人;出生率千分比例分别为 0.41、0.41、0.42、0.44、0.32,死亡率千分比例分别为 0.94、0.95、0.92、

---

① 南京市政府:《南京市政府行政计划(民国二十四年度)》,出版时间、地点不详,第 21 页。
② 参见南京市政府秘书处统计室:《南京市政府行政统计报告(民国二十四年度)》,南京胡开明印刷所 1937 年版,第 32 页。
③ 参见实业部中央农业实验所、南京技术合作委员会给养组合编:《南京市之食粮与燃料》,1932 年编印,第 5 页。
④ 南京市政府:《南京市政府行政计划(民国二十四年度)》,出版时间、地点不详,第 21 页。
⑤ 刘纪文:《南京市政府成立十周年纪念感言》,第 2 页,载南京市政府秘书处:《十年来之南京》,1937 年 6 月编印。
⑥ "自然增长"是指出生人口与死亡人口的净差值。"机械增长"是一定时期迁入城市的人口与迁出城市的人口的净差值。机械增长与社会经济发展速度、城市建设和城市发展政策有关。(参见张钟汝、章友德等:《城市社会学》,上海大学出版社 2001 年版,第 151 页)
⑦ 参见梁中堂:《人口学》,山西人民出版社 1983 年版,第 262 页。

0.91、1.03。由见,斯时死亡率均超出生率,"人口自然之变化实有递减之现象"。此期南京人口增加迟缓或递减,"大抵由于卫生方面者多。盖食水之不洁,道路之多尘,在皆有以促死率之增进"。①

既如此,南京当局加强城市建设的同时,亦关注卫生如"防疫所及传染病院之设立,防疫队之组织,卫生试验所之筹备,牛羊屠宰场之整顿,清道队之改组,垃圾箱之普设"②等。进而卫生状况改善,使南京人口出生率逐年上升。如据学者统计,1931—1933年全国六大城市平均人口出生率,南京为21.2%,仅次于北平(29.3%),高于上海(16.7%)和汉口(17.8%)、杭州(19.2%)、广州(15.5%)等大城市。③根据表1—16统计,1930—1935年间(除1931年)南京城区出生率均超过死亡率。

表1—16　南京市(城区)出生率及死亡率比较表(1928—1935年)

年份	人口数(人)	出　生		死　亡	
		出生数(人)	出生率(‰)	死亡数(人)	死亡率(‰)
1928	476526	1183	2.38	4419	8.88
1929	540120	3027	5.6	6077	11.3
1930	577093	9152	15.9	9069	15.7
1931	653948	9373	14.3	10460	16.0
1932	659617	9779	14.8	9711	14.7
1933	720874	14733	20.4	10115	14.0
1934	790270	18143	23.0	12596	15.9
1935	879079	19812	22.5	16058	18.3

资料来源:1928年数值参见南京市政府秘书处:《十年来之南京》,1937年6月编印,第104页;南京市政府秘书处统计室:《南京市政府行政统计报告(民国二十四年度)》,南京胡开明印刷所1937年版,第43页。

进一步推理,人口迁移是人的聚居位置在空间中的移动,是一个经济的和社会的现象。作为社会现象,人口迁移也经常受到政治因素的强烈

①　参见国都设计技术专员办事处:《首都计划》,1929年12月编印,第18页。
②　南京特别市市政府秘书处编译股:《一年来之首都市政》,南洋印刷厂1928年印,第5页。
③　参见胡焕庸、张善余:《中国人口地理》上册,华东师范大学出版社1984年版,第91页。

影响。① 如自太平天国失败后,南京及其周围地区人口骤减、土地荒芜,吸引不少移民。清同治五年(1866)苏北大水,不少移民过江定居南京。鸦片战争后,南京还有一定数量的外国移民。② 国民政府定都南京后,人口迁移更为频繁(如表1—17)。

表1—17　1929年1—6月南京特别市各区人口迁移统计　　单位:人

区别	迁移	男	女	区别	迁移	男	女
东区	迁入	3000	2457	中区	迁入	1058	882
	徙出	7998	1908		徙出	1315	1155
南区	迁入	1547	1405	下关区	迁入	203	174
	徙出	1613	1535		徙出	222	201
西区	迁入	1171	1134				
	徙出	1325	1182				
北区	迁入	1355	792	总计	迁入	8334	6844
	徙出	991	692		徙出	13464	6673

资料来源:李清悚、蒋子奇:《首都乡土研究》,南京书店1930年版,第89—90页。

由是,南京人口1918—1919年由37万增至39万,1922—1923年由38万增至40万;1926—1927年由39万减为36万,1928年又增为49万,1930年1月又增至近54万。③ 其间,北平、上海、天津、汉口、广州、南京、杭州、青岛八大城市的人口由1919年的约586万增为1929—1930年的859万,1935年再增为1038万,比1919年增加77%。④ 至1931年1月,南京全市人口58万余,至12月底65万余,仅一年增幅近7万人(见表1—18)。再据学者统计,1933年南京人口为77万,因建都而迁入的外来人口达50万。⑤ 即"无论何处,人口自然之变化,皆无如此情形……每每顿增顿减,可见自然变化而外,不免杂有其他原因"⑥。可见,人口"机械增长"在南京定都后的人口变迁中具有重要影响。

---

① 参见胡焕庸、张善余:《中国人口地理》上册,华东师范大学出版社1984年版,第325页。
② 参见南京市地方志编纂委员会:《南京人口志》,学林出版社2001年版,第169页。
③ 参见中国科学社:《科学的南京》,科学印刷所1932年版,第19页。
④ 参见徐涤新等主编:《中国资本主义发展史》第三卷,人民出版社2003年版,第243页。
⑤ 参见曹树基:《中国移民史》第六卷,福建人民出版社1997年版,第599页。
⑥ 国都设计技术专员办事处:《首都计划》,1929年12月编印,第17页。

表 1—18　　1931 年各月南京市人口数及移入移出表　　　　　单位:人

月份	男	女	合计	移入	移出
1 月	353173	227982	581156	16308	12524
2 月	354943	230144	585087	16480	12939
3 月	359355	230917	590272	26676	21603
4 月	366186	231473	597659	34998	27574
5 月	368966	232480	601446	29154	25136
6 月	370088	233300	603388	23030	21029
7 月	369458	234348	603806	19737	19312
8 月	374558	237553	612111	25737	17314
9 月	381060	242254	623314	31000	19267
10 月	389058	244394	633452	40030	29833
11 月	393683	249570	643253	37696	28081
12 月	399696	254252	653948	35301	24895

资料来源:南京社会局:《南京社会特刊》第三册,文心印刷社 1932 年版,第 171、212 页。

　　再据表 1—19 反映,抗战前南京市人口籍贯来源包括 28 个省、6 个特别市和蒙古、西藏、新疆等地,其中南京市籍人口仅占 26.61%。由此说明,多数人口是自己或祖辈从外地迁移而来。据 1936 年 7 月南京市本籍与非本籍的人口比例显示:男性共计 556567 人,其中"本籍"134335 人、"非本籍"384285 人、"未详"37947 人;女性共计 388977 人,其中"本籍"117334人、"非本籍"267459 人、"未详"4184 人。[1] 即其时"非本籍"人口,已占全市人口总数的 68.9%。另以南京市常住人口住京年数看,该年 7 月调查人口总数 94 万人中,除居住年数不详的 32 万人外,62 万人中在南京未住满 1年的占 12.60%,未满 2 年的占 13.28%,未满 3 年的占 10.00%,未满 4 年的占 8.26%,未满 5 年的占 5.53%,五项共计 49.67%。这亦说明南京常住人口近一半(未详者除外)基本是 1931 年 7 月后迁入南京的;而住满 5—9 年者占 15.9%,说明自定都后至 1931 年间,迁入南京的人口已占总人口的1/6。[2] 如将两项叠加,自定都后至 1936 年 7 月,迁入人口已占南京总人口的 65.57%。

---

① 参见南京市地方自治推进委员会:《南京市户口调查资料》,1936 年编印,第 113 页。
② 参见南京市政府秘书处统计室:《南京市政府行政统计报告(民国二十四年度)》,南京胡开明印刷所 1937 年版,第 35 页。

表 1—19　南京市常住人口籍贯表（1936 年 7 月 4 日调查）　　单位：人

省市名	人口数	省市别	人口数	省市名	人口数
本市	251669	上海	4003	热河	124
江苏	333698	北平	2087	察哈尔	76
浙江	33424	天津	2755	绥远	87
安徽	137131	陕西	1234	宁夏	9
湖北	23709	贵州	1310	新疆	55
湖南	23064	辽宁	1563	青岛	38
山东	29483	云南	1207	西京	7
河北	14977	青海	137	蒙古	1
广东	11227	广西	832	西藏	60
江西	9752	西康	117	哈尔滨	25
河南	7710	甘肃	193	未详	42131
福建	5523	吉林	373		
四川	4392	黑龙江	67	人口总数	945544

资料来源：南京市政府秘书处统计室：《南京市政府行政统计报告（民国二十四年度）》，南京胡开明印刷所 1937 年版，第 34 页。

此外，按照国际人口的统计标准，可将人口年龄分为三组：0—14 岁为少年组，15—49 岁为壮年组，50 岁以上为老年组。有学者认为，如果 15—49 岁的壮年组占人口 50%以上，即表示该地有人口移入，可称为移入式人口。[1] 根据国民政府内政部 1928 年调查全国人口时规定，凡 20—40 岁的男子均称为壮丁。但据立法院通过的保甲条例，保甲内 20—45 岁男性都应编入壮丁队。[2] 应当承认，壮丁属于劳动力人口，将其从总人口中剥离出来解析，对窥见南京劳动力的构成具有典型意义。如据 1936 年 7 月南京市常住男性人口年龄调查显示，常住男性为 556567 人（含年龄未详），再对壮丁结合上述两种不同规定，将 20—45 岁列为壮丁年龄，对 20—25、26—30、31—35、36—40、41—45 岁等加和，南京市壮丁数为 240432 人，占（除年龄未详）男性总数 517222 人的 46.49%。其中城区壮丁数占总数的 82.19%，乡区占 17.81%；城区壮丁数占男性总数的 47.43%，乡区占 42.57%。[3] 即

① 参见陈达：《现代中国人口》，天津人民出版社 1981 年版，第 114 页。
② 参见王云骏：《民国南京城市社会管理》，江苏古籍出版社 2001 年版，第 132—133 页。
③ 参见南京市政府秘书处统计室：《南京市政府行政统计报告（民国二十四年度）》，南京胡开明印刷所 1937 年版，第 36—39 页。

城区的壮丁百分比更高,这主要是人口移入的因素起作用,移民中又以谋生男性居多。事实上,彼时南京建设方兴未艾,外来移民导致人口增加已成趋势,而以城区的移入人口为最。譬如"新的需求来自大中城市的扩大",1900—1938 年间超过 10 万人城市里的人口年增长率约 2%,"城里新来的人主要是农民,特别是 18—45 岁的男性,他们是来找工作的"。① 如 20 世纪 30 年代江宁全县离乡往他地有 42000 人,占总人口的 7.5%,绝大部分流往南京市,因百业需人,其中自江宁四乡而来者亦颇有一小部分,尤以小商人与佣工为多。② 此情况,诚如斯密言:"资本与劳动,自然要寻找最有利的用途。它们自然要尽量汇集于都市而离开农村。"③简言之,其时南京城市人口大幅增加并不属于"自然增长",而是人口迁移所引致的"机械增长"。

　　综上所述,抗战前南京"一方即为政治的都市,一方又为工商业的都市。人民之移往,不独有影响于人口之变化,实且为人口变化中之最大原因";即"人民由农转工,由乡迁城,实为自然之趋势"④。伴随市廛繁盛、人口增加,南京就业机会不断增多,使各地工人、农民及流浪者等纷纷涌入,进而对人口产生"吸附效应"。深究而论,"如此种种的民众流动虽未计算,但在 19 世纪和 20 世纪,无疑是有增无减。对外贸易的增长,城市职业的增加和交通运输的改进,都促成新的暂时迁移"。⑤ 且民国时期人口迁移,"在很大程度上已经受到铁路、轮船等近代交通的影响"。即近代交通在一定程度上打破了人口迁移的地区界限,其不仅大大增加人口迁移的强度,还直接制约人口迁移的方向。⑥ 至此,抗战前南京人口的大幅增加及迁移交流的日益频繁,为公共交通的发展提供了重要前提,并对该业精进产生持续推力。

第四节　城市道路系统的规模建设

　　就某种意义而言,"交通问题不是避免碰撞的问题而是改善道路条件

---

① 参见[美]费正清、费维恺编:《剑桥中华民国史　1912—1949》下卷,刘敬坤等译,中国社会科学出版社 1994 年版,第 252—253 页。

② 参见唐文起等:《试论 1927—1937 年南京城市经济发展与农村腹地之关系》,《民国档案》1987 年第 2 期。

③ [英]亚当·斯密:《国民财富的性质和原因的研究》上卷,郭大力等译,商务印书馆 1972 年版,第 119 页。

④ 参见国都设计技术专员办事处:《首都计划》,1929 年 12 月编印,第 14、19 页。

⑤ [美]费正清、费维恺编:《剑桥中华民国史　1912—1949》下卷,刘敬坤等译,中国社会科学出版社 1994 年版,第 34—35 页。

⑥ 参见姜涛:《中国近代人口史》,浙江人民出版社 1993 年版,第 255—256 页。

的问题"。① 如孙中山先生指出："道路者，文明之母也，财富之脉也。试观世界今日最文明之国，即道路最多之国，此其明证也……故吾人欲由地方自治以图文明进步，实业发达，非大修道路不为功。"②而"都市之设计，其中最重要者乃为道路问题，是以其为都市之神经系统"③，道路与城市的关系犹如骨骼与人体，城市道路与车辆通行同时进展。抗战前南京城市道路建设经历缓步发展和规模建设的繁多复杂过程，在此进程中，其与公共交通体系可谓交相为用、并行不悖。

一、道路格局的源起和形成

溯至清代，南京仍是江南经济枢要。清前期对南京的道路建设较为重视，将北京通南京道路列为官马东路，并常派员巡查南京和江南地区的道路状况。而光绪二十年（1894）两江总督张之洞创筑的江宁马路，正式开启南京道路近代化肇端。此路"起于江干，穿下关由仪凤门入城，循旧石路达于鼓楼，冉绕鸡笼山麓，经总督衙门，达驻防城边而终于通济门"。后在该路基础上又建支路，最早筑者为三牌楼至陆军学堂路。1899 年，又筑一支路至总督衙门门首，于是大行宫与西华门"乃相通连"。次年，署督陆传霖复议增二路：一自花牌楼至贡院，一自洋务局至汉西门，"适拳匪乱起，仅前者筑就"。1901 年，筑升平桥至内桥路，于是藩台衙门"亦与干路相接"。开埠后，当局又开筑城北一带马路，在下关建商埠街、大马路、二马路等。其时，江宁马路宽 20—30 英尺，"支路则以路侧民房不能迁移，颇形狭窄，各路均可行东洋车及轻马车"。④ 然不可否认，此期马车、人力车仅处于萌芽阶段，且多为特定阶层的私用工具。

嗣至北洋时期，南京为军阀盘踞，"空存大好之河山，殊鲜文物之精英；实业之凋敝，市廛之湫隘，几使入其境者，忘为东南第一之大都"。虽曾设马路工程处与商埠督办，"仅具市政的雏形，尚谈不到广大的建设"。⑤ 1912 年 6 月 25 日南京设立马路工程处，但由其当年"路工清账"中可见，下半年 5 个月共入路工经费 45396 元，但用于翻修填补和新筑道路的资金 26032

---

① ［英］阿诺德·汤因比：《历史研究》上卷，郭小凌等译，上海人民出版社 2010 年版，第 204 页。

② 孙中山：《建国大纲·地方自治开始实行法·修道路》，国民书局 1927 年版，第 115 页。

③ 陈震异：《大上海建设策》，《东方杂志》第二十三卷第十八号，1926 年 9 月 25 日发行，第 15 页。

④ 参见叶楚伧、柳诒徵：《首都志》下册，正中书局 1935 年版，第 844—845 页。

⑤ 参见行政院新闻局：《首都建设》，1947 年 12 月印行，第 2 页。

元,解交巡警局清道队薪饷8199元,代收存埠捐及冬季的季捐3901元,工程处工薪杂款10347元,收支不敷为3083元。1923年7月至1926年6月,该处为整修市区和近郊道路拨款155188元,并筹各方资金为整修道路的补助,如公民科学社捐资1566元,电灯厂在经营艰苦的条件下仍捐助32元,市民捐款总数600元。再据1926年市内外"各路丈尺简照表册统计",这时马路工程处在市郊筑建碎砖路、砖石路、石片路、白石片路、黄石片路、石子路共长332213市尺,合110737米;路幅宽有3.7、5.3、2.7、2.3及1.7米不等。以上工程经费主要来自款产处和市政筹备处的拨款,如1923年共收款产处拨款54731元,1925年共收款产处和市政筹备处处拨款57094元。①此时,市内至近郊开始铺筑低标准路面的道路。然因道路多、工程量大、需款相差甚巨,以致该处勉为其难。

根据1923年7月至1926年6月统计,南京整修7条马路,道路整修总长为191.3公里(不包括近郊110.7公里)②;至定都前,全市马路统共计长108836丈8寸,折合604里有奇③。但斯时,"南京市政,皆在因循苟且之中"。④ 如"街路之败坏,在昔几为全国都市冠。顾历朝兴革,沧桑巨变,白云苍狗非复旧观"。即"在南京已往旧有的街道",不过七八公尺宽,且"纵横歪斜,很不整齐"。⑤ 时人评述道:南京旧有道路,"不能名为何种网状。鼓楼以北,几无道路可言,鼓楼以南的所谓城南繁盛区,路向不定,路幅狭小,完全是些陋巷。商店林立的街衢,在其垂直与地平三面,没有一面是整齐的"。如游人来京前认为"必宫室壮丽,街道宏阔",然到此却发觉"非惟无京都之壮丽繁盛,而房屋颓折,莹冢连野,竟若荒城"。⑥ 即可以这样说:"城中之最不堪问闻者,则为道路。道路之衰败,恐各小都市亦未有逾于此者。游人闻南京之名而来,睹道路之状况,必大为失望矣。若不从事改良,急极修筑,则南京之发达必无所望。"⑦道路建设的滞后,导致城市发展整体迟缓,如"阡陌相连,垦牧渔猎,森林水利,样样都在它事业内。它名义上虽是都市,可是完全没有脱离乡村社会的状态"。特别是城北一带,"除一部

---

① 参见江苏省南京市公路管理处史志编审委员会:《南京近代公路史》,江苏科学技术出版社1990年版,第23、29～30、35页。

② 参见南京市地方志编纂委员会:《南京市政建设志》,海天出版社1994年版,第23页。

③ 参见南京特别市工务局:《南京特别市工务局年刊(十六年度)》,南京印书馆1928年版,第109页。

④ 南京市政府秘书处:《新南京》,南京共和书局1933年版,第2页。

⑤ 参见倪锡英:《南京》,中华书局1936年版,第38～39页。

⑥ 林一:《改良南京道路计划刍议》,《申报》1923年8月11日,第2版。

⑦ 林一:《南京道路状况及汽车事业》,《申报》1922年12月23日,第1版。

菜畦麦陇为园艺及农作之经营地外,余皆碎瓦颓垣,荒榛断梗,一仍昔日萧条耳。城北景象凄凉,自无审美之足云。城南街道狭小,咸与行路之大难。至于清凉、莫愁、鸡鸣、玄武等古迹或以衰败已久,仅供迁客之题咏"。①

究其实质,定都前南京道路窳败的原因可能在于:其一,经费匮限。如"道路腐败"主要是由于:马路虽多,但经费有限。② 即"经费不足,无以谈改良道路。南京城垣甚大,马路甚多,改良非易。须筹备充分之经费,始可着手改良"。由此时人指出:"窃以为宁县入款中当划出一部分,专为建筑道路之用。而南京为江苏省会,关系甚巨。故省库中亦当每年划出若干,以备南京道路之建筑与修理。"③但当时情事不仅市民有怨,且当局也申述经费紧缺之苦。如 1926 年南京市政督办公署马路工程处给直鲁联军总司令和江苏省长兼职督办公署《呈摺》中就以"修筑宁垣城内外各路丈尺简明表册"陈述苦衷:本处已修路计长 108836 丈,计 101879 方。而按照三年来(1923—1926 年)修路收入之款,每年多者 5.6 万元,少者 4.3 万元,平均计算每年修路费约 5 万元。除增修新路、修造桥梁约 1 万元外,每年翻修旧路经费只剩 4 万元。以 4 万元而修 10 万方之路,每平方米道路只有 0.4 元,尚须连沟渠、石牙、人行路一并在内,欲其优美能乎? 并言施工常是"计款修路,斟酌缓急支配应用",是"豚蹄簪车之祝,巧妇无米之炊","非不求其精良,为款所迫不得已也"。进而《呈摺》亦提及:南京道路自有长途汽车行驶后,损坏很快,月月需整修。但修路经费拮据,"只能求其通行无阻,不能求其格外精良",并抱怨军民"不知实在内容,而加以疵议"。④ 可以概见,当时道路建设经费大抵入不敷出。

其二,管理乏善。即当时车与铁轮马车的碾压、官员失职、法律不严等因,亦为定都前南京"道路腐败"的缘由。如"无论什么人走到南京,最先感觉到不快的事,不用说就是交通不便、街道狭窄是第一件事……因为从前的政府,对于人民的建筑,向是不干涉的,一天一天的任他们侵占官街,以致弄成今天这样的狭窄街道;再走到城里看看内桥、淮清桥、陡门桥等等,都是这种现象"⑤。管理当局的放任,使房屋侵占街道所在之情况多有发生。如

① 参见陈植:《南京都市美增进之必要》,《东方杂志》第二十五卷第十三号,1928 年 7 月 10 日发行,第 35—36 页。

② 参见林一:《南京道路状况及汽车事业》,《申报》1922 年 12 月 23 日,第 1 版。

③ 林一:《改良南京道路计划刍议》,《申报》1923 年 8 月 11 日,第 2 版。

④ 参见江苏省南京市公路管理处史志编审委员会:《南京近代公路史》,江苏科学技术出版社 1990 年版,第 28—29、40 页。

⑤ 林一:《南京道路状况及汽车事业》,《申报》1922 年 12 月 23 日,第 1 版。

"南京重要街道,大抵筑自明初",其宽度为 10 公尺,亦有宽至 15 公尺,"然以管理不严,市民房屋侵占街道,所在多有,以致现在街道"常有一端宽至 15 公尺,而相距不远之处宽度仅有 5 公尺,"估衣廊大街一路尤为显著。因此房屋之界限,时呈参差不齐之象,而道桥宽度,往往大于所接之街道"。① 如经勘察:鼓楼以下至南部城墙一带,"原有繁密之街道⋯⋯新建房屋每每侵占街地",唯此种情形"亦非南京所独有,世界上各城市之街道,类此者盖不少"②。至此,城市道路"为居民侵占者多,崇宏之地,半为湫隘之区"③。

易于看出,民国肇始至 20 世纪 20 年代,南京道路建设虽取得一定发展,但因没有专业机构统一筹划,道路仅在地方自筹资金的条件下零星建筑,筑路标准简单,郊区道路多为原有驿道经简单的整平而成;城区道路缺少系统、完整的规划和技术标准,修筑道路又不擅管理养护,行车亦无章可循,以致道路旋修旋坏。此情诚如时人指出,南京"建都以前,南京市民还有'四不'的口号,这四不便是:道路不平、电灯不明、电话不灵、河水不清"④,成为当时城市生活的真实写照。

进一步言,道路建设的滞后,导致南京公共交通发展缓慢。定都前全市仅 6 辆公共汽车,机械化交通属于非主流工具。当时市民出入市区除步行外,主要以人力车、马车、驴等代步,"多利用兽力挽拽车辆,以为陆上交通运输之工具"⑤。其时,公共交通方式并不能适应开埠后南京城市发展的形势。即如美国城市史学家沃纳(Sam B.Warner)所言:传统城市交通长期处于私人交通模式,这与当时经济和政治环境密切相关。在自然经济占据主体地位的封建时代,中国城市是所谓的"步行城市",这在城市居民的交通方式上表现为:除步行以外,其他代步工具以人、畜力为主。由此,其将机械化交通前的城市概括为"步行城市"。⑥ 约略说来,彼时南京正是这种类型的"步行城市"。因道路不良、街道狭窄及交通拥堵,不仅市民愤懑,亦使城市交通难以适应大众化、社会化的需求,"公共交通时代"尚未真正到来。由是,最为诟病的城市道路已到非改不可的地步。斯时"尚有无数教育家,以改良南京市政为目的,组织新南京周报,竭力提倡改造南京,而尤注意于

①　参见中国科学社:《科学的南京》,科学印刷所 1932 年版,第 22—23 页。

②　参见国都设计技术专员办事处:《首都计划》,1929 年 12 月编印,第 65 页。

③　叶楚伧、柳诒徵:《首都志》下册,正中书局 1935 年版,第 843 页。

④　倪锡英:《南京》,中华书局 1936 年版,第 162 页。

⑤　《填报民用马车调查表》,1937 年 4 月,南京特别市政府档案,档号 1001-1-1612。

⑥　参见 Sam B.Warner, *Streetcar Suburbs:The Process of Growth in Boston*,1870-1900,Cambridge: Harvard University Press,1962,William T.Rowe, Hankow, *Commercial and Society in a Chinese City*,*1796-1889*,Stanford,1984,p.24。

道路。其尤今日教育日渐发达,稍有知识者,莫不知改良道路之急要"①。面对此境,定都后国民政府为赢取民心、兴利除弊,推动南京城市道路建设遂成为施政首务。

二、《首都计划》与道路交通

与城市一同出现的是最早的城市规划,道路交通在这些城市规划中占有相当的地位。② 事实上,"世界各国名都钜市之设施,莫不制订都市计划,以为之备。而建筑公园、道路、植树以及胜迹保存,靡不与市民之保安、修养、卫生及教育、交通、经济上有密切之关系。故斯数者于都市计划中,亦极占重要之位置"。③ 在城市内,则大部分人认为有必要通过中央和地方政府制订交通规划,以提高当地运输的整体效率,因为运输在经济活动方面发挥重要作用。④ 从而在南京"气象如此之宏伟,则经始之际,不能不先有一远大而完善之建设计划,以免错误,而资率循"⑤的背景下,1928 年 12 月成立国都设计技术专员办事处,主持和推动首都建设计划;1929 年年初首都建设委员会成立,将专员办事处改隶该会管辖;是年底,"首都计划一书"由当局正式公布。⑥ 可以确定,《首都计划》(以下简称《计划》)是近代中国较早的一次较系统的城市规划⑦,即"我国实行都市设计,始于职处之成立,此次设计不仅关系首都一地,且为国内各市进行设计之倡,影响所及,至为远大"⑧;其内容共分为 28 项,包括道路系统规划、路面计划、交通管理、交通设备等内容,此中对于道路规划与交通建设,尤为关切。

(一) 道路交通规划方针与原则

一般而论,"城市规划的基本轮廓其实是由当地的物质的、地理的与自然环境的各项优劣条件决定的,包括交通设施"⑨,而"一旦车辆交通成为规

---

① 林一:《南京道路状况及汽车事业》,《申报》1922 年 12 月 23 日,第 1 版。
② 参见傅林祥:《交流与交通》,江苏人民出版社 2009 年版,第 14 页。
③ 陈植:《南京都市美增进之必要》,《东方杂志》第二十五卷第十三号,1928 年 7 月 10 日发行,第 38 页。
④ 参见[英]肯尼斯·巴顿:《运输经济学》,李晶等译,机械工业出版社 2012 年版,第 337 页。
⑤ 孙科:"序",第 1 页,载《首都计划》,1929 年 12 月编印。
⑥ 参见行政院新闻局:《首都建设》,1947 年 12 月印行,第 2 页。
⑦ 参见中国大百科全书编纂委员会编:《中国大百科全书·城市规划》,中国大百科全书出版社 1992 年版,第 337 页。
⑧ 《国都设计技术专员办事处长林逸民检送首都计划呈请首都建设委员会采用文》,《中央日报》1930 年 2 月 15 日,第 3 版。
⑨ [美]R.E.帕克等:《城市社会学》,宋俊岭等译,华夏出版社 1987 年版,第 5 页。

划的首要考虑的问题时,交通用地的需求就会没完没了"①。如《计划》在"道路规划"一节中指出交通规划方针:"道路规划之中,以系统一端为最要,故关于道路系统之规划……尤不可忽","南京道路系统之规划详加研究,使于一定时期之内,交通无往不便"。但实际上,南京原属旧城,名胜古迹散布各处,城南一带"屋宇鳞次,道路纵横密布,其状如网,规划道路本取后法(改良);惟其中大部地方尚为空地,殆无道路可言,转有多用前法(新建)。故此次道路系统之规划,乃因乎地方之情形,兼用上列二法,即在鼓楼以下达于南部城墙一带采用后法,其余多半地方采用前法"。② 当南京设计始,经审度现状与将来需要,对于旧有建筑物、名胜古迹及旧有道路,"均酌予保留或加以改善,所以免无谓之牺牲,亦所以节建设之费用"③。此情,如时任市长刘纪文认为,"办理南京市政,最感困难者有:"以如此庞大、陈旧之都市,其间历史遗留事物之须保存者,人民建置之不能变易者,为数甚多。欲一旦改造为新都市,迁就审酌,极费踌躇"④。由见,在城市规划实现之时,必然与先它而存在的城市目标、与它所面对的个体或集体计划妥协。⑤

关于道路规划原则,《计划》规定大概采用放射形及矩形综合制,以中山、中央、中正、汉中各放射式干路作为设计全市干路的基线,所有其他干路,概依该项基线平行或垂直布置。即鼓楼一带,"因来往频繁,而两旁地势较高,可通出入之处甚狭,其状与瓶颈无异,故顺其地形多建与中山马路斜线部分平行之道路,使往来者可以分途出入,以减其挤拥之势"。鼓楼以北,空地居多,故道路系统的规定,得不受旧有路线限制。鼓楼以南,"原为旧市繁盛之区,屋宇鳞比,街衢纵横","道路皆照原有路线,加以改良,成一统系。其过于曲折而较短者,乃另辟新线以纠正"。城东及东北二部,地多空旷,"街道统系,悉系从(即'重'——引者注)新规划"。⑥ 即南京城西北隅的山地较多,"为减省建筑费及增进交通安全暨市容计,所定路线类皆就

① [美]刘易斯·芒福德:《城市发展史——起源、演变和前景》,倪文彦等译,中国建筑工业出版社 1989 年版,第 302 页。
② 国都设计技术专员办事处:《首都计划》,1929 年 12 月编印,第 64 页。
③ 中央党部国民经济计划委员会:《十年来之中国经济建设》下篇,南京扶轮日报社 1937 年版,第 9 页。
④ 刘纪文:《南京市政府成立十周年纪念感言》,第 2 页,载南京市政府秘书处:《十年来之南京》,1937 年 6 月编印。
⑤ 参见[法]伊夫·格拉夫梅耶尔:《城市社会学》,徐伟民译,天津人民出版社 2005 年版,第 103 页。
⑥ 参见国都设计技术专员办事处:《首都计划》,1929 年 12 月编印,第 72—73 页。

地势情形,而作曲线形式"①。

不啻如此,《计划》指出:就地图细加考察,"虽街道狭窄,转角又多,车辆行驶诸形不便,惟只须加以改良,即成为完善之道路"。又"最近完成之中山马路,由下关直达总理陵墓,连贯下关、鼓楼、新街口、明故宫,及所拟定之中央政治区等之重要地点,且与市内各路之接连,亦易于设计。观于现筑之子午路线,即可知其情形,故实为一绝好之主要干路"。即当时南京市政府公布宽辟及延长道路方法,与所拟道路系统互相融合,"从此进行整个的设计,使于交通经济两相顾及"。除上述道路外,"其余地方或则道路绝少,或则更无已筑之道路,此种地方,实有从(即'重'——引者注)新规划道路系统之必要"。②

(二) 道路布局与类型

具言之,《计划》将南京城市道路系统具体划分为干道、次要道路、环城大道、林荫大道和内街五项。

1. 干道。其贯通商业区、火车站、中央政治区、市行政区、教育区、住宅区、工业区及其他重要地点。③ 即干道联贯各重要地点,"使其交通便利。此等干道之建筑,在可能范围以内,当以正直为主。惟有时因房屋之障碍,建筑费之高昂,或因增加乘车者之兴趣,亦须改用较长之弧线,但仍当求一切车辆转弯之顺易"。又两路相接,除对角路线以外,其余相切角度概以不小于45度为标准。且交接路线,不出4线以上即间有5线者,其一必为支线。新街口各线交点,其房屋界限均在直径60公尺圆周外,"凡此皆所以免交通之梗塞与危险"。而与干路连接的横路,每路距离不能过疏亦不能过密,"过疏则交通固不便利,过密亦因车辆之横直驶驰,交通时形窒碍,且危险不免容易发生",此等距离以400公尺为适度。车辆在城市内干路行驶速率,通常以每小时25英里为最高限度。但每因街道上障碍,实际速率大都为20英里左右。以20英里计算,其通过此400公尺路线约需45秒时间,此时间为"路灯红绿色转变之最适当时间"④。此外,鼓楼一带"往来络绎",故在该路斜段及市内铁路的两旁,各辟平行路线,"俾往来者可以分途出入,不致拥挤,且使通达下关、东北住宅区及西部一带等处,以便运输集中"。各平行路线又筑有次等干路,与许多街道交切,"交通益形便利"。而沿市内

① 中央党部国民经济计划委员会:《十年来之中国经济建设》下篇,南京扶轮日报社 1937 年版,第 9 页。
② 参见国都设计技术专员办事处:《首都计划》,1929 年 12 月编印,第 65 页。
③ 参见行政院新闻局:《首都建设》,1947 年 12 月印行,第 3 页。
④ 参见国都设计技术专员办事处:《首都计划》,1929 年 12 月编印,第 66 页。

铁路线的一路，"实为应最先建筑各路中之一路"。由此，干路标准宽度应为28公尺，除两旁各筑 5 公尺行人路外，尚余 18 公尺，备行驶 6 行车辆用。[①]

2. 次要道路。其为每一区域内互相贯通的道路，作用不但便利交通，且为划分房屋段落的界限。[②] 由于房屋的空气光线供给务须充足，所以此项道路每截的长度，南北向者应较东西向者为大，且"以牺牲房屋最少、费用最廉为原则"。并且，次要道路分为零售商业区道路、新住宅区道路、旧住宅区道路三类。零售商业区的道路宽度定为 22 公尺，其中 12 公尺为路面，10 公尺为两旁人行路，而各占其 5 公尺宽度，"此人行路之宽度，估算其所有往来行人而定，务使绝无挤拥之弊，且有余地足供挑担者之往来"。新住宅区道路，定为单家住宅建筑用，其中道路由两边地产界线起计宽 18 公尺，以供货车及救火车往来，"可了无窒碍"。[③] 旧住宅区道路，"每一大地段内，交通亦须便利，故应有干路环绕"。如此规划其利有五：一是街道数目减至最少，可免汽车互相冲突的危险，且可保持干道车辆往来安全速度；二是交通上既易于管理，且可节省灯号设置；三是减少房屋拆卸及地产损失；四是可限制直通运输经过不宜于车辆众多的小路，而免游戏路上儿童发生危险；五是街道既整顿，门牌号数亦易编排，邮件投递、寻觅地方皆利便。而原有旧路亦须拓至 12 公尺，"以备将来新屋建置新拓街道之旁，其余旧路不宽辟者，应改作内巷，或通行人力车道路，惟仍须逐渐改良，使其整齐划一"。[④]

3. 环城大道。其利用当时南京城垣，筑为可以行驶两行汽车的道路，一方面使市民往来不致必经城市中心，避免拥挤；另一方面亦使往来者随时有赏玩四周风景的机会。"城垣外面一带拟沿之筑为环城马路，以供货车的行驶，城垣内边附近则筑为林荫大道与之相辅。"[⑤]因当时城垣由海陵门南行，经南门东至通济门一部，城面宽度几尽可筑为行驶两行汽车的道路。东部一带城垣城面狭窄，行驶两行汽车尚不敷用，可暂筑为只向一面进行的道路，即一边可行驶汽车，一边可停放一辆汽车。其余城面更狭处，暂亦可用为人行道路，"将来均须加筑泥土增其阔度，俾城垣全部皆可行驶两行汽车"。又应就城垣地形"便利之处，远远筑有斜坡，以便人车之上落"。另，所有干道穿过城垣处皆筑适宜拱门，以便出入。拱门宽度一概与所接干路宽度相同，以免交通挤拥。即中央拱门宽度，一如干路路面足供 4 行车辆往

①　参见国都设计技术专员办事处：《首都计划》，1929 年 12 月编印，第 67 页。
②　参见行政院新闻局：《首都建设》，1947 年 12 月印行，第 3 页。
③　参见国都设计技术专员办事处：《首都计划》，1929 年 12 月编印，第 67—69 页。
④　国都设计技术专员办事处：《首都计划》，1929 年 12 月编印，第 69 页。
⑤　行政院新闻局：《首都建设》，1947 年 12 月印行，第 3 页。

来。两旁拱门,备人力车、马车及行人用。而环城大道两旁小拱门的路线,不但可供人力车等往来,且为停放车辆用,唯停放处不得迫近城门,两面须距30公尺。且"将来城垣大道完成后,若在城垣上驾车游玩,则全城景物及附近乡落之风景与紫金山、扬子江之山色波光,均将一一涌现于目前"①。但因城垣转角多锐角,高低落差大,墙皮为土墙包砖砌成难以承重,因此环城大道设想并未付诸实施。

4. 林荫大道。其两旁在可能范围以内,"求与干道平行"。② 拟定林荫大道有二道路线较长,"其一沿秦淮河而建筑,其一沿城墙内边建筑"。即林荫大道须酌当地情形而定,其沿秦淮河岸路线,宽度约自14—17公尺,一旁筑5公尺行人路,沿河一边则辟为小径,以资游览。至于沿城垣而建筑的,可作为环城大道的支路,以便营业和私家车辆行驶,宽度最少约22公尺。即所拟林荫大道,"该道车辆路与城垣距离之余地,亦宜含有公园作用,以为增加风景之助"。规划该道不仅用以行驶车辆,"藉以减少商业区内车辆挤拥,而城内各处市民往还亦可得一捷径"。而所设计南京的公园及林荫大道,在城内共约1600英亩,占全地面积14.4%。即此种大道性质与公园无异,道上多植树木,设有座椅以供游客之休憩,并有网球场、儿童游戏场等各项游乐设备,"覆于街道两旁,筑有汽车路,以便往来"(见图1—1)。③

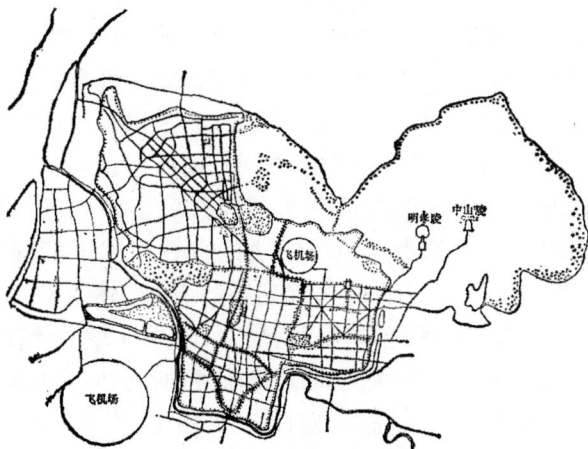

图 1—1　南京市林荫大道系统图(1929 年)

图片来源:国都设计技术专员办事处:《首都计划》,1929 年 12 月编印,图片页。

---

① 参见国都设计技术专员办事处:《首都计划》,1929 年 12 月编印,第 70—71、107 页。
② 参见行政院新闻局:《首都建设》,1947 年 12 月印行,第 3 页。
③ 参见国都设计技术专员办事处:《首都计划》,1929 年 12 月编印,第 71—72、106—107 页。

5. 内街。南京"原有道路之不放宽者,将来概该为内街",作为人力车及步行的道路。① 即城内原有狭路未辟宽以前,"应多定为此种道路,而城南一带人烟稠密之处尤(即'犹'——引者注)然"。其宽度定为 6 公尺,此宽度一方虽停有车辆,而他方仍不碍车辆通过。但此种内街的车辆,应限定只向一方进行,"不能交相驰驶"。又有一种内街,汽车不得行驶,此等街道应在两方街口,各竖石柱二条,相距 1.5 公尺,以阻止汽车内进。此项内街增辟,"不限与干路垂直之一种,亦须辟于干路平行者,如是则货物可在后门装卸,既可节省运费,且可免干路中有车辆停滞之患"。又客车、货车等,皆宜在内街或私有产业界内装卸。②

简言之,综观《计划》布局的道路系统,其优点为:(1)整齐中带有变化之象;(2)名胜风景及历史上建筑物一一连贯,易于游览且亦易望见;(3)交通、运输及美观三者,皆能达到最佳点;(4)各路相连,采用最完善的方法,来往极为安全;(5)所分房屋段落,南北长而东西狭,适合建筑;(6)对于原有路线,大多保存,破坏最少;(7)所有一切林荫大道、干道等交接点,其距离度数,均经详细研究,对于交通管理上灯号装置,"最经济而最为有效"。故此 7 项优点,使该道路系统"在近代城市中,可谓最新最良者"③。

(三) 路面和市郊公路规划

划定道路系统的同时,《计划》指出:规划南京路面以"建筑费低廉""路命长久"这两项标准最为重要,由此按经济与运输情形,当时南京路面应用碎石建筑,以沥青敷于其上,即所谓沥青麦坎达路。此种路面建筑费颇廉,其厚度宜因各地所载重量不同,酌量分别敷砌,务以经久耐用、修养更易为目的。若分三层筑至 20 公分(即 8 英寸)厚,而所用沥青再选择得宜,则每日平均能受行驶 2000 辆汽车重量,"车辆经过愈多,其厚度自可比例而递增"。其次,当逐层碾压时,参用以胶结物的青石屑,"即能固结一体,不致因受车辆行驶而转动"。而自路基坚实后再行补填,建筑工竣可任其自干,两日后便可通行车辆。路面经车辆通行后,每隔一日,须薄铺以一等石灰碎石及洒水,然后碾压,"俾成坚久之路面"。此目的既达,则用铁帚将剩余碎石尽行扫除,"全路现一平坦之嵌石路面"。④ 由见,南京城市道路以沥青路面为佳。

---

① 参见行政院新闻局:《首都建设》,1947 年 12 月印行,第 3 页。

② 参见国都设计技术专员办事处:《首都计划》,1929 年 12 月编印,第 72、116 页。

③ 参见国都设计技术专员办事处:《首都计划》,1929 年 12 月编印,第 73 页。

④ 参见国都设计技术专员办事处:《首都计划》,1929 年 12 月编印,第 83—84、88 页。

再如市郊公路,《计划》规定南京"郊外公路应加改良,并视情形而增辟"①。然其时城外"可通汽车道路甚少",其中较重要仅 9 线"均为出城原有之旧公路。出城公路,本不只此数,惟其余路线均不甚长",较长者只有和平门至观音门一线。此外,由中山马路延长而环绕紫金山南麓的环陵马路,为完全新筑公路,"路面宽平适度,甚便车辆之行驶"。浦口方面则路线绝少,唯有沿津浦铁路北行直达浦镇的一条短促汽车路。上举各路,"除新近筑成者外,类皆不便行车,即可行车,亦多系勉强使用,故非加以改造,不能成为完全之公路"。由此,《计划》以"一方利于境内之交通,一方利于境外之联络"原则确定市郊公路线,并认为此类公路筑建,"使所有境内农村,各有一直达城内之捷径,以便往来",且所有农村产物如米、肉、蔬、果等皆可用汽车输运进城,价廉而迅速,既可增加食品来源,又可减低生活费用,并可"助长郊外地方之发达,其利益盖不少"。同时,南京附近各市"现方积极开辟公路,将来需用汽车至多",宜开设汽车配制厂。②

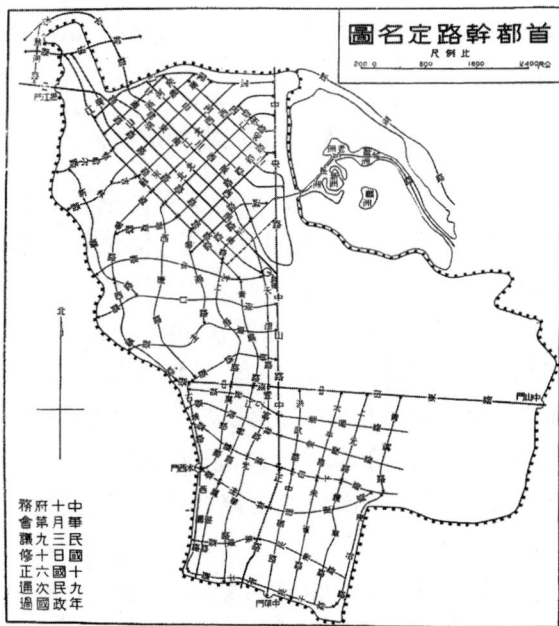

图1—2　首都干路定名图(1930 年公布)

图片来源:叶楚伧、柳诒徵:《首都志》下册,正中书局 1935 年版,图片附页。

---

① 　行政院新闻局:《首都建设》,1947 年 12 月印行,第 3 页。
② 　参见国都设计技术专员办事处:《首都计划》,1929 年 12 月编印,第 90—94、217 页。

综上所述,"城市规划工作中,设置公园和林荫大道,拓宽交通干道,配备民用设施等,均须符合城市未来发展中物质空间发展的控制要求"。① 如《计划》引进当时先进的林荫大道、环城大道、环形放射及矩形路网等规划理念,规划南京放射形与矩形结合的空间布局,然后由干线到支线,对全城道路进行规划、改造与扩建。这是彼时中国城市道路建设中较为科学的、先进的规划方案。继而,《计划》关乎道路系统的设计,经"首都建设委员会"研讨并交付专家审查,于 1929 年 10 月 29 日该会第 9 次常务会议、1930 年 10 月 18 日第 32 次常务会议通过《首都干路系统图》《首都干路定名图》(见图 1—2),1930 年 10 月呈奉国民政府第 96 次国务会议,始予公布施行。至此,"道路设计,即凭二千五百分之一地图,审度地势,斟酌需要,经各专家再三考量,然后制成南京道路系统图,此即国府核定现在实行之道路系统"。② 从而,抗战前南京主干道路幅宽度基本是按《计划》规定达到 40 米,并分为快车、慢车、人行道,中间有绿化带分隔。市内各主要道路的交叉口如新街口、山西路、仙霞路等 8 处,采用当时先进的环形交叉,环岛直径多数为 50—60 米,环形车道宽 18—20 米。③ 这种道路制式,在当时中国各大城市道路中可谓开创先河。

三、道路建设的展现与成就

1927 年国民政府建都南京初,"第一个工程便是开辟新路"④。如是年 6 月 13 日,市长刘纪文在总理纪念周上宣告:"本市长奉命接任其职,即在改造南京,而改造南京自非先从修筑马路入手不可"。⑤ 继为"观瞻所系",首都建设委员会规定:首都干路系统及次要干路路线,"交市府按年修筑"。⑥ 然因市民对当局"规划"缺乏共鸣,且拓宽马路需市民支持,或迁其房屋或移其店铺,市民对此反应强烈,拒不配合或投书市府表明反对,甚至南京市商民协会等亦投书蒋介石和行政院,力阻施行。⑦ 如曾二任南京市长的刘纪文颇有感慨:"当时一面规划道路系统,一面进行开筑中山路。而

---

① [美]R.E.帕克等:《城市社会学》,宋俊岭等译,华夏出版社 1987 年版,第 49 页。

② 刘纪文:《南京市政府成立十周年纪念感言》第 2 页,载南京市政府秘书处:《十年来之南京》,1937 年 6 月编印。

③ 参见经盛鸿:《南京沦陷八年史》上册,社会科学文献出版社 2005 年版,第 9 页。

④ 倪锡英:《南京》,中华书局 1936 年版,第 162 页。

⑤ 《刘市长就职后各局处之训话》,《申报》1928 年 8 月 6 日,第 3 版。

⑥ 参见叶楚伧、柳诒徵:《首都志》下册,正中书局 1935 年版,第 845 页。

⑦ 参见《各区公所工作报告和计划大纲》,1930 年 5 月,南京特别市政府档案,档号 1001-1-366。

开路之际,反对者纷起,创办之难,于此可见。"①

在此背景下,当局唯有不断进行建设道路宣扬的方策。如1927年6月,市长刘纪文在《特别市市政府成立宣言》中提出:此后市政一切设施"积极要求市民协助,市民之谅解,众擎易举合力易成。一变荒凉不振之南京,而为庄严灿烂之首都"。1928年9月,兼任首都道路工程处处长的刘氏再于《答复民众请求宣布南京市道路计划书》中宣言:"就现在而测将来,南京为国都所在地,筑路之事必继续不绝……人民见市府对于南京为彻底之改造,每有兴作,辄以求治太急为疑,不知痛苦虽忍一时,幸福则垂诸久远。……惟本市即为国之首都,将来应筑道路,不第务求广阔且须美其外观。彼欧美之柏林、巴黎、纽约诸大城市,其道路修整华美,为举世所誉称;本市目前之财力人力,虽不足与彼数城抗衡,然不早为之备,将来屡事更张,其重累人民也。"②

至1929年3月7日,刘氏又在中央广播无线电台中宣扬:"现在有一部分的人,因为拆除民房问题,表示不满意的……要知道拆除民房的办法,在世界各国,大小城市,均是常见的。被拆房屋的人当然要感受相当的痛苦,但是牺牲少数人的痛苦,以求多数人的幸福,是革命的;并且感受到暂时的痛苦,以求永久的建设,是值得的,我们若因避免少数人民目前的痛苦,就因循姑息,敷衍从事,不特南京市的建设,没有办法,便是中国的建设也没有办法。我以为现在谈建设,只好设法减轻民众因建设而被破坏所感受的痛苦,万不能因为避免少数人目前的痛苦,就不去建设它,这是根本不对的。"③亦有学者表示附议:"奉告首都民众,市府整理交通,首先要开筑道路。要开筑道路,对于民间的房屋和建筑,不免要有拆毁的地方。我们做首都的市民,尤其是做革命时代首都的市民,我们必须拥护首都的建设计划,要拥护计划必须要有相当的牺牲,尤其是改建旧有的都市之成功,非有市民极大的牺牲精神之援助不可啊!"④

经过强势宣扬,南京初时"对于一切设施,无日不在惨淡经营之中",而定都后"建设工作,可以立时进行,使之破坏不堪之南京,一变而为,庄严灿烂之新部"。即经一年来市政设施建设,如全市测量举行、狮子巷马路开辟、桥房拆迁、马路桥梁修理、中山大道兴筑,市民房屋建造等,"纷

---

① 刘纪文:《南京市政府成立十周年纪念感言》第2页,载南京市政府秘书处:《十年来之南京》,1937年6月编印。

② 南京特别市市政府秘书处编译股:《答复民众请求宣布南京市道路计划书》,第1页,《首都市政公报》第20期,南京印书馆1928年版。

③ 参见秦孝仪主编:《革命文献》第93辑《抗战前国家建设史料——首都建设(三)》,(台北)"中央"文物供应社1982年版,第362页。

④ 虞清楠:《首都的交通问题》,《首都市政周刊》第32期,1928年8月12日。

而展开"。① 具如"当时经营伊始,凡百待兴,物质建设,需求迫切,如时谚所谓水不清、灯不明、路不平者,解决尤急,故此三四年间,马路则开始修辟,中山路其主要也"②。由是,首都建设委员会和南京市府"一面规划道路系统,呈经中央核定,一面进行开筑中山路"③,进而"规定路线,次第扩充,且日来当局,于街道之扫除,雷厉风行,卓著成绩"④。自 20 世纪 30 年代后,全市"重要干路,次第兴筑,物质建设,规模大具"⑤。如 1931 年中央路通车后,在鼓楼东侧,中山北路、中山路、保泰街与中央路四路交汇,为此当局修建直径 42 米、半径 18 米椭圆形中央环岛——鼓楼广场,成为环形交叉路口。是年 4 月 30 日,市工务局与南华建筑公司(承包人)签订《中央大学农学院至汉中门道路工程(工字第 118 号)合同》⑥,其价目见表 1—20。

表 1—20　中央大学农学院至汉中门道路工程单位价目表(1934 年)

工料种类	单位	数量	总价(元)	工料种类	单位	数量	总价(元)
土　方	立方公尺	6740	1078.40	避车场	处	14	509.60
整理路基	立方公尺	13500	405.00	转车场	处	6	228.00
增加弹石路面	立方公尺	4180	3762.00	60 公分径涵洞	道	2	192.00
翻修弹石路面	平方公尺	6930	2668.05	45 公分径涵洞	道	2	102.00
明　沟	公尺	4140	207.00	共　计			9152.05

资料来源:《修筑放宽道路工程及郊外六路工程合同》,1934—1935 年,南京特别市政府工务局档案,档号 1001-3-539。

---

① 参见南京特别市市政府秘书处编译股:《一年来之首都市政》,南洋印刷厂 1928 年印,第 3—4 页。

② 王漱芳:《十年来南京市政之回顾》第 1 页,载南京市政府秘书处:《十年来之南京》,1937 年 6 月编印。

③ 行政院新闻局:《首都建设》,1947 年 12 月印行,第 6 页。

④ 陈植:《南京都市美增进之必要》,《东方杂志》第二十五卷第十三号,1928 年 7 月 10 日发行,第 41 页。

⑤ 王漱芳:《十年来南京市政之回顾》第 1 页,载南京市政府秘书处:《十年来之南京》,1937 年 6 月编印。

⑥ 该合同主要内容:第九条,本工程自签订合同之日起应立即动工限定 70 晴天完工,倘逾期完工按日罚洋 45 元。此项罚款工务局得于应付工款内扣除之,所有天雨冰冻或暴风确难工作时,得经工务局核准扣除。第十九条,工程造价定为国币 9152.05 元;分期交付:第一期于开工后 15 日照工料八成估计付款一次付洋;第二期于开工后 30 日照工料八成估计扣除第一期所付公款付款一次付洋;第三期于开工后 50 日照工料八成估计扣除第二期所付公款付款一次付洋;第四期于完工后经本局派员验收合格付款九成付洋;第五期于会同市政府、参谋本部验收后付清末款。第二十二条,于付末期工款时,扣除保固金洋 450 元,半年后查无损坏时发还,另具保满一年保固切结存案。(参见《修筑放宽道路工程及郊外六路工程合同》,1934—1935 年,南京特别市政府工务局档案,档号 1001-3-539)

至 1934 年年底,南京新筑道路经费已达 248 万余元(如表 1—21)。随之,南京市府划全体干路 24 线,由中央担任经费的路命名为中央路,各省担任经费的路以其省命名,将款直接拨付市府,为筑路经费之用。[①] 另抗战初期的 1937 年 7 月,第七届全国运动大会筹备委员因"开会期间,交通问题极为重要",函请南京市府按照该会交通路线计划图,拓宽路线三处:一为中山东路自励志社至中山门段,二为首蓿园至长巷道路,三为孝陵卫街道。当局遂"函请地政局测制收用土地图表,以便依法办理征收土地手续"[②]。

表 1—21　南京市新辟道路建筑费及长度统计表(1929—1934 年)

年份	柏油路	石片路	碎石路	煤灰路	建筑费合计 (元)	总长度 (公尺)
1929	1092162.74	20274.03	—	—	1112436.77	16990.24
1930	134298.18	—	—	—	134298.18	3275.80
1931	221067.53	—	59734.98	—	280802.51	3188.82
1932	196378.70	40214.13	185015.23	—	421608.06	19766.60
1933	58635.91	34514.87	—	—	93150.78	19150.00
1934	226699.81	159839.15	58438.28	1374.98	446352.22	70040.82
合计	1929242.87	254842.18	303188.49	1374.98	2488648.52	132412.28

资料来源:南京市政府秘书处编译股:《南京市政府公报》第 159 期,南京市救济院印刷厂 1935 年版,第 63 页。

抗战前夕,南京市政府组织和市长虽多次更迭,但拓展市区道路均为历届当局施政大纲的重要内容。这期间新建或部分建成干道 48 条,新建次要道路 5 条,拓宽翻修次要道路 28 条,整修旧路 5 条,共计竣工道路 61 公里,耗资 250 万元。[③] 即至 1937 年已先后完成干路 48 条,"其分布情形,城内以新街口为中心",在北为中山北路、中央路、珠江路、广州路、国府路等;东为中山东路、太平路、朱雀路、中兴路等;南为中正路、白下路、中华路、建康路、升州路等;西为汉中路、莫愁路、上海路等;城外则有热河路、绥远路、蒙古路、雨花路等,"由是而递分旁达,经纬网布,构成全市的道路系统。其原有道路,经翻筑、拓宽或加铺柏油路者每年亦不在少数。郊外公路并迭有改

---

① 参见《刘市长向五中全会建议整理首都》,《市政公报》第 18 期,1928 年 8 月 31 日。
② 参见《为奉交第七届全国运动会函请计划进行交通路线一案》,1937 年 7 月,南京特别市政府档案,档号 1001-1-1080。
③ 参见江苏省南京市公路管理处史志编审委员会:《南京近代公路史》,江苏科学技术出版社 1990 年版,第 136 页。

善"。共计在此期间完成道路,约有混凝土路面 2 公里,柏油路面 50 公里,碎石路面 200 公里,弹石路面 150 公里。[①] 至此,"以言交通,则市内东西南北之干道,即已四通八达"[②],并建成以中山、中正、汉中、中央路为东西南北中轴线的城市道路系统,由此新辟道路全面展现(见表1—22)。

表 1—22　南京市城内新开马路一览表(1927 年 6 月至 1937 年 2 月)

道路名称	路面种类	长度（公尺）	宽度（公尺）	建筑费（元）	完工日期
中山路	柏油	12001.94	40.00	1170114.72	1929 年 5 月
黄浦路	柏油	1050.00	16.46	19877.73	1930 年 5 月
中山门马路	碎石	137.60	10.56	132430.85	1929 年 5 月
湖南路	柏油	334.00	10.00	9247.89	1929 年 4 月
中正路	柏油	1334.00	40.00	76069.90	1930 年 7 月
国府路东段	柏油	366.00	21.34	18156.85	1931 年 1 月
朱雀路	柏油	622.30	24.38	12800.12	1931 年 3 月
山西路	碎石	500.00	18.00	59734.98	1931 年 5 月
太平路	柏油	1454.66	24.38	123667.17	1931 年 10 月
白下路西段	柏油	644.00	28.00	63345.81	1931 年 10 月
汉中路	柏油	1661.00	40.00	146623.77	1931 年 3 月
玄武路	柏油	224.16	22.00	15888.70	1931 年 9 月
中华路	柏油	1816.00	23.00	165141.75	1932 年 8 月
中华门环门马路	柏油	546.30	15.00	31236.45	1932 年 11 月
大光路	石片	1563.00	8.00	10251.47	1933 年 7 月
石城路	石片	187.00	12.00	3011.45	1933 年 9 月
考试院马路	柏油	120.00	8.00	4061.50	1933 年 10 月
高楼门马路	石片	不一	—	1324.60	1934 年 2 月
中央路	碎石	3826.00	40.00	53159.74	1934 年 5 月
瞻园路	石片	528.60	12.00	10481.43	1934 年 5 月
中汉路	石片	6173.00	5.00	9152.05	1934 年 8 月

① 参见行政院新闻局:《首都建设》,1947 年 12 月印行,第 6 页。

② 刘纪文:《南京市政府成立十周年纪念感言》,第 3 页,载南京市政府秘书处:《十年来之南京》,1937 年 6 月编印。

（续表）

道路名称	路面种类	长度（公尺）	宽度（公尺）	建筑费（元）	完工日期
云南路东段	柏油	148.00	22.00	8601.71	1934 年 9 月
白下路东段	柏油	91.00	28.00	5849.91	1934 年 11 月
建康路二三两段	柏油	896.80	26.00	55838.60	1934 年 11 月
国府路西段	柏油	962.82	26.00	62476.35	1934 年 11 月
新住宅区第一区路	碎石	6413.54	不等	100324.73	1935 年 1 月
建康路四段	柏油	690.00	22.00	40054.09	1935 年 1 月
莫愁路	柏油	1518.50	22.00	81094.13	1935 年 8 月
云南路东段	碎石	148.00	6.00	8601.71	1934 年 9 月
南通路	石片	463.00	5.00	4991.85	1935 年 9 月
广州路	碎石	2567.50	6.00	43082.57	1935 年 9 月
珠江路	柏油	2115.00	28.00	139639.50	1935 年 11 月
上海路	碎石	2168.00	6.00	30965.14	1935 年 10 月
多伦路	煤屑	1627.00	7.00	11293.98	1936 年 3 月
云南路西段	碎石	521.00	6.00	6064.05	1935 年 8 月
福建路	弹石	1896.50	5.50	24002.38	1936 年 7 月
黑龙江及察哈尔路	煤屑	2425.40	5.50	24101.18	1936 年 7 月
镇江路	弹石	534.00	3.00	4144.70	1936 年 6 月
升州建康路第一段	柏油	1448.70	28.00	135318.16	1936 年 10 月
新住宅区第四区路	砂石	6538.00	不等	113392.16	1936 年 12 月
拉萨路	弹石	171.00	6.00	1950.62	1936 年 7 月
东海路南段	柏油	240.00	28.00	27870.00	1936 年 11 月
中兴路（御道街）	混凝土	1949.00	5.50	87680.80	1937 年 2 月

资料来源：中央党部国民经济计划委员会：《十年来之中国经济建设》下篇，南京扶轮日报社 1937 年版，南京扶轮日报社 1937 年版，第 9—11 页。

　　由表 1—22 可知，路面种类中，新式柏油路面与传统碎石、煤屑等相比，占总数的近 1/2，拥有绝对优势。路面宽幅超 20 公尺的道路已有 18 条，占新筑道路总数 41%。而中山路的建成，"可说是南京城里的第一大工程"①、

———————————

　　①　倪锡英：《南京》，中华书局 1936 年版，第 38 页。

"为南京第一条现代化的马路"①,建筑费达100余万元。彼时,美国纽约城的第五街长6英里,"号称世界最长之街",而"中山大道长度过之",全线长8英里,"中山门外二英里之大道尚不计焉"。中山路的告成,"则下关与城南方面之交通,大为便利,为首都第一干线"。②另,筑成当时最新式的混凝土路面道路——中兴路(原名御道街),"在京市尚属创举"。③其间,城外及近郊新辟道路如江大路(长度14479公尺)、燕子矶马路(11520公尺)、京麒路(9185公尺)、仙栖路(8491公尺)、炮兵二旅至教导队道路(7573公尺)、汉西门至三汊河道路(4264公尺)、京芜路(2795公尺)、绥远路(2662公尺)、蒙古路(1652公尺)、通济门外道路(1373公尺),亦逐一展现。④

新辟道路的同时,当局还致力于翻筑、放宽旧路及修理养护。如因"旧有马路既多加宽,新辟马路亦渐增加,养路工作尤关重要",1928年年初南京市工务局计划从人口稠密、商业繁盛的东北区及中区东部、中区西部暨下关区4处,先行设置养路工队,"务将全市马路及沟渠一律加以修理,俾收整齐平坦之功,而免道路难行之憾"。⑤即"组织工队随时保养,凡沟渠之设备其不合实用者,衡诸市经济情形,酌予翻筑外,通常修疏工作,亦由常工任之"⑥。是年年底,仪凤门、三牌楼、保泰街、十庙口、成贤街、浮桥、碑亭巷、杨公井及唱经楼、北门桥、南门大街至下关等处道路已得修理。再如1928年7月至1929年6月,全市修理柏油路长度110974平方公尺、碎石路301211平方公尺、石片路29295平方公尺、石板路6292平方公尺、煤屑路19286平方公尺、土路101546平方公尺、路基44684平方公尺。⑦至1934年,南京市旧有街道经展宽、翻修旧路者有丰富、绥远、名士埂等15线,共长10556公尺,计放宽3线、翻修12线。⑧1931—1934年间,全市养路工程达119.6万平方公尺(见表1—23)。

———————————

①　行政院新闻局:《首都建设》,1947年12月印行,第6页。

②　参见中国科学社:《科学的南京》,科学印刷所1932年版,第24页。

③　参见南京市政府秘书处:《十年来之南京》,1937年6月编印,第48页。

④　参见中央党部国民经济计划委员会:《十年来之中国经济建设》下篇,南京扶轮日报社1937年版,第11—13页。

⑤　南京特别市工务局:《南京特别市工务局年刊(十六年度)》,南京印书馆1928年版,第109页。

⑥　中央党部国民经济计划委员会:《十年来之中国经济建设》下篇,南京扶轮日报社1937年版,第9页。

⑦　参见南京特别市市政府秘书处编译股:《南京特别市政府工作总报告》,南京印书馆1930年版,"工务统计",第2页。

⑧　参见建设委员会经济调查所统计课:《中国经济志·南京市》,正则印书馆1934年版,第93页。

表 1—23　南京市养路工程比较表（1931—1934 年）　单位:平方公尺

年份	柏油路	石片路	碎石路	煤灰路	砖土路	人行道	合计
1931	6185.00	87208.30	173786.58	8102.80	7958.00	—	283240.68
1932	14122.00	81205.99	104085.00	8075.00	1921.00	2638.00	212046.99
1933	43885.00	113222.50	121549.20	17013.00	3279.00	6337.00	305285.70
1934	50170.00	148840.80	160916.50	27255.00	3386.00	5080.00	395558.30
合计	114362.00	430477.69	560337.28	60455.80	16544.00	14055.00	1196231.67

资料来源:南京市政府秘书处编译股:《南京市政府公报》第 160 期,1935 年 12 月,档号 1001-1-1746。

进一步考察,自 1934 年 11 月至 1935 年 9 月,南京市修筑碎石路长度 155457 平方公尺、弹石路 146945 平方公尺、柏油路 43344 平方公尺、煤灰路 14536 平方公尺、人行道 5255 平方公尺、砖土路 4790 平方公尺。[1] 再据 1935 年 7 月至 1936 年 6 月统计,全市修筑柏油路长度 38530 平方公尺、弹石路 146382 平方公尺、碎石路 21639 平方公尺、土路 11332 平方公尺、煤灰路 6885 平方公尺,装沟管、清沟分别为 8698、81199 公尺。[2] 且 1934 年 11 月,工务局增设燕子矶、孝陵卫、上新河 3 个郊外道路养路队[3];后因“本市干路次第开辟,致养路工作日益繁重,现有养路工队不敷分配”,该局计划翌年年底前扩充养路工队。[4] 简言之,自 1927 年 6 月至 1936 年 6 月止,南京所修各种路面约为 2295593.58 平方公尺,通沟长约 880 公里,装沟长约 29 公里,具如柏油路 319286.69 平方公尺、弹石路 835942.35 平方公尺、碎石路 1007254.60 平方公尺、煤屑路 95053.23 平方公尺、石板路 5986.43 平方公尺、土路 27288.08 平方公尺、水泥混凝土路 4782.20 平方公尺,修疏沟渠 880958.00 公尺、装沟管 29411.10 公尺。[5]

其时,“新的南京在创造中,新的道路也在不断的建设中。在南京,终年可以看见工务局筑路的牌示,到处可以看到在破坏,旧的破坏了建设新

---

[1] 参见南京市政府秘书处:《一年来南京市政》,1935 年 10 月编印,第 20 页。

[2] 参见南京市政府秘书处统计室:《南京市政府行政统计报告(民国二十四年度)》,南京胡开明印刷所 1937 年版,第 205 页。

[3] 参见《南京市政府行政报告(廿三年度)》,1934 年,南京特别市政府档案,档号 1001-1-1734。

[4] 参见南京市政府:《南京市政府行政计划(民国二十四年度)》,出版时间、地点不详,第 31 页。

[5] 参见中央党部国民经济计划委员会:《十年来之中国经济建设》下篇,南京扶轮日报社 1937 年版,第 9 页。

的。这些道路的筑成,和新南京的繁盛,当然是有密切的关系的"。随着彼时主要干路次第修成,"往年大家认为出门坐车是件苦事,会把小肚子颠得发疼,现在却到处都是康庄大道了,已经平稳得多了"。① 当局对道路的规模化建设,使以往乘车苦痛逐渐消失,让市民更愿以公共交通为代步工具,实因"道路是乘车的生命线"②。譬如1912年孙中山先生言及:"交通之法,铁路为急务,然马路尤不可少。盖马路费较省便,且马路行自动车(汽车),自动车费亦较少。如每车坐十二人之自动车,每里只需万元可修,路之平坦者。每里仅五千元或二千元可以修好。"③可见,孙氏早已认识到道路与汽车的密切关系。即"汽车行驶,非有优良之道路不为功,而优良道路,恒缘改良市政而产生。市政愈求改善,则道路愈为优良。果无优良之道路,纵有百千万辆之汽车,亦无所显其效能"④;从而,道路与汽车是互补品,两者相辅相成、相得益彰。

应该说,20世纪初电车和汽车等近代交通工具及人力车等车辆在中国城市兴起,促进了城市道路的改建和兴建。⑤ 道路建设对公共交通产生直接影响,不仅为该业提供良好的生存环境,且新式路面持续修筑,又使对道路状况要求颇高的机械化交通得以持续扩张。此情诚如彼时南京市长刘纪文所言:"中山路的完成仅仅是首都建设的开端,以后首都的建设,不仅是几条路,我们要有公园点缀,要有公用物,公共汽车……"⑥由此,随着"京市道路交通日渐开辟,其随道路进展之交通事业,如汽车、马车、自由车(即'自行车'——引者注)、人力车行等亦自随之增加"⑦,并直接导致对道路需求日甚的机械化公共交通的快速发展。具如1928—1936年,南京全市汽车数量从144辆增至2119辆,增长13.7倍;人力车由5334辆增至11180辆,增长1.1倍;马车则由424辆减至341辆。⑧ 可见,汽车业的增长值远甚于人畜力交通的增长值,即道路畅达对于机械化公共交通的发展更具典型意义。

---

① 倪锡英:《南京》,中华书局1936年版,第49、162页。

② 张钟汝、章友德等:《城市社会学》,上海大学出版社2001年版,第158页。

③ 广东省社会科学院历史研究室等合编:《孙中山全集》第二卷,中华书局1981年版,第535页。

④ 谨:《汽车有促进市政改善之效能》,《申报》1927年2月5日,第9版。

⑤ 参见张文尝等:《城市交通与城市发展》,商务印书馆2010年版,第61页。

⑥ 《刘市长在中山路开路典礼中之演说》,《申报》1929年4月8日,第2版。

⑦ 建设委员会经济调查所统计课:《中国经济志·南京市》,正则印书馆1934年版,第93页。

⑧ 参见南京市政府秘书处统计室:《南京市政府行政统计报告(民国二十四年度)》,南京胡开明印刷所1937年版,第224页。

概而言之，"观路政之良窳，可以瞻国势之盛衰，与夫人民自治之能力，学术文明之进化，尤息息相关"。① 自国民政府定都南京，"举凡公共所需之道路，自来水下水道，学校体育场，市场公园等设备，均在相继建筑"②。至抗战前夕，"道路平了，电灯明了，电话灵了，饮水清了，新的南京在建设中，新的南京的生活也逐渐地能够使人安居下去了"③；其时城市"充斥着机械化交通工具的嘈杂声……在这种道路上，速度和动力问题已经得到解决"④。因为南京当局对城市道路系统的规模化建设并加以改良养护，由此形成较为完善的交通网络，解决此前交通混乱、道路拥挤、人车不能畅行的局面，为公共交通特别是机械化交通工具的传入、利用及发展提供必要前提，成为该业日兴月盛须臾不可缺少的重要变量，为近代南京城市公共交通的蔚然兴起和持续发展奠定坚实基础。⑤ 可见，抗战前当局对南京城市道路的规模化建设是公共交通得以发展和兴盛的本源，该业的持续扩张再反力于道路不断改良，彼此形成良性循环的态势；两者间的交相为用、相依发展，进而使南京城市近代化的进程相与赓续，从而映射出近代中国城市变革转型的独特形态。

---

① 陈树棠：《道路建筑学》，中华道路建设协会 1934 年版，第 1 页。

② 南京市政府秘书处：《十年来之南京》，1937 年 6 月编印，第 75 页。

③ 倪锡英：《南京》，中华书局 1936 年版，第 164—165 页。

④ ［英］阿诺德·汤因比：《历史研究》上卷，郭小凌等译，上海人民出版社 2010 年版，第 205 页。

⑤ 参见李沛霖：《城市道路与公共交通关系探微——近代南京的个案分析》，《西南交通大学学报（社会科学版）》2017 年第 5 期。

第二章　城市机械化公共交通的
运营与发展

　　1825 年,英国修建世界上的第一条铁路,位于斯托克顿至达林敦间,全长 435 公里。① 自 1890—1913 年,世界各大强国的铁路总长度,美国由 268 千公里增为 413 千公里,英国由 107 千公里增为 208 千公里,俄国由 32 千公里增为 78 千公里,德国由 43 千公里增为 68 千公里,法国由 41 千公里增为 63 千公里。其时,世界将近 80% 的铁路集中在 5 个最大强国手中。② 即至 1910 年左右,有百万公里以上的铁路网环绕世界。1930—1936 年年底,中国新筑铁道告成 2400 余公里,正在建筑中者 1000 余公里,"大抵为国有或省市有",已占以往所有全国铁道的 25%。③ 而为应清末"南洋劝业会"之需,改变"城内舍驴、骡、马车及肩舆外,别无他交通工具科以代步"④ 的情事,1909 年在南京正式通行"我国唯一之市内铁路"⑤。市内铁路⑥ 的创设不仅是南京公共交通的滥觞,亦为"本市建筑最早之交通线"⑦,并在"市区交通上占有重要地位"⑧。继而,公共汽车、出租汽车等纷至沓来。这些大容量、机械化交通方式的出现,亦标志为普通大众服务"公共交通时代"的真正到来。

第一节　市内铁路的经营与管理

　　据考察,我国微弱的近代化产业中,交通运输业确实比较突出。如 20 世纪初南京市政逐步展开,进而"敷设中正街至江口小铁路",至抗战前该

---

① 参见刘统畏:《交通通讯与国民经济》,重庆出版社 1988 年版,第 74 页。
② 参见《列宁全集》第 27 卷,人民出版社 2017 年版,第 410 页。
③ 参见金家凤:《中国交通之发展及其趋向》,正中书局 1937 年版,"朱序"第 1 页。
④ 章丽廷:《营运五十年的南京市内小火车》,《南京史志》1987 年总第 24 期。
⑤ 南京市政府:《首都市政》,大成出版公司 1948 年版,第 82 页。
⑥ 自清末至新中国成立前,该路称谓诸多,如"宁省铁路""江宁铁路""京市铁路""市内铁路""市内小火车"等。笔者在本书行文过程中,为保持阅读上的一致性,名称统一使用"市内铁路"(不包括引用部分),特此说明。
⑦ 南京市政府秘书处:《十年来之南京》,1937 年 6 月编印,第 50 页。
⑧ 行政院新闻局:《首都建设》,1947 年 12 月印行,第 8 页。

路已是"京市交通枢纽"①。易言之,该路不仅"为本市公营事业之一"②,且是在公共汽车开办前唯一大容量交通工具,票价低、站距短、乘客称便;虽为地上铁路,却是南京"最早的城市轨道交通和地铁1号线"③。

一、组织沿革和设备管理

（一）组织沿革

1899年南京辟为商埠后,中外商人在下关建造码头、开行设栈、办理客货运输。1903年9月清廷商部奏请设立铁路、矿务、农务等各项公司,请求朝廷饬下各省将军督抚会同筹划,赞助维持。是年,以南京下关为起点的沪宁铁路兴建,嗣后浦口为终点的津浦铁路开工建设。至此,下关已形成水陆交通枢纽。唯下关至城内交通不便,城北荒凉、道路崎岖,且有抢劫者出没;城南繁华,但街巷狭窄,出入城区除步行外,乘轿、坐马车或人力车,既费时又不安全,不能适应商埠发展形势。嗣后,两江总督端方以"南京城外下关为沪宁路首站,商业日臻繁盛,而城内地方辽阔往返需时,于行旅出入货物转输诸多不便及江防紧要,微调频仍"为由,拟筹建"紧接沪宁铁路下关车站筑一支路入城至城中为止"。④ 即拟仿照浙江铁路局在杭州省城添辟城门,接筑支路之例,由下关筑一支路经金川门入城至中正街(今白下路),计划路线长度7英里有奇。⑤ 经批准,端氏委任江南商务局总办王燮为工程总办,聘英国人格林森为总工程师,开始测量购地。⑥ 筑路经费先由官钱局垫银15万两,"余由藩司,盐道,粮道,厘捐总局等划拨"。⑦

继而,"金陵城内铁路,已经工程司勘定轨线"于1907年10月20日兴工,敷设中正街至江口铁路,"全路延长约十五六里,沿途义冢及民屋,照章给价,令人迁徙"。⑧ 翌年12月建成,全长8英里半,约合28华里。全路有大桥2座,经过城门洞1处,全部建筑费为47.55万两(约合法币66万元)。⑨ 1909年1月,该路正式通车,定名"宁省铁路"(见图2—1),南自城

---

①　《呈请购发统煤及发预备费以资救济》,1937年8月,南京特别市政府档案,档号1001-1-589。

②　南京市政府:《南京市政府行政计划(民国二十四年度)》,出版时间、地点不详,第53页。

③　张玉宝:《100年前南京就有"1号线"》,《金陵晚报》2010年4月14日,第A12版。

④　参见铁道部铁道年鉴编纂委员会:《铁道年鉴》第一卷,1933年编印,第1190页。

⑤　参见南京市地方志编纂委员会:《南京公用事业志》,海天出版社1994年版,第16页。

⑥　参见卢海鸣:《南京民国建筑》,南京大学出版社2001年版,第238页。

⑦　参见铁道部铁道年鉴编纂委员会:《铁道年鉴》第一卷,1933年编印,第1190页。

⑧　参见叶楚伧、柳诒徵:《首都志》下册,正中书局1935年版,第851页。

⑨　参见南京市政府秘书处:《十年来之南京》,1937年6月编印,第50页。

内中正街起,北至下关江口止。① 彼时亦称下关铁路,由两江总督管辖,设"总会办以管理",办公地址设于无量庵,首任总办为王燮。1911 年,"宁省铁路"更名为"江宁铁路"。翌年 1 月 1 日,孙中山先生由上海乘沪宁路抵南京,经市内铁路直达"国民政府站"(长江路站),换乘马车进入总统府,就任中华民国临时大总统。② 至 1912 年,该路再"改隶江苏省督军署直辖,改总会办为总理、协理",进行管理。③

图 2—1　两江总督署东墙外的宁省铁路(1910 年)

图片来源:卢海鸣:《南京民国建筑》,南京大学出版社 2001 年版,第 237 页。

尔后,袁氏当国,曾任南京留守的黄兴在南京讨袁,因势孤无援,南京遂先后为张勋、冯国璋所踞,其间均委派亲信、军人主持江宁铁路的路政。后因冯去北京,南京由李纯掌督印,任李文滨任该路局长,吴胡华任车务总管(后升任局长),"尚能治路业务稍有起色,曾增购机车一辆,随车均有军警稽查,车上置有'大令',官兵乘车,无一敢从中捣乱者"。后齐卢战争爆发,奉军南下,南京为首要之区攻防甚烈,此路深受其害。战息,自命五省联防总司令孙传芳坐镇南京。迨北伐军到,孙与直鲁军首领张宗昌等联合顽强抵抗,此路所有机车、车辆均先后为直鲁军和北伐军运送部队、伤员和军需物质等,时"客货业务停顿已久,员工薪饷无着"④。因战乱频

---

① 参见建设委员会经济调查所统计课:《中国经济志·南京市》,正则印书馆 1934 年版,第83 页。

② 参见南京市地方志编纂委员会:《南京公用事业志》,海天出版社 1994 年版,第 17 页。

③ 参见铁道部铁道年鉴编纂委员会:《铁道年鉴》第一卷,1933 年编印,第 1190 页。

④ 章丽廷:《营运五十年的南京市内小火车》,《南京史志》1987 年第 24 期。

仍,其备受摧残、元气大衰。然定都前,南京"城内外之交通,向恃江宁铁路而已"①。

伴随国民政府定都,因该路为"本市运输交通之主干,奠都以来,该路交通尤为重要"②。如 1928 年"江宁铁路"更名为"南京市铁路"(时称京市铁路),并于《南京特别市政府铁路管理处组织章程》第一、二条规定:"本处根据南京特别市市政府组织条例第七条之规定组织之,隶属于南京特别市市政府管理市有铁路事宜"。"本处设主任一人,承市长之命综理全处事务。"③是年 7 月,南京市长何民魂正式宣告:自即日起令其根本改造,路局职员亦特别加以整顿,工友方面则决不欠薪,"俾可努力工作"。④ 1935 年经市府核准,再将《章程》修订为《南京市铁路管理处组织规则》:第一条,铁路管理处隶属于南京市政府,掌理市有铁路事宜。第二条,本处设主任一人,承市长之命综理全路事务。第三条,本处设总务、车务二股,每股设股长一人,承主任之命分掌各该股事务。第四条,总务股掌各列事项:(1)文书撰拟收发保管及缮校事项;(2)典守印信及管理机要事项;(3)会计出纳及预算决算事项;(4)庶务处理事项;(5)材料查验及保管事项;(6)全路警卫事项(7)职员进退奖惩之登记事项;(8)其他不属于车务股主管事项。第五条,车务股掌各列事项:(1)各站客货运之处理及各路联运事项;(2)工程监督分配及计设事项;(3)售票验票收票及票额稽查事项;(4)机务事项;(5)车辆调度及保管事项;(6)全路员工考勤事项;(7)行车时刻事项。第六条,总务股设会计员 2 人,文牍员、庶务员、材料员、管卷收发员、路径队长各 1 人,承长官之命分任承办事项。第七条,车务股设站长 8 人,站务员2—3 人,验票员 6—10 人,稽查员 4 人,监工员 1 人,车长 4 人,收票员 4 人,机务员 1 人,货物员 1 人,行李员 1 人,售票员 8 人,替班站长、售票员各 1人,承长官之命分任承办事项。第八条,本处各股如遇事务纷繁时,酌用雇员助理之,但至多不过 3 人。第九条,本处为征集意见促进路政整顿营业或遇其他重要事件,得开处务会议议事细则另定之。⑤

由见,该铁路管理处依据"组织规则"制定组织架构及人员配置。同时,对于员工的职别及工资、津贴、医药及保险体系在单位预算中逐步完善。

①　悟非:《首都长途汽车去年概况》,《申报》1929 年 1 月 19 日,第 10 版。
②　铁道部铁道年鉴编纂委员会:《铁道年鉴》第一卷,1933 年编印,第 1190 页。
③　南京特别市市政府:《南京特别市市政法规汇编·初集》,民智书局 1929 年版,第 786 页。
④　参见南京市特别市市政府:《首都市政周刊》第 1 期,1928 年 7 月 1 日。
⑤　参见《南京市铁路管理处组织规则》,1935 年 10 月,南京特别市政府档案,档号 1001-1-1601。

但普通员工与管理者的薪酬仍相差悬殊(见表2—1、表2—2)。事实上,因经营逐渐入不敷支致其待遇不良,普通员工的工资较微薄。如1937年6月,该管理处主任涂景元呈文南京市长:"本处员警夏季制服,旧有者业已残旧破损,亟应从(即'重'——引者注)新制发以资服用",计员工21套、路警33套,合计250.05元。① 嗣后,该路再呈当局:"各员工薪资微薄,照半日薪发给",以3个月计算至少需5000元,"此项维持费拟请准予照发,至于以后每月收入即当逐日扫数解库"等。②

表2—1　南京市政府铁路管理处职员调查表(1937年6月)

职别	姓名	性别	薪给数(元)	到差时期(×年×月)
主任	涂景元	男	180	1936年1月
车务股长	高树华	男	145	1911年
总务股长	马子韶	男	80	1936年9月
会计员	唐研荪	男	80	1936年6月
庶务员	吴文怀	男	80	1936年6月
文牍员	朱善文	男	50	1935年2月
管卷员	王鸿文	男	50	1910年
办事员	萧亦江	男	30	1935年5月
	程元春	男	25	1935年5月
	杨金声	男	20	1936年9月
	菜叔豪	男	17	1936年9月
	萧伯禧	男	20	1937年4月
路警队长	黄福海	男	30	1937年2月
稽查员	于乐	男	40	1935年5月
	李继新	男	8	1937年1月
	梁咏	男	15	1937年7月
材料员	陆祥	男	13	1937年7月

---

① 参见《制发员警夏季制服请鉴核拨款由》,1937年6月,南京特别市政府档案,档号1001-1-1589。
② 参见《呈请购发统煤及发预备费以资救济》,1937年8月,南京特别市政府档案,档号1001-1-589。

（续表）

职别	姓名	性别	薪给数（元）	到差时期（×年×月）
站　长	李继吾	男	20	1936 年 9 月
	葛永庆	男	30	1928 年 8 月
	周泽民	男	30	1927 年 3 月
	王靖武	男	25	1929 年 10 月
	彭少卿	男	23	1936 年 9 月
	蒋季融	男	37	1927 年 1 月
	朱应龙	男	45	1919 年 8 月
售票员	李凤麟	男	8	1927 年 4 月
	洪忠福	男	15	1928 年 1 月
	孟耀庭	男	17	1935 年 6 月
	王福修	男	17	1930 年 12 月
	王国粹	男	8	1932 年 8 月
	张庆林	男	8	1936 年 5 月
	汪宗伯	男	15	1937 年 6 月
	任芳瑜	男	15	1936 年 3 月
车　长	刘祥荣	男	30	1916 年 3 月
	徐大元	男	20	1923 年 4 月
	汪文泉	男	18	1926 年 2 月
验票员	王震	男	21	1931 年 2 月
	周柳生	男	19	1931 年 9 月
	高世安	男	15	1936 年 5 月
	戚镛生	男	15	1936 年 9 月
助理站务	高炳南	男	8	1937 年 2 月
机务员	涂汉卿	男	40	1936 年 1 月

资料来源：《南京市政府铁路管理处职员调查表》，1937 年，南京特别市政府档案，档号 1001-1-35。

表 2—2　南京市政府铁路管理处 1937 年全年预算书（支出经常项目）

科　目	单位（元）	七月预算（元）
京市铁路管理处经常费		各项计
第一项　俸给费		11724
第一目　俸给（委任俸给、雇员薪资）	10260	
第二目　工资（工役工资）	1464	
第二项　办公费		13704
第一目　文具	720	
第二目　邮电	120	
第三目　消耗（灯火、水费、薪炭）	2880	
第四目　印刷	960	
第五目　租赋（房租、房捐）	120	
第六目　修缮	6600	
第七目　旅费	1296	
第八目　什支	1008	
第三项　购置费		1428
第一目　器具	540	
第二目　服装（员司、路警）	840	
第三目　图书	48	
第四项　业务费		85458
第一目　员司薪水（站、车上员司）	16224	
第二目　工资（匠工，站、车上夫役）	17274	
第三目　粮饷（宪兵口粮、路警饷）	5520	
第四目　机车用费	46440	
第五项　特别费		1500
第一目　医药费	180	
第二目　赏恤	720	
第三目　保险	600	
合计		113814
备注：该路 7 月预算为 8774.5 元		

资料来源：《铁路管理处经费》，1937 年 7 月，南京特别市政府档案，档号 1001－1－1600。

很明显，当时市内铁路为官办性质的企业，管理权隶属市政府，管理处主任由市长任命。即抗战前"全路设管理处管理之，办事处即在江口车站

楼上",全路职工计 148 员(含机关 53 员,见表 2-3)。后因该路"机务事情
渐繁",1936 年再增设机务股,"以专责成"。①

表 2—3　南京市政府暨所属各机关职员人数表(1936 年调查)

人 数　　　　性别 机关	总计(人)	男(人)	女(人)	百分比(%)
市府暨秘书处	110	106	4	6.13
社会局	208	185	23	11.59
财政局	283	274	9	15.77
工务局	173	166	7	9.64
土地局	442	427	15	24.62
卫生事务所	273	136	137	15.21
自治事务所	18	16	2	1.00
自来水管理处	84	79	5	4.68
市民银行	31	27	4	1.73
铁路管理处	53	53	—	2.95
公园管理处	33	32	1	1.83
清洁总队	28	28	—	1.56
屠宰场	30	30	—	1.67
健康教育委员会	18	4	14	1.00
小本借贷处	11	11	—	0.62
合计	1795	1574	221	100.00

资料来源:南京市政府秘书处统计室:《南京市政府行政统计报告(民国二十四年度)》,南京胡开明
　　印刷所 1937 年版,第 11 页。

　　抗战爆发后,市内铁路"沦陷期间为敌伪占用八年,各项设备大部被
毁,且将此路与京沪浦徐各路段合并,致接收后无法单独行车"。抗战胜利
后,南京市政府接管设南京市铁路管理处,在原有基础上维持行车。1947
年因路况恶化,铁路车辆、线路维修器材、配件匮乏,加之运营入不敷出,由
此"委托京沪区铁路管理局暂行代管,所有车辆、机煤、材料之供应及修缮
工程皆赖其协助"②。直至新中国成立后,该路更名为"宁市线"。1958 年,
该路仍行驶客车 2 对(南京至芜湖)、小运转列车 2 对、市区客运交通车 4

---

① 参见南京市政府秘书处:《十年来之南京》,1937 年 6 月编印,第 50—51 页。
② 南京市政府:《首都市政》,大成出版公司 1948 年版,第 82 页。

对。是年 11 月,在尧化门至中华门间联络线建成时(沪宁、宁芜铁路接轨),该路全部拆除。① 至此,历经 50 余年的市内铁路终被历史尘封。然追溯既往,其在南京乃至中国城市公共交通史上留下至深至巨的烙印。

(二)设备管理

1. 车辆和轨道

市内铁路的轨距均为单轨,轨间用(欧洲)标准制,长 25 华里,"所有枕木、铁轨均从国外进口,且有严格规定"②,且"轨道是和京沪铁路一般宽,车辆也不见得小,只是距离短一点罢了"③。其全线铺设 37 千克/米、40 千克/米轨,木质轨枕。无量庵(鼓楼)绕鸡鸣寺至成贤街段线路的曲线半径仅 200 米。④ 通车伊始,该路置英制机车 2 辆,头等、二等联合客车 2 辆,三等客车 6 辆,铁质水车 1 辆专供督署装运江水饮用,花车 1 辆内饰精锻富丽堂皇,常年停靠在督署站为两江总督专车,另有货车 4 辆。⑤ 1934 年,全路有客车大小 9 辆,"以终年行驶于烈日风雨中,斑驳侵蚀,外表即欠美观,天雨又复渗漏",翌年已饬工修理油漆。⑥ 而后,再将旧客车 7 部,"仿京沪铁路车式,从新装修"。⑦

嗣因该路一、二两号机车(见图 2—2),"年久失修,时有停驶之虞",1935 年市铁路管理处委托京沪路机厂重新修理完整,督促机务员"注意洗刷,慎重开驶"。⑧ 且因该路"缺乏机车驶用,不得已而小修,藉维现状。但数月以来,更见百孔千疮,如机车轮边薄似剃刀,如于中途爆裂,即将半路停车……亟应停驶大修",由此 1936 年 7 月 6 日该路管理处呈请南京市府拨发三号机车修理费,"本处机车仅有一二两号可用,其第三号机车早拟修复"。且彼时"展长路线完成在迹,而机车根本不敷应用,该三号机车又恐搁置太久,毁坏愈甚。并以机务员涂汉卿介绍上海汇通机器厂一家估价(7368 元)承包。兹据开具估单前来尚属核实,亟应修理。以为腾出一号机车更迭修理替用,以免两败俱伤影响行车,以维营业"。随之,南京市市长马超俊指出:"所请应准照办,仰即派员经向该局接洽编造支付预算书,具

---

① 参见南京市地方志编纂委员会:《南京交通志》,海天出版社 1994 年版,第 368 页。
② 铁道部铁道年鉴编纂委员会:《铁道年鉴》第一卷,1933 年编印,第 1190 页。
③ 倪锡英:《南京》,中华书局 1936 年版,第 33 页。
④ 参见南京市地方志编纂委员会:《南京交通志》,海天出版社 1994 年版,第 366—367 页。
⑤ 参见章丽延:《营运五十年的南京市内小火车》,《南京史志》1987 年第 24 期。
⑥ 参见南京市政府秘书处:《一年来南京市政》,1935 年 10 月编印,第 128—129 页。
⑦ 参见南京市政府秘书处:《十年来之南京》,1937 年 6 月编印,第 51 页。
⑧ 参见南京市政府秘书处:《一年来南京市政》,1935 年 10 月编印,第 129 页。

领应用核实报销",并于修理完竣时呈侯市府派员验收,"以昭慎重"。①

图 2—2　市内铁路一号机车(1935 年)

图片来源:卢海鸣:《南京民国建筑》,南京大学出版社 2001 年版,第 237 页。

自 1935 年 7 月至 1936 年 6 月间,该路修理客车 1 辆、修理费为 1749 元,新建铁轨 640 根、工程费为 10880 元(见表 2—4)。其间,"还拟添购机车一辆,以利客货运输"。② 继而,该路管理处修理机车,即"原有机车第一第二两号,因年久失修,已无行驶能力,年内均经先后修理。又将废置已久之第三号机车,全部修理,业已工竣行驶。总计三部机车修理费共达八九千元,均由营业收入项下支付"。至抗战前,市内铁路共有 14 辆车,其中机车 3 辆,大机车 2 部、小机车 1 部;客货车 11 辆,其中客车 6 辆,客车连货车 2 辆,小客车 2 辆,货车架 1 辆。③ 其轨制、车辆与京沪路相仿,虽机车和车厢略小,加之该车只挂五六节车厢,即每列火车用火车头牵引三节旅客车厢。④ 在其车厢连接处为敞开式,两侧为铁链相连,中间为连接踏板,车门在车厢中间为推拉门,座位在车厢左右两侧为长条形,中间站人,车顶有拉手,和今天的地铁车厢差不多。⑤ 如上车时乘客需抓住拉手用力向上蹬,下车时则纵身往下跳。因其运行线路短、站点少,故市民惯称为"小火车"。

---

① 参见南京市政府秘书处编译股:《南京市政府公报》第 167 期,南京市救济院印刷厂 1936 年版,第 71—72 页。
② 南京市政府秘书处:《一年来南京市政》,1935 年 10 月编印,第 129 页。
③ 参见南京市政府秘书处:《十年来之南京》,1937 年 6 月编印,第 50—51 页。
④ 参见铁道部铁道年鉴编纂委员会:《铁道年鉴》第一卷,1933 年编印,第 1190 页。
⑤ 参见晓寒:《南京市内小火车忆旧》,《档案与建设》1999 年第 7 期。

表 2—4　市内铁路建筑工程概况（**1935 年 6 月至 1936 年 7 月**）

项别 / 项别		新建项		修理项	
		数量	工程费（元）	数量	工程费（元）
主要工程	车站	1 座	7076.14	—	—
	敷轨	3 公里	5000.00	—	—
	桥梁	3 座	54667.15	—	—
	坊涵洞	全线	22826.27	—	—
	迁坟	328 具	158.80	—	—
	月台蜷线	—	5038.26	—	—
	房地价拆迁费	—	42891.39	—	—
	栅门	18 堂	2626.60	—	—
	平交道	1 处	963.80	—	—
车辆工程材料	客车	—	—	1 辆	1749.80
	轮箍	—	—	12 付	4440.00
	铁轨	640 根	10880.00	—	—
	配件		5044.25	—	1695.00
	道钉	22000 只	1540.00	30000 只	2100.00
	枕木	7652 根	15191.00	8000 根	24400.00
	道渣	4300 立方公尺	7525.00	—	—

资料来源：南京市政府秘书处统计室：《南京市政府行政统计报告（民国二十四年度）》，南京胡开明印刷所 1937 年版，第 221 页。

2. 基础设施

定都前，市内铁路通车"至今未彻底修理一次"，以致车辆、桥梁、铁轨枕木"均朽劣不堪"；即"建设以来成绩毫无"，推其主因，实由于主管机关不善办理，该路路基崩坏、枕木腐败、铁轨倾斜，"因之越轨覆车之事迭有所闻，似此情形乘客生命殊为堪虞"。① 进而，定都初当局厉行整顿：若认其有存在价值，必须切实整顿，整顿之法分消极、积极两种。以消极言，"若裁汰冗员，若取消各分站职员，如仿电车方法在车上购票，在在可以节流"；以积极言，"则更换道木，修理桥梁，整顿轨道，填补路基，添置客车等均属重要，

① 参见铁道部铁道年鉴编纂委员会：《铁道年鉴》第一卷，1933 年编印，第 1190 页。

以上各问题刻正在计划中"。① 如民国十八年度南京特别市市政府施政计划大纲中"铁路进行计划"提出：(1)添购道木。"全路道木，大半朽腐"，计需抽换约2400条，约费7200元。(2)修理旧客车。估计应修理2辆，需费1200元。(3)修理机车厂及各道口栅口，估计修费共约1000元。(4)自造手摇车。查勘全路工程拟造手摇车2辆，约需600元。(5)翻修一号机车。"一号机车，日久未用，弃置可惜"，计翻修共需费约5000元。(6)修理三号机车。现用三号机车应加修理，共约需费1000元。(7)修理各站房屋及添购信号灯，共约需费1000元。上述计划共需费17000元。② 可见，当局决意采取积极之策。

　　具如市内铁路的枕木、螺丝、道钉，"历年已久多有腐朽"，至1935年抽换枕木2000根，螺丝1000双，道钉4000根，"藉固路轨而免危险"。③ 1936年6月南京市府参事张剑鸣呈文市长：堪得市铁路全部旧路由中正街至下关江边一段，"所有朽腐枕木确经该处抽换，道渣并已加铺路旁，排水设备亦经整理，一切施工情形尚属妥善"。④ 总计全路枕木朽坏达4/5，"年来已先后抽换八九千根"，至1937年一二月后"可全部换毕"。⑤ 斯时，该路共有桥梁8座，有木结构的中型桥如雨花门桥，其他为混凝土墩架钢梁的小桥，能行驶小型机车。⑥ 嗣因江口及国府路两站木桥所有桥梁支柱"腐朽不堪，危险万分"，1935年"已修理稳固"。⑦ 另外"原有机厂房屋损坏，设备简陋，现由工程处全部修理"，并装5匹马力马达以利工作；新购轮盘4副，修理旧轮盘12副，"修理费由工程处拨付"。⑧ 如抗战前该路呈文市长："年来盈二万余元，均已奉准修理开支已罄。职处年来因修理工程，故绝无余款。"⑨

　　关乎站房修建，如市内铁路的处站房屋"年久失修破漏不堪"，至1934年"正在分别修理中"⑩。再如1936年7月18日上午10时，该路工程处招

---

①　参见南京特别市工务局：《南京特别市工务局年刊(十六年度)》，南京印书馆1928年版，第189—190页。

②　参见南京特别市市政府秘书处编译股：《首都市政公报》第29期，训练总监部印刷所1929年版，第3页。

③　参见南京市政府秘书处：《一年来南京市政》，1935年10月编印，第129页。

④　《租用机车客车以备联运》，1936年9月，南京特别市政府档案，档号1001-1-1603。

⑤　参见南京市政府秘书处：《十年来之南京》，1937年6月编印，第51页。

⑥　参见南京市地方志编纂委员会：《南京交通志》，海天出版社1994年版，第366页。

⑦　参见南京市政府秘书处：《一年来南京市政》，1935年10月编印，第129页。

⑧　参见南京市政府秘书处：《十年来之南京》，1937年6月编印，第51页。

⑨　《呈请购发统煤及发预备费以资救济》，1937年8月，南京特别市政府档案，档号1001-1-589。

⑩　参见南京市政府秘书处：《一年来南京市政》，1935年10月编印，第128页。

商建筑"武定门车站",当众开标。计有投标人裕康黄陈记、中华、兴业、鲁创、聂德记、缪顺兴营造厂六家。开标结果:核正总价以裕康(6415.7元)为最低,鲁创(6424.44元)为次低,"皆在预算范围以内。惟裕康完工天数较长二十晴天,依照逾期罚款每天三十元而言,似不膺再加六百元之差额,且工程紧迫期限殊嫌过长"。从而比较价格、保修期限等各项,决定交由鲁创营造厂承包,与该商签订合同。随之,市长批复"准如所拟办理,惟合同内应加保固期定为一年一条,以昭郑重。此项建筑费用,除饬财政局照案拨交本府会计股收转外,仰即前来具领应用,从速施工"。由此,该路武定门车站"正在建筑中",除所有土地补偿金,依照土地登记区估定价额分别给价并依法公告外,准予办理征收手续。①

　　且该路下关车站"当首都水陆要冲,交通繁盛,必须缜密设计,以资建筑完善而状观瞻。原有车站地面狭小而简单,惟房屋结构尚不十分颓坏",故利用其原有加以扩大改建,并将大门方向改向热河路,另加建水泥平台等项"用壮观瞻",1937年3月20日南京市铁路建筑工程处(处长罗保)与缪顺兴营造厂(位于淮海路抄纸巷,经理缪春森)订立"下关车站改建合同":一、承包人依照图样、说明书、标单负责完成下关车站工程。二、本工程由工程处通知正式开工之日起陆拾晴天内完工。三、本工程总价计(法币)4104.2元,唯将来仍依照标单单价及实做工程结算而得增减。四、工程处依照说明书规定付款办法,分期将工款付给承包人。五、完工期限为本工程要件,如逾规定期限承包人应按日赔偿20元,工程处得于总价内扣除。六、全部工程经市政府派员验收后,承包人应立具保固1年。倘于保固期内发现裂缝或倾陷等情事,经证明系材料不佳或工作不善所致者,由承包人照修。七、本合同缮成同样三份,除一份呈送市政府外,双方各执一份为凭。②

　　至1937年5月,该路管理处主任呈文市府,请求修复中正街及江口车站。即中正街站房屋"朽坏不堪,难蔽风雨。查该站既已建筑无期,自应先行修缮,现经招商估价",将该站全部外面粉刷、屋顶修漏、门窗补漆、修补月台及添配玻璃砖瓦等,共计大洋58.6元。另,管理处的天台及江口站房屋"甚多渗漏,且四周墙壁亦陈旧不堪,拟同时修理粉饰,以壮观瞻"。计将南边三面沿墙及楼上沿墙共34方,重新补粉石灰及青紫粉,需工料39.165元;北面外楼上下沿墙共23方,重新补粉石灰及刷本色水泥浆,计工料

①　参见南京市政府秘书处编译股:《南京市政府公报》第168期,南京市救济院印刷厂1936年版,第55—56、77页。

②　参见《关于改建下关车站事》,1937年3月,南京特别市政府档案,档号1001-1-1610。

27.95元,三项合计125.715元。"此项修理费,拟在职处特别费项下开支。"随后,市政府派人前往各该站逐一细致勘验:所有两项工程核与原呈估单"尚属相符,准予验收"①。

抗战前夕(1937年6月),市内铁路建筑工程处主任罗保再呈请市府筹建"雨花路车站"。延长市内铁路至雨花路,应建雨花路车站"现已计划就绪",计车站正屋一座、男女厕所一座,通至月台水泥路,又为运货需要由雨花路通至站内的弹石路面,连同水电设备、下水道等,总计预算需洋15344.55元,"俾便会同经理委员会办理招标等手续"。②且拟将该路从下关江口站修至三汊河,以解冬春枯水季节货物改由三汊河装卸问题,工程完成1/4。③嗣因抗战爆发,两工程均告停顿。抗战前该路全线共设车站10座(见表2—5)。

表2—5　市内铁路车站设置情况表(1936年)

设站年份	最初站名	更改站名	位置	站场设施
1908	江口		下关江边(今长航客运码头)	站线4条入库1条,货栈4座为3949.8立方米,仓库1座为3917.5立方米
1908	下关		沪宁线下关站(今南京西站售票处)	站线2条,1条与沪宁线南京站10股道衔接
1908	三牌楼		三牌楼楼子巷北侧	站线2条
1910	劝业会	丁家桥	丁家桥(今中大医院南大门外)	站线2条;1条支线通劝业会会场,后拆除
1908	无量庵	鼓楼	今鼓楼隧道西北侧	站线3条,货物仓库1座,龙潭水泥厂专用线1条(1923年建成),货栈1座48立方米
1908	总督府	国民政府	长江路东段北侧今省政协大院东墙外	站线3条
1908	万寿宫	中正街	今白下路东段	站线2条
1936	建康路	(乘降所)	—	抗战胜利后拆除
1936	武定门		武定门内今白鹭洲公园城墙内侧	站线2条
备注	新民门为下关附站,故不列入此表			

资料来源:南京市地方志编纂委员会:《南京交通志》,海天出版社1994年版,第367—368页。

---

① 参见《修理中正街车站及粉饰江口总站房屋》,1937年5月,南京特别市政府档案,档号1001-1-1604。

② 参见《关于建筑雨花路火车站工程》,1937年6月,南京特别市政府档案,档号1001-1-1143。

③ 参见南京市地方志编纂委员会:《南京公用事业志》,海天出版社1994年版,第16页。

　　综上所述，抗战前市内铁路应有附属设备，如站房、车房、水塔、水机、煤台、站台、警屋、马路、警碑、电话、员工宿舍等"均大略具备"；其他如添购新机车、加筑机车旋转盘、改移水塔以便上水上煤、减少停车时间等"均在计划进行中"。另为推行新生活运动，制发全路员工路警冬夏季制服，修饰各站房屋及车辆。① 由是经南京市府"核拨巨款"，将机车、客车、路道桥梁加以修理，遂使"从前市民认为腐败退化、不屑光顾之小火车，今已变为渐有振作，乐于利用之交通利器"②。而从抗战前该路的组织沿革和设备管理可见，当局力图将其加以建设并逐渐完善，以求"首都"公共交通的稳步发展。

二、行车态势和票价制定

（一）行车和展延路线

　　市内铁路行车初，由"扬子江岸的下关起入金川门，绕北极阁至中正街止"③。具体路线由下关为起点，"贯仪凤门东首的金川门入城，路线入城后，即沿通行马路东偏辟一轨线，近者约距马路一二丈，远者约距马路五六丈，迤逦逾钟鼓楼之东，过北极阁下路，越马路之北，而至马路之南，斜度两江师范学堂之后墙，仍跳越至马路东北，不一二里，将至珍珠桥，遂距马路略远，向东直指，以抵通济门中正街之东头为止"④。其时，该路设江口、下关、三牌楼、丁家桥（因南洋劝业会增设）、无量庵、督军署、中正街7站。⑤ 站屋建筑以江口与中正街两站为佳，尤以江口站是西式双层洋楼，巍巍卓立于江岸，下层候车室以花瓷砖铺地，并在江口站对面建水塔、煤台、打水房、机车库等。⑥

　　1923年，该路到达各站及标志地点为：从江口站到下关站，再由下关站进金川门，经过三牌楼车站到农业学校、美领事府，在此下车；丁家桥车站（见图2—3），到省议会的在此下车；无量庵车站，到东南大学、金陵大学、暨南学校或测量局、电报局、日本领事府，在此下车；——督署车站，到工业学校、电灯厂、省立医院，在此下车——到中正街车站。是年，该路每天开行18次，来回各9次，两车南北对开每小时一趟。⑦

---

①　参见南京市政府秘书处：《十年来之南京》，1937年6月编印，第50—52页。

②　中央党部国民经济计划委员会：《十年来之中国经济建设》下篇，南京扶轮日报社1937年版，第16页。

③　铁道部铁道年鉴编纂委员会：《铁道年鉴》第一卷，1933年编印，第1190页。

④　叶楚伧、柳诒徵：《首都志》下册，正中书局1935年版，第851页。

⑤　参见铁道部铁道年鉴编纂委员会：《铁道年鉴》第一卷，1933年编印，第1190页。

⑥　参见章丽廷：《营运五十年的南京市内小火车》，《南京史志》1987年第24期。

⑦　参见陆衣言：《最新南京游览指南》，中华书局1924年版，第69—70页。

图 2—3　市内铁路丁家桥站（1923 年）

图片来源：卢海鸣：《南京民国建筑》，南京大学出版社 2001 年版，第 238 页。

定都后，当局将该路的前清"督军署站"改为"国民政府车站"①；并设江口、下关、新民门（此站最小，为下关附站）、三牌楼、丁家桥、鼓楼（无量庵）、国府路、中正街 8 站。1935 年 5 月，自江南铁路公司在"南门外建筑京芜铁路之后，为贯通南北交通起见，市铁路实有与京芜路接轨之必要"②。由此，市内铁路展延路线——南延线，以与江南（京芜）铁路相连。即如该路《展长工程概算书》说明：全长 1000 公尺，建停车轨道共作 1300 公尺，计算土基 6 公尺宽，碎石路基 3 公尺宽、30 公分厚，城门 1 座，木桥 1 座，车站 1 处，征地 900 方，拆屋 180 方，工程总价 86000 元。③　唯此"工程浩大，需费甚巨，市府财力不胜"，经向南京的中国、交通等 20 余家银行借款 32 万元，以为展筑市内铁路之用。④

至 1936 年 3 月，南京市政府奉命延长市内铁路与江南铁路联结，由南京市下水道工程处勘测设计。是年 4 月 30 日，土地局、工务局、铁路建筑工程处为展长路线应征土地发（会字 1 号）布告："查展长京市铁路（中正街至京芜路）应征土地，前经本工程处报具计划呈请市政府转呈行政院核准征收在案。所有路线内应拆之公私房屋及应拆坟墓，经本工程处按照规定宽

---

①　铁道部铁道年鉴编纂委员会：《铁道年鉴》第一卷，1933 年编印，第 1190 页。

②　南京市政府秘书处：《十年来之南京》，1937 年 6 月编印，第 50—52 页。

③　参见《拟展长路线与京芜路接轨计划》，1934 年 8 月，南京特别市政府档案，档号 1001-1-1606。

④　参见南京市政府秘书处：《十年来之南京》，1937 年 6 月编印，第 52 页。

度派员钉定桩志,划定红色拆线。现该路应征土地,业经行政院核准征收,此项工程即将克日开工,除由本土地局依法办理征地给费手续外,合行布告仰于五月十四日以前按照本工程处所钉桩志及红色拆线自行将房屋拆除,坟墓迁移,并将拆下材料随时搬清,以利路工。倘逾期不拆或拆下不搬,即由本工程局强制执行,将料抵工。事关铁路建筑,幸勿观望延宕。至该户房屋拆卸后,如有修理或改建工程,仍需向本工务局照章保领执照后再行兴工。否则从严取缔,决不宽贷!"①同年,市内铁路南延线竣工,自中正街展筑至中华门外,"以衔接其时新建筑之京芜铁路"②,并增设建康路、武定门两站。

1936 年 9 月 6 日,市内铁路南延线首次试车,当日上午 11 时该路机车驶入江南铁路中华门东站,沿途设"武定门站"。由此,展筑工程"现已完成",铁路建筑工程处特邀请铁道部、京沪路局、江南铁路公司及南京市府各机关长官于 7 日下午参观新路。展筑工程全长约 3.8 公里,"路线虽短,工程并不简单",包括城内秦淮河及城外护城河的木桥各 1 座,前者宽 18 公尺、后者宽 66 公尺,"载重力极大,可载最重的机车"。穿过城墙的城门洞一座,经过白下、建康两路的平交道两处,又以白鹭洲地势低洼,填土工程极大,计共填土方 10 万立方。即全部费用约 25 万元,包括征收土地约 60 亩,城内征地宽 8 公尺,城外宽 20 公尺。③ 是年 12 月,该路南延线正式通车,完成与江南铁路中华门站的接轨,其自下关至中华门外,"纵贯城区,北接京沪铁路,南与京芜铁路相连"④。斯时,该路北起下关江口站,南迄中华门,全长为 15.1 公里(展筑前 11.3 公里)⑤,在南京城内已"纵贯南北"⑥。

继而,市内铁路拟再度展延。如其建筑工程处 1937 年全年预算"营造费"(展长新路费)拟定为 8 万元,预算购钢轨及附件合计 2.7 万元。⑦即展长新路再至雨花路一段工程款,经奉准以 8 万元为限。除土基及敷

---

① 参见于峰:《南京"小火车"南延曾有野蛮拆迁》,《金陵晚报》2010 年 4 月 17 日,C6 版。

② 南京市政府:《首都市政》,大成出版公司 1948 年版,第 82 页。

③ 参见南京市政府秘书处编译股:《南京市政府公报》第 169 期,南京市救济院印刷厂 1936 年版,第 107—108 页。

④ 南京市政府:《首都市政》,大成出版公司 1948 年版,第 82 页。

⑤ 市内铁路总长度有诸多说法,此处采用 1958 年宁芜线拆除时的文件记载数。尚有 0.169 公里系养虎巷至中华门站的长度,1958 年未拆成为宁芜线一段。(参见南京市地方志编纂委员会:《南京交通志》,海天出版社 1994 年版,第 366—367 页)

⑥ 南京市政府秘书处:《十年来之南京》,1937 年 6 月编印,第 50 页。

⑦ 参见《展长京市铁路面》,1937 年 5—7 月,南京特别市政府档案,档号 1001-3-495。

轨工程费48266.2元,钢轨19649.71元外,应余12000余元。"惟查该项车站计划,因各种设备限于事实上之需要及受最近材料价格增涨之影响,故费用较超出,但查整理京市铁路旧路费用,原经核定为十万元,现经算计尚可节省支用,将余款挹注以资抵补。"①是年7月,该路建筑工程处长罗保再呈文当局:展长京市铁路自马家山至雨花路一段,所需用钢轨道岔等材料经交由"美国合中公司"承办,料名为60磅一号旧钢轨及附件与八号道岔,数量为钢轨及附件150吨道岔六付,价值美金6897.48元,起运地美国、卸运地南京下关。合同规定,钢轨至迟应在4月7日签订合同起10星期内由纽约运抵;关税费用由本处负担。但该段展长工程,"尊经钧府限令经费,不得不节省开支。再查市铁路管理处前几购置机车,曾经财政部转饬金陵海关对于该项钢轨等材料予以优待,准予免税",由此呈转函财政部令饬金陵海关,对此次购料免税。但被行政院第256次会议否决,因铁道部部长张嘉璈认为,"该南京市铁路系属市有,自不能适用国有铁路材料税款记账办法之各项规定",免税请求"碍难照办"。②

　　在行车路线延展的基础上,根据1935年7月—1936年6月市内铁路行车次数显示,1935年7月为714次、8月864次、9月780次、10月748次、11月718次、12月772次;1936年1月为663次、2月466次、3月809次、4月806次、5月812次、6月770次。③月均行车七八百次,可见日常行车之频。抗战前,该路每日共开行30次,"平均每小时有南北客车各一次,终日对开行驶",载客月达五六万人,客货运收入每月平均约7000余元。④即该路已由最初日行18次增为30次,增幅近一倍、来往频繁。其运行不仅改变南京城南、城北之间的交通状况,为市民出行提供相当便利,亦对城市商埠繁荣具有重要的促进作用。

　　另需提及的是,"新式交通工具之发动,直接间接皆非燃料不为功"⑤。随着交通运输业发展,导致20世纪30年代南京市煤炭消费量统计中,交通

① 参见《关于建筑雨花路火车站工程》,1937年6月,南京特别市政府档案,档号1001-1-1143。

② 参见《铁路处购运钢轨等材料请财政部免缴关税》,1937年7月,南京特别市政府档案,档号1001-1-1614。

③ 参见南京市政府秘书处统计室:《南京市政府行政统计报告(民国二十四年度)》,南京胡开明印刷所1937年版,第242页。

④ 参见南京市政府秘书处:《十年来之南京》,1937年6月编印,第50页。

⑤ 实业部中央农业实验所、南京技术合作委员会给养组合编:《南京市之食粮与燃料》,1932年编印,第59页。

业超过供电、制造、公共处所、居民家用等业,列于各业之首;1934 年、1935 年,其占比总消费量分别达 34%、33%。① 煤炭是市内铁路行车的必备燃料,其月均需用统煤 270 吨。② 如该路 1937 年 9 月计购入统煤 250 吨、计 2000 箩,8 月存下统煤 14 吨、计 112 箩;9 月燃去统煤 193 吨、计 1544 箩,结算余存 71 吨、计 568 箩,"此项存煤拟留下月份应用"。③ 实际上,20 世纪 30 年代南京燃料业的价格变幅并不跌宕,如自 1931 年 1 月至 1932 年 6 月,煤球(担)价格由 1.23—1.12 元,煤屑(吨)价格由 16.27—17.00 元。④ 这亦为市内铁路的持续运营提供较为稳定的市场条件。

(二) 票价制定

1923 年,市内铁路的票制是按照乘客经济等级划定不同票制,并规定免费携带行李的要求,即从江口至中正街价目:一等客 6 角、二等客 4 角、三等客 2 角,可携免费行李重量分别为 200 斤、150 斤、100 斤。但如带行李超过规定斤数,照章纳费;各站都有脚夫,代客起卸行李,每件铜元 2 枚。⑤ 该路票价较人力车、马车便宜。翌年,乘坐该路火车的乘客中 8/10 为军士,2/10 为旅客,又有 2/5 为无票者。定都后,1927 年 7 月 1 日南京市工务局即"派员调查江宁铁路情形,以资整理"⑥。斯时,自中正街—督署—无量庵—丁家桥—三牌楼—下关—下关江口,共 7 站;(三等票)价目为每站 5 分,唯中正街至江口每次 2 角;行车时刻:每日上午 5 时至晚 9 时止,由中正街开江口约两小时左右往来一次。⑦ 但由表 2—6 可见,1923—1931 年该路三等客票价并无大幅变化,二等客票则较前稍事低廉。此后,三等客票也下调,如 1931 年三等票起讫点自 5 分起至 2 角止,抗战前则调自 3 分起至 1 角 2 分止。⑧ 即按其时该路票价,折合今日约几元钱,和地铁票价差不多,足见当时票价颇廉。

---

① 参见南京市地方志编纂委员会:《南京物资志》,中国城市出版社 1993 年版,第 49 页。

② 参见《呈请购发统煤及发预备费以资救济》,1937 年 8 月,南京特别市政府档案,档号 1001-1-589。

③ 参见《南京铁路管理处用煤耗用月报》,1937 年 9 月,南京特别市政府档案,档号 1001-1-1598。

④ 参见实业部中央农业实验所、南京技术合作委员会给养组合编:《南京市之食粮与燃料》,1932 年编印,第 77—79 页。

⑤ 参见陆衣言:《最新南京游览指南》,中华书局 1924 年版,第 70—73 页。

⑥ 参见南京特别市工务局:《南京特别市工务局年刊(十六年度)》,南京印书馆 1928 年版,第 30 页。

⑦ 参见徐寿卿:《新南京志》,南京共和书局 1928 年版,第 169 页。

⑧ 参见南京市政府秘书处:《十年来之南京》,1937 年 6 月编印,第 50 页。

表2—6　市内铁路二、三等客票价目表（1931年1月）　　　单位:(元)分

	下关江口				
二等 三等	8分 5分	三牌楼			
二等 三等	1角5分 1角	8分 5分	丁家桥		
二等 三等	1角5分 1角	8分 5分	8分 5分	无量庵	
二等 三等	2角3分 1角5分	1角5分 1角	1角5分 1角	8分 5分	国民政府
二等 三等	3角 2角	2角3分 1角5分	2角3分 1角5分	1角5分 1角	8分 5分	中正街

资料来源:《规定市内水陆交通舟车价格标准》,1930—1937年,南京特别市政府财政局档案,档号1001-2-57。

后经市政府核准,1936年3月10日市内铁路施行《修正南京市铁路特种客票价目章程》,将来回票、月票、团体票核定为特种客票。其中第二条规定:来回票每票收费2角,限即日通用隔日作废。(第四条)团体票10人以上方能购用,人数在50人以内照普通客票6折收费,50人以上一律照普通客票5折收费,如年龄不满12岁及童子军,得照折扣实数再减半收费。①且因"军警乘车仍多不照章购票"即"军人乘车向不购票,而每次人数均较乘客为多"②;由此当局宣告:优待军警票前经规定,每站由3枚减至2枚,"现已呈请军事委员会出示布告,军警应一体照优待办法,购买车票乘坐军人车"③。另,该路对抗战人员给予免费乘车优待。如1937年11月25日,首都各界抗敌后援会救护人员训练班"为本班协助救护到京伤兵工作,恳饬令京市铁路管理处准本班学员免费乘车",该路遂复"该班学员既系为救护伤兵工作,应准予援照优待军人因公乘车办法免予收费",并转饬各站长遵照④;从而,"战时军事运输及输送伤兵难民接连不断,未许停顿"⑤。

---

① 参见南京市政府秘书处编译股:《南京市政府公报》第163期,南京市救济院印刷厂1936年版,第16页。

② 南京市政府秘书处编译股:《南京市政府公报》第161期,南京市救济院印刷厂1936年版,第55页。

③ 参见南京市政府秘书处:《一年来南京市政》,1935年10月编印,第128—129页。

④ 参见《关于公路铁路交通问题及汽车侵占取缔办法》,1937年11月,南京特别市政府档案,档号1001-1-592。

⑤ 《呈请购发统煤及发预备费以资救济》,1937年8月,南京特别市政府档案,档号1001-1-589。

此外,该路 1933 年还对不计重量物品的运输制定票价:脚踏车、人力车、小车、小孩车、塌(踏)车、马车、轿子(每辆)分别 1 角、2 角、1 角、1 角、4 角、4 角、3 角;空棺、灵柩(每具)1 元、2 元(孩柩减半);银元、铜元(每箱)2 角、1 角 5 分。再如是年《修订京市铁路运货章程》规定:本路运货章程自 1923 年修订以来"阅时既久情形迥异,非徒条款多不使用,且收取运价亦极不均衡,亟应重行修改,以期尽善",由此召集本处人员共同讨论,将本路原有的运货章程加以修改。即该路装运货物"取费极低廉,京市各机关由本路装运货物者,多有函请减收半价,以致收入锐减几有不能自给之势"。鉴于此,铁路管理处主任徐文信向市长石瑛呈请自 1934 年 1 月 5 日起,对于各机关装运货物一律照章收取全价,"以裕收入而维路政"。① 一言以蔽之,抗战前该路的客货票制,随着时势需要而灵活变更。

三、收支相权和竞争对弈

(一) 收支相权

北洋时期,南京的官营实业有电话、电灯、印刷、铁路四项,其中官本有 100 多万元。然其掌政者"不谙推行实业为何事,实业政策为何物,唯日孜孜于筹款,以官营业为宗旨,获利而剖食之为目的"②。可见,对于当时官僚而言,实业行政仅是化公为私、谋取私利的手段。如定都前市内铁路虽"营业以客运为主",但历年"营业情形无从查考",所知仅该路客货运收入最少月仅 1000 余元。③ 其时,该路因政局不安、战争迭起,"收入不敷养路,车辆无法补充,设备不全,收入大减"④。

定都后,省市行政权限划分,"江宁铁路即归市有"。该路购有地皮财产甚多,每月可得收入房租 1500 元左右。自划归市有后,南京市府"为维持财权统一起见,拟将其所有财产划归财政局管理"⑤。市政府接管时,该路每月客货运收入共计约有 4000 余元,而衡以每月经常支出,仍亏蚀 3000 余元。⑥ 如其 1929 年 12 月及 1930 年 2、4、5 月收入分别为 21684.018 元、43634.780 元、13473.010 元、68183.160 元,合计 146974.968 元;支出分别为

---

① 参见《南京市铁路运货章程》,1933 年 12 月,南京特别市政府档案,档号 1001-1-1593。

② 汪敬虞主编:《中国近代经济史:1895—1927》中册,人民出版社 2000 年版,第 1562 页。

③ 参见铁道部铁道年鉴编纂委员会:《铁道年鉴》第一卷,1933 年编印,第 1190 页;南京市政府秘书处:《一年来南京市政》,1935 年 10 月编印,第 128 页。

④ 中央党部国民经济计划委员会:《十年来之中国经济建设》下篇,南京扶轮日报社 1937 年版,第 16 页。

⑤ 南京特别市市政府:《首都市政周刊》第 1 期,1928 年 7 月 1 日。

⑥ 参见南京市政府秘书处:《一年来南京市政》,1935 年 10 月编印,第 128 页。

25706. 773 元、56713. 122 元、19667. 385 元、69422. 615 元,合计 171509. 895 元。① 由见,当时该路营业基本入不敷支。

　　然不可否认,斯时市内铁路在南京市地方营业收支中均占较大比例,如据民国二十一年度(1932 年 7 月 1 日至 1933 年 6 月 30 日)南京市地方营业收入统计显示,市铁路营业收入 86999 元,占南京市地方营业收入的 75. 96%,典当收入(公济、协济)24000 元占比 20. 96%,而同为公用事业的自来水(自 1933 年 4 月起始行出水)收入 3526 元,仅占比 3. 08%;同期全市地方营业费支出 140650 元,该路支出 73033 元,占支出总数的 51. 92%。② 自 1929—1933 年,该路营业收入中以 1930 年的 16 万余元居首,以 1932 年的 7 万余元最少,年均 109555 元(见表 2—7)。

表 2—7　市内铁路营业收入统计表(1929—1933 年)

年份	客运		货运		收入 (元)
	进站人数	出站人数	进站吨数	出站吨数	
1929	223466	148977	79385	11574	94923. 16
1930	214690	143126	78373	13472	169239. 13
1931	259718	167144	104714	20134	119109. 58
1932	295335	136890	78424	3846	77280. 77
1933	187224	124816	115441	1957	111596. 60

资料来源:建设委员会经济调查所统计课:《中国经济志·南京市》,正则印书馆 1934 年版,第 84 页。

　　嗣 1935 年市长马超俊重掌南京市政,对于该路"路务切实整顿,先后拨款共七八千元,将车辆路轨大加修理,营业渐有起色"③。如据表 2-8、表 2-9,该路 1933—1935 年间"经竭力整顿后",每月客货运收入已增至七八千元,而支出方面"则尽量节省",并预计 1935 年每月可盈余 2000 元左右④;其 1933 年总收入为 111596. 6 元,1934 年为 86894. 22 元,1935 年 1—9 月间收入为 70928. 15 元,平均月入为 7880 元:

----

① 参见南京特别市市财政局:《南京市十八年度市财政统计》,京华印书馆 1930 年版,第 15 页。
② 参见南京市政府财政局:《南京市二十一年度市财政统计》,京华印书馆 1933 年版,第 18、47 页。
③ 南京市政府秘书处:《十年来之南京》,1937 年 6 月编印,第 50 页。
④ 参见南京市政府秘书处:《一年来南京市政》,1935 年 10 月编印,第 128 页。

表 2—8　市内铁路月份收支对照表（1933 年、1934 年）　　　单位：元

项目 月份	1933 年			1934 年		
	客运收入	总收入	总支出	客运收入	总收入	总支出
1 月	16337.65	24822.21	23962.21	2207.89	6426.21	6426.21
2 月	3759.94	6070.90	12474.20	2817.47	5534.07	5759.77
3 月	3710.23	8092.92	8132.92	2857.65	4821.80	16821.18
4 月	2792.56	7773.25	7593.25	3845.37	7228.40	7228.40
5 月	3421.98	6932.67	6932.67	3677.89	6977.87	6977.87
6 月	—	—	—	4075.29	7703.94	17153.54
7 月	—	6793.93	6793.93	—	7448.34	2893.67
8 月	—	15050.99	15050.99	—	—	—
9 月	3110.36	6746.32	6746.32	8035.92	15949.56	18373.16
10 月	6252.54	13794.57	13794.57	3333.51	7736.53	7736.53
11 月	4097.07	8644.66	8644.66	4476.12	8522.76	8522.76
12 月	2256.67	6874.18	6874.18	3893.84	8544.74	8544.74
合计	45739.00	111596.60	116999.90	39330.95	86894.22	106437.83
备注	如收支相等,均为补发旧欠,—为暂缺					

资料来源:《南京市政府行政报告(廿二年度)》(1933 年 1—12 月)、《南京市政府行政报告(廿三年度)》(1934 年 1—12 月),南京特别市政府档案,档号 1001-1-1733、1734。

表 2—9　南京市铁路管理处月份营业收入统计表（1935 年 1—9 月）

单位：元

年月 项别	客运收入	货运收入	租金	合计
1935 年 1 月	3565.26	4284.04	129.00	7978.30
2 月	3368.63	2800.05	48.00	6216.68
3 月	3597.42	5289.62	117.00	9004.04
4 月	3306.80	4716.21	99.00	8122.01
5 月	3230.90	4986.44	41.00	8258.34
6 月	2692.61	5994.97	127.00	8814.58
7 月	3495.45	4457.73	88.00	8041.18
8 月	3965.54	3261.51	125.00	7352.05
9 月	4352.88	2691.09	97.00	7140.97
合计	31575.49	38481.66	871.00	70928.15

资料来源:南京市政府秘书处:《一年来南京市政》,1935 年 10 月编印,第 130 页。

在当局持续加大投入的背景下,该路还试办广告事业,"装设客车电灯,变卖历年积存废铁,以广招徕而裕收入";货运除零星载运外,"并与京沪路货物联运,整车货物,由京沪路过轨入城,为货运之大宗"(如表2—10)。[1] 如1936年1月,该路由下关站至中正街站运输防空学校的军用品(2268吨,运费453.6元)。[2]

表2—10　市内铁路运输进出口货物数量(1935年7月至1936年6月)

单位:吨

年月 \ 项别	进口货		出口货	合计
	洋货	土货	土货	
1935年7月	97	12480	1375	13952
8月	160	8956	950	10066
9月	145	8202	300	8647
10月	100	9894	675	10669
11月	1005	10083	250	11338
12月	245	9150	50	9445
1936年1月	225	8692	125	9042
2月	1500	5221	350	7071
3月	3050	6763	475	10288
4月	2155	6503	75	8733
5月	7255	6318	50	13623
6月	3895	7226	750	11871
合计	19832	99488	5425	124745

资料来源:南京市政府秘书处统计室:《南京市政府行政统计报告(民国二十四年度)》,南京胡开明印刷所1937年版,第190页。

但由表2—11可见,至1936年1月、2月市内铁路月均收入仅为5622元,较前有所递减;再至1937年9月,营业收入仅3563元,10月更减至2846元,"核与职处每月预算六千余元,只得其半不敷尚巨"[3]。此期营业数减,实为非常态,此恐与抗战爆发的影响有直接关系。不仅如此,该路营

---

① 参见南京市政府秘书处:《十年来之南京》,1937年6月编印,第50—51页。

② 参见南京市政府秘书处编译股:《南京市政府公报》第161期,南京市救济院印刷厂1936年版,第212—213页。

③ 《呈请购发统煤及发预备费以资救济》,1937年8月,南京特别市政府档案,档号1001-1-589。

业中均有"军事记账"一项,而"我国交通事业不振之一大原因,就是军政公
用记账欠费的陋习"①。如当时中国政府铁路的营业收入,约有40%来自客
运,其中相当大一部分是运兵。② 曾任国民政府经济顾问的杨格亦言:铁路
人员臃肿,人浮于事,人事任用成为政治分赃。而这种结构也阻碍车辆的正
常交换并造成摩擦。因此铁路经营运行成本昂贵、浪费很大。③ 由是,铁路
行业的管理腐败,从市内铁路的经营亦可窥见。

表 2—11　南京市铁路全线营业概数报告表　　　单位:元

项别 年月	客运进款			客运收入	货运收入	记账 (军事机关)	收入总计
	站/车补票	普通票	优待/月票				
1936 年 1 月	589.54	2553.00	17.90	3160.44	2582.64	66.90	5809.98
1936 年 2 月	492.83	2429.67	17.90	2944.65	2301.09	189.90	5435.64
1937 年 9 月	818.61	2535.39	107.26	3461.26	99.48	721.38	3563.74
1937 年 10 月	—	—	—	2118.41	53.64	674.58	2846.63

资料来源:南京市政府秘书处编译股:《南京市政府公报》第 161 期,南京市救济院印刷厂 1936 年
　　　　版,第 212—213 页;《营业概数报告表及铁路建筑工程》,1937 年 9—10 月,南京特别市政
　　　　府档案,档号 1001-1-407。

(二) 竞争对弈

斯时当局指出:市内铁路"从前入不敷出,每月必需市府巨额津贴,今
已由足以自给而至每月盈余二三千元;从前设备,百孔千疮,无力整顿,今已
百废俱举,焕然一新;从前每月收入四五千元,今最高额已达一万元以上;从
前月支经费七千余元,今月费未尝增加,按月且均有结余之款。同一铁路,
而前后判别如此,可见事无大小,果能埋头苦干,未有不获相当效果者"④。
但由前述各年营业收支及表 2—12 见,抗战前该路经营基本入不敷支,可见
上述之语不乏讳饰。客观而论,定都后对该路加大投入、积极管理,使其呈
渐进发展势,亏折数呈递减势(民国二十二至二十四年度分别亏 30000、
500、8000 余元)。相较而言,这与定都前情事已大相径庭。

① 向默安:《我国交通事业之整理与发展》,载《交通杂志》第一卷第一期,交通杂志社 1932
　　年版,第 10 页。
② 参见[美]费正清编:《剑桥中华民国史　1912—1949》上卷,杨品泉等译,中国社会科学出
　　版社 1994 年版,第 98—99 页。
③ 参见[美]阿瑟·恩·杨格:《一九二七至一九三七年中国财政经济情况》,陈泽宪等译,中
　　国社会科学出版社 1981 年版,第 352、355 页。
④ 中央党部国民经济计划委员会:《十年来之中国经济建设》下篇,南京扶轮日报社 1937 年
　　版,第 16 页。

表 2—12　　市内铁路收支对比表（1933 年 7 月至 1936 年 6 月）单位:元

民国年度	客运收入	货运收入	杂项收入	收入合计	支出
民国二十二年度	36198.20	37249.20	1304.00	74751.40	106426.70
民国二十三年度	38862.36	40229.29	958.00	80049.65	80556.92
民国二十四年度	48761.05	39481.65	3816.00	92058.70	100460.77
备　注	民国二十二年度（1933 年 7 月至 1934 年 6 月），以下各年度依次类推；什项收入为军事记账				

资料来源:《南京市政府行政报告(廿三年度)》,1934 年 1—12 月,南京特别市政府档案,档号 1001-1-1734;南京市政府秘书处统计室:《南京市政府行政统计报告(民国二十四年度)》,南京胡开明印刷所 1937 年版,第 82、243 页。

　　进一步言,以其时市内铁路的车站及车辆数看,较定都前均有所增加,并与京沪、江南铁路开展联运,乘客数及营业收入应与日俱增,但此时却呈现递减势,实属非正常态。推其原因,亏折的主要原因可能在于:与公共汽车业的对弈中逐渐窳败。具如自 20 世纪 30 年代,该路"客货运呈逐年迭减之趋势"[1];即"市内马路,逐渐开辟,汽车日见增加,陆地交通,大异畴昔",其"路务遂一落千丈,几有一蹶不可复振之势"[2]。时人亦言及:"如果要从下关进城去,那么有两条路线可走:一路便是走首都市铁路,本地人都称呼这铁路上行驶的客车叫小火车。另一路便是从中山路经挹江门进城去,这是国民政府定都南京后的新建筑。因为中山路的筑成,无形中使首都市铁路的生意清淡了许多,大多数的旅客都喜欢从新建的中山路进城去。"[3]斯时,该路虽归市政府直辖,"惟以经费支绌,车辆路轨多年失修,尤以车辆之窳旧为尤甚,不能博得多数乘客之乐,就且路线单简,尤不足供全市交通之需要"[4]。

　　特别是江南汽车公司独营全市公共汽车业后,因其汽车班次及站点多,市内铁路更被市民所诟病,称为"南京一怪"。即其路线横贯全城所经多为要道,火车来时,行人车辆都要阻塞数分钟之久,影响交通;车过时沿路两旁人家为之震动,汽笛一鸣全城可闻,深夜扰人清梦噪声大,火车头所喷的浓烟和煤灰,更为沿线居民所指责;沿线道口多、站距短,车出站不长时间又减速进站,火车行车速度最高 40 公里/时,后降至 25 公里/时以下,有的区段

① 建设委员会经济调查所统计课:《中国经济志·南京市》,正则印书馆 1934 年版,第 84 页。
② 中央党部国民经济计划委员会:《十年来之中国经济建设》下篇,南京扶轮日报社 1937 年版,第 16 页。
③ 倪锡英:《南京》,中华书局 1936 年版,第 33 页。
④ 《首都无轨电车计划》,1930 年 1 月,南京特别市政府工务局档案,档号 1001-3-159。

仅 15 公里/时。① 由此,民间便有"汽车跑得比火车快"之谚,市民更愿意乘坐快捷的公共汽车。抗战前各方不断呼吁将该路迁至郊外,市长也认为必要但未着手。这一系列问题致其欲振乏力,如 1937 年该路主任呈文市长:"各员工薪资微薄",请发维持费等。凡此说明,与公共汽车的对弈中,市内铁路渐处劣势。此情时人早有预见,"宁省铁路之腐败久为乘客所诟病,事实昭然无可讳饰。汽车公司如果成立,其愿购票乘车者当莫不舍铁路而就汽车,以遂其交通便利之愿。欲此可断言者,将来必致宁省铁路之搭客,除有数贫民小工外,余皆为无票乘车之人,势必处于自然废置之一途"。即其"收入之微自在意中,日久必难支持,汽车公司之设立不可谓无妨于铁路之营业"②。进而,"恐汽车开行以后,火车营业不能支持,事关省办铁路存废问题"③。当局亦指出:"旧江宁铁路窳败不堪,应否存在,抑改为电车线或公共汽车路,亦是一重要问题。"④

综上而言,1931 年之前世界各国运输,尚多以水道及铁道为主,其时建筑公路目的仅为供应轻量及短距离运输。但"近几年来,公路事业,日趋发达,车辆构造,亦日见进步,于是公路运输,就占重要位置,大有与铁道竞争之势"⑤。诚如孙中山先生言:"欧美长距离之往来,仍资铁路,而短距离则用摩托车(汽车)"⑥;并在《建国方略》之二"实业计划"第五计划第四部"行动工业"中强调:"自动车(汽车)为近时所发明,乃急速行动所必要,吾侪欲行动敏捷,作工较多,必须以自动车为行具。但欲用自动车,必先建造大路。吾于国际发展计划,提前一步已提议造大路一百万英里……中国人民既决定建造大路,国际发展机关即可设立制造自动车之工场。最初用小规模,后乃逐渐扩张,以供给四万万人之需要。所造之车当合于各种用途,为农用车、工用车、商用车、旅行用车、运输用车等,此一切车以大规模制造,实可较今更廉,欲用者皆可得之"⑦。正如时人所论:"汽车就是摩托车,行驶极快"⑧;

---

① 参见南京市地方志编纂委员会:《南京交通志》,海天出版社 1994 年版,第 367 页。

② 《宁省兴办汽车公司问题》,《申报》1919 年 3 月 9 日,第 7 版。

③ 《金陵汽车公司案之省咨》,《申报》1919 年 3 月 5 日,第 7 版。

④ 南京特别市工务局:《南京特别市工务局年刊(十六年度)》,南京印书馆 1928 年版,第 189 页。

⑤ 金家凤:《中国交通之发展及其趋向》,正中书局 1937 年版,第 140 页。

⑥ 《仲明机器公司请采用自造燃炭汽车》,1937 年 6 月,南京特别市政府档案,档号 1001-1-907。

⑦ 孙中山:《孙中山选集》上册,人民出版社 2011 年版,第 373 页。

⑧ 陆衣言:《最新南京游览指南》,中华书局 1924 年版,第 67 页。

且"长途汽车为挽回利权之武器,并能辅铁路之所不及"[1]。事实上,彼时世界交通业演进的大致趋势,莫不如此。[2]

第二节　公共汽车业的运营和抉择

可以确定,"汽车一项,为城市交通之利器"[3],即公共汽车是城市公共交通系统中的主要交通工具[4],由此"关系市面交通至为重要"[5]。1902 年,上海始有进口汽车 2 辆,"是为中国行驶汽车之始"。[6] 1905 年,江南造币厂出现南京最早的汽车。1915 年已有某些上层人士以汽车为代步工具,如下关电灯厂创始人许肇南,每天乘坐汽车往返于下关和学校间。然彼时汽车仅为私人交通工具。即公共汽车通行前,南京"城内除小火车与马车、人力车而外,实无较为迅捷之代步"[7],直至 1923 年公共汽车在市内通行,大众化的汽车时代才正式到来。

一、初创时的步履维艰

早于 1918 年,南京已有"公共汽车筹设"[8],由江都商民佘恒联合陈楚民、刘佩宜等人发起"金陵长途(公共,下同)汽车公司",并筹划招股 5 万元、购车 8 辆。[9] 翌年 2 月 23 日,江苏省议会副议长、金陵士绅鲍贵藻代表该公司向省议会申办理由:"金陵为江苏省垣,城邑辽阔……在昔城南地方

---

[1]　志政:《沪太汽车游行之盛况》,《申报》1922 年 10 月 21 日,第 3 版。

[2]　以近代美国而论,其铁道为 40.6 万公里,然其公路则有 480 余万公里,约为铁道的 11 倍强。第二次世界大战前,德国有汽车 90 万辆,公路 36 万公里。其中邮政汽车 2 万余辆,除寄信件包裹而外兼运乘客,邮政汽车全年运费可收 3.6 亿马克。而"这些汽车的活动,使铁路运输受着不少影响,各铁路公司联合请求政府设法救济","一向自居老大哥地位的德国铁路,已尝到了公路小兄弟的直接威胁!"(参见金家凤:《中国交通之发展及其趋向》,正中书局 1937 年版,第 112 页;何乃民:《汽车与公路》,商务印书馆 1946 年版,第 23 页)

[3]　南京特别市工务局:《南京特别市工务局年刊(十六年度)》,南京印书馆 1928 年版,第 191 页。

[4]　参见《中国大百科全书》总编委会编:《中国大百科全书》(第二版)第 3 卷,中国大百科全书出版社 2009 年版,第 476—477 页。

[5]　《江南汽车公司组织》,1933—1937 年,南京特别市政府工务局档案,档号 1001-3-84。

[6]　参见金家凤:《中国交通之发展及其趋向》,正中书局 1937 年版,第 120 页。

[7]　磊夫:《宁垣长途汽车公司之近闻》,《申报》1924 年 2 月 16 日,第 3 版。

[8]　参见《南京长途汽车之阻碍》,《申报》1923 年 10 月 27 日,第 3 版。

[9]　因时人对公共汽车所知甚少,认为其运送距离长,故称"长途汽车"。(参见磊夫:《宁垣运输长途汽车公司之近闻》,《申报》1924 年 2 月 16 日,第 3 版)

道途往来动以里计。计下关开关,商埠交通要点由东南而移向西北,约计聚宝门至下关江口为程几二十里,旅居商客颇形不便。"从而,士绅目睹"交通不便情形,拟组织金陵汽车股份有限公司,应缴马路工程经费照章缴纳",同时依据公司条例,拟具简章及创办费用概算表、营业收入概算表等呈明议会;但亦表示出隐忧,如"兴办金陵汽车,纯为便利交通、发达地方起见,将来开办后能否顾全成本,非所敢知"。更为重要的是,"恐办有成效以后,一般营利商民接踵而起,与士绅等经营同等商业,是士绅等所招股本必受亏损,应请立案禁止续办,以维股本而保商业"。江苏省议会遂复:"省城内外地方辽阔,行旅往来多感不便。该绅等创办汽车以利交通,良可嘉许。"①随之,此案交由全省议员公议。

　　筹办期间,金陵汽车公司邀约南洋汽车专家某君来宁考察,着手测量,"志在办成一大规模之汽车事业"。② 然其筹创并不顺利,以朱某某议员等要求红股(不出股本要得红利)万元,佘恒等不肯承认,"遂竭力从中破坏,各方攻击"。再如地方人士,"以南京道路太狭,汽车通行肇事必多,行人有性命之忧。为保全地方人民生命起见,大施反对,更受朱某某等之运动,攻击益烈"。③ 眼见遭多方指责,南洋实业家远道而来欲加入公司股份者,"观此风气闭塞,乃败兴而去"。因失各方支持,筹备事遂中止。首办中辍后,汽车公司发起人佘恒并不退缩,"主意甚坚,一面作交通之剖告书,一面分向宁省有识之士,陈说汽车功用为今日不可或缓办之要图"。同时,江宁人庞振乾等一度参与反对之举,此时则力排异说、赞成佘等主张,"愿同为发起,树之风声"。④ 进而,他们复邀集股东商议方法,且"此次彼此设誓,必达目的"⑤。

　　至1921年冬,该公司复筹,行车路线拟自下关沪宁车站,进仪凤门经三牌楼、鼓楼、十庙口、游府西街、花牌楼、中正街、太平里、察院街、姚家巷,以达贡院商场,计20华里。"择定路线皆宽坦,僻静窄狭繁盛之路均已绕避至南段内",窄狭街道如五马街、益仁巷等处为达贡院商场终点必经之路,"故划在路线以内"。⑥ 即因要通过五马街、益仁巷一带狭窄路,"决定由官

---

① 参见《金陵汽车公司案之省咨》,《申报》1919年3月5日,第7版。
② 参见磊夫:《宁垣长途汽车公司之近闻》,《申报》1924年2月16日,第3版。
③ 林一:《南京城内筹办通行长途汽车》,《申报》1923年9月15日,第1版。
④ 参见磊夫:《宁垣长途汽车公司之近闻》,《申报》1924年2月16日,第3版。
⑤ 参见林一:《南京城内筹办通行长途汽车》,《申报》1923年9月15日,第1版。
⑥ 参见交通部铁道部交通史编纂委员会:《交通史路政编》第十八册,1935年5月编印,第107页。

厅主持,公司佐治";所需经费,省长公署决定由南京警察厅与路工处自筹基本金 1 万元,再由中国银行、交通两银行出资 1 万元,不足则由该公司补足,专事购买五马街、益仁巷一带民屋民地及展宽道路用。然至翌年 12 月,拆迁民房的工程迟延一年多也未能实施,该公司才知"官厅展宽无望",只有将路线缩短避开此地,改为门帘桥(距贡院以北约 2 里)为终点,等待道路展宽。① 其间,公司再对缩短的路线实地测量:鼓楼北之路较阔,其宽自 21—30 英尺不等,鼓楼南之路略窄,其宽自 15—17 英尺不等。其最狭路只有二处:门帘桥口阔 14 英尺,察院街阔 15 英尺 4 英寸(1 英尺为 12 英寸),但定购汽车只阔 5 英尺 9 英寸,其两倍为 11 英尺 6 英寸,凡路阔在 11 英尺 6 英寸以上,即可行此种汽车。即以当时最窄的门帘桥论,较 11 英尺 6 英寸仍余 2 英尺 6 英寸,"亦觉宽裕,故上定路线通行汽车均无阻碍"。因此,公司拟先自下关至门帘桥 18 华里(9 公里)暂行试车,俟五马街、益仁巷等处展宽时,再以贡院商场为终点。②

嗣 1923 年春,佘恒等将"金陵汽车公司"更名为"宁垣汽车公司",该公司额定股本 4 万元,上海沪商认缴半数,佘恒认招半数。且南京地方绅士亦"已接洽允妥,不日即呈请省公署批准备案,赶购汽车,择日实行通行"。计划购美国纽约市公共汽车 12 辆,每辆可乘 20 人,来往下关火车站与夫子庙间,每 15 分钟有一车开行。③ 是年 10 月,发起人庞振乾等呈江苏省长韩国均转呈交通部正式请设宁垣汽车公司,"办理下关沪宁车站至贡院商场客货运输事宜",先试办下关至门帘桥一段。11 月,该部批准给予长字第 12 号执照,限一个月内开车营业。④ 自其领得部照后,"地方人士已不加以反对"。⑤ 该公司成立时,资本总额合计定为 35000 元,其中购地费 1500 元(下关贡院车站办公室及屯车所共用地一亩上下),购车费 27600 元,建屋费(办公室及屯车所)3500 元,各项设备费(建设分站及印刷品电话电灯什物及各项杂支)2000 元,预备费 400 元;并分作 700 股,每股 50 元纯益金。先提出公积金 1/10,其余分作 15 成,股东得 10 成,董事及监察人共得 2 成,办事人员得 2 成,发起人得 1 成。同时购车 6 辆,每辆价银 4600 元,车长 15

①　参见磊夫:《宁垣长途汽车公司之近闻》,《申报》1924 年 2 月 16 日,第 3 版。
②　参见交通部铁道部交通史编纂委员会:《交通史路政编》第十八册,1935 年 5 月编印,第 107 页。
③　参见林一:《南京城内筹办通行长途汽车》,《申报》1923 年 9 月 15 日,第 1 版。
④　参见交通部铁道部交通史编纂委员会:《交通史路政编》第十八册,1935 年 5 月编印,第 107 页。
⑤　参见《宁垣反对长途汽车之余波》,《申报》1923 年 12 月 15 日,第 4 版。

英尺(4.58 米),车阔 5 英尺 9 寸(1.80 米),车高 9 英尺(2.75 米),30 匹马力(25 千瓦功率),每车载重 2 吨、可载旅客 12 人。①

至 1923 年年底,宁垣公司行驶公共汽车线路一条,从下关车站至门帘桥,沿途设下关大马路、三牌楼、丁家桥、鼓楼、东南大学、珍珠桥、大行宫等站,行车 6 辆,是南京市内最早的公共汽车线路。② 其通行后不仅便利旅客,路线也分南北行车、相向而行,"北行车自城内门帘桥至下关沪宁车站前,南行车自沪宁车站至门帘桥"。计每日南北行车除休息外,往来各 100次。票价为每站旅客运费大洋 5 分(铜元 5 枚),全线(银)小洋 4 角;预计每日车资收入 360 元,全年收入 93600 元、全年支出 89460 元、盈余 4140元。③ 公司开业时有职工四五十人,职工进公司需缴纳保证金 50 元。④ 由此,"经三五议员之苦心建设,宁垣长途汽车始粗具眉目"。⑤ 但因其仿效铁路模式,沿线设置站房在站上售票,若遇客多售票不及,则会贻误乘车。

不啻如此,南京郊外长途汽车初设,先行汤山;1922 年汤山兴业公司(商办)开行下关火车站至汤山的游览车,接送游客,开旅游专车先河。南京至汤山的汽车路——钟汤路于 1919 年开始兴筑,虽为江宁南汤山温泉而设,"而该路将来可经宝华山而接通镇江,与联太平洋会规划苏浙两省路线相连贯,实足为江浙联省路线之嚆矢"⑥。1921 年往汤山的泥路筑成,长 47里;又筑一路通尧化门,通上新河的石路"亦已翻筑"。⑦ 钟汤路告成后,为应游览郊区汤山的众多旅客需要,汤山专营游览车开行,路线为南京至汤山,全长 30 公里。游览车通行后,乘客踊跃。此间亦有旅沪丹徒富商王某拟集资 10 万元创设镇汤长途汽车,由镇江至南京南汤山,"该商户派人来宁,与南汤山汽车公司接洽,一俟妥协及将镇汤间道路修筑后,即行开行"。⑧ 然汤山游览车通行两年后,"交通上已极灵便,唯交通事业仍未能发达。始由于道路狭隘,阴雨泥泞,长途汽车笨重,以致不能定期驶行。继而拓宽道路,改良汽车,复难见起色"。考其原因为两端:一是游人稀少。汤

① 参见交通部铁道部交通史编纂委员会:《交通史路政编》第十八册,1935 年 5 月编印,第109 页。
② 参见南京市地方志编纂委员会:《南京公用事业志》,海天出版社 1994 年版,第 24 页。
③ 参见交通部铁道部交通史编纂委员会:《交通史路政编》第十八册,1935 年 5 月编印,第107、110 页。
④ 参见南京市地方志编纂委员会:《南京公用事业志》,海天出版社 1994 年版,第 56 页。
⑤ 刘墨簃:《吾之宁垣长途汽车谈》,《申报》1926 年 6 月 5 日,第 10 版。
⑥ 《江苏钟汤路开工之先声》,《申报》1921 年 2 月 12 日,第 8 版。
⑦ 参见叶楚伧、柳诒徵:《首都志》下册,正中书局 1935 年版,第 845 页。
⑧ 参见《镇汤间创设长途汽车》,《申报》1924 年 8 月 23 日,第 3 版。

水镇除温泉外,"别无名胜,来此沐浴者为数寥寥。因游人稀少之故,汽车营业遂不能发达"。二是车价颇高。"此乃受搭者过少之影响,而往来亦不能按诸一定时间矣。即有数人合雇一车,大抵皆原班回往,或有时竟空车回者,久之决不能维持路政。"①最终,因"乘客稀少,入不敷出",汤山游览车仅行两年即"因故停办"。②

概言之,定都前南京"交通事业,素未发达。虽有宁垣汽车公司,但后其办理不善,营业车辆复欠完备",更因定都初"附逆关系,业即歇业"。③1927 年南京市政府统一交通,10 月 14 日工务局"奉令接收(宁垣)公共汽车公司"④。事实上,彼时南京公共汽车业发展举步维艰,所辖车辆的行驶时间仅两三年而已,不难发现,这与当时的社会不靖实有关联。⑤

二、定都后的日增月长

需要指出的是,"自国府建都以来,机关林立,往来频繁。况以都城首善之区而交通不便,行旅维艰,殊非正当之办法"。⑥ 由是,定都初南京特别市政府"为提倡交通及便利市民起见,多方规划公共汽车,促其实现"⑦,1927 年 9 月招商承办公共汽车,12 月 11 日又修正"公共汽车公司招商简章"⑧。由此,全市公共汽车业进入日益精进的发展阶段。

(一) 1927—1930 年间公共汽车公司的运营

"南京特别市公共汽车公司"是定都后成立的第一家公共汽车公司,系1927 年 11 月商人王建中集资向市工务局承办,性质为官督商办,所有一切用人行政财产及开销材料均由承办者负责,"市府方面不负丝毫责任,仅派专员两人"。⑨ 是年 12 月 19 日该公司正式行车,每日行车 7 辆,路线仍以

---

① 参见郭济民:《钟汤马路之近状及其发展计划》,《申报》1923 年 3 月 17 日,第 2 版。
② 参见刘墨簃:《吾之宁垣长途汽车谈》,《申报》1926 年 6 月 5 日,第 10 版。
③ 参见南京特别市市政府秘书处编译股:《南京特别市政府工作总报告》,南京印书馆 1930 年版,第 81 页。
④ 南京特别市工务局:《南京特别市工务局年刊(十六年度)》,南京印书馆 1928 年版,第 31 页。
⑤ 参见李沛霖:《城市公共汽车事业考辨——以抗战前"首都"南京为中心》,《历史教学》2011 年第 9 期。
⑥ 悟非:《首都长途汽车去年概况》,《申报》1929 年 1 月 19 日,第 10 版。
⑦ 南京特别市市政府秘书处编译股:《南京特别市政府工作总报告》,南京印书馆 1930 年版,第 80 页。
⑧ 南京特别市工务局:《南京特别市工务局年刊(十六年度)》,南京印书馆 1928 年版,第 32 页。
⑨ 参见《南京市长途汽车将开驶》,《申报》1927 年 12 月 10 日,第 2 版。

门帘桥至下关。具体站点为门帘桥—大行宫—珍珠桥—中山大学—钟鼓楼—国民政府—三牌楼—下关大马路(共 8 站);票价分别为 5 分、1 角、1 角 5 分、2 角、2 角 5 分、3 角、4 角,除三牌楼站至下关站 1 角外,余均 5 分,全线 4 角;行车时刻为每日上午 6 时起至晚 8:30 止,每 15 分钟开一次。① 其每月平均收洋 7000 余元,汽油、机油、零杂费、财政局月捐、公司月薪及其他一切开支约计 6000 余元,"收支相抵,尚有盈余"。② 1928 年 1 月,再增设鼓楼至上新河一线。嗣因"办理起来毫无起色",同年 7 月 7 日经市府第五次特别会议议决"勒令该公司停止营业",并清查账目及前租用一切家具、车辆、物件等。③

继而起者为"关庙汽车公司",由商人赵于朔承办,1927 年 12 月 29 日"拟定关庙汽车公司章程"。④ 翌年 1 月公司开业,行车路线自夫子庙起,车站在贡院六朝居对面,经汉西门、鼓楼、中央党部再经三牌楼,直达下关江边。⑤ 具体站点为中正街—头道高井—糖坊桥—北门桥—钟鼓楼—省议会—三牌楼—英领事署—仪凤门—下关江边(共 10 站);票价分别为 5 分、1 角、1 角 5 分、2 角、2 角 5 分、3 角、3 角 5 分、4 角、4 角 5 分、5 角,每站 5 分,全路 5 角;行车时刻为每日上午 6:30 起至晚上 8:30 止,隔 15 分钟开一次。⑥ 汽车沿路不设站屋,车行至指定地点即停驶,便旅客上下,车票在车上发售。斯时,公共汽车已将站上改车上售票,每车设售票员 1 人。后各公司均实行随车售票。该公司日行车 9 辆,月收入洋 9000 余元,较之前的公司增多 2000 余元,但"仅敷开支。因无公积以修理车辆,遂因破旧暂停"⑦。至 1928 年 5 月 31 日,工务局因"欠缴车利数月,屡催不理,勒令其停止营业"⑧,仅营 5 个月即告停闭。

前者相继歇业,后者纷至沓来。如"南京公共汽车公司"经理邝振翎及振裕汽车公司经理赵士北等先后拟具简章,"呈请设立本市长

---

① 参见徐寿卿:《新南京志》,南京共和书局 1928 年版,第 169—170 页。
② 参见悟非:《首都长途汽车去年概况》,《申报》1929 年 1 月 19 日,第 10 版。
③ 参见南京特别市市政府秘书处编译股:《市政公报》第 18 期,1928 年 8 月编印,《工务局十七年七月份事务报告》。
④ 参见南京特别市工务局:《南京特别市工务局年刊(十六年度)》,南京印书馆 1928 年版,第 32 页。
⑤ 参见《南京市长途汽车将开驶》,《申报》1927 年 12 月 10 日,第 2 版。
⑥ 参见徐寿卿:《新南京志》,南京共和书局 1928 年版,第 173—174 页。
⑦ 参见悟非:《首都长途汽车去年概况》,《申报》1929 年 1 月 19 日,第 10 版。
⑧ 南京特别市工务局:《南京特别市工务局年刊(十六年度)》,南京印书馆 1928 年版,第 35 页。

途汽车"。① 即该公司系 1928 年军政学各界及热心同志多人,"鉴于城内外交通之极感不便,集资创设"。经理邝振翎及主任工程师康其亭,"对此新事业几度讨论",决定向(美国)中国利亚汽车经理处上海马迪汽车公司购置利亚迅速货车底盘 18 件,然后建造公用汽车车身。此项车身在中国本土建筑,"其中二辆业已运往南京。此外车辆一俟配置完备,即可装运赴宁"。后运至的新式汽车 16 辆,车壳形色与上海法租界的公共汽车相似,其座位系皮制且有弹簧,"既甚适意与舒畅,又极美观而敏捷"。② 选择购买利亚机件,是鉴于利亚货车"不论军用商用或行旅用,其过去成绩超秩绝伦"③。是年 7 月 15 日,该公司正式开业,行车 4 辆以试成绩,后增至 22 辆;路线由夫子庙起,经大中桥、门帘桥、成贤街、鼓楼至下关沪宁车站及江岸;车价以铜元 10 枚起,每站递加 5 枚。公司月收入大洋 14000 余元,除一切开支外"尚有余积,其办理稍善,已可概见"④。然至 1929 年 11 月,因车辆损坏多,该公司亏损 1 万余元、积欠车利 1.3 万元,市政府遂勒令其停业。⑤

自关庙公司停办后,原办人赵于朔复集侨资,于 1929 年 1 月重新成立"振裕汽车公司",并视营业成绩如何,"以为投资首都建设事业之预备"。⑥其行驶路线由夫子庙,经大中桥,折行中正街、升平桥、头道高井、糖坊桥、北门桥、唱经楼、鼓楼、狮子桥、三牌楼,出仪凤门至下关沪宁车站⑦,与南京公共汽车公司同营一线。振裕公司有大小汽车 25 辆,大车可乘 24 人,小车可乘 16 人。成立之初,公司就招用女售票员 20 余人,开创公共汽车招用女工的先例。但由于"营业迭受军警滋扰,资本亏损过半"等因,当年 12 月停闭。⑧ 1930 年年初,南京公共汽车公司、振裕汽车公司两公司股东召开联席会议决议合并,定名公裕汽车公司,并呈市政府减免车利,减免款拨作整修

---

① 参见南京特别市市政府秘书处编译股:《南京特别市政府工作总报告》,南京印书馆 1930 年版,第 81 页。

② 参见《首都公共汽车开始营业》,《申报》1928 年 7 月 21 日,第 9 版。

③ 《新都之交通新事业》,《申报》1928 年 7 月 14 日,第 9 版。

④ 参见悟非:《首都长途汽车去年概况》,《申报》1929 年 1 月 19 日,第 10 版;《首都公共汽车开始营业》,《申报》1928 年 7 月 21 日,第 9 版。

⑤ 参见南京市地方志编纂委员会:《南京公用事业志》,海天出版社 1994 年版,第 20 页。

⑥ 参见南京特别市市政府秘书处编译股:《首都市政公报》第 39 期,训练总监部印刷所 1929 年版,第 67 页。

⑦ 参见南京特别市市政府秘书处编译股:《南京特别市政府工作总报告》,南京印书馆 1930 年版,第 81 页。

⑧ 参见中共南京市委党史工作办公室:《南京百年风云(1840—1949)》,南京出版社 1997 年版,第 89 页。

路面经费。1月28日,市府批示:应由公司缴清欠缴车利及两个月保证金,准予合并营业。但两公司因积欠车利5万多元无法缴纳,5月30日拍卖资产而倒闭。①

究其实质,此期全市各公共汽车公司因"在军政时期,受军事之影响,无从发展,但内部组织欠善,经营乏术,以致停闭实为最大原因"②。虽当局指出,各公司"每因办理不善而歇业者甚多,其易于停闭而不易发展",但"继起之公司力为改善,勿蹈覆辙,其营业未有不发达"。然不可否认,当局对于公共汽车企业资格的严格限定,亦束缚其规模发展道路。如1929年1月当局颁行的《公共汽车公司注册章程》第三条中规定:"公司不得将市府付与之权力移交给别人,所有股份完全限于国人。"③可见,彼时在国内资本并不充裕的情事下,一味排斥外来资本,不仅使该业规模化发展受限,亦会导致其经营管理缺乏后续的资金支撑。

(二) 兴华汽车公司的经营及竞争

民国时期,南京公共汽车初曾由关庙、公共、振裕等公司"先后承办,递嬗而至兴华公司",其由华侨黄孚彦等创办。④ 在江南汽车公司(下章专述)开行前,兴华汽车公司"为本市城区唯一之公共交通事业"⑤,前后存续5年。1930年7月15日兴华公司成立,址设湖北路,资本10万元,初有职工50人,后增至百人。至1934年,内部职员30余人,机司60人,机匠20人,售票员、警卫、工役90人。⑥

兴华汽车公司初有车14辆,首营路线为下关沪宁车站入挹江门,经萨家湾、三牌楼、中央党部、鼓楼、金陵大学、新街口、大行宫、国府东街至黄埔路口;共为10站,每站铜元12枚。⑦ 后该线停办,至1933年共营两线(票价见表2—13):一路是夫子庙—下关京沪车站,途经站点为夫子庙、奇望街、五马街、门帘桥、花牌楼、文昌巷、大行宫、土街口、新街口、半边街、北门桥、司法院、鼓楼、外交部、公司门口、中央党部、将军庙、三牌楼、铁道部、萨

---

① 参见南京市地方志编纂委员会:《南京公用事业志》,海天出版社1994年版,第20页。
② 南京特别市市政府秘书处编译股:《一年来之首都市政》,南洋印刷厂1928年印,第88页。
③ 参见悟非:《首都长途汽车去年概况》,《申报》1929年1月19日,第10版。
④ 参见《各种章则办法程序》,1947年,江南汽车公司档案,档号1040-1-1147。
⑤ 《南京市政府行政报告(廿二年度)》,1933年1—12月,南京特别市政府档案,档号1001-1-1733。
⑥ 参见建设委员会经济调查所统计课:《中国经济志·南京市》,正则印书馆1934年版,第87页。
⑦ 参见《规定市内水陆交通舟车价格标准》,1930—1937年,南京特别市政府财政局档案,档号1001-2-57。

家湾、海军部、挹江门、中山桥、大马路、下关京沪车站;二路是中华门—下关京沪车站,途经站点为中华门,三方巷、三山街、青年会、三元巷、新街口半边街、北门桥、司法院、鼓楼、外交部、公司门口、中央党部、将军庙、三牌楼、铁道部、萨家湾、海军部、挹江门、中山桥、大马路、下关京沪车站;共配车24辆,内计完整者17辆。[1] 嗣至1934年江南公司在市内增开第二线,兴华公司"深恐营业被夺",除上述两线外,再呈工务局"准予恢复江边马路一线",并添购新车10辆,共置汽车34辆;吨数有0.5—3吨者,马力有35—60匹者,每辆能容客位26—48员,每小时速率20—50公里。[2]

表2—13　兴华汽车公司线路票价表(1933年)　　　　单位:铜元

一路:夫子庙—京沪车站线					二路:中华门—京沪车站线			
夫子庙								中华门
20	大行宫						三元巷	20
40	20	鼓楼				鼓楼	20	40
60	40	20	萨家湾		萨家湾	20	40	60
80	60	40	20	下关	20	40	60	80

资料来源:南京市政府秘书处:《新南京》,南京共和书局1933年版,第50页。

　　然而,兴华汽车公司的经营不尽如人意。如1932年12月初因汽油价暴涨,其营业亏损,"突然停驶,不克维持"。[3] 此时,南京已兴首都计划,其是归侨民族资本,因资金有限无力增车,设备未尽完善,一经停驶引起社会人士不满。但因兴华与市工务局签订10年专营合同,江南汽车公司想办市区公共汽车,开始即被该局所拒。[4] 因兴华不善维持,两家便有合办之意。如1933年2月江南汽车公司向工务局表示愿与兴华合办交通,"惟以本市交通事业之责繁重,终以合力经营较为妥善",况且"全市交通重责分负则责任减轻,尤可节其余力以为整顿事业益臻完善之助,且此项交通办法名都宏市均采用"。且兴华亦有与江南合作的意愿。即江南汽车公司以"服务交通事业为目的,只求志同道合,本无泾渭成见,故兴华公司罗经理莅临会

① 参见南京市政府秘书处:《新南京》,南京共和书局1933年版,第49—50页。
② 参见建设委员会经济调查所统计课:《中国经济志·南京市》,正则印书馆1934年版,第87页。
③ 参见《江南汽车公司组织》,1933—1937年,南京特别市政府工务局档案,档号1001-3-84。
④ 参见徐泰来:《回忆南京江南汽车公司》,《钟山风雨》2001年第1期。

商之际,诚相告所有公司办理情况以及一切组织,靡不坦然出示。惟是双方均为公司组织且又同属商业经营,则合作之主要问题即为资本",故将兴华汽车公司资产详加审核统计,车辆估值价洋 32076 元、合计 34 辆(行驶车14 辆,停修车 14 辆,破废车 6 辆),其中利和(reo)7 辆现值 2008 元,皇冠(G.M.C)8 辆 4986 元,飞特尔(federal)4 辆 6624 元,小福特(ford)5 辆 3808元,大福特(ford)10 辆 14650 元;连同其他器具等动产估值洋 1 万余元,合共作价洋 5 万元,"此项估数已就事实酌增,绝未稍存低抑"。但兴华汽车公司"奢视过甚,对于所估价格未能同意,且亦不能以合理的方法证明其产值,于是双方合作经营制问题,遂以搁置"。当月 27 日,江南汽车公司经理吴琢之再赶往上海与兴华汽车公司罗董事长等面洽,兴华仍不接受所估 5万元资产,合作因"资本问题梗阻,图挽无力"①。可见,两公司有意合办公共交通,但因资本估价的分歧,从而终止。

　　既与江南汽车公司未达成合作,1933 年 2 月兴华汽车公司以收支不敷、办理困难,呈准工务局"改为官商合办,用资整理"②。同月,南京市政府令工务局勘估该公司财产后,指其"营业不善,积亏太深,资本日蚀以致车辆日少,无法整顿几至停业。但事关全市公共交通,自应设法整理,以便市民"。从而为"维护全市公共交通起见",工务局与该公司磋商拟改为官商合办,并派员勘估该公司现有财产,然后再行拟具改善办法,"以维交通"。3 月,该局与兴华协定暂行官商合办办法,拟具合同草案,经第 248 次市政会议决议修正通过。4 月 6 日,市府又令工务局与其签订合同,并改组为"南京市兴华汽车公司管理处",以资整顿。③ 该合同的主要内容为:暂定资本金 8 万元,以该公司财产估抵 5 万元,再由该公司集资 2.5 万元计 7.5 万元作为商股,工务局认定 5 千元作为官股,以便修理旧车,添置新车。但至8 月,当局指出:兴华应添 2.5 万元股款仅交 1 万元,其余 1.5 万元未交,且该公司车辆大多损坏不堪,其交到 1 万元新股款用于修理旧车即加上未交到 1.5 万元欠款连同官股 5 千元全作购置新车之用,"尚感不敷。虽经本局迭次催促,迄未遵照合同缴款"。更为重要的是,兴华汽车公司成败"固仅为商业经营之得失,然以负有全市公共汽车交通之重任,影响全市数十万民

①　参见《江南汽车公司组织》,1933—1937 年,南京特别市政府工务局档案,档号 1001-3-84。

②　参见建设委员会经济调查所统计课:《中国经济志·南京市》,正则印书馆 1934 年版,第87 页。

③　参见《南京市政府行政报告(廿二年度)》,1933 年 1—12 月,南京特别市政府档案,档号1001-1-1733。

众之福利"①。斯时,蒋介石亦指出:"南京是首都所在,公共汽车要好好办,不要让友邦所笑。"因此,市政府又要求兴华增客车 40 辆,并添辟两条路线。但经理罗晓枫均表示无力办到。②

有鉴于此,工务局认为兴华汽车公司:"不但无力扩充,以应全市公共交通之需,即其现状亦难维持。本局负有整顿本市交通之责,自未便任其因循迁延,贻误本市交通,兹谋便利市民交通起见",拟另招商承办、以期发展,并敬请市政会议公决:取消兴华汽车公司本市行使公共汽车权,另行招商承办本市公共汽车。③ 即于 1933 年 9 月当局以兴华公司车辆过少、设备亦差,"不足应京市交通之需要",公开招第二商承办。经社会招标后,正式通告:"本市兴华汽车公司因办理不善,所有车辆均破旧不堪,迭经令饬修理添购,均未遵办,足见资本缺乏,无力扩充。事关公共交通,未便任其因循贻误,经拟具招商承办市内公共汽车简则,用公开申请办法另招第二商同时承办,现已决定由江南汽车公司同时承办,合同亦已签订,不日即可通车。"④虽江南汽车公司与工务局订定的承办合同中规定:获市区专营权 10 年,并说明在公司专营期内,工务局不另行招商承办。但因兴华汽车公司"承办合约尚未满期"(专营权至 1935 年 6 月底止),乃由江南、兴华汽车公司并营南京公共汽车业。⑤

1933 年 11 月 20 日,江南汽车公司在市区正式通行公共汽车,两公司遂呈角逐之势。江南汽车仅行 3 日,兴华汽车公司就以减价应对,如江南汽车公司经理吴琢之请求工务局惩处兴华公司,"本月二十三日各报载兴华汽车减售半价竞争一节,靡深惶诧,弟恐传闻子虚特经前往试乘,果属实在。查公共汽车为公用事业,关系全市民行,一切设备措施,自应秉承钧局指示统筹遵办,实未能与普通商业比拟可以号召竞争,率意孤行也。该公司所定票价前经呈准钧局,全市共知。兹值敝公司创办之始,遽而擅自减价,抑显系意存破坏公司营业所关固微,而紊乱交通秩序影响公共福利为害实巨。现在敝公司顾全大体,仍复遵章办理,倘使仿效该公司之行为,亦得同为减价之举,窃恐流弊所及,将使全市交通均蒙恶果"。由此,该公司恳请当局

---

① 参见《江南汽车公司组织》,1933—1937 年,南京特别市政府工务局档案,档号 1001-3-84。

② 参见徐泰来:《回忆南京江南汽车公司》,《钟山风雨》2001 年第 1 期。

③ 参见《江南汽车公司组织》,1933—1937 年,南京特别市政府工务局档案,档号 1001-3-84。

④ 《南京市政府行政报告(廿二年度)》,1933 年 1—12 月,南京特别市政府档案,档号 1001-1-1733。

⑤ 参见《各种章则办法程序》,1947 年,江南汽车公司档案,档号 1040-1-1147。

迅予制止,至于兴华公司"藐视功令之处,乞核予以惩处"①。

　　经此降价风波,两公司在市区并营两线——夫子庙至下关火车站、中华门至下关火车站。它们各自站点相隔不远、眼望可见。而江南汽车车型优良美观,机械坚固,且按时开车使乘客在站无久待之烦,且司机、售票员服务态度良好。由此,坐过江南汽车的乘客会与兴华比较,认为其无论外观或内在或服务都远超兴华,市民宁等江南也不坐兴华的车。② 同时,江南的放车以兴华汽车的密度而定。如见兴华每 6 分钟放一次,即知此线上其为 20 辆车,就派足二十七八辆车,每四五分钟开一辆。等兴华按隔 6 分钟开车到站,站上乘客已被江南尽载一空,只得空驶。而后来等车的乘客,又被江南下一趟早开的车载去,使兴华车辆空驶、营业低落。③ 由是,兴华汽车公司因竞争不力加之管理欠善,每日仅行车 20 辆,车辆残破亦不准时,无法满足市民需求,进而营业低落。如据 1934 年 3 月江南、兴华公司营业比较,兴华仅通市区,江南兼通长途;江南站点自姚家巷至京沪站、中华门至江边等,市区车辆为 37 辆,每日行车 5 分钟一次,职工数为 508 人,1933 年营业额为 618500 元(职工与营业额均含长途部分);兴华站点自夫子庙、中华门至京沪站,车辆数为 34 辆,每日行车 5 分钟一次,职工数为 200 人,1933 年营业额为 186554 元,该年支出则为 26 万余元。④

　　且因营业萎顿,供应商均要求兴华汽车公司现金交易,致其债主满堂。进而,各股东商议决定停办,并望江南收并以保财产。1935 年 4 月,兴华经理罗晓枫与江南经理吴琢之在建设委员会招待所洽商合作事宜,后双方商定:兴华的车辆及配件,不论新旧一律作价交江南。兴华人员愿进江南的全部接收,按原职原薪待遇;不愿进的由兴华负责处理。对外债权债务由兴华清理,差额归江南付交兴华现款了清,其余全部资产入股。江南以罗晓枫为董事兼顾问。⑤ 至 6 月 30 日,兴华与工务局的合约期满,江南接受兴华财产完毕,其大部分职工被江南录用,汽车全部由江南买下,7 月 1日兴华公司正式"并与江南公司"⑥。至此,南京市区公共汽车已由"江南

---

①　参见《江南汽车公司组织》,1933—1937 年,南京特别市政府工务局档案,档号 1001-3-84。

②　参见张荣:《民国期间公交公司的一场商战》,《现代快报》2011 年 1 月 31 日,A30 版。

③　参见徐泰来:《江南汽车公司内幕》,载江苏省政协文史委员会编:《江苏文史资料选辑》第20 辑,江苏古籍出版社 1987 年版,第 256 页。

④　参见建设委员会经济调查所统计课:《中国经济志·南京市》,正则印书馆 1934 年版,第87—88 页。

⑤　参见《各种章则办法程序》,1947 年,江南汽车公司档案,档号 1040-1-1147。

⑥　叶楚伧、柳诒徵:《首都志》下册,正中书局 1935 年版,第 853 页。

公司专营"①。诚如时人言及的那样，"在江南没有举办以前，南京的市区公共汽车本来还有兴华一家。但是因为兴华管理不善，种种方面都不能使我们满意。我们知道，在今日这种文化飞跃的世界上，只有新的进步的可以存在，旧的腐化的必定要受到淘汰。所以自从江南创办了以后，兴华不久就关闭了"。② 从而，抗战前南京市区这场历时二年的公共汽车业竞争，终以兴华落败、江南垄断而结束。

表 2—14　抗战前南京市公共汽车公司概况表

公司名称	地址	创办人	企业性质	开办年月	结束年月	资本（万元）	营业概况				
							线路（条）	起站	终站	长度（公里）	车数（辆）
宁垣汽车公司	门帘桥	庞振乾	商办	1923.11	1927.3	3.5	1	下关车站	门帘桥	9	6
南京特别市公共汽车公司	中正街	王建中	官督商办	1927.11	1928.7	—	2	同	同	9	7
								鼓楼	上新河	9	
关庙汽车公司	新菜市1	赵于朔	商办	1928.1	1928.5	—	1	下关江边	夫子庙	12	9
公共汽车公司（新）	石板桥	邝振翎	商办	1928.7	1929.11	—	1	下关江边	夫子庙	12	22
振裕汽车公司	狮子桥	赵于朔	商办	1929.1	1929.12	—	1	下关江边	夫子庙	12	25
兴华汽车公司	狮子桥	黄孚彦、罗永苏	华侨集资商办	1930.7	1935.6	10.0	3	下关车站	黄浦路	11.9	34
									夫子庙	12	
									夫子庙	12	
江南汽车公司	中央路	张静江、吴琢之	商办	1931.5	—	100.0	市区8、长途3	—	—	—	304

资料来源：南京市地方志编纂委员会：《南京公用事业志》，海天出版社1994年版，第62—63页。

　　综上观之，至抗战前中国已有几百家私营公共汽车公司和很多省办与市办的线路。③ 其间，定都前南京公共汽车业发展虽步履维艰，但定都后

① 《各种章则办法程序》，1947年，江南汽车公司档案，档号1040-1-1147。
② 明秋：《流通京市血脉的江南公司参观记：全部人事管理均用科学方法》，《中央日报》1936年5月15日，第4版。
③ 参见［美］阿瑟·恩·杨格：《一九二七至一九三七年中国财政经济情况》，陈泽宪等译，中国社会科学出版社1981年版，第360页。

"本市公共汽车行驶路线年有增辟"①。由表 2—14 见,全市公共汽车从定都初(1928 年)的 16 辆递增至抗战前的 304 辆,十年间增幅达 19 倍;若与定都前 6 辆相较,增幅更是达到了 50.7 倍。彼时南京公共汽车业稳步发展、日增月长,并最终诞生当时我国最大的商办汽车公司——江南汽车股份有限公司。

三、电车或公共汽车的抉择

一般而论,城市建设伊始,"对于举足重轻之市内交通工具,选优择善,机关重要"②。其时,南京公共交通的主流工具应为公共汽车抑或是电车?此中抉择过程并非一蹴而就,而是历经反复过程。

(一) 电车之筹议

早于 1919 年,江苏省有议员建议应废止南京市内铁路,由官商合资改办"宁省电车,以利交通",即筹备建设电车"经此转移,则垂废之路又得收回成本若干,而新建电车亦不患无资以抵偿。若由官商合办,则绅商乐于投资交通事业者,亦庶几容纳有所"③。1923 年通行公共汽车后,电车计划提上日程,如江苏省署召集地方士绅会议决定实行,并派测绘员吴时霖等从事测量、积极进行。除电车路线外,两旁侧道系留三四辆汽车驾驶余地,"以免将来途中发生危险。嗣后电车路线贯通南城一带,则宁垣交通尤为便利"。④ 但因政局跌宕、社会不靖,电车计划未能施行。

定都之初,南京市政府再次规划电车,"现为首都所在,市面日兴人事繁忙,故创办电车亦为急要。将来俟本市各干路筑成后,计划兴办,以利交通"⑤。1928 年,市长何民魂拟订电车计划:电车由商人垫款约 200 万元,一年以内可通车。其管理权属市政府,但商人亦得加入办事,"将来即以收入盈余,分五年偿还垫款,现已草拟合同,双方均甚满意",预料开车后每年最低限度可收入五六十万,除去开支每年能盈余 20 余万,"五年后偿还绰有余裕"。⑥ 是年,市府要求工务局从速订立"南京市无轨电车计划"⑦;并于

---

① 《南京市工务报告(二十四年四月至二十六年四月)》,1937 年 5 月,南京特别市政府工务局档案,档号 1001-3-515。

② 吴琢之:《都市合理化的交通工具》,载《交通月刊》第一卷第一期,京华印书馆 1937 年版,第 37 页。

③ 《宁省兴办汽车公司问题》,《申报》1919 年 3 月 9 日,第 7 版。

④ 参见《南京电车进行近讯》,《申报》1924 年 8 月 23 日,第 3 版。

⑤ 南京市政府秘书处:《南京特别市政府工作报告及计划概要》,1929 年编印,第 7 页。

⑥ 参见《首都将行驶电车》,《申报》1927 年 11 月 12 日,第 9 版。

⑦ 南京市政府秘书处:《南京特别市政府工作报告及计划概要》,1929 年编印,第 7 页。

《南京特别市市政府工务局公用科办事细则》中规定："公用股负责关于市内电车的规划及经营事项"①。此期,城市道路建设亦为日后电车驰驶留有余地。如"京市道路之部,当以狮子巷路(国府路)为第一线",该路"车行道"的结构为半寸黑油瓜子片、4寸碎石、6寸石灰三合土、1寸石灰砂泥面、6寸砂石基;并计划路中26尺为"电车道",结构为暂铺3寸碎石或土路。②

另在1929年南京特别市政府工作报告中,继续制订《南京无轨电车计划》③。即是年9月间,工务局遵令市政府指令,计划无轨电车,并拟于1930年上半年内,"促其完成,以利交通",并计划重要各点:(1)路线:即行举办15730公尺,并拟在最近期内,增长5520公尺;(2)车辆:即行举办线内共需9辆,最近扩充线内增加4辆;(3)电厂:用500基罗瓦特直电流,500伏尔脱旋转发电机1座;(4)全部计算概况:双层6轮空胎座60人的无轨电车共9辆,500基罗瓦特旋转发电机,全部架空线路,厂址及厂屋及其他费用,共计估计约需50万元;(5)全年支出估计:燃料及杂费,修理及换胎费,修道路及修线路薪工及管理,利息及拆旧,共计估计245000元;(6)营业盈亏预算:收入项目只以票价计算,平均每乘客每公里作银元二分,全年收入票价最多73万,最少182500元。④ 1930年4月间,首都建设委员会孔祥熙、鲁涤平委员,亦提议筹备建设南京市营业电车"以利交通案"。⑤

至1930年1月,首都建设委员会经济建设组向当局正式提交《首都无轨电车计划书》,其中申明:"最适交通需要,则属无轨电车",其优点为:(1)车身构造进步,其重量较同容量汽车为轻,故里外橡皮胎轮消耗亦较汽车为少;(2)原动力用电马达开车停车,增减速度极敏捷自如,既较汽车易于避免危险,亦无汽车行止时经过齿轮所生震动,故于乘客颇安全舒适;(3)车身及机件因无甚震动故少有损坏,且各部构造简单,即有修理亦不若汽车之非用专门工人不可;(4)行驶速度每点钟有35—50公里,与汽车在城市内行驶速度相同,至于道路高下不一之处、上坡下坡,电车亦能如汽车便利;(5)顶接架空线电焊装置方法已臻完备,毫无脱落之虞,车辆于必要时,离开路线中点3.5—5公尺左右,仍能行动自由;(6)就经费收支情形而言,不

---

① 南京特别市市政府:《南京特别市市政法规汇编·初集》,民智书局1929年版,第320页。

② 参见南京特别市市政府秘书处编译股:《一年来之首都市政》,南洋印刷厂1928年印,第73—74页。

③ 南京市政府秘书处:《南京特别市政府工作报告及计划概要》,1929年编印,第7页。

④ 参见南京特别市市政府秘书处编译股:《首都市政公报》第54期,训练总监部印刷所1930年版,第28页。

⑤ 参见秦孝仪主编:《革命文献》第91辑《抗战前国家建设史料——首都建设(一)》,(台北)中央文物供应社1982年版,第300页。

论行驶距离远近、开车次数多寡,电车均较汽车经济,每公里所收车资亦较汽车低廉;(7)于大坡度道路或狭小而有小转弯道路,为有轨电车所不便行者,无轨电车可自由行驶;(8)原动力用电流不需汽油,因之国外汽油输入漏卮可以阻塞,方今提倡电气事业,于国民经济利益实大;(9)设备较易且可保存路面平整,如遇路线变更时,无须拆轨接轨重修等手续;(10)行驶较有轨电车为自由,虽值交通小有梗阻际,于相当范围内仍有迂回,避免须停顿可能。①

　　计划书进一步指出:南京即以无轨电车为较优,"故今日欧美各邦皆有设备最完善之无轨电车事业著称于世,其有裨于都市交通、社会经济者实非浅鲜。按首都现在需要为发展交通便利民行起见,自以创办无轨电车,为建设程序中之切要工作"。② 并预算电车设备52.7万元,每年开销19万元,预计全年收入40万元,年可得净利21万元。③ 由此可见,其时当局认为电车有诸多优势,1932年7月南京市府又继续招商承办电车,"去岁曾有侨商王振相等愿独资承办,嗣以时局关系未及成议。现已函询该商愿否继续进行,如或不愿即另招商承办,以期早日完成"。④ 翌年,首都建委会再次筹设无轨电车,想以13辆电车分5路行驶。但终因军费开支庞大、财政紧缺,其150万元建设经费无着而搁浅。⑤ 一言以蔽之,抗战前南京承办"电车早经计划,惟因财力不予,未能实现"⑥。可见,当局创设电车的初衷是市内公共交通不敷市民出行需求,此后屡议且从未放弃,但终因财政支绌而停滞。

　　(二) 公共汽车的提倡

　　值得强调的是,"选择交通工具,为建设都市之重要政策,关于现在及将来需要,及如何方为合理化,诚不得不加以慎重考虑与研究者"。⑦ 而经《首都计划》倡扬、专家海外考察及国内政要支持,申明应以公共汽车为南京公共交通主流工具。

---

① 参见《首都无轨电车计划》,1930年1月,南京特别市政府工务局档案,档号1001-3-159。

② 参见《首都无轨电车计划》,1930年1月,南京特别市政府工务局档案,档号1001-3-159。

③ 参见南京特别市市政府秘书处编译股:《南京特别市政府工作总报告》,南京印书馆1930年版,第93页。

④ 参见南京市政府秘书处编译股:《南京市政府公报》第111期,南京印书馆1932年版,第32页。

⑤ 参见江苏省南京市公路管理处史志编审委员会:《南京近代公路史》,江苏科学技术出版社1990年版,第162页。

⑥ 南京市政府秘书处编译股:《南京市政府公报》第111期,南京印书馆1932年版,第33页。

⑦ 吴琢之:《都市合理化的交通工具》,载《交通月刊》第一卷第一期,京华印书馆1937年版,第47页。

1.《首都计划》的倡扬

该计划是南京史上最系统的一部城市规划,对于市内交通设备尤为关切,其指出"南京交通之设备,应以公共汽车为宜"①的指导思想,并陈指理由如下。

其一,地底电车与架空火车的缺陷。譬如地底电车建筑费甚昂,"按照欧美情形,如该城市之人口,非超过二百万人者,此项铁路,在经济上不宜设置。就南京现况而论,事实上殆无设置之可能"。架空火车,对于两旁的房屋既有碍其空气与日光,且轮声与尘土足以侵扰附近居民,"实足以减损路线内地段之价值,且建筑须在地上多树架柱,亦有失街道之利用"。彼时美国纽约、波士顿市在市民倡议下,已将部分架空铁路拆除,"南京不宜重蹈覆辙"。②

其二,有轨、无轨电车的不足。譬如有轨电车:(1)行驶时必须循路中轨道,不能稍差累黍,每当街道拥挤时不能越轨而过,延误时刻;(2)路轨所经处若遇火患,或在前面行驶车辆偶有损坏,则全部交通势必停顿;(3)悬挂于空中的电线既碍观瞻,且易发生危险,对消防效率尤为阻碍;(4)当乘客稀少时亦须行驶此载重车辆,无伸缩余地耗费电力;(5)市民工作时间多系在一定晷刻,当朝出或暮归时,咸趋乘先至之车,沿路各站停车较久,且客多量重行驶较缓,后至之车不能越前以分载前方各站乘客;(6)道路宽度不足或为经济起见,除一定地点敷设双轨外,间多敷设单轨,因而一车偶误时刻,全部因而停滞;(7)开动时轮声隆隆,有碍居民安息;(8)偶值修理街道时,不能绕道行驶。另,无轨电车的设置"在美国城市实不多见,惟在欧洲则较为盛行。乘客之容量,不逮于电车,但有轨电车的行驶,不能稍出轨道,而无轨者则可于遇有障碍时,就悬空电线之所及,咫尺间尚可迁就,此点略较有轨者为优"。虽当时华盛顿、纽约等处电车,有将电线藏于地下,就路面筑狭槽以贯连之。此虽可免悬空线的弊害,然遇意外事故时亦受长时间延阻,且其建筑费及保养费巨,"尤较悬空式为甚"。即其不便之处,约与有轨电车相等。③

其三,公共汽车的优势。其发端虽在电车后,然而"现在之盛行,较诸电车殆过之而无不及"。同时,车辆可随时增减、调剂得宜。如遇前路障碍,"复可绕道而行,不为轨道所限制,是于经济、时间两无所失",且其速度

---

① 国都设计技术专员办事处:《首都计划》,1929 年 12 月编印,第 191 页。
② 参见国都设计技术专员办事处:《首都计划》,1929 年 12 月编印,第 189 页。
③ 参见国都设计技术专员办事处:《首都计划》,1929 年 12 月编印,第 190 页。

远较电车为优。当时欧美国家增设新路线皆用以行驶公共汽车,"且该项事业几全为原日之电车公司所经营"。更重要的是,其创办之易,"亦迥非电车所及。盖电车须敷设路轨及装置电线为数不赀,而就南京现状论,费数百万元以设备电车,交通恐犹未能尽便,加以路轨之敷设恒泽来往之要津,历长久之筑路时间,交通极形窒碍",实不若花费数十万元购置公共汽车,"立时即可通行无阻"。①

基于此,《首都计划》进一步规划南京公共汽车业:如所有市内车辆"最好由同一公司办理"。从而,修理道路及调动车辆皆可从容支配,一方面不致影响交通,另一方面于营业利益亦无所损。且未设置车辆先,关于车辆行驶费用、各路乘客多寡、沿途车站分配、停车处修理处计划及其他各种机械设备,"皆应有缜密之研究"。此外,公共汽车"影响市民生活巨大,应由政府设立监督机关,严密查勘,务使其能便利全市人民为主旨"②。由是,《首都计划》通过列举地底电车,有轨、无轨电车等不足,陈指市内交通设备应积极发展公共汽车。此后,当局政要如孙科等陈陈相因,提议"拟用公共汽车为首都交通车辆之设备案",以资支持。③

2. 汽车专家的建议

姑置不论,"一般的交通工具,无论其用途如何,均应具备其一般的条件,即经济、安全、便利、舒适与迅速之五项。惟用于都市为公共之代步者,以其应用频繁,经济之价值,所关尤巨"。④ 自 1936 年考察国外都市公共交通后,汽车专家吴琢之等据此提出若干建议。

(1)运输价值比较

第一,速率的比较。譬如将交通工具的速率进行比较(假定公共汽车的速率为 1.0),无轨电车即为 1.0,有轨电车 1.0,架空电车 2.0,地道电车 2.0,即公共汽车与有轨、无轨电车相比较,速率可能一样。但无轨电车受杆线的束缚,有轨电车受杆线与轨道的两重束缚,而车身又比较庞大,行驶时的障碍"比较公共汽车为甚;地段愈繁盛,交通愈辐辏之处,则障碍亦愈多,故实际应用上其速率不如公共汽车"。至于行驶时,如路线发生障碍,"则前后车辆雍阻道路,繁荣地带尤为特甚,必须修理复原方可行驶。因停顿而

① 参见国都设计技术专员办事处:《首都计划》,1929 年 12 月编印,第 190—191 页。
② 参见国都设计技术专员办事处:《首都计划》,1929 年 12 月编印,第 191—192 页。
③ 参见秦孝仪主编:《革命文献》第 91 辑《抗战前国家建设史料——首都建设(一)》,(台北)中央文物供应社 1982 年版,第 281 页。
④ 吴琢之:《都市合理化的交通工具》,载《交通月刊》第一卷第一期,京华印书馆 1937 年版,第 38 页。

受之损害范围,比较公共汽车,即使因障碍而停顿只及于一辆,后到之车尚可救济者又不只增加若干倍"。故就速率而言,公共汽车虽不如地道与架空电车,实优于有轨与无轨电车。①

第二,舒适和便利的比较。"道路之建筑平坦坚固与否,在在与乘客之舒适与否,发生因果关系。道路优良同样舒适,道路不良任何一种亦不能独异。至于就车辆本身而言,一般人士或迷信于电车比公共汽车或较舒适者,此实谬误"。因为当时公共汽车建造日益完美,座位力谋舒适,设备日益周至,"较之地面电车,实有过之无不及"。再如便利,就交通原则而言,有轨电车行驶初须挂线铺轨,无轨电车亦要先施植线工程。"故一经设置完竣以后,而促进过度之繁荣,使未通电车之地段,益形冷落与不便,无人投资以建设,反成不平衡发展之结果"。而办理此项交通供应者,虽未必以绝对营利为目的,"但在以商业化为手段之目光下,仅图'适应需要',绝不致持极大之创办费,舍繁荣之地带,而向冷落区域设置之理,因之事实上不能'普遍供应'与'享用自由',促成畸形的状态"。由此,南京创办始,"固无创办电车之必要"。②

第三,"效用"③的比较。譬如电车效用为固定的,"未经投创办费而建设不能通车,即经创造完成不可移用"。而公共汽车"只须有相当之道路,今日需要今日即可行驶,明日需移之他途明日即可移驶"。譬如会期10日、数十里外的集会,公共汽车立可供给以利交通,会期逝即可停驶。任何交通工具如架空或地道电车,有轨或无轨电车既均不能立时供应,亦不能因会期10日的应用而特建,一经建成亦不能因集会停止而撤废,"故以应用言,公共汽车实为最优"。④

（2）经济条件比较

可以确定,"公共交通工具,所需一切费用,应由享受者共同负担",故"吾人选择某一种交通工具之始,就经济的眼光而言,必须先注意于各种公共交通工具之一切费用为标准"。即运输成本愈高,则享受者负担愈重,反

---

① 参见吴琢之:《都市合理化的交通工具》,载《交通月刊》第一卷第一期,京华印书馆1937年版,第42页。

② 参见吴琢之:《都市合理化的交通工具》,载《交通月刊》第一卷第一期,京华印书馆1937年版,第43页。

③ 效用（utility）是指消费者消费物品或劳务所获得的满足程度,并且这种满足程度纯粹是一种消费者主观心理感觉。（参见尹伯成主编:《西方经济学简明教程（第六版）》,上海人民出版社2008年版,第36页）

④ 参见吴琢之:《都市合理化的交通工具》,载《交通月刊》第一卷第一期,京华印书馆1937年版,第44页。

之运输成本愈低,则享受负担减轻。都市中的各种公共交通工具,有成本高
而维持费、折旧费、管理费省者,亦有成本低而其他费用较高者,"故在选择
之始,必须注意于运输成本之计算,而就平均之指数为标准,择其适宜者而
经营"。如据各种交通工具延车公里维持费及载客量比较显示(假定地道
电车行驶每一公里维持费为1,折旧费在外),地道电车、架空电车、有轨电
车、无轨电车、公共汽车的延车公里维持费分别为1、1.2、1.8、1.9、2,载客
量分别为7、6、1、1、1。但如公共汽车燃料为柴油时,其费用可更减,当在有
轨与无轨电车之下。① 即公共汽车的延车公里维持费虽比其他工具为高,
但又比有轨、无轨电车高出有限,而公共汽车以柴油为燃料时则费用更减,
与后两者费用相当。

　　更为重要的是,就每一公里各种车道设备费而言,假定公共汽车为1,
无轨电车即1.5、有轨电车2.5、架空电车12、地道电车36。从车道设备费
看,公共汽车为最低,为地道电车的1/36、有轨电车的2/5、无轨电车的
2/3。以上数字均就新建筑车道而言,都如市内公共汽车行驶在已建道路
上,设备费仅为0,均较其他工具为低。既如此,如从经济条件选择,地道电
车运输量最大、维持费又低,"不可不谓为最适宜最合理之交通工具,但设
备费最高,非经济充实之都市,恐一时不易实现"。至于地面的有轨、无轨
电车及公共汽车三项而比较:电车的设备费较公共汽车为高,其行车效率亦
未能高出于公共汽车,行车维持费亦未能低减于公共汽车(更不适于国
防),"故亦此以公共汽车为合理化"。至于交通工具的折旧费,自以设备费
最大者,其折旧率为最高,"惟据一般估计,公共汽车最低实为不可掩饰之
事实"。就上列各项而比较,公共汽车的享用价格虽比地道电车为高,但
比地面电车则设备费与折旧费低,维持费亦所高有限,"经济的条件亦不
相悖"。②

　　(3)国防和建设的需要

　　其一,因国防需要选择。就积极国防而言,南京"滨临长江,控制东西。
津浦与京沪铁路联络以后,足以锁钥南北,故以国防而言作战之际,则长江
依南京为支撑点,北方则以南京为军事之策源地,东南部分尤以南京为军事
之要塞;且以交通上之便利,一旦发生对外作战,关于军需用品之筹集,尤当
以南京为中心"。关于军运工具,除轮船与铁路外,汽车的需要量极广,临

---

① 参见吴琢之:《都市合理化的交通工具》,载《交通月刊》第一卷第一期,京华印书馆1937
　　年版,第39、44—45页。
② 参见吴琢之:《都市合理化的交通工具》,载《交通月刊》第一卷第一期,京华印书馆1937
　　年版,第48、45页。

时征集商用民用汽车，"当为政策上所不可免"。即当时公路逐渐完成，"自首都而分布各省均可直达，汽车应用于军事运输之效用尤广"；且南京既为"政令所出，为全国各地之首都"，一旦发生作战，"敌机必竭尽毁炸之能事，防空之设施实不可无。政府频年注意训练民众，以防空之常识实施组织，建筑设备均有规定，必期符合于防空之需要，则交通工具自亦应注意于防空之适宜"。既如此，南京的高架电车实非需要，"且若干年后之将来，恐亦不在需要之列"；地道电车"无益于积极之国防，以其不能供给军事上以应用之便利。消极的国防——都市防空，则地道电车以其无碍于运用，且客位避难之场所，实最适宜"。地面有轨、无轨电车，既无益于积极的国防——不能供军运更不利于都市的防空，"故亦不适于为合理化之标准"。然公共汽车"平时为民行之工具，作战之际立时征集，可以供给军事上之运输，以辅助军用汽车之不足，故应平时尽量利用使其数量增多，以为战时准备，此就积极的国防需要而言。至于在消极的国防上，一旦空袭之际，无背于防空的需要，仍可便利运输，不减其交通之使命"。总之，无论积极与消极的国防言，"自以公共汽车为最合理化之交通工具"。①

其二，以建设目光抉择。近代我国科学落后，"一切机械工具远不如人，自属无可讳言。现在物质建设之始，亟应模仿欧美最新的、最近的设施，不应步欧美所曾经取用之迹象，而亦步亦趋以模仿。譬如现在欧美之都市，不惜牺牲已废弃固有的地面电车而用公共汽车。我国尚办地面电车，当难免于拾人唾余之机"，故为建设的目光而选择，"自应以公共汽车为合理化之工具"。斯时，抑或有人以为：公共汽车为外国产物，燃料、汽油亦属舶来，为国家经济着想，应加弥补；电车可以自行发电，无虑阻断。"此种见解骤聆似有见地，细察则难免书生之见。我国今日非工业建设无以谋富强，而工业建设则舍利用外货莫属，今日一方面谋启发，一方面当亟谋仿造，方足以立国于永久。秉此方策，则汽车何尝不可以自造柴油，何尝不可以自己开采。否则，今日之购用飞机以供国防用者，亦何一而非外人所造，飞机燃烧之汽油，亦何一而非外人所供给，其将因此而废国防？"再而言之，"都市为顾虑将来过度繁荣，恐地上面积不足以供安全之运输，则应办理地道电车，藉以疏散雍阻，解除纷繁，更不当用地面电车，反足以增进繁密，益增纷扰"。②

----

① 参见吴琢之：《都市合理化的交通工具》，载《交通月刊》第一卷第一期，京华印书馆1937年版，第47—48页。

② 参见吴琢之：《都市合理化的交通工具》，载《交通月刊》第一卷第一期，京华印书馆1937年版，第48页。

与此同时,一些市政专家亦表支持。如沙公超认为,电车开行存在资金投入大、技术要求高等特征,至 1926 年"吾国商埠中之有电车设备者,仅上海,香港,天津,大连,抚顺,及北京,合计不过六处"。① 再如董修甲论及:在公共汽车未发明以前,"电车为都市最敏捷之交通利器,但自其发明后,电车竟成过渡之交通器具矣。故现在欧美各都市,以公共汽车代电车者日见加多。查电车须有电厂,如系有轨电车更须铺设铁轨,即系无轨电车,其电线之设备至不可少,其开办与设备费均极浩大,非资本雄厚者不能创办也",至于公共汽车"无须极大之经费,况公共汽车既无铁轨与电线之设备,是遇必需更改路线时,尽可出一公告,即可将路线变更之,非如电车既须迁移其路轨,复须更动其电线,其损失之大不可以道里计"。由此,"宜乎各都市,均以公共汽车代电车也"。②

（三）最终的抉择

1. 第一次角力:技术过时论抵制电车

定都前,时人已指出"电车费用浩繁,事不易举,而长途汽车之创设,乃为南京目下且要之图"③;且"宁垣街道窄而不阔,电车之建筑不宜。汽车左右灵便,占地甚少且建设简易,经济已少困难"④。定都后特别是自江南公司独营全市公共汽车,引起"中国建设银公司"觊觎,该公司由国货银行董事长宋子良主持,因见市面逐渐繁荣,即想办首都电车。此意传至市府后,其也嫉妒江南,就把消息传给公司,其对此不便表态,只得忍耐。⑤ 1936 年,江南业务趋稳定,经理吴琢之为公路运输专家,且担任全国经济委员会公路交通人员训练所的教员。是年夏,吴氏"奉政府命赴欧美考察工业建设,历时半载,对于交通政策及管理,注意尤为周至"⑥,翌年 2 月回国。

考察期间,吴氏途经罗马、柏林、巴黎、伦敦、纽约、华盛顿、芝加哥及汽车制造集中地底特律城。每至一城市参观汽车工厂时,他注意工厂的设备和管理制度,并关注自动化的流水作业及控制工人的劳动方法。随后,其就考察世界各国大都市公共交通工具"最近十数年来之趋势所见"作出总结,

---

① 参见沙公超:《中国各埠电车交通概况》,《东方杂志》第二十三卷第十四号,1926 年 7 月 25 日发行,第 47 页。
② 参见董修甲:《京沪杭汉四大都市之市政》,大东书局 1931 年版,第 69 页。
③ 豪:《告反对南京长途汽车者》,《申报》1924 年 2 月 16 日,第 2 版。
④ 刘墨篴:《吾之宁垣长途汽车谈》,《申报》1926 年 6 月 5 日,第 10 版。
⑤ 参见徐泰来:《江南汽车公司内幕》,载《江苏文史资料选辑》第 20 辑,江苏古籍出版社 1987 年版,第 257 页。
⑥ 吴琢之:《都市合理化的交通工具》,载《交通月刊》第一卷第一期,京华印书馆 1937 年版,第 37 页。

认为："现在欧美之都市不惜牺牲已废弃固有的地面电车,而用公共汽车"。即国外五大都市(伦敦、巴黎、纽约、柏林、东京)交通工具"莫不具同一之趋势。即地面的有轨与无轨电车,群众均毅然决然拆除废弃,另起炉灶,代之以公共汽车"。南京作为"今日之首都,欲选择合理之交通工具,从国防言、从交通言、从建设言、从经济言,如经济能力足以负担巨额设备费者,则以地道电车为宜;倘使经济力量不充,则以公共汽车为最合理。故应分缓急先后而定步骤,现在则尽量用公共汽车,以应需要"。①

可以概见,其时欧洲的有轨电车虽在早期十分普及,但后公共汽车发展,致使许多城市的有轨电车逐步淘汰。② 由是,吴琢之在分析电车业务衰落和公共汽车优势后,认为公共汽车是当时最新的交通工具,今后南京市政发达,只能发展它;或只能仿照美国纽约的地道电车(地铁),决不能再开倒车行驶地面电车。其观点论证有力、言之凿凿,在同《朝报》记者谈话中也如此建议。因有纽约、伦敦及柏林等都市事实的佐证,加上以当时南京财政状况言,建设地道电车不符现实和财力,由此使一些迷信欧美的中国建设银公司经理人,思想开始动摇,宋子良也觉得电车落伍,最终打消此意。③ 至此,公共汽车与电车的首次角力,前者胜出。

2. 第二次角力:因现实情事被否决

1937 年年初,南京市政府向国民政府行政院呈拟"敷设南京市无轨电车"。此次,市府已和英商怡和洋行草拟合同,计划在市内行驶"什九电车"。随之,该案由行政院召集财政、交通两部及市政府会同审查,并邀建设委员会派员参加讨论,嗣据报告审查结果,复交行政院建设事业审议委员会详加研究,是年 6 月审议委员会最终议决:市府所拟计划"难如预期",在江南汽车公司行驶有效期间,"拟请暂停进行"。④ 其理由有三。

其一,五年清偿债务几无可能。如南京市府原计划仅为城内线,"据其估计五年以内即可清偿债务,但其行驶路线什九(电车)与江南汽车公司相重复。五年之内,如果人口无激增,商务活动无剧变,江南公司依然存在为其营业之竞争对手,则营业收入委无把握可言"。且就其计划本身论,须具备如下条件:(1)每日行车时间 18 小时;(2)每小时行车速度 30 公里;(3)

---

① 参见吴琢之:《都市合理化的交通工具》,载《交通月刊》第一卷第一期,京华印书馆 1937 年版,第 41、48—49 页。

② 参见蔡君时:《世界公共交通》,同济大学出版社 2001 年版,第 115 页。

③ 参见徐泰来:《江南汽车公司内幕》,载《江苏文史资料选辑》第 20 辑,江苏古籍出版社 1987 年版,第 257—258 页。

④ 参见《京市无轨电车案》,1937 年 6 月,南京特别市政府档案,档号 1001-1-606。

每车乘客须满 30 位；(4)40 辆车同时开驶；(5)全年每车行驶必达 350 日，然后每公里收车费铜元 4 枚乃可勉强适合其营业预算。上述五项条件"倘有一项不能满足，其收入即短少无疑"。南京街道行车速度大多限制每小时 25 公里，以 30 公里为计算速度，"非特路面须经加工即路基亦须改造，原计划似未澈(彻)底考虑影响，所及收入即生问题"。况且估计行车速度须连经过各站及终站停留时间计算在内，则行驶实际速度须超 30 公里以上，始能达每小时 30 公里平均速度标准，"此则尤在估计之外"。至此而言，即无江南汽车公司与之竞争，"其营业收入之估计仍不足恃。故在江南公司未曾停止行驶以前，此项计划实不必冒险而行"。①

其二，扩充路线更无把握。斯时，国民政府军事委员会蒋中正委员长"内侍代电所指示路线，由城内线展至城外线。原以城内线计划若可行不妨一举两用，盖指示之路线尚无其他车辆行驶，较城内线为宜；且城内线因有城外线为之辅，营业恐反可较局促于城内一隅者为旺"。然问题实质在于："目前人口稀少，往来乘客一时不多，最近期间遽难求发展，亦属可虑。京市府既以种种困难移诸第二期，且须另筹资金，则与原意已不相符。"由是，就南京市府所提供意见观测：第一期计划尚无切实把握，第二期计划更属渺茫。但就计划内容与营业前途观测，第二期计划如不能行，第一期计划亦难成功。②

其三，合同不当、估价过昂。市政府与怡和洋行签订的合同内容"似欠公允且估价过昂"。即通观合同两方均有严格规定，但细译内容则对甲方限制甚严、绝无例外，对乙方虽有限制而往往附以条件(第九、十两条即其显例)，第十五、十六、十七三条且违背预算法，"涉及行政更属不妥"。至于材料估价及工程内容等，"查怡和洋行合同所开各项，似嫌昂贵；且该项合同系包括材料及建筑工程在内，窃以京市建筑无轨电车即或计划可行，由外商全部承办实不相宜；且工程建筑等费不免较为糜费，似以专向外商购置材料，自行建筑为宜"。如无轨电车车辆、电力输送线及配电厂机件三项，可光开具程式招外商承办；其余如工程敷设、配电厂及房屋建筑、电焊配装、路面修整等项可派定人员自行筹备，详加设计分别兴工。至于预算，该合同分八款共计 256303 英镑(合法币 433 万余元)，其中机件价格均嫌昂贵，"兹重拟预算，增加怡和未列入"：(1)电话及修理机件 1 万镑；(2)办公室建筑费 5 万元；(3)路面修整费 43 万元；(4)筹备费用 12 万元，共计英镑 139300

---

① 参见《京市无轨电车案》，1937 年 6 月，南京特别市政府档案，档号 1001-1-606。
② 参见《京市无轨电车案》，1937 年 6 月，南京特别市政府档案，档号 1001-1-606。

镑,再加法币 101 万元,总计法币 3354000 元,较怡和所列,似可节省 100 万元左右(见表 2—15)。此宗款项,关于机料 139300 英镑似可用分期付款办法偿还,其余费用 100 余万元可设法由京市银行投资。如是,"京市无轨电车可全由政府主办,不假力外人之手"。而此次预算,其车辆路线等费用较怡和所开较低,系根据向欧洲厂商调查所得,可由市府向其他厂商将无轨电车车辆、配电厂机件、电力输送线三项再行询价,以资比较。①

表 2—15　京市无轨电车估价比较表(1937 年)

名　　称	市府预算	怡和估价	增减理由
车辆(40 辆)	72000 镑	87860 镑	怡和估价过高
车身及装配费	140000 元	214000 元	同
配电厂机件	9500 镑	12850 镑	同
线路(31.875 公里)	47800 镑	65690 镑	同
电话及修理机件	10000 镑	—	怡和未开明
电杆费	12000 元	165000 元	怡和原估过高
电杆及线路建立费	80000 元	90500 元	同
路面修整费	430000 元	—	怡和未开明
厂屋建筑费	100000 元	156000 元	怡和原估过高
配电厂建筑费	10000 元	10400 元	同
筹备费用	120000 元	—	怡和未列入
办公室建筑费	50000 元		同
其他费用	50000 元	52277 镑	同
总计	3354000 元	4331560 元	

资料来源:《京市无轨电车案》,1937 年 6 月,南京特别市政府档案,档号 1001-1-606。

　　不仅如此,行政院建设事业审议委员会除指出"敷设南京市无轨电车案"尚不可行外,并提出相应的解决方案。即"京市府目的既在便利首都交通,尽有其他方式可资应用",其办法有二:第一,江南公司在京市范围,收归市营。"原拟无轨电车路线,既什九与江南汽车公司相重复,同一路线而竞争实无必要。京市府既目的在便利首都交通且减低车价,可设法将江南汽车公司之在京市范围以内者,收归市营。收归后或就原有路线改驶无轨电车,或原路线仍行驶汽车,另辟城外无轨电车路线,或城内城外均加辟路线行驶汽车,尽可斟酌均无不可"。第二,利用京市原有铁路线或相当扩充

①　参见《京市无轨电车案》,1937 年 6 月,南京特别市政府档案,档号 1001-1-606。

路线改驶或加驶有轨电车。即若江南公司"收归市营有实际困难,则京市城内外现有铁路线与江南汽车公司行驶路线并不相同,仅可利用改驶有轨电车。原路除驶电车外,仍可供运输之用,轻而易举一举两得,似较原计划行驶无轨电车为愈。即蒋委员长所指示之路线亦须如此,方克早日实现":具如(1)附廓路线即可利用,虽设备有须改置而所费不多;(2)原计划256300英镑款,即可大部分移作敷设东至汤山、南至秣陵关、西至大胜关的路轨,"三路一通,市郊运输能力大增,不仅便利市民,抑且有裨国防"。①

继而,1937年6月行政院密令南京市政府:经予复核市政府所拟计划及收支预算与英商怡和洋行商订的合同草案,"多欠妥适。值此非常时期,京市电车自应从缓举办,令仰知照"。② 推而言之,抗战前电车在南京行驶仅存的一线生机覆灭。由见,虽当局从未放弃"电车计划",但因财力囿限、《首都计划》倡扬加之其时"世界各都市有一致均改用公共汽车之趋势,而地面电车为落伍之工具"③,使20世纪二三十年代在天津、上海和北平等地盛行的电车,终未展现于南京。进而,《首都计划》以"公共汽车为宜"的指导思想,贯穿于抗战前南京公共交通发展的整体脉络,使此期公共汽车业如火如荼。推广其意,彼时南京当局最终在电车与公共汽车之间作出抉择,最终后者胜出,前者则成为其"机会成本"④。

第三节　出租汽车业的运营轨迹

民国初年,军阀齐燮元的司机仲钱生从上海购一辆旧小汽车在南京营业,南京出租(营业)汽车业从而滥觞。嗣国民政府定都后,"汽车因国都关系,几触目尽是"⑤。至抗战前,出租汽车业一度发展迅速,最盛时有千辆左右⑥,全行业整体运营呈现良性态势。

① 参见《京市无轨电车案》,1937年6月,南京特别市政府档案,档号1001-1-606。
② 参见《京市无轨电车案》,1937年6月,南京特别市政府档案,档号1001-1-606。
③ 吴琢之:《都市合理化的交通工具》,载《交通月刊》第一卷第一期,京华印书馆1937年版,第48页。
④ 机会成本(opportunity cost)指存在稀缺的世界上,选择一种东西意味需要放弃其他一些东西。那些所放弃的选择,就成为你该项决策的机会成本,即相应所放弃的物品或劳务价值(参见[美]保罗·萨缪尔森、威廉·诺德豪斯:《经济学》第17版,萧琛主译,人民邮电出版社2004年版,第9页)。
⑤ 南京特别市市政府秘书处编译股:《南京特别市政府工作总报告》,南京印书馆1930年版,第79页。
⑥ 参见南京市鼓楼区地方志编纂委员会:《鼓楼区志》,中华书局2006年版,第203页。

一、运营车辆统计

出租汽车业嚆矢后,新宝泰车行成立,有四五辆车。但因斯时南京道路不畅,"汽车事业极不发达",如"吾人平日所见,汽车号数均在三十号以内……则全城汽车总数必在三十号左右"。且仅少数街道,如碑亭巷、成贤街、花牌楼(今太平南路)、下关可行驶,"多由下关而南至中正街为止,南门绝不见有汽车开行"。此外,城内所用汽车样式既旧,"行驶时声音独高且败颓不堪。恐所用汽车,皆上海用旧不可再驶行者而已"。由见,"本市汽车除最少数完整外,大多数均为上海用残之旧货品,破败损坏所在皆是,不加取缔,危险滋多"。① 下关至城内道路逐渐开辟后,出租汽车行日渐增多。据 1923 年 11 月调查,计有祥麟、聚兴、德泰、宝泰、大陆、新宝泰、生昌、源昌、有昌、严华泰、陈银记 11 家汽车行,共有车 60 余辆(见表 2—16)。

表 2—16　南京出租汽车业概况表(1923 年)

(下关) 汽车行	地址	电话	(城内) 汽车行	地址	电话
大　陆	大马路	524	聚　兴	奇望街	418
生　昌	大马路	594	祥　麟	利涉桥	45
有　昌	大马路	219	德　泰	淮清桥下	830
源　昌	大马路	579	宝　泰	奇望街	1138
陈银记	二马路	226	新宝泰	贡院街	441
严华泰	二马路	554			

资料来源:陆衣言:《最新南京游览指南》,中华书局 1924 年版,第 67—68 页。

自国民政府定都,"京市政现既积极进行改良,将来市政发达自为势所必至",由此人口骤增、机关集中,"出租汽车年来日益增多"。② 如据南京市车辆统计(1927 年、1933 年)显示,1927 年全市车辆为 11500 辆,其中汽车 450 辆,马车 450 辆,人力车 7500 辆;至 1933 年全市车辆为 17517 辆,其中汽车 1378 辆,马车 335 辆,人力车 10188 辆。③ 即全市汽车 1927 年为

---

① 参见林一:《南京道路状况及汽车事业》,《申报》1922 年 12 月 23 日,第 1 版。

② 参见《南京市工务报告(二十四年四月至二十六年四月)》,1937 年 5 月,南京特别市政府工务局档案,档号 1001-3-515。

③ 参见建设委员会经济调查所统计课:《中国经济志·南京市》,正则印书馆 1934 年版,第 94 页。

450辆,1931年增为1158辆①,1933年再增至1378辆,6年间增幅达206.2%。不可否认,此中出租汽车增长定不在少数。

　　具如1933年,商人郑宗潮从上海购来一百多辆小汽车,创设公用股东无限公司,规模最大。次之的交通、新京、中山等车行各有车三四十辆。②翌年,南京有注册汽车行73家,资本455520元。③再据全市1935年营业车辆统计,社会局登记的营业汽车行总计50家、营业汽车260辆,公共汽车140辆,运货汽车134辆。④至1936年11月,除未登记车辆外,南京市共有60家车行、合计384辆出租汽车向当局正式登记(见表2—17)。至抗战前,全市出租汽车业一度发展迅速,最盛时全市有千辆左右(其中有400辆个体出租汽车,时称"野鸡车")。

表2—17　南京市营业汽车统计表(1936年11月)

汽车行名称	地址	辆数	汽车行名称	地址	辆数
新龙飞	朱雀路66号	3	友利	太平路298号	5
新宝太	贡院街	3	华丰	祖师庵62号	3
兄弟	国府路350号	3	胡义兴	祖师庵8号	4
聚宝	中华路268号	1	义顺	永宁街108号	3
新京	中山路210号	6	祥记	公共路130号	6
福记	白下路16号	9	新新	公共路	6
华隆	土街口132号	5	快利	宝善街4号	5
海陵	中山北路1013号	7	丁三	十庙口25号	2
华达	绥远路1987号	1	裕通	姜家园1号	3
丁三	保泰街85号	7	侯林记	绥远路1745号	2
交通	太平巷13号	42	沈顺兴	寿昌里6号	2
合众公司	中正路	67	翁泰来	太平桥北5号	5
中山	四牌楼17号	20	陈广记	洪门口12号	3
海珊	淮海路172号	1	干记	雨花路105号	6

①　参见南京社会局:《南京社会特刊》第三册,文心印刷社1932年版,第10页。
②　参见南京市地方志编纂委员会:《南京公用事业志》,海天出版社1994年版,第103页。
③　参见《南京市工务报告(二十四年四月至二十六年四月)》,1937年5月,南京特别市政府工务局档案,档号1001-3-515。
④　参见《关于车辆人口乡镇保甲等统计表》,1936年4月,南京特别市政府档案,档号1001-1-1720。

（续表）

汽车行名称	地址	辆数	汽车行名称	地址	辆数
广东	中山北路	3	涌鑫	汉中路 214 号	3
南洋	中正路 332 号	2	胜飞	二郎庙 46 号	4
中央饭店	大行宫	3	陈国记	祖师庵 2 号	2
公用公司	鼓楼	60	吴文记	复兴桥 92 号	6
中华	商埠街 96 号	2	华利	中山东路 350 号	4
源昌	将军庙	2	丁福大	二郎庙 47 号	4
大昌	莫愁路 236 号	1	上海车行	中央路口	3
大通	碑亭巷 18 号	3	中国服务社	湖北路 95 号	6
黄卿记	和会街 83 号	3	协鑫	利达里	3
永盛	洪武路	1	中新	珠江路 912 号	5
杨国记	雨花路 135 号	3	鑫来	中山北路 428 号	4
华康	珠江路	3	同兴永	中华西门 163 号	3
新宝泰	贡院东街 60 号	2	新民	龙江桥 33 号	2
大民	二郎庙 41 号	1	复兴	姜家园 6 号	3
源昌	建康路 272 号	2	聚宝	中华路 268 号	1
飞利	湖北路 53 号	3	合计		384

资料来源:《公私汽车购储汽油》,1936 年 10—11 月,南京特别市政府工务局档案,档号 1001-3-71。

二、乘车票制定

定都前,南京出租汽车普通租用每小时约 4 元,"汽车夫酒钱另给"。[1] 对此,时人言及,"出租汽车行票价昂贵,街道狭窄,行驶缓慢",欲使"宁垣汽车营业之发达,非从放宽马路、减轻车价二者着手不可。将来马路既宽则行驶自速,车价既廉则乘者自众"。[2] 其时,这些汽车大部分在下关车站和码头揽客,最远可送乘客至汤山。由于点多分散,经营规模小,故尚未招至地方势力、人力车主的反对。定都后,当局即对出租汽车价目作出规范(见表 2—18)。

---

① 参见陆衣言:《最新南京游览指南》,中华书局 1924 年版,第 67 页。
② 参见郁毅庵:《南京行驶汽车之近状》,《申报》1923 年 10 月 13 日,第 2 版。

表2—18　南京市出租汽车价目（1927年9月）　　　单位：大洋

时间	头号车 （7人座）	二号车 （5人座）	备注
全日	19元	16元	均以12小时计
半日	11元	9元	均以6小时计
一小时	3元	2元5角	第二小时头号车加大洋2元5角，二号车加2元，后每时头号车递加1元7角，二号车递加1元5角
半小时	2元	1元5角	含半小时内

资料来源：南京特别市工务局：《南京特别市工务局年刊（十六年度）》，南京印书馆1928年版，第425页。

　　至1931年，出租汽车价目分两种，"随雇主之便，先与车主言明，以免临时纷争"。[①] 1933年，市工务局再次规定划一京市雇车价格，并责令车夫将"汽车价目表悬挂于车中易见之处，以资识别"。[②] 由表2—19、表2—20可见，计价方式方面，定都初出租汽车价目仅以时间计，1931年又规定以时间及路程计，至1933年再以时间、路程及人数三种方式计，价目规制愈见量化及标准。且定都后各种车辆的乘价均在递减，而以出租汽车业降幅最明显，乘价由全日20大洋减至18、15大洋，半日由12大洋减至9、8大洋（20世纪二三十年代，一块大洋相当于现在50元左右）。

表2—19　《南京市水陆交通舟车价格标准》规定出租汽车价目表（1931年1月）

一、以时间计（以车辆为单位）		
时　间	价　目	附　注
15分钟	1元	不满15分钟仍以15分钟计
半小时	1元5角	不满半小时以半小时计
一小时	3元	一小时后每小时大洋2元，半小时大洋1元
半　日	15元	以6小时计
全　日	24元	以12小时计，路长者言定全日或半日计

① 参见《规定市内水陆交通舟车价格标准》，1930—1937年，南京特别市政府财政局档案，档号1001-2-57。
② 参见建设委员会经济调查所统计课：《中国经济志·南京市》，正则印书馆1934年版，第94页。

（续表）

二、以路程计（以车辆为单位）	
路　程	价　目
城内单行一次者	不得超过大洋 2 元
城内来回者	不得超过大洋 3 元
城外单行一次者	不得超过大洋 2 元 8 角
城外来回一次者	不得超过大洋 5 元
备　注	城外界限以如下地点为止：兴中门挹江门外至下关为止；中山门外至灵谷寺为止；中华门外至雨花台为止；玄武门外至五洲公园为止。其余如神策门、汉西门、水西门等不在其列，如出城外以小时计算每小时 3 元，半小时 1.5 元，不足半小时以半小时计。以上价目系最高限度，如车辆较劣可酌量缩减

资料来源：《规定市内水陆交通舟车价格标准》，1930—1937 年，南京特别市政府财政局档案，档号
　　　　1001-2-57。

表 2—20　南京市出租汽车价目表（1933 年）

一、以时间计（以车辆为单位）		
时　间	价　目	附　注
15 分钟	1 元	不满 15 分钟仍以 15 分计
半小时	1 元 5 角	
一小时	2 元 5 角	每 15 分钟大洋 5 角，不满者仍以 15 分计
半日	8 元	以 6 小时计
全日	15 元	以 12 小时计
二、以人数计（以人为单位）		
上下车地点	价目（每人）	附　注
夫子庙或中华门—鼓楼	小洋 2 角	未达终点路线者仍以至终点计，来往价目同
夫子庙—中央党部或军政部	小洋 3 角	同
夫子庙—下关	小洋 4 角	同
大行宫或内桥—下关	小洋 3 角	同
三、以路程计（以车辆为单位）		
上车地点	下车地点	价　目
夫子庙或中华门	下关或中山墓	1 元 5 角
夫子庙或中华门	中央党部、五洲公园、莫愁湖	1 元 2 角
夫子庙或中华门	清凉山	1 元
备　注	车价以何计算均听雇主便，但须先与车主言明，并不准索酒钱	

资料来源：南京市政府秘书处：《新南京》，南京共和书局 1933 年版，第 47—48 页。

随着乘价日廉,民众亦愿意乘坐既往被称为"奢侈品"的出租汽车。如当时从下关进城,"顶合算的便是坐营业小汽车。坐这种汽车进城,比较快捷而且便当,一车载满了五个乘客,便可向城里开行。代价是没有一定的,大概从下关到城中或城南十余里的路程间,自小洋四角至六角。这种定价颇有伸缩性,普通第一个去乘坐的客人总要贵些,若车内已坐满四个人,而只差一个人便要开车时,这第五个乘客的车价便可特廉",有时二三角也可以入座。① 且因栖霞山枫树甚多,"每届秋深,霜叶红似二月花,诚奇观也",京沪铁路设有栖霞山站,游客亦可乘出租汽车"出太平门经岔路口及姚头上镇,亦可直达"。② 自出租汽车业逐渐规范及票价降低后,不仅使定都前的营业窘境得以改善,并使乘客日多、规模日扩。究其实质,其乘价日廉,也与定都后人口麇集、工商业繁盛,对交通工具需求加大导致各种工具数量日增、竞争加剧等一系列因素,息息相关。

三、行业经营简析

定都前南京行驶汽车以来,"营业不甚发达",合全城公私汽车计算仅有 60 余辆,较上海汽车数"悬远殆如天渊"。③ 斯时出租汽车业不发达,"实因南京商业极为零落,宜乎汽车事业不发达如此"。即"道路腐败,灰泥堆积,故汽车行驶时灰泥上飞,道路行人垂首路口,颇感困苦"。但时人亦对该业怀有期许,如"南京形势险要,据津浦沪宁两铁路连接处,且为中国最古最可纪念之大城,将来商业必能繁盛。且自东南大学成立后,南京将为中国学术文化之中心点。四方学子必望风而来。教育文化之发达、汽车事业之发达可必矣"。然不可否认,此期人力车、马车虽是城市交通主流,出租汽车则明显落后,即南京马车、人力车等"车资亦较各城为贱。故来往游客商人,自不欲乘汽车"。④ 具言之,各汽车行因成本既巨且生意不佳,"故车价甚昂"。如由下关至夫子庙或反之,每次均须 5 元,其余零雇每小时亦须 5 元,较之马车贵至三四倍,较之人力车贵至十数倍,"此乘客所以寥寥,而营业所以不振"。⑤

①　参见倪锡英:《南京》,中华书局 1936 年版,第 37 页。
②　参见南京市政府秘书处:《新南京》,南京共和书局 1933 年版,第 20 页。
③　参见郁毅庵:《南京行驶汽车之近状》,《申报》1923 年 10 月 13 日,第 2 版。
④　参见林一:《南京道路状况及汽车事业》,《申报》1922 年 12 月 23 日,第 1 版。
⑤　参见郁毅庵:《南京行驶汽车之近状》,《申报》1923 年 10 月 13 日,第 2 版。

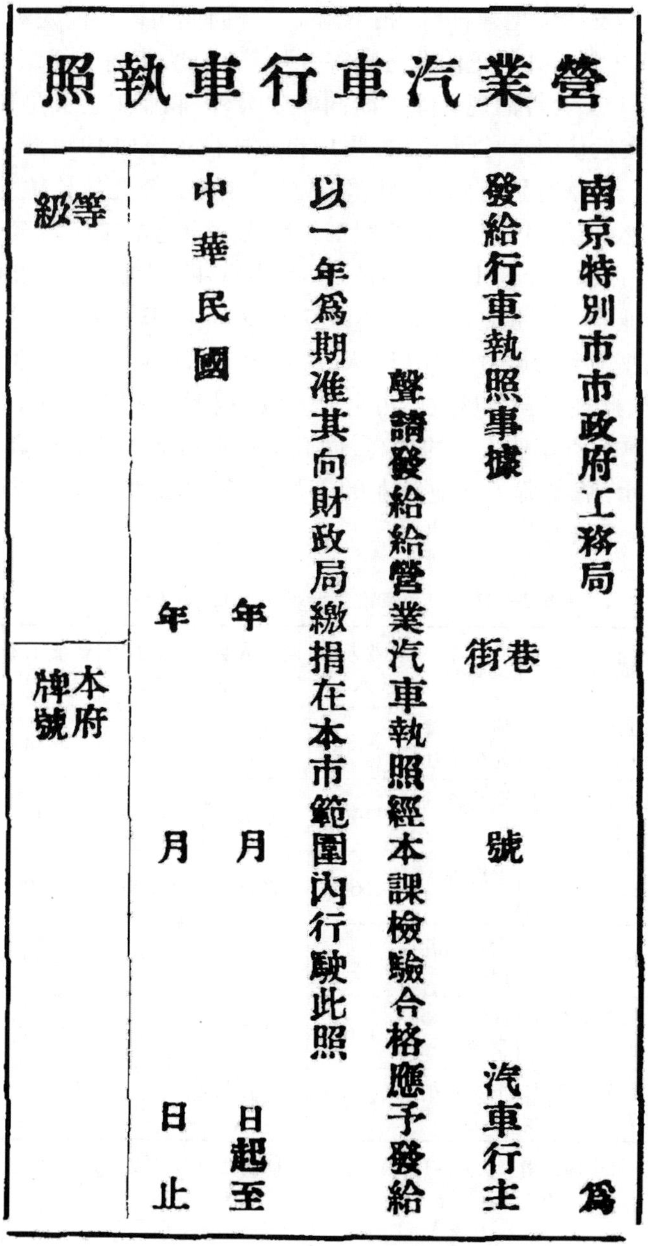

營業汽車行車執照

南京特別市市政府工務局

發給行車執照事據

　　　　　　街　　　巷　　　號

聲請發給給營業汽車執照經本課檢驗合格應予發給

汽車行主　　　爲

以一年爲期准其向財政局繳捐在本市範圍內行駛此照

中華民國　　年　　月　　日起至
　　　　　　年　　月　　日止

等級　　　　　本府牌號

图 2—4　出租汽车营业执照(1927 年)

图片来源:南京特别市工务局:《南京特别市工务局年刊(十六年度)》,南京印书馆 1928 年版,附页。

　　进而,"南京自建都以来,汽车营业,日见发达"。① 如定都前虽全市"工商业向不发达",但建都后"稍事增益","商业团体为商人本身之集合,所以谋同业之利益并矫正同业之弊害者"。② 由此,工商业组织——工商同业公会和职业工会等涌现。除工商同业公会外,职业工会又是代表劳方利益的团体,在近代南京社团组织发展中占重要位置。如1929年全市第二次代表大会上,南京特别市总工会宣告成立,所属工会会员单位为88个,有3.3万人加入工会。③ 此后,各业职工相继成立自己的组织。至1931年12月底,南京市成立各业职业工会41家,其中有40家为定都后相继建立,仅一家(成衣业职业工会)在定都前(1927年3月11日)成立。这41家工会中,所有在业工会会员数为18135人,失业数为820人,全业同业人数34203人。④ 由是,此期工会会员数已占全业人数一半强。据表2—21见,全市41家职业工会中,汽车业人员的最高、最低工资在行业中均属较高水平,平均工资达35元;基本高于其他各业的平均工资,为最低平均工资(起卸业)2.1元的16.7倍。

表 2—21　　　南京市工会部分会员表(1931年)

工会名称	成立日期	地址	在业人数(人)	同业人数(人)	最高工资(元)	最低工资(元)	平均工资(元)
汽车业职业工会	1931年2月13日	庐政牌楼远东旅社	448	848	50.00	20.00	35.00
运输业职业工会	1927年5月4日	大马路65号	1146	1146	15.00	12.00	13.70
浴堂业职业工会	1927年4月	承恩寺31号	1666	2066	15.00	6.00	10.30
金银业职业工会	1928年	大四福巷14号	134	144	18.00	2.50	10.80
酒业职业工会	1927年6月28日	通济门裴家湾7号	156	182	16.00	5.00	9.70
起卸业职业工会	1927年5月27日	下关和街53号	543	543	2.10	—	2.10

资料来源:南京社会局:《南京社会特刊》第三册,文心印刷社1932年版,第80—85页。

① 南京市政府秘书处:《新南京》,南京共和书局1933年版,第46页。
② 参见南京社会局:《南京社会特刊》第三册,文心印刷社1932年版,第25页。
③ 参见南京市地方志编纂委员会:《南京简志》,江苏古籍出版社1986年版,第126页。
④ 参见南京社会局:《南京社会特刊》第三册,文心印刷社1932年版,第80、84页。

再据南京社会局统计,1932 年前登记的 36 家公司中,涉及出租汽车业的有亨利汽车股份有限公司、太平汽车股份有限公司等。① 至 1934 年,全市各种车行计共 300 余家,"各家资本大者二三万元,小者一二百元",全业资本约 49 万余元,全年营业总额达 130 余万元。② 是年全市汽车行为 73 家,资本额 45.5 万元;1933 年营业额 120 万元。自 1929 年 6 月至 1935 年 6 月 6 年间,南京市的公司登记中,具有"股份有限公司"性质的汽车业有 6 家,资本总额为 37.9 万元。且 1935 年当年注册的汽车行有 47 家,其中专营 44 家,兼营 3 家,资本总额近 14 万元(见表 2—22)。另据南京市社会局 1935 年统计,全市职业工会为 44 家,均为市属行业的公会,其他地方性工会如区、县及中央、外资所属均不在其内。其中汽车业职业工会地址在洪武路,会员人数 448 人;马车业职业工会筹备会,地址在下关天光路,会员人数 85 人。③ 再据翌年 6 月调查,南京市同业公会总计商店家数为 6554 家,其中汽车行同业公会 46 家、资本数 278280 元、店员人数 184 人;全市职业工会为 41 家、会员人数为 14349 人,其中汽车职业工会会员人数为 115 人。④

表 2—22　1935 年南京市商业注册分类统计表(交通类)

业　别	家　数	营业(家)		资本总额 (元)
		专营	兼营	
汽车行	47	44	3	139900
人力车行	10	10	—	14600
轮　船	10	10	—	83400
转　运	8	8	—	12100
麻　袋	5	3	2	4900
合　计	80	75	5	254900

资料来源:南京社会局:《南京社会·调查统计资料专刊》,华东印务局 1935 年版,第 34 页。

① 参见南京社会局:《南京社会特刊》第三册,文心印刷社 1932 年版,第 43 页。
② 参见建设委员会经济调查所统计课:《中国经济志·南京市》,正则印书馆 1934 年版,第 93 页。
③ 参见南京社会局:《南京社会·调查统计资料专刊》,华东印务局 1935 年版,第 30、7—9 页。
④ 参见南京市政府秘书处统计室:《南京市政府行政统计报告(民国二十四年度)》,南京胡开明印刷所 1937 年版,第 90—91 页。

不可否认,该业规模扩张后出现一些问题。如其时全市约有 400 辆个体出租汽车(时称"野鸡车"),"并无车行组织,往往一人或合伙置备一车,游弋街道兜揽乘客"。从而,市工务局在办理汽车行登记之初,令其合并组织合法公司"妥觅行址设备完善,汰劣留良统一营业;乃此等小汽车车主人数既多、分子又杂,大半市井无知之徒,藉此苟全生计,其组织能力异常薄弱"。自 1936 年春,由其车主推举代表筹备合组进行缓滞,"一再请求展期成立"。该局为体恤贫苦计,宽准最后展期至是年 12 月底,并由车主"出具甘结,如届期仍未办妥,愿立受取缔无所怨悔,中经该局多次之督促晓谕"。至是年年底,个体车辆的"公司组织"终于成立,设行屋、车场及各种设备,并汰去破旧不堪的车辆,统一管理营业,"即今之合成公司,盖自此昔日游弋街道兜揽乘客之现象,已不复见"。① 抗战爆发后,南京的公用、交通、新京、中山等出租车行 500 多辆汽车,均随政府西迁。②

须指出的是,抗战前因公共汽车和京市铁路的乘价低廉且载客量众,出租汽车虽同为机械化交通,但因乘价较前两者为昂,加之载客量小,从而在南京城市公共交通中仅演绎辅助角色。然无论如何,伴随市内铁路、公共汽车及出租汽车等机械化公共交通方式的滥觞与递进,不仅使得城市社会的深刻变革随之呈现,并让近代南京城市化进程的印痕更为显现。

---

① 参见《南京市工务报告(二十四年四月至二十六年四月)》,1937 年,南京特别市政府工务局档案,档号 1001-3-515。

② 参见南京市地方志编纂委员会:《南京公用事业志》,海天出版社 1994 年版,第 103 页。

第三章　近代中国公共交通翘楚：
江南汽车公司

江南汽车公司是在"建设首都中应运而生的一家公共汽车公司"①，以"发展汽车事业、促进全国交通为宗旨"②。其系 1931 年春，张静江、吴稚晖、李石曾等先生"集资筹创招股创办之股份有限公司"③；初营南京至杭州的长途汽车，嗣与"浙江公路局合办京杭直达车"，后通行宜兴至无锡、南京至湖熟的长途汽车④。1935 年 7 月，江南公司独营南京市区公共汽车；10 月中央路新址落成，建成"当时全国一流水平的车辆修造厂"。至南京沦陷前夕，该公司市区路线内计有六路及陵园、西郊二路，路线长 80 余公里，每日行驶 120—140 辆，日乘客约 12 万人次；长途 3 线，路线长 410 公里。⑤其车辆由最初 6 辆增至 304 辆，资本由 10 万元扩至 100 万元，职工达 1600余人。⑥ 抗战前，该公司"总揽南京全城内外交通枢纽"⑦，最终成为当时"我国最大的商办汽车公司"及"中国知名的商营汽车运输企业"⑧。

第一节　股份结构和组织体系

自创办至抗战前，江南汽车公司颁布规章可谓汗牛充栋。⑨ 因其组织

① 南京市政协文史资料委员会：《金陵破晓》，南京出版社 1989 年版，第 220 页。
② 《公司组织规程》，1935—1936 年，江南汽车公司档案，档号 1040-1-1062。
③ 《江南汽车公司股东名册》，1936 年，江南汽车公司档案，档号 1040-1-1393。
④ 参见《江南汽车公司概况报告》，1949 年 5 月，江南汽车公司档案，档号 1040-1-726。
⑤ 参见《各种章则办法程序》，1947 年，江南汽车公司档案，档号 1040-1-1147。
⑥ 参见南京市地方志编纂委员会：《南京公用事业志》，海天出版社 1994 年版，第 20 页。
⑦ 倪锡英：《南京》，中华书局 1936 年版，第 46 页。
⑧ 南京市地方志编纂委员会：《南京公用事业志》，海天出版社 1994 年版，第 1 页；中国公路交通史编审委员会：《中国公路运输史》第一册，人民交通出版社 1990 年版，第 489 页。
⑨ 相关章则可参见《公司章程》、《驾驶员节油奖金办法》《车队员行车津贴奖金办法》《驾驶员服务规则》《保养场办事细则》《行车纠纷仲裁办法》《员工考勤办法》《管理代办站章程》《福利委员会章程》《庆吊节约公约》《驾驶员售票员奖惩办法》《优待员工及子弟乘车办法》《申请修制器具办法》《发售市郊区月票办法》《员工借支薪金限制办法》《消费合作社章程》《支付款项报销办法》《驾驶员互助基金办法》《员工请假规则》《春季考绩办法》《秋季考绩办法》《驾驶售票员分班组织办法》《艺徒管理规则》《驾驶员售票员守时奖金及帮班津贴办法》《员工福利委员会章程》《行车肇事处理办法》《售票员帮班津贴办法》

严密及制度化管理,且"设备运用得当,全力以发展交通,改善行车,修理设备为前提,是以组织周密,业务渐广"①,从而产生良好的工作情境,使企业效率不断提升。

一、股份筹集与结构

作为公共交通业的重要构成部分,公共汽车属于资本密集型行业。因此,股本的有效筹措是该业存续的关键。在 20 世纪 30 年代我国资本市场运作尚不完善的情势下,民间集股是公司筹资的最主要渠道之一。其筹资方式一般有二:一为发起设立,一为募集设立。② 相较而言,前者对企业发展有所制约,后者则更利于规模扩张。

（一）股本筹集

1931 年 2 月,"适京杭国道苏段工程行将竣工,江苏省建设厅有招商承办客货运输之议"。当月 27 日,江南汽车公司发起人拟定公司章程,遂以"承办该路干线及句镇、宜锡两支线为对象,呈奉江苏省建设厅核准"(见表3—1)。③ 初营路线落实后,公司发起人即着手拟定招股简章。3 月 20 日晚7 时,在建设委员会招待所二楼客厅,集合张静江、吴稚晖、霍亚民、程振钧、吴琢之 5 人出席,召开公司发起人创立会议,议决发起人为 10 人:张静江、吴稚晖、李石曾、程振钧、霍宝树、李力经、陆人希、饶竞群、程学枢、吴琢之。④ 由此,该公司发起创办时,"原以业务范围由小而大,故暂定股本总额国币十万元",每股 100 元共计 1000 股,分两期缴足。创办人认股总数计544 股,占总额 3/10 以上。⑤ 具如发起人张静江、吴稚晖、李石曾三人出资 8万元,吴琢之 5000 元,余为霍亚民、程振钧各 2000 元,陆人希 1000 元;另 1 万元中,除孙兰生(张的司机)出资 3000 元外,7000 元在公司职员中摊认,

---

《图书室阅览规则》《图书审核委员会章程》《车上电瓶保养撮要》《公用电话保管规则》《车款收解须知》《员工领用证章服务证办法》《人事处理办法》《管理浴室规则》《管理指导外来员生实习办法》《长途驾驶员误缮津贴办法》《驾驶员管理规则》《市区外勤联谊会会章》《京线区联谊会会章》《资遣员工暂行办法》《勤劳奖金办法》《驾驶员服务须知》《外勤员工奖惩办法》《优待军警乘车办法》《长途外勤人员伸工办法》等(参见《江南汽车公司档案分类清册》,1950 年,江南汽车公司档案,档号 1040-1-1602)。

①　《江南汽车公司股东名册》,1936 年,江南汽车公司档案,档号 1040-1-1393。

②　"发起设立"由发起人认缴公司发行的全部股份。"募集设立"由发起人认购公司发行股份的一部分,其余股份向社会公开募集或向特定对象募集(参见李仁玉主编:《经济法概论:财经类》,中国财政经济出版社 2010 年版,第 87 页)。

③　参见《江南汽车公司股东名册》,1936 年,江南汽车公司档案,档号 1040-1-1393。

④　参见徐泰来:《回忆南京江南汽车公司》,《钟山风雨》2001 年第 1 期。

⑤　参见《江南汽车公司股东名册》,1936 年,江南汽车公司档案,档号 1040-1-1393。

表3—1　江苏省长途汽车公司立案执照（1931年7月）

本厅准予立案之附加条件	营业期限	开业期限	路线之起讫经过地点及里程	董事及监察人情事	创办人承认股数与股本总额之比例	股本总额及股数每股银数	营业收支概算书	创办费用概算书	车辆之图示种类数量号牌马力载重	公司章程	公司名称	备注
依照江苏省长途汽车公司之章程第二十五条规定，该公司应以其收入10%缴本厅	20年	民国二十年5月5日	自南京麒麟门起，经西村、故村、汤山、黄梅桥、句容二圣桥、天王寺、元巷、洋河、东狱庙、老屋口、六里店、南渡、胡桥、官路村、溧阳凤台村、潘家桥、陈塘桥、宜兴川埠、徐舍、宜丰坝、青山嘴、汤渡、董塘止，全路计长162.450公里	已呈厅	认股总数计544股，占总额3/10以上	国币10万元，每股100元，共计1000股，分两期缴足	已呈厅	已呈厅	另附图式表格呈厅	已呈厅	江南汽车股份有限公司	江苏省建设厅（厅长孙鸿哲）为发给汽车事，据江南长途汽车公司创办人吴琢之呈请开办自南京麒麟门至南长董塘长途汽车，遵照定章呈准立案等情，核与长途汽车公司章程相符，应准立案并发给执照

资料来源：《江南汽车公司股东名册》，1936年，江南汽车公司档案，档号1040-1-1393。

一次交足;决定每股额 100 元,可分红利约 30 元。[1] 如《江南汽车股份有限公司章程》(以下简称《公司章程》,1936 年修订)第二章"股份"第七条规定:本公司股额由发起人担任募集,股息定为周息 1 分 5 厘,以收到股金的次日起算。[2] 可见,该公司采用"募集设立"方式,由发起人认购一部分股份,其余向关系人、员工等特定对象募集。

继而,该公司"应业务之需要",正式增资两次。如 1932 年在国民政府建设委员会招待所召开第一次股东会议(见图 3—1),议决公司增资为 25 万元,由旧股东分认,不足之数始招外股。该年每股红利连上年度损失准备金摊给,约有 50 余元。[3]

张静江(居中)与江南汽车公司的股东。后排左一是他的女婿周君梅

图 3—1　江南汽车公司第一届股东大会(1932 年)

图片来源:中共南京市委党史工作办公室:《南京百年风云(1840—1949)》,南京出版社 1997 年版,第 133 页。

增资为 25 万元后的江南汽车公司,于 1933 年 10 月获得南京市区公共汽车运营权(见表 3—2),并依程序向市工务局呈验市区行车资本:计道奇车 10 辆、兰罗车 10 辆合共 8 万元,材料 13000 元,存上海四明银行(1852 号)存折 12 万元,存南京四明银行(594 号)存折 17400 元,工务局保证金 3000 元,定购奔驰柴油车 10 辆预付款 18000 元,共计 251400 元。同时,南

---

① 参见徐泰来:《江南汽车公司内幕》,载《江苏文史资料选辑》第 20 辑,江苏古籍出版社 1987 年版,第 251 页。

② 参见《公司组织规程》,1935—1936 年,江南汽车公司档案,档号 1040-1-1062。

③ 参见《江南汽车公司股东名册》,1936 年,江南汽车公司档案,档号 1040-1-1393。

京市政府指令工务局与江南公司务须"根据招商简则规定切实办理，又关于简则第二项之车辆规定，该局尤须随时注意，严促实行"。①

表 3—2　承办南京市公共汽车申请书（1933 年 9 月 14 日）

<table>
<tr><td rowspan="5">申请人</td><td>公司名称</td><td>江南汽车股份有限公司</td><td rowspan="5">公司代表人</td><td>姓名</td><td>吴琢之</td></tr>
<tr><td>资本</td><td>国币 25 万元</td><td>籍贯</td><td>江苏省太仓县</td></tr>
<tr><td>所在地</td><td>南京西华门逸仙桥塊</td><td>年岁</td><td>37 岁</td></tr>
<tr><td></td><td></td><td>职务</td><td>江南汽车公司经理</td></tr>
<tr><td></td><td></td><td>住址</td><td>西华门西华巷 5 号</td></tr>
<tr><td rowspan="4">申请车辆</td><td>数量</td><td>10 辆</td><td>10 辆</td><td colspan="2">10 辆</td></tr>
<tr><td>制造厂</td><td>道奇（dodge）汽油车</td><td>兰罗（renault）汽油车</td><td colspan="2">奔驰（benz）柴油车</td></tr>
<tr><td>载重量</td><td>二吨半</td><td>二吨半</td><td colspan="2">三吨</td></tr>
<tr><td>制造年代</td><td>1933 年（美国）</td><td>1932 年（法国）</td><td colspan="2">1933 年（德国）</td></tr>
<tr><td colspan="2">每公里最大票价</td><td colspan="4">每公里最大票价大洋 2 分 2 厘</td></tr>
<tr><td rowspan="4">愿缴市政府费额</td><td>保证金</td><td colspan="4">国币 5000 元</td></tr>
<tr><td>每季每辆车捐</td><td colspan="4">国币 90 元</td></tr>
<tr><td>特别养路费</td><td colspan="4">国币 3 万元</td></tr>
<tr><td>经常养路费</td><td colspan="4">每月收入 2%</td></tr>
<tr><td rowspan="4">经理资格</td><td>姓名</td><td>吴琢之</td><td>籍贯</td><td>江苏太仓</td><td>年岁</td></tr>
<tr><td>住址</td><td colspan="4">西华门西华巷 5 号</td></tr>
<tr><td>学历</td><td colspan="4">法国里昂工业学校汽车制造专修科毕业</td></tr>
<tr><td>经历</td><td colspan="4">上海中华工业学校汽车道路专修科教员；浙江省建设厅技正；浙江省公路局机务总管兼车务处处长、修车厂厂长；浙江省公路局代理局长</td></tr>
<tr><td rowspan="4">车务及机务主任资格</td><td>职别</td><td colspan="3">车务主任</td><td>机务主任</td></tr>
<tr><td>姓名</td><td colspan="3">饶竞群（江西进贤县，33 岁）</td><td>经理吴琢之兼任</td></tr>
<tr><td>学历</td><td colspan="3">法国沙来尔工业学校毕业</td><td></td></tr>
<tr><td>经历</td><td colspan="3">上海中央汽车学校教员；浙江省公路局修车厂机械工程师；南京公共汽车公司车务主任；现任江南公司副经理</td><td></td></tr>
</table>

资料来源：《江南汽车公司组织》，1933—1937 年，南京特别市政府工务局档案，档号 1001-3-84。

---

① 参见《江南汽车公司组织》，1933—1937 年，南京特别市政府工务局档案，档号 1001-3-84。

　　至 1934 年,江南汽车公司在杭州莫干山张静江的避暑别墅召开第三次股东会议,议决增资为 40 万元(其中市区公共汽车股本 25 万元)。兴华公司资产约 7、8 万元及股东红利并入,股份不足一股者均补足。1935 年 10 月,召开第四次股东会(见图 3—2)。董事会业务报告及监察人审查报告,以书面送达各股东;股东红利照发,每股官息红利约 30 余元。①

图 3—2　江南汽车公司第四届股东大会(1935 年)

图片来源:中国国民党中央委员会党史委员会:《张静江先生文集》,(台北)中央文物供应社 1982
　　　　年版,附页。

　　至 1936 年 6 月,该公司总股本增至 60 万,"但全部资本已有一百万以上"②。是年,在上海马思南路 98 号张静江寓所开第五次股东会,公司议决:增足资本(股份)总额至国币 100 万元。③ 即如《公司章程》第六条规定:本公司股份总额定为 100 万元,每股 100 元,共计 1 万股,以通用银元为本位。④ 至 1937 年,公司"仍盈利颇丰",但在结算中,七七事变及八一三事变发生,来不及开股东会。是年年底,公司总股本为法币 100 万元(分为 1 万股)。⑤

————————

①　参见徐泰来:《江南汽车公司内幕》,载《江苏文史资料选辑》第 20 辑,江苏古籍出版社
　　1987 年版,第 251—252 页。
②　明秋:《流通京市血脉的江南公司参观记:全部人事管理均用科学方法》,《中央日报》1936
　　年 5 月 15 日,第 4 版。
③　参见《江南汽车公司股东名册》,1936 年,江南汽车公司档案,档号 1040-1-1393。
④　参见《公司组织规程》,1935—1936 年,江南汽车公司档案,档号 1040-1-1062。
⑤　参见《关于财务企业管理费方面的制度和计划》,1938 年 8 月,江南汽车公司档案,档号
　　1040-1-755。

简言之,该公司的股息较高,各股东除增加股额外,并可得厚利。

(二)　股份结构

《公司章程》第二章"股份"中,对该公司的股份若干制度明确规定。如第九条,股票改用记各(格)式,如遇转让他人时,应向本公司领取转让证书,注入股东名册方生效力,不易手续办理,本公司仍认原署名的股东为股东。第十条,股票倘有遗失时,须即函告遗失原因向本公司挂失并登南京、上海法定报纸两种各三天。待一月后,如无纠葛发生,得觅保向本公司补领以昭慎重。第十一条,凡股票过户或遗失函请补发者,每张应缴手续费拾元并贴足印花税票。第十二条,每届股东会议前一个月,即停止更换股票等手续。如遇股东身故,其名下所遗股份,本公司只认其执有股票合法继承人。第十三条,本公司如遇有增减资本必要时,由董事会召集股东大会议决办理,并赋予董事会增资扩股之权。第十四条,本公司添募新股时,应先尽旧股东分认,如有余额始得另募。① 以上各条款,对于股票转让、挂失、过户、继承及股份增减、添募等程序作出详尽规定和严格限定。

且江南汽车公司对外籍资本具有明显排他性。如《公司章程》第八条规定:本公司股东限于中华民国国籍,认股时应依照本公司认股单填明姓名及通讯住址,如用团体堂记等名者,须注明负责代表姓名。② 由表3—3见,公司股东虽有法人及自然人,但法人股仅江南铁路局一家,余均为自然人股;且法人股仅100股占总数1%,自然人股则占99%为绝对多数。股权数中,以张静江3383股为最,而陈华霖与朱逸民(张妻)以738股与611股次之。

表3—3　江南汽车公司股东权名册(1936年12月)

股东姓名	股数	股东姓名	股数	股东姓名	股数
张静江	3383	张墨耕	177	朱月琴	13
朱逸民	611	李力经	64	陆毓德	10
谢耀钧	431	陈洁如	71	陈雪庭	13
张乃怡	106	程学枢	71	吉　明	10
吴琢之	372	陈华霖	738	陈　松	18
庞赞臣	108	吴冯佩琼	135	施成裕	18
吴纬臣	269	孙兰生	56	丁　振	16

① 参见《公司组织规程》,1935—1936年,江南汽车公司档案,档号1040-1-1062。
② 参见《公司组织规程》,1935—1936年,江南汽车公司档案,档号1040-1-1062。

（续表）

股东姓名	股数	股东姓名	股数	股东姓名	股数
张澹如	152	戴竞英	79	陈子博	17
罗晓枫	360	董若芬	333	陈雪白	10
李石曾	150	张啸林	295	张子敬	11
钟养圣	53	杨锡元	70	陈大受	12
周君梅	60	陆人希	73	陈家宝	15
江南铁路局	100	吴稚晖	93	张植三	10
霍宝树	117	曾养甫	94	徐冲翰	10
张恒源	33	陈 介	35	祝纶詠	10
王绍义	40	戎炳扬	30	顾蕴成	16
骆 振	21	郭沈淦	32	郑 荣	10
陈选芝	29	唐永富	20	张频屏	14
沈衍垓	28	饶竞群	35	吴仲裔	17
于欣木	36	陈寿荫	89	钱 塘	16
苗 琪	43	陆剑罗	43	吴永嘉	16
冯 荣	48	戴卢玲	23	曾尘菘	12
周世安	27	冯小云	28	景叔和	21
周克家	20				
备注	表中股东均为持有 10 股以上者，10 股以下股东众多，故从略；股数共 1 万股，每股 100 元，合计 100 万				

资料来源：《江南汽车公司股东名册》，1936 年，江南汽车公司档案，档号 1040-1-1393。

值得指出的是，本书"导论"中曾提及某位学者的观点，即其认为"蒋介石参与了江南汽车公司的投资"。然由表 3—3 见，并未发现蒋参与其中，仅前妻陈洁如拥有 71 股。我们认为，在蒋氏与宋美龄结婚前几年，曾追求过陈，并力请张静江、朱逸民（陈好友）为媒，最终张还担任双方的证婚人。其后，1927 年蒋又与宋结婚，并登报公告与陈解除婚约。自陈被蒋抛弃后，张家念及渊源更为弥补愧疚而保其生活，给予其一些江南汽车公司的股份，由此逻辑延伸更为合理。事实上，如蒋通过陈入股江南，也不会仅 71 股之少，公司拥有 100 股以上的"小人物"比比皆是。而至于蒋与宋结婚时曾向张允诺，日后仍将迎娶洁如之话，最终未能实现。此一事件，亦导致曾相互提携和相互支持的"亦师亦友"的张、蒋之间出现信义裂痕，更为日后的分道扬镳埋下伏笔。如江南汽车公司档案记载，"吴稚晖、张静江、李石曾诸先生虽属国民党人，但已不满国民党政治现状。张先生久已避居美国，吴李两先生亦皆不与问政事"。① 因之,既然当前研究没有原始史料进行佐证,笔者即以该公司原始档案为据,认为"蒋介石参与江南公司的投资"之说,并不为据。

　　另有学者指出,江南是"官僚资本企业"②,但如以股东中有官员身份去界定,未免武断。如据表3—3所见,涉及官办背景的股东仅江南铁路局一家,但其仅有100股且占总数的1%,占比微不足道并且不具备话事权。正如该公司档案所载:"虽有人以为,公司系官僚资本甚或系豪门资本,在公司立场,固毋庸自辩。"③再如其时首都警察厅长陈焯等亦指出"江南汽车公司系商人投资经营"④等。简言之,该公司股本中并无政府投入,是由部分官员与社会人员等集资筹创、自负盈亏,并向当局缴纳养路费、车捐、营业税等诸多捐税。由见,该公司运营与官方并无实质关联。因此,将其定义为"官僚资本企业",亦不可信。

二、组织架构和体系

　　(一) 股东会、董事会及监察人

　　1.股东会。具如《公司章程》第五条规定:本公司非经股东大会议决,不得解散。第十五条,股东会分为定期与临时两种:(1)定期会的会期于每一会计年度总结算后两个月内举行,由董事会通知各股东开会,并应将本年度营业状况及各种账目表册经董事长及监察人签名盖章,报告各股东。(2)临时会须于下列情形之下由董事会召集:经理请求;董事会多数决议;股份总数1/20以上股东请求。第十六条,股东会非有股权总额过半数出席不得开会,倘股东因事不克出席,得具委托书派其他股东代表出席。第十七条,凡入股者每股有一权,故以上者每两股递加一权,但加至股权总数1/5为限。股东会议决事项,以到会股东议决权多数决定,倘权数相同,取决于主席。第二十二条,本公司如有事应通告各股东时,除由董事会函知外,并登南京及上海法定报纸公告。另于"附则"中规定:本章程修改得由董事会或股份总额1/20以上股东提议,经股东会议决修改,呈请备案。⑤ 由见,江

---

① 《江南汽车公司概况报告》,1949年5月,江南汽车公司档案,档号1040-1-726。
② 徐涤新等将官僚资本概括为一个特定范畴:从清政府的官办、官督商办企业到国民党国家垄断资本这一资本主义体系;而其实质,用政治经济学术语来说,就是在这些不同政权下的国家资本主义(参见徐涤新等主编:《中国资本主义发展史》第一卷,人民出版社2003年版,第19页)。
③ 《江南汽车公司概况报告》,1949年5月,江南汽车公司档案,档号1040-1-726。
④ 《江南汽车公司组织》,1933—1937年,南京特别市政府工务局档案,档号1001-3-84。
⑤ 参见《公司组织规程》,1935—1936年,江南汽车公司档案,档号1040-1-1062。

南汽车公司的股东会拥有较大的权利。

2.董事会。该公司成立初,推选张静江、吴稚晖、李石曾、郑振钧、霍宝树、朱逸民、吴琢之7人为董事。随即召开第一次董事会议,公推张静江为董事长,张即荐董事吴琢之为经理。1934年第三次股东会上,因第一届董事任期3年届满改选,决议原董事均连任,另加选陈华霖、曾养甫、张啸林、张澹如、罗晓枫、程学枢、饶竞群为董事。① 即如《公司章程》第十九条规定:本公司董事会设董事17人,由股东会就股东中选举。董事长由董事中互选,凡3股以上股东皆得被选为董事,任期3年连选得连任。第二十条,董事会每月开常会一次,由董事长召集。开会时审查该月营业报告及讨论一切进行事宜,如有特别事故得由董事长或董事2人以上请求召集临时会。另,第二十一条规定董事会的职权,如(1)召集股东大会;(2)监督本公司一切事务;(3)核定本公司预算决算报告股东大会;(4)任免经理;(5)审核公司人员等。同时,第十八条还规定:股东大会主席以董事长任之。并且《江南汽车股份有限公司组织规程》(以下简称《组织规程》)第一条规定:本公司承董事会特准特定本规程。第二条,本公司处理事务悉依本规程之规定。② 从而,该公司事务的决策权、领导权基本被董事会所掌控。

3.监察人。江南汽车公司初设时,仅有李力经、陆人希为监察人。1934年第三次股东会上,选举公司第四届监察人,除二人连任外,加选一人由周君梅(江南铁路公司法人代表)担任。③ 具如《公司章程》第二十三条规定:本公司设监察3—4人,由股东会就股东中选举,凡有10股以上股东皆得被选,监察任期一年连选得连任。第二十四条,监察人有监察本公司收支一切事宜之权,但不得兼任公司一切职务。监察人应于每月终将检查公司收支所有结果报告董事会备查,如有发现舞弊情事,并须立即报告董事会办理。④ 由此,江南汽车公司的股东会、董事会及监察人制度相继确立,进而凸显现代企业组织的雏形。

(二) 职业经理制

江南汽车公司实行董事会领导下的职业经理制。如《组织规程》第四条规定:本公司设经理一人,由董事会就董事中聘任,执行董事会议决案,处

---

① 参见徐泰来:《回忆南京江南汽车公司》,《钟山风雨》2001年第1期;《江南汽车公司内幕》,载《江苏文史资料选辑》第20辑,江苏古籍出版社1987年版,第252页。

② 参见《公司组织规程》,1935—1936年,江南汽车公司档案,档号1040-1-1062。

③ 参见徐泰来:《江南汽车公司内幕》,载《江苏文史资料选辑》第20辑,江苏古籍出版社1987年版,第252页。

④ 参见《公司组织规程》,1935—1936年,江南汽车公司档案,档号1040-1-1062。

理公司日常业务。副经理一人,由经理荐请董事会委派,襄助经理办理公司业务。并在如下各条款中,规定经理的权责:第五条,本公司办事处各职员进退,概由经理按照事物繁简任免分配。第七条,本公司各职员处理职务应服从主管人员指导,各股、站所办事务有互相关联者,应协商办理,如意见不同时,应陈明经理核定。且"附则"规定:总务主任、厂务主任、车务主任、工程司,均由经理荐请董事会委用;机械师及各股股长股员、各站站长稽查,由经理请董事会核准后委用;各站站员、查票员、练习员均由经理随时委用,报告董事会备查;机司、工匠、艺徒、夫役得随时雇用。另第六条规定:本公司一切事务概由经理核准,经理因公外出时得由副经理代理。① 如 1936 年 9月,公司总经理吴琢之奉国民政府建设委员会令,赴欧美各国考察工业建设,期间总经理职务委托副经理饶竞群代理,"已依法报请董事会认可"。②

（三）执行机构

1931 年公司成立时,执行机构及相关负责人员为:经理吴琢之,副经理为饶竞群。③ 会计股长程学枢,文书股长徐泰来,设计股长徐冲翰,运输股长陈松,营业股长陈雪白,修造股长于欣木,材料股长沈衍垓,总务股长陈雪白(兼),机械师戎炳扬,南京站长陈松(兼)。④ 随着业务发展,执行机构进而扩张。如《组织规程》第十条规定:本公司设总务、车务、厂务主任各一人,秉承经理指示,分别综理总务、车务、厂务各事宜;工程司一人,综理各路线工程事宜;另设议事会及购料委员会。并规定:总务主任下设会计、文书、事务三股;厂务主任下设设计、材料、修造三股,另设机械师一人;车务主任下设营业、运输二股,另设稽查一人;工程司下设办事员若干人,秉承工程司指导分别办理工务上经办各事宜;议事会定期召集开职员会议,购料委员会合议公司材料采购选择及评价事宜;议事会以股长及站长以上职员为当然会员,其他职工亦得列席与议,购料委员会由经理选派职员若干人为委员。⑤

继因业务扩大,行政机构更为庞大。具如公司总经理为吴琢之,经理饶竞群(职掌市区)、王绍羲(职掌长途),会计处长程学枢,副处长郭沈淦;总

① 参见《公司组织规程》,1935—1936 年,江南汽车公司档案,档号 1040-1-1062。

② 参见《江南汽车公司组织》,1933—1937 年,南京特别市政府工务局档案,档号 1001-3-84。

③ 1931 年,公司最高级别为经理(吴琢之),副经理为饶竞群;1935 年后,公司最高级别为总经理(吴琢之),经理为饶竞群。

④ 参见徐泰来:《江南汽车公司内幕》,载《江苏文史资料选辑》第 20 辑,江苏古籍出版社1987 年版,第 235 页。

⑤ 参见《公司组织规程》,1935—1936 年,江南汽车公司档案,档号 1040-1-1062。

务处长徐冲翰,副处长朱铿清;车务处长陈松,副处长张植三(兼总调派负责营运调度),总稽查黄少如;主任秘书徐泰来;市区办事处主任卢少青、南京长途办事处主任张植三(兼),宜兴办事处主任姚咏崐(见表3—4)。同时,修车总厂下设材料、机务及业务等3课,厂长吴琢之(兼),材料课长沈衍垓,业务课长于欣木,机务课长戎炳扬(兼机械师),员习训练所主任顾庸等(详见图3—3)。①

表3—4　江南汽车公司董监及执行机构(1936年)

董事会		执行机构			
董事长	张静江	总经理	吴琢之		
董事	吴稚晖　李石曾	经理	饶竞群、王绍羲		
	曾养甫　吴琢之	主任秘书	徐泰来	机务课课长	戎炳扬(兼)
	饶竞群　陈体诚	秘书	顾庸、汪时雨	业务课课长	于欣木
	程学枢　罗晓枫	总务处处长	徐冲翰	材料课课长	沈衍垓
	戴竞英　陈华霖	副处长	朱铿清	机械师	戎炳扬
	王绍义　董若芬	会计处处长	程学枢	宜兴办事处主任	姚咏崐
	张啸林　朱逸民	副处长	郭沈淦	无锡修车分厂厂长	饶国瑞
	张澹如　霍亚民	车务处长	陈松		
	监察人	总调派	张植三		
	李力经　陆人希　周君梅	修车厂厂长	吴琢之(兼)		

资料来源:《江南汽车公司股东名册》,1936年,江南汽车公司档案,档号1040-1-1393。

(四) 配置和权责

抗战前,江南汽车公司市区公共汽车每日行驶恒在17—18小时,行程超出200公里以上,"每日使用程度,公共汽车较长途汽车超过一倍"。由此,公司外勤员工不得不采取双班,尤以大型公共汽车长度、容量远逾普通车辆,每车势必用2名售票员,则每车行驶日需6人(售票员4人、驾驶员2人)。因"业务之繁简不同,管理员工之支配亦异",该公司长途汽车平均需5.7人,公共汽车则需10.7人。② 根据1931—1937年商营汽车公司每车平均配备人员数调查,江南汽车公司为4.16人,兴华汽车公司为5.55人、辽

① 参见徐泰来:《回忆南京江南汽车公司》,《钟山风雨》2001年第1期。
② 参见《各种章则办法程序》,1947年,江南汽车公司档案,档号1040-1-1147。

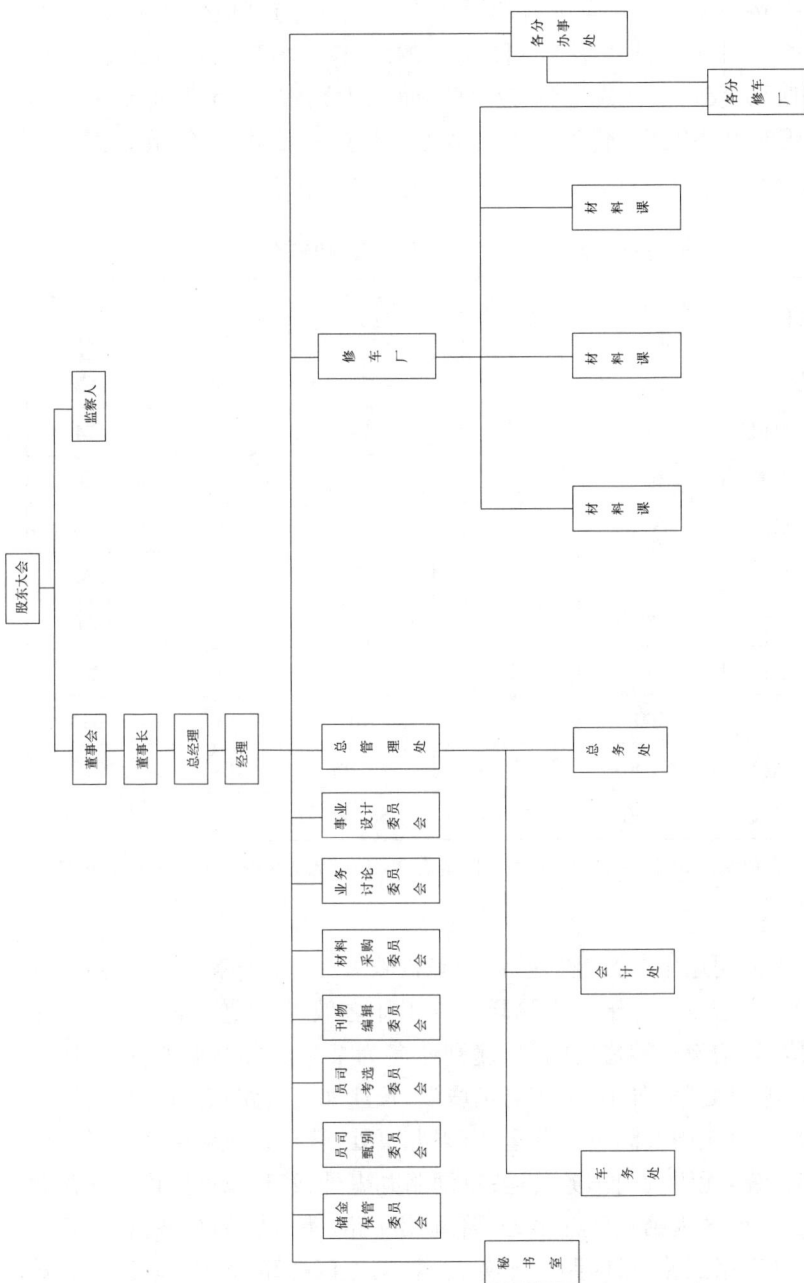

图3—3　江南汽车公司组织架构图（1936年）

资料来源:《江南汽车公司股东名册》，1936年，江南汽车公司档案，档号1040—1—1393。

海商农协和汽车公司为3.85人、锡沪长途汽车公司为5.10人、辽宁通记汽车公司为4.14人。① 即每车配备的服务人数,江南与其他公司相较为少,亦可说明该公司注重成本核算,且员工的工作效率颇高。再由表3—5见,该公司职员仅占员工总数的27.5%,而工人则占72.5%,也从一个侧面说明其机构并不冗赘,管理人员为少,以从事劳动服务、创造直接效益的人居多。

表3—5　各汽车公司职工配备表(1932年)

公司名称		南京江南汽车公司	辽宁通记汽车公司	辽海协和汽车公司	辽宁利通汽车公司	合计(人)
职员		55	8	20	4	87
工人	司机	48	7	14	5	74
	机匠	68	—	—	—	68
	搬运	—	5	5	—	10
	助手	—	9	7	28	44
	工役	29	—	—	2	31
	小计	145	21	26	35	227
合计		200	29	46	39	314
百分比(%)	职员	27.50	27.59	43.48	10.26	27.71
	工人	72.50	72.41	56.52	89.74	72.29

资料来源:中国公路交通史编审委员会:《中国公路运输史》第一册,人民交通出版社1990年版,第153页。

　　并且,该公司运用"分区管理"以明确权限。如"鉴于路线即多,员司庞杂,管理即难周密或不免于发生隔膜影响工作之效果。爰将车务系统之下按之路线情形,增设承转之机构,长途则命名为某某路段办事处,市区则命名为第某区办事处"。如1937年当年增设:长途如京杭路京南段办事处,管理京杭路自南京至南渡间车务营运;宜兴办事处,管理京杭路南渡至长兴间及宜锡路宜兴至无锡段内车务营运;京湖路办事处,管理京湖路南京至湖熟间车务营运。市区为第一区办事处,管理第一路、第二路的车务营运;第二区办事处,管理第三路、第四路的车务营运;第三区办事处,管理第五路、第

---

① 参见中国公路交通史编审委员会:《中国公路运输史》第一册,人民交通出版社1990年版,第153页。

六路及陵园、西郊的车务营运。同时,增设办事处设主任 1 人,办事员若干人,机务、业务稽查各 1 人。即凡所管理路段内的经常事务由办事处处理或承转,"既隘工作乃能专注,并可以其余力于各种车辆人员之调查统计",如某车的应用效果、优劣特征、停顿次数、燃料检费,员司的工作勤惰、家庭调查、经济状况、个性优劣、行为检束与放浪及"本路段业务盛衰之原因挽救与适应方法等。管理既能稔熟处置,自较得宜而无疏忽与不切要之弊"。该办法推行后,"虽为时未久而效果已见"。①

同时,增设员司领班,以起承上启下之效。即该公司售票员、机司原均直属于车务处,由总调派及调派股指挥其工作,长途则由各站长调派及就近管理,"日夕接近尚鲜有限,应付管理尚无困难。迨后一再增充,自难周普奖惩升黜,只能于工作统计上以觇之,事实上固不能详稔而熟悉也。自分区组线计划既定,鉴于员司与主管人员间实应中间增设相当之职务机构,庶几入手之使臂膀致使指,乃能收迅捷之事功"。由此,设售票员领班、机司领班等职务分置于各办事处下、秉承主任之命,以就近管理与接洽售票员与机司。此项领班人选就原售票员、机司中擢充设置后,关于公司规章的主旨办法的设施,悉由领班向所属员司详解宣达,而各员司的能力优劣特长、日常行动等,亦可由领班随时调查转报上达,"不致壅阻隔膜而启误会"。此法亦于 1937 年实施,亦获"相当之实效"。② 易于看出,抗战前江南公司"缅负艰巨,兢业未遑,私期事业倘能于稳定之余薄获盈益,亦惟以于事业前途力谋发展"③。

第二节　员工管理和设施建设

毋庸赘言,劳动力是社会生产力的主要因素,因此"企业雇主常以达到最大利润为决策准绳,来决定到底应该雇用多少工人"④。具如 1931 年 5 月 5 日,江南汽车公司登报宣告成立,不举行任何仪式,南京站同日通车,行车 6 辆,职工 108 人。其中职员 32 人,工人 76 人,另有临时工 82 人。职工

---

① 参见《合同章程及第七年度报告》,1935—1938 年,江南汽车公司档案,档号 1040-1-1548。
② 参见《合同章程及第七年度报告》,1935—1938 年,江南汽车公司档案,档号 1040-1-1548。
③ 《江南汽车公司概况报告》,1949 年 5 月,江南汽车公司档案,档号 1040-1-726。
④ [英]梅纳德·凯恩斯:《就业、利息和货币通论》,李欣全译,北京联合出版公司 2015 年版,第 41 页。

按工种分司机、机匠、车匠、电匠、铜匠、铁匠、漆匠、缝匠、补胎工、场夫、公役、站役、艺徒、路警等。① 随着业务发展,1933 年又增设场务员、站员、查票员、行车员、服务员、签票员、售票员、加油匠、电焊匠、翻砂匠;雇用 508 人,其中职员 105 人,机司 102 人,机匠 62 人,市区售票员 72 人,各站工役 36人,警卫 4 人。② 翌年再增为 650 人;1936 年 6 月达 1142 人,"其中司机和售票员一共有三四百人"。③ 再从复员后(1946 年)员工数达 1614 人"几已追及战前最高员工总数"④来看,抗战前该公司职工数已超 1600 余人,规模至巨;而其对于设备添设和场地扩张等建设,亦不遗余力。

一、人员权责和薪资

可以说,"甚至像汽车业那样具有形成规模经济的巨大可能性的产业,开始时也是劳动力密集"。⑤ 因江南汽车公司员工众多、劳动力密集,加强人员管理成为必要之策。如公司的《组织规程》第四十条规定:各职员、工役应按照规定时间工作,每日为 8 小时。具体时间:自 4—9 月,上午 7 时起至 12 时止,下午 1 时半起至 5 时止;自 10 月—次年 3 月,上午 7 时半起至12 时止,下午 1 时半起至 5 时止。⑥ 此外,外勤员司及工匠均为日薪、双班,无休息规定。⑦

（一）内外勤人员的管理

1. 外勤员司

具如江南汽车公司《市区各站组织规程》中,对南京市区各站长及站员的职责作出具体要求。其中第二条规定:按各站行车状况的繁简分为一、二、三等站,各站等级另定,以后并得视业务增减随时变更。第三条,各站工作人员分配:一等站早晚班各设站长 1 人、站员 3 人、站役 1 人;二等站早晚班各设站长 1 人、站员 1 人、站役 1 人;三等站早晚班各设站长 1 人、站役 1

① 参见南京市地方志编纂委员会:《南京公用事业志》,海天出版社 1994 年版,第 56 页。
② 参见建设委员会经济调查所统计课:《中国经济志·南京市》,正则印书馆 1934 年版,第85 页。
③ 参见南京市政府秘书处统计室:《南京市政府行政统计报告(民国二十四年度)》,南京胡开明印刷所 1937 年版,第 303 页;明秋:《流通京市血脉的江南公司参观记:全部人事管理均用科学方法》,《中央日报》1936 年 5 月 15 日,第 4 版。
④ 《江南汽车股份有限公司第十六年度业务报告》,1948 年,江南汽车公司档案,档号1040-1-735。
⑤ 〔美〕迈克尔·波特:《竞争战略》,陈小悦译,华夏出版社 2004 年版,第 156 页。
⑥ 参见《公司组织规程》,1935—1936 年,江南汽车公司档案,档号 1040-1-1062。
⑦ 参见《各种章则办法程序》,1947 年,江南汽车公司档案,档号 1040-1-1147。

人。第四条，各站人员职务分配如(1)站长：承市区办事处主任副主任之命及接受总调派、总稽查以及各课课长指导，办理下列事项：(对内)负责该站车辆及驾驶员、售票员调派；有关行车及业务表报核转；督查站役对车站内外及车辆整洁；站内工作人员管理。(对外)负责处理意外事件纠纷；应答乘客讯问；洽派车辆；就近与各有关机关交涉及联络事项。(2)站员：承站长指派分理行车签票、维持乘客上下车秩序、填写表报及其他指派事项。第五条，各站工作人员按实际需要逐日分早晚两班轮值，早班站长及所属工作人员非俟晚班人员到达接替后不得先行离站，其早晚班交接时间，并应签注明白以备查核。第七条，行车较简的二、三等站站长，应分负或兼负站员工作。①

另外，该公司《站务人员须知》中对外勤人员要求达60条之多，其中主要条款为：(1)售票员在领取客票时，须点张计数审查号码；售票时朗读票面站，避免差误；每日末班填制日报，次晨解款；(2)验票员要注意客票日期印戳、号码及起讫站名，验看无误后方可轧孔(剪票)；要妥善安排旅客座位和置放行李；对无票旅客要婉言劝补；(3)收票员要注意各票站名、日期号码；下车时，扶助老幼残病旅客；(4)行李员要点收大小行李件数，过磅权衡轻重，逾重行李照章纳费，贴票妥当后置放；车辆到站，按司机授受清单点清后，方可搬入站内；旅客领取行李时，按行李提单验证贴票无误后，才可付给；(5)授受物件时，须将班车应带的物件填就授受清单，由司机点收签字存证。②

再因"近来各车厂临时出售汽机油颇多，惟对于出售汽机油及缴款手续，向无适当规定，致难查核统计"，1936年2月27日江南公司发布(第390号)通告《零售汽机油办法》，规定站长与场务员对车用油料的管理事项：一、各车场零售汽油机油之油票应由该站站长出具，交由场务员照数加给油款，由站场收取连同丁种缴款凭单汇交材料课查核，转送会计处点收入账。二、各场每日所填油款日报，应由各该站站长会同盖印，"以昭慎审"。三、每月终，应由各该站站长会同场务员须将油池实存数量，核对与收获账目是否相符，如发现余多时，依次填入月终日报，并另行证明，"自即日起，务仰各场站切实遵办为要"。是年12月30日，再规定市区各站签票员，应承担消防器具管理的责任。③

---

① 参见《公司组织规程》，1935—1936年，江南汽车公司档案，档号1040-1-1062。

② 参见中国公路交通史编审委员会：《中国公路运输史》第一册，人民交通出版社1990年版，第175页。

③ 参见《总公司各种杂项文件》，1935—1936年，江南汽车公司档案，档号1040-1-1259。

此外,由于售票员每天售票最高额不超 50 元,公司规定售票员及工人进入公司要有"铺保",缴保证金 50 元。① 具如 1935 年 4 月,市民陈鑫荪考入该公司任售票员职务,遵章一次缴纳保证金(法币)洋 50 元整。② 至民国二十三年度,该公司收取售票员保证金为 8250 元(见表 3—6)。

表 3—6　江南公司市区公共汽车营业往来表(1934 年 7 月至 1935 年 6 月)

单位:铜元

应收款项		应付款项		预付款项	
摘要	金额	摘要	金额	摘要	金额
划存静记	35000.00	售票员保证金	8250.00	特别养路费	25150.00
划存总户	33511.98	美孚油行	4785.06	时新旭号	400.00
少缴票款	0.09	老润昌油行	19122.28	地基契税费	3874.00
售票员周转费	640.00	京市工务局	1317.88	公司新地基	17100.00
暂记	167.56	未付薪金	6609.46	南洋建筑公司	20000.00
周蒋借款	10000.00	德士古油行	1385.64		
南京电话局	80.00	捷成洋行	72577.67		
本年度末收款	1783.65	时新旭号保证金	200.00		
未收票款	5937.15	赖安仁洋行	5628.79		
上海银行	20.00	各项应付未付账	3199.15		
夫子庙站押租	350.00	未付纯利	39220.20		
首都电厂	16.00				
共计	87506.43		162216.13		66524.00

资料来源:《江南汽车公司营业月报》,1933—1937 年,江南汽车公司档案,档号 1001-3-85。

2. 内勤职员

譬如该公司的《组织规程》第三条规定:本公司各职员对于承办或预闻业务,未经宣布者,应守秘密。第八条,职员所处理事务有意见时,陈明主管人员,听候采用。③ 即"为增进工作效率,应付事务迅捷起见",公司每日于总管理处、修车厂轮派职员值日;并于 1936 年 6 月施行《职员值日暂行办法》,其中第三条规定:总管理处、修车厂每日除设总值日员 1 人外,并另设值日员 1 人。第五条,规定总值日员负责事项:(1)服务区域内防制宵小窃

---

① 参见《江南汽车股份有限公司第十六年度业务报告》,1948 年,江南汽车公司档案,档号 1040-1-735。
② 参见《战前售票员保证金》,1947 年 4 月,江南汽车公司档案,档号 1040-1-532。
③ 参见《公司组织规程》,1935—1936 年,江南汽车公司档案,档号 1040-1-1062。

盗;(2)服务区域内防火患;(3)服务区域内设备改善布置;(4)处理办公时间外,临时发生事件,唯重要而不能取决者,应向总经理或经理核示办理;(5)服务区域内维持秩序及纠正职工行动;(6)服务区域内整洁卫生督率夫役扫除等;(7)宾客接见访晤及电话洽谈等;(8)公用物品保管;(9)办公时间外一切事项。第六条,值日员秉承总值日员指挥,办理前条所列工作。第七条,总值日员于公司内,除办公时间应照常工作外,其余时间应留驻公司(夜间亦应寓宿公司)主持处理值日事务。第八条,值日员值日时间,为上午8时至夜间10时止,唯次日得照规定办公时间迟到1小时。第十二条,总值日员于接值后,应巡阅一次,检视本日应办理事务,并应将值日期内经办事务记录于值日记录簿内。①

至1936年7月1日,公司再施行《职员请假例假规则》,主要条款如:(1)凡职员除规定元旦日、劳动节、国庆日及每月3日例假外,全年不论事病,概给假24天。请假一天即扣薪一日,于每年度终了结算一次,不及24天者发还全部扣薪;超出24天者,发还20天扣薪,半途离去者于离职时依照服务月数推算发还。(2)职员父母的丧事暨本人婚娶不论路程远近,丧假概给10天,婚假概给7天。(3)职员每月例假经排定后,不得私自更动或擅请保留。(4)每日分三班轮流服务的职员,概不给例假。(5)请假时须将事由假期及代理人姓名分别填具请假单,送由主管人员察核,转陈总经理或经理核准。(6)职员因病请假须取具所在地注册医生之药方或诊断书,以资证明。(7)请假未经核准先行离职或假期已满仍未销假者,均以旷职论。旷职未满7日者,除按日扣薪外并加以警告,7日以上者即行停职。(8)职员因公受伤或确系积劳致疾者,由总经理斟酌情形给予特假,不扣薪金。(9)全年不请假或请假(包括婚丧假)不超过规定日期者,得由总经理考绩时酌量加工薪或予以相当奖励。另规定:各部分工级、夫役一律每年给予假期21天,凡请假不超过此限制者,均不扣工资,唯不给例假,其扣薪办法与职员同。唯只设站夫一人的各站,请假时必须招人替代,"不扣薪金,以示体恤"。②

而因"办公室为各职员集合工作之处,秩序形式精神观瞻,并感重要",该公司于1936年1月2日制定《办公室遵守事项》。具体内容为:(1)关于礼貌:在座工作者,应一律脱帽,总管理处职员冠帽、雨具不得携入;上级人员至座位前,接洽公务时应即起立;互相接洽公务,必须具备礼貌,言语必须

---

① 参见《总公司各种杂项文件》,1935—1936年,江南汽车公司档案,档号1040-1-1259。
② 参见《总公司各种杂项文件》,1935—1936年,江南汽车公司档案,档号1040-1-1259。

和蔼详尽,不得高声妨碍他人心神,每日清晨相见时,应互相表示礼貌。(2)关于秩序:非因公务不得离座闲步及与同事谈笑,因公离座者并须向主管课长处长申述事由,因事离座须在座位上书明地点,离座在15分钟以上者,应报明主管人员;1小时以上者,应向主管课长处长请假,经核准后方得离开;绝对禁止吸烟;不得在办公室内进食早点零物;除因工作必需外,办公时间内不得阅览无关之书报及小说杂志;每日散值时,办公桌上器物应各整理清洁,逢星期六、日,"更应整饬清楚"。①

且由于各处课员的日常工作,"均应有所稽考,方足以勤惰而观成绩"。经公司事业设计委员会议决,各职员应将逐日工作登记表内汇送主管人员考核,并于1936年1月1日施行《员工填送工作旬报办法》,以将日常工作登记:(1)填写"工作情形"一栏时,应注意下列事项:每日几种工作性质各异者应分数项目述明;说明文字必须简练明畅,应注意实际数字;不得越出格外。(2)填写时间必须真实详细,不得敷衍主管人员,对于填列事项认为有怀疑时得彻查。(3)填写旬报的字迹应端正清晰,应一律用蓝色钢笔或黑笔,不得用铅笔缮写。(4)各职员应于每日下午5时30分散值前,将该报填就及送由主管股长证明及送由主管处课检阅,次日下午发交各职员;各股长的工作报表,应送由分别各处课长证明。(5)每旬届,谨送呈经理总经理检阅。② 再因公司总管理处及修车场各处课股与长途各站,对于主管人员有所报告或陈请事项所用纸张"向未规定格式,以致长短阔狭殊不一致,而于归档方面尤感不便。兹为增进工作效率,力求整齐迅速起见",1935年11月18日还颁行《签陈、报告印纸使用办法》规定:"签陈、报告"纸分甲乙两种,甲种为主,乙种为辅。凡陈述事件,其文字用甲种纸一张可尽,应用甲种纸;倘事务繁复,甲种纸一张不敷用时,得用乙种纸接缮,乙种纸不能单独缮用等。③ 由是看来,江南汽车公司对于员工的工作及其细节采取制度化的管理方式,科学管理可见一斑。

(二) 员工生活的管理

江南汽车公司对与工作联系紧密的员工生活方面也较为关注,并订立相关制度。具如"膳食之良否,直接关系于身体之健康,间接影响于生活之安定",自1936年元旦起该公司施行《膳食规则》,其中第二条规定:除特约承包膳食之厨房办理供应各员工徒役膳食外,并另指派职员若干人组设膳

① 参见《总公司各种杂项文件》,1935—1936年,江南汽车公司档案,档号1040-1-1259。
② 参见《总公司各种杂项文件》,1935—1936年,江南汽车公司档案,档号1040-1-1259。
③ 参见《总公司各种杂项文件》,1935—1936年,江南汽车公司档案,档号1040-1-1259。

食委员会,监督管理关于膳食一切事宜。第三条,膳食分粥、饭、菜三种,粥每餐 3 分,粥菜每碟 2 分,饭每餐 6 分。饭菜分荤菜、素菜二种,荤菜每大碗 7 分,小碗 4 分;素菜每大碗 4 分,小碗 2 分,汤每碗 5 分。第四条,粥饭菜票须先向膳食管理委员会管理员购买,员工徒役就餐时,厨房凭券开给饭菜。第五条,厨房每日应报明管理员,将当日所备菜名及价格写明黑板上悬挂膳堂。第六条,开饭时间早餐上午 7—8 时,午餐上午 11 时至下午 3 时,晚餐下午 6—12 时。第七条,进膳时不得高声谈笑。倘遇饭菜不合卫生及恶劣时,应报告管理员及直接向厨房交涉。经查明属实,向厨房另换,不得叫嚣、敲掷损毁器皿。否则除损毁物品应照价赔偿外,应由管理员报请予以处分。第八条,膳堂应保持清洁,不得将骨屑渣滓随地吐弃倾泼。①

　　且对于员工宿舍作出管理规定。如当时该公司建筑的中央路新厂,"惟多便利各员司住宿起见,特建有宿舍两幢。凡本公司外勤员司及机匠等如愿租住此,自即日亲至白下路事务股先行登记,以便规定",1935 年 9 月 12 日公司印发《宿舍规则》,其中第五条规定:房间及床位规定后,不可自由迁移。第六条,员司应用被褥蚊帐携入宿舍时,应先经管理员检视,凡过于破旧污秽影响卫生及观瞻者,得拒绝携入。第七条,被褥等每日起床后,须折叠整齐,方可离舍。第八条,桌椅用具并须随时置放指定地点。本公司每一床位发给床毯一条,每日整理清洁后,应即盖罩床上,需洗涤时应遵照管理人员指派。同时,第九条规定:宿舍内禁止赌博、饮酒、吸烟及其他不规则举动,并应绝对服从管理员管理。第十一条,宿舍内不得有烹调食物、涕吐抛掷屑物及倾泼茶水等不当行为。第十二条,公司设备用具门窗玻璃等务须加意保护,如有损坏必须衡情照价赔偿。第十四条,破坏秩序卫生不遵守宿舍规则者,管理员应即据实报告总经理衡情惩处,凡重大及惩戒不悛者,可取消住宿权。宿舍内不可洗脸泡脚及携水在住室内洗涤衣物,走廊甬道不得晾晒衣件。第十五条,熄灯后不得燃点灯烛,以防火烛意外。第十六条,就寝时间不得互相谈笑或玩弄音乐、重步行走,防扰他人睡眠,工作时间不得混入寝室。第十七条,住宿员工不可私留亲戚友朋在宿舍住宿,并不得在宿舍内会客。第十八条,本公司员工已经停职后应即日迁出宿舍,不得延迟逗留。第十九条,住宿员工有意违反规则,公司除取消住宿权外,并须照章惩罚等。②

① 参见《总公司各种杂项文件》,1935—1936 年,江南汽车公司档案,档号 1040-1-1259。
② 参见《总公司各种杂项文件》,1935—1936 年,江南汽车公司档案,档号 1040-1-1259。

图 3—4　江南汽车公司第一宿舍（抗战前建筑复员后重修）

图片来源:江南汽车股份有限公司:《十年业务报告:二十六年度——三十五年度》,1947 年 8 月印
　　　行,附页。

（三）员工薪资和津贴

　　不难发现,在公交企业运营成本的构成中,燃油和人员工资占其主要部分。[1] 但抗战前江南汽车公司经营 6 年间,并未发生罢工潮,实因"职工及待遇,公司战前本有良好之规定"[2]。如其开支方面,汽车本身的消耗及材料、汽油及轮胎占 70%,员工薪津占 30%,"欲谋事业之生存,又不得不安定员工之生活"。[3] 即公司的职员薪金按月计,司机、工匠、艺徒薪金按日计（每月分两次发给,本月 25 日发本月的上半月日薪,下月 10 日发上月的下半月日薪）。[4] 彼时江南一带,一般工人每月有 30 元收入即可维持一家四五口人的温饱生活（时大米每石 150 斤价 7.50 元）。江南公司的工资体系大致分四类:高级职员月工资 100—300 元;中级职员月工资 65—85 元;一

---

[1]　参见王静霞等:《城市智能公共交通管理系统》,中国建筑工业出版社 2008 年版,第
　　175 页。

[2]　《江南汽车股份有限公司第十六年度（三十六年）业务报告》,1948 年,江南汽车公司档案,
　　档号 1040-1-735。

[3]　参见《各种章则办法程序》,1947 年,江南汽车公司档案,档号 1040-1-1147。

[4]　参见《公司组织规程》,1935—1936 年,江南汽车公司档案,档号 1040-1-1062。

般员工月工资 26—55 元；司机、机匠等技术工人日工资 1.2—2.6 元。① 此中，收入较低的司机如无休的话，每月工资约在 36—84 元间，养活一家人不成问题。且考取江南汽车公司的售票员，待遇较南京其他商界优厚。如售票员的票贴，名义上是补贴售票时乘客少付或自己发生差错损失，实际上是对售票员规矩工作、不揩油舞弊的奖金。这笔票贴，每天在缴票款时自动扣下。即售票员日薪为 1 元 2 角，再按所售票款每 1 元贴铜元 10 枚。如工作超过 8 小时，每小时加薪 1 角 5 分。因此只要勤勉工作，每月收入可得 50—70 元，亦能解决一家人的生计。此外，公司对全体职工还有年终双月薪。②

再从前表 1—6 可见，1936 年当局对登记的机器工厂调查中，江南汽车公司修造总厂资本额已达 500 万元，除官办首都电厂资本为 1000 余万元外，与官办南京自来水厂并列第二，并在商办中位列第一。且江南修造厂职工数为 225 人，列于第四；职工最高工资为 90 元，仅次于大同面粉厂、大兴机器厂排在第三位，最低工资 30 元位列第一，也可见该公司待遇优厚。除较高工薪外，为调动职工积极性，公司还实行利润分成。如《公司章程》规定："公司纯利分配中，其中职工奖励金占百分之十"。③ 即以 1931 年收益为例，该公司职工按均分配每人可得年利 38.16 元。至于高级职员（董事、监察和各部门负责人），除有优厚的薪金外，还有比普通职工高七八倍的年利分成。④ 并且，在分成办法上还有所区分，如甲乙同 60 元工薪，但甲比乙早进公司一年，则甲所得就比乙多 20%，即乙 60 元甲 72 元。⑤ 服务年限越长则受益越深，年资高的职工感激资方优待，更加恪尽职守。

同时，该公司还设有名目繁多的奖金和津贴。如"为安定各机司生活及奖励驾车里程起见"，司机有行车里程超产奖金，在《奖励机司办法》中加以规定：（1）每月驾车 1000—3000 公里以内者，每百公里给奖 3 角，未满百公里，按里程比例计算；（2）3000—4000 公里者，每百公里递加奖金 5 分；（3）4000 公里以上者，每百公里再递加奖金 5 分；（4）驾车里程总数一律于

---

① 参见中国公路交通史编审委员会：《中国公路运输史》第一册，人民交通出版社 1990 年版，第 154 页。

② 参见徐泰来：《江南汽车公司内幕》，载《江苏文史资料选辑》第 20 辑，江苏古籍出版社 1987 年版，第 276、266 页。

③ 《公司组织规程》，1935—1936 年，江南汽车公司档案，档号 1040-1-1062。

④ 参见中国公路交通史编审委员会：《中国公路运输史》第一册，人民交通出版社 1990 年版，第 154 页。

⑤ 参见徐泰来：《江南汽车公司内幕》，载《江苏文史资料选辑》第 20 辑，江苏古籍出版社 1987 年版，第 260 页。

每月月半、月终各结算一次,并发津贴。① 同时,实行驾驶员互助储金,驾驶员每人每月按工薪比例1%储存互助金,公司补贴1%,一并作为驾驶员发生交通事故时的赔偿与养家费用。② 再如"为倡导员工生活节俭暨防御将来计",1934年11月公司创办按服务年限计的储金。每月薪给项下提出10%,储存公司代为生利,定期10年、年息7厘。公司按各职工所储数补贴1/4;服务5年以上者补贴2/4;10年以上补贴3/4;15年以上照储金补贴全数,"储期届满则本利及贴补悉数发给"。不及10年离职者,贴补金按年数计给。③

　　概言之,抗战前江南汽车公司"绝大多数员工年年都能加薪"且"待遇较普通商号为丰"④。这种新型劳资关系,对其发展起到推动作用。员工既珍惜工作又心存感激,并以进公司为荣,从而使其社会声望提升、规模日渐扩张。

二、设备建设与增添

(一) 车辆增设

　　1931年初创,江南汽车公司于上海购买10辆美国产"道奇"车底盘,此中2.5吨底盘8辆,3吨底盘2辆,并借上海沪泰长途汽车公司大厂站的余屋,安排技术人员打造车身。4月底,将完成的6辆车身运抵南京,人员陆续到达。开业时,仅行汽车6辆。后因业务顺利,积极添购车辆,至当年年底已有新客车(道奇)30辆。⑤ 与此同时,公司还承办全运会的交通业务。如中央运动场建成于1931年,"位于中山门外,总理陵墓迤东,灵谷寺南",全场面积约1000亩,各项工程均以钢骨水泥建造,建筑费达80余万元,总计可容观众6万余人。⑥ 同年,国民政府在南京召开第一届全国运动大会,原定在中央体育场举行,"交通责任属江南(公司)设计,筹备进中,突因九一八事变因而停开"。⑦

---

① 参见《总公司各种杂项文件》,1935—1936年,江南汽车公司档案,档号1040-1-1259。
② 参见南京市地方志编纂委员会:《南京公用事业志》,海天出版社1994年版,第42页。
③ 参见《合同章程及第七年度报告》,1935—1938年,江南汽车公司档案,档号1040-1-1548。
④ 《江南汽车股份有限公司第十六年度(三十六年)业务报告》,1948年,江南汽车公司档案,档号1040-1-735。
⑤ 参见徐泰来:《回忆南京江南汽车公司》,《钟山风雨》2001年第1期。
⑥ 参见南京市政府秘书处:《十年来之南京》,1937年6月编印,第86页。
⑦ 参见《合同章程及第七年度报告》,1935—1938年,江南汽车公司档案,档号1040-1-1548。

随之,第二届全国运动会 1933 年 10 月再于南京举行,会场设中央体育场,距离市中心 10 余公里。运动员的接送,观众的集散,须有大批车辆作为交通工具。市工务局遂要求兴华汽车公司承担此任,兴华则表示只能维持正常的市内公交,再承担运动会的用车无能为力,该局只好要求江南汽车公司承担。但江南起初认为单边营业太不合算,会期太短需车太多,影响成本,就留难不允,经一再磋商才答允下来。① 从而,大会交通由江南汽车公司负责,经理吴琢之被聘为大会交通股副股长。他到上海购置"利和"新车底盘 30 辆、英法制造的旧车底盘 50 辆,80 辆车底盘到宁后日夜赶造车身,大会开幕时正好完成,遂作运动会专车。

至 1934 年,江南汽车公司有汽车 74 辆,每车客位能容 25—35 人。每车吨数有半吨、两吨;马力 55 匹者 36 辆,50 匹者 30 辆,45 匹者 2 辆,40 匹者 6 辆;每小时最高速率可行驶 80 公里,车辆总值 27 万元。② 翌年 6 月,其在市区上路开行的公共汽车达 50 辆(不含长途,见表 3—7)。且斯时"修车厂车辆充列,材料堆积,亟须注意损耗。尤应严防意外,故厂内各门启闭务宜谨慎,以免不利",该公司 1935 年 12 月 19 日出台《修车厂各门启闭时间通告》,其中规定:修车厂正门:早晨 6 时起至晚间 6 时止开至小门,以便职工进出,6 时后至翌晨 6 时前锁闭。宿舍大门:早晨自工厂上工时开启,至晚间落工时锁闭;中午落工时,总办公室北面之腰门开启时,即应将宿舍大门锁闭,俟上工时腰门锁闭,宿舍大门开启。总办公室腰门:工厂上工后 5 分钟锁闭,俟落工前 5 分钟开启;夜间宿舍大门锁闭,即将此门开启。同时为加强车辆管理,还规定车辆进出时间:(1)车辆进口大门:早晨 6 时至晚间 6 时止,车辆由此门驶进,随启随闭;晚间 6 时至翌晨 6 时锁闭,车辆暂由进口大门驶进。(2)车辆出口大门:清晨自车辆开始出厂时起开启,以便大宗车辆出厂及少数车辆进厂,至早晨 6 时止关闭;早晨 6 时后至晚间 6 时前,车辆由此门驶出,随启随闭;晚间 6 时至夜间 1 时开启,以便大宗车辆暂由此门开进及少数车辆由此门开出;夜间 1 时以后,至大宗车辆未出厂前锁闭,如有车辆进出,随启随锁。是年 9 月 8 日,还公布《修车厂暂行修车办法》,通告句容、溧阳、宜兴、长兴、湖熟各车场、无锡修车分厂,规定代修外来车辆办法,"以示统一"。③

---

① 参见江苏省交通史志编纂委员会:《江苏公路交通史》第一册,人民交通出版社 1989 年版,第 284 页。

② 参见建设委员会经济调查所统计课:《中国经济志·南京市》,正则印书馆 1934 年版,第 85 页。

③ 参见《总公司各种杂项文件》,1935—1936 年,江南汽车公司档案,档号 1040-1-1259。

表3—7　江南汽车公司市区公共汽车目录表(1934年7月至1935年6月)

车号	厂牌	时值(元)	车号	厂牌	时值(元)
85	利和(reo)	2106.32	120	奔驰(benz)	5833.04
86	同	2095.08	121	同	5819.89
87	同	2147.01	122	同	5960.59
88	同	2419.16	123	同	6048.46
89	同	2093.39	124	同	6041.65
90	同	2214.65	125	同	6078.53
91	同	2157.66	126	同	6137.54
92	同	2118.91	127	同	6126.83
93	同	2217.98	128	同	6073.04
94	同	2121.92	129	同	6017.79
105	同	2240.40	130	同	6055.27
106	同	2266.80	131	同	6085.88
107	同	2254.14	132	同	6089.10
108	同	2230.01	133	同	6089.53
109	同	2253.04	134	同	6018.31
110	同	2292.82	135	雪佛兰(chevrolet)	2409.74
111	同	2276.73	136	同	2406.30
112	同	2331.83	137	同	2434.61
113	同	2282.55	138	同	2403.56
114	同	2264.27	139	同	2386.03
115	奔驰(benz)	5818.45	140	同	2381.46
116	同	5861.58	141	同	2384.30
117	同	5854.90	142	同	2378.43
118	同	6039.63	143	同	2382.61
119	同	5812.88	144	同	2378.56
			共计	50辆	188200.06

资料来源:《江南汽车公司营业月报》,1934—1935年,南京特别市政府工务局档案,档号1001-3-85。

　　此外,斯时柴油车的底盘与燃料,"仍来自外洋。惟行车费较省,故在汽油全部仰给于外国之日,政府认为大有考量采用之必要。现浙、粤、陕西、南京各地用者颇多"①。如 1931 年 5 月至 1935 年 7 月间,江南汽车公司先后从国外购进 8 种厂牌货车 220 辆,改装成客车(见图 3—5)。其中以试用、代销方式的优惠价,从德国购奔驰牌柴油车 90 辆。② 1936 年年初,公司各线日常行驶客车为 172 辆,其中驶于京杭路 34 辆、宜锡路 22 辆、京湖路 6辆,市区(含郊区)公共汽车 110 辆。③

图 3—5　江南汽车公司修造厂改装前后的柴油车

图片来源:江苏省交通史志编纂委员会:《江苏公路交通史》第一册,人民交通出版社 1989 年版,第353 页。

至 1937 年年初,该公司再计划购(奔驰)柴油车 150 辆,"惟以车底盘须自德来华,虽订妥后中间费时较多,若待底盘运到再建车身,又须迟待多日方获应用。因就各车尺寸先事构建车身一批,俾底盘运到可以立时装配而应急需"。是年秋,全国运动会又将于中央体育场举行,筹备当局仍以会场的交通全责付于江南公司,"叠次大会筹备会议均有本公司负责人员参与讨论交通之布置办法,贡献颇多采纳。嗣以时期渐进,亟待预事绸缪,故增购客车、充实员司,均全运会有以促成之也。筹备大致粗具规模,而前车重蹈,仍因倭寇之侵扰而中止"。即沪战爆发,全运会停止举行,公司将所订购车辆退还一部分,实际添购柴油车 68 辆。④ 简言之,抗战前江南公司"行驶车辆,共达三百余辆"⑤,其中汽油车 210 多辆、柴油车 90 辆⑥,分别由道奇、阿尔宾、奔驰、雪佛兰、司蒂别克、福特、利和等牌号汽车改装。

---

① 金家凤:《中国交通之发展及其趋向》,正中书局 1937 年版,第 154 页。

② 参见南京市地方志编纂委员会:《南京公用事业志》,海天出版社 1994 年版,第 28 页。

③ 参见江苏省南京市公路管理处史志编审委员会:《南京近代公路史》,江苏科学技术出版社 1990 年版,第 162 页。

④ 参见《合同章程及第七年度报告》,1935—1938 年,江南汽车公司档案,档号 1040－1－1548。

⑤ 江南汽车股份有限公司:《十年业务报告:二十六年度至三十五年度》,1947 年编印,第2 页。

⑥ 参见南京市地方志编纂委员会:《南京公用事业志》,海天出版社 1994 年版,第 28 页。

图 3—6　江南汽车公司公共汽车阵容（1933 年）

图片来源：《有关公共汽车新闻资料》，1936 年，江南汽车公司档案，档号 1040-1-53。

（二）站场建设

江南汽车公司初建，因"京市地价过昂，选购困难"，故南京总站租西华门逸仙桥首都电厂空余工场，建一排简易铁皮房为公司办公及站址（如图3—7）。由于场地围限，1932 年再租赁中正街的西成旅馆的客舍数间，设办公处。① 然这两块地方，"都非常简陋"。② 即"办法虽较经济，但管理效果上不免有不能周至之遗憾"，嗣再购西华门（旗产永佃权）约 3 亩余基地一方，后为"励志社"建筑励志公园圈购。③ 随着公司业务推进，原设西华门的逸仙桥站，偏于市东；白下路站又太狭窄，不能停车，由此长途总站须移至市中心区。因张静江在新街口附近拥有土地，就在淮海路口让售地皮一块，建四间门面楼房及后面停车场，作为南京总站新址。④ 西华门站仍旧，另在中华路白酒坊口设京湖路南京站，和淮海路总站联络，中华路至淮海路一段仍由公司义务接送。

至 1934 年春，该公司再购有大中桥"政治住宅区"内旗地一方（占 20

---

① 参见《合同章程及第七年度报告》，1935—1938 年，江南汽车公司档案，档号 1040-1-1548。

② 参见明秋：《流通京市血脉的江南公司参观记：全部人事管理均用科学方法》，《中央日报》1936 年 5 月 15 日，第 4 版。

③ 参见《合同章程及第七年度报告》，1935—1938 年，江南汽车公司档案，档号 1040-1-1548。

④ 参见徐泰来：《江南汽车公司内幕》，载《江苏文史资料选辑》第 20 辑，江苏古籍出版社1987 年版，第 242 页。

图 3—7 1931—1935 年江南汽车公司营业场所(逸仙桥堍)

图片来源:宋国强主编:《南京市公共交通总公司成立七十周年纪念画册(1931—2001)》,南京市公共交通总公司 2001 年 12 月编印,第 12 页。

亩左右)拟建办公处机车厂,但当局"以系划作住宅区者不准建筑工厂,未能实行。该处地点即由价格增长,故虽未应用而价格上已有余利"。随着购置公共汽车的日益增加,场地不敷使用,"事务更加繁复,决计觅地自建"。1935 年,购得中央路基地两方,当年冬建成修车厂及停车场及总管理处,共 1. 86 万平方米。[①] 所购地皮为两处,分在中央路的左右。左边面积较小建总管理处,右边建修造总厂。图中的总管理处(见图 3—8),是 4 层基础、建 3 层楼。地面一共三层,底层是会客室、礼堂(会议室)、收款室、换票室、审核室、事务室等。二层是总经理室、经理室等,"这一层是整整的一大间。只有总经理室和经理室两间,是四周用大玻璃隔开的。所以要用大玻璃隔开,目的在使总经理和经理虽然坐在自己的房间里,但眼睛仍旧可以照管到全部,职员们的勤职与否都在他们的监督之下"。二层的办公厅有白铜短栏围绕,而办公桌椅完全由木工自造,极为美观。第三层是俱乐部、图书室、职员宿舍等,且冬季有暖气设备。[②] 这种设计模式,是按照当时美国某汽车企业的标准,管理部门和工厂分离,由此阻断尘嚣且便于管理,如规模扩张还可开地道往来。

右边是修造总厂。南京此前的汽车公司均无维修厂,而江南汽车公司修造总厂"司车辆之修理、装造、保养事宜",并自行设计制造车身和行李拖车。[③] 即总厂建有车库及停车棚,车库可修车 80 辆,车棚可停放大型客车

---

① 参见《合同章程及第七年度报告》,1935—1938 年,江南汽车公司档案,档号 1040 - 1 -1548。

② 参见明秋:《流通京市血脉的江南公司参观记:全部人事管理均用科学方法》,《中央日报》1936 年 5 月 15 日,第 4 版。

③ 参见《江南汽车公司概况报告》,1949 年 5 月,江南汽车公司档案,档号 1040-1-726。

图3—8　江南汽车公司总管理处（1935—1937 年）

图片来源：中国军事交通学会：《交通月刊》第一卷第一期，京华印书馆1937年版，附页。

120辆。其中，大修车间设车床、钻床、缝纫机和充电机等，并设有校验油路、火星塞及磨汽门等机械；修理车间的工种有锻铁、补胎、电焊、铜作、翻砂等；制造车间，是为制造车身及停车所用。① 总厂还有木工场、铸工场、锻工场、冷作工场、补胎间、油胎库、材料库、工具库、机修车间（见图3—9）及一般内外勤员司机的宿舍。

图3—9　江南汽车公司修理厂机器间（1936 年）

图片来源：中国军事交通学会：《交通月刊》第一卷第一期，京华印书馆1937年版，附页。

---

① 参见南京市地方志编纂委员会：《南京公用事业志》，海天出版社1994年版，第45页。

　　继而,公司"陆续增购车辆,已觉狭隘而应用不敷,爰在附近陆续收购",如在附近的大树根路旁收买竹围地一方建屋,作为训练所址及储存废旧车辆材料用。而"计划将来之机厂规模实需要大量之基地,非另谋空旷宽广之处,终难免有捉襟见肘之象",1937年其在和平门外廉价购入空地数亩以备专作机厂,中央路的原厂则扩充为停车场及办公处等。"至于市区各路客车夜间返厂清晨出厂,虽管理可以周至,但车辆既多,每日进出厂空驶时,所耗费之燃料合计为数颇多,殊不经济",拟再在市区东西南北四隅,购进或长期租用相当基地作夜间停车场,"经上届股东大会议决通过在案,方积极接洽进行"。同时,决定在和平门外新购的基地上拟成立"职业训练所",经勘视规划就绪即将建筑校舍,并已向教育部及市社会局筹备立案办法。① 如抗战前该公司的车厂规模亦可由表3—8佐证。

表3—8　江南汽车公司修车厂登记表(1937年1月)

厂名及厂址	江南汽车公司修车厂、南京中央路		
厂长或经理姓名籍贯	厂长吴琢之、江南汽车公司总经理兼任	呈请登记人	吴琢之
主任技师姓名	厂长兼任		
公司商号资本金额	隶属江南汽车公司下		
厂内组织	厂长下属机械师、业务课、机务课、材料课		
公司登记执照号数	正在办理登记中		
开工年月	1935年10月		
制品	全系修理汽车并无制造品出售		
原动力	种类:电马达;产地:美国;座数:16位;马力:46匹;价值:3000元		

机械、重要工具及厂房					
种　类	座 (件)数	价值 (单价:元)	种类	座 (件)数	价值 (单价:元)
车床6号	2	700	顶车机	1	2440
车床3号	3	1600	磨地轴机	1	1260
铣床	1	2510	补胎机	1	550
刨床	1	700	汽缸机	1	1000
镨床	2	300	电焊机	2	350
锯床	1	1250	电镨	2	980
刨木床	1	800	校帮浦机	1	500
滤油机	1	1060	厂址(面积)	约20亩	60000
			厂屋(间数)	车库2座、楼屋 30间、平屋50间	100000元

资料来源:《修车厂登记》,1937年1月,江南汽车公司档案,档号1040-1-739。

---

①　参见《合同章程及第七年度报告》,1935—1938年,江南汽车公司档案,档号1040-1-1548。

简言之,时人参观江南汽车公司时感叹:"我们(在)这里面盘桓了四十分钟",车厂占地面积约 20 亩,有车库 2 座、楼屋 30 间、平屋 50 间。① 至此,该公司"迁入新地以后以应用之适宜,经常管理调度上乃获得便利之效果"②,而全市同业公司、交通机关等来公司参观后赞誉不止,其声名远播。

第三节　运营分析和财务信息

究其本质,江南汽车公司"设于首都城内",营业范围为"设厂修理与改造各种汽车并配制机件,承办汽车客货运输事业"。③ 即该公司是进行公共交通和车辆修理等业务的大型企业,对其运营态势和财务信息展开深入解析,则可以管窥近代中国公共交通企业发展的一般规律。

一、行车路线与票制

（一）市区路线和票制

1929 年 6 月举行孙中山灵柩奉安大典前后,南京大兴土木建设举世闻名的中山陵风景区,时称"总理陵园"。其位于明孝陵东、钟山之麓,"气象雄伟,规模宏大,全部工程,融会中国古代与西方建筑之精神,坚朴壮丽,别创新格,殊足表示一时代之艺术",陵园面积 45800 余亩。④ 与陵园配套的环陵路 1928 年 5 月勘定路线,10 个月竣工后,改为城内中山路起,延伸环绕紫金山南麓至下马坊,再向东至马群绕越山北,并自太平门至明孝陵甬道,共计 18 公里、路宽 4.2 米。路面平整,便于游览车辆行驶和陵园名胜的交通。⑤ 道路完善后,向旅客提供游览的公共交通刻不容缓。

至 1931 年 5 月 7 日,江南公司为便于各界拜谒中山陵,向中山陵园管理委员会和市工务局呈办陵园游览车,但当局以陵园为郊区由,不准在市区设站,公司撤销申请。翌年 4 月,游人日渐增多,对增开游览车的呼声愈高。陵园员工为上下班便利,也表示全力支持江南汽车公司开辟此线。陵园管委员会负责人马骧即以各地到南京的人士都希望瞻谒中山陵而交通不便为

---

① 参见明秋:《流通京市血脉的江南公司参观记:全部人事管理均用科学方法》,《中央日报》1936 年 5 月 15 日,第 4 版。
② 《合同章程及第七年度报告》,1935—1938 年,江南汽车公司档案,档号 1040-1-1548。
③ 《公司组织规程》,1935—1936 年,江南汽车公司档案,档号 1040-1-1062。
④ 参见南京市市政府秘书处:《新南京》,南京共和书局 1933 年版,第 6 页。
⑤ 参见江苏省南京市公路管理处史志编审委员会:《南京近代公路史》,江苏科学技术出版社 1990 年版,第 61 页。

由,要求其开办游览车。但公司坚持在市中心设站,工务局仍持原有立场。① 继而,江南公司陵园游览车由"陵园管理委员会常务委员林森函请本(工务)局准予行驶"②,林是国民政府主席出面交涉,迫于各方压力该局只得准请。1932 年 7 月,该公司正式"增设陵园游览车"(见图 3—10),路线起新街口、大行宫、西华门、中山门,而达四方城、中山墓,迄于灵谷寺③;在新街口及大行宫两地"设游览车站,利乘客上下,票价仍照逸仙桥起不加价",全线长 10.38 公里,票价每位乘客一律收费 1 角 2 分④。同时将游览车装饰一新,选择新车底盘,建造美观车身,座位一律朝前,夏天用湘竹遮帘,春秋用黄绸窗帘,栏杆扶手用镀铜和克罗米,座位用皮垫沙发。嗣每逢孙中山纪念日或节假日,游人格外拥挤,该线还需临时加车,用以载客。

图 3—10　抗战前在中山陵行驶的公共汽车

图片来源:江苏省交通史志编纂委员会:《江苏公路交通史》第一册,人民交通出版社 1989 年版,第 290 页。

---

① 参见江苏省交通史志编纂委员会:《江苏公路交通史》第一册,人民交通出版社 1989 年版,第 283 页;徐泰来:《回忆南京江南汽车公司》,《钟山风雨》2001 年第 1 期。
② 《江南汽车公司营业月报》,1933—1935 年,南京特别市政府工务局档案,档号 1001-3-85。
③ 参见建设委员会经济调查所统计课:《中国经济志·南京市》,正则印书馆 1934 年版,第 85—86 页。
④ 参见《江南汽车公司营业月报》,1933—1935 年,南京特别市政府工务局档案,档号 1001-3-85。

继而,江南汽车公司将触角伸至市区交通。前已述及,与兴华汽车公司合作失败后,1933年3月该公司向工务局呈办市区公共汽车,"倘使兴华不克维持之宣言而成事实,交通不可一日停废,因于中华路建筑之际,恳请钧局委托试办。如兴华公司赓续维持,则全市五线力或未逮,凡所放弃或未开辟者,不妨由公司承办行驶,助弥缺憾。此后如有添辟路线,公司仍愿承办经营"。并由此呈送《南京市公共客车计划》,拟将行驶路线初定为五路:第一路:夫子庙至京沪车站,经太平路、大行宫、新街口、鼓楼、三牌楼等处,共计21.8华里;分作5段,每段售洋5分,全路2角,以柴油车行驶,每10分钟一次;第二路:雨花台至和平门(先通至新街口),经中华门、三山街、府东街、内桥、珠宝廊、中正路,共计8.1华里;分作2段,每段售洋5分,全路1角,以汽油车行驶,每10分钟一次;第三路:夫子庙至下关江边,经淮清桥、复成桥、杨公井、二郎庙、成贤街等,每12分钟一次;第四路:总理陵墓至新街口间,经四方城、中山门、逸仙桥、大行宫等处,共计16.5华里,一律售洋2角4分,以汽油车行驶,星期日及纪念日加驶,"游泳池现由公司行驶";第五路:上新河至新街口,经汉西门等处,共计14.8华里;分作4段,每段售洋5分,全路2角,以汽油车行驶,每小时一次。[①]

嗣因兴华汽车公司承办公共汽车"无力扩充,不足以供本市需要",1933年9月市工务局正式通告《招商承办南京市公共汽车简则》,明确规定申请市内公共汽车办法:申请人应按照申请书所定各款详细填明,于9月14日上午10时在市政府大礼堂当众投递开拆,并由市政府指派委员会同审查呈府决定。申请人于申请时应缴申请保证金(银)3千元,中选者倘交予承办而不办者没收,不中选者如数发还。即工务局通告另行"招第二商同时承办,以利交通"。然至限定时,承办申请人只有江南汽车公司一家,南京市府当众宣读申请结果,其获标成功。[②]

是年10月底,江南汽车公司与工务局正式签订市区承办合同,其中第二条规定:行驶路线暂定为(1)自夫子庙经太平路、新街口、鼓楼、中山北路至下关车站;(2)自雨花路经中华路、内桥、太平路、中山路、新街口、中正路回至雨花路;(3)自大中桥经白下路、中正路、新街口至汉中门;(4)中央路筑成后,从新街口至和平门车站,"上开路线于必要时,得就需要情形由工务局酌予变更"。并且,该合同规定市内行驶客车为30辆,但因江南有10

①　参见《江南汽车公司组织》,1933—1937年,南京特别市政府工务局档案,档号1001-3-84。

②　参见《江南汽车公司组织》,1933—1937年,南京特别市政府工务局档案,档号1001-3-84。

辆车身建造未峻,须俟12月初方可全部营业。于是,1933年11月20日通行时,暂以20辆行驶;路线暂行第一、第二两路,其中第一路为:奇望街、太平巷、大行宫、新街口、薛家巷、鼓楼、丁家桥、三牌楼、萨家湾、挹江门、京沪火车站(如表3—9);第二路为园路(环形):雨花路、中华门、建康路、张府园、新街口、大行宫、太平巷、建康路、中华门、雨花路。票价为:每一大站间以铜元6枚计,但乘客上车至少须购两站票、计铜元12枚,两站以上则照每站递加铜元6枚。[①]

表3—9　江南汽车公司市区一路公共汽车票价表(1933年11月)　单位:铜元

站名

奇望街	奇望街(夫子庙)										
太平巷	12	太平巷(门帘桥)									
大行宫	12	12	大行宫								
新街口	18	12	12	新街口							
薛家巷	24	18	12	12	薛家巷(司法院)						
鼓楼	30	24	18	12	12	鼓楼(小火车站)					
丁家桥	36	30	24	18	12	12	丁家桥				
三牌楼	42	36	30	24	18	12	12	三牌楼(军政部)			
萨家湾	48	42	36	30	24	18	12	12	萨家湾		
挹江门	54	48	42	36	30	24	18	12	12	挹江门	
京沪火车站	60	54	48	42	36	30	24	18	12	12	京沪火车站
备注	凡正式服务的兵警,得照本表半价购票乘车,但官长、学员及无服装符号的兵警须照章购买全票										

资料来源:《江南汽车公司组织》,1933—1937年,南京特别市政府工务局档案,档号1001-3-84。

因江南汽车票价颇廉,1933年12月南京市政府应人力车业请求,给人力车增加营业机会,命公共汽车每站提高为铜元7枚、仍以两站起价。[②] 仅行一年后,该公司市区路线持续拓展(见表3—10,第五路不详于1934年10月停驶)。然至1934年9月,工务局再令公共汽车改三站起售,计车票每站

① 参见《江南汽车公司组织》,1933—1937年,南京特别市政府工务局档案,档号1001-3-84。
② 参见南京市地方志编纂委员会:《南京公用事业志》,海天出版社1994年版,第34页。

铜元 7 枚、起价 21 枚,由此江南汽车票价又不得不上涨。①

表 3—10　江南汽车公司市区公共汽车票价表(1934 年)

路线	起讫	票价 (全票)	配车 (辆)
第一路: 夫子庙— 下关车站	起夫子庙,经姚家巷、贡院前、奇望街、中正街、太平巷、杨公井、文昌巷、大行宫、二郎庙、土街口、新街口、华侨路、乾河沿、薛家巷、黄泥岗、鼓楼、华侨招待所、丁家桥、将军庙、三牌楼、铁道部、萨家湾、海军部、挹江门、热河路、兴中门街,讫下关车站	(铜元) 70 枚	14
第二路: 夫子庙— 和平门	起夫子庙,经姚家巷、贡院前、奇望街、中正街、太平巷、杨公井、文昌巷、大行宫、二郎庙、土街口、新街口、华侨路、乾河沿、薛家巷、黄泥岗、鼓楼、李家巷、傅厚岗、玄武门、马家街、蓝家桥、许家桥,讫和平门	(铜元) 56 枚	8
第三路: 中华门— 黄浦路	起中华门,经中华路口、下江考棚、道署街、建康路、锦绣坊、内桥、中正街、太平巷、杨公井、文昌巷、大行宫、碑亭巷,讫黄埔路	(铜元) 28 枚	5
第四路: 中华门— 下关澄平码头	起中华门,经中华路口、道署街、建康路、锦绣坊、内桥、张府园、三元巷、破布营、新街口、华侨路、乾河沿、薛家巷、黄泥岗、鼓楼、华侨招待所、丁家桥、将军庙、三牌楼、铁道部、萨家湾、海军部、挹江门、中山桥、惠民桥、大马路、北安里,讫下关江边澄平码头	(铜元) 70 枚	8
陵园游览车: 新街口— 灵谷寺	起新街口,经大行宫、西华门、中山门,而达四方城、中山墓,讫灵谷寺	(银元) 1 角 2 分	2

资料来源:建设委员会经济调查所统计课:《中国经济志·南京市》,正则印书馆 1934 年版,第 86—87 页。

　　1935 年,江南汽车公司增设西郊线。斯时国民党南京特别市执行委员会上新河区分部呈请办理上新河镇公共汽车,"以利交通"。该公司认为,"因该路系通行乡镇,上新河区沿途所经均属荒芜,不若市区之繁盛,故站与站之间隔距离当较市区各站为远广",票价规定亦不能仿照市区办理,拟按照陵园游览车办法,票价概以大洋计、最低 1 角 2 分,唯军警及孩童无论远近一律大洋 1 角 2 分,"以示优待"。② 是年 7 月 1 日西郊线通行,起自新街口,经汉中路、莫愁路,出水西门至莫愁湖,达江东门、上新河镇

---

① 参见《南京市征特别补助费用》,1937 年,江南汽车公司档案,档号 1040-1-1503。
② 参见《禁止无票乘车强购半票》,1935 年,江南汽车公司档案,档号 1040-1-1504。

(见表3—11)。① 然至同年 11 月,因铜元市价渐涨,当局再令全市公共汽车改每站铜元 6 枚、三站起售,其后按站连加 6 枚。②

表3—11　江南汽车公司市区西郊公共汽车票价表(1935 年)　单位:元

站名

新街口	新街口		
凤凰街	1 角 2 分	凤凰街	
江东门	1 角 2 分	1 角 2 分	江东门
上新河	1 角 8 分	1 角 2 分	1 角 2 分	上新河

资料来源:《禁止无票乘车强购半票》,1935 年,江南汽车公司档案,档号 1040-1-1504。

至 1937 年 5 月,公司增办市区第五路:起自山西路新住宅区,经山西路、华侨招待所、鼓楼、黄泥岗、薛家巷、干河沿、华侨路、新街口、汉中路、宫后山、大丁家巷、水西门、下浮桥、油市大街、评事街、坊口大街、建康路、承恩寺、奇望街,至淮清桥。同月,再增办第六路:起自建康路,经承恩寺、朱雀路、四象桥、中正街、太平巷、杨公井、文昌巷、大行宫、国府路、石板桥、珍珠桥、中央大学、考试院、北极阁、保泰街、鼓楼、厚载巷、傅厚岗、玄武门、中央党部、山西路、华侨招待所、鼓楼、黄泥岗、薛家巷、干河沿、华侨路、新街口、中央商场、三元巷、张府园、内桥、建康路,至承恩寺。该路为圆形,"欲期往来各站间者均能直接附载到达,不致再有迂回周绕,故仍分上下行相对行驶,而别之为外圆、内圆两路"。③

概言之,抗战前江南汽车公司路线不断拓展,市区共计 8 路,其中城区6 路、郊区 2 路。另外,市区第三、四路均加以延展,起点均起自雨花路江南铁路车站,并沿雨花路经中华路(其下各站与前同),与该铁路联运。陵园游览车的终点站也得展延,路线经中央体育场,终点至孝陵卫。

(二) 长途路线和票制

1931 年全国经济委员会成立时,蒋介石在会上强调要建设公路。随之,该会设公路处,请国际联盟交通组织派来顾问,1933 年 11 月修筑完成

---

① 参见南京市政府秘书处:《十年来之南京》,1937 年 6 月编印,第 53 页。
② 参见南京市政府秘书处编译股:《南京市政府公报》第 159 期,南京市救济院印刷厂 1935 版,第 132 页。
③ 参见《合同章程及第七年度报告》,1935—1938 年,江南汽车公司档案,档号 1040-1-1548。

京杭、沪杭、京芜、苏嘉、杭徽、宜昆六路,使苏浙皖三省公路联系成网。① 在此基础上,抗战前江南汽车公司共有三条长途路线:一条是从南京到长兴,"和浙江省建设厅办的长途汽车连接了起来,成为了京杭国道的联运车";第二条从宜兴到无锡,"同时也是京沪国道的一段";第三条是从南京到江宁县土山的湖熟。②

1. 京杭路

江南汽车公司创办之初,"以办理京杭国道汽车运输为主业,时京杭国道尚未完成"。③ 因此,先行京杭公路京句(南京至句容)段全程45公里,一日行车可多次往返。沿途设有9个车站,平均站距仅5公里左右,主要为便于乘客上下,招揽客源,不存在中途用餐和住宿问题。在站点设置中,除南京、句容、汤山3个重点地段为自行设站外,其余6站均为代办站,委托当地商民代办。即设南京、孝陵卫、马群、麒麟门、西村、坟头、仙洞桥、黄海桥、句容9站,票价每华里2分。④ 尔后,公司运输业务随筑路工程进度陆续进展。如1931年8月通车至溧阳,9月通宜兴,10月21日通至江浙交界处父子岭,和浙江杭长路接通,完成京杭全线通车。⑤ 该路开通使两地乘客当日可往返,并开创中国省际公路联营的先例。至1933年,该公司的京杭路行车37辆,每日行车18次(票价见表3—12)。⑥ 再至1936年1月1日公司与浙江公路局签订《合资办理京杭联运直达车合同》,其中规定:资本金暂定为(法币)1万元,公路局3650元、公司6350元;营业分配:公路局36.5%、公司63.5%。直达车客票价目,由双方商定来回票价目,照单程双倍8折计。旅客所带行李20公斤免费,自21—40公斤止照客票价目1/4收费。自联运后,双方商定每日各开车2辆。⑦

---

①　参见徐涤新等主编:《中国资本主义发展史》第三卷,人民出版社2003年版,第95页。

②　参见明秋:《流通京市血脉的江南公司参观记:全部人事管理均用科学方法》,《中央日报》1936年5月15日,第4版。

③　参见《江南汽车公司概况报告》,1949年5月,江南汽车公司档案,档号1040-1-726。

④　参见中国公路交通史审委员会:《中国公路运输史》第一册,人民交通出版社1990年版,第172页。

⑤　参见中共南京市委党史工作办公室:《南京百年风云(1840—1949)》,南京出版社1997年版,第191页。

⑥　参见建设委员会经济调查所统计课:《中国经济志·南京市》,正则印书馆1934年版,第87页。

⑦　参见《合同章程及第七年度报告》,1935—1938年,江南汽车公司档案,档号1040-1-1548。

表3—12　江南汽车公司京杭路京长段各站客票价目表(1933年)单位:元

站名

南京													
0.12 孝陵卫													
0.24	0.12 麒麟门												
0.50	0.38	0.26 汤山											
0.80	0.68	0.56	0.30 句容										
1.20	1.08	0.96	0.70	0.40 天王寺									
1.64	1.52	1.40	1.14	0.84	0.44 老河口								
1.86	1.74	1.62	1.36	1.06	0.66	0.22 南渡							
2.16	2.04	1.92	1.66	1.36	0.96	0.52	0.30 溧阳						
2.46	2.34	2.22	1.96	1.66	1.26	0.82	0.60	0.30 徐舍					
2.78	2.66	2.54	2.28	1.98	1.58	1.14	0.92	0.62	0.32 宜兴				
3.04	2.92	2.80	2.54	2.24	1.84	1.40	1.18	0.88	0.58	0.26 汤渡			
3.40	3.28	3.16	2.90	2.60	2.20	1.76	1.54	1.24	0.94	0.62	0.36 夹浦		
3.62	3.50	3.38	3.12	2.82	2.42	1.98	1.76	1.46	1.16	0.84	0.38	0.22 长兴	

资料来源:《江南汽车公司股东名册》,1936年,江南汽车公司档案,档号1040-1-1393。

2. 宜锡路

江南汽车公司在京杭路营业稳定后,又将经营目标转向宜锡路。1933年7月,公司向江苏省建设厅呈准出资兴筑宜锡公路的路面工程,并准许公司"专营该路之客运业务"。① 经批准后,把管理中心设在宜兴。翌年3月10日,宜锡路正式通车营业,自宜兴至无锡全长60公里(见表3—13)。其时,在无锡站举行通车典礼,邀中外来宾300余人,用扎满彩绸的汽车10辆,招待来客从无锡至宜兴沿途观光。每经一站鞭炮齐鸣,公司的社会影响由此扩大。② 该路通车后,公司对售票手续、汽车时刻作出调整,采取衔、接、并等经营方法,为旅客提供方便。同时,公司对宜锡线负有养路职责,设养路队"以主其事,派有工程人员组织道班分驻各地,负责办理该路的修

————————

① 参见《江南汽车公司股东名册》,1936年,江南汽车公司档案,档号1040-1-1393。
② 参见江苏省交通史志编纂委员会:《江苏公路交通史》第一册,人民交通出版社1989年版,第282页。

理、保养、填补等事宜,处于日常养路之中,并兼改善全路工程之举"。[1]

表 3—13　江南汽车公司宜锡路各站客票价目表(1934 年)　　单位:元

站名

宜兴	宜兴											
天主堂	0.12	天主堂										
屺亭桥	0.16	0.12	屺亭桥									
和桥	0.24	0.16	0.12	和桥								
万石桥	0.32	0.24	0.16	0.12	万石桥							
漕桥	0.42	0.34	0.26	0.18	0.12	漕桥						
黄堰桥	0.50	0.42	0.34	0.26	0.18	0.12	黄堰桥					
潘家桥	0.54	0.46	0.38	0.30	0.22	0.12	0.12	潘家桥				
雪堰桥	0.64	0.56	0.48	0.40	0.32	0.22	0.14	0.12	雪堰桥			
闸江湾	0.70	0.62	0.54	0.46	0.38	0.28	0.20	0.16	0.12	闸江湾		
杨湾	0.80	0.72	0.64	0.56	0.48	0.38	0.30	0.26	0.16	0.12	杨湾	
梅园	0.90	0.82	0.74	0.66	0.58	0.48	0.40	0.36	0.26	0.20	0.12	梅园
无锡	1.10	1.02	0.94	0.86	0.78	0.68	0.60	0.56	0.46	0.40	0.30	0.28	无锡

资料来源:《江南汽车公司股东名册》,1936 年,江南汽车公司档案,档号 1040-1-1393。

3. 京湖路

江宁湖熟镇为苏皖边缘地区的货物集散地,但因交通不便,从湖熟到南京市区须一天。在"湖熟商业繁盛,货运频繁,庶于湖熟商业之繁荣,京湖公路业务发达两有裨益"倡议下,1933 年冬江宁县开筑京湖公路。1935 年江宁改自治试验县,"公路亦告完成"。[2] 其起南京中华门外养虎巷,达江宁县属湖熟镇,中经土山镇为江宁自治试验县县政府驻地,计 30 公里。[3] 至 1935 年 1 月,江宁实验县政府登报招标京湖路长途汽车运营商,各商投标,开标结果计有湖熟商会、江南汽车公司及京湖长途汽车公司三家。后湖熟商会得标后虽承允照江南汽车公司票价办理,但在规定期限内"既不前来订立合同,又未声叙延期理由,显系无意经营,即经将该得标人得标资格取

①　参见《江南汽车公司股东名册》,1936 年,江南汽车公司档案,档号 1040-1-1393。
②　参见《承办各路行车》,1934—1935 年,江南汽车公司档案,档号 1040-1-1510。
③　参见南京市政府秘书处:《十年来之南京》,1937 年 6 月编印,第 44 页。

消",以候补得标人江南汽车公司递补。3 月 13 日,县政府与江南汽车公司签订《专营京湖路长途汽车合同》,其中第二条规定:本路线经过地点,计自南京中华门起,经岔路口、土山镇、上方镇、淳化镇,至湖熟镇止,以上各地均须设站。至其他经过地点,"公司认为有设站必要者,得随时自行设置报请县府备案"。① 5 月 10 日该路正式通车、举行典礼,中外来宾到东山车站在江南车前摄影,再坐车到湖熟镇。这天正是会期,各乡农民纷纷到街上来看汽车。由是,该路由江南汽车公司承办,"南京站设于中华路下江考棚口,接送分站在白下路,以与京杭公路长途汽车衔接"②,各站里程见表 3—14。

表 3—14　江南汽车公司京湖路各站里程表(1935 年)　　　单位:里

站名								
南京	中正街							
南京分站	2 里	中华门						
岔路口	9 里 5	7 里 5	岔路口					
土山	12 里 8	10 里 8	3 里 3	土山				
上方	17 里 3	15 里 3	7 里 8	4 里 5	上方			
淳化	22 里	20 里	12 里 5	9 里 2	4 里 7	淳化		
咸田	25 里 4	23 里 4	15 里 9	12 里 6	8 里 1	3 里 4	咸田	
湖熟	32 里 2	30 里 2	22 里 7	19 里 4	14 里 9	10 里 2	6 里 8	湖熟

资料来源:《京湖公路招商承办行车办法》,1935 年 3 月,南京特别市政府工务局档案,档号 1001-3-83。

二、营业和财务分析

(一) 营业收入概览

营业收入是洞察企业运营的窗口。如江南汽车公司陵园游览车通车当年,营收已达 22581 元。后因该线乘客绝大多数是单向出行,另一向车辆形成空驶,很不经济;而孝陵卫一带人口稠密,往返市区只能搭长途汽车。自 1931 年中央运动场建成后,游泳池对外开放,前往瞻仰中山陵及游泳的人与日俱增。于是,公司又将游览车路线改为环形:从中山陵经灵谷寺至体育

---

① 参见《京湖公路招商承办行车办法》,1935 年 3 月,南京特别市政府工务局档案,档号 1001-3-83。

② 南京市政府秘书处:《十年来之南京》,1937 年 6 月编印,第 44 页。

场、孝陵卫,沿京杭路入城,增设中央体育场、孝陵卫站。线路改进后,车辆实载率提高,营业收入增一倍以上。另外,1933 年全国运动会会期十几天内,该公司职员虽辛苦,但营业收入达 3.2 万元,相当于陵园游览车全年营收的 1.5 倍。① 再如其市区第一路开办当年(1933 年)营收为 152010.83元,是各营业线路之冠,比其他各线营收总和还多,可谓"黄金路线"。② 依表 3—15、3—16 观,第一路(夫子庙—下关车站)月收入在市区各线的营业收入中摘得桂冠,第四路(中华门—下关澄平码头)次之;第一路营收分别是第二、三路的 3、8 倍。

表 3—15 江南汽车公司市区各路日营业进款表(1934 年 9 月)

单位:元(法币)

月日	第一路	第二路	第三路	第四路	第五路	总计
9月1日	772.91	289.99	137.60	511.86	5.92	1718.28
2日	881.67	406.09	163.41	612.77	7.95	2071.89
3日	720.48	308.19	134.35	475.10	3.5	1641.62
4日	733.28	258.17	119.97	444.20	1.31	1556.93
5日	760.57	291.15	124.45	471.25	1.26	1648.68
6日	689.50	254.88	112.18	418.87	2.20	1477.63
7日	724.94	265.62	107.61	467.83	5.68	1571.68
8日	759.23	309.55	128.27	493.26	6.02	1696.33
9日	982.46	434.44	169.77	595.11	4.65	2186.43
10日	721.35	268.53	125.04	460.43	1.14	1576.49
11日	693.43	223.30	120.12	397.75	1.37	1435.97
12日	423.91	104.06	80.97	253.57	0.37	862.88
13日	755.47	229.63	126.16	429.91	3.03	1544.20
14日	799.46	251.42	124.45	454	2.69	1632.02
15日	776.56	240.32	120.66	439.06	1.30	1577.86
16日	767.22	228.21	119.45	365.79	2.73	1483.40
17日	631.44	165.19	116.18	401.85	1.88	1316.54
18日	721.34	213.78	124.10	421.83	1.91	1482.96

① 参见江苏省交通史志编纂委员会:《江苏公路交通史》第一册,人民交通出版社 1989 年版,第 284 页。

② 参见施顺福:《80 年前南京公交创立:南京首条公交线是到句容的》,《金陵晚报》2011 年 3 月 21 日,A3 版。

（续表）

月日	第一路	第二路	第三路	第四路	第五路	总计
19 日	727. 97	215. 18	118. 81	403. 56	2. 68	1468. 20
20 日	737. 17	240. 09	126. 00	463. 59	2. 98	1569. 81
21 日	815. 41	259. 03	134. 72	451. 44	3. 01	1663. 61
22 日	993. 83	347. 35	158. 67	515. 50	5. 01	2014. 36
23 日	1361. 27	487. 00	178. 38	606. 76	8. 30	2641. 71
24 日	817. 59	256. 23	125. 69	518. 61	2. 57	1720. 69
25 日	697. 03	196. 34	107. 39	404. 09	1. 88	1406. 73
26 日	784. 21	260. 16	126. 57	475. 41	—	1646. 35
27 日	604. 74	176. 66	95. 75	339. 09	—	1216. 24
28 日	732. 96	235. 32	116. 06	469. 88	—	1554. 22
29 日	843. 27	262. 88	126. 13	494. 44	—	1726. 72
30 日	1019. 66	383. 05	161. 00	626. 80	—	2190. 51
合计	23450. 31	8061. 79	3823. 89	13883. 61	81. 34	49300. 94

资料来源:《江南汽车公司营业月报》,1933—1937 年,南京特别市政府工务局档案,档号 1001-3-85。

表 3—16　江南汽车公司市区各路日营业进款表(1935 年 1 月)

单位:元(法币)

月日	第一路	第二路	第三路	第四路	总计
1 月 1 日	1271. 17	412. 05	176. 15	567. 63	2427. 00
2 日	757. 88	196. 56	123. 00	353. 52	1430. 96
3 日	1048. 66	286. 98	153. 60	499. 25	1988. 49
4 日	827. 71	227. 95	115. 17	464. 82	1635. 65
5 日	781. 75	185. 84	110. 11	421. 92	1499. 62
6 日	1071. 96	325. 49	151. 65	556. 30	2106. 42
7 日	853. 97	206. 23	112. 47	489. 09	1661. 76
8 日	823. 01	206. 02	108. 44	491. 71	1729. 18
9 日	871. 64	168. 21	102. 95	489. 96	1632. 76
10 日	879. 27	227. 52	108. 10	449. 61	1664. 50
11 日	834. 76	219. 12	109. 47	452. 60	1615. 50
12 日	871. 75	205. 82	113. 63	497. 41	1688. 61
13 日	953. 19	262. 74	145. 80	538. 99	1900. 72

（续表）

月日	第一路	第二路	第三路	第四路	总计
14 日	761.95	192.66	112.60	466.91	1534.12
15 日	837.50	240.77	132.30	519.20	1729.77
16 日	906.84	247.29	126.45	504.14	1784.72
17 日	949.39	244.84	126.11	543.52	1863.86
18 日	1063.84	249.36	125.15	559.88	1998.23
19 日	1061.31	284,55	126.48	552.55	2024.89
20 日	1308.10	300.49	148.11	608.44	2365.14
21 日	946.51	265.62	127.66	578.03	1917.82
22 日	928.00	236.21	114.05	476.33	1754.59
23 日	909.28	237.02	116.18	489.51	1751.99
24 日	956.60	211.01	112.95	473.99	1757.55
25 日	927.18	225.08	108.30	492.32	1752.88
26 日	1013.47	257.42	120.82	584.31	1976.02
27 日	1178.16	303.42	155.29	650.72	2287.59
28 日	949.43	233.14	115.51	508.43	1806.51
29 日	903.71	249.52	116.85	573.53	1843.61
30 日	987.34	247.74	118.50	554.98	1908.56
31 日	1055.20	264.50	123.29	566.53	2009.52
合计	29494.53	7621.17	3855.16	15976.15	56947.01

资料来源:《江南汽车公司营业月报》,1933—1937 年,南京特别市政府工务局档案,档号 1001-
3-85。

    可以概见,该公司与市工务局订约专营市区公共汽车 10 年,然至 1937
年撤退,实际仅营业 4 年、尚有 6 年未满,但"市区营业蒸蒸日上"[1]。譬如
市区公共汽车 1933 年 11 月(20—30 日)收入 8634.59 元,12 月为 24510.49
元。[2] 至 1937 年 4 月其收入则达 14 万余元(见表 3—17),市区经营不足 4
年,但月收入已增近 7 倍。由见,该公司市区公共汽车营业态势极为良好,
此亦导致其规模持续扩张。

---

[1] 《合同章程及第七年度报告》,1935—1938 年,江南汽车公司档案,档号 1040-1-1548。
[2] 参见《江南汽车公司营业月报》,1933—1937 年,南京特别市政府工务局档案,档号
1001-3-85。

表3—17　江南汽车公司市区公共汽车营收表(1934年1月至1937年4月)

单位:元(法币)

1934年	营业收入	1935年	营业收入	1936年	营业收入	1937年	营业收入
1月	27451.13	1月	56947.01	1月	101490.29	1月	117243.01
2月	26120.91	2月	54595.04	2月	95686.44	2月	116127.82
3月	28716.38	3月	62885.85	3月	101169.47	3月	137275.78
4月	32469.25	4月	61449.49	4月	114186.61	4月	143760.39
5月	42712.23	5月	63308.12	5月	118617.34		
6月	44188.06	6月	65894.20	6月	116693.21		
7月	42944.73	7月	79434.35	7月	116064.88		
8月	42360.61	8月	81704.97	8月	121366.70		
9月	49300.94	9月	86024.72	9月	122619.91		
10月	50640.49	10月	83850.77	10月	131039.03		
11月	46367.19	11月	91968.90	11月	116965.76		
12月	51167.23	12月	90680.75	12月	113965.34		
备注	至1934年9月市区营业为五路车共计收入,10月起第五路车因营业不佳停驶,市区营业为四路车收入;1936年4—6月市区营业收入含西郊线						

资料来源:《江南汽车公司营业月报》,1933—1937年,南京特别市政府工务局档案,档号1001-3-85。

再如长途线路,1935年江南汽车公司京湖路开业后,来往京湖间客商络绎不绝,营业蒸蒸日上,当年的营业收入就达72000多元。[1] 据表3—18见,其1936年京杭路的营业收入,已为苏浙皖三省公路运输企业之冠。此外,该公司除经营市区及长途线路外,并稍带副业。如"杭州莫干山避暑便利,为京沪人士夏季避暑胜地"[2],公司于"战前曾在该山置有房屋开设绿荫旅馆,供夏季来山避暑人士居住,营业尚属不恶"[3]。简言之,抗战前江南汽车公司"日常营业,渐见裕加"[4]。如其1932年度营业收入为219204元,1933年度为729578元。[5] 仅一年间,营收就增3倍多。其开业首天营业仅

① 参见江苏省交通史志编纂委员会:《江苏公路交通史》第一册,人民交通出版社1989年版,第282—283页。

② 《莫干山避暑之便利》,《申报》1916年7月9日,第10版。

③ 《江南汽车股份有限公司第十六年度业务报告》,1948年,江南汽车公司档案,档号1040-1-735。

④ 《票价变迁》,1934—1935年,江南汽车公司档案,档号1040-1-1507。

⑤ 参见《公司组织规程》,1935—1936年,江南汽车公司档案,档号1040-1-1062。

表3—18　苏浙皖三省联络公路运输状况调查表（1936年6月）

路名	段别	起讫	长度（公里）	行车机关	每公里票价（分）	每日行车次数	现有车辆			每月平均营业收入（元）
							客车	小包车	料车	
京杭路	京长段	南京—长兴	207	江南汽车公司	1.8	通车6次，区间36次	26	4	4	32000
	杭长段	杭州—长兴	116	浙江省公路管理局	1.8	通车14次，区间12次	16	11	2	28000
京芜路	京慈段	南京—慈湖	52	江苏省公路管理处	1.5	通车12次，区间2次	4	1	0	5000
	芜慈段	芜湖—慈湖	52	安徽省公路局	1.5	通车12次，区间2次	7	3	2	4000
沪杭路	沪闵段	上海—闵行	29	沪闵长途汽车公司	3.0	通车18次	15	4	2	5000
	乍闵段	乍浦—闵行	67	浙江省公路管理局	2.2	通车8次，区间18次	4	2	0	10000
	杭乍段	杭州—乍浦	117	浙江省公路管理局	2.4	通车4次，区间12次	8	2	1	8000
杭徽路	杭余段	杭州—余杭	26	浙江省公路管理局	3.0	通车18次	6	1	0	10000
	余临段	余杭—临安	29	余临长途汽车公司	3.5	通车16次	10	1	6	9000
	临昱段	临安—昱关	98	浙江省公路管理局	2.8	通车16次	4	1	1	12000
	昱歙段	昱关—歙县	62	歙昱长途汽车公司	2.8	通车14次	6	1	1	7000
宣长路	宣广段	宣城—广德	72	江苏省公路管理处	3.2	通车2次，区间2次	2	1	0	2000
	长广段	长兴—广德	52	浙江省公路管理局	2.8	通车6次，区间4次	4	1	0	4000
苏嘉路	苏嘉段	苏州—嘉兴	76	江苏省公路管理处	2.0	通车14次，区间2次	11	3	1	12000

资料来源：中央党部国民经济计划委员会：《十年来之中国经济建设》上篇，南京扶轮日报社1937年版，第13页。

120 元,自 1933 年每日一千六七百间,至抗战前每日达五六千元。① 可见,其日营业额较最初增加 29 倍多,与 1933 年相较亦增 3 倍。即该公司营业丰裕、日益精进,每年盈利较前均有大幅增长,此亦由财务信息中可以窥见。

(二) 财务信息分析

其时,苏浙皖京沪五省市交通委员会②(以下简称五省市交委会)"特派员前往苏浙皖赣湘沪等省市公路机关,实际调查现行会计制度",并征得沪闵南柘、萧绍及江南等商办汽车公司的会计账册,"作划一公路会计制度之参考"。③ 可见,江南汽车公司财务制度已成为行业内参酌的标准。即江南汽车公司是一个包括经营市区、长途、汽车修造在内的综合性企业,经营规模较大、管理规范,其有会计股专事"职掌本公司成本之计算及资产之折旧事项"④,对成本核算也比较全面。

第一,营业损益。譬如江南汽车公司初营市区线路时,南京市府指令"惟订约时应加注意,该公司在本市营业每届结账时"须填送会计师证明的资产负债表、损益表、财产目录等,以便随时考察指导。⑤ 该公司在民国二十年度营业损益中,长途运输成本的支出项为:管理费、消耗费(包括汽油、机油、材料、轮胎、消耗工具和固定工具)、办公费、印刷费、养路费、服装费、奖励金、营业捐税(包括养路捐、代办站的酬金)、折旧、利息、杂费、摊分筹备费等。成本核算的内容已包括变动费用和固定费用两个方面。同期运输企业如新绥汽车公司,系经营西北长途汽车的大型公司,但其对成本核算与江南汽车公司有较大差异。如 1932—1935 年间,新绥汽车公司的成本支出项为:行车物质消耗、行车薪资、随车食用物品等,均是行车的直接费

---

① 参见建设委员会经济调查所统计课:《中国经济志·南京市》,正则印书馆 1934 年版,第 85 页;徐泰来:《江南汽车公司内幕》,载《江苏文史资料选辑》第 20 辑,江苏古籍出版社 1987 年版,第 243 页。

② 其时,全国经济委员会督造苏浙皖三省联络公路次第完成后,"鉴于前此各省市管理汽车之规章未能划一,往往一地汽车驶入他省境内时,或以未领当地牌照而未许通行,或以不谙规章禁律而遭处罚,又或须逐段缴纳通行费始获通过,凡此种种均足阻碍交通之发展。为切除畛域,共同筹办,互策程功,爰发起筹议互通汽车,除苏浙皖三省外,并包括京沪两市",遂由全国经济委员会联合苏浙皖京沪五省市政府代表于 1932 年 12 月正式成立苏浙皖京沪五省市交通委员会。后因闽赣湘等五省陆续加入,定于 1937 年 7 月 1 日扩组成立为全国公路交通委员会(参见中央党部国民经济计划委员会:《十年来之中国经济建设》上篇,南京扶轮日报社 1937 年版,第 23 页)。

③ 参见苏浙皖京沪五省市交通委员会:《苏浙皖京沪五省市交通委员会三年来工作概述》,1936 年 1 月编印,1936 年 1 月编印,第 44 页。

④ 《公司组织规程》,1935—1936 年,江南汽车公司档案,档号 1040-1-1062。

⑤ 参见《江南汽车公司组织》,1933—1937 年,南京特别市政府工务局档案,档号 1001-3-84。

用。因对成本的理解和核算办法的不同,在经营效果上也会产生差异。江南汽车公司对成本全面考核,以此厘订运价而进行经营,其效果是:成本支出占营运收入的 83.19%,利润率为 16.81%,并在经营中逐渐得到发展。而新绥汽车公司对成本核算不够全面,其经营效果是:每车次的客运亏损 2.53%,货运亏损 17.93%。如加上管理、折旧、捐税等支出,亏损就更大。因政府依其维持西北交通运输,故全国经济委员每月津贴该公司 2 万元,以弥营业亏折。① 由是,成本核算的迥异,亦会导致企业盈利的差别。

表 3—19　抗战前江南汽车公司会计年度表

会计年度	年度时间	年度月份
第一年度	民国二十年五月至二十一年四月(1931 年 5 月至 1932 年 4 月)	共 12 月
第二年度	民国二十一年五月至二十二年四月(1932 年 5 月至 1933 年 4 月)	共 12 月
第三年度	民国二十二年五月至二十三年六月(1933 年 5 月至 1934 年 6 月)	共 13 月
第四年度	民国二十三年七月至二十四年六月(1934 年 7 月至 1935 年 6 月)	共 12 月
第五年度	民国二十四年七月至二十五年六月(1935 年 7 月至 1936 年 6 月)	共 12 月
第六年度	民国二十五年七月至二十五年十二月(1936 年 7 月至 12 月)	共 6 月
第七年度	民国二十六年一月至二十六年十二月(1937 年 1 月至 12 月)	共 12 月

资料来源:《江南十年史料》,1947 年,江南汽车公司档案,档号 1040-1-1506。

如在其《公司章程》第六章,详尽规定会计制度与核算年度(见表 3—19)。此中第二十五条规定:自第七年度起,本公司会计年度为 1 月 1 日至 12 月 31 日止。第二十六条,本公司收支各数每月一月结,每年度一总结。月结在次月 5 前,由董事会送交监察人审查,监察人于 5 日后审查完毕,报告董事常会。总结于次年度一月内,由董事会送交监察人审查,监察人于 15 日内审查完毕报告董事会提交股东大会。第二十七条,本公司于每年度营业总收入中除去一切经费、捐税、资产折旧后,应先提公积金 10%,次付常年股息 1 分 5 厘外,如有纯利按下分配:股东红利 70%;董事及监察人酬劳 10%;职工奖励金 10%。②

---

① 参见中国公路交通史编审委员会:《中国公路运输史》第一册,人民交通出版社 1990 年版,第 195 页。

② 参见《公司组织规程》,1935—1936 年,江南汽车公司档案,档号 1040-1-1062。

由表 3—20 至表 3—22 见,该公司第三年度营业盈余 47737 元,市区盈余 10017 元,市区盈余占总数的 20.9%;但市区路线逐渐开辟后,第四年度市区盈余为 3.9 万元,第五年度又增为 5.4 万元。即市区营收增幅较大,第四年度较第三年度增长 292%,第五年度较第三年度增幅则达 446%。再如第三年度,该公司营业收入 729578.05 元,支出 681840.47 元,盈余 47737.58 元;第五年度,收入 1980269.42 元,支出 1896989.59 元,盈余 83279.83 元;第七年度,盈余则达 411642.68 元。[①] 可见,仅四年间公司盈利已增 8.6 倍。

表 3—20　江南汽车公司第三年度市区公共汽车营业损益书
(1933 年 5 月至 1934 年 6 月)

收益之部	金额(元)	损失之部	金额(元)
客运收入	234800.24	管理费	52931.68
(1)一路		修理费	18173.18
(2)二路		消耗费(汽油、轮胎)	49624.37
(3)三路		办公费	3140.50
(4)四路		印刷费	5145.35
(5)五路		养路费	6546.07
杂项收入	641.83	营业损税	8326.90
		折旧	70397.26
		利息	1566.63
		杂项	9270.61
		摊付筹备费	302.06
共计	235442.07		225424.61
纯利	10017.46		

资料来源:江南长途汽车股份有限公司:《江南长途汽车股份有限公司第三年度报告(二十二年五月至二十三年六月)》,1935 年编印,第 11 页。

[①] 参见建设委员会经济调查所统计课:《中国经济志·南京市》,正则印书馆 1934 年版,第 85 页;江南长途汽车股份有限公司:《江南长途汽车股份有限公司第三年度报告(二十二年五月至二十三年六月)》,1935 年编印,第 10 页;江南汽车股份有限公司:《十年业务报告:二十六年度——三十五年度》,1947 年 8 月印行,第 2 页。

表 3—21　江南汽车公司第四年度市区公共汽车营业损益书

（1934 年 7 月至 1935 年 6 月）

收益之部	金额（元）		损失之部	金额（元）	
	分计	共计		分计	共计
1—1　客运收入		647860.90	2—1　管理费		130032.01
（1）一路	314540.46		（1）薪工	122808.26	
（2）二路	98256.51		（2）伸工	6956.46	
（3）三路	46600.20		（3）津贴	267.29	
（4）四路	186456.63		2—2　修理费		53563.26
（5）五路	2007.10		（1）人工	22524.52	
1—2　杂项收入		4698.04	（2）材料	31038.74	
			2—3　消耗费		150132.72
			（1）汽油	85087.33	
			（2）柴油	30677.37	
			（3）机油	18679.27	
			（4）轮胎	14901.46	
			（5）工具	787.29	
			2—4　办公费		6129.24
			（1）房屋	2236.48	
			（2）文具	651.24	
			（3）邮电	2280.06	
			（4）茶水	912.75	
			（5）杂项	48.71	
			2—5　印刷费		5834.48
			（1）表格	3682.16	
			（2）车票	2152.32	
			2—6　养路费		15957.20
			（1）特别养路费	3000.00	
			（2）经常养路费	12957.20	
			2—7　营业车照捐		19841.47
			2—8　折旧费		201298.97
			（1）车辆	199664.87	
			（2）房屋		
			（3）机械工具		

（续表）

收益之部	金额（元）		损失之部	金额（元）	
	分计	共计		分计	共计
			（4）家具	923.50	
			（5）其他	710.60	
			2—9 利息		5705.66
			2—10 杂项		20468.63
			（1）运费	188.80	
			（2）旅费	631.61	
			（3）车费	83.37	
			（4）购置	974.08	
			（5）设备	3211.80	
			（6）广告	453.16	
			（7）保险	1639.10	
			（8）服装	7222.55	
			（9）交际	1515.53	
			（10）其他	4528.63	
			2—11 摊付筹备费		302.05
			2—12 储蓄奖金		2089.25
			2—13 特种奖金		1983.80
共计		652558.94			652558.94
纯利		39220.20			

资料来源：《江南汽车公司营业月报》，1933—1937 年，南京特别市政府工务局档案，档号 1001-3-85。

表3—22 江南汽车公司第五年度市区公共汽车营业损益书
（1935 年 7 月至 1936 年 6 月）

收益之部	金额（元）		损失之部	金额（元）	
	分计	共计		分计	共计
1—1 客运		1153999.57	2—1—1 总务管理费		39279.63
（1）一路	525767.28		薪金	39279.63	
（2）二路	181257.12		2—1—2 车务管理费		159907.95
（3）三路	72544.15		（1）薪金	146382.49	
（4）四路	373550.24		（2）伸工	11048.06	

（续表）

收益之部	金额（元）		损失之部	金额（元）	
	分计	共计		分计	共计
（5）五路			（3）津贴	2477.40	
（6）陵园	880.78		2—2　修理费		154623.54
1—2　杂项		8296.10	（1）人工	51090.77	
			（2）材料	103532.77	
			2—3　消耗费		204843.52
			（1）汽油	77320.46	
			（2）柴油	68835.62	
			（3）机油	36112.21	
			（4）轮胎	19957.77	
			（5）木炭	2617.46	
			2—4　办公费		9718.61
			（1）房屋	1866.14	
			（2）文具	1465.50	
			（3）邮电	3449.96	
			（4）茶水	2937.01	
			2—5　印刷费		8187.33
			（1）表册	4089.97	
			（2）车票	4097.36	
			2—6　养路费		27879.98
			（1）特别养路费	4800.00	
			（2）经常养路费	23079.98	
			2—7　营业车照捐		32340.13
			2—8　折旧费		351423.59
			（1）车辆折旧	325286.41	
			（2）房屋折旧	10000.00	
			（3）器具折旧	258.10	
			（4）其他折旧	15879.08	
			2—9　奖励金		53204.70
			（1）年度奖金	44456.56	
			（2）月终奖金	4239.20	
			（3）储蓄奖金	4508.94	

（续表）

收益之部	金额（元）		损失之部	金额（元）	
	分计	共计		分计	共计
			2—10　抚恤金		4101.00
			（1）职工抚恤金	565.60	
			（2）肇祸抚恤金	3535.40	
			2—11　利息		8002.28
			2—12　杂项		30980.67
			（1）车旅费	2288.18	
			（2）设备费	12144.72	
			（3）广告费	1022.15	
			（4）保险费	341.25	
			（5）服装费	6570.28	
			（6）交际费	3657.17	
			（7）其他	4956.92	
			2—13　董事监察酬金		23102.57
			（1）董事酬金	19802.20	
			（2）监察人酬金	3300.37	
共计		1162295.67			1162295.67
纯利		54700.17			

资料来源:《江南汽车公司营业月报》,1933—1937 年,南京特别市政府工务局档案,档号 1001-3-85。

　　第二,企业资产。江南汽车公司初始,提存了一笔损失准备金没有分红。提存损失准备,预防业务出现的突然损失,保全股本且充实经济,有利于企业发展业务。此后,再通过提高财产折旧率,股息与红利可以不断注入资本。并且,公司的贷款"因事先作缜密之计划,对于偿还付息均能如期履行,皆能保持信誉"。即历次贷款均"就实际需要,斟酌公司负担之能力审慎办理。而贷款之用途,均系用力购置车辆或器材,故虽负债之数字甚巨,而实际财产亦已增加",至抗战前各银行存款仅 216.84 元。[①]　从而,该公司

---

①　参见《江南汽车股份有限公司第十六年度（三十六年）业务报告》,1948 年,江南汽车公司档案,档号 1040-1-735。

营收与贷款悉用于扩大资产,以实现其规模效应。

　　根据表3—23、表3—24可见,1934年江南汽车公司资产计35万元;1935年市区公共汽车资产为41.2万元,至翌年6月公司总资产近139.3万元。两年间,公司规模已增2.9倍强。由是,抗战前该公司"历年办理均秉勇往迈进之精神,竭力谋业务之开展,六年以来终始如一","瞻望前途尚方兴未艾,发展之速与业务之盛,诚足自慰"①。

表3—23　江南汽车公司第四年度市区公共汽车资产负债表
（1934年7月至1935年6月）

摘要		金额(元)	摘要		金额(元)
（一）流动资产			（一）流动负债		
1 现金		100.54	应付款项		162216.13
2 银行往来		99.42			
3 应收款项		87506.43			
4 存料		1607.37			
（1）汽油	372.69		（二）资产		
（2）柴油	756.88		股本		250000.00
（3）机油	477.80				
（二）递延资产					
预付款项		66524.00			
（三）固定资产					
1 地基		63178.31			
2 建筑					
3 车辆		188200.06			
4 器具设备					
5 保证金		5000			
共计		412216.13			412216.13

资料来源:《江南汽车公司营业月报》,1933—1937年,南京特别市政府工务局档案,档号1001-3-85。

①　《合同章程及第七年度报告》,1935—1938年,江南汽车公司档案,档号1040-1-1548。

表3—24　江南汽车公司第五年度资产负债对照表
（1935 年 7 月至 1936 年 6 月）

摘要		金额(元)	摘要		金额(元)
（一)流动资产			（一)流动负债		
1 现金		40.60	1 应付款项		377445.94
2 银行往来		103399.45	2 借入款项		42000.00
3 应收款项		188641.10	3 未付股息		46922.35
4 存材料		53927.28			
（1)配件	27380.82				
（2)原料	26546.46		（二)资本		
5 存燃料		22620.53			
（1)汽油	2838.96		1 股本		600000.00
（2)柴油	4321.66		2 法定公积		35451.56
（3)机油	14663.37		3 营业公积		4034.40
（4)木炭	796.54		4 特种公积	车辆折除公积	1525.85
6 存轮胎		19108.15	5 特种准备		186121.31
（1)外胎	17877.52		车辆折旧准备	170128.37	
（2)内胎	1230.63		建筑折旧准备	15000.00	
（二)递延资产			职工储金准备	992.94	
预付款项		101908.98	6 红利		100029.50
（三)固定资产					
1 地基		74753.49			
2 路基	路面土方工程等费	24584.10			
3 建筑	管理处、修车厂、站场房屋等	181000.06			
4 应用车辆	折旧后	543181.42			
（1)底盘					
（2)车身					
（3)木炭炉					
5 购备车辆	折旧后	1727.62			
6 机械工具		19878.04			
（1)固定工具	18102.04				
（2)消耗工具	1776.59				

（续表）

摘要		金额(元)		摘要	金额(元)
7 器具设备	折旧后	910.09			
（1）文具					
（2）器具					
（3）杂项					
8 保证金		12000			
（1）市工务局	5000				
（2）江苏建设厅	5000				
（3）江宁县政府	2000				
9 副业投资		32350			
（1）绿荫旅馆	26000				
（2）京杭直达车	6350				
10 其他投资		13500			
（1）江南铁路公司	10000				
（2）南京储蓄银行	3000				
（3）南京中央商场	500				
共计		1393530.91			1393530.91

资料来源：《江南汽车公司营业月报》，1933—1937 年，南京特别市政府工务局档案，档号 1001-3-85。

综上所述，抗战前江南汽车公司筚路蓝缕、方兴未艾，"总计事业之盈益用之于事业，不存牟利之想，私衷可告无愧"[1]。其车辆由最初 6 辆增至304 辆，经营路线从长途 1 线发展至市区 8 线、长途 3 线，公司股本由 10 万元扩至 100 万元（法币），总资产近 140 万元，员工由 108 人扩张至 1600 余人，"服务人民、社会，年来终有成绩，为社会人士所共见"[2]。即抗战前其发展壮大、达于极盛，最终成为当时中国知名的交通运输企业，并在近代中国公共交通行业发展史上谱写辉煌篇章。

第四节　企业兴盛的内因探源

"科学管理之父"泰罗曾于《科学管理原理》（1911 年）中首次阐释"科

---

① 《南京市征特别补助费用》，1937 年，江南汽车公司档案，档号 1040-1-1503。
② 《江南汽车公司概况报告》，1949 年，江南汽车公司档案，档号 1040-1-726。

学管理理论"，并指出管理就是"确切地知道你要别人去干什么，并使他用最好的方法去干"①。江南汽车公司在其第二年度业务报告中亦谈及："科学管理即一切日常事务，小而至每个人之工作，凡所举措必须用最合理之方法、最经济之手段、极迅速之步骤，以达极圆满之效果。举措能合理则免生谬误，能经济则减少耗费，能迅速则节省时间，一人如是，全体如是，则整个事业进步自能事半而功倍。"②事实上，抗战前该企业能"最终成为彼时中国公共交通业之翘楚"③及南京公共交通行业"胜者全得者"④，与其运用科学管理的理念及方式息息相关。

一、"以人为本"的管理模式

不难发现，"人是组织拥有的资源中最重要的资源"⑤。彼时江南汽车公司是进行科学管理的新型企业，特别注重人的因素，如《公司章程》"设备之改进对象"首项即为"安定员工生活，谋取员工福利，提高员工素质，以利事业之推进"⑥。由此，其通过考试选拔、培训、考核、福利和教育等一系列"以人为本"的模式进行企业管理，并获得良好成效。

（一）考选和施训

斯时，江南汽车公司将"沿线所有员工夫役不论其属，业务或技术方面均经严密考选，相继训练不时甄别，期各尽其长，各展其能"⑦。即对入职前的员工考试和选拔，对入职后的员工训练和培训，进而对员工个人才能的发挥起到一定推动作用。

1. 考试选拔

当时城市的失业人员为江南汽车公司提供充裕的劳动力市场，使其能在较宽范围内择录职工，"因应试者多，乃能详加审核，严格选择"⑧。如1935年8月，该公司为考选新进员工特设"员司考选委员会"并颁行《员司

---

① ［美］弗雷德里克·泰罗：《科学管理原理》，冯风才译，中国社会科学出版社1984年版，第157页。
② 参见江苏省交通史志编纂委员会：《江苏公路交通史》第一册，人民交通出版社1989年版，第286页。
③ 李沛霖：《1930年代中国公共交通之翘楚——江南汽车公司》，《档案与建设》2013年第11期。
④ 胜者全得者，即全行业的报酬严重地集中在顶端的收益者。（参见［美］保罗·萨缪尔森、威廉·诺德豪斯：《经济学》第17版，萧琛主译，人民邮电出版社2004年版，第179页）
⑤ 芮明杰主编：《管理学：现代的观点》，上海人民出版社1999年版，第383页。
⑥ 《各种章则办法程序》，1947年，江南汽车公司档案，档号1040-1-1147。
⑦ 《江南汽车公司股东名册》，1936年，江南汽车公司档案，档号1040-1-1393。
⑧ 《合同章程及第七年度报告》，1935—1938年，江南汽车公司档案，档号1040-1-1548。

考选委员会组织章程》,进而该会对员工考选的相关事宜倍加关注。具如公司司机考选,因"车辆既陆续增购,驾驶之机司需要亦能随之而增多……近年来机司招考,均经考选"。如1935年8月拟招考机司30名,报名及考试日期地点等均已规定,"并登京沪日报"。此后,员司考选委员会在第一次会议中,议决担任机司报名及考试科目的各负责人员:报名由车务处办理;口试由总经理担任;文字测验由徐泰来委员担任;驾驶技术由戎炳扬、陈松、张植三委员分任;检验体格由朱铿清处长会同车务处办理。至1937年间,该公司连续两次招考机司,第一次30人,第二次50人。考试方法:先口试,讯问中观其品性、行止;次为询问修理常识,以验其能否明了原理;然后试以识字考其教育程度,各项品评合格则初试录取。然后试以驾驶技术,值椿于旷场,令其出入其间转折往来,查其有无碰触致木椿倒地,"并衡以时间是否能洽合准绳,看其动作是否经验老练,以为去取之标准"。① 是年两度司机招考、训练后,均分别派任工作。

次如售票员考选。该公司过去雇用员工基本以上海、杭州等地人员为主,1933年冬在承办市区公共汽车时亟需大批售票员。因南京本地失业人口多特别是失业青年众多,当局颇为头痛。其能写、能算,可作为售票员的培养对象。因此,当时公司在市内首先招考一批男性售票员,他们多读过小学,经笔试、口试录取后,再经短期培训上班,工作颇为出色,内中一部分提为内勤工作。即自1933年冬至1937年春,公司根据市区售票员的需要,"随业务而增加而雇用之际,三年来均采用考试制度",在南京登报公开招考售票员共达10多次。考试主要关注应试者的语言、态度、礼貌,然后及于学科。初为口试,令其演讲,择其仪表端庄、态度和蔼、礼貌周至、言语清晰得体者为合格。口试录取后笔试,笔试科目为"常识""国文""笔算""珠算"四项,试卷弥封加盖浮戳,评定分数后查验姓名,笔试录取后,再施以体格检查。"故态度、仪容言语不合者,虽学识优良不取外,才佳与学识过差者亦不合格,体弱者亦都割爱"。1937年招考售票员考训者一届计30人。②

再如售票生考选。因公司车内服务者只有售票员一人,负担任务除按站售票、照票收找款项外,更须呼报站名、启闭车门、照料上下乘客等,"均须分售票之精神与时间者也。因之繁忙拥挤时,或不免于漏票之损失,因谋

---

① 参见《总公司各种杂项文件》,1935—1936年,档号1040-1-1259;《合同章程及第七年度报告》,1935—1938年,江南汽车公司档案,档号1040-1-1548。

② 参见《合同章程及第七年度报告》,1935—1938年,江南汽车公司档案,档号1040-1-1548。

挽补漏卮",遂增设售票生以协助售票员工作。售票生选择以 16—18 岁以下的失学青年为主,但仍以考试方法招致。招考方法与售票员同,"惟选择更为严格。因选取时年龄较幼,而学习办法宛如商肆之学徒,故名之曰售票生"。1937 年录取 100 名。同时,考选查票员。市区查票员的工作是稽查售票员的工作勤惰与利弊,其动作、语言、态度、操守"对外俨然公司之代表,对内则为售票员之矜式,故地位与职务,实至重要"。而过去任用查票员系自售票员中补充,"兹鉴于查票任务之重要,觉非有优良之学识与人格之修养者,不克为外勤人员之楷范",故决定另招初中毕业学生,施训后充任。招考后应试者颇多,选取时注意于态度、仪容、言语、学识及处世经验、应对才具等。1937 年考取 30 名、备取 10 名,实施训练。①

由于上述考试采取相对公平、公正的原则,无社会背景的失业青年同样能被录取。江南汽车公司从替南京失业、失学青年解决生计开始,不仅获得当地人士的拥戴,且与市民建立感情,为企业的就地生根、根基稳固提供保障。

2. 施以训练

因新招员司对"业务完全隔膜者,尤非施以训练不可,新招人员悉施训练后始派工作",1935 年 7 月江南汽车公司设员司训练所,对新进员工进行业务训练。如司机经考选后,然后施训而派任工作。售票员考取后,授以服务学识及公司规章、交通法令暨机械常识等项,尤注意于行动训练(管理均军事化)、工作实习(半日随车工作),以三个月为训练期(一个月实习,两个月实地随车见习),期满即补充正式售票员。并且,查票员三个月(一个月学科,两个月实习)训练时,管理、动作均军事化,除教授各种工作的学科外,并授以"机械原理"、"车务常识"训练,完毕后均试派工作,"经考核后,成绩均在水平线上"。②

另外,售票生在考取后亦施加训练,授以普通学科及售票的学识与技能,按日定时令其随车实习,负责呼报站名、启闭车门、照料乘客等工作,三年后即可成为正式售票员。受训第一年,供给书籍、衣服、鞋袜、住宿外,每月津贴给洋 10 元;第二年 15 元;第三年为练习售票员日薪 6 角,三年期满后即为正式售票员日薪 7 角。1937 年本届录取 100 名,半日授课、半日实习工作。而所授科目,除同于售票员的实际技术外,并加授国文、算术及其

① 参见《合同章程及第七年度报告》,1935—1938 年,江南汽车公司档案,档号 1040 - 1 - 1548。
② 参见《合同章程及第七年度报告》,1935—1938 年,江南汽车公司档案,档号 1040 - 1 - 1548。

他常识学科,"俾充实其学问,藉免于因工作而失学之憾。实习时,除辅助售票员之工作外,对于礼貌、言语督教尤严。迨后新购车辆建配车身既竣增驶市区,原有售票员不敷支配时",就售票生中择其成绩优良、年事稍长者30名"提前升充亦均能胜任"。预算1937年全运会开幕,其余70名售票生均可派充服务,"倘非时局突变,尚拟续招第二批售票生以施训"。①

同时,该公司对在职员工分期分批训练,以提升职工素质及工作效率。如1936年10月,复对在职员工实行轮训,以外勤为主,每期半月。将原服务的外勤人员,长途如站长、站员,市区如行车、签票、查票,售票、服务等员及全体司机均分别抽调,"按其需要状况,施行服务工作之训练,然后分调原职服务"。② 1937年6月,开办司机轮训班10期,售票员训练班6期,练习查票员训练班2期,场夫训练班1期,站务员训练班1期,站长训练班1期。③ 具如时人参观时发现:"有一班司机和售票员在上课训练。关于汽车的任何部分,他们都另外做了一套模型,使那些新来的司机和售票员看了,心中有个印象,便容易保管"。再如材料管理工王崇厚(工号159)不仅熟稔本职,且主动向开车司机和修车师傅请教,努力提高技能,成为一名多面手。④ 1937年,公司还筹设"江南汽车职业传习所",创办原则及教育大纲、设施、组织等"均经大会通过交办有案",是年秋季开始招考,但时局突变,"凡已成事业亦逐渐节缩而停止进行,传习所尚未开始,诚恐半途而废,徒耗心力与经济,自不如即时停止筹备之为愈。惟计划既定,俟事业恢复以后,即可赓续开办"。⑤

概言之,经考选与施训后,如该公司第五年度业务报告称:凡经训练之人员,其工作效率,均较过去未经训练者为优良。⑥ 具如司机经过考选、施训后派任工作,"故成绩与效果尚能优良"。经训练后,多数售票员的动作快、记数准(如站上几人买票还有几人未买),既不报错站又不漏卖票,这没

---

① 参见《合同章程及第七年度报告》,1935—1938年,江南汽车公司档案,档号1040-1-1548。
② 参见《合同章程及第七年度报告》,1935—1938年,江南汽车公司档案,档号1040-1-1548。
③ 参见南京市地方志编纂委员会:《南京公用事业志》,海天出版社1994年版,第58页。
④ 参见明秋:《流通京市血脉的江南公司参观记:全部人事管理均用科学方法》,《中央日报》1936年5月15日,第4版;徐印:《一枚"江南徽章"隐藏动人公交旧事》,《金陵晚报》2011年1月29日,D3版。
⑤ 参见《合同章程及第七年度报告》,1935—1938年,江南汽车公司档案,档号1040-1-1548。
⑥ 参见南京市地方志编纂委员会:《南京公用事业志》,海天出版社1994年版,第58页。

有扎实基本功是无法做到的。即车上的售票员,因有售票生分劳,得以专心售票工作而遗漏票遂少,"故所挽补损耗,以作售票生之教育津贴费,尚有余焉。盖经此次训练后,觉其效果实尚优善,较短期训练之售票员更为良好,固不仅辅助日常工作挽救弥补漏票之失而已"。且查票员经训练后,对于取缔无票乘车"执行颇严,收效亦颇良好"。一言蔽之,经训练的员工,"觉其工作效果颇有增进,而平日对公司内部管理之旨,得以融会而无间。举凡公司设施之计划亦能贯通而遵循,在上者之措施与在下者之工作不致参差,管理上自较有利"。①

（二）考核和激励

江南汽车公司对于激发职工的努力程度,主要是通过加强考核、明确奖惩及重视福利和教育等多种途径实现。

1. 考核和奖惩

考勤考绩。《公司组织规程》规定:事务股,"执掌职工考绩之统计事项";运输股,"职掌机司售票员之管理及考绩事项";稽查股,"职掌各站及代办站之稽查业务事项"。② 即如该公司每月有三天休息(例假),有病有事请假,全年21天不扣工薪。外勤人员按日计算工薪,例假休息无薪,病假事假一律无薪。迟到一次登记,三次作旷职(扣薪一天)。③ 同时为控制上班时间,公司有一座计算工时的钟,"这厂里每个司机和售票员,是否迟到或早退,他们都有一种机器可以查验。每个司机和售票员到或退时,必定要将自己的单子到那部机器上去打一个印。在规定的时间里去印的是蓝色,迟到一分钟或早退一分钟,打出来的就是红色"。④ 从而,职工上下班须到钟前确认时间,作为计算工薪的根据。

责任考核。如《公司组织规程》第九条规定:本公司职员处理事务,概须签名盖章以明责任。⑤ 至1935年12月26日,公司正式施行《巡回视察团办法》:一、内部视察办法:(1)总值日每日8时半出发巡视一周;(2)经理随时亲出视察;(3)每星期六下午5时由总经理会同经理、各处课长总检查

① 参见《合同章程及第七年度报告》,1935—1938年,档号1040-1-1548;《江南汽车股份有限公司第十六年度(三十六年)业务报告》,1948年,江南汽车公司档案,档号1040-1-735。
② 参见《公司组织规程》,1935—1936年,江南汽车公司档案,档号1040-1-1062。
③ 参见徐泰来:《江南汽车公司内幕》,载《江苏文史资料选辑》第20辑,江苏古籍出版社1987年版,第267页。
④ 参见明秋:《流通京市血脉的江南公司参观记:全部人事管理均用科学方法》,《中央日报》1936年5月15日,第4版。
⑤ 《公司组织规程》,1935—1936年,江南汽车公司档案,档号1040-1-1062。

一次。二、市区各路视察办法:(1)总调派、总稽查每日分别出发各路视察;
(2)经理随时指派视察员或亲自出发视察;(3)每星期日下午1时由经理会
同车务处长、机务课长或其他视察员出发时查一次。三、长途各站视察办
法:(1)车务处长、宜兴办事处主任分别至各站视察,每周至少一次;(2)经
理随时指派视察员或亲自出发视察;(3)每月由经理指派视察员数人随同
经理出发视察一次。① 再如总经理吴琢之经常开驶小汽车(牌号100)深入
基层,到各站上去视察。每到一处,就会指出站上人员或售票员司机的不足
之处,如站上不清洁,擦洗车辆不干净,服装不整齐,对乘客态度不好等。②
同时,他发现某人工作失误,就会记下员工徽章编号,从编号入手,一一追究
相关的责任人。

　　司机考核。公司成立后,即订立《管理机司规则》《机司须知》等,为安
全服务的规范,在车务部门设稽查兼管其事。1933年11月,增设驾驶员领
班若干人,线路设行车员一人,掌管行车安全。③ 为此,公司派员随时督查
客行车时速,违者处罚。如发现来车超过规定速度时,上去问责,并记下号
码加以处罚,所以司机都不敢开快车。并要求司机平时注意休息,如春来时
就告诫"时属春冬,气候转暖,日暑较长,人易疲倦,若不振作精神,难免肇
事危险";驾驶途中,司机若觉精神不济就应立即停车,绕车一周检视机件,
藉使神志清醒,以免发生事故。④

　　查票、售票的考核。为防止售票员舞弊,查票员的成绩以查出售票员的
错误及漏票次数多寡而评定。如查票员发现某一售票员有此嫌疑时,就通
知其他查票员注意,该员再有错误,就会被发现。该公司对售票员舞弊有三
种是须严重处理的:一是废票重售;二是多收钱少给票;三是收钱不给票。
除废票重售即开除外,其余两项,稽查股听取查票员的意见,并和有经验的
查票员会同审查,也虑及该员平时工作情况,决定开除或记大过,最后再请
总经理评定。除舞弊外,漏票经查出也要记录,漏票多则表示能力薄弱,或
换到营业较为清淡的路段。具如1936年2月公司登报招密查若干人。凡
每天乘公共汽车两次以上、关心公共交通事业的人士均可担任。其任务是
在乘车时,发现员司工作错误如慢客、舞弊、服装不整、司机开快车、路上吸

① 参见《总公司各种杂项文件》,1935—1936年,江南汽车公司档案,档号1040-1-1259。
② 参见徐泰来:《江南汽车公司内幕》,载《江苏文史资料选辑》第20辑,江苏古籍出版社
　　1987年版,第269页。
③ 参见南京市地方志编纂委员会:《南京公用事业志》,海天出版社1994年版,第42页。
④ 参见江苏省交通史志编纂委员会:《江苏公路交通史》第一册,人民交通出版社1989年版,
　　第288页。

烟、到站不停、查票员不严肃、工作不认真等,并附其车票将事实写出,函寄公司特约邮箱,本人不用出面。聘定后,每月按成绩给予适当报酬。广告刊登后,引起各机关公务员的兴趣,他们每天都要乘车,应征有 700 人之多,公司经理经审查后挑选 15 名,派高级职员联系聘定,每人定一个特约密号,并说明第二个月是否续聘另再函约,每月待遇约 3—7 元。[1] 因有人时刻监督,外勤人员有做好工作的压力,所以工作格外认真。

奖惩明确。自 1934 年 7 月起江南公司发行内部刊物《江南汽车旬刊》,这是一种 8 开报纸,其内容刊载公司发展动态及公布奖惩事件。在其第一版"社论"中,总经理吴琢之常勉励员工要学好人,做好事,重视礼义廉耻。特别告诫:不要饮酒、赌博、打架;生活上要勤劳节俭,厉行新生活等。该刊发行 100 期,直到抗战才停刊。进而"为处分职工员司违犯规章及过失事件,惩戒公允起见",1936 年 4 月公司设立惩戒委员会并公布《惩戒委员会规程》,其中第四条规定:凡职工员司有违犯规章及过失事件时,由各主管处课长签陈总经理后,提交本委员会举行审询会议以审询结果拟定办法,贡陈总经理办理。第十条,凡事情重大者或主席委员认为有必要时,"得由主席委员亲自审询或于各委员外,另加其他人会同审询"。[2] 具如公司奖惩的具体方式有奖励:如记功、记大功、升级等;惩戒有警告、记过、记大过、开除等。并对开除作出具体规定:如贪污、盗窃、舞弊及揩油;打人;打架;无驾驶执照者开车;司机开快车连续发现三次等。这几条执行严格、不容情。记大过,年度考绩不能加薪升级;记过,加薪要减少等。吴琢之在公司例会时还会将近一个月内的奖惩事件,作一评判,如"售票员不要舞弊,公司防范严密、查察周到,舞弊结果是必然要开除,成为失业者,贪小失大是愚笨可耻的"。[3] 公司对奖惩执行严格,通过制定严密的奖惩规则,按照条款作好记录,到年终时就根据记录分别作出加薪、减薪或罚薪的评定。

2. 重视福利和教育

彼时江南汽车公司不仅设有各种津贴及奖金,且"注重员工福利"。如公司除特设福利科办理员工福利事宜外,另设"员工福利委员会"办理员工福利事业的设计、指导、监督事宜。如 1932 年 6 月,福利委员会主任委员吴琢之在该会第一次报告中言:"公司为什么要发动组织这个委员会呢?本

---

[1]　参见徐泰来:《江南汽车公司内幕》,载《江苏文史资料选辑》第 20 辑,江苏古籍出版社 1987 年版,第 276—277 页。

[2]　参见《总公司各种杂项文件》,1935—1936 年,江南汽车公司档案,档号 1040-1-1259。

[3]　参见徐泰来:《江南汽车公司内幕》,载《江苏文史资料选辑》第 20 辑,江苏古籍出版社 1987 年版,第 267—268 页。

来,员工为公司服务,公司给我们报酬,权利与义务本属相等。但是各员工在生活方面还有许多问题需要解决,如果不能得到合理的解决,那么虽是很小的问题,也足以影响到工作的效率。所以,各机关都注意员工福利问题,就是为解决各同人生活方面的许多事情,而使他们能安心工作。"同时,颁行《员工福利委员会章程》,其中第二条规定该会任务:员工福利事业的设计、兴革、督导;员工福利章则的审核;福利金保管审核及运用。第三条规定代表构成:本会设委员 29 人,除以总经理、经理及总务、业务、稽核、供应四处处长等为当然委员外,其余委员 16 人分配如下:职员代表 4 人,技工代表 3 人,市区外勤员工代表 4 人(站长、查票员、驾驶员、售票员各 1 人),长途外勤人员代表 4 人,夫役代表 1 人。① 从而,普通员工也能参与到公司管理中。

另外,"为谋员工起居卫生、节省消耗、服务一切为宗旨",1932 年 7 月公司再设福利委员会服务部并出台相应章则,如第四条规定:本部下设卫生、洗衣、沐浴、缝纫、理发、交通六组分别推进工作。第五条,本部经费应按事实需要造就预算,报请委员会核拨:开办费;经常费,每月暂定 2000 元按月向委员会总务组支领,于月终按实报销;临时费,临时必要费用造具预算,报请委员会核准支用。② 该公司还建立职工退休金、奖金、抚恤金等制度,并规定员工及其家属可享受免费或半价乘车,职工享受医疗和住房补贴、带薪休假、工作服等保障待遇。③ 凡此种种,足见其对职工福利的重视及关切。

并且,关注教育学习。如为"编辑各项有关业务之刊物,计划各项刊物之撰著发行",1935 年江南汽车公司特设刊物编辑委员会,并公布《刊物编辑委员会组织章程》。其中第四条规定该会职掌事项:(1)本公司现行刊物的审查改进;(2)本公司业务上各种刊物的设计、编辑、撰著、印刷等;(3)交通、汽车管理以及其他科学书报的编译、撰著、发行等;(4)宣传业务的图画、文稿的发行。④ 另"为谋员工公余之暇,增进学识,陶冶情性,参考资料,辅导自修之旨",1935 年公司设置图书室,并于《员工福利委员会图书室章则》第三条规定:本室除购置国有重要图书外,兼采集外国的科学名著暨世界文学图书杂志画报等,及各项法规参考书籍标本模型等,并随时添置国内外新出书籍,以便浏览参考。第四条,本室经费由大会每月规定支拨外,必

---

① 参见《员工福利委员会会议及章程》,1932 年 6 月,江南汽车公司档案,档号 1040-1-58。
② 参见《消费合作社等章程》,1937 年,江南汽车公司档案,档号 1040-1-24。
③ 参见《员工福利卷》,1944 年 6 月,江南汽车公司档案,档号 1040-1-315。
④ 参见《总公司各种杂项文件》,1935—1936 年,江南汽车公司档案,档号 1040-1-1259。

要时得向热心资助者筹募。① 同年，公布《图书室规则》。

此外，提倡文娱。如为"锤炼员司体格及增进合众精神、联络情感、正当娱乐起见"，1936 年 6 月 14 日公司俱乐部设立篮球组，并派考工股股长汪天龙为篮球干事并通告《篮球俱乐规则》，规定篮球运动时间：每日上午 6 点至 7 点半、下午 5 点半至 7 点。② 且因"体格强健方胜繁剧之任务。公司之内勤人员终日伏案工作，运用脑力时多固之与体力不相平衡。倘不为之调节，弥破偏废，则畸轻畸重形成病态，终至影响工作效率"，该公司 1936 年实行健身和早操、施加军训"成绩亦优"。1937 年军训不续举办，"恐过去操习之效能固停顿而废弛，且日趋于孱弱影响工作效率，兹为增加同仁之健康暨温习军训之教练"，决定于每日晨间 7 时起始（夏季 6 时半）早操半小时，或施以军操基本动作或授柔软健身运动，如愿习国术者则授以太极拳太极剑等，全体职员一律参与，"任何人不得规避请免，并定奖惩办法处罚极严，实施数月，成效颇著"。③

综上所述，据抗战胜利后江南汽车公司档案所载："一般员工之体力及工作水准，普遍远逊战前。"④ 可见，彼时公司不仅事业辉煌，且员工也处最佳状态。高工资、福利好，奖惩分明，各人能习得技能又掌握知识从而获得全面发展等一系列的优越条件，从而兢兢业业、心系企业。此情亦可从抗战胜利后，员工纷纷向往回归公司的情景中可见。⑤ 简言之，该公司通过考试选拔和施以培训、严格考核和重视福利及关注教育与学习等一系列的"以人为本"管理模式，使得公司员工全面发展，并在抗战前企业达于极盛。

①　参见《消费合作社等章程》，1937 年，江南汽车公司档案，档号 1040-1-24。

②　参见《总公司各种杂项文件》，1935—1936 年，江南汽车公司档案，档号 1040-1-1259。

③　参见《合同章程及第七年度报告》，1935—1938 年，江南汽车公司档案，档号 1040-1-1548。

④　《各种章则办法程序》，1947 年，江南汽车公司档案，档号 1040-1-1147。

⑤　具如常嘉贤（时 34 岁）于 1933 年考入江南汽车公司："充任京市第一次通车市区第十三号售票员，计四年又五月之久，始终担任第一、第四两路售票员，兢兢业业，未敢稍懈……公司复业造福京市民众，而公司为交通界之鼻祖，贤故投前报道，垦请录用。"吴家梅（时 42 岁）表示："窃职战前服务于兴华公司为查票员，惟该公司营业不振、逐日委蚀，终久归并于江南公司。执业复经本公司王经理两月考察合格，蒙保送江南公司服务，为查票员之职……公司还京，职蒙通知令前来，无论录取与否，职则不胜感戴。"周孝似（时 34 岁）自 1936 年秋考入该公司："仅短短服务外勤一年（二路售票员）……公司方面带着光明复员于首都开始复业，今为公司甄审外勤之日，余如侥幸录取，绝对抱定交通事业既是余终生事业，替公司服务，换句话说就是为国家服务。"（参见《招考战前售票员国文试卷》，1946 年，江南汽车公司档案，档号 1040-1-162）

二、精神建设和良好服务

问题实质在于,运输生产具有服务性。运输生产为社会提供的效用不是实物形态的产品,而是一种劳务。[1] 即运输的重要价值为舒适,"人类之文明程度愈进化,则需要舒适之欲望愈高。都市之交通工具,大都专为客运,故于舒适之条件,比之任何运输为重要"。都市人士"惯于物质享受之生活,则对于交通工具之选择,自以舒畅华美为目",故舒适条件"亦为都市公共交通工具所应具者"。[2] 由是,一个好的运输企业并不仅是把旅客运送完即为结束。江南汽车公司即是如此,重视企业精神建设并强调良好服务。

(一) 重视精神建设

彼时,江南汽车公司的车辆给人以外部视觉及内部感受舒适,如"行驶客车外观内座力期美观舒适,车辆机械既均新购,车身式样每都改易新型,凡此种种均属竭尽绵薄之力,甘受牺牲损耗"[3]。具如公司市区所有行驶客车,每次虽到达起讫点站仅停留几分钟时间,由站上工人揩擦外表,内部掸灰扫地浇水,以保整洁。即使长途客车回来,也要在逸仙桥站冲刷洗抹,外观不留灰尘。[4] 这些都列为考核项目,常派人督查。由此,该公司"客车外观务期整洁美观、色彩和丽,车座舒适精美,以增乘客之快感"[5],相较于兴华汽车公司灰垢满车的景象,显得分外出色,赢得民众的良好印象。此外,其修车厂还有车辆检验台,能将车辆顶起,察看内部机件组织;有修车坑道,修理工在坑道内,用灯光反照车内机械发动后的状况而施工;有客车冲洗台,能同时冲洗车身四五辆。[6] 这一系列设备在南京为首创,在国内各地亦所罕见。

同时,该公司注意整洁有序,如其事务股"就专事执掌清洁卫生事项"[7]。1935 年为推行新生活运动起见,《整洁检查办法》公布施行,"除通

---

① 参见王惠臣:《论运输管制:公共性与企业性的悖论》,高等教育出版社 1997 年版,第 39 页。

② 参见吴琢之:《都市合理化的交通工具》,载《交通月刊》第一卷第一期,京华印书馆 1937 年版,第 38 页。

③ 《南京市征特别补助费用》,1937 年,江南汽车公司档案,档号 1040-1-1503。

④ 参见江苏省交通史志编纂委员会:《江苏公路交通史》第一册,人民交通出版社 1989 年版,第 286 页。

⑤ 《江南汽车公司组织》,1933—1937 年,南京特别市政府工务局档案,档号 1001-3-84。

⑥ 参见徐泰来:《回忆南京江南汽车公司》,《钟山风雨》2001 年第 1 期。

⑦ 《公司组织规程》,1935—1936 年,江南汽车公司档案,档号 1040-1-1062。

告各员工一体知照外,令印发该办法,系即遵照办理为要":一、各办公地点、工厂、车站由各单位主管负责督促随时注意整洁。二、各办公处办公桌上的文具、公文用品等件及办公桌抽屉内所置物品,均应由各使用人员随时整理放置整齐。三、各公共场所如场地、走廊、宿舍、饭堂、厨房、厕所等处,应由该位的庶务人员随时注意整洁。四、每星期六下午4时,由总经理经理率同各处室厂主管人,逐处检查必要时并随时抽查。五、检查时由总经理经理记录整洁程度,作为考绩时参考,如有应行注意改进之处,于检查完毕后,由秘书室通知改善。六、经通知改善事项,如经下届检查发现仍未改善者,即予处分。①

　　且注重企业形象。如外勤人员的制服由公司制发,"不仅对外服务之观瞻上,收整齐一致之效;且以衣帽上有职别号数易于辨认,对乘客服务工作时,自知警惕行动上有所顾忌"。即驾驶员、售票员等身着统一式样的呢制服,佩戴帽徽领章,给人以庄重、整洁之感。然,内勤人员尚未规定服装,"各从其适以致装束不一、殊觉参差。现在各机关公务人员,既多穿着制服,二来京市同业公司、交通机关等组织团体来本公司参观内部管理及设备者日多。办公室内服装各式,咸具似不整齐;且遇集团出外参观旅行之际,服式各别,亦觉影响纪律精神"。公司遂于1937年起规定内勤职员制服式样为中山装,材料用国产厂布,帽用陆军式、上缀以公司徽章,纽扣用公司商标,每人制两套。除帽及纽扣由公司发给外,衣服工料公司贴给1/4,自己负担3/4。制就后,全体职员无论任何职别一律服用,"此后全公司人员均有规定制服,颇觉整齐。为切实励行计,并规定凡公司场所以内非衣制服不得入内,服装虽为形式,而形式整饬,仍影响于内在之纪律精神"。② 即对内外勤人员均规定统一的服饰。此外,给每位工友佩发一枚"江南汽车公司"徽章,上镌员工工号。徽章总长6.5厘米,由两部组成,上部为公司商标,由两个四方形交互叠加,呈八角符号,象征四通八达,中镌篆体"江南"二字,以示"一统江南运输事业"寓意。下部为公司的奔驰大客车图形,下镌美术体"江南"二字,与上部"江南"对应,字体又不雷同,上下两部有一根金属链相连。③ 配置标识的设计制作,至为精巧。

　　易言之,斯时江南汽车公司修车厂里还有一间调度室,"要叫什么人时,他们利用电的作用只要按一按号码,就可以了。这种地方,都是他们所

---

① 参见《内部整洁检查》,1942年7月,江南汽车公司档案,档号1040-1-276。
② 参见《合同章程及第七年度报告》,1935—1938年,江南汽车公司档案,档号1040-1-1548。
③ 参见徐印:《一枚"江南徽章"隐藏动人公交旧事》,《金陵晚报》2011年1月29日,D3版。

有的新式的关于人事管理上的科学设备"。再据时人参观后评论,"我们一走到江南公司的附近,我们看见那房屋的整齐,就觉得这公司有着十分朝气"。而进入总管理处这一层上,"精神就有一种特殊的爽朗。我们真没有看见,不论在学校里、机关里、军队里,或者顶考究的私人家庭里,卧室的整齐清洁,会比上他们的职员宿舍。光线充足、空气流通、被褥清洁整齐,屋子里没有一样凌乱的东西,真可以说连灰尘也没有"。① 即工作环境犹如人的外表,洁净优美、井然有序的环境能让人赏心悦目,能联想到该企业管理有方、发展有望。所以来宾参观后赞誉不止,江南汽车公司的名声也由此增高远播。此情诚如 1936 年 10 月 1 日《江南汽车旬刊》第 61 期刊登售票员内部流传的一首《售票员上班歌》(作者朱友生)所言:

　　　　钟点到了,我们要上班,背起钱袋,拿着票版,先查服装,后看跑单。走到车上,把车子看一看。亲爱的车子啊,我问候你早安! 我们每天共患难,你的辛苦,也和我一般。你早日出厂早,你晚上进厂晚。你胸怀宽大,你身体康健,你还有清洁美丽的容颜,能使乘客满意喜欢。我振作精神把工作干,努力工作是我的志愿。我能受气,也能耐烦,我不尤人,也不怨天。久而久之,人格自显。我这样勤勤恳恳地生活,已成习惯。钟点到了,我们要上班。②

(二) 强调良好服务

江南汽车公司认为,交通运输为消费者生产优质的商品不仅是物质更是精神,即良好的服务精神。要体现于此,就要提高服务质量,并以此作为指导业务的基本方针。

1. 服务态度

公司经营初即明确主旨为"行车尽力谋求于乘客之安全、舒适、便利"③。且总经理吴琢之开会时常说:公司前途美好,职工同公司关系是鱼水一样密切,所以必须对公司忠心,对公司事业认真爱护。乘客是我们养命之源,一定要和蔼对待,不能得罪乘客,要招呼周到。④ 1936 年,公司进一步

---

① 参见明秋:《流通京市血脉的江南公司参观记:全部人事管理均用科学方法》,《中央日报》1936 年 5 月 15 日,第 4 版。

② 徐印:《女售票员上岗引起满城风雨》,《金陵晚报》2010 年 11 月 15 日,C8 版。

③ 《各种章则办法程序》,1947 年,江南汽车公司档案,档号 1040-1-1147。

④ 参见徐泰来:《江南汽车公司内幕》,载《江苏文史资料选辑》第 20 辑,江苏古籍出版社1987 年版,第 268 页。

提出"以经济、安全、迅速、便利为主旨,以期乘客之舒适、愉快"的要求;规定外勤员工"对乘客态度应极和蔼、言语亦极和平礼貌,服装整洁,老弱妇孺应扶持上下,携带物件应帮助提携,拾获遗物应不自昧";规定礼貌用语是"请、对不起、请原谅、谢谢你"等。① 即作为江南汽车公司员工,要有"相当的礼貌,和蔼的态度,安详的举动,委婉的语言"②,最大程度地让乘客满意。

具如公司《须知总纲》中要求,站务人员在工作时间以内,一切行动均应以公司利益及方便旅客为目的。如其《站务人员须知》中对站务人员要求主要有:对待旅客要态度和蔼,据实详尽答复旅客的询问;每日照路线行车表的规定顺序派车;加车时,应按旅客客票多少,分别路线远近而后加车,以免空驶里程;无车可加时,应即制止售票。③ 再如其《市区各站组织规程》第八条规定:本公司在路线较长之中途站及冲要地段,配派服务员在站台工作,其任务为:照料乘客上下车辆及维持秩序;答复乘客有关行车的询问;附近行车事项的协助处理;其他有关行车的指派事项。④ 1933 年,该公司呈送市工务局《南京市公共客车计划》"注意服务种种"一项中亦提出:"怯除流弊,慎选员司,服务乘客须态度和蔼,言辞周详,用以指导乘客。"⑤由见,该公司对外勤人员的服务规定较为具体。

嗣因"时届酷暑,车上工作员司极易感染疫病,而车内乘客亦常有中暑等病情。为防患于未然,以备临时急救起见,特制发药袋交由车上员司携带应用",江南汽车公司于 1936 年 6 月 20 日出台《使用急救药袋办法》:公司为预防夏令各客车乘客及工作员司突患疾病,特备急救药袋等交各机司或售票员负责携带为适当的应用;急救药品袋由各车员司负责保管,在工作时必须随身携带,否则"一经查觉,应严予处罚"。⑥ 且其"除应负之服务交通职责而外,对于国家及社会事业无不勉竭绵薄以贡助",如组设江南汽车公司新生活运动委员会推行新生活运动外,外勤人员则编劳动服务团,于工作时服务群众。⑦ 再如 1936 年春节,从湖熟至南京的班车上只有一个乘客,

① 参见南京市地方志编纂委员会:《南京公用事业志》,海天出版社 1994 年版,第 38 页。

② 江苏省交通史志编纂委员会:《江苏公路交通史》第一册,人民交通出版社 1989 年版,第 287 页。

③ 参见中国公路交通史编审委员会:《中国公路运输史》第一册,人民交通出版社 1990 年版,第 175—176 页。

④ 参见《公司组织规程》,1935—1936 年,江南汽车公司档案,档号 1040-1-1062。

⑤ 《江南汽车公司组织》,1933—1937 年,南京特别市政府工务局档案,档号 1001-3-84。

⑥ 参见《总公司各种杂项文件》,1935—1936 年,江南汽车公司档案,档号 1040-1-1259。

⑦ 参见《南京市征特别补助费用》,1937 年,江南汽车公司档案,档号 1040-1-1503。

该公司也照样按时行车。① 即"乘客于某一段时间内似属拥挤,但早晨夜晚即往往仅有去程乘客而无来程乘客甚至空驶,公司为维持交通,复不能不保持固定之密度"。② 从而,其提供的优势服务给人们留下良好信誉,认为乘坐该公司汽车间隔均匀、乘车无需久等,不会误事。

　　2. 争取乘客

　　江南汽车公司除在规章中规定服务细则外,心系乘客、提供便利,不仅有制度上的规范,亦有行为上的实施。如 1932 年"一·二八事变",国民党第十九路军在沪与日军奋战,京沪铁路中断,军运、交通依赖京杭公路维持。其时南京危急,国民政府决定迁都洛阳,官员商贾以京杭公路逃生,向江南汽车公司包车。公司遂和浙江公路局恰妥,增加大批客车接运。短途班车,除开宜兴、溧阳、句容每天各有一二班外,余则完全驶于京杭路。短途班车中的二三辆卖客票,大部分做包车。因包车计价是按载客最高数计,比实际乘客数要增二成左右,且客票车回程客少,包车照算回空费所以更加有利。公司全体职工集中到南京站,不分日夜工作,帮旅客搬运行李,招呼上下。司机派双班开到长兴,连夜轮换开回。机工在站等候,立即检查保养整修,次晨黎明照常开出。忙十余天,后因浙江段内发生覆车事故,2 名乘客丧生,同时公司内外勤人员久劳积疲,司机都常失眠,怕出事故重蹈覆辙,因此暂时宣告停业 10 天,整修车辆。③ 但此短期内,京沪铁路中断,京杭公路运输繁忙,车辆供求超 3 倍,一周内避难旅客不下数千,公司收入颇丰。④ 在繁杂紧急之际,职工对旅客询问与要求,仍然婉言应对、耐烦耐劳。

　　此外,公司还采取多种形式争取乘客。如在营业班次上,有直达车、区间车、团体包车等,还办理直接联运、衔接联运及铁路联运,并在南京、句容、溧水、宜兴等地段开区间车,实行旅客购来回票 3 天有效。具如公司在京杭路长途沿线各站房前规定修建花圃、栽花种树,以便旅客停车小憩。如1933 年 1 月《京杭联运直达车章程》第五条规定:联运直达车在宜兴站应停半小时,该站设有食堂,以便旅客午餐。第十一条,联运行李如有遗失情事,得按照下列规定赔偿:衣箱皮包皮箱等每件最多以 50 元为限;铺盖每捆最多以 20 元为限;网篮全件遗失每件最多以 10 元为限,但篮中所装物件如有

---

① 参见江苏省交通史志编纂委员会:《江苏公路交通史》第一册,人民交通出版社 1989 年版,第 287 页。

② 《各种章则办法程序》,1947 年,江南汽车公司档案,档号 1040-1-1147。

③ 参见徐泰来:《回忆南京江南汽车公司》,《钟山风雨》2001 年第 1 期。

④ 参见江苏省交通史志编纂委员会:《江苏公路交通史》第一册,人民交通出版社 1989 年版,第 287 页。

遗失不负赔偿责任。① 再如 1935 年将长途乘票降价，"现在鉴于暂售半价为期已久，亟应加以确定俾作准则。按之现售原价对折，尚适合于行旅之担负"，拟自 7 月 1 日起按照"现在各站客票价目即作固定票价"，即将原定票价每一华里收费 2 分改为 1 分。② 即其长途各线通过减低票价招徕乘客。

概言之，江南汽车公司提供服务，"斯时往来车次允称相当稠密，对客谦和周到，行车迅速安全，是以营业日有起色，行旅交相称便"③。诚如当时媒体所赞誉那样，"江南汽车公司热诚为社会服务以来，交通称便，整个京市因以繁荣活跃不少，此乃贵公司之光荣"④。由见，该公司重视企业精神建设并强调对乘客良好服务，继而使企业得到社会的肯定与认可。

三、关注成本和改进创新

近代我国汽车业务的开支中，汽车本身的消耗及材料、汽油、轮胎约占 70%，"而此百分之七十均属舶来之品，均与外汇比率有关"⑤。可见，当时外来品已占汽车公司支出的大宗，然江南汽车公司仍持力节省，在降低成本和改进创新等方面不懈努力及探索。

（一）降低企业成本

1. 善购车辆

时人曾论："江南汽车公司里的一位大功臣，就是总经理吴琢之先生。他实在是一个极有才干的人物……要不是有这样一位精明干练的人物主持，我们相信江南汽车公司决不会发达到今日这样的成绩。"⑥ 即吴氏因在浙省公路局多年，经购车辆的经验丰富，不但了解车性，且行市也较为熟悉。公司开办初准备行驶长途，其即选购"道奇"牌车，价格虽高但经久耐用。后来行驶市内公共汽车，路面为柏油，速率又有限制且不易损伤，他即购买比较低廉的"利和"、"雪佛兰"。为准备 1933 年全国运动会场往来车辆，除买 30 辆新车底盘外，还购置旧英制阿尔平（大英牌）及旧法制兰奴厂牌底盘共 50 辆。这批旧底盘，原为上海英法租界当局接送本国海军陆战队上岸时使用。因年代较久须换新车所以低价卖出，每辆仅 500 元。因平时不常

①　参见《合同章程及第七年度报告》，1935—1938 年，江南汽车公司档案，档号 1040-1-1548。

②　参见《票价变迁》，1934—1935 年，江南汽车公司档案，档号 1040-1-1507。

③　《江南汽车公司股东名册》，1936 年，江南汽车公司档案，档号 1040-1-1393。

④　《更正新闻卷》，1936 年，江南汽车公司档案，档号 1040-1-180。

⑤　参见《各种章则办法程序》，1947 年，江南汽车公司档案，档号 1040-1-1147。

⑥　明秋：《流通京市血脉的江南公司参观记：全部人事管理均用科学方法》，《中央日报》1936年 5 月 15 日，第 4 版。

用,作为汽车制造专家吴氏考量后发现,这些底盘的机件相当完好,于是便出资购买。① 这些底盘装上漂亮车身,照样载客营业。这样新旧搭配使用,行车成本也大为降低。

购置柴油车。柴油车载重较汽油车大,且柴油价格较汽油便宜,可节省燃料费用,降低运输成本。1934 年德国奔驰厂的柴油车行销到中国,正寻找出路。吴琢之知道柴油车性能,既牢固耐用、负荷力又高,柴油价格又低于汽油,每一加仑柴油的行驶里程又比汽油的里程要多,计算起来经济合算,但是车辆价格比汽油车"道奇"要贵 60%,比"利和"、"雪佛兰"更高一倍。经其考虑,车价是一次性的,经济合算要考虑长期因素,于是决定大批购买柴油车驶于市内,以降低燃料损耗。他特地到上海接洽德商捷成洋行,江南汽车公司作为洋行的推销经理,要求价格按洋行售给经理行的折扣率计算。磋商后订立合同,于是公司公共汽车逐步改用"奔驰"柴油车。② 从而,公司经采购柴油车试用后,经统计结果,"深感柴油车之购价虽巨,经常之消耗较之汽油车实为经济。尤其是行驶市内之公共汽车,设站较密、随停随开,消耗燃料更多者尤为经济。故决计此后添购车辆时,当以柴油车为标准"③。随之,公司购进 150 辆柴油车与兴华汽车公司竞争。兴华购进美国倾销的汽油车对抗。但汽油消耗成本较柴油车高达三倍,致使兴华在经济竞争上处于不利。④ 即柴油车底盘大,车身可放长、车座可加多,从而江南"减低消耗以节费用,凡繁盛干路用柴油车行驶,兹所规定已较现在为廉,此后办理发达或可更减"⑤,由是可减少支出一半以上,所获利润更为丰裕。

另为降低成本,该公司整理汽油车。如其"运用于消耗虽比柴油车为不经济,但载客营业用途上固与柴油车无所轩轾。故公司市内公共客车悉用新购之柴油车,至于原有之汽油车,实际上固仍可应用。但以公司之营业现状,长途与市区均感觉车辆不敷应用,能多增一车即可多增营业"。从而,整理所有汽油车,车辆使用过久但式样陈旧而机械尚坚固完善者,重建车身加以改造(如爱尔宾等),分配于长途的区间段及增加班车用。购用不久机械尚新者,则分配于长途干线为正班车。且虽经休整而损坏较甚、燃料

---

① 参见徐泰来:《江南汽车公司内幕》,载《江苏文史资料选辑》第 20 辑,江苏古籍出版社 1987 年版,第 273 页。

② 参见徐泰来:《江南汽车公司内幕》,载《江苏文史资料选辑》第 20 辑,江苏古籍出版社 1987 年版,第 273 页。

③ 《合同章程及第七年度报告》,1935—1938 年,江南汽车公司档案,档号 1040-1-1548。

④ 参见石三友:《江南公司兴衰》,载《金陵野史》,江苏人民出版社 1985 年版,第 116 页。

⑤ 《江南汽车公司组织》,1933—1937 年,南京特别市政府工务局档案,档号 1001-3-84。

损耗太多者,则用作临时加车及包车用。至于公司所存的一部分停业的客车,"当初本以廉价购进,现在则以配件缺乏无可修复,或以过度损坏不堪再事重用(如兰奴等牌号车),徒有车辆之虚名已失应用之失效,则悉拆除,利用其废铁旧料而肃清"。由此,公司计划"俟柴油车增购既多,然后自市区以逐渐推行长途,始干线而渐及支线,然后汽油车方能逐渐汰除"。①

2. 维修保养

江南此前的汽车公司,均无车辆维修厂。1931年该公司创办之初即开设修车厂,进行车辆维修保养,避免发生故障。即为能给乘客提供良好服务,行驶车辆必须保持完好,由此须重视维护保养。修理方面订有规划,凡行驶满两年的,不论新旧车,即使还可行驶都须进厂全部大修(抬下车身拆引擎为大修)。如行驶相当时期几个部分有不合标准的,即进行中修(单拆引擎),决不苟且草率。使用中的车辆夜晚回场,必先检查车身内外,有无擦伤撞碰,后开到冲洗台上冲洗刷抹,内外整洁后,才开进场检验保养。②对于局部故障车辆,挂上待修牌填表报修,由派工股派工修理,规定当晚修复而次晨按时出厂,"不以车辆小损之姑息,而发生剧坏亦不以无谓之停修,而放弃营业"。如此维修保养及时,使车辆小损不扩为大损,局部不妨全面。同时,还规定车辆遇有损坏,除有乘客证明外,概须驾驶员赔偿。③时因公共汽车行驶频繁,"车辆之修理保养工作随之加重,为应付需要计",修理厂员工亦采取双班及三班轮值制。④凡此保证车辆的完好,并提高其寿命。

另外,每日车辆回厂先至洗车处清洗,再至检验车库检查。检查分机械和车身两部分,须开到坑道内进行检验,机械发动中,用灯光反照内部运动状态,以检查是否正常,并及时校正螺丝松动。由电、木、铜、机、胎各工匠检查登记,经检验股检验,合格者施加润滑油,开到大车库停放,第二天才能出车。这样,次晨出厂的车辆,是健康完好的。车辆行驶到一定时间,还须进厂详加检验,柴油车规定为4000公里,汽油车则为3000公里。⑤由是,公司"力求机械坚固精良。行驶客车机械随时整饬修理,一经行驶路途不使

①　参见《合同章程及第七年度报告》,1935—1938年,江南汽车公司档案,档号1040-1-1548。
②　参见徐泰来:《江南汽车公司内幕》,载《江苏文史资料选辑》第20辑,江苏古籍出版社1987年版,第270页。
③　参见南京市地方志编纂委员会:《南京公用事业志》,海天出版社1994年版,第45—46页。
④　参见《各种章则办法程序》,1947年,江南汽车公司档案,档号1040-1-1147。
⑤　参见南京市地方志编纂委员会:《南京公用事业志》,海天出版社1994年版,第46页。

稍有损坏,对于乘客担保决无中途停顿之流弊"①,并规定"行车较繁的一等站,得由公司派驻机务员协助办理有关技术上的检修事项"②。诚如当时南京警备司令部致函该公司:"因贵公司机厂机件均甚完备,修理不感困难"。③ 公司机械师是外国汽车公司学徒出身,经验丰富且技术优良,吴琢之又专攻机械制造,进而相得益彰。

不啻如此,江南汽车公司行驶长途的新车,因路面较好,驾驶人员的保养爱护又周到,一般按5—7年折完还有残值。市内公共汽车,因柏油路面,行车速率又有限制且不易损坏,按7—10年折完尚可估值参加生产。④ 易言之,公司"平日注意保养与修理,故第一年度所购的道奇汽车"虽已超过5年而实际上"仍能行驶运用"⑤;从而"提高车辆行驶效能,维持车辆应有寿命,减轻经营成本"⑥。即其股份及资本快速扩张,主要是公交车辆大部虽已折旧完,但依然完好仍旧可用,重估后可列入资本所致。

3. 关注油料和配件

抗战前江南汽车公司除薪资外,"此外大部分开支,均在油类,轮胎,器材"⑦。如彼时汽油"为京市飞机及汽车发动引擎之唯一燃料",南京油业最大者为美商美孚公司、英商亚细亚公司,两家出品各达百种以上,"行销最广"。其次为美商德士古公司,"出品较少、营业尚佳"。具如1931年南京市油价,汽车用汽油每听约价5元4角—5元6角。⑧ 再如壳牌汽油1930年1月每听价2.6元,1931年1月上涨至5.38元,1932年1月又为5.60元。⑨ 事实上,江南汽车公司非常注意油料价格,反复调查进行市场比较。当时南京汽车油料由上述三家外国公司垄断,它们想多销多赚,彼此间有矛盾。为买到便宜油料,江南常周旋于三家公司间,利用彼此竞争得到优惠。各国洋商见及该公司高声望及每日颇巨的营业额,都想垄断其业务。洋行中国经理常亲自拜访吴琢之,吴每次也直接和洋商打交道,并言:三家公司

① 《江南汽车公司组织》,1933—1937年,南京特别市政府工务局档案,档号1001-3-84。
② 《公司组织规程》,1935—1936年,江南汽车公司档案,档号1040-1-1062。
③ 参见《战前征车京市汽车总部文件》,1937年3月—1938年5月,档号1040-1-382。
④ 参见徐泰来:《江南汽车公司内幕》,载《江苏文史资料选辑》第20辑,江苏古籍出版社1987年版,第262页。
⑤ 《合同章程及第七年度报告》,1935—1938年,江南汽车公司档案,档号1040-1-1548。
⑥ 《各种章则办法程序》,1947年,江南汽车公司档案,档号1040-1-1147。
⑦ 江南汽车股份有限公司:《十年业务报告:二十六年度——三十五年度》,1947年8月印行,第16页。
⑧ 参见实业部中央农业实验所、南京技术合作委员会给养组合编:《南京市之食粮与燃料》,1932年编印,第61、75—76、83—84页。
⑨ 参见南京市地方志编纂委员会:《南京价格志》,海天出版社1996年版,第287页。

我都愿意做生意。不过多买或少买谁家，我不能做主，只能请你们的价格做主。谁给我的价格优惠，我们当然多买。英美洋商的价格表面上统一（如汽油价每加仑6角5分，柴油价每加仑2角8分），但为拉拢常往来的大客户是可给予优待的。如亚细亚答允每加仑减3分，吴就对另两家美商说："亚细亚优待价是6角2分，你们看着办吧。"于是美孚表示减1分，德士古表示可减1分5厘。[①]　这样反复磋商，跌到最低限度，才达成协定。即该公司以较优惠的价格，选购合乎标准的油料，达到自身利益最大化。

并且，当时国内自制轮胎很少，汽车胎都是外国产品，其中以"嘉年"和"老人头"两品牌为巨。它们在上海售价，表面上由所谓橡皮公会组织议定，按美金折算市售牌价。但实际售价，则是按牌价打折扣。例如先打一个八五折，再打两个九折，老主顾还可打九五折以及九八佣金折。如采购时市面行情不熟，就会大为吃亏。江南汽车公司所用轮胎，主要是"老人头"和"嘉年"，但是又置一些美商的"法斯登"和日本石桥厂的产品。在和这些非名牌的推销商人联系中，江南可探出名牌产品的价格内幕，摸到轮胎的底价，交涉购价时就可击中对方要害，其不得不以最低价售给。如这两家联合把持，还可向小厂买用，操纵之权尽握手中。[②]　再利用这两家竞争的内部矛盾，迫其迁就，这样就可买到低价的轮胎。如此精明，让公司每年燃料、轮胎两项减费不少，使运营成本逐渐降低。

此外，五金材料、汽车配件、木材和漆料等也是汽车公司较大的支出。其时自由市场中，此类商品供需不定，价格涨落无常。公司经理吴琢之对材料库的每日购料日报表都亲自审核，又常到上海，所以行市十分熟悉。经比较，上海价低就向上海订购，南京便宜就在南京买进。他看到某一项买价稍高时，即向材料科长沈衍垓指出不当之处。这样该科采办人员不但不敢舞弊，且学会讲价的策略。因公司名气大、声誉好，南京的五金商店、铁号、木行，都想做其生意，便在价格上妥协。公司每建造一批车身时，所购进的物料价有数万元之多。照例是开出进货计划，填询价单，向各有关商行询价，要逐笔注明规格、牌号、单价、最高的可售数量；同时又去上海询价，之后再看南京各家所开的底价逐项比较，再作决定。[③]　由是，公司就每项配件选择

---

①　参见徐泰来：《江南汽车公司内幕》，载《江苏文史资料选辑》第20辑，江苏古籍出版社1987年版，第273—274页。

②　参见徐泰来：《江南汽车公司内幕》，载《江苏文史资料选辑》第20辑，江苏古籍出版社1987年版，第274页。

③　参见徐泰来：《江南汽车公司内幕》，载《江苏文史资料选辑》第20辑，江苏古籍出版社1987年版，第274—275页。

最低价格成交,以减少经营成本。

另由战后江南汽车公司"汽车上所用配件,轮胎,质料不佳,不如战前耐用"①来看,可见抗战前该公司采购材料的品质优良及经营策略的精明。由见,"处于低成本的公司可以获得高于产业平均水平的收益",因为其低成本意味着"当别的公司在竞争过程中已失去利润时,这个公司仍然可以获取利润"。② 可以确定,江南汽车公司正是这种"低成本"企业,从而其可以持续获取利润、最终发展壮大。

（二）持续改进创新

彼时,"我们都知道江南公司是赚钱的,但是他们将所赚的钱,都用在求改进,求扩充上"。③ 即该公司将所获利润不断用于建造、改良车身及自主研发燃料等方面的改进与创新上。

1. 建造车身

时人有论,"中国若汽车工业不能建立,建国大业就缺少了一环"。④ 然我国汽车制造厂未创办前,各省市公私汽车"向均购自国外,辄由各国厂家驻华分厂或代办人经理"。但江南汽车公司并未安之若素,在车辆制造及燃料替代上均有探索。如其发展规划中指出:"汽车之制造均属舶来,倘不自谋创制,则交通愈发达,漏卮则愈巨。公司虽设备简陋,而数年以来对于配件材料力自仿造应用,虽或工料价格较昂,但自计或可因此牺牲,而能藉此努力,以为他日试造车辆之基础。"⑤

具如江南汽车公司的设计股专事"职掌修造各车身之设计及制图事项"⑥。其利用货车底盘自行设计建造客车车身,车厢座位由马蹄形改为横排,车门改设车身右侧。且总经理吴琢之是位汽车工业专家,对汽车上的每一个零件都了如指掌……他买了装有发动机的梅赛德斯汽车底盘,然后再在上面造出车身,他还买过一个林肯车底盘,自制一个和那时候的林肯牌一样的车身。⑦ 由此,该公司在车辆设计上力求美观,车身无论在型式、线条、外表漆色上,都不断推陈出新。如1931年各地公交车一般都是方方正正的

① 《各种章则办法程序》,1947年,江南汽车公司档案,档号1040-1-1147。
② 参见[美]迈克尔·波特:《竞争战略》,陈小悦译,华夏出版社2004年版,第34页。
③ 明秋:《流通京市血脉的江南公司参观记:全部人事管理均用科学方法》,《中央日报》1936年5月15日,第4版。
④ 何乃民:《汽车与公路》,商务印书馆1946年版,第27页。
⑤ 《南京市征特别补助费用》,1937年,江南汽车公司档案,档号1040-1-1503。
⑥ 《公司组织规程》,1935—1936年,江南汽车公司档案,档号1040-1-1062。
⑦ 参见张南琛、宋路霞:《张静江张石铭家族:一个传奇家族的历史纪实》,重庆出版社2006年版,第146页。

木箱式车身,造型简陋,粗糙的手工刷漆,上层黄下层蓝,颜色单调,且无弧形角度和线条,兴华汽车公司客车如是。而江南汽车公司却不断推出式样新颖的客车,其色彩鲜明,空气流通,座位舒适。即每选一批新的车身前,吴琢之定要亲自设计,和制图员及木工领班研究,不断修改。因公司的木工领班是上海外国汽车厂的学徒出身,对造车身经验丰富,吴氏特别倚重。所以造出来的车身,一批比一批新且有改进。设备装潢也逐步提高,外表喷漆的颜色不断变换。每当一批新车身完成,最少 20 辆一定排列整齐并摄影,插上国旗衔头接尾地上马路游行一周供市民欣赏,这也是用具体实物作的广告宣传。① 诚如时人参观其车厂时发现,"现在除机器以外,其余车身完全由公司自制,并且有许多小件也都由公司仿做,这样可以省钱不少"。②

另外,该公司在经营中洞悉,由于乘客随身携物较多,而客车一般是以 1.5 吨的小道奇货车底盘改装的,最多只能设 17 位客座,车内空间狭窄,若放置行李,势必减少乘客,影响营业收入。当时普遍采用的是在车顶设行李架置行李。这种办法虽然可以解决带运的困难,但却提高了车辆的重心,影响行车的稳定性。当时公路条件较差,行驶在坡道或转弯时,有翻车的危险;车顶负荷加重,还使车辆超载,车身骨架也会早期损坏。为此,公司根据浙江省试行客车拖挂的经验,设计单轴行李挂车(见图 3—11),附挂在客车之后。挂车底盘是用三角铁做车架和牵引架,并利用小汽车的旧工字梁、弹簧钢板和轮胎钢圈等改制而成。此挂车可装载行李、包裹、邮件等 500 公斤,既保证安全、有良好的经济效益,又可避免行李被雨淋坏或在行途中震动丢失。后该公司进一步研究改进,于 1932 年又设计宽 4 尺、长 8 尺、高 5 尺(约合 1. 33 米×2. 67 米×1. 67 米)并用油布篷顶的行李挂车,载重量为 1 吨。③ 行李挂车具有防雨、坚固等优点,从而解决了长途客运行李的运输问题。

此情诚如时人所论,"我们天天在南京城里的几条干线上,看到有着许多淡蓝色的极美丽的流线型大汽车,不断地在这都会里穿流着,这就是江南市区公共汽车"。大体上,"我敢说社会上对他都很满意,因为车身比较美观、整洁,指挥训练方面也非常有秩序。我们看见江南公共汽车,差不多每

①　参见徐泰来:《江南汽车公司内幕》,载《江苏文史资料选辑》第 20 辑,江苏古籍出版社 1987 年版,第 269 页。

②　明秋:《流通京市血脉的江南公司参观记:全部人事管理均用科学方法》,《中央日报》1936 年 5 月 15 日,第 4 版。

③　参见中国公路交通史审委员会:《中国公路运输史》第一册,人民交通出版社 1990 年版,第 184—185 页。

图 3—11　江南修造厂设计制造的客车车身和行李挂车

图片来源:江苏省交通史志编纂委员会:《江苏公路交通史》第一册,人民交通出版社 1989 年版,第278—279 页。

辆都是漆得很新的,并且格式也都改为了顶新的流线型式,这就可以证明公司方面的负责,他们常在求改进之中"。① 易言之,江南汽车公司经营期间"办理客运业务,对于乘客之舒适安全,原属必备之条件……注意改建车身,及增加设备"②。

2. 研发燃料

近代南京的汽油、柴油及煤油"出口全无,几为进口"。具如 1928—1930 年南京市各项燃料进出口状况显示,其中煤油在这 3 年的进口量分别为 4541163 加仑、7341320 加仑、5130982 加仑,价值金额分别为 958827(银)两、1632328(银)两、1796729(银)两;汽油进口量分别为 393816 加仑、1062632 加仑、1282438 加仑,金额分别为 178340 两、474811 两、560403 两;柴油进口量分别为 886 加仑、2054 加仑、2243 加仑,金额分别为 20909 两、46410 两、58678 两。上述三种油类,出口全无。③ 由此,汽车等"所需汽油尽属舶品,年耗巨金利权外溢,揆诸国情实非所宜"④。而"对于减少汽油输入漏卮问题,目前当局极力注意于代用汽油方法之采用",全国经济委员会议决建设公路方针亦有"中国汽油未开发以前,应采用其他代用方法"的规定。⑤ 江南汽车公司对此亦为探索、开拓者,即针对汽车依赖洋油之弊,在

---

① 明秋:《流通京市血脉的江南公司参观记:全部人事管理均用科学方法》,《中央日报》1936年 5 月 15 日,第 4 版。

② 江南汽车股份有限公司:《十年业务报告:二十六年度——三十五年度》,1947 年 8 月印行,第 14 页。

③ 参见实业部中央农业实验所、南京技术合作委员会给养组合编:《南京市之食粮与燃料》,1932 年编印,第 71—72 页。

④ 《首都无轨电车计划》,1930 年 1 月,南京特别市政府工务局档案,档号 1001-3-159。

⑤ 参见金家凤:《中国交通之发展及其趋向》,正中书局 1937 年版,第 158 页。

企业进行"棉籽油代汽油"、"燃烧木炭车"等专题讲座,并对代燃技术展开研究及实践。

第一,棉籽油代柴油。具如全国经济委员会"以压燃引擎发明以来,其所用之柴油,于体性化性方面与植物油性质极近"。由此,五省市交委会"鉴于我国产棉居世界第三位,所产棉籽,为量极大,若能榨籽取油,以作压燃引擎燃料,则一方减低柴油之进口,一方增进棉农之收入,有益国计民生,决非浅鲜",该会延聘专家6人会同本会委员1人计共7人,合组棉籽油研究委员会。该委员会合作机关,为经委会公路处、中央大学工学院、实业部工业试验所及江南汽车公司等。研究范围共分三步:第一步为黏度试验及压燃性质,由中央大学工学院主持办理;第二步为提油试验,由工业试验所主办;第三步为驶车试验,由江南汽车公司主持。"该研究现初步试验,已预测有成功可能,将来全部试验结果,自必有圆满之希望"。①

至1937年9月18日,国民政府军事委员会南京市液体燃料管理处再发出通告:全国经济委员会公路处棉籽油研究委员会关于推行柴油掺和棉籽油应用于各项车辆及工厂办法,"嘱由本处先行设法推广于南京市一节。查本市柴油来源现极缺乏,是项掺和办法,亟应极力推行"。按照该会所定掺和比例,夏季可按80%掺和(即每百加仑油量中,棉籽油可占80%、柴油20%),冬季可按50%掺和(各占半数)。若遇棉籽油缺乏时,并可以茶油、菜油、花生油代替,亦可以火油(20%)与植物油(80%)的混合液代替。"惟使用各种植物油料时,均须施行滤清手续,其方法与柴油同,又在冬季应加预热设备,藉增效率"。由是,该处决定办法如:(1)凡各项车辆及工厂机件,使用柴油为原动力者,必须掺和植物油;(2)购买柴油时,必须同时购买应行掺和量的植物油;(3)京市方面,植物油供给量由本处先行与本市油商洽定供给办法,同时与外埠油厂接洽陆续供给;(4)植物油价格,目前虽较柴油为昂贵,将来当由本处呈请政府设法增加产量,减低价格;(5)各机关目前已有储藏柴油于应用时,亦必按适当比例加以掺和;(6)各机关对于使用柴油情形,本处可随时派员调查,以为将来发给购买柴油凭证的根据。翌月,南京市工务局即令江南汽车公司:按照军委会南京市液体燃料管理处要求的上述办法,遵照办理。②

---

① 苏浙皖京沪五省市交通委员会:《苏浙皖京沪五省市交通委员会三年来工作概述》,1936年1月编印,第58—59页。

② 参见《推行柴油掺和棉籽油应用于各项车辆及工厂办法》,1937年9—10月,南京特别市政府工务局档案,档号1001-3-74。

第二,采用酒精代汽油等。至1934年,实业部工业所曾配制过各种比例的混合液,在8缸福特牌汽车上进行试验。试验结果,在汽油中加入20%左右的酒精最理想,酒精的浓度为98%。翌年冬,江南汽车公司在南京以酒精和汽油混合作燃料,在公共汽车上进行试验,结果如表3—25。从试验结果看,当汽油中混入18%浓度为98.65%的酒精后,汽车百公里的燃料消耗量与使用纯汽油时接近。若酒精量过多,燃料消耗亦要增加。此项试验结果,与实业部工业所在1934年的试验结果一致。[①] 且利用煤气发生炉和木炭燃料作驱动,如1935年湖南省、浙江省在部分路段使用新式的代燃汽车,取得较好的效果。以江南汽车公司为代表的商营汽车运输企业,也陆续购置煤气发生炉,改装代燃汽车,并在京杭公路上试行。[②]

表3—25　酒精和汽油混合燃料行车试验结果(1935年)

试验方式	燃料成分	混合比例(%)	汽车行驶里程(公里)	燃料消耗量(加仑)	平均百公里燃料消耗(加仑)	差额(%)
一	酒精	0.00	2159.08	179.50	8.31	0.00
	汽油	100.00				
二	酒精	18.00	1293.64	108.00	8.35	0.50
	汽油	82.00				
三	酒精	22.50	1373.00	124.00	9.03	8.70
	汽油	77.50				
备注	酒精的浓度为98.65%					

资料来源:中国公路交通史编审委员会:《中国公路运输史》,人民交通出版社1990年版,第194页。

综上所述,纵观此前南京公共汽车业沿革史,"同在本市区域,同属公共汽车,过去承办者莫不亏损,而不能立足"。抗战前江南汽车公司自承办以来,"幸可勉强维持者,则以公司鉴及前车,逾越深虞,节省消耗,杜除冗费,内部管理则力持经济合理,服务人员则砥砺忠实廉洁,断不虚糜,人无闲冗,涓滴之积,累聚乃伟,以免亏损,实基于此"。[③] 此情诚如时人所论:"参观了他们(江南汽车公司)的总办事处和车厂以后,就感到他们的管理是如

---

①　参见中国公路交通史编审委员会:《中国公路运输史》第一册,人民交通出版社1990年版,第194页。

②　参见《江南汽车公司公共汽车改用柴油》,《中央日报》1935年5月27日,第2版。

③　参见《南京市征特别补助费用》,1937年,江南汽车公司档案,档号1040-1-1503。

何的科学化。他们无论什么地方,都充分地运用着科学管理方法。"①所以然者,该公司采用"以人为本"的管理模式,注重精神建设和强调良好服务,持力关注企业成本并且不断改进与创新。正是由于这些内因变量,使抗战前江南汽车公司得以发展壮大、达于极盛,不仅是当时国内规模最大的商办汽车运输企业,并成为中国公共交通行业翘楚。

---

① 明秋:《流通京市血脉的江南公司参观记:全部人事管理均用科学方法》,《中央日报》1936年5月15日,第4版。

第四章　城市人畜力公共交通的
运营与博弈

　　自 1765 年英国发明家瓦特对原始的蒸汽机进行一系列重大改进后，不但在工业革命中发挥巨大作用，同时也对交通运输产生深远影响。继 1769 年法国人古诺试制蒸汽机三轮车后，1807 年美国发明家富尔顿试制的"克莱蒙特号"汽船宣告成功。① 可以确定的是，城市交通方式的变化，是城市发展史的最好见证之一。近代城市交通方式一般分为机械动力和人畜力两大类：机械动力客运可分为火车、汽车、轮船和飞机；人畜力客运可分为轿舆、马车和人力车。1910 年 6 月中国最早的"世博会"、近代第一个大型博览会——"南洋劝业会"于南京开幕，人力车和马车业随之发展，并为大众服务。由于人力车的车辆多、乘价廉，曾是民国初年至抗战前南京城市重要的公共交通工具。虽其时各种交通方式间既竞争又互补，但伴随机械化交通的蔚然兴起，形成对人畜力工具的不断超越，最终导致后者逐而衰落、日渐窳败。当然，这亦是城市公共交通从传统到"现代性"的生成过程中无法避循的历史趋向。

第一节　人力车业的运营与生活困境

　　不可否认，任何单一速度的交通工具，不论在理论上它的速度是多快，都不可能创造出一种能满足各种需要的交通系统。即一个有效率的交通网所需要的是要有尽可能多的各种交通方式，它们有各种速度和运载量，能满足各种不同功能和目的。② 譬如人力车创始于日本，1873 年由法国人米拉输入上海，1882 年后在香港、天津及其他城市出现。即近代中国交通工具多从西方传入，唯"人力车为东方都市交通工具之一，此类交通工具，原发轫于日本东京，故又名东洋车，相传乃一美国传教士哥布尔（Coble）发明"，嗣逐渐普遍于中国各都市如北平、上海、汉口、广州、南京等市，"人力车皆

---

① 参见杨巨钧、陈励志等：《压缩时空的交通运输》，地震出版社 1999 年版，第 1 页。
② 参见［美］刘易斯·芒福德：《城市发展史——起源、演变和前景》，倪文彦等译，中国建筑工业出版社 1989 年版，第 374 页。

成为重要交通工具,其他较小都市,人力车亦所在多有"。① 由此,抗战前以人力挽行的人力车在中国城市发展起来。

一、行业运营及乘价

(一) 人力车与车夫

人力车又称胶皮车、黄包车,最初是双座,车轮高大,简陋粗笨,车轮为木质铁包,行车时辘辘作响,震动很大。不久,又从日本输入一批车身较小的单座人力车,双座车即被淘汰。单座人力车是木轮铁瓦,后来稍有改进,铁瓦上有胶皮(后又改为充气的橡胶轮胎,车厢和装饰也不断改进),圆篷黑厢,有棉布坐垫,乘坐时较为宽敞软和;靠背上有可折叠的半圆篷,用以遮日挡雨;车轴两侧装有纵向钢板弹簧,行走时可以减少颠簸;车厢下部为簸箕形,供乘客蹬脚之用;有的车并装有脚踏铃、备有线毯之类御寒用品。这种人力车比骑马、骑驴舒适。所以,上海、北京、天津等地不久出现不少人力车制造厂,开始自己生产,后传入其他城市。② 如清光绪年间,南京有下关、鼓楼、汉西门等处几家板车厂制造人力车,木轮加铁箍,车厢(木质)为方形,数量很少,为官僚、富商私用。至1904年,始有"橡皮轮盘的人力车"。斯时,上海、南京等地也因其车座漆成黄色,又称黄包车。1910年南洋劝业会肇始,从上海调20多辆人力车为南京大众服务,后有下关汇通运输行等陆续从上海买来多辆,出租营业用以载客。车轮也由铁木结构、实心轮胎改为钢圈、钢丝和充气轮胎。③ 随之,人力车逐渐成为普通代步工具。定都前因南京全市公共汽车仅6辆,加之"小火车机车损坏仅开单班,供不应求",人力车已居"本市车辆数目之最大多数,亦为市民交通之最重要工具"。④

国民政府定都后,南京人力车价格低廉、运转灵活,在不通汽车的小街僻巷随处可到,加之车型改进乘坐舒适,乘客日益增多,车辆基本上逐年增长。据1934年江苏年鉴所载,"自建公路以来,人力车数日增",计全省人力车20316辆,内租用营业9993辆,自备营业8275辆,自备人力车2048辆。⑤

---

① 参见言心哲:《南京人力车夫生活的分析》,国立中央大学1935年版,第1页。
② 参见中国公路交通史编审委员会:《中国公路运输史》第一册,人民交通出版社1990年版,第122—123页。
③ 参见南京市地方志编纂委员会:《南京公用事业志》,海天出版社1994年版,第8页;南京市鼓楼区地方志编纂委员会:《鼓楼区志》,中华书局2006年版,第203页。
④ 参见南京特别市工务局:《南京特别市工务局年刊(十六年度)》,南京印书馆1928年版,第192页。
⑤ 参见江苏省交通史志编纂委员会:《江苏公路交通史》第一册,人民交通出版社1989年版,第299页。

图4—1　人力车图例

图片来源:南京市地方志编纂委员会:《南京交通志》,海天出版社1994年版,第308页。

据1934年南京市车辆统计显示,汽车为1464辆,马车为325辆,人力车为10544辆。[1] 由此可见,同年南京市人力车数量已占江苏省近1/2。

其时,当局将南京人力车"车身颜色分为甲乙二种,甲种黑色,乙种红色"[2]。即分甲、乙两等,甲等造价略高约百元上下,乙等造价约六七十元间。[3] 至1935年,全市人力车10962辆,其中用于营业的人力车甲等8394辆,乙等1329辆[4];翌年人力车为11180辆(见表4—1),1937年7月"总计已达一万辆以上"[5]。具言之,营业人力车1929年为7000辆、1934年为8628辆、1935年为9723辆(甲等8394、乙等1329)、1936年为9799辆、1937年为9676辆(甲等8443、乙等1233)。[6] 就此而言,南京营业各种车辆中,"以汽车及人力车数量为最多"。此外,人力车行"情形至为复杂,车主方面有设行者,有一人置备一辆或数辆,随意出租行使以牟利者"。因为人力车

---

[1]　参见南京市政府秘书处编译股:《南京市政府公报》第159期,南京市救济院印刷厂1935年版,第130页。

[2]　南京市政府秘书处编译股:《南京市政府公报》第148期,南京市救济院印刷厂1934年版,第64页。

[3]　参见言心哲:《南京人力车夫生活的分析》,国立中央大学1935年版,第26页。

[4]　参见《关于车辆人口乡镇保甲等统计表》,1936年4月,南京特别市政府档案,档号1001-1-1720。

[5]　《南京市工务报告(二十四年四月至二十六年四月)》,1937年5月,南京特别市政府工务局档案,档号1001-3-515。

[6]　参见《关于车辆人口乡镇保甲等统计表》,1936年4月,档号1001-1-1720;《工务局关于各项工程材料报表等》,1937年,南京特别市政府档案,档号1001-1-1151。

夫多数来自农村逃荒来宁谋生的贫苦农民,"车主乘机觊利,愈加制以供其求"。① 由此人力车行大幅增长,如 1920 年南京仅人力车行 90 家,至 1936 年年底达 2000 余家。其中较大车行号约 167 家,每家车辆 20—50 辆不等;较小车行号约居全市 7/10,每家有车 3—4 辆不等。② 当时在马府街上,一人力车行主名刘有才,有车 100 余辆,为当时南京城内最大的车行老板。③

表4—1　南京市历年人力车统计表

单位:辆

年份	车辆数	年份	车辆数	年份	车辆数
1927	5337	1931	9856	1935	10962
1928	7352	1932	9026	1936	11180
1929	9097	1933	10158	备注	包括营业与自备
1930	8407	1934	10544		

资料来源:1927—1928 年数据引自言心哲:《南京人力车夫生活的分析》,国立中央大学 1935 年版,第 2—3 页;南京市政府秘书处统计室:《南京市政府行政统计报告(民国二十四年度)》,南京胡开明印刷所 1937 年版,第 224 页。

图4—2　太平路上的人力车(1931 年)

图片来源:中共南京市委党史工作办公室:《南京百年风云(1840—1949)》,南京出版社 1997 年版,第 402 页。

---

① 参见《南京市工务报告(二十四年四月至二十六年四月)》,1937 年 5 月,南京特别市政府工务局档案,档号 1001-3-515。
② 参见南京市地方志编纂委员会:《南京交通志》,海天出版社 1994 年版,第 307—308 页。
③ 参见王桂荣:《60 多年前南京人出行》,《江苏地方志》2009 年第 6 期。

再据 1935 年南京市商业注册分类统计(交通类),全市登记人力车行 10 家,全为"专营",并无"兼营",资本总额 14600 元。① 翌年,全市人力车夫共 19598 人,其中普通的出租人力车,每一人力车有人力车夫 2 人合租一辆。如再计车夫携家眷、独身者,"令姑以三分之二之人力车夫有家眷计算,本市直接间接依靠人力车为生之人,其数当在五万人以上"。② 由此,"奠都以来,人口激增,加之新式交通设备缺乏,故人力车之需要,与人口数量之增加,几成正比例。人力车增加,人力车夫当随之而增加"。③ 可见,困窘的城市移民既无资金又缺技能,部分人就以人力车为谋生方式,即"频年农村凋敝,各处乡村贫民无法谋生则麇集首都,求拉车以糊口"④。因之,随着南京人口不断增加,存在巨大的交通需求,从而使谋生者依靠人力车为业,此情亦成为城市部分移民的真实场景。

(二) 乘车价目

定都前,南京人力车"随处都有,任人雇用。大抵近路贵,远路反可略贱;往冷静的地方贵,往热闹的地方贱;夏时及雨天贵,冬季及晴天贱;车多时贱,车少时贵。车价先讲明,以免讹索",讲钟点计,约每点钟小洋 1 角 5 分至 2 角(见表 4—2)。具如自中正街向南行,经周处台,出聚宝门到雨花台。台上有永宁泉,可以泡茶,每碗 5 分,山上有雨花台石子出售,下山西行可游刘园。出园西南行,可雇驴或人力车到牛首山,山上有宏觉寺"可以膳宿,价很便宜",人力车来回约 1.5 元左右。⑤ 彼时人力车一类为经营性,用以载客;另一类是私人包车,装饰和设备较高级,篷布美观、漆饰华丽并装有电石灯和响铃,为名流绅商、高级公务员及歌女所用。且相较马车,人力车乘价便宜,自其在城市出现后也有取代其他交通工具之势。

---

① 参见南京社会局:《南京社会·调查统计资料专刊》,华东印务局 1935 年版,第 34 页。

② 参见《组织人力车夫福利会或俱乐部》,1936 年 7 月,南京特别市政府档案,档号 1001-1-674。

③ 言心哲:《南京人力车夫生活的分析》,国立中央大学 1935 年版,第 2 页。

④ 《南京市工务报告(二十四年四月至二十六年四月)》,1937 年 5 月,南京特别市政府工务局档案,档号 1001-3-515。

⑤ 参见陆衣言:《最新南京游览指南》,中华书局 1924 年版,第 45、52—53 页。

表4—2　南京市人力车价目表（1923 年）

从中正街到各机关	价目（小洋）	从中正街到各机关	价目（小洋）	从中正街至游览地	价目（小洋）
督军署	11 枚	省农会	1 角 8 枚	秀山公园	7 枚
省公署	8 枚	总商会	4 枚	明故宫	2 角 8 枚
镇守使署	6 枚	电话局	7 枚	半山寺	2 角 12 枚
道尹公署	4 枚	电灯厂	1 角 2 枚	明孝陵	3 角
省议会	1 角 8 枚	造币厂	1 角 5 枚	紫霞洞	3 角 4 枚
教育厅	4 枚	省立医院	1 角 2 枚	南汤山	1 元
实业厅	4 枚	中国银行	7 枚	雨花台	1 角 2 枚
财政厅	7 枚	交通银行	3 枚	牛首山	1 元
警察厅	8 枚	江苏银行	9 枚	莫愁湖	1 角 2 枚
地方审判厅	1 角	大陆银行	4 枚	清凉山	2 角
县公署	12 枚	省教育分会	4 枚	北极阁	1 角 12 枚
金陵交涉署	1 角 6 枚	商品陈列所	9 枚	鸡鸣寺	1 角 12 枚
公共演讲厅	3 枚	省通俗教育馆	5 枚	鼓楼公园	1 角 10 枚
邮政总局	7 枚	美领署	2 角 4 枚	玄武湖	2 角
省公共体育场	5 枚	英领署	2 角 10 枚	燕子矶	5 角
中华书局	6 枚	日领署	1 角 6 枚	幕府山	5 角

资料来源:陆衣言:《最新南京游览指南》,中华书局 1924 年版,第 62—67 页。

　　定都后,南京当局规定"出租各种车辆之价目,应为划一之规定,以免较论价值,耗费时间,及预防滥索之弊"[1],从而人力车的价目标准更为严谨和细化(见表4—3)。如至 1930 年,人力车租价由下关至鼓楼,小洋 2 角 5 分;下关至花牌楼,小洋 6 角;下关至三山街、水西门,均小洋 4 角 5 分;下关至夫子庙,小洋 5 角。雇车,则每里约铜元十二三枚。[2]

表4—3　南京特别市政府工务局规定人力车价目表（1927 年 9 月）

起点	迄点	价目（小洋）	起点	迄点	价目（小洋）
市政府（夫子庙）	下关	5 角	市政府	三山街及附近	5 分
市政府	中央党部	3 角	市政府	聚宝门外圈	1 角 5 分
市政府	鼓楼及附近	2 角 5 分	市政府	水西门外圈	2 角

---

① 国都设计技术专员办事处:《首都计划》,1929 年 12 月编印,第 192 页。

② 参见林震:《实用首都指南》,商务印书馆 1930 年版,第 10 页。

（续表）

起点	迄点	价目（小洋）	起点	迄点	价目（小洋）
市政府	国民政府	1角	市政府	汉西门外圈	3角
市政府	北门桥及附近	2角	市政府	至中山墓	4角
市政府	花牌楼及附近	1角	市政府	第一公园及附近	1角
市政府	省政府	3分	市政府	后湖	3角
备注	以上各站系南京繁盛区域之中心，故将车价规定，其余各地由乘客比照上定标准与车夫面定或依钟点计算。				

资料来源：南京特别市工务局：《南京特别市工务局年刊（十六年度）》，南京印书馆 1928 年版，第
　　　321—322 页。

综合表4—2至表4—4可见，1933年10月当局规定统一的人力车价
目标准，分时间、里程、地点三种计费方式。计时以小时为单位，每小时票价
不超小洋3角，半日计费（5小时）不超大洋1元，整日计费（10小时）不超2
元；计程以里为单位，每3华里价格不超过1角5分；地点计费，则通过设立
鼓楼、夫子庙两个集中供车处，规定从两地至市区各处共20条线路的统一
收费价目。但将其与1931年的价目相比，里程一项价格略涨，而时、地两项
价格几乎无变化。再与1927年及1923年仅以地点计相较，前者的定价更
为量化、严谨及规范。且如将定都前后细究比对，可见定都后的人力车价目
普遍提升，这似与人口聚集对此类工具的需求增加及当局体恤苦力的管理
理念相契合。

表4—4　1931年、1933年南京人力车价目比较表

年份	1931 年	1933 年
一、以时间计：		
每小时	3角	3角
半日（以5小时计）	大洋1元	大洋1元
1日（以10小时计）	大洋2元	大洋2元
二、以里程计：		
（不足1华里以1华里计）	每3华里1角，1华里铜元10枚	每3华里1角5分，1华里铜元20枚
三、以地点计（集中点两处）：		
鼓楼或夫子庙——国民政府	2角	2角
鼓楼或夫子庙——中山门	3角5分或4角	2角5分或3角
鼓楼或夫子庙——第一公园	2角5分或1角5分	2角5分或1角

（续表）

年份	1931 年	1933 年
鼓楼或夫子庙——玄武湖	1 角 5 分或 4 角	1 角 5 分或 4 角
鼓楼或夫子庙——中央饭店	2 角	2 角
鼓楼或夫子庙——水西门	2 角 5 分或 2 角	2 角 5 分或 2 角
鼓楼或夫子庙——兴中门	2 角 5 分或 5 角	2 角 5 分或 5 角
鼓楼或夫子庙——汉西门	2 角或 2 角 5 分	2 角或 2 角 5 分
鼓楼或夫子庙——中华门	3 角或 3 角 5 分	3 角或 1 角
鼓楼或夫子庙——中正街	2 角 5 分或 1 角	2 角 5 分或 1 角
鼓楼或夫子庙——北门桥	1 角 5 分或 2 角 5 分	1 角 5 分或 2 角 5 分
鼓楼或夫子庙——新桥	2 角 5 分或 1 角 5 分	2 角 5 分或 1 角 5 分
鼓楼或夫子庙——武定桥	3 角或 1 角	3 角或 1 角
鼓楼或夫子庙——三山街	2 角 5 分或 1 角	2 角 5 分或 1 角
鼓楼或夫子庙——沪宁车站	3 角或 6 角	3 角或 6 角
鼓楼或夫子庙——九龙桥	3 角或 1 角 5 分	3 角或 1 角 5 分
鼓楼或夫子庙——大香炉	1 角 5 分或 2 角	1 角 5 分或 2 角
鼓楼或夫子庙——花牌楼	2 角或 1 角 5 分	2 角或 1 角
鼓楼或夫子庙——成贤街	1 角 5 分或 2 角 5 分	1 角或 2 角
鼓楼——夫子庙	3 角	3 角
备注	以上价目单位为小洋,且系最高限度,如车辆较劣可酌量缩减。	

资料来源:《规定市内水陆交通舟车价格标准》,1930—1937 年,南京特别市政府财政局档案,档号 1001-2-57;南京市政府秘书处:《新南京》,南京共和书局 1933 年版,第 52—54 页。

二、工作和生活窘境

第一,工作状况。研探人力车业的工作和收支态势,对于洞悉近代南京城市公共交通的整体发展脉络不可或缺。如据 1933 年 1 月南京市 1350 位人力车夫的调查显示①,人力车夫拉车状况:1927 年前共为 385 人,1927 年

---

① 1932 年秋,国民政府军事委员会开设政治训练研究班,言心哲担任社会调查课教师,组织学生以南京市人力车夫为对象进行社会调查实习。1933 年 1 月他们正式调查南京市 1350 名人力车夫,此数约占全市从业数 1/12,其中除 204 人自备有车外,另 1146 人系租他人之车。据调查者认为,该数据"足代表南京人力车夫生活之大概情形"(参见言心哲:《南京人力车夫生活的分析》,国立中央大学 1935 年版,第 5 页)。

后共为 965 人,其中以 1929 年(132 人)、1930 年(185 人)、1931 年(198
人)、1932 年(247 人)居多,实因自 1927 年"国府南迁以后,人力车之需要
逐渐增加"。但 1933 年开始拉车者仅 22 人。① 从而,1927—1932 年全市每
年开始拉车人数均为递增,但至 1933 年后人数则骤减。再由表 4—5 显示,
南京人力车夫的工作时数,大体而言时间颇长,每天工作 7—12 小时的人数
最多,占总数的 71.23%,更有每天工作 15—20 小时者。即当时人力车夫每
小时连续拉车毫无休息,每日工作 8 小时,"即身强力壮之车夫,恐亦非所
能胜任","其工作之苦,并不因休息机会之多而减少也"。且人力车夫每月
歇工调查显示,一天无休的占总数的 53.11%,休息不超三天的占 85.7%。②
由此可知,大多数人力车夫几乎无休息日,就算稍事休息,一月也不愿超三
天,这恐与人力车租昂贵、竞争激烈及如休息使营业减少、无法保全家庭生
活等因素有关。

表 4—5　南京人力车夫每日工作时间表(1933 年 1 月调查)

每日工作时数	人数(人)	百分比(%)	每日工作时数	人数(人)	百分比(%)
4 小时	5	0.37	14 小时	27	2.00
5 小时	24	1.78	15 小时	33	2.34
6 小时	108	8.00	16 小时	42	3.11
7 小时	166	12.30	17 小时	41	3.03
8 小时	263	19.48	18 小时	33	2.30
9 小时	154	11.40	19 小时	11	0.71
10 小时	223	16.41	20 小时	7	0.52
11 小时	83	6.15	不明	28	2.64
12 小时	79	5.85			
13 小时	23	1.61	总计	1350	100.00

资料来源:言心哲:《南京人力车夫生活的分析》,国立中央大学 1935 年版,第 18—19 页。

---

① 参见言心哲:《南京人力车夫生活的分析》,国立中央大学 1935 年版,第 20—21 页。
② 参见言心哲:《南京人力车夫生活的分析》,国立中央大学 1935 年版,第 19、22 页。

另以人力车夫全年节日休假调查,车夫全无休假者为 704 人,已占调查总数的 50% 以上。即人力车夫"工作努苦,每日工作后,须在家休息,能有余时娱乐者,终属有限"。而因"彼等每日为生活所驱迫,故不得不日日从事劳动也。彼等除非有病,很少有休假者,若逢年节,生意较旺,彼等劳动反较多于平时"。① 一般而论,20—49 岁正值人生壮年。但此年龄阶段的人力车夫已占总数的 86.75%(15—19 岁占 8.07%,50—60 岁及以上占 5.18%)。实因人力车业"为职业中之最劳苦者,非身壮力强,难以久于胜任,南京人力车夫中,固亦常有幼弱与衰老之辈,迫于生计而操此业者,然总比壮年者较少"。即中青年为"人生服务社会工作效率最大时期,人力车夫当此时期,供人作为牛马,从事过度之劳动,实社会之一重大损失"。②

第二,生活情形。定都前,南京人力车夫多为破产农民或城市失业者,其中不少人无力购买车辆,便向车行车主租用,靠出卖劳力度日。车租为日班 2 角、夜班 2 角 5 分,有的租车工人拉一班,有的日夜兼拉。一日拉好可得七八百文,但除去车租只能糊口饭食;遇生意清淡,车租都付不出,一家人挨饿受冻。而拉人力包车的工人,工钱一般是每月 3—4 元。③ 定都后至抗战前,南京人力车的租金每日约 5—6 角间,每一车夫每日须交 5 角左右车资与车主。"一般每车由二人合租一辆,轮流日夜营业,分为上下两班,车夫只拉半日",每日须付车租在 2 角 5 分—3 角间,即由上午 6 时起至下午 2 时止每车 2 角,下午 1 时至次日上午 6 时止每车 3 角,也有少数则拖一班。④ 既然工作辛劳,收入是否可观?据此,可将人力车夫收入判别为营业收入与净收入。营业收入系包括车租在内,每日所得除去车租所余数,即为净收入。据表 4—6 显示,南京人力车夫所得每人月均净收入约 10 元,人力车夫家中他人全无收入者有 747 家,占总数的 55.33%,亦可见其家庭"大部分专赖一人之收入,维持全家人口生活,其负担之重,亦可以概见"。⑤

---

① 参见言心哲:《南京人力车夫生活的分析》,国立中央大学 1935 年版,第 64—65 页。

② 参见言心哲:《南京人力车夫生活的分析》,国立中央大学 1935 年版,第 6—7 页。

③ 参见南京市地方志编纂委员会:《南京交通志》,海天出版社 1994 年版,第 307—308 页。

④ 参见《组织人力车夫福利会或俱乐部》,1936 年 7 月,南京特别市政府档案,档号 1001-1-674。

⑤ 参见言心哲:《南京人力车夫生活的分析》,国立中央大学 1935 年版,第 29 页。

表4—6　南京人力车夫和家中他人每月净收入表(1933年1月调查)

人力车夫			人力车夫家中他人		
收入组 (元)	人数 (人)	百分比 (%)	收入组 (元)	家数	百分比 (%)
5元以下	159	11.78	5元以下	222	16.41
5—9	183	13.56	5—9	115	8.49
10—14	482	35.78	10—14	38	2.80
15—19	212	15.71	15—19	83	6.12
20—24	107	7.93	20—24	11	0.79
25—29	13	0.96	25—29	16	1.18
30元及以上	9	0.67	30元及以上	8	0.59
不明	24	1.76	不明	110	8.29
无	161	11.93	无	747	55.33
合计	1350	100.00	合计	1350	100.00
备注	无净收入者,或因恐调查有其他用意而故意少报。				

资料来源:言心哲:《南京人力车夫生活的分析》,国立中央大学1935年版,第28—29页。

进一步言,如将其每月家庭收入较定都前相比,则有提高;但与家庭支出相比,情形不容乐观。由表4—7可见,以全家收入与支出的10—29元等级占总数比例为最,其分别为70.11%与72.82%。即在此最大比例等级下,支出却大于收入。如按各个收入和支出的等级相比,每个阶段基本都是入不敷出。易于看出,人力车夫家庭基本入不敷支。因收不抵支,车夫家庭常需借债度日。如以人力车夫家中负债可见,除一家不明外,人力车夫家中负债者已达547家,占调查总数的40.56%。[①] 且1350位人力车夫在南京的家中共同生活人数,其中1人占总数的18.57%,2人占12.67%,3人占18.65%,4人占18.65%,5人占11.53%。几项相加数值为80.07%。可见,其家庭基本在2—5人。其在南京住屋间数,1/2间的家庭数占比为4.18%,1间为48.46%,2间为23.18%,3间为8%,4间为3.27%,5间为1.79%。[②] 几项相加数值为88.88%,从而车夫家庭居住条件不良,人均不及一间小屋。

---

①　参见言心哲:《南京人力车夫生活的分析》,国立中央大学1935年版,第42—43页。

②　参见言心哲:《南京人力车夫生活的分析》,国立中央大学1935年版,第45、52页。

表 4—7　南京人力车夫全家每月收入与支出表（1933 年 1 月调查）

全家每月收入（元）	家数	百分比（%）	全家每月支出（元）	家数	百分比（%）
5 元以下	1	0.07	5 元以下	4	0.30
5—9	27	2.00	5—9	45	3.34
10—14	177	13.12	10—14	181	13.41
15—19	246	18.23	15—19	330	24.44
20—24	246	18.23	20—24	228	16.89
25—29	277	20.53	25—29	244	18.08
30—34	109	8.07	30—34	110	8.15
35—39	109	8.07	35—39	90	6.66
40—44	35	2.59	40—44	26	1.93
45—49	17	1.26	45—49	24	1.78
50—54	8	0.60	50—54	10	0.74
55—59	15	1.11	55—59	7	0.52
60—64	2	0.14	60—64	1	0.07
65—69	2	0.14	65—69	—	—
70 — 74	2	0.14	70 — 74	1	0.07
75—79	2	0.14	75—79	2	0.14
80—84	—		80—84	1	0.07
85 以上	1	0.07	85 以上	1	0.07
不明	74	0.49	不明	45	3.34
总计	1350	100.00	总计	1350	100.00

资料来源：言心哲：《南京人力车夫生活的分析》，国立中央大学 1935 年版，第 30—31、41—42 页。

　　再如调查的人力车夫全年生活改进费为"无"的家庭占总数的 71.72%，"5 元以下"的为 18.71%（"5—20 元及以上"的为 9.57%），这两项相加已占总数的 80% 以上。即"南京生活费昂贵，车夫收入之低微，衣食住等费用，负担已属不小，若望再有余钱，改进其生活，实难得也"。① 且车夫"多来自无产阶级"，无产业者为 700 人占总数的 51.85%，仅有不动产者 590 人虽占 43.70%，但多在农村系薄田数亩、破屋数间，"实际所值无几。而当此农村破产，农产价格低微时期，加以天灾之类仍与苛捐之繁重，此类

----

①　参见言心哲：《南京人力车夫生活的分析》，国立中央大学 1935 年版，第 38 页。

不动产,所入殊属有限"。① 由见,人力车夫"为社会劳工中最苦工作,终日奔波流尽血汗。其所得代价除缴纳车租外,仅能维持最底限度之生活,如有疾病危困或遇天气变化,则连最底限度生活亦将不能维持"②。

关乎人力车夫来南京的原因,除"其他"一项占总数的 51.11%外,生活困难与水旱天灾两项为最,两项相加占总数的 28.5%(见表 4—8)。可见车夫多因各类灾害及生活困窘,来京谋生。车夫此前种过田已占 83.55%,未种过加上不明的仅 15.45%,可见当时"农村经济之衰落,农村破产程度之深刻。农民因生活困难,多相率迁往都市"。在 1350 位人力车夫中诞生于江苏者有 1186 人,占比 87.89%。在此 1186 人中,诞生于淮安者最多计有649 人,推其缘故,"因淮安人口颇密,居民多贫",加之受 1931 年夏水灾影响,"人民倾家荡产,无以谋生,遂相率来京拉车"。③

表 4—8 南京人力车夫来京原因(1933 年 1 月调查)

来京原因	人数 (人)	百分比 (%)	来京原因	人数 (人)	百分比 (%)
生活困难	155	11.47	经商失败	2	0.14
退伍流落	30	2.22	家属不睦	6	0.43
亲友介绍	31	2.30	不愿乡居	1	0.07
水旱天灾	230	17.03	豪劣压迫	1	0.07
兵燹匪祸	26	1.92	生长本地	60	4.44
年荒歉收	5	0.47	失业	48	3.55
利用农余	30	2.22	其他	690	51.11
耕种艰难	35	2.60	总计	1350	100.00

资料来源:言心哲:《南京人力车夫生活的分析》,国立中央大学 1935 年版,第 9 页。

综上所述,彼时南京人力车夫"以牛马式劳动代价之所得,其收入之数,几不足以活命养家,其工作之苦,生活程度之低,几非吾人所能想象"④。此情,诚如甘圣哲在《南京人力车夫调查报告》中所云:

车夫都是过的"非人的"生活,住的是湿地草房,哪里有内外墙壁

---

① 参见言心哲:《南京人力车夫生活的分析》,国立中央大学 1935 年版,第 24—25 页。
② 《组织人力车夫福利会或俱乐部》,1936 年 7 月,南京特别市政府档案,档号 1001-1-674。
③ 参见言心哲:《南京人力车夫生活的分析》,国立中央大学 1935 年版,第 15、7 页。
④ 言心哲:《南京人力车夫生活的分析》,国立中央大学 1935 年版,第 68 页。

和门窗;着的是破旧衣裳,吃的是粗粝糟糠。借债无人借,典当无物当。谈不到诉讼、装饰、礼物和婚丧;生活的改进——教育、刊物、娱乐,更未曾梦想。一年三百六十日,天天要上街坊;一天不滴汗,一天就没有茶汤尝。一身出力一身当,管不着兄弟姐妹,管不着爹和娘,有病无人问,卫生难得讲。靠着老天爷保佑,无灾无病体力强。呵! 这是南京人力车夫一切的状况;呵! 这是我们调查"神圣劳工"生活后的印象。①

第二节　马车业的运营及政府扶持

近代马车是指铁、木结构的车轮演变成胶车轮的载人马车。1819 年,法国巴黎出现为公众租乘服务的公共马车,标志富有深远意义的城市公共交通方式的诞生。这一新运输形式迅速从巴黎传播到伦敦、纽约、费城和波士顿,19 世纪 50 年代已在大西洋两岸深深地扎下根基。② 譬如通常将美国公共交通产业起始时间确定为 1827 年,阿伯拉罕·布拉什在纽约创立公共马车这一交通方式,公共马车交通系统起初发展缓慢,但在南北战争后没多久,在几乎每个城市中都能见到。③ 清末,南京传入客运人力车、马车,逐渐取代旧时市民以驴、马、轿、舆代步的状况。这些人畜力的交通工具以其价廉、灵活,遍布街头为市民雇用。如 1912 年,马车开始为南京市民服务,全市有 100 多辆(半数为各机关所有)。④ 此后因上海汽车业逐渐发展,马车业衰落则大量转来南京。国民政府定都后,南京城市道路规模化建设,机械化公共交通快速发展,马车业日益衰落,此情亦与人力车业所遇境况殊途同归。

一、行业发展和乘价

(一) 马车和车行

洋马车兴起于清末,初流行北京、上海等大城市,有车者均为达官显贵。车为轿式四轮,车身下装有纵向钢板弹簧,车内有软座及靠背,较骡马轿车舒适讲究(见图 4—3)。驾车用的马是从国外输入的高头大马,并在马身上

① 甘圣哲:《南京人力车夫调查报告》,转引自言心哲:《南京人力车夫生活的分析》,国立中央大学 1935 年版,第 68—69 页。

② 参见王瑞芳:《近代中国的新式交通》,人民文学出版社 2006 年版,第 9 页。

③ 参见[美]韦恩·奥图、帕特里夏·亨德森编:《公共交通、土地利用与城市形态》,龚迪嘉译,中国建筑工业出版社 2013 年版,第 12 页。

④ 参见南京市地方志编纂委员会:《南京交通志》,海天出版社 1994 年版,第 306 页。

披以"马服",赶车一般两人,也穿专门制作的服装鞋帽。在大中城市出现电、汽车前,马车是公共交通工具,一般在固定的路线上行驶。交通马车有的是在轿车的基础上发展起来的,由原来的木轮铁瓦铁钉改成胶轮车;有的则是洋马车的平民化。优点是颠簸小、速度快、载量大、乘坐舒适,沿途乘客招手即停,上下方便,票价较便宜。① 而南京的客运马车,清末由上海传入,开始数量很少,为官僚、富商私用。1891 年,宁波某工匠在南京成贤街与保泰街间开设第一个修造马车的"贤泰公司"。后该公司几个徒弟分别在糖坊桥、浮桥、延龄、丹凤街和丰富巷等处开设马车修造行。② 1898 年,鼓楼境内出现"铁箍轮盘"式马车,乘用者多为驻南京的外国领事。③ 斯时,马车多仿西欧特别是英式,式样为敞篷、轿式。敞篷马车仅限于制、藩台专用,行进时两马并架、由荷枪马队开道,车门两旁各站一位持枪者,用以保全。

图 4—3　马车图例

图片来源:中国公路交通史编审委员会:《中国公路运输史》第一册,人民交通出版社 1990 年版,第129 页。

自 1910 年南洋劝业会在南京召开,主会场中心分布着 40 余所以产品部类或以省市命名的陈列馆及江宁缎业、湖南瓷业、博山玻璃 3 座专门实业馆,游者特众,场地虽广,人山人海拥挤水泄不通,6 个月的展览,吸引中外人士达数十万人。④ 马车业随之发展,除私用的数十辆马车外,有马车行 18

---

① 参见中国公路交通史编审委员会:《中国公路运输史》第一册,人民交通出版社 1990 年版,第 128—129 页。
② 参见南京市地方志编纂委员会:《南京公用事业志》,海天出版社 1994 年版,第 7 页。
③ 参见南京市鼓楼区地方志编纂委员会:《鼓楼区志》,中华书局 2006 年版,第 203 页。
④ 参见江苏省南京市公路管理处史志编审委员会:《南京近代公路史》,江苏科学技术出版社 1990 年版,第 19—20 页。

家,共有车 40 余辆,供乘客包用。① 1912 年,马车开始为南京市民服务,全市有 100 多辆。此后,商业运营的马车行越开越多(见表 4—9),集中在下关大马路及中正街一带。从业者以山东人居多,壮武有力但性格暴躁,一言不合即好动武。评事街万寿宫对面一家马车夫曾一拳打死人命,在当时闹得满城风雨。在码头车站,马车曾是重要运输工具:鼎盛时,全城从事马车业的工人有七八千人。当时,南京"道路历久失修,类多凸凹不平,道路甚狭竟有不能过两车者",从而"马车、人力车络绎不绝"。② 即因城内到下关路途遥远,轿子与人力车都不能一口气直达,中途换人十分不便,只有马车可以直达,所以被广泛用于市内交通中。

表 4—9　南京市马车行概况表(1923 年)

马车行	地址	电话	马车行	地址	电话
王德记	大马路(下关)	371	龙　飞	评事街	355
华　达	仪凤门外(同)	296	丁　三	鼓楼东	231
宝　大	中正街(城内)	757	王金记	二郎庙	743
宝　泰	中正街	619	飞　龙	花牌楼	284
龙　泰	中正街	434	云　飞	仓巷桥	271
祥　泰	中正街	1021	福　利	薛家巷	1153
新　泰	中正街	1119	德　利	商家酒店	1170
龙　翔	四象桥刘公祠	648			

资料来源:陆衣言:《最新南京游览指南》,中华书局 1924 年版,第 54—56 页。

定都后,南京开辟新马路,进而"交通繁盛之躯,车马行人往来如秦……本市车辆,日益增多"③。如 1927 年,营业马车增至 300 辆。再据工务局 1929 年调查,全市有汽车 870 辆、马车 480 辆、人力车 7000 辆、自行车 2000 辆、水车 1500 辆、大板车 500 辆、手车 1500 辆,各种车辆价值约 170 万。④ 至 1931 年,全市有汽车 1158 辆、马车 394 辆、人力车 8220 辆、自行车 3239 辆、水车 598 辆、板车 481 辆。⑤ 但至 1933 年 8—12 月的新车登记中,汽车合计为 399 辆,自行车 470 辆、水车 321 辆、板车 52 辆,马车仅

---

① 参见南京市地方志编纂委员会:《南京公用事业志》,海天出版社 1994 年版,第 7 页。
② 参见《宁省兴办汽车公司问题》,《申报》1919 年 3 月 9 日,第 7 版。
③ 南京市政府秘书处编译股:《南京市政府公报》第 112 期,南京印书馆 1932 年版,第 90 页。
④ 参见南京特别市市政府秘书处编译股:《首都市政公报》第 23 期,南京印书馆 1928 年版,第 26 页。
⑤ 参见南京社会局:《南京社会特刊》第三册,文心印刷社 1932 年版,第 10 页。

为 14 辆。① 可见,汽车业日渐扩张,马车业日益衰落。

然"南京近年以来,汽车营业,虽日见发达,但马车之功用,仍有其特长之处,盖取价既较汽车为廉,而携有多量行李之旅客,雇乘马车实较汽车为便,且马车不似汽车须受道路宽窄之限制,除过狭之里弄外,任何处所,可以直达"。② 由此,营业马车虽日渐衰落,但并未被完全汰除。根据统计,1935年全市马车总数为 305 辆,其中营业马车为 295 辆(甲等 65 辆、乙等 230辆)③,占总数的 96.7%。再据 1936 年 7 月 1 日《中央日报》报导,南京市共有马车 307 辆;抗战前夕,客运马车为 300 余辆。④ 当时最大的马车行叫丁三马车行,有马车 17 辆,从业人员 26 名。⑤ 但总体而言,该业自定都后已呈递减趋势(见表 4—10)。

表 4—10   南京市历年马车统计表(1927—1936 年)　　　单位:辆

年份	车辆数	年份	车辆数	年份	车辆数
1927	450	1931	349	1935	305
1928	424	1932	329	1936	341
1929	458	1933	335		
1930	380	1934	323		

资料来源:南京市政府秘书处统计室:《南京市政府行政统计报告(民国二十四年度)》,南京胡开明
　　　　印刷所 1937 年版,第 224 页。

（二）乘车价目

定都前,南京客运马车有轿式、篷式两种,冬季宜用轿式,夏季宜用篷式。普通租用每天 4 元,车夫酒饭钱约 4—8 角不等。游览用的马车,"可包定半天或全天,以免另碎讲价"。此期,还设有驴、马站,在城内十庙口、聚宝门、朝阳门等处,驴价每天约大洋 1 元,马价加倍,驴马夫"须酌给酒饭钱三四角"。⑥ 由表 4—11 可见,马车已行驶至全市各商店、学校及机关等地,但乘价高于人力车。

---

① 参见《南京市政府行政报告(廿二年度)》,1933 年 1—12 月,南京特别市政府档案,档号
　　1001-1-1733。
② 南京市政府秘书处:《新南京》,南京共和书局 1933 年版,第 51 页。
③ 参见《关于车辆人口乡镇保甲等统计表》,1936 年 4 月,南京特别市政府档案,档号
　　1001-1-1720。
④ 参见南京市地方志编纂委员会:《南京公用事业志》,海天出版社 1994 年版,第 7 页。
⑤ 参见王桂荣:《60 多年前南京人出行》,《江苏地方志》2009 年第 6 期。
⑥ 参见陆衣言:《最新南京游览指南》,中华书局 1924 年版,第 53—54 页。

表4—11　南京市马车价目表（1923年）

从下关到各商店学校	价目（小洋）	从下关到各机关	价目（小洋）
中正街各旅馆	1元2角	五省总司令部	9角
四象桥各旅馆	1元3角	省公署	1元
大行宫各旅馆	1元	镇守使署	1元
东南大学	8角	道尹公署	1元2角
东大农场	9角	省议会	7角
海军学校	4角	教育厅	1元2角
农业学校	6角	实业厅	1元2角
金陵大学	8角	财政厅	1元3角
暨南学校	8角	警察厅	1元2角
工业学校	1元	地方审判厅	1元5角
第四师范	1元	县公署	1元5角
四师附小	1元	金陵交涉署	7角
河海工程学校	1元2角	省教育分会	1元
贫儿院	1元2角	省农会	7角
法政学校	1元2角	总商会	1元2角
第一女子师范	1元	商品陈列所	1元3角
幼稚师范	1元	省通俗教育馆	1元1角
一女师附小	1元2角	省公共体育场	1元1角
第一中学	1元2角	公共演讲厅	1元2角
钟英中学	1元3角	邮政总局	1元3角
正谊中学	1元	电报局	1元1角
南京中学	1元2角	电话局	9角
金陵中学	8角	电灯厂	8角
体育师范	8角	造币厂	1元5角
美术学校	1元2角	县教育局	1元3角
女子美术学校	1元3角	省立医院	8角
青年会	1元	中华书局	1元

资料来源：陆衣言：《最新南京游览指南》，中华书局1924年版，第56—62页。

定都之初，南京马车价目不以起讫点计，而采取以时间计的方式。实因"车辆价目极不一致，人民感受痛苦至深。本府前增订定各项车辆价目，惟去年情形已与现在不同"，从而1928年8月市工务局提出车辆雇驶价目提案，经第9次市政府会议通过，即日由该局颁布施行，"亦旅行之指南也"

（见表4—12）。① 由此改定车辆价目，可杜绝本市各种车夫，"对于车资往往额外需索"，特规定各项车辆价目"使众周知，而免争执"。② 至1933年，当局再次统一南京市雇车价格，马车业的乘价也更为细化（见表4—13）。

表4—12　南京特别市政府工务局规定车辆价目表（1928年8月）

车辆类别	一日	半日	一点钟	备注
出租汽车	18元（大洋）	9元（大洋）	3元（大洋）	1日均以12钟点计，半日以6钟点计；汽车1点钟后每增1钟，加大洋2元；马车加洋5角；汽车、马车不满半点钟者，以半点钟计，过半点钟作1点钟计。
马车	5元（大洋）	3元（大洋）	8角（大洋）	
脚踏车	15角（小洋）	9角（小洋）	2角（小洋）	
人力车	24角（小洋）	12角（小洋）	—	每里小洋5分，不足1里者以1里计。
公共汽车	—	—	—	每小站小洋5分，不足1站者以1站计。

资料来源：《改定车辆价目》，南京特别市市政府秘书处编译股：《市政公报》第19期，1928年8月。

表4—13　南京市规定雇佣各种车辆价目表（1933年）　　　单位：元

项目　　车别	以时计		以人计			以路计			备注
	时数	价目	起讫	人数	价目	起讫	里数	价目	
出租汽车	15分钟	1.0	夫子庙至鼓楼	1	0.2	夫子庙至下关	—	1.5	汽车中以野鸡汽车价为廉；半日计6小时，下同；全日计12小时下同。
	半小时	1.5	中华门至鼓楼	1	0.2	中华门至中山陵	—	1.5	
	1小时	2.5	中华门至中央党部	1	0.3	夫子庙至中央党部	—	1.2	
	半日	8.0	中华门至下关	1	0.4	夫子庙至五洲公园	—	1.5	
	全日	15.0	大行宫至下关	1	0.3	夫子庙至清凉山	—	1.0	
马车	半小时	0.4							
	1小时	0.8							
	半日	3.0							
	全日	6.0							

① 参见南京特别市市政府秘书处编译股：《市政公报》1928年第19期，"改定车辆价目"。

② 参见南京特别市市政府秘书处编译股：《一年来之首都市政》，南洋印刷厂1928年印，第86页。

（续表）

项目 车别	以时计		以人计			以路计			备注
	时数	价目	起讫	人数	价目	起讫	里数	价目	
人力车	每小时	0.3				1华里		0.07	合铜元20枚。
	半日	1.0							
	全日	2.0							
驴	全日	1.0							车夫酒资一二角， 其余各车无酒资。
马	全日	2.0							
备注	出租汽车车价以钟点计或人数路程计，均听雇主之便，但须先与车主言明，不准索酒钱； 雇乘驴、马处大多在城内鼓楼、十庙口、中华门、中山门、兴中门一带。								

资料来源：建设委员会经济调查所统计课：《中国经济志：南京市》，正则印书馆1934年版，第94—96页；南京市政府秘书处：《新南京》，南京共和书局1933年版，第51—54页。

再据表4—14可见，如将1931年与1933年相比，马车业长时间如半、全日票价无变化，短时间如半时或1小时则有所降低，可见马车业采取力争短途乘客的策略，以增营收。至1934年11月，因省市划界实行交割，"所有四郊之舟车价格，应即重新改订"，南京市政府饬由社会、工务两局会拟修正"南京市水陆交通舟车价格标准"布告施行[①]；但对马车业的乘价规定几无变动，一直延续至抗战前。

表4—14　1931年、1933年南京市马车价目比较表　　单位：小洋

时刻	1931年		1933年		附　注
	轿车	篷车	轿车	篷车	
半小时	5角	4角	4角	3角5分	不满半小时者以半小时计，过半小时者以1小时计。
1小时	1元	8角	8角	7角	轿车每点钟后递加7角，篷车每点钟后递加6角（1931年）；轿车1小时后每点钟6角、半小时3角，篷车1小时后每点钟5角、半小时2角5分（1933年）。
半日	3元	2元5角	3元	2元5角	以6小时计。
全日	6元	5元	6元	5元	以12小时计。

资料来源：《规定市内水陆交通舟车价格标准》，1930—1937年，南京特别市政府财政局档案，档号1001-2-57；南京市政府秘书处：《新南京》，南京共和书局1933年版，第51—52页。

---

① 参见《南京市政府行政报告（廿三年度）》，1934年1—12月，南京特别市政府档案，档号1001-1-1734。

二、经营与政府扶持

（一）经营态势

通常认为,工商同业公会是向工商业近代化迈进的重要一步。如 1929 年 8 月,国民政府先后办理颁布"商会法"、"工商同业公会法";11 月颁布"商会法施行细则";次年 1 月,公布"工商业同业公会法施行细则"。其中,"商会法"规定:商会的基础建在同业公会之上,依其组织顺序,同业公会在先而商会在后,"固不容紊乱其步骤"。1931 年 5 月,南京市政府下令依照工商同业公会法:凡本市旧有商民协会及各业公所,均应改组为同业公会。① 即当时各业商店均应依法加入本业同业公会,未加入者限于若干日加入,逾期不办理者给予警告,警告后 5 日内仍不加入,由主管的社会局依照"行政执行法"罚办,罚办后仍不加入,勒令停业。②

在此背景下,工商同业公会与日俱增。如至 1931 年年底,南京有 91 业同业公会合法成立。所有各业已经登记合格的店号,公会会员计 6900 余家,综合各店号店员数为 20570 人,其中有马车业同业公会(地址:奇望街江南旅社)、人力车业同业公会(西方巷清真寺)、汽车业同业公会(胪政牌楼胜飞汽车行)。③ 再据市社会局 1935 年 10 月统计,全市共 78 业同业公会,33 业已改组完竣,其余各业均在改组。33 家中共有会员 2842 家,其中汽车业会员 47 家,马车业会员 135 家。而马车业职业工会筹备会也于 1935 年 6 月 5 日成立,地点为下关天光路,会员人数(发起人)85 人。④

此外,南京市还成立"合作社"等民众团体。至 1936 年,全市共有 66 家合作社,社员数 4275 人,股金 36833 元⑤,其中马车行业见表 4—15。是年,时人还对中山路上的汽车、人力车、马车交通一景作出描述,如"快车道上专走汽车的,马车和人力车在两旁的慢车道上走,行人便在人行道上慢慢地溜……第一种是汽车阶级的人们,他们在平广的沥青道上驶,像飞一般的,又轻又快,车轮在柏油面层上急速地推进着,发出一线'嗞……嗞!'的漫响,真有些飘飘然的气概"。第二种便是马车上的旅客,"马儿的脚击着碎石面,'滴托……滴托'地发出一片啼声,好像奏着进行曲的节拍,十分悠

---

① 参见南京社会局:《南京社会特刊》第三册,文心印刷社 1932 年版,第 26 页。
② 参见《市政会议记录》,1931 年 5 月,南京特别市政府档案,档号 1001-1-189。
③ 参见南京社会局:《南京社会特刊》第三册,文心印刷社 1932 年版,第 27、29—31 页。
④ 参见南京社会局:《南京社会·调查统计资料专刊》,华东印务局 1935 年版,第 30、9 页。
⑤ 参见南京市政府秘书处统计室:《南京市政府行政统计报告(民国二十四年度)》,南京胡开明印刷所 1937 年版,第 195 页。

闲而富有情趣的"。第三种人力车,"当然比马车也慢,路程是这样的长,完全靠两条腿来做原动力的车夫,跑不到多少路,便会累得一身大汗,气喘喘地,两只脚跟在碎石面上机械似的一上一下。而车上的人在这迂缓的进行中,便会歪倒着头打瞌睡……"①

表4—15　南京市部分合作社表(1936年)

单位	负责人	社员	社股金额	社址	登记日期
有限责任南京市华兴马车公用合作社	理事主席:程振武 监事:张玉顺	20人	800元	光华西街41号	1936年1月29日
无限责任南京市黄包车夫信用消费合作社	理事主席:靖步坦 监事:陆在仑	65人	130元	江苏民教馆内	1936年2月11日
无限责任南京市光明信用合作社	理事主席:冯斌甲 监事:陶作新	3人	120元	南京大全福巷	1936年6月5日
保证责任南京市缝纫生产合作社	理事主席:韦啸珍 监事:严云栋	7人	14元	江苏民教馆内	1936年2月28日

资料来源:南京市政府秘书处统计室:《南京市政府行政统计报告(民国二十四年度)》,南京胡开明印刷所1937年版,第196—199页。

　　不啻如此,"金陵夙称名都,擅山水园林之胜,而往事遗迹,代有声闻"②,当时乘坐马车游中山陵园亦是风行之事。如《白门竹枝词》中记述时人乘马车赴灵谷寺进香的情景:"鞭丝斜袅四蹄飞,鸟语花香夕照微;座客都空黄口袋,朝山知是敬香归。"即中山陵附近灵谷寺,当年每逢春季都有一个热潮澎湃的香讯,市内善男信女便雇马车去朝山敬香,这是马车的黄金路线。③ 至1934年,全市马车除运载乘客外,还在市民的婚丧嫁娶上大派用场。自轿子被淘汰后,婚嫁中载送新郎、新娘的是厢式马车,出殡时载送执绋妇女也用马车。此外城里有些商铺时常雇马车,从下关运货进城。

　　但进一步深究马车业的营业状况,1934年全市有马车行142家,资本仅为3.92万元,1933年营业额为2.84万元。此期汽车行虽仅有73家,但资本数(45.5万元)为马车业的11.6倍,营业额(120万元)为其42.3倍。④其时"出租汽车与马车价格昂贵,非一般民众所能普通乘坐,且数量缺少,

---

① 参见倪锡英:《南京》,中华书局1936年版,第37—38页。
② 南京市政府秘书处:《新南京》,南京共和书局1933年版,第1页。
③ 参见石三友:《南京的马车与人力车》,载《金陵野史》,江苏人民出版社1985年版,第118页。
④ 参见叶楚伧、柳诒徵:《首都志》下册,正中书局1935年版,第1066页。

供不给求"①;伴随城市公共汽车的兴起,马车营业更受影响,仅南京市失业的马车工人就达 2000 余人②。如 1936 年 1 月南京市马车业同业公会呈文工务局,"据各会员报陈,马车自去岁冬季以来生意日减,每日营业萧条至极,甚至终日无生意。兼之岁首又值春季购票之期,告贷乏术",马车营业"至今日已成穷途日暮,种种困难,均属实情",恳请缴捐购票展期两星期(2 月 1—15 日止),以示体恤。③

再据 1935 年南京市社会局调查:马车行业会员共 135 家,资本来源有独资 124 家、集资 11 家;资本总额 101—200 元的 46 家,201—300 元的 56 家,301—400 元的 14 家,401—500 元的 19 家;店员 1 人的 47 家,2 人的 56 家,3 人的 22 家,4 人的 10 家。总之,盈利的为 0 家,平的 1 家,亏的 134 家。④ 可见,斯时马车业的营业状况极不乐观,该业 135 家会员中有 134 家亏折,竟无 1 家盈利。至抗战前的 1936 年,全市同业公会会员计 6554 余家,资本数为 1.73 亿元,店员数为 27738 人(见表 4—16),但马车业资本数仅为全市同业工会总数的万分之一,店员人数不及总数的百分之一。

表 4—16   南京市部分同业公会表(1936 年 6 月调查)

会员业别 / 会员概况	商店家数	资本数(元)	店员人数(个)	地址	成立时间或第一次改选日期
马车业同业公会	135	38350	264	奇望街江南旅社	1934 年 7 月 30 日
人力车业同业公会	227	18320	236	西方巷清真寺	1934 年 6 月 1 日
汽车业同业公会	46	278280	184	明瓦廊 6 号	1934 年 6 月 24 日
轮船业同业公会	13	85000	73	—	—
转运业同业公会	64	274300	—	—	—
银行业同业公会	22	130757400	626	白下路中南银行二楼	1933 年 5 月 3 日
营造业同业公会	345	3259895	515	三茅宫 10 号	1934 年 7 月 28 日
木业同业公会	129	657300	1011	上新河	1934 年 8 月 8 日
米粮业同业公会	397	596290	2276	—	—
面粉业同业公会	21	4330000	211	—	—
绸布业同业公会	62	913950	1081	—	—

① 《首都无轨电车计划》,1930 年 1 月,南京特别市政府工务局档案,档号 1001-3-159。
② 参见南京市地方志编纂委员会:《南京交通志》,海天出版社 1994 年版,第 306 页。
③ 参见《二十五年征收车捐》,1935—1936 年,南京特别市政府财政局档案,档号 1001-2-420。
④ 参见南京社会局:《南京社会·调查统计资料专刊》,华东印务局 1935 年版,第 30 页。

（续表）

会员概况 会员业别	商店 家数	资本数 （元）	店员人数 （个）	地址	成立时间或 第一次改选日期
油糖南货业同业公会	192	370830	1156	徐家巷	1935 年 4 月 8 日
鲜肉业同业公会	339	30510	747	—	—
筵席业同业公会	122	—	1147	—	—
旅馆业同业公会	336	1144735	390	—	—
浴堂业同业公会	85	93737	100	白下路 160 号	1934 年 6 月 22 日
理发业同业公会	261	80898	777	下浮桥陆家巷	1934 年 5 月 31 日
保险业同业公会	16	22200000	67	白下路 248 号	1934 年 11 月 20 日
戏院业同业公会	11	497300	341	—	—
全市同业公会总计	6554	173863982	27738		

资料来源：南京市政府秘书处统计室：《南京市政府行政统计报告（民国二十四年度）》，南京胡开明印刷所 1937 年版，第 91—93 页。

上述种种情事，亦为定都后该业车辆日益减少的态势作出佐证。事实上，自公共汽车行驶后，马车营业便呈萎颓之势，进而导致车辆日减，这也与人力车业的境遇殊途同归。

（二）政府扶持

面对马车业的经营窘境，国民党一些政要竭力提倡以马力替代机械动力。如 20 世纪 30 年代国民政府行政院秘书长褚民谊，提倡以马车代步。他认为，马车优点甚多，如置办费比汽车要便宜，又不会让购置费流入外国；且每日吃草出的是畜力，其动力成本要远比汽油低得多。同时，每车乘客及速率均强于人力车，且马车又是国货正符简约之风。为身体力行，褚民谊还重金购置一部精致的"住家马车"。每日上下班他不坐汽车，而以马车作代步之用。同时，首倡"公共马车"概念的是国民党中央执行委员张继。他指出，南方人不善应用马车，使得在交通工具上少了一种利器。北方各地农民都习惯畜养骡马，以骡马为动力驾驭车辆运输，不但便利，且较南方人更为省力。因此南京人应学习北方，学会应用成本低廉的马车运输；应仿公共汽车样式制造公共马车，用 4 匹马作为拖拉动力，开展乘客运输，每辆车可乘 20 人。[1] 这种马车对道路的要求并不高，可在无轮船、火车的区域，备人乘坐，成本比汽车低，效率又比人力车高。

---

[1]　参见黄明生：《节能减排，南京有过"公共马车"》，《金陵晚报》2010 年 3 月 28 日，A12 版。

　　且燕子矶为南京名胜之一,"在观音门外,矶石兀立江上,三面悬壁,形如飞燕,故名。矶上有清御碑亭,登矶俯视,洪涛骇浪,势极险峻"①。定都前,从中正街向北行,经南洋劝业会会场旧址和江宁公园,出神策门到观音门,游燕子矶——丹凤街北十庙口有驴,来往约 0.5 元左右。② 即燕子矶为名胜地且由下关通达其地公路,"左傍长江,右峙冈陵,其中别饶胜概,游人之经行此路者必多,故亦宜及早改造"③。由此定都初,神策门北固乡各民众团体、学校呈文当局:因神策门至燕子矶一带道路年久未修,高低不平,如"遇天雨泥泞殊甚,步履维艰,行人苦之"。斯时倘乘马车、人力车尤觉危险,由此商议"神策门至燕子矶一带为首都风景最美之区且学校林立,国内人士络绎于道,观瞻所系,不能不及早修理。现拟定一治标办法,将崎岖者填平,狭隘者略微放宽",拟由公园组织委员会会同当地农民利用余暇与政府合作办理,此事约需经费 2000 元,"恳请准予援助,以利进行"。④ 随之,1928 年 11 月 30 日南京市工务局募雇在京的安徽灾民 1000 名,以工代赈筑下关至燕子矶公路。该路从下关沿江边经草鞋峡、幕府山至燕子矶。全路大半以石片铺成,未及一月全线竣工。由此以往游人"多道出神策门至观音门,本府为旧路险阻,游人殊感不便,因自下关沿江边经草鞋峡、幕府山,修筑坦平大道,直达燕子。路成已经月余,游人称便"。⑤ 然因燕子矶不通公共汽车,城中人士徒步游览燕子矶,游人视为畏途。且如乘人力车,从太平门到燕子矶,恐花去半天时间,影响兴致。

　　事实上,"自国府奠都于兹,中外荟萃,四方辐辏,首都风物,愈为世人所推崇"。⑥ 如 1935 年 7 月至 1936 年 6 月间,南京市登记的外人游历数共计 187 人,其中英国 14 人、美国 98 人、德国 6 人、日本 69 人。⑦ 即为拉动燕子矶景区的旅游,弥补交通不便状况,缓解马车业工人的就业压力,南京市马车合作社成立。其时市政官员根据上述政要提议,并虑及公共汽车大行其道下马车业的生存现状,决定让第一区区长邓昌德组织马车合作社,并推

---

①　南京市政府秘书处:《新南京》,南京共和书局 1933 年版,第 19 页。

②　参见陆衣言:《最新南京游览指南》,中华书局 1924 年版,第 47—48 页。

③　国都设计技术专员办事处:《首都计划》,1929 年 12 月编印,第 93 页。

④　参见南京特别市工务局:《南京特别市工务局年刊(十六年度)》,南京印书馆 1928 年版,第 375—376 页。

⑤　参见南京特别市市政府秘书处编译股:《首都市政公报》第 39 期,训练总监部印刷所 1929 年版,第 5 页。

⑥　南京市政府秘书处:《新南京》,南京共和书局 1933 年版,第 1 页。

⑦　参见南京市政府秘书处统计室:《南京市政府行政统计报告(民国二十四年度)》,南京胡开明印刷所 1937 年版,第 323 页。

举程振武等 8 人负责主持该社社务。合作社开办时,还举行隆重的开幕典礼。邓选择火瓦巷的一处院落为该社工厂,对市区现有形制的马车稍加改造,加上舒适座位,增设防风雨的顶棚等作为客运车厢,建造"公共马车"。1936 年春,南京市第一批共 10 辆公共马车在春节后投入营运,专载游览燕子矶的旅客。其除用马车外,一切均与公共汽车同。合作社还在太平门外设立公共马车的车站,规定每辆马车乘客最多 4 人,每人只收车资 2 角。路线自太平门起,经燕子矶、笆斗山至尧化门止,沿途增设马车站,让往来燕子矶的游客都有马车接送。① 可见,虽公共汽车行驶后,马车营业收入大减。但为谋求生存,在当局扶持下马车工人组织马车合作社,办马车合作工厂从事车辆装修,还增设马车站,行驶于市区和近郊风景区。

从而,该业另辟蹊径,转向交通不畅的风景区行驶,当年前往燕子矶景区游玩的人数大为增加,坐马车前往燕子矶,蔚然成风。后因业务增长,合作社在此区又投入更多马车,让往来燕子矶的游客均有接送,即每逢风和日暖的时节,不少游人都会乘"公共马车"来此踏青寻幽。并且,当局对马车合作社的营业还予以保障。如 1935 年 6 月 29 日,国民党中央政治学校函致市工务局转请江南汽车公司通行燕子矶附近的公共汽车,但后两者认为,"以该路之和平门至上元门一段马路狭窄,仅能容一车通行。若准公共汽车行驶其间,对于其他通行车辆无从避让,交通即生滞塞。其自上元门至燕子矶一段纯系土路,惟遇天雨即不能行车,且市政府现已准马车合作社在该路按时通行马车,更不应行驶公共汽车至妨马车营业,该校呈请各节碍难照办"。② 可见,政府有意扶持马车业,其目的在于防止失业人口的增加。

既如此,当局扶持下的"公共马车"得以存续,虽不是主流工具,但至少可解决一些车夫的就业问题。如 1937 年 4 月 24 日,行政院内政部还要求南京市府对马车展开调查,"此种车辆与军事上之运输关系密切,亟应调查统计,以为管制奖励之根据。并经本部制定民用马车调查表格一种,除分行外,相应捡同"。③ 一言蔽之,因与新式交通如公共汽车、火车相比,马车速度缓慢;再与人力车相比,其占地面积大且票价昂贵,维修成本高。此情,诚如学者所言,"人类生活的必需品、便利品和享受品……我们曾称为'文明价值'或'文化价值',因为它不是随着供求变化,而是随着文明上的变化而变化——例如从箭到炸药,从马到汽车的变化"。④ 所以然者,营业马车在

① 参见黄明生:《节能减排,南京有过"公共马车"》,《金陵晚报》2010 年 3 月 28 日,A12 版。

② 参见《禁止无票乘车强购半票》,1935 年,江南汽车公司档案,档号 1040-1-1504。

③ 参见《填报民用马车调查表》,1937 年 4 月,南京特别市政府档案,档号 1001-1-1612。

④ [美]约翰·康芒斯:《制度经济学》上册,于树生译,商务印书馆 1962 年版,第 416 页。

清末民初尽管时尚,然因"文明的变化"及其他工具的有力角逐,终未成为抗战前南京城市公共交通的主流工具。

表4—17　南京市历年来各种车辆数量比较表(1928—1936年) 单位:辆

类别　　年份	汽车	马车	人力车	自行车	板车	手车	水车	货箱车	脚踏车	合计
1928	144	424	5334	590	281	1182	351	41	0	8347
1929	764	458	9097	2253	361	2800	600	110	10	16453
1930	819	380	8407	1817	328	2483	542	61	7	14854
1931	1188	347	9856	2831	400	2392	589	21	9	17633
1932	1021	329	9026	1885	332	1600	625	28	8	14854
1933	1396	335	10158	3394	360	1770	611	73	18	18115
1934	1674	323	10544	5546	472	1951	660	95	69	21334
1935	2005	305	10962	6676	451	1334	377	58	97	22265
1936	2119	341	11180	9279	579	1365	349	155	48	25415

资料来源:南京市政府秘书处:《十年来之南京》,1937年6月编印,第53—54页。

依前而述,定都后南京"交通发达,车辆亦随之增加,种类繁多"[1]。据表4—17显示,全市车辆总数由1928年的8347辆增至1936年的25415辆,8年间增3倍强。此中公共交通工具,除马车日益减少外,公共汽车、出租汽车及人力车等逐步增长,其中汽车数量增长13.7倍,人力车增加1.1倍。由是看来,南京规模化建设和人口麇集,促进公共交通业整体发展。至抗战前夕,近代新式公共交通工具被引入南京,由机械和油料牵引的公共汽车、出租汽车和市内火车,与人畜力牵引的马车、人力车并肩而行,展现出交通繁杂的城市景象,并形成明显的混合式城市交通模式,它们彼此共存但又相互角力。[2]

---

[1] 南京市政府:《南京市政府行政计划(民国二十四年度)》,出版时间、地点不详,第37页。

[2] 参见李沛霖:《城市人畜力公共交通析论——以1910—1937年的南京为中心》,载张利民主编:《城市史研究》第36辑,社会科学文献出版社2017年版,第29页。

第三节　人力工具与机械交通的博弈论

博弈论(game theory)研究的是这样一种方法:两个或更多的参与者,在像市场这样的竞技场上相互作用,选择对每一方都产生共同影响的行动或策略。[①] 至20世纪初,中国有若干的铁路、航路、汽车路,但是这些现代化的交通工具又和普遍的独轮车路、只能用脚走的路和用脚还不好走的路同时存在[②];然终自"通商以后,变旧式之交通,为新式之交通"[③]。从而,随着彼时南京城市空间扩展和人口持续增加,交通需求随之不断变化,城市公共交通结构由人畜力工具逐渐向机械化交通方式转变。在这其中,作为机械交通和人力工具的典型代表,公共汽车的蔚然兴起及对人力车形成的不断超越,使两者间的冲突和博弈从未间断。虽当局对处于劣势的人力车加以安抚并尽力帮扶,但因公共汽车所具有的独特优势,使前者在博弈中被日渐征服,彰显了机械交通取代人力工具的城市化趋势。

一、人力和机械交通的博弈与冲突

问题的实质在于,博弈论的基本方法是从竞争对手的角度出发,考虑什么才是它们所关心的利益,然后根据这种估计来选择能使自己利益最大化的决策。[④] 抗战前南京公共交通工具之间博弈最核心的利益为争取乘客、以求生存发展。但在市场竞技中,因公共汽车的性能和前景较人力车更具优势,使后者的生存空间被挤压、生计被威胁,本能的反感与畏惧让两者间的博弈与冲突从未间断。

风起于青萍之末。定都前,关乎公共汽车对人力车影响的争议已不绝如缕。譬如时人指出,"汽车一业与马车、东洋车相等,非特制艺术可言,在法律上无许予专利之理,然必请禁止续办者,其意固在专利。此等事业为省会副议长创立即可不妨专利,而其余观利商民即不准接踵而来,殊不思以议长之身份而为车业之垄断,即使官厅强为批准何足以杜车业之口,而服劳动人民之心,势必援例要求、扰乱市面"。总此理由,反对公共汽车者请求诸

---

① 参见[美]保罗·萨缪尔森、威廉·诺德豪斯:《经济学》第17版,萧琛主译,人民邮电出版社2004年版,第180页。

② 参见汪敬虞主编:《中国近代经济史:1895—1927》上册,人民出版社2000年版,第102页。

③ 王倬:《交通史》,商务印书馆1923年版,第92页。

④ 参见[美]贝赞可等:《战略经济学》第4版,徐志浩等译,中国人民大学出版社2012年版,第36页。

君子函达省长撤回此案,"抑或置之高阁以无形取消为最安办法",如再主张进行,"不但本城绅商提起行政诉讼,苦力车夫亦必酿成武力风潮"。① 但另有人则表示,"南京路政之不良,凡旅彼土诸能言之,自下关至城内一段路广人稀,往返惟恃宁省火车,而火车之窳败迟钝,乘客屡有烦言"。若改乘人力车与马车,"四野荒凉,又有暴客之戒,是之故下关之于城内,俨若秦与越商业之不兴。论者谓改革此弊,当自筑电车或行汽车,此殆无可讳言"。② 也因此,1918 年即有金陵长途汽车公司筹设。但斯时反对声甚烈,如汽车公司筹划人江苏省副议长鲍贵藻为远离指责表示:"今后该公司中一切事物,概不预闻"。③ 因失政界与地方势力支持,该公司筹备期间已戛然而止。后历 6 年之久,公共汽车才得通行,这与人力车业的抗争息息相关。

至 1923 年 12 月 6 日,宁垣公共汽车筹备完成之际,南京人力车同业公所再以"长途汽车通行后,与人力车营业大受影响"为由召集同业开会,并决议 11 日换购车捐执照前,10 日收车进厂、停止营业以示反对,"并各于车行门首粘贴红条,上书八字'由十号起停业公议'。马车、大车,亦有同样之表示"。其时,南京警察厅认为,"恐一经停业,值此严寒天气,此二万余苦力难免不发生暴动",随即饬派长警至各车行通知不许停业,有何问题尽可商议,并召集再次开会。④ 嗣经各车业公所召集同业开会,"讨论结果仍照前议,一致停业,并散发通告,大有无可调停之势"。由是,车捐局包办人刘昌威及汽车公司庞振乾等,于车业开会的次日前往车业公所,会晤该公所主任汤子材,磋商解决问题,"闻汤子材要求五项条件,刘等均已容纳,不日即可签字"。⑤ 其主要条件为:第一,"由佘庞二君向地方公会士绅承诺,汽车公司须严格考求驾驶人才";第二,"不得驶行于所定路线以外,并得各方谅解"等。⑥

然,事态并未戛然而止。1924 年 3 月宁垣汽车将通行际,南京人力车业公所对于"反对之运动,大有再接再厉之势,非达到取消该公司之营业执照不可。现因该公司车辆业已运到,不日即将行驶"。车业公所特开会讨论,当场议决:倘长途汽车一旦上街行驶,即由公所派人前往阻止开

①　参见《宁省兴办汽车公司问题》,《申报》1919 年 3 月 9 日,第 7 版。
②　参见豪:《告反对南京长途汽车者》,《申报》1924 年 2 月 16 日,第 2 版。
③　参见《宁省兴办汽车公司问题》,《申报》1919 年 3 月 9 日,第 7 版。
④　参见《宁垣反对长途汽车之余波》,《申报》1923 年 12 月 15 日,第 4 版。
⑤　参见《续志宁垣反对长途汽车风潮》,《申报》1923 年 12 月 22 日,第 3 版。
⑥　参见磊夫:《宁垣长途汽车公司之近闻》,《申报》1924 年 2 月 16 日,第 3 版。

行,如不遵从即将车辆扣留。江苏省长恐发生冲突,"又饬令警厅妥为防范,免滋事端"。警察厅遂令汽车暂缓行驶,"一面委派专员向车业公所关切疏通,俾免冲突。惟车业公所因维持生活之故,反对甚为坚持,苟官厅许其行驶,则全城车辆预备一律罢工",并从长途汽车开行日起,一律不购捐票,以示抵制。① 鉴于此,有人悲观以为"此事将来阻力正多,南京市政前途,一时恐难有革新之望"②。虽情事愈加紧张,但汽车公司发起人"内部仍进行未懈,此年来路政发达之证验"③。经诸多波折,翌年公共汽车终于南京开驶。然仅一年,人力车夫为抗议公共汽车通行再罢工,并阻碍全市四千余马车、汽车交通。斯时,人力车与公共汽车的冲突已不断迭现。

　　自国民政府定都后,南京当局已不能容忍公共交通如此前一样无序,从而管控该业乘价。因为票价是乘客选择交通工具出行的最关键要素之一,即"乘客并不关心是私人企业拥有公交车辆或是非政府员工驾驶着车辆,乘客最关心的是服务的质量和花钱买票后所得到的价值"④;且城市公共交通作为公益性行业,"其票价应该受到政府的管制,而不适宜实行完全市场化的定价方式"⑤。由此,1927 年 8 月 23 日南京市工务局为整顿交通发布(第 25 号)布告,以统一价目:"本市各种车辆价目迄今尚未规定,以致漫无限制,时有敲诈情事在,久于此间者诸感不便,新来兹土者尤易欺蒙,若不加以整顿,殊非刷新市政之道。兹特按照当下生活之情形重行规定,仰本市各车业人等一体知悉",自 9 月 1 日起实行,由该局派员分段稽查,"倘敢违,一经查定即从严处罚不贷"。⑥ 由表 4—18 可见,彼时人力车计价以 1 日、半日和 1 点钟之标准量化,如按里程计,则每里乘价及后续叠加的计法亦更为明确。以此推之,其 1 点钟乘价较定都前已有所提升,但较斯时公共汽车每站定价大洋 5 分而言,则无明显优势。

---

① 参见率真:《南京反对长途汽车讯》,《申报》1924 年 3 月 29 日,第 3 版。
② 《南京长途汽车之阻碍》,《申报》1923 年 10 月 27 日,第 3 版。
③ 雷生:《南京汽车道之新计划》,《申报》1924 年 1 月 26 日,第 2 版。
④ [美]罗伯特·瑟夫洛:《公交都市》,宇恒可持续交通研究中心译,中国建筑工业出版社 2007 年版,第 310 页。
⑤ 交通运输部道路运输司编:《城市公共交通管理概论》,人民交通出版社 2011 年版,第 110 页。
⑥ 参见南京特别市工务局:《南京特别市工务局年刊(十六年度)》,南京印书馆 1928 年版,第 424—425 页。

表 4—18　南京特别市政府工务局规定车辆价目表（1927 年 9 月）

车辆类别	1 日	半日	1 点钟	备注
出租汽车	20 元（大洋）	12 元（大洋）	3 元（大洋）	1 日 12 钟点计,半日 6 钟点计;汽车、马车 1 点钟后每增 1 钟点加 2 元、5 角。
马车	4 元 5 角（大洋）	2 元 5 角（大洋）	8 角（大洋）	
人力车	18 角（小洋）	10 角（小洋）	2 角 5 分（小洋）	1 里路铜元 12 枚,以后每里递加 9 枚。
公共汽车				每站大洋 5 分,不足 1 站者以 1 站计。

资料来源:南京特别市工务局:《南京特别市工务局年刊(十六年度)》,南京印书馆 1928 年版,第320—321 页。

　　继而,江南汽车公司成立初,因南京总站在逸仙桥僻处城东,距市中心区还有 5 华里路程。旅客尤其是带行李的乘车,需乘一段人力车。为争取旅客,仅开业第 5 天,该公司就在中正街升平桥堍的西成旅馆楼下,租门西房屋两间,作为长途旅客接运站(分站),旨在方便乘客。凡购长途客票的乘客,从分站至总站或反之,都免费接送行李和人员,不另行加价。① 这一举措在博得乘客好感的同时,让人力车业受到打击。

　　至 1933 年,当局再将人力车乘价定为 1 华里铜元 20 枚(每公里 10枚)。② 然是年 11 月,江南汽车公司将市区票价定为每公里铜元 6 枚、2 站起售,仅行 1 日引起纷争。如南京市(出租)汽车业、马车业、人力车业同业公会联合呈请市党部、首都警察厅及市长增加江南汽车公司的价目,“窃属会等据各方报告,谓江南汽车公司减低价目,影响普通汽车、马车、人力车等三种营业,实非浅鲜,已人人危惧个个寒心。而兴华汽车公司为竞争营业计,亦有减低价目由八百文至四百文之议。如果实行,则普通汽车自不能坐以待毙,势必参加竞争价低兴华,则马车之往来下关者不低价则无营业可言,即使低价为由避长取短而与人力车争”。实际上,人力车夫“皆属各地逃荒来京就食之贫民,彼为生计必当必重受其害。如其不加入减价竞争则无生计,加入竞争亦难求一饱,而家口更无法维持,更何来车租以交车主。其结果则市内之江南与兴华两公司及普通汽车与马车人力车均因竞争,而蒙重大之牺牲,而牺牲之结果必至无力营业,而无力营业之结果则公捐、生

---

① 参见江苏省交通史志编纂委员会:《江苏公路交通史》第一册,人民交通出版社 1989 年版,第 283 页。

② 参见《规定市内水陆交通舟车价格标准》,1930—1937 年,南京特别市政府财政局档案,档号 1001-2-57。

计、交通也,皆不可言"。倘照以上结果而发生重大恐慌,"即此失业之十数万人生计更何法维持,其影响全市之治安秩序至如何程度,则不忍言矣"。由此,三家公会乞求当局增高江南汽车公司价目等于兴华汽车公司的原订价目,"俾免纠纷,亦利人利己,两善之道也"。① 嗣后,市政府第283次市政会议议决,自当月27日起公共汽车票价改为每公里铜元7枚2站起售,由夫子庙至下关票价均定70枚,以资一律,并饬工务局分别通知江南与兴华两汽车公司,遵照办理。②

　　面对人力车等咄咄进逼的气势,公共汽车则处于防御地位,当局为维护社会稳定,会要求其再度妥协。如1934年6月22日,南京市政府召开第310次市政会议,市长交议:"本市人力车夫因公共汽车发达后,营业衰落,生计困窘,殊堪轸念",拟将江南、兴华汽车公司原定最低票价铜元14枚改为铜元21枚,"以资救济人力车夫"。此议经市政会议通过后,自7月16日起实行,并由工务局饬两公司遵照办理。然,江南汽车公司并未坐以待毙,于7月3日呈文该局:"限制票价一事,顾于加深影响公司营业及本市交通前途者至极重大。市长念及人力车夫生计起见,自不得不恪遵办理,拟请试行半个月,以觇效果。倘使影响不巨,自当继续遵循,倘使不幸而适为预料损害重大,则为公共汽车交通前途及公司商情艰困计,惟有恳请钧局转请市政府俯赐交通办法以资救济。公司营业关系司机售票人员之数百人之生计,望市长一视同仁,当不致视人力车夫为重,而以公司员司为轻。"但16日工务局仍坚持应照市政会议议决,遵照实行。③ 至此,江南汽车公司只得遵从。

　　事实上,该公司自1934年7月16日起公共汽车实行3站起售铜元21枚后,票价已较人力车为昂,进而营业日颓。如其7月上、下半月乘客分别为377667人、285984人,日均减少7303人;市区票款数上、下半月分别为21790元、21154元,日均减130余元(见表4—19)。且四路汽车下半月行驶车辆较上半月日均增4辆,"否则减少数将更巨"。由此,该公司恳请当局救济,"倘使亏折更甚,必致影响事业",长此以往"若不蒙均局赐予救济办法,不特公共汽车交通无从发展,即欲勉维现状,实属不易。垂余公共汽车关系全市民行,赐予妥筹救济办法,俾维久远而利交通"。然市政会议仍

① 参见《江南汽车公司组织》,1933—1937年,南京特别市政府工务局档案,档号1001-3-84。

② 参见《南京市政府行政报告(廿二年度)》,1933年1—12月,南京特别市政府档案,档号1001-1-1733。

③ 参见《票价变迁》,1934—1935年,江南汽车公司档案,档号1040-1-1507。

最终议决,"碍难照准,令仰照此"。①

表4—19　江南汽车公司上、下半月各路进款比较表（1934年7月）

路次	票款总数（元）		每日平均数（元）		每日相差数（元）	备考
	上半月	下半月	上半月	下半月		
一路	10361.54	9792.06	690.77	612.00	78.77	4路车下半月较上半月日均加车4辆
二路	3350.72	3334.31	223.38	208.39	14.99	
三路	2118.49	1933.21	141.24	120.82	20.42	
四路	5083.55	5510.44	338.90	344.40	5.50	
五路	875.78	584.29	58.38	36.52	21.85	
共计	21790.08	21154.31	1452.67	1322.14	130.53	

资料来源:《票价变迁》,1934—1935年,江南汽车公司档案,档号1040-1-1507。

　　进而,1934年9月南京工务局正式通令全市公共汽车改3站起售,每站铜元7枚计、车票起价21枚。② 可见,当局为维持人力车夫生计,对公共汽车票价严格限制,规定3站起售,如此可让短途乘客改乘人力车。虽此后江南汽车公司几度力争请求改回,要求(每站铜元6枚)按2站或3站起,但市政府不允。面对抗争无力,该公司采用两种方法应策:(1)虑及3站内乘客不多,应和人力车争的是3至5站的乘客,此人数为巨,所以想出"放两头"办法。如大站前的小站上车者,不论几小站一律不算,以大站计;如在大站后的小站下车者,不论几小站也不算,按大站计。乘客如从大站前两小站上车而到第三个大站后的两小站下车,仍作3站计,等于5站售3站票。此原则上即未违市政府规定,又使乘客觉汽车票廉。如此市政府也无法干涉,且要取消优待,必会招致市民反对。(2)进一步想出"换车票"办法。因其路线增多,一些乘客即乘甲路又要转乙路。如按市政府3站起价的规定,则乘客至少应按6站买票,当然不合算而去乘人力车。如住建康路的乘客至玄武湖,按3站给付铜元21枚,乘至鼓楼下车;后换乘二路,虽仅1站又需按3站铜元21枚再买车票,如此负担过重。而换车票办法,即在上车时买足4站票,而给1张1站的换车票,乘客就可凭这两张票换乘第二条路线

---

① 参见《票价变迁》,1934—1935年,江南汽车公司档案,档号1040-1-1507。
② 参见《南京市征特别补助费用》,1937年,江南汽车公司档案,档号1040-1-1503。

的车辆,这不但打破 3 站起售的限制,且打破两个起售限制。① 两法施行后,公司营业愈见发达。

直至 1935 年 11 月,因铜元市价渐涨,当局饬令江南公共汽车改每站 6 枚,但仍规定 3 站起售,其后按站连加 6 枚。② 然仅实行 1 月,人力车夫再为公共汽车减价影响生计而奋起斗争。③ 嗣后,江南汽车公司扩展市区新路线时,车夫又聚集到市政府请愿,哀求制止。可以概见,抗战前南京人力工具与机械交通间的冲突,从未间断。

最明显的例证是,在经济学中博弈论可以解释贸易战和价格战。即博弈论选择策略的关键在于:博弈者要对自身和对手的目标进行思考,绝不应当忘记对手有可能采用与你相同的策略。在经济领域或其他方面的博弈中,要能推测出你的对手会作出他的最佳选择,然后找出使你自己利润最大化的策略。④ 有鉴于此,著者通过 1933 年 11 月南京公共汽车与人力车的乘价,建构经济模型(见图 4—4)。具言之,此两者如采用"占优策略"⑤(dominant strategy),只有将每公里乘价定为 6 枚,才能实现"纳什均衡"⑥(Nash equilibrium),即处于图中 D 区域;其均衡结果,虽为公共交通行业整体收益最小,却使消费者获利最大。由是,交通"厂商"间的不合作所形成的"纳什均衡",会产生有利于消费者的"市场效率"现象。但现实情况是,当时两者的定价处于 B 区域,即人力车定价为 10 枚、公共汽车为 6 枚,这对于后者而言已形成"占优策略",并导致人力车在价格博弈中处于劣势。斯时,政府念及人力车业的生存现状和社会稳定,对其多加干预、尽力倾斜,但

① 参见徐泰来:《江南汽车公司内幕》,载《江苏文史资料选辑》第 20 辑,江苏古籍出版社 1987 年版,第 271—272 页。

② 参见南京市政府秘书处编译股:《南京市政府公报》第 159 期,南京市救济院印刷厂 1935 版,第 132 页。

③ 参见江苏省交通史志编纂委员会:《江苏公路交通史》第一册,人民交通出版社 1989 年版,第 302 页。

④ 参见[美]保罗·萨缪尔森、威廉·诺德豪斯:《经济学》第 17 版,萧琛主译,人民邮电出版社 2004 年版,第 180—181 页。

⑤ "占优策略"是指在选择策略时最简单一种选择是占优策略,即无论其他博弈者采用何种战略,该博弈者的策略总是最好。在价格博弈中,正常价格对两个企业来说都是一种"占优策略"。有时博弈者很可能采取占优策略,无论对手如何做,他都可以获得最佳收益。(参见[美]保罗·萨缪尔森、威廉·诺德豪斯:《经济学》第 17 版,萧琛主译,人民邮电出版社 2004 年版,第 175 页)

⑥ "纳什均衡"是指参与博弈的每一个局中人在给定其他局中人策略的条件下,选择上策所构成的一种策略组合。其也称非合作性均衡,是一个在其他博弈者的策略给定时,没有一方还能改善自己获利的情况。(参见尹伯成主编:《西方经济学简明教程》第六版,上海人民出版社 2008 年版,第 109 页)

仍无法避循该业日渐窳败的宿命。

表4—20　抗战前南京公共交通乘价博弈表　　　　单位：每公里

乘车价目		公共汽车	
		10 枚	6 枚
人力车	10 枚	A：人力车的收益为 10 万元。公共汽车的收益为 10 万元。	B：人力车的收益为 6 万元。公共汽车的收益为 12 万元。
	6 枚	C：人力车的收益为 12 万元。公共汽车的收益为 6 万元。	D：人力车的收益为 8 万元。公共汽车的收益为 8 万元。

　　推广其意，抗战前南京人力车与公共汽车彼此间的博弈，会使公共交通业运营呈现效率化态势，市民乘车价格较为低廉，进而使"消费者剩余"①（consumer surplus）增加，城市"社会福利"整体增长。然，上述行为是否是彼此间的自发性意愿？如参照亚当·斯密的看法，"市场上琳琅满目的商品供应，并非由于生产商考虑到消费者需要，而是他们追求利润的结果。交通公司在交通拥挤时之所以会多放几辆车，也不是为了解决职工按时上下班的困难，而是为了多赚钱"。② 事实上，正如斯密"看不见的手"③精辟原理，市场是解决资源优化配置、增进社会福利的有效机制。即通过市场机制能使各业展开竞争博弈，进而能使社会达到最大福利。不难发现，近代南京公共交通业的运营具有市场化模式的痕迹，在彼此间的竞争中，推进了城市"社会福利"。

　　总而言之，抗战前如无南京当局外力楔入，人力车与公共汽车的博弈并无优势。实因"全市公共汽车票价为京沪区各地汽车票价中之最低者"。虽政府虑及人力车夫生计，对"公共汽车票价一再变更，（江南）公司及乘客

①　"消费者剩余"是指一种物品的总效用与其总市场价值之间的差额。之所以会产生剩余，是因为我们所得到的大于我们所支付的，这种额外的好处根源于递减的边际效用。（参见［美］保罗·萨缪尔森、威廉·诺德豪斯：《经济学》第 17 版，萧琛主译，人民邮电出版社 2004 年版，第 76 页）

②　转引自尹伯成主编：《西方经济学简明教程》第六版，上海人民出版社 2008 年版，第 4 页。

③　具如斯密在 1776 年《国民财富的性质和原因的研究》中曾有一段名言："每个人都力图用好他的资本，使其产出能实现最大的价值。一般说来，他既不企图增进公共福利，也不知道他能够增进多少。他所追求的仅仅是一己的安全或私利。但是，在他这样做的时候，有一只看不见的手在引导着他去帮助实现另外一种目标，尽管该目标并非是他的本意。追逐个人利益的结果，是他经常地增进社会的利益，其效果要比他真的想要增进社会的利益时更好。"（转引自［美］保罗·萨缪尔森、威廉·诺德豪斯：《经济学》第 17 版，萧琛主译，人民邮电出版社 2004 年版，第 20 页）

均感不便,而以实形即受损失实巨"①,但该公司仍"营业昌盛、盈利颇丰",如开业首日营收 120 元,抗战前日营收达五六千元;1933 年、1935 年和 1937 年度盈余分别为 4.8 万元、8.4 万元和 41.2 万元。由此,尽管当局多加倾斜使人力车在数年内未被汰除,但却无法阻滞其逐步衰败的宿命。所以,虽然彼时南京呈现明显的公共交通混合模式,但市民对容量大、舒适及迅捷的机械化交通则更为青睐,由此随着公共汽车的蔚然兴起及其对人力车的不断超越,两者之间此消彼长,日益繁盛抑或逐而窳败……

二、竞争引致的生存危机及政府应对

一般而论,"在大多数产业中,一个企业的竞争行动对其竞争对手会产生显著影响,因而可能激起竞争对手们对该行动进行报复或设法应对"。②实际上,公共电、汽车较人力车、马车等传统交通工具有明显优势。如据时人调查:每辆电车的输送力,约敌人力车 73 部;每辆电车所占面积,仅合 73 部人力车所占面积的 1/26;电车的速度约为 14.1592 公里/小时,人力车的速度为 9.654 公里/小时。③ 但近代中国人力车不但未遭天然淘汰,且异样、普遍地发展起来。诚如学者有言:人力车使城市的交通近代化,并且使人们在城市中活动的速度提高,其作用类似于电话线使城市之间的联系更为便捷,也类似于工厂的大规模生产对生活效率的提高。④ 可以确定,南京人力车夫拉车前的职业"以种田者为最多",农民"徒以农村破产,又乏熟练技能,因生活驱使,遂不得不以拉车为谋生之途径"。从而,"都市人口增加之所以迅速,此盖一因"。⑤ 即抗战前人力车曾是南京重要的交通工具,但其意义绝不仅限于此,在社会不靖和农村凋敝的背景下,本应为城市交通补充并逐步退出历史舞台的人力车已不仅是一种工具,某种程度上成为贫困和失业民众的谋生途径。

易言之,博弈论的指导思想是:假设你的对手在研究你的策略,并采取追求自身最大利益行为的时候,你如何选择最有效的策略;基本准则为:把自己的战略建立在假定对手会按其最佳利益行动的基础上。⑥ 如公共汽车

---

① 《南京市征特别补助费用》,1937 年,江南汽车公司档案,档号 1040-1-1503。
② [美]迈克尔·波特:《竞争战略》,陈小悦译,华夏出版社 2004 年版,第 16 页。
③ 参见沙公超:《中国各埠电车交通概况》,《东方杂志》第二十三卷第十四号,1926 年 7 月 25 日发行,第 49—50 页。
④ 参见邱国盛:《北京人力车夫研究》,《历史档案》2003 年第 1 期。
⑤ 参见言心哲:《南京人力车夫生活的分析》,国立中央大学 1935 年版,第 15、70 页。
⑥ 参见[美]保罗·萨缪尔森、威廉·诺德豪斯:《经济学》第 17 版,萧琛主译,人民邮电出版社 2004 年版,第 174—176 页。

的开行,不可能不对人力车产生影响。从长效看,这是一个逐步取代的进程;从短期观,则表现为人力车夫的生计更加困窘。根据本章第一节前列表所示,车夫每月净收入 5—19 元的占总数的 65%,家庭支出 10—29 元占总数的 72%。如将此最大占比的收支等级相较,则收不抵支。而大体讲来,凡一个家庭的收入越高,在食品、房租及衣服的支出愈低,在生活改进如卫生、教育、娱乐、旅行等愈高。反之,一个家庭终年劳碌,所入仅为糊口,如娱乐教育等全不能享受,如此生活程度一定很低。就食品费用言,在生活程度较低家庭,食品支出每占最主要部分。据前表所示,人力车夫月均收入仅10 元,再由表 4—20 见,每月 5—14 元食品支出的人力车夫家庭已超总数的 70%,即人力车夫家中,"食品费实为重要之一项"①。如采用"恩格尔系数"②进一步分析,南京人力车夫的家庭经济状况则为"贫困"。

表 4—21　南京人力车夫家中全家每月食品费(1933 年 1 月调查)

食品费用组 (元)	家数	百分比 (%)	食品费用组 (元)	家数	百分比 (%)
5 元以下	26	1.92	30—34	6	0.44
5—9	456	33.78	35—39	3	0.23
10—14	493	36.51	40 及以上	2	0.14
15—19	170	12.60	不明	106	7.86
20—24	57	4.23	总计	1350	100.00
25—29	31	2.29			

资料来源:言心哲:《南京人力车夫生活的分析》,国立中央大学 1935 年版,第 32 页。

应当承认,公共汽车与人力车的博弈是引致后者生计困窘的根本原因。譬如至 1934 年南京"近自公共汽车行驶以来,人力车业,日形衰落,目下车夫之生活状况,更非昔比"。如此前全市人力车最发达时期达 1 万辆以上,车工共 2 万人。但自江南与兴华两家汽车公司公共汽车增加行驶后,于城南至下关各处沿途设站,该业"大受打击,曾引起纠纷,向政府数度请求救济"。同年,全市人力车受马达淘汰,仅剩 9000 辆(私人包车未计),但事实上仅 5000 辆上市服务,各车行搁置共达 4000 辆"竟乏人承租"。各车行共

---

① 言心哲:《南京人力力夫生活的分析》,国立中央大学 1935 年版,第 32 页。
② 恩格尔系数=食物支出/总支出。其系数常被用来反映一个国家、一个地区或一个家庭的生活水平和富裕程度,反映其消费结构和变化趋势。恩格尔系数越大,表明生活水平越低,越贫穷;反之则反是。(参见夏永祥:《经济学基础》,苏州大学出版社 1999 年版,第89 页)

达 300 余家,因车工减少、捐税加重,"现下车辆多停顿不能出租,故对业务前途,莫不深抱悲观"。是年,人力车夫减至 1 万人,每日劳动所得仅小洋 6 角(过去可获 1 元),除应给车行捐款 4 角外,剩余 2 角"充作本人及家属养活之资"。虽"力量较厚者尚可返乡从事农作,贫苦者流落城区,无法自活,成为劳动失业之一大问题"。由是看来,"近自公共汽车行驶后,人力车业确受其影响",车夫"告以生意冷淡,营业情形,迥非昔比。其每日之所得,远不及一二年以前,而车租仍须照付,家庭负担依然,其困苦情形,可以想见矣"。即车工一人负担养家多在五六口,车工减少 1 万人,六七万贫苦妇孺同时失所凭依。①

此情,具如 1936 年南京市人力车同业公会呈文当局:"入夏以来大小车行生意一落千丈,较往年生意仅有十分之三四成,其重要原因,江南汽车以及野鸡(个体出租)汽车车价便宜,以致人力车不能发达,上届营业实有天渊之别也",由此请求设法救济。② 翌年,王维记人力车行再呈当局:"人力车业自通行江南汽车即告苦万状,营业颓败。今十三辆实口食难度,无力购买车捐"等。③

依前所述,当时人力车面临的生存危机,已不仅是简单的公共交通工具博弈问题,引申到实质则为政府必须应对的社会问题。即我国"内地机械交通不发达之都市,固无论矣,即机械交通发达之都市如上海、天津等处,人力车问题严重之程度,并不因之而减少"。人力车夫问题在我国都市日趋严重的原因,一方面,"固在人力车夫数目之众多",如上海、北平、天津、汉口、南京、广州等处,直接与间接依此为生者,多至数十万人,少亦有数万人,"在数量上已占各大都市社会生活重要的一角"。另一方面,以拉车为业者"收入低微,生活困苦,工作之不合卫生等等。凡此种种,不仅减少车夫个人目下之精力,而且妨害民族前途之健康,此其所以成为我国都市社会问题之一,而亟待研究与解决者"。④

鉴于此,当局不得不对车夫进行帮扶及安置,否则大量失业将引致社会革命。具如彼时《首都计划》已为人力车预留出生存空间:即南京原有道路不放宽者将概改为内街,作为人力车及步行道路;所有干道穿过城垣处皆筑

---

① 参见言心哲:《南京人力车夫生活的分析》,国立中央大学 1935 年版,第 69—70 页。
② 参见《二十五年征收车捐》,1935—1936 年,南京特别市政府财政局档案,档号 1001-2-420。
③ 参见《关于征收车捐事项之调查表及往来文书》,1934—1937 年,南京特别市政府财政局档案,档号 1001-2-501。
④ 参见言心哲:《南京人力车夫生活的分析》,国立中央大学 1935 年版,第 1—2 页。

两旁拱门,备人力车及人行之用。① 继而,南京市政府基于"本市人力车夫将近两万人,靠人力车夫为生之人当在三万人以上,约占全市人口三十分之一",在数量上、效用上说,人力车夫问题"俱占社会问题中之重要地位,所以改进人力车夫生活,增进人力车夫福利,均为极应举办之要政。惟此项问题关联甚多,如欲举办,以联合各关系社会团体共同进行,较为有力"。因而,在当局意欲帮扶的思想下,1936 年 7 月国民党中央执行委员会民众训练部发布(2574 号)公函:当地党部亟应协同政府及社会热心公益人士,当为筹设人力车夫福利会或俱乐部,以谋该项车夫生活之改善及知识之增进。"兹查各地人力车夫多未组织,而人力车夫为体力劳动者之一,生活至为艰苦,人数亦极众多,其需要救济组织,实为刻不容缓之图",拟将上海、南京二市的人力车夫先行组织、切实办理,"如有成绩,再行推及全国"。② 由此,民众训练部及南京特别市党部派员积极筹商,组织南京市人力车夫福利会筹备委员会(关防印章于 1937 年 2 月 8 日正式启用),并由市社会局制订实施计划二份:

一、《人力车夫合作社组织计划》

车夫终日奔走所得,除缴付车租外,是否尚有余力以仰事俯蓄,当为极堪注意之问题。为谋此问题解决,最好能使拉车者有其车,其次为设法使车租减低,减低车租为另一问题,应有本府约同党政机关共商解决。至于实现拉者有其车,则组织人力车夫合作社,即为有效办法。如人力车夫合作社推行全市,人力车为全市车夫所有,车租问题不解决而自解决。筹办人力车夫合作社办法分二步:

(一)筹备时期:由市府或社会局指定 2 人,负责筹备。其工作为:觅场址;草合作社章程;登记社员;与小本借贷处办贷款手续;购备车辆;购牌照号衣;缴捐税;规定社员还款办法;合作社成立,车交车夫使用保管。

(二)经营时期:检验车辆;修理车辆;收受社员还款,缴还借贷处;协助社员办理用于储蓄、饮食、娱乐、疾病及其他有利于社员事项。

(附甲)社员还款办法及期间:每一辆人力车价及牌照号衣等开支,约共 70 元,如社员每日还款 3 角,8 个月可将全部贷款还清。

---

① 参见国都设计技术专员办事处:《首都计划》,1929 年 12 月编印,第 69—70 页。
② 参见《组织人力车夫福利会或俱乐部》,1936 年 7 月,南京特别市政府档案,档号 1001-1-674。

（附乙）费用问题：合作社既为有利于社员之组织，事实上本府亦不能永远派员经理，必须有人专司其事方可持久，且对于社员之扶持、救济、娱乐、教育等，亦在需款时必有筹款之方，始克有济。合作社普通规定，放款利率较原来贷款利率为高，普通利率为 1 分 5 厘，小本借贷处以 9 厘利率，放款于合作社，合作社再以 1 分 5 厘利率放于社员，令假定第一次购车 200 辆，需款 14000 元，合作社每月可多收利息 84 元，此款即可作为合作社之经费。如社务发达，社员加多，收入亦增加。再则社员贷款还清，亦可规定每月收纳社费 1 角或 2 角，以供社中之开支，如社中收入超过支出，则储为救济金，转备孤贫社员疾病丧亡及其他意外之用。

二、《人力车救济会组织与实行计划》

对于人力车夫福利之增进，应由其生活全面着手，如关于衣履、饮食、居住、娱乐、卫生运动、教育储蓄等，皆为工作之对象。至于生育、疾病、嫁娶、死亡等等，尤为急待救济之事，更应妥为筹措。如这些问题有了解决，社会问题，无形中解决了一部分了。如何可以使这些问题得到解决呢？答案是应组织一个有力量的南京市人力车夫救济会，办理以上所说的各种事件。

组织：由市政府、市党部、警察厅、商会、人力车业公会、人力车夫工会，或其他有关各团体，共同派员组织。

工作范围：疾病救济：如遇疾病，可以经济救济，其办法当详订定。丧亡救济：如车夫或其家属丧亡，与以经济救济，其办法另订，其最大款额为 10 元。生育救济：如贫苦车夫妻室生育子女，则以经济救济，其最大款额为 5 元。嫁娶贷款：最高贷款额为 10 元，并分期摊还。小款储蓄：车夫如有节余，则由会代向银行开户储蓄。公共浴池理发：分全市为四区，每区办一浴池及一理发馆，几本市人力车夫，每半月得凭车照理发一次洗澡二次，不收费用。公共诊所：此项可与卫生事务所合作，订立车夫就诊免费办法。公共食堂：亦可分区设置，每餐收费 7 分或 1 角。平民住宅：与市府共同办理。衣履米煤杂品消费合作社：应以不营利为目的，物价应较市面为低，以减车夫负担。国术：分区设立国术厂，聘员教授。俱乐部：有音乐，戏剧，影戏之设置，车夫可凭车照免费娱乐。补习教育：与社会局合作。以上种种施设当需极大费用，其费用来源，现拟以人力车救济费支付。

人力车救济费之征收法：本市人力车租价，全日共小洋 5 角，现每日令车主实收 4 角 5 分,其余 5 分缴入人力车夫救济会,作为救济费。现今流行市面之人力车,值价通常约 60 元,以 60 元资本,每月收 12 元至 13 元利息,利率未免过大,且此种利润纯取诸劳工血汗,于情理上说,亦多有不合的地方。如主张提出车主十分之一的收入,为车夫谋福利,不独在道理上是应该的,而且于人情上说,亦是当然的。本市有 9797 辆人力车,以 9000 辆论,每月应收救济费 1 万 1 千余元,再退一步计算,以三分之二的车辆营业,其数以 6 千辆计,每月亦可收费 7470 元,每年约八万余元。有此等数量收入,如办理得法,人力车夫生活当可日渐改善,而社会问题亦可逐渐解决了。①

继至 1937 年 1 月,南京市政府"为改善人力车夫生计,以免车行之剥削起见",特指导组织"人力车夫合作社",社员共 73 人,经四次向银行借款购车分给各社员使用,各社员每日缴纳该购车费 2 角 6 分—2 角 8 分间。"此虽类似车租,实则完全不同,该社各社员按日所缴款即为购车之款"。开办至抗战前已缴足 210 天,得车 1 辆者已有 34 人,"将来推而广之,务使全市人力车夫,皆能达到拉者有其车之目的"。② 由上所述,人力车业对于公共汽车的抵触,很大意义是有感与其博弈所引致的生存危机。虽政府安抚和应对,但交通工具的更迭演替是城市化进程的必然趋势,其症结不在技术层面,而在于政府如何安置被逐步淘汰的旧式交通工具的劳动者。③

三、博弈之终局:马达征服血汗

由历史考之,古代虽"机械之学未兴,已有各种运输方法,如利用人力、兽力、风力等,可见运输事业由来已久"④。即就陆地而言,"原始时期,仅知利用一己之筋力,以为运输,如欲打破空间之障碍,则用自给徒步而往,运输物件,则以肩承负"。嗣用牲畜力以为代步、以供转运,"更进而用简单之物质以辅助,如置运输物于木撬,及推挽重物,下用滚木承之……再进而制车轮以求迅速,如牛车,马车等"。⑤ 然古代交通"究属规模简单,效用浅薄"。

---

① 《组织人力车夫福利会或俱乐部》,1936 年 7 月,南京特别市政府档案,档号 1001-1-674。
② 参见中央党部国民经济计划委员会:《十年来之中国经济建设》下篇,南京扶轮日报社 1937 年版,第 2 页。
③ 参见李沛霖:《民国时期南京公共交通工具博弈及政府因应》,《暨南学报(哲学社会科学版)》2015 年第 9 期。
④ 龚学遂:《中国战时交通史》,商务印书馆 1947 年版,第 1 页。
⑤ 参见吴琢之:《都市合理化的交通工具》,载《交通月刊》第一卷第一期,京华印书馆 1937 年版,第 40 页。

迨近世蒸汽机械发明,"水陆交通情形,为之丕变,继而用石油电气,以为交通工具之原动力,于是电车汽车,络绎于途"。从而,近代交通"造福人群,裨益社会,实为古时梦想所不及"。① 究其实质,交通方式间的"优胜劣汰"机制是人工选择:能满足人类社会经济发展需要或爱好的交通方式能得到生存和继续发展,那些不符合的交通方式逐步被淘汰。②

至抗战前,人力车为"现今都市重要交通工具之一种,所以人力车夫亦为维持都市交通重要之一员"③。如时人认为,"南京目前事实而论,在新式交通设备尚未完成以前,失业问题方兴未艾之际,人力车当亦不能遽即废止。吾人对此问题应取之态度,首当顾全事实,新式交通工具故应提倡,而此成千累万之人力车夫的生计问题,岂容置之不顾? 且也,人力车夫多为善良之人民,吾人即不誉之为神圣之劳工,然较之一般游民乞丐,寄生社会以苟活,匪盗之流,徒赖偷窃以生存,为害国家民族,扰乱社会治安者,又不啻天壤之别"。因而吾人对此问题,"应具同情心理与拯救热忱,谋所妥善解决之道,此固为政府当局应尽之责任,抑亦社会一般人士所当共同努力者"。④

然依前而述,公共汽车的日益猛进与人力车的逐渐衰落,已为既成事实。机械交通替代人力工具成为历史趋势,前者的暂时退缩并不能为后者提供永续保障。诚如有人论及:"人力车夫问题,已成为国内各都市中之一普遍问题,此由于我国文明落后,机械不发达,交通与运输仍多使用人力。人力车不仅在欧美各国无之,即在人力车发轫之地——东京,亦渐归淘汰。日本因应用机械代替人力,现在东京之人力车,已不复认为该处的一种交通工具,并预料不久,有行将绝迹之可能。"由是人力代替兽力,"原为中古时代之产物,在文明进步的今日,机械如此发达,残酷劳动如拉人力车者,按理想而言,根本应行废除,不独公共汽车在南京交通方面,应尽力提倡,即电车及其他新式工具,亦当竭力筹设,夫如是,人力车方有消灭之一日"。⑤ 换言之,南京人力车"自公共汽车设备后,亦只内街小巷尚有需要,将必受天然之淘汰"⑥。

问题实质在于,当局对人力车业仅行安扶之策,并无发展图景。如

---

① 参见韦以黻:《现代交通政策国防化》,载《交通月刊》第一卷第一期,京华印书馆 1937 年版,第 19—20 页。

② 参见刘贤腾:《交通方式竞争:论我国城市公共交通的发展》,南京大学出版社 2012 年版,第 138 页。

③ 《组织人力车夫福利会或俱乐部》,1936 年 7 月,南京特别市政府档案,档号 1001-1-674。

④ 言心哲:《南京人力车夫生活的分析》,国立中央大学 1935 年版,第 70 页。

⑤ 参见言心哲:《南京人力车夫生活的分析》,国立中央大学 1935 年版,第 1、70 页。

⑥ 刘纪文:《南京市政府成立十周年纪念感言》第 4 页,载《十年来之南京》,1937 年 6 月编印。

1930年首都警察厅、市工务局颁行《南京市陆上交通管理规则》第三十四条曾明确规定,人力车、马车不能在公共汽车设站地违章载客、停放车辆。随之,1933年11月13日江南汽车公司恳请工务局,干预营业小汽车、马车、人力车等在公共汽车站违章载客,即"所有公司设站地点暨招呼站等为公司营业场所,各营业小汽车暨马车、人力车等难免不有停车逗留,司机人及下手屡入兜揽乘客情事,应请钧局出示严禁如违应予重惩,倘蒙函请首都警察厅分饬各局协助执行,效果更宏"。该局遂复:在公共汽车设站地点停放各种车辆,本市陆上交通管理规则第三十四条第五项已有限制,毋庸再出布告,但为"督促遵守起见,准予函首都警察厅,饬属协助"。① 至1936年当局再表示"人力车以一万辆为限,过此即不发牌照,以资限制"②。由见,其"费时多而劳工苦,欧美各国均不采用,吾国生产事业不发达以此为调剂失业平民,原属权宜之计,究与公共卫生时间经济均有不合,及其弊且与治安秩序亦有关系"③。易于看出,南京当局已充分意识到人力车将迟早汰除,但因畏惧将其取缔后可能引发的社会动荡,从而采取权宜之计。

再援以前表4—17所示,1928—1936年南京全市汽车(含公共汽车)由144辆增至2119辆,人力车由7352辆增至11180辆,马车由424辆减至341辆。即在9年间,汽车增长13.7倍,人力车仅增1.1倍,且1936年后营业人力车已呈递减之势。如从更广的视角考察,抗战前南京面积不断扩张、城市移民持续增加,人口流动则必然频繁;而传统的缓慢的人畜力工具已不能适应这种交通需求变化,市民对更显优势、效率更高的机械交通的吁求更为迫切。即"加快道路建设的同时,还要相应增加和改善交通工具,淘汰落后车辆,特别是客运方面,要尽可能采用快速大容量的运输工具"④。由此,承载大幅客流的公共汽车成为城市交通的主干,成为南京市民出行的重要参考和首选工具。此情,诚如当时北平著名记者金受申感叹:"从公共汽车开办以来,平民也可坐汽车,真是都市进步的表现,绝不能因妨害人力车营业而加以反对。将来汽车业真不可限量啊!"⑤推其总因,公共交通方式是民众根据自身需求而选择的交通工具,如某些交通工具能更好地满足民众

① 参见《江南汽车公司组织》,1933—1937年,南京特别市政府工务局档案,档号1001-3-84。
② 《南京市工务报告(二十四年四月至二十六年四月)》,1937年5月,南京特别市政府工务局档案,档号1001-3-515。
③ 《首都无轨电车计划》,1930年1月,南京特别市政府工务局档案,档号1001-3-159。
④ 张耀华:《城市的综合管理》,中国城市经济社会出版社1988年版,第63页。
⑤ 转引自王瑞芳:《近代中国的新式交通》,人民文学出版社2006年版,第128—129页。

需求,那么其被选择的概率必然增长,并能生存下去且持续发展。

　　既如此,面对政府限制和公共汽车业猛进,人力工具与机械交通的博弈结局已荦荦大端。此情诚如 1934 年 6 月南京各报刊载《马达征服了血汗》一文所述:"公共汽车行驶后,人力车夫叫苦连天,车夫失业而达万余人,家属六七万人失凭依。京市交通,自公共汽车增加行驶以来,一般用血汗与马达竞争之人力车工,日渐处于被征服之境地。迄至现时,行驶市面之人力车辆,较前锐减,直接间接影响之贫苦劳工家属,共达六万之多。值兹农村经济破产者,最多系接近中枢之江北淮安、六合等县失业农民,一旦乏工可做,留落都市,形状极惨。"①从而,在城市交通近代化进程中,人力工具已被推到历史的悲剧地位,"一面是人力与牲畜运输竞争的结果,一面又在抵抗机械运输的应用之中挣扎着",无论车夫如何抗争,"机械运输依旧随时在将人力车夫抛到失业的苦海中"。②

　　通观而言,"交通工具,随人类智识文化之进步,而发展"。③ 近代我国"交通事业蒸蒸日上,各处交通机关大多采用新式运输利器,旧式舟车渐趋淘汰"④,进而"先进的交通工具不断被生产出来,用于社会生活各个领域,凸显了人的智慧和创造力、社会物质文明和精神文明不断进步以及社会化不断发展"⑤。由此,城市交通问题伴随交通方式的发展而不断变化。虽然世界各国城市交通发展历程并不完全相同,但大都经历如下阶段:第一阶段,以兽力(马车、牛车等)或人力交通为主的阶段;第二阶段,机动化的公共交通阶段……⑥观照我国,抗战前南京人力车虽在城市公共交通中占有重要地位,且当局以外力楔入、加以体恤并尽力安抚,但这仍不能改变机械交通替代人畜力工具的历史趋势。换言之,城市交通由人畜力向机械工具递嬗的阶段中,人力车与公共汽车的冲突虽无有宁时,几乎伴随后者产生、发展与壮大的整个过程,但两者间博弈的终局,仍是机械战胜人力、"马达征服血汗"。博弈引致的此消彼长,使城市交通从"第一阶段"递嬗至"第二阶段",最终使公共汽车成为近代南京城市公共交通的主流工具,此情亦与社会发展所呈现的历史经验相契。

---

①　《马达征服了血汗》,《中央日报》1934 年 6 月 13 日,第 3 版。

②　参见蔡斌咸:《从农村破产所挤出来的人力车夫问题》,《东方杂志》第三十二卷第十六号,1935 年 8 月 16 日发行,第 35 页。

③　吴琢之:《都市合理化的交通工具》,载《交通月刊》第一卷第一期,京华印书馆 1937 年版,第 40 页。

④　《新都之交通新事业》,《申报》1928 年 7 月 14 日,第 9 版。

⑤　黎德扬等:《交通社会学》,中国社会科学出版社 2012 年版,第 83 页。

⑥　参见冯云廷主编:《城市经济学》,东北财经大学出版社 2011 年版,第 365 页。

第五章　公共交通与城市人口的
交互关系

可以概见,人口是居住在一定区域内的人的复杂多样的总体。城市人口是指常年居住在城市中的、与城市活动有关系的人口,其是城市的发展动力和物质生产、经济发展的重要条件。城市规模常以城市人口来表示,它的多寡是随城市规模而变动的。① 进一步言,"就经济建设程序的缓急先后来说,多数的人均以为在经济建设中,如农业建设、工业建设、水利建设、交通建设等,应该先建设交通事业。因为交通机关是发展产业的工具"。② 关于交通与人口的相互作用,如美国社会学家 C·H·库利曾在"城市定位论"中强调:交通使人口和财富集中,从而为城市形成和发展提供条件。而形成后的城市具有各种交通设施方便居民,又导致人们继续向城市集中。③ 不难发现,1937 年抗战爆发前"南京为江南大都会,水陆交通,人文荟萃,奠都以还,益日臻于繁盛,而递进不已"④,自"建立新都以来,对于建设事项逐渐进行,全市民众莫不欢跃"⑤。其间,公共交通已成为联系南京城市空间的纽带。彼时公共汽车、市内火车、出租汽车、人力车、马车等公共交通工具不断展现,不仅与城市人口⑥关系至密,进而彼此间的相互促进持续显现,终而推进近代南京城市化进程的赓续发展。

第一节　公共交通与人口需求

毋庸讳言,"国之于交通,尤鱼之于水也。民之需要,当于衣食住并而

---

① 城市人口主要有几类,其基本人口是指工业、交通运输及行政、财经、文教等单位的工作人员,它对城市规模起决定性作用;服务人口,指在为当地服务的企业、行政机关、文化、商业服务机构中工作的人员。(参见张钟汝、章友德等:《城市社会学》,上海大学出版社 2001 版,第 112 页)

② 金家凤:《中国交通之发展及其趋向》,正中书局 1937 年版,第 388 页。

③ 转引自张钟汝、章友德等:《城市社会学》,上海大学出版社 2001 版,第 21 页。

④ 南京市社会局:《南京社会:调查统计资料专刊》,华东印务局 1935 年版,"序"第 1 页。

⑤ 南京特别市工务局:《南京特别市工务局年刊(十六年度)》,南京印书馆 1928 年版,第 375 页。

⑥ 本书所指城市人口包括当时南京城区和全部乡区人口。

为四"①；即"一国以内，常因气候、土壤、地理环境之不同，致各地物产互异。而各地人民，因生活上、事业上之需要，有无相通，行旅之往来，自属切要，运输事业便应运而生"②。由见，交通运输业是国民经济的基础产业，其基础性表现在：工农业生产、人民生活、国防建设及社会活动诸方面对交通运输业具有普遍需求性。③ 可见，交通是因满足人类社会活动的基本需求而生。迨及近代特别南京定都后，引致人口辐辏，由此符合大众需求的公共交通应时而生，满足城市人口"派生需求"④的同时，积极应对人口增长的压力。

一、合宜人口需求

事实上，"除掉战争以外，交通就是城市中最主要的动态因素……缺少交通，便构成了城市发展的一种威胁，甚至根本威胁到城市的存在"⑤。即作为政治、经济和文化中心的城市，人口密集，工商业发达，城市政治、经济、文化运作所需的设施，包括庞大的国家机器和社会管理设施，而"完整的交通网络、供水排污、电力照明系统等社区基础设施更是必不可少"⑥。20世纪前半期，美国城市社会学家豪默·霍伊特曾指出：城市发展形态在很大程度上受在城市主要发展阶段占主导地位的交通工具的影响。⑦ 然20世纪初，南京人口仅26万余，后虽有"马路与东洋车、脚踏车、马车等日事扩充，而乘客犹有缺憾，于是开筑宁省铁路以济之"，但当时市内铁路共计7站，乘客必须按站下车，且转乘他项车辆始能达到目的地。至于下关仅凤门大街、城内唱经楼大街、花牌楼大街、三山大街、贡院大街等交通孔道，"不能随时随地乘车下车，行旅往来仍留缺憾"。即铁路机车损坏、仅开

---

① 叶恭绰：《交通救国论》，商务印书馆1924年版，第3页。
② 龚学遂：《中国战时交通史》，商务印书馆1947年版，第1页。
③ 参见王惠臣：《论运输管制：公共性与企业性的悖论》，高等教育出版社1997年版，第37页。
④ "派生需求"是英国新古典经济学派的领袖人物马歇尔于1890年《经济学原理》中首次提出的经济概念，其是指对生产要素的需求，意味着它是由对该要素参与生产的产品的需求派生出来的。（参见[英]阿尔弗里德·马歇尔：《经济学原理》，刘生龙译，江西教育出版社2014年版，第315页）
⑤ [美]刘易斯·芒福德：《城市发展史——起源、演变和前景》，倪文彦等译，中国建筑工业出版社1989年版，第55页。
⑥ 参见吴增基等主编：《现代社会学》第四版，上海人民出版社2009年版，第252页。
⑦ 转引自[美]罗伯特·瑟夫洛：《公交都市》，宇恒可持续交通研究中心译，中国建筑工业出版社2007年版，第70页。

单班,"供不应求,急难补救"。① 由是,1918 年金陵汽车公司筹设,鉴于"交通之需要"。②

至 1920 年,南京人口已近 40 万,加之彼时公共汽车"简捷经济,世人殆莫不知。两年来各省提倡之声响,鄂湘浙粤猛进颇著成效,而逐渐放行者尤不可胜数,斯诚国家前途之好现象,交通事业之可乐观者"③等相关影响,南京市民已感到自城南至下关相距 20 余里,虽有人力车及马车,"费时既多,经济亦不见甚省。而下关至中正街之火车,乘客纷杂半为兵士,尤感不便,城内居人感觉有创设长途汽车及电车之必要"④;并意识到通行公共汽车的必要性,即"按近年南京人口日繁,此项交通实不可缓"⑤。由此,1924 年 4月宁垣汽车公司得以正式运营,即当时市内铁路"尚不足以便商贾而利运输,便行旅而利交通。于是长途汽车乃应运而生。一以补铁路之不及,一以利于役口往来"⑥ 斯时,公共汽车虽车资较人力车价略昂,但该公司乃"应需要而创设";自开行后并有车票簿出售,"现已先期发售车票,购者甚踊跃,盖皆欲一试新式交通之效果如何也"。⑦ 可见,当时城市人口对公共交通的需求日益殷切。

另外,"一切经济的进化都是由于人口增加。从渔猎期到农期,从家庭工业到工厂工业,从工厂工业到机器工业,及附属于他的分工制度与劳资阶级,都以人口增加为其原因"。⑧ 如国民政府"建都以来,机关林立、往来频繁",南京"为首善之区,冠盖荟萃"⑨。因之,人口迁移更为频繁,次年已出现全市"人口突由三十六万增至四十九万七千余,一年间计增十余万,可见移住者之众"⑩现象。如 1912—1927 年经过 16 年,南京人口由 269000 人增至 360500 人,人口平均增加率为 28‰;1912—1933 年经过 22 年,由 269000 人增至 726131 人,人口平均增加率为 45‰;但

---

① 参见《金陵汽车公司案之省咨》,《申报》1919 年 3 月 5 日,第 7 版。
② 参见磊夫:《宁垣运输长途汽车公司之近闻》,《申报》1924 年 2 月 16 日,第 3 版。
③ 豪:《告反对南京长途汽车者》,《申报》1924 年 2 月 16 日,第 2 版。
④ 林一:《南京城内筹办通行长途汽车》,《申报》1923 年 9 月 15 日,第 1 版。
⑤ 丁祖泽:《南京长途汽车公司成立》,《申报》1925 年 4 月 4 日,第 3 版。
⑥ 参见悟非:《首都长途汽车去年概况》,《申报》1929 年 1 月 19 日,第 10 版。
⑦ 参见丁祖泽:《南京长途汽车公司成立》,《申报》1925 年 4 月 4 日,第 3 版。
⑧ 胡鉴民:《人口变迁与社会变迁》,载《中国人口问题》,世界书局 1932 年版,第 81 页。
⑨ 参见南京特别市工务局:《南京特别市工务局年刊(十六年度)》,南京印书馆 1928 年版,第 356 页。
⑩ 国都设计技术专员办事处:《首都计划》,1929 年 12 月编印,第 18 页。

1927—1933 年的 7 年间，人口平均增加率则为 105‰。[1] 即 1927—1933
年，全市人口已增一倍强。并且，"发达的交通是社会福利待遇的一部
分，也是城市经济发展的关键"，由此市内交通要便于人们出行，城市经
济发展和人们社会生活需要采用多种出行方式到达多个目的地。[2] 由是
在"本市繁荣日甚，人口增多，公共交通设备需要日切"[3]指导思想下，
1927 年南京市政府指出："公共汽车影响市民生活巨大，应由政府设立监
督机关严密查勘，务使其能便利全市人民为主旨"；并"提倡交通及便利
市民起见，多方规划公共汽车，促其实现"，8 月设公共汽车管理处，9 月
向全市招商承办。[4]

　　继而，"本市既为首都所在，欲期交通发达，尤以汽车输送为首要"。[5]
譬如"新都南京业已开办公用汽车公司，行人称便"[6]；关庙汽车"开通自夫
子庙以达下关，人咸称便"[7]；公共汽车公司"开行为时虽仅一周，而首都人
士感称便利"[8]；自振裕、公共两公司"开驶营业以来，市民尚称便利"[9]（见
表5—1）。嗣后，江南公司办理市区线路时，第一路（奇望街—京沪火车
站）除起点站外共分 10 大站，另于各大站间分设 14 小站，即二郎庙、土街
口、华侨路、干河沿（北门桥）、黄泥岗、华侨招待所等招呼站，"以便乘客
上下"；第二路为园路（雨花路—雨花路）共分 9 大站，另各大站间分设 17
小站即南山门、三元巷、文昌巷、杨公井、太平巷、中正街等招呼站，"以便
乘客上下"。[10]

①　参见建设委员会经济调查所统计课:《中国经济志·南京市》,正则印书馆 1934 年版,第
　　29 页。
②　参见［英］肯尼斯·巴顿:《运输经济学》,李晶等译,机械工业出版社 2012 年版,第
　　337 页。
③　《南京市征特别补助费用》,1937 年,江南汽车公司档案,档号 1040-1-1503。
④　参见《委任南京特别市公共汽车管理处职员》,1927 年,南京特别市政府财政局档案,档号
　　1001-2-12。
⑤　南京特别市工务局:《南京特别市工务局年刊(十六年度)》,南京印书馆 1928 年版,第 109
　　页。
⑥　《新都之交通新事业》,《申报》1928 年 7 月 14 日,第 9 版。
⑦　悟非:《首都长途汽车去年概况》,《申报》1929 年 1 月 19 日,第 10 版。
⑧　《首都公共汽车开始营业》,《申报》1928 年 7 月 21 日,第 9 版。
⑨　南京特别市市政府秘书处编译股:《南京特别市政府工作总报告》,南京印书馆 1930 年版,
　　第 80 页。
⑩　参见《江南汽车公司组织》,1933—1937 年,南京特别市政府工务局档案,档号 1001-3-
　　84。

表 5—1　南京市区公共汽车行驶概况表（1928—1934 年）　　单位:辆

年份	公共汽车公司名称	车辆数（上路行驶数）			
		春季	夏季	秋季	冬季
1928	特别市公司、关庙公司	15	15	15	15
1929	公共、振裕公司	—	45	40	24
1930	兴华公司	—		14	22
1931	兴华公司	22	22	22	22
1932	兴华公司	24	24	24	24
1933	兴华公司	24	18	16	16
	江南公司	—	—	—	30
1934	兴华公司	18	21	21	—
	江南公司	30	40	46	
备注	原表中 1928 年为宁垣汽车公司，著者以为有误。因其 1927 年已收归市有，故不存在。由此将 1928 年之项更为特别市汽车公司与关庙汽车公司，可与原表中数据相契				

资料来源:秦孝仪:《革命文献》第 91 辑《抗战前国家建设史料——首都建设（一）》,（台北）中央文物供应社 1982 年版,第 96—97 页。

伴随南京人口骤增,为公共交通发展带来难得机遇。如随着城市化和机动化的稳步发展,城市人口日趋膨胀,城市居民的出行需求日益增大,使得家庭对机动车的需求日益增加。[1] 依前所述,1928—1934 年南京全市汽车由 144 辆增至 1464 辆（含公共汽车）,人力车由 5334 辆增至 8628 辆,即汽车增幅为最,7 年间增十倍左右;其数量从 1928 年的 144 辆,至 1936 年再增为 2119 辆。成因即为,"南京建设国都以来,市政日趋发达,汽车业适以社会之需要,以振兴京市交通"。[2] 事实上,城市规模日益扩大导致人们出行距离逐步超出可使用非机动交通方式的范围,城市交通需求迅速增长,（机动）公共交通成为大多数人必选的交通方式。[3] 从而,伴随南京城市人口的持续增长,一方面公共交通发展所需的客流量得以保证,另一方面市民对迅捷舒适的交通工具的需求至为迫切。而作为机械化交通代表的公共汽车、京市火车,与人畜力工具相比则更具优势。

具如南京城外的汤山本是一个风景名胜地,但因距离遥远,很少有人、

---

① 参见张文尝等:《城市交通与城市发展》,商务印书馆 2010 年版,第 50 页。
② 《征收车捐章程》,1929—1935 年,南京特别市政府财政局档案,档号 1001-2-402。
③ 参见闫平、宋瑞:《城市公共交通概论》,机械工业出版社 2011 年版,第 1 页。

车会特意去此地。定都后,当局加强对南京至汤山的公路建设,路面几乎都是以混凝土浇筑。当时江南汽车公司"营业以客运为主"①,伴随去东郊汤山温泉沐浴的乘客愈众,该公司行驶京杭路客车为此专设"南汤山"一站。即其在车票低于火车三等票价的指导思想下,原定(京杭路)汽车票价每华里2分,在全国已属中等,后因1932年一·二八事变发生,京沪火车阻断,南京经济萧条。公司认为每华里收价2分票价太高,须减价争取。经董事长张静江同意,又将票价减半,进而南京到汤山1元即可往返。自6月1日实行后,该路来往车空座少了,星期日到汤山温泉沐浴的乘客更加增多,乘客增多致营业猛增。② 斯时"非但一般人想去游历一趟,就是党国的要人们也常常仆仆于京汤道上的"③,继而汤山"来往游者日众,菜馆旅馆,已先后设立,足供游客食宿"④。其后,江南汽车公司还特别加客车专放汤山往返,车辆布置漂亮舒适、座位充裕,乘客又持续增加。

　　再如1933年10月"全国运动会"期间,江南汽车公司在市区设立奇望街、中正街、新街口、大行宫、西华门、会场等站。为招徕乘客,还发售本票,每本10张可乘单程10次,原价1.6元9折优待。该会人如潮涌,江南汽车的乘客则拥挤不堪。因此每天散会前后,长途回站的客车也加入接运观众。职员全部出动,上车做售票员,"晨则黎明起始,夕则午夜方毕,废寝忘食,辛勤终日,自始自终绝不休辍怠忽情事"。公司还提出"不让一个观众留在会场"的口号,使人群安心候车。⑤ 因之,大会期间该公司应对大幅人口的出行需求,由此获得良好社会声誉,实力让市民众目共睹。随即报纸上连篇累牍登载读者来信,批评兴华汽车公司,要求江南承办市区公共交通。而后者因支持全运会新增大批车辆,该会结束如让车辆空置不仅有浪费之嫌,加上兴华又因"办理不善",不能满足市民交通需求,市府可用江南新增车辆来缓解市内交通的压力。至此,"往来会场之交通,由(江南汽车)公司完全负责。因之添购大批车辆往来载运会场。因承办大会繁复之交通,而扩大公司经营之实力,遂为承办京市公共汽车之基础"。⑥ 兴华汽车公司则因

---

① 《江南汽车公司概况报告》,1949年5月,江南汽车公司档案,档号1040-1-726。

② 参见徐泰来:《回忆南京江南汽车公司》,《钟山风雨》2001年第1期。

③ 倪锡英:《南京》,中华书局1936年版,第133页。

④ 南京市政府秘书处:《新南京》,南京共和书局1933年版,第10页。

⑤ 参见江苏省交通史志编纂委员会:《江苏公路交通史》第一册,人民交通出版社1989年版,第284、287页。

⑥ 参见《合同章程及第七年度报告》,1935—1938年,江南汽车公司档案,档号1040-1-1548。

"车辆过少,无力扩充以应全市公共交通之需"①,最终停闭。

事实上,随着城市化的迅速发展、经济活动的日益频繁、人口的迅速增长和城市规模的扩大等都对城市交通系统提出了越来越高的要求。② 如1935年3月20日国民党中央政治学校附设蒙藏学校函致南京市政府和江南汽车公司,商请该公司通行公共汽车,即"合燕路为自和平门至燕子矶、八卦洲、笆斗山等处之交通要道,沿途工厂、学校甚多,每日往来人数平均当在千人以上。加之燕子矶及沿山十二洞为京郊名胜所在,春夏秋三季游览人士更多。惟该路现尚无公共汽车行驶其间,行人颇感不便。素仰贵公司行驶京市公共汽车卓著成绩,拟请在和燕路仿照行驶或试开游览专车,以期与贵公司行驶于城内与和平门车站之车辆相衔接,而便行旅"。同年7月,国民党南京特别市执行委员会上新河区分部再呈请办理上新河镇公共汽车,"以利交通",该公司认为"上新河镇日渐繁盛且距城遂远,确有通行公共汽车之必要",由此增设西郊线。③

并且,运输业是一个特殊的物质生产和服务部门,许多运输业务具有纯粹的服务性职能,例如乘火车去观光旅游,乘公共汽车去看电影等。④ 如仅1935年11月间,南京市有1.6万余人出入各种商业娱乐场所(见表5—2)。江南汽车公司则在每天各大影院、戏院散场时,于夜间进厂车中抽调一部分,将进厂车停在戏院附近,散场时即分路途远近运送大批乘客。如一部分到鼓楼或玄武门,一部分到山西路,少数至下关,也有经中华路的。这既争取乘客,又可免空车进厂的损失。如每逢黄浦路励志社举行球赛结束或新街口戏院散场,公司均备有散场车,在短时间内把全场观众疏散完毕。⑤ 即该公司"虽少有盈余,但添增车辆及设备等,尽为发展交通之用"⑥。如至每逢重大节日、人潮如流时,其所有在厂的中小修车辆都预作安排,须在节前修好,节日全部出动。平日行驶公共汽车,约占七成左右,至星期日则增至八成,节日就95%车辆出动。⑦ 嗣至南京沦陷前夕,全市人口达1018795人。其时,江南汽车公司市区已有6路及陵园、西郊2路,市区路线80余公里,每日行驶车辆为120—140辆,每日乘客人数达12万人。

---

① 《首都无轨电车计划》,1930年1月,南京特别市政府工务局档案,档号1001-3-159。
② 参见张文尝等:《城市交通与城市发展》,商务印书馆2010年版,第33页。
③ 参见《禁止无票乘车强购半票》,1935年,江南汽车公司档案,档号1040-1-1504。
④ 参见胡焕庸、张善余:《中国人口地理》上册,华东师范大学出版社1984年版,第192页。
⑤ 参见石三友:《江南公司兴衰》,载《金陵野史》,江苏人民出版社1985年版,第116页。
⑥ 《南京市征特别补助费用》,1937年,江南汽车公司档案,档号1040-1-1503。
⑦ 参见徐泰来:《江南汽车公司内幕》,载《江苏文史资料选辑》第20辑,江苏古籍出版社1987年版,第271页。

当时南京人口约百万,即"每日有十分之一以上之市民与公司保持接触"。① 由于尽力满足人口稠庶对公共交通的需求,抗战前该公司得以存续并达于极盛。

表 5—2　南京市公共娱乐所概况统计表(1935 年 11 月)

游艺种类＼类别		所数	经济状况		游人概数(人)	容积(座位)
			固定资本(元)	流动资本(元)		
室内	平剧	2	18000	11000	1600	10400
	评剧	1	14000	1000	600	2400
	话剧	1	4800	800	480	700
	徽剧	2	5800	780	380	850
	电影	10	804000	49780	7400	11470
	道情戏	1	960	280	220	500
	清唱	9	28760	670	450	1630
	大鼓	2	1800	420	140	220
	杂耍	2	13000	2800	1980	13000
	说书	73	540	110	490	520
露天	杂耍	10	160	98	480	580
	说书	24	870	410	1860	1920
总计		137	892690	68148	16080	44190

资料来源:南京社会局:《南京社会・调查统计资料专刊》,华东印书馆 1935 年版,第 90 页。

不啻如此,因南京"市区辽阔,市铁路仍占交通重要地位"②,其客车车厢每辆可乘坐八九十人。即该路 1929 年载客为 372443 人、1930 年 357816 人、1931 年 426862 人、1932 年 432225 人、1933 年 312040 人③;1929—1933 年进出站总数达 190.1 万人(见表 5—3)。由是看来,公共汽车和市内火车已为彼时南京市民最重要的公共交通工具。

---

① 参见《各种章则办法程序》,1947 年,江南汽车公司档案,档号 1040-1-1147。
② 中央党部国民经济计划委员会:《十年来之中国经济建设》下篇,南京扶轮日报社 1937 年版,第 16 页。
③ 参见建设委员会经济调查所统计课:《中国经济志・南京市》,正则印书馆 1934 年版,第 84 页。

表5—3　市内铁路客运概况（1929—1933年）　　　　　单位：人

年份	进站人数	出站人数	总计
1929	223466	148977	372443
1930	214690	143126	357816
1931	259718	167144	426862
1932	295335	136890	432225
1933	187224	124816	312040
合计	1180433	720953	1901386

资料来源：南京市政府秘书处编译股：《南京市政府公报》第161期，南京市救济院印刷厂1936年版，第24页。

　　由上而述，"生产的目的只有一个，那就是制造出有用的东西，以供人们消费之用，……生产紧随需求或需求拉动生产"。① 交通运输组织使人类的社会需求得到满足，使人类长距离行动更加便利。即人们便捷、快速、安全的社会交往的需要以及政治、经济、文化、军事等交流直接推动了交通网络的发展，形成交通网络的物性特征。② 由此，城市、人口等社会经济因素影响交通运输的方式、线路等物性的变迁。如据前章所述，汤山游览车的停闭，即因"游人稀少"导致"汽车营业遂不能发达"；再据民国二十一年"日寇猖狂东北版图，国府西迁洛邑，京市户口移动骤少十数万人，汽车业按照从前营业仅百分之二三"③等史料可见，人口稠庶则公共交通业存续，反之亦然，体现出该业对人口明显的依赖性。

二、承负人口压力

　　城市化（urbanization）是指人口从农村社区向城市社区转移和聚集的过程，社会经济关系、人口、生活方式等由农村型向城市型转化的过程。④ 人口集中是城市化的基本条件。衡量城市化发展过程的数量指标即城市化水平，最常用城市人口占总人口的比重表示。随着交通业逐渐畅达，使城市经济活跃起来，如涌现很多工厂、商家等。而企业发展又必然带动交通业、商

---

①　参见［美］约瑟夫·熊彼特：《经济发展理论》，郭武军等译，华夏出版社2015年版，第9页。

②　参见德扬等：《交通社会学》，中国社会科学出版社2012年版，第15—16页。

③　《征收车捐章程》，1929—1935年，南京特别市政府财政局档案，档号1001-2-402。

④　参见中国大百科全书编委会编：《中国大百科全书·社会学卷》，中国大百科全书出版社1991年版，第36页。

业等发展,并创立巨大城市,使人口密集起来,大量人口盲目向大城市集中。① 从而人口增长促进城市区域的大集中,由此所导致的压力,可以在不堪重负的运输设备和交通堵塞中见到。② 即城市化后,城市的聚集力增强,人口膨胀带来人们的交通出行量急剧增大,对城市公共交通的压力不断增大。③

不难发现,"大城市人口的过度集中形成严重的交通问题"④;即"分散的社区和大量的人口增长所造成的持续增长的区域间出行引起了我们如今的交通运输问题,也产生了公共交通的计划"⑤。具如"首都成立以后,人口突然增加十余万"⑥,引致南京城市人口对公共交通的需求增加并产生更高期许。如该市政府民国十九年工作计划即提出"改造公共汽车干路",即公共汽车公司及振裕汽车公司所行驶路线"为本市南北交通要道,并为重车路线,年来本市人口骤增,交通更繁,致该路线内毁坏频仍,向系随时修理,以原有路面不良,修不胜修,现拟在本年上半年内,另采开坚固之路面办法,将全线逐段改筑,以期一劳永逸"⑦。继因"市内交通设备未能十分完善,市民往来尚感困难",而"首都现代步者以人力车为大宗,其次为汽车与马车,其余则为市府直辖之小火车与商办之公共汽车,然均不能达交通之需要"。公共汽车仅有商办兴华汽车公司一家,"惟车辆不多,路线亦未普及与首都面积及人口为比例,殊难适合一般市民之需要"。⑧ 其时,南京已兴首都计划、人口剧增,兴华汽车公司因资金有限无力增车,设备未尽完善,由此不能适应人口出行的需要,引起社会人士不满。因而,江南汽车公司1933年呈文当局,"此次恐兴华公司再受故障,而使市民续感苦痛,诚恳甘愿负责续办并酌加改善,尤以都市交通关系市政繁荣至极重要,欲期办理完善,须有通盘之筹划,方克免予竭蹶。本市区域宽广互距辽远,益以庶政之繁盛事业之进展,兴华公司原驶两路绝对不敷市民之需求",由此申办

① 参见张钟汝、章友德等:《城市社会学》,上海大学出版社2001年版,第6、130页。

② 参见[美]史蒂文·瓦戈:《社会变迁》(第5版),王晓黎等译,北京大学出版社2007年版,第30页。

③ 参见闫平、宋瑞:《城市公共交通概论》,机械工业出版社2011年版,第18页。

④ 梁中堂:《人口学》,山西人民出版社1983年版,第359页。

⑤ [美]韦恩·奥图、帕特里夏·亨德森编:《公共交通、土地利用与城市形态》,龚迪嘉译,中国建筑工业出版社2013年版,第91页。

⑥ 中国科学社:《科学的南京》,科学印刷所1932年版,第21页。

⑦ 南京特别市市政府秘书处编译股:《首都市政公报》第54期,训练总监部印刷所1930年版,第15页。

⑧ 参见《首都无轨电车计划》,1930年1月,南京特别市政府工务局档案,档号1001-3-159。

市区公共交通路线。①

　　然伴随其时城市扩张和人口膨胀,南京市民的交通出行量加大,对公共交通的压力随之显现。② 如自1935年江南兼并兴华汽车公司且独营全市公共汽车业后,继续面临着人口递增状况。即南京"人口激增,平民之居住问题,儿童之就学问题,区乡之自治问题,乃日趋严重"③;再至1936年全市人口已超百万,4倍于1912年(如图5—1),年递增率达14.2%,超过同期中国各省市平均年增长率的7.3%。既如此,江南汽车公司"近来营业现状,长途与市区均感觉车辆不敷应用","但为适应此特殊情况之需要,施行各种调派车辆方法以救济(如加驶第六路以疏散城南乘客,一、四路在山西路折回以增加车辆用度),但于车内拥挤杂沓之事实,有时仍未能完全解决"④;且每至星期日及节日,"车辆拥挤异常,若非逐渐多增车辆,远不能应市民之需要"⑤。

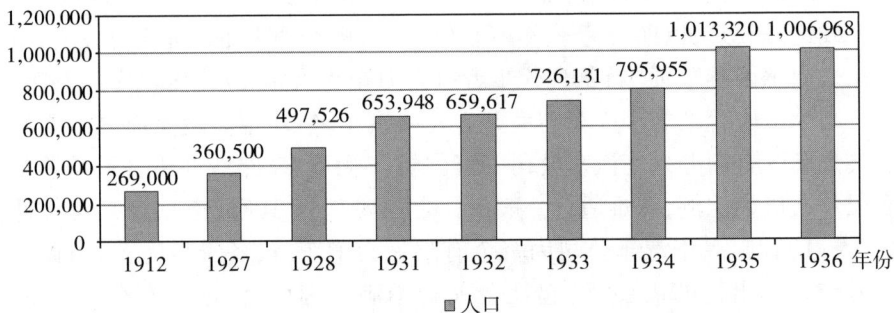

图 5—1　南京市历年人口统计图(1912—1936 年)

资料来源:南京市政府秘书处统计室:《南京市政府行政统计报告(民国二十四年度)》,南京胡开明印刷所1937年版,第20页。

　　可以发现,人口增加给城市交通带来巨大压力。其引起的交通客运量猛增,加剧乘车难、行车难的状况,有限的交通运送能力远远满足不了超额的运量需求。⑥ 为此,公共交通业主要通过增设车辆、拓展线路的方式缓解

---

① 参见《江南汽车公司组织》,1933—1937年,南京特别市政府工务局档案,档号1001-3-84。

② 参见李沛霖:《公共交通与城市人口关系辨析——以民国时期南京为中心的考察》,《史学集刊》2014年第6期。

③ 王漱芳:《十年来南京市政之回顾》第2页,载《十年来之南京》,1937年6月编印。

④ 《合同章程及第七年度报告》,1935—1938年,江南汽车公司档案,档号1040-1-1548。

⑤ 《南京市征特别补助费用》,1937年,江南汽车公司档案,档号1040-1-1503。

⑥ 参见向德平:《城市社会学》,武汉大学出版社2002年版,第257页。

客运压力。具如"本市已经开辟,或已经修理完整之马路",1930年市政府令工务局于公共、振裕两公共汽车公司"现在行驶路线外,再加规划新路线,以利交通,并招商办理",又责令该局早日完成电车计划,"以便兴办,庶首都公共交通,亦臻完善"。① 再如1933年9月,南京市工务局通告《招商承办南京市公共汽车简则》明确规定,承办公司的车辆各路合计至少须车30辆,"并应陆续扩充以足敷市民需要为止";每车载重量至少2.5吨、至多3吨;车辆种类及车身式样、座位人数须预经工务局核准。申请人应于接奉交办通知后一星期内订约承办,三星期内开始行车;订约后40日内全部车辆行驶,违者没收保证金。②

截至1936年,江南汽车公司可用客车计190辆。自1937年度起,其仍定为"经常经营时期,积极发展力谋扩充,与历年之作风无殊"。其"素抱为公服务之主旨",故将历次所增股额资本与营业所得各款供以陆续添购车辆、增建运输设备如站屋、厂房、场地及修理机器工具等所需。③ 嗣因"市内乘客激增,各路客车均感拥挤过甚",该公司先后分批向中国汽车制造公司订购奔驰柴油车150辆(后因抗战爆发添购68辆),即"营业尚盛、车辆供不应求之际,所有车辆不得不尽量利用"。④ 由此战前6年来,该公司需用客车辆数"视业务之需要而陆续增购"。当初与工务局合同规定虽为30辆,"但自办理后行车次数较密,乘客渐见信用而增,为应需要计陆续增添客车",进而承办以来除照合同规定事项而努力外,"对于客车及路线等积极增充,不遗余力"。⑤

易于看出,公共交通在运载能力、空间占据等方面占有很大优势。如抗战前江南汽车公司"年有盈余皆用以添购车辆,改良设备,增加服务效果",即"尽量增添车辆以供应需要,呈请增添路线以便民行,使本市交通完善周备"。⑥ 如至1935年其市区原有4线,"按之京市东南西北之交通需要已足应付裕如。惟公司经营之旨,既在谋服务之周至,更求营业数字之增高,故

---

① 参见南京特别市市政府秘书处编译股:《首都市政公报》第54期,训练总监部印刷所1930年版,第16页。

② 参见《江南汽车公司组织》,1933—1937年,南京特别市政府工务局档案,档号1001-3-84。

③ 参见《江南汽车公司股东名册》,1936年,江南汽车公司档案,档号1040-1-1393。

④ 参见《合同章程及第七年度报告》,1935—1938年,江南汽车公司档案,档号1040-1-1548。

⑤ 参见《南京市征特别补助费用》,1937年,江南汽车公司档案,档号1040-1-1503。

⑥ 参见《江南汽车公司概况报告》,1949年5月,江南汽车公司档案,档号1040-1-726。

尽量设法增加营运路线"。① 翌年,其路线行驶长度为 364.20 公里,汽车站数 195 站、行车辆数 136 辆,全年乘客数达 1988 万余人(见表 5—4)。其承载乘客数,已为同期全市人口近 19 倍。

表 5—4　江南汽车公司运营概况(1935 年 7 月至 1936 年 6 月)

路线名称		起讫点	路线长度 (公里)	全年乘客数	站数	车辆数
总计			364.20	19881111	195	136
市区	一路	夫子庙—下关	12.00		28	25
	二路	夫子庙—和平门	11.00	7176365	25	15
	三路	中华门—黄埔路	8.00		20	26
	四路	中华门—江边	13.50		33	25
	陵园	新街口—灵谷寺	10.38	960232	18	6
	西郊	新街口—上新河	7.14	287506	7	3
长途	京长	南京—长兴	206.69	874361	45	30
	宜锡	宜兴—无锡	63.29	355327	12	20
	京湖	南京—湖熟	32.20	228320	7	6

资料来源:南京市政府秘书处统计室:《南京市政府行政统计报告(民国二十四年度)》,南京胡开明印刷所 1937 年版,第 303 页。

再至 1937 年初,江南汽车公司长途路线已由 1 线增为 3 线,"但长途路线则以限于事实,已无从更谋增加扩充",市区"平日乘客往来其间者剧众,多附乘第一、二、四路等线客车,以致车行城南则拥挤杂沓,驶于城北则廖落稀少,调度既难期均匀,行车尤不合乎经济"。由此,第六路公共汽车"为便利短途乘客,疏散各路(城)南段拥挤而设,以图补救"。自该路通车,"车辆优良,行车次数繁多,更因各路换车便利,短途者均乐于搭乘",且其他各路"乘客获立调整而减少拥挤。故此路通车,而市内交通得以联贯,裨益乘客诚非浅鲜"。进而,公司其他各路因"情移境迁,与以前开办时需求情形有所不同,亦有酌加变更之必要"。② 简言之,其对"市区经营路线仍有增

---

① 参见《合同章程及第七年度报告》,1935—1938 年,江南汽车公司档案,档号 1040-1-1548。

② 参见《合同章程及第七年度报告》,1935—1938 年,江南汽车公司档案,档号 1040-1-1548。

加",且"为期疏散乘客拥挤起见,力谋增添路线",已通车6线。① 可见,战前江南汽车公司根据实际状况,努力根据客流规律科学设置、拓展行车路线。

与此同时,市内铁路为"本市运输交通之主干",行驶初因客流量大,营运效果理想,由此"小火车,跑得快,坐一坐,真痛快"成为时尚口号。自1935年7月至1936年6月1年间,该路共运送旅客76万余人(见表5—5);抗战前该路平均每小时有南、北客车各一次,每次可载客五六百人,载客月达五六万人。②

表5—5 市内铁路载客概况(1935年7月至1936年6月) 单位:人

项目 年月	各站乘车人数								合计
	江口	下关	新民门	三牌楼	丁家桥	鼓楼	国府	中正街	
1935年7月	23292	9163	1587	4388	1109	5297	9099	2803	56738
8月	19595	11226	2273	7450	1702	7025	11012	3472	63665
9月	17384	12576	2818	9447	1978	7516	12233	3841	67793
10月	15339	11225	2314	8073	1641	6182	9662	3490	57926
11月	14604	10952	2050	7073	1526	5995	9598	3710	55508
12月	14377	9358	1810	6218	1276	5374	9462	3418	51293
1936年1月	12871	8881	1368	5689	1072	4692	8895	2875	46343
2月	12851	10163	1356	4215	601	3440	6283	2484	41373
3月	17906	14259	3204	7388	1369	6235	10627	4061	65049
4月	24111	14084	3001	8764	2037	7554	12318	5284	77153
5月	37504	14548	3140	9646	2186	8012	14699	5766	95501
6月	34486	12424	2869	8999	1843	5664	12998	4678	83940
合计	244230	138859	27790	87339	18340	72976	126886	45882	762282

资料来源:南京市政府秘书处统计室:《南京市政府行政统计报告(民国二十四年度)》,南京胡开明印刷所1937年版,第242页。

具如上述,交通是因需求产生,有需求就必然有供给,交通工具是满足一定的交通需求而产生的。③ 即"对消费品而言,人口因素的变化是需求增

---

① 参见《南京市征特别补助费用》,1937年,江南汽车公司档案,档号1040-1-1503。
② 参见南京市政府秘书处:《十年来之南京》,1937年6月编印,第50页。
③ 参见刘贤腾:《交通方式竞争:论我国城市公共交通的发展》,南京大学出版社2012年版,第138页。

长率的主要决定因素"①。具如公共交通作为城市人口日常出行的"消费品",后者规模增长,是前者持续发展的必备条件。因为一个城市公共交通的发展依赖于大批乘客。依赖公共交通的人越多,它的线路就越长,网络就越密,频次就越多,它就越好存活。而因车次多、等车时间不会长、可到任何地点,由此又反过来可吸引更多人依赖于这种工具。② 由此,伴随近代南京城市区域扩张、移民增加,传统的缓慢的人畜力工具显然难以适应近代南京市民长距离的交通需求,其对迅捷、廉价、运量大的机械化公共交通的"派生需求"应运而生。同时,人口增长对公共交通衍生的持续性需求,不仅为该业提供良性市场条件和丰厚客源,更为该业"规模报酬递增"(returns to scale)③引入难得的发展契机。

第二节　公共交通与人口分布

易于看出,人口过程总是表现为一定地理区域里的人口的运动。而人口分布是指一定地理区域里的人口增长情况、人口的地理密度、人口的城乡分布、人口的职业构成,等等。④ 事实上,人口分布不是一种自然现象而是社会经济现象。它归根结蒂受社会生产在空间上的分布及其区域结构特点所制约。⑤ 可以确定,"交通者乃人类利用地理状况之一种活动,人类为活动之主人,地理为活动之基础。至于交通事业则活动之现象也,故地理之状况及人类活动之程度,与交通有密切之关系"。⑥ 如近代火车、汽车发明"即成为世界上发展商业及分配人口之交通利器,其进展之神速,至可惊异",且当局预言南京"将来建设完成,交通便利,人民之移住者必更多"⑦的背景下,公共交通与城市人口空间、人口密度的交互随之展现。

一、拓展人口空间

值得指出的是,城市空间结构与交通运输存在着密切关系。城市经济

---

① ［美］迈克尔·波特:《竞争战略》,陈小悦译,华夏出版社 2004 年版,第 158—159 页。
② 参见郑也夫:《城市社会学》,上海交通大学出版社 2009 年版,第 145 页。
③ 规模报酬是指在其他条件不变的情况下,企业内部各种生产要素按相同比例变化时所带来的产量变化。企业规模报酬递增,是指产量增加的比例大于生产要素增加的比例(参见尹伯成:《西方经济学简明教程》第六版,上海人民出版社 2008 年版,第 65 页)。
④ 参见梁中堂:《人口学》,山西人民出版社 1983 年版,第 261 页。
⑤ 参见胡焕庸、张善余:《中国人口地理》上册,华东师范大学出版社 1984 年版,第 196 页。
⑥ 盛叙功:《交通地理》,商务印书馆 1931 年版,第 1 页。
⑦ 国都设计技术专员办事处:《首都计划》,1929 年 12 月编印,第 147、19 页。

发展与土地利用结构,决定了城市交通的需求量、结构及服务水平;反过来,城市交通系统实际的供给能力又影响和制约着城市经济发展与土地利用结构。换言之,研究交通方式的运行特征是处理城市空间尺度问题的关键,城市空间结构也反过来影响着交通方式的组成。① 具如城市内部空间结构"扇形模式"(the sector model,1939 年)提出者霍伊特曾强调,社会——经济特征相类似的家庭集聚在同一扇形地带;并认为都市发展是由市中心沿着交通路线发展,呈放射状的扇形模式。② 由此,城市公共交通线网规划的目的是:(1)为城市居民提供安全、高效、经济、方便和舒适的服务;(2)提高公共交通运营效率,促进公共交通的发展;(3)建设良好的城市交通环境,推动土地开发和城市发展。③ 由此可见,"公共交通运输部门要针对城市人口的分布状况,研究发展交通运输的问题"。④

　　具体而言,人口的发展运动,除时间上的演化外,更有其空间上的表现形式,即人口在地理空间的分布及位移。⑤ 而地理空间要转化为生活空间,首先需要便利的交通条件。例如南京历来为"用兵必争之地,周秦已然,后此战绩,不可胜记。盖其境内,幕府狮子乌龙雨花台诸山,皆为险要之地,且地当长江下流之冲,既具进展之资,亦复险固可守,固一重要地点"⑥,然其定都前城垣长 34.23 公里,城墙内面积仅 40.804 平方公里⑦。斯时,人口空间狭小且不均衡,"大抵珠宝廊以南所谓城南之地,为古来秦淮市廛所在,商店居民鳞次栉比;至鼓楼以北,大半荒芜,间有田园茅屋如村落而已"。即当时最繁盛的街道,算是花牌楼、府东街、三山街、北门桥、夫子庙、东牌楼,"可是这几处路面,仅有几尺宽,来往的人肩摩踵接,拥挤不堪。遇着了车辆,就发生了让路的困难"。⑧ 虽有中外商人在下关建造码头、开行设栈办理客货运输。但下关至南京城内交通不便,"城北荒凉,道路崎岖且有抢劫者出没;城南繁华但街巷狭窄,仅可行东洋车及轻马车"。即当时"宁垣马路宽广之处少而狭窄之处多。普通街道,类皆仅容一辆通过,

---

① 参见黎德扬等:《交通社会学》,中国社会科学出版社 2012 年版,第 217 页。
② 转引自潘允康主编:《城市社会学新论:城市人与区位的结合与互动》,天津社会科学院出版社 2003 年版,第 71 页。
③ 参见周里捷、姚振平:《大型活动地面公共交通运营组织与调度系统》,电子工业出版社 2011 年版,第 33—34 页。
④ [美]R.E.帕克等:《城市社会学》,宋俊岭等译,华夏出版社 1987 年版,第 49 页。
⑤ 参见姜涛:《中国近代人口史》,浙江人民出版社 1993 年版,第 4 页。
⑥ 南京市政府秘书处:《新南京》,南京共和书局 1933 年版,第 2 页。
⑦ 参见南京市政府秘书处:《十年来之南京》,1937 年 6 月编印,第 2 页。
⑧ 参见中国科学社:《科学的南京》,科学印刷所 1932 年版,第 19—20 页。

不容二辆并行。城内行驶汽车,因种种妨碍不能迅速。城北尤可快驶,城南则街道既狭,行人亦众"。如由下关至夫子庙历程仅 15 里,汽车需 30 分钟始达,"非汽车之不能加速,实地方情形有不得不然之势"。① 可见,当时南京除城南外,仅城北下关车站一隅较为繁盛,其余区域多为荒僻,生活空间受到囿限,即"市区辽阔"由城南自下关相距 15 里,"市民往返诸感困难"。②

市内铁路、公共汽车等大众化公共交通的产生,对这种地理向生活空间转化起到显著推动作用。如 1909 年 1 月市内铁路通行,南自城内中正街起,北至下关江口止;即从江口站到下关站,再由下关站进金川门,经三牌楼、丁家桥、无量庵到中正街车站。③ 至 1924 年,南京首条(宁垣)公共汽车线路起自下关车站,至夫子庙附近的门帘桥,沿途设下关大马路、三牌楼、丁家桥、鼓楼、东南大学、珍珠桥、大行宫等站。④ 其时,行车路线虽仍以人口密集的城南区域为主要站点,但已逐渐向三牌楼、下关大马路等城北荒僻区域扩展。

国民政府奠都南京设市之始,"仅暂以江宁城厢内外及江浦县属之浦口为其区域",约计面积 157 平方公里(如图 5—2)。⑤ 至 1928 年 2 月《南京特别市市政府组织条例》第四条规定:本市区以南京城厢内外原有区域与浦口商埠全区及八卦洲,为南京特别市行政范围。⑥ 由此城市再度扩张,其时城内面积为 122 方里。地域扩张引致"人口激增",繁盛的城南区域已无法承载如此庞大的人口,人口逐渐向城北迁移。从而,"城北荒凉之地,逐渐开辟,城南城北人口密度,一消一长之情形,遂显然可见"。如 1922—1928 年间,下关区人口百分比率由 9.8% 增至 11%,北区由 9.6% 增至 11.6%,东区由 11.9% 增至 14.5%;既往繁盛的西区由 23.8% 降至 21.7%,南区由 26.7% 降至 24.7%,中区由 18.1% 降至 17.1%。⑦

问题在于,"公共交通系统本身也成为城市定向器,而车站则成为定向

---

① 参见郁毅庵:《南京行驶汽车之近状》,《申报》1923 年 10 月 13 日,第 2 版。
② 参见南京特别市市政府秘书处编译股:《南京特别市市政府工作总报告》,南京印书馆 1930 年版,第 80 页。
③ 参见陆衣言:《最新南京游览指南》,中华书局 1924 年版,第 70—71 页。
④ 参见交通部铁道部交通史编纂委员会:《交通史路政编》第十八册,1935 年 5 月编印,第 109 页。
⑤ 参见南京市政府:《首都市政》,大成出版公司 1948 年版,第 5 页。
⑥ 参见南京特别市市政府:《南京特别市市政法规汇编·初集》,民智书局 1929 年版,第 1 页。
⑦ 参见中国科学社:《科学的南京》,科学印刷所 1932 年版,第 19—21 页。

图 5—2　南京特别市市区图（1927 年）

图片来源:南京特别市工务局:《南京特别市工务局年刊(十六年度)》,南京印书馆 1928 年,图
片页。

中的节点"。① 即当城市交通以公共交通为主时,人们的经济活动高密度集
中于站点周围,城市空间形态呈放射形延伸。当以大运量公共交通为主时,
其站点与枢纽设施周边的土地可达性很高,人们的经济活动沿交通线路更
加聚集,城市空间形态可以形成线形或带形。② 由此,随着城市空间的拓
展,公共交通线路的增设与延展获得契机。具如江南、兴华汽车公司在鼓楼
北的荒僻区域增设诸多站点。即江南第一路汽车,自鼓楼后,增设华侨招待
所、三牌楼、铁道部、萨家湾、海军部、挹江门、热河路等站③;兴华第二路汽
车,自鼓楼后,增设外交部、中央党部、将军庙、三牌楼、铁道部、萨家湾、海军

---

① 　[美]韦恩·奥图、帕特里夏·亨德森编:《公共交通、土地利用与城市形态》,龚迪嘉译,中
　　国建筑工业出版社 2013 年版,第 202 页。

② 　参见黎德扬等:《交通社会学》,中国社会科学出版社 2012 年版,第 227 页。

③ 　参见建设委员会经济调查所统计课:《中国经济志·南京市》,正则印书馆 1934 年版,第
　　21 页。

部、挹江门、中山桥、大马路等站①。伴随公共交通稳步发展,城市人口空间随之拓展,既往繁盛的南区、西区所占人口比例逐年下降,冷僻区域如下关、北区、东区等却日渐迫近(见表5—6)。从而,数条公共交通线路持续在南京城南、城北间展延,城市两端的空间结构逐渐形成以公共交通为轴、向周围辐射的形态。可以说,公共交通的不断发展将城市南北两端间的零碎地区联接,人口空间在此中广袤区域辐射展开,得以数倍扩展。

表5—6　南京市各区户口数统计表(1933年)

项目 区别	户　数		人　口		合计	百分比 (%)
	实数 (人)	百分比 (%)	男 (人)	女 (人)		
第一区	22257	15.7	81361	43142	124503	17.1
第二区	15804	11.2	49768	31527	81295	11.2
第三区	16212	11.5	58614	35777	94391	13.0
第四区	24309	17.2	67466	52111	119577	16.5
第五区	27365	19.4	83409	55055	138464	19.1
第六区	10184	7.2	34942	20330	55272	7.6
第七区	16301	11.5	46141	29395	75536	10.4
第八区	7912	5.6	19032	12804	31836	4.4
八卦洲	937	0.7	3170	2087	5257	0.7
合计	141317	100.0	443903	282228	726131	100.0

资料来源:建设委员会经济调查所统计课:《中国经济志·南京市》,正则印书馆1934年版,第21—22页。

　　其间南京市政府屡次争取扩大城市面积,但因遭江苏省政府等掣肘,"省市屡议划界,未果实行"。直至1934年10月,行政院最终核定市府提议"省市划界",于1935年3月实行交割。据此"四郊之地,尽入南京市区",即东以乌龙山明代外郭的尧化门、仙鹤门、麒麟门、沧波门、高桥门等遗址,南以铁心桥、西善桥、大胜关界定江宁,西以长江浦口镇界定江浦,北以长江界定六合,全市面积增加至465.952平方公里(见图5—3);并划分11区,如第一、二、三、四、五、六、七(下关)、八(浦口)区,及燕子矶、孝陵卫、上新河3乡区(见表5—7)。② 至此,南京"面积居全国各市之第一位,

──────────

①　参见南京市政府秘书处:《新南京》,南京共和书局1933年版,第49—50页。

②　参见南京市政府:《首都市政》,大成出版公司1948年版,第5—6页。另据南京市政府秘书处1937年编印《十年来之南京》第4页统计数据,划界后南京全市面积扩至477.854平方公里。

为世界有数之大城"①,比明代南京外廓扩大 50%。划界后的 1935 年 9 月南京全市人口达到 981087 人②,1936 年再增至 1006968 人,俨然成为具有相当规模和地理空间的大都市。

表 5—7　1936 年南京市市区面积表

区别	地点	市亩	平方公里	区别	地点	市亩	平方公里
第一区	城内	13. 269	8. 850	第七区	下关	4. 510	3. 008
第二区	城内	9. 513	6. 345	第八区	浦口	14. 772	9. 853
第三区	城内	3. 273	2. 183	第九区	燕子矶	270. 480	180. 410
第四区	城内	3. 259	2. 174	第十区	孝陵卫	106. 968	71. 348
第五区	城内	9. 687	6. 461	第十一区	上新河	79. 497	53. 024
第六区	城内	22. 645	15. 104	合计		573. 873	465. 952

资料来源:南京市政府:《首都市政》,大成出版公司 1948 年版,第 6 页。

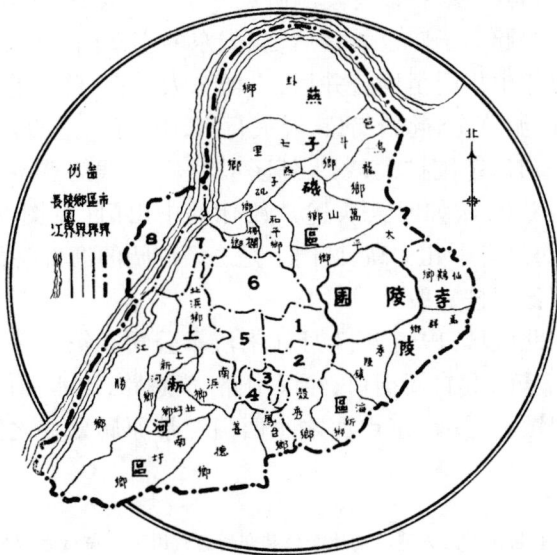

图 5—3　南京市市区地图(1935 年省市划界后)

图片来源:南京市政府秘书处统计室:《南京市政府行政统计报告(民国二十四年度)》,南京胡开明印刷所 1937 年版,附页。

---

①　刘纪文:《南京市政府成立十周年纪念感言》第 2 页,载《十年来之南京》,1937 年 6 月编印。

②　参见《关于车辆人口乡镇保甲等统计表》,1936 年 4 月,南京特别市政府档案,档号 1001-1-1720。

　　根据交通心理学研究,人们的出行距离若在 1 千米以内,多数人会选择步行;当出行距离超过 1 千米时,乘坐机动车就成多数出行者的交通方式。① 如研究表明,交通发达程度与城市规模有直接关联。城市半径往往等于居民在 1 小时内所能到达的距离……20 世纪当市郊铁路或公共汽车成为主要交通方式时,一些大城市半径已达到 25 公里。② 从而,城市面积持续扩张及人口规模增加,会导致公交企业持续向荒僻区域添设路线,凸显机动车解决距离问题的优势。如 1933 年江南汽车公司《南京市公共客车计划》中"路线网之规划"指出:"都市交通日益增繁,故创办者应先规划路线网,然后依循东西南北而区分……各路经纬即分,更依环境而别为干路支线,分时期之缓急顺需要之先后次第增设,庶几有条不紊"。③ 在公共交通带动下,南京既往冷僻区域如城东、城西逐渐开发起来。如 1930 年兴华汽车公司首营路线起下关沪宁车站迄黄埔路口,经挹江门、鼓楼、金陵大学、新街口,往(城东)大行宫、国府东街、黄埔路口。④ 江南汽车公司 1932 年"为便利总理陵园游客起见,特设有陵园游览专车"⑤;至 1934 年已有三线贯穿城东区域,第二路起夫子庙至鼓楼后,经城东的玄武门、马家街、许家桥,迄和平门;第三路起中华门至杨公井后,入城东大行宫、碑亭巷,迄黄埔路;另专事城东的陵园游览车,起新街口,经大行宫、中山门,达四方城、中山墓,迄于灵谷寺(后因市区范围扩大,划入郊区孝陵卫,该线终点展延至此)⑥。南京城东的车流景象,诚如时人所述,"雄伟的中山门(见图 5—4)矗立着。三个拱形的城门足有十几丈高,城门下是三条广阔的沥青路,各色的车辆常在路上穿过,好像流梭一般"。⑦

　　再如城西、北区域,1935 年 7 月江南汽车公司在第十一区上新河开辟"西郊线"公共汽车,起自新街口,经汉中路、莫愁路,出水西门至莫愁湖,达江东门、上新河镇。后因"京市西之水西门一带原属繁盛之区",抗战前公

---

① 参见周里捷、姚振平:《大型活动地面公共交通运营组织与调度系统》,电子工业出版社 2011 年版,第 103 页。

② 参见丁贤勇:《新式交通与社会变迁:以民国浙江为中心》,中国社会科学出版社 2007 年版,"序言"第 2 页。

③ 《江南汽车公司组织》,1933—1937 年,南京特别市政府工务局档案,档号 1001-3-84。

④ 参见《规定市内水陆交通舟车价格标准》,1930—1937 年,南京特别市政府财政局档案,档号 1001-2-57。

⑤ 南京市政府秘书处:《新南京》,南京共和书局 1933 年版,第 27—28 页。

⑥ 参见建设委员会经济调查所统计课:《中国经济志·南京市》,正则印书馆 1934 年版,第 86—87 页。

⑦ 倪锡英:《南京》,中华书局 1936 年版,第 47 页。

图 5—4　中山门(1932 年)

图片来源:南京市政府秘书处:《新南京》,南京共和书局 1933 年版,图片页。

司呈请将西郊线改由上新河途经商业日盛的水西门再至大光路止。① 继而,该公司还拟行至燕子矶的公共汽车线,"将来燕子矶通车时,即可定为南京市北郊公共汽车,俾使京市交通极尽发达,而附积极发展交通之旨"。② 由此可见,"交通为都市之脉络,市政上之重要设施也。设施得当,既裨益于市民之便利,更足以促进实况之繁荣"。实质上,以斯时南京中央路及陵园区而言,"行驶公共汽车之初,地广人稀,行车不及一年,房屋增建,人口渐密,即其明证"。③

由上所述,"公共交通能够成为城市和地区强有力的塑造者"。④ 即城市的空间是十分拥挤的,在这种拥挤的空间中的有效交通方式应该是公共交通。⑤ 譬如公共汽车所谓便利的条件,即为"普遍供应,设施广泛,繁盛之区,固可附乘,冷静之地,亦不向限,使大众均有享受之机会"⑥。从而伴随公共交通持续发展,使南京此前分散的各区域成为一个紧密联系的整体,对

---

① 参见《合同章程及第七年度报告》,1935—1938 年,江南汽车公司档案,档号 1040-1-1548。

② 参见《禁止无票乘车强购半票》,1935 年,江南汽车公司档案,档号 1040-1-1504。

③ 参见吴琢之:《都市合理化的交通工具》,载《交通月刊》第一卷第一期,京华印书馆 1937 年版,第 37、44 页。

④ [美]罗伯特·瑟夫洛:《公交都市》,宇恒可持续交通研究中心译,中国建筑工业出版社 2007 年版,第 59 页。

⑤ 参见刘凤良主编:《经济学》,高等教育出版社 1998 年版,第 187 页。

⑥ 吴琢之:《都市合理化的交通工具》,载《交通月刊》第一卷第一期,京华印书馆 1937 年版,第 38 页。

城市空间结构演进的影响至巨。即随着城市面积的扩张和服务人口的增加,迅捷的公共交通已成为城市化进程的必然需求,与城市人口空间的拓展交相演替。

二、均衡人口密度

英国古典经济学家詹姆斯·穆勒指出:社会的交往,和劳动产品赖以增加的那种力量联合,都需要一定的人口密度。即人口密度是反映人口地理分布的一个基本指标,其通常都是用"×人/每平方公里"表示,说明每平方公里容纳的人口数量。它可以比某地理区域多少人更为精确地反映人口分布的情况。① 而交通运输是现代生产力发展的一个重要基础条件,交通线与交通枢纽对人口具有很大吸引力。如交通线在选线时往往迁就地形有利、人口稠密的地区;人口稠密区往往沿交通线成为长带状,离开交通线人口密度即显著降低。由此,随着工业自动化、交通高速化及生活环境的改善,人们聚居将会由高度集中转变为相对集中。② 由此不难发现,城市人口数量、人口密度分布会对公共交通产生直接或间接的影响。

譬如"公共交通在区域内影响着城市土地开发的分配","城市的密度、汽车与道路的供应和公共交通的出行比率内在联系十分密切"。③ 由是,城市公共交通线网的建设需要一定的人口密度和居住区的人口规模,人口密度太低或居住区人口规模太小,不利于公共交通线网的建设,也不利于公共交通的运营。④ 具如《首都计划》曾指出:公共汽车无论是市办或为民办,有一点不能忽略,居民距离可通车辆的路线,不可超过3/4公里。即"市内路线,既经通盘妥为筹划,随在皆可通车,而车辆之设备,自应依照路线而普及……庶几乘客稀少之道路,营业纵稍受亏折,亦得藉其他获利之路线,以为弥补,使该处居民,仍得享交通之利便"⑤。近代人口密度与城市的发展,以长江下游地区为最高⑥;如据1931年首都警察厅统计,南京人口密度为

---

① 参见梁中堂:《人口学》,山西人民出版社1983年版,第264页。
② 参见胡焕庸、张善余:《中国人口地理》上册,华东师范大学出版社1984年版,第283、239页。
③ [美]罗伯特·瑟夫洛:《公交都市》,宇恒可持续交通研究中心译,中国建筑工业出版社2007年版,第70、52页。
④ 参见张文尝等:《城市交通与城市发展》,商务印书馆2010年版,第164页。
⑤ 参见国都设计技术专员办事处:《首都计划》,1929年12月编印,第191页。
⑥ 参见[美]费正清、费维恺编:《剑桥中华民国史 1912—1949》下卷,刘敬坤等译,中国社会科学出版社1994年版,第13页。

1368.54 人/平方公里,1934 年已达 2212.71 人/平方公里。① 仅 3 年间,南京人口密度增近 1 倍。据 1936 年 7 月 4 日南京市户口总复查结果显示,全市总人口为 945544 人,其中城区为 741667 人,占 78.44%;乡区 203877 人,占 21.56%;全市人均密度为 2029 人/平方公里,城区人口密度则高达 17034 人/平方公里,乡区仅为 482 人/平方公里。但乡区面积是 422.31 平方公里,城区仅 43.54 平方公里。② 以此推之,乡区面积为城区的近 10 倍,但人口密度不及后者的 1/35。其时,南京城区人口已占全市人口的 78.4%,达到所谓"都市化高度发展状态"③。

　　虽据 1933 年 7 月、1937 年 3 月首都警察厅调查,南京人口"稠密之部属诸城南"。④ 然由表 5—8 可见,其时城市人口分布已大致不分轩轾。即抗战前南京各区人口数量,虽以城南、城西的第一、四、五区为最,达十四五万人,但既往的荒僻区域如第六区、第七区等已近 10 万。再以人口密度看,第四区以 70617 人/平方公里为最,而第三、七区(下关)以 38388 人/平方公里和 32103 人/平方公里次之,可见城北下关区人口密度已位列全市第三。事实上,城北人口密度增长与公共交通线路在此增加互相推进。如抗战前"京市人口日增,市民对于住宅问题,深感长安居不易之苦",市政府首先勘定鼓楼北、中山北路东、山西路内地区收买民地,开辟新住宅区,"其第一区及第四区业已建设完成"。⑤ 进而,"山西路一带新住宅区房屋次第建成,住民渐多亦以交通不便为憾",江南汽车公司"鉴于住民需要及通车后足以调剂市内城东、城南等处人口之过事密集",于 1937 年 5 月增设市区第五路,以城北为起点,自山西路新住宅区、山西路、华侨招待所、鼓楼、黄泥岗、薛家巷、干河沿、华侨路,经新街口入汉中路、宫后山、大丁家巷、水西门,迄于淮清桥。⑥ 即随着城南区域密集人口逐渐向城北迁移,公共交通路线随之增延、交相促进。由此可见,公共交通线路一般都是依据乘客需要而开通,趋

---

① 参见南京市社会局:《南京社会特刊》第三册,文心印刷社 1932 年版,第 170 页;杨子慧:《中国历代人口统计资料研究》,改革出版社 1996 年版,第 1352 页。

② 参见南京市政府秘书处统计室:《南京市政府行政统计报告(民国二十四年度)》,南京胡开明印刷所 1937 年版,第 30—31 页。

③ 国际一般认为,城市人口占全国或地区总人口比重 70% 以上为都市化高度发展状态,20% 以下为都市化低水平状态(参见张钟汝、章友德等:《城市社会学》,上海大学出版社 2001 版,第 6 页)。

④ 参见南京市政府秘书处:《新南京》,南京共和书局 1933 年版,第 3 页;南京市政府秘书处:《十年来之南京》,1937 年 6 月编印,第 4 页。

⑤ 参见南京市政府秘书处:《十年来之南京》,1937 年 6 月编印,第 75 页。

⑥ 参见《合同章程及第七年度报告》,1935—1938 年,江南汽车公司档案,档号 1040-1-1548。

于稳定且有固定客流,并且对市民的居住地、工作地的选择产生较为深远的影响。

表5—8　南京市各区人口密度表(1936 年 6 月调查)

类别 区别	面积		人口数 (人)	每平方公里 人口数	附注
	市亩	平方公里			
第一区	13269	8.8460	143365	16207	乡区包括燕子矶、孝陵卫、上新河三区,该三区面积尚未测量完竣,故未能分别计算
第二区	9513	6.3420	88632	13969	
第三区	3273	2.1820	83763	38388	
第四区	3259	2.1726	153422	70617	
第五区	9687	6.4580	144806	22423	
第六区	22645	15.0967	80240	5315	
第七区	4510	3.0067	96525	32103	
第八区	14772	9.8480	33848	3437	
乡区	617853	411.9020	148557	361	
合计	698781	465854	973158	2088	

资料来源:南京市政府秘书处统计室:《南京市政府行政统计报告(民国二十四年度)》,南京胡开明印刷所 1937 年版,第 23 页。

　　不啻如此,"随着新的交通方式的出现,又出现了新的人口聚集点,原有的聚居点有的进一步发展了"。① 如伴随江南汽车公司西郊线公共汽车(新街口—上新河镇)开行,不仅使以往并不繁华的城西区域的人口数位列全市第二,该区人口密度也达到 22423 人/平方公里。面对城西日益增加的人口,公司西郊线月营业收入已较初行时增长一倍(见表 5—9)。由此可见,"公共交通的影响力,主要来源于促进所服务区域的交通可达性"②;采用快速公共交通的目的原是减少人们上班的路程时间,但实际上却扩大城市范围,"快速交通促使城市在地面上向四面八方无止境蔓延展开去"③。从而,随着公共交通路线的展延,南京城北、城西等地人口密度的增长与公

① [美]R.E.帕克等:《城市社会学》,宋俊岭等译,华夏出版社 1987 年版,第 65 页。
② [美]罗伯特·瑟夫洛:《公交都市》,宇恒可持续交通研究中心译,中国建筑工业出版社 2007 年版,第 58 页。
③ 参见[美]刘易斯·芒福德:《城市发展史——起源、演变和前景》,倪文彦等译,中国建筑工业出版社 1989 年版,第 320 页。

共交通涉线于此密切相关。斯时城南虽属人口密集,城北、城东等区的人口密度亦持续增递。战前公共交通已将南京繁盛和冷僻的区域勾连,让人口分布更为均衡。

表5—9　江南汽车公司西郊线公共汽车营收表(1935—1937年)

单位:元(法币)

1935年	营业收入	1936年	营业收入	1936年	营业收入	1937年	营业收入
7月	1908.84	1月	3541.44	7月	3779.28	1月	4075.68
8月	2046.18	2月	3014.67	8月	4016.76	2月	3954.69
9月	2566.38	3月	3646.65	9月	4212.42	3月	4176.03
10月	3080.66	4月	—	10月	4978.68	4月	3831.93
11月	2978.76	5月	—	11月	4498.44		
12月	2947.62	6月	—	12月	4250.28		

资料来源:《江南汽车公司营业月报》,1933—1937年,南京特别市政府工务局档案,档号1001-3-85。

　　"交通越方便,地价涨得越高"。如扩展棋盘格规划同时延伸公共交通网,这两个活动支配着19世纪城市发展的资本主义形式。先是公共马车,接着是铁路、地面电车……城市每一次扩大、人口每一次增加,都可用来证明"对这些公用事业过量投资是值得的,可以用来保证土地价格普遍上涨"[1]。譬如1928—1935年间,南京公共交通途经主要站点——新街口的地价由60元每市亩升至500元每市亩,太平路由50元升至480元,夫子庙由80元升至180元,既往冷僻的山西路也由15元升至50元、下关大马路则由140元升至200元。即使荒凉之地的三牌楼、山西路等地价也随之攀升(见表5—10)。且因上述地段"人烟稠密",当局规定在这些地段"所有汽车非加以限制速率不可"。[2] 由此可见,公共交通机构目标是发展和经营公共交通系统,"但它的行为会影响到地产价值和地区开发"。即只要有精细的公共交通与土地利用规划,公共交通系统就可以作为地区开发的催化剂,进而"对城市未来的繁荣而言将很可能是一笔很好的投资"。[3] 既如此,

---

①　参见[美]刘易斯·芒福德:《城市发展史——起源、演变和前景》,倪文彦等译,中国建筑工业出版社1989年版,第362、316页。

②　参见南京特别市工务局:《南京特别市工务局年刊(十六年度)》,南京印书馆1928年版,第193页。

③　参见[美]韦恩·奥图、帕特里夏·亨德森编:《公共交通、土地利用与城市形态》,龚迪嘉译,中国建筑工业出版社2013年版,第161、203页。

临近公共交通不仅可以增加房屋价值,亦成为使人定居的重要因素。

表 5—10　南京市历年地价涨落比较(1928—1935 年)　　　单位:元

年份 ＼ 地区	新街口	太平路北段	中华路中段	中华路北段	夫子庙	唱经楼	山西路	富厚岗	三牌楼	下关大马路
1928	60	50	200	80	80	50	15	20	14	140
1929	150	100	250	120	100	70	20	21	20	160
1930	400	150	420	200	120	80	25	22	22	200
1931	700	480	500	350	150	100	36	40	29	200
1932	400	300	300	300	130	180	44	40	42	180
1933	280	350	350	420	100	150	50	42	36	160
1934	520	450	400	500	120	125	45	50	50	180
1935	500	480	400	350	180	250	50	70	55	200

资料来源:南京市政府秘书处统计室:《南京市政府行政统计报告(民国二十四年度)》,南京胡开明印刷所 1937 年版,第 154 页。

　　易言之,"同一市内地价高下悬殊,人口疏密差别弥甚之现象,公共汽车则运用活动而便利,在已繁荣而需要交通之路段,固当设路线行车以供应,即比较冷落而尚待开辟与建设者,亦可衡情而供应,俾其日臻于繁荣,使为平衡的散射发展"。即都市交通的使命,"在于疏散道路间过度之繁荣,而使市内形成平衡的发展"。① 由是,公共交通发展需要足够的且相对稳定的乘客客源,如人口密度太低或城镇人口规模太小,没有足够的乘客数量,公共交通的运营就难以维持。② 可见,"交通工具和城市的密度是互动的"。人口密度大的地方只适合公共交通方式,只适合多人坐一辆车,尤其对一个规模很大、人口密度很大的城市,公共交通毫无疑问将是一种重要的选择。③ 从而,公共交通路线的增设与展延,使南京以往荒僻区域与主城连接紧密,彼此形成相向发展态势,进而促进沿线地区的繁荣与人口密度的均衡化。

　　综上以观,公共交通与城市空间演化始终交织在一起,成为城市发展的重要内容。④ 即纵览城市演变,"我们的城镇是以放射型公共交通系统为基

① 吴琢之:《都市合理化的交通工具》,载《交通月刊》第一卷第一期,京华印书馆 1937 年版,第 43—44 页。
② 参见张文尝等:《城市交通与城市发展》,商务印书馆 2010 年版,第 135 页。
③ 参见郑也夫:《城市社会学》,上海交通大学出版社 2009 年版,第 135、141 页。
④ 参见闫平、宋瑞:《城市公共交通概论》,机械工业出版社 2011 年版,第 17 页。

础而发展起来的"①;由此"纠正城市人口空间分布的不均衡,就意味着优先发展公共交通,使最不方便的地理区域与整个城市生活连为一体"②。抗战前南京"人口日增,全市繁荣蒸蒸日上"的背景下,伴随城市面积扩张、公共交通稳步发展,公共交通对人口空间拓展和密度均衡化的作用随之凸显,进而使城市人口布局的整体性和协调性得以显现。

第三节　公共交通与人口流动

事实上,人口移动是人口在不同的地理空间迁徙流动的总称。人口移动包括非定居移动和定居移动。人口的非定居移动是指没有固定的居住点,在不同的地理空间上的流动。人口的定居移动是指有固定居住点的人口流动,可能是以此点为中心或是改变固定的居住点的人口流动。③人口流动是社会经济发展的必然产物,是城市充满活力的显著标志,即"整个城市生活都处于流动的条件之下:迁移、居住流动、空间专门化造成的每日出行……"④可以确定"人口流动依靠交通"⑤,即城市人口的密集流动,需要大众化交通工具承载,因为公共交通是随客流、道路条件、气候等不断变化的随机服务系统⑥。清末公共交通尚未嚆矢时,南京"城垣甚大,交通不便。商人学子之来宁者,俱感困苦"⑦。但该业嚆矢后,不仅改变市民静态的生活方式,且使人口流动愈加频繁,城市活力持续凸现。

一、促进职业出行

一般而论,人口迁移有往返于住地和劳动场所间的城市人口有规律的早出晚归钟摆式移动。⑧即城市的机器大生产使人们的劳动场所和生活居住场所处于不同空间,人们要在不同空间里完成各种日常生活活动。由此

---

① ［英］K.J.巴顿:《城市经济学——理论和政策》,上海社会科学院部门经济研究所城市经济研究室译,商务印书馆1984年版,第133页。
② ［法］伊夫·格拉夫梅耶尔:《城市社会学》,徐伟民译,天津人民出版社2005年版,第97页。
③ 参见梁中堂:《人口学》,山西人民出版社1983年版,第271页。
④ ［法］伊夫·格拉夫梅耶尔:《城市社会学》,徐伟民译,天津人民出版社2005年版,第81—82页。
⑤ ［美］R.E.帕克等:《城市社会学》,宋俊岭等译,华夏出版社1987年版,第17页。
⑥ 参见王静霞等:《城市智能公共交通管理系统》,中国建筑工业出版社2008年版,第46页。
⑦ 林一:《南京城内筹办通行长途汽车》,《申报》1923年9月15日,第1版。
⑧ 参见张钟汝、章友德等:《城市社会学》,上海大学出版社2001年版,第129页。

带来的职业选择多样化,必然会引致人口的频繁流动和生活空间的不断变换。① 从而随着城市的规划和发展,使得就业空间发生转移,人们居住地与就业地之间的距离拉大,直接反映在通勤交通工具和通勤耗时上。这要求城市公共交通系统必须随着就业空间的变化及时变化,以满足城市产业发展的需要。② 可以确定,真正构成公共交通稳定乘客群的是职业人口。即"公共交通主要解决从家里到工作单位的交通问题"③,由此职业人口日常规律性的出行需求与公共交通"生存性客流"④共契共通。如据1929年首都警察厅调查,南京人口为524996人,职业人口(军界、政界、警界、学界、商界、工界、农界、雇工)合计257279人,占人口总数的49%。⑤ 再据学者统计,1930年南京的职业人口构成中,农业比例占3%,工矿业占25%,交通运输业占9%,非生产性部门占63%。⑥

至1933年6月24日,国民政府行政院正式公布职业分类,共分为农业、矿业、工业、商业、交通业、公务业、自由职业、人士服务及无业9大类(与世界各国分类大致相同)。据1934年6月职业统计(见表5—11),全市人口为741226人,其中有(职)业人口475725人,占总数的64.18%,无业人口265501人,占总数的35.82%。再经1936年7月调查,南京人口共计916775人,其中职业人口598149人,占人口总数的65.24%;无业318626人,占人口总数的34.76%。⑦ 因之,1934年、1936年全市有职业者均超人口总数60%以上,且较1929年年均增长10%以上。这时职业人口已呈递增趋势,其中以人士服务、工、商、公务四行业居前。不可否认,公共交通在运输高峰期是很起作用的客运系统,即"在我们主要城市,假使没有公共运输,那么高峰期拥挤时间的交通问题就无法解决"⑧。由是,上述职业人口日常的规律性出行,基本是依靠大众化的公共交通予以承载。

---

① 参见向德平:《城市社会学》,武汉大学出版社2002年版,第225页。

② 参见闫平、宋瑞:《城市公共交通概论》,机械工业出版社2011年版,第18页。

③ 黎德扬等:《交通社会学》,中国社会科学出版社2012年版,第225页。

④ 公共交通客流构成可分两大类:生存性客流、生活性客流。前者主要由职工上下班和学生上下学乘车构成,其动态特点是运量大、规律性强、缺乏弹性,为基本客流。后者主要由居民的购物娱乐、就医访友等生活需要构成,其特点是时间分散、稳定性较差、富有弹性。(参见交通运输部道路运输司编:《城市公共交通管理概论》,人民交通出版社2011年版,第172—173页)

⑤ 参见陈胜利、茅家琦主编:《南京经济史》上册,中国农业科技出版社1996年版,第329页。

⑥ 参见胡焕庸、张善余:《中国人口地理》上册,华东师范大学出版社1984年版,第308页。

⑦ 参见王云骏:《民国南京城市社会管理》,江苏古籍出版社2001年版,第130页。

⑧ [英]K.J.巴顿:《城市经济学——理论和政策》,上海社会科学院部门经济研究所城市经济研究室译,商务印书馆1984年版,第130页。

表5—11　首都居民职业分类统计表（1934年6月）

业别	职业种类	人数（人）	百分比（%）	业别	职业种类	人数（人）	百分比（%）
有业	农业	16085	2.17	无业	失业	12367	1.67
	矿业	183	0.03		学生	49616	6.69
	工业	89632	12.09		依财产生活	12359	1.67
	商业	91423	12.33		老弱残废	159434	21.51
	交通业	40040	5.40		其他	31722	4.28
	公务业	52464	7.08		合计	265501	35.82
	自由业	15345	2.07	人口总计		741226	100.00
	人士服务	162813	21.97				
	未详	7740	1.04				
	合计	475725	64.18				

资料来源：叶楚伧、柳诒徵：《首都志》上册，正中书局1935年版，第502页。

　　具言之，大多数运输方式在其需求方面都存在规律性的高峰。城市公共交通的需求高峰为工作日早晨或傍晚的"高峰时段"（约为早上6—10点、下午4—7点），且一些人在午餐时间的出行会造成中午直至下午2点的一个小高峰。尤其是公交车队的规模由早晨和傍晚通勤高峰时段的需求决定，在主要高峰时段运送的乘客，占全天内运送量的一半以上。[①] 如为便于公务员上下班交通，1928年南京市政府曾令工务局致函关庙汽车公司，将夫子庙站改为"市政府站"。20世纪30年代，公共汽车停驻军事机关、政府当局的站点已有"国府东街、中央党部、励志社、海军部"等。[②] 再据抗战前江南汽车公司档案载，"近来公共汽车乘客日增，尤以公务员附载往来者更多，各机关每日上班下值时间既同（每日上午8—9时，正午12时至下午1、2时，下午5—6时）。故在此时间前后一小时内，乘客尤为拥挤"，各部院机关都设在城南、山西路以南一带，"在上列时间与地段内以及游艺场所客散时间，沿途各站密集乘客待车，超逾其他时间数倍以上"。[③]

---

① 参见［英］肯尼斯·巴顿：《运输经济学》，李晶等译，机械工业出版社2012年版，第203—204页。

② 参见周汉章：《最新首都指南》，民智书局1931年版，第108页。

③ 参见《合同章程及第七年度报告》，1935—1938年，江南汽车公司档案，档号1040-1-1548。

　　另外,对于乘车频繁的学生群体,1933 年 10 月南京市考选委员会出台"优待本届高等考试考生乘车办法",主要内容有:(1)凡持有考选委员会投考证的考生,在考试期间内乘坐公共汽车,准凭投考证照普通票价减收半费;(2)优待时间,自开始考试日起至考试完毕日止,在此期内每日上午 6 时起至下午 6 时止。[①] 再据市内铁路《修正南京市铁路特种客票价目章程》第三条规定:月票每票收费 5 元 8 角,学生每票收费 3 元 6 角,全月通用,隔月作废。第五条,学生及团体均须有学校及团体名义的证明函件,"其人数过多,更须预先函商"。[②] 此外,江南汽车公司还针对乘车密集的职业人口,发售市区公共汽车月票,"此一措施盖为减轻经常乘客之负担,及表现公司为社会服务之精神"。[③] 如 1936 年 8 月,该公司对中山陵园工作人员等发售陵园游览车月票,每张大洋 6 元。[④] 可见,职业人口由于规律出行,已成为公共交通的重要客源。

　　另外,城市工业区规划中有一原则要求,即有方便的交通运输条件……工业区和城市各部分要有交通网连成一体,有利于职工上下班,又与居民区保持距离。[⑤] 即工业产品主要是用于交换的商品,因此需要一个交通便利、市场发达、生产场所相对集中,并能为大批工人集中居住提供条件的环境。[⑥] 具如 1929 年南京工厂劳动力的价值每日约 4—6 角,具有专门技术者约 1 元。[⑦] 再据 1935 年 8 月全市工人工资统计(见表 5—12),工资最高的是"家具制造类"中"木器制造业"工人,工资为 35.33(银)元;工资最低的是"服用品制造类"中"打线业"工人,工资为 7.83(银)元。如将工资与公共汽车票价相较,汽车每站铜元 6 枚、以三站起算共计 18 枚[⑧];铜元与银元汇兑率约为 328∶1(1935 年上海汇兑市价),以全市最低工人工资 7.83(银)元换算,其工资折合 2591 铜元。假设此类工人每天乘坐 6 站、往返 4 次,一天的乘车费为 144 铜元,其工资每月可乘车 18 天次。但这是以最低

① 参见《南京市政府行政报告(廿二年度)》,1933 年 1—12 月,南京特别市政府档案,档号 1001-1-1733。

② 参见南京市政府秘书处编译股:《南京市政府公报》第 163 期,南京市救济院印刷厂 1936 年版,第 16 页。

③ 参见《江南汽车股份有限公司第十六年度业务报告》,1948 年,江南汽车公司档案,档号 1040-1-735。

④ 参见南京市地方志编纂委员会:《南京公用事业志》,海天出版社 1994 年版,第 37 页。

⑤ 参见张钟汝、章友德等:《城市社会学》,上海大学出版社 2001 年版,第 160 页。

⑥ 参见吴增基等主编:《现代社会学》(第四版),上海人民出版社 2009 年版,第 264 页。

⑦ 参见国都设计技术专员办事处:《首都计划》,1929 年 12 月编印,第 219 页。

⑧ 参见《江南汽车公司组织》,1933—1937 年,南京特别市政府工务局档案,档号 1001-3-84。

工资加高乘率计算。如以最高工资35.33(银)元折合11588铜元并以同一乘坐率计,其每月可乘车80天次。将两者平均,南京工人月均乘车天数可达49天次。就此而论,其时公共汽车对工业人口而言,已不再是"奢侈品",而是日常能够享用的"生活必需品"。由此可见,"交通之迅速正确与便利,劳工得节省时间,最有利地使用劳力,同时目的地的到达甚易,得随时分配劳力于各地"①;即在工业生产中,公共交通的运输作用更加突出,要把大批工人运往地处郊区的工厂,再把工人从工厂运回城内。

表5—12 南京市工人工资及工时统计表(1935年8月)

业务	每月工资（元）	每日工时（小时）	业务	每月工资（元）	每日工时（小时）
木材制造类	23.91	9.36	服用品制造类	7.83	10.00
家具制造类	35.33	8.00	皮革品制造类	13.53	8.00
冶炼工业类	24.10	10.81	造纸及纸制品类	11.50	12.00
机器及金属品制造类	27.67	9.48	印刷出版类	24.5	9.00
土石制造类	14.76	10.30	饰物文具仪器制造类	19.60	8.25
动力工业类	31.61	8.00	燃料工业类	16.82	10.00
化学工业类	30.00	10.00	纺织工业类	21.50	9.00
饮食品制造类	22.75	11.00			

资料来源:南京社会局:《南京社会·调查统计资料专刊》,华东印务局1935年版,第12—13页。

再据江南汽车公司档案载:至南京沦陷前夕,该公司市区有六路及陵园、西郊二路,路线长80余公里,每日行驶120—140辆,日乘客约12万人次。在这日逾十万的公交乘客中,应以有规律性出行需要的职业人口居多。因其日常上下班需要迅捷、廉价的公共交通,以消弭"由住所和工作地点的距离造成的隔离"②。推而言之,南京职业人口的规律性出行不仅为公共交通业提供丰厚客源,且使城市大部人口每天都处于流动状态中,呈现社会活力。既如此,伴随公共交通业发展,抗战前南京人口流动愈加频繁。据表5—13显示,全市1935年7月至1936年6月仅一年间共迁入568122人、徙

① 向默安:《我国交通事业之整理与发展》,载《交通杂志》第一卷第一期,交通杂志社1932年版,第8页。
② [法]伊夫·格拉夫梅耶尔:《城市社会学》,徐伟民译,天津人民出版社2005年版,第31页。

出 574656 人,人口流动量均超人口同期总数 1/2 强。依拙见,这些大幅度人口的流动,如阙失大众化的公共交通予以承载,显然不易实现。

表 5—13　南京市人口之移动(1935 年 7 月 1 日至 1936 年 6 月 30 日)

单位:人

类别\年月	迁　入				徙　出			
	户数	男	女	合计	户数	男	女	合计
1935 年 7 月	6723	22570	14231	36801	6748	22577	14401	36978
8 月	8205	23693	16775	40468	7682	23001	14982	37983
9 月	8494	27467	16862	44329	7753	24505	15946	40451
10 月	10414	33923	21526	55449	8587	30622	18007	48629
11 月	11283	40280	23693	63793	7892	27312	17459	44771
12 月	9274	27827	19010	46837	8089	27876	16135	44011
1936 年 1 月	6453	20629	17006	37635	5754	21791	11977	33768
2 月	5508	25134	12511	37645	5616	23667	13689	37356
3 月	9468	34292	19079	53371	8418	36890	17796	54686
4 月	6585	30374	19512	49886	10308	33545	21324	54869
5 月	9304	30219	19678	49897	11019	32834	23043	55877
6 月	8614	24246	17585	51831	10711	56542	28735	85277
合计	103325	350654	217468	568122	98577	361162	213494	574656

资料来源:南京市政府秘书处统计室:《南京市政府行政统计报告(民国二十四年度)》,南京胡开明印刷所 1937 年版,第 25 页。

事实上,"现代城市社会中一大特征是人口高频密的运动与流动"[1],且"必须更全面地意识到交通对提升活力的重要性,它决定了所有城市的增长模式"[2]。即"在交通未便的时候,他(劳动力)的利用范围,只局限于狭小地域之内……现代交通发达以后,不但劳动者移动容易,即住居于数千里外的劳动者,亦可于短时间中,来往于产业地带"[3]。从而,随着经济发展和文明进步,城市由封闭步入开放,人口流动的规模、速度及频率不断加快。在此进程中,职业人口为公共交通提供丰富客源,"大容量"的公共交通又促进职业人口的日常规律性流动,两者共生共长。

---

[1]　向德平:《城市社会学》,武汉大学出版社 2002 年版,第 225 页。

[2]　[美]韦恩·奥图、帕特里夏·亨德森编:《公共交通、土地利用与城市形态》,龚迪嘉译,中国建筑工业出版社 2013 年版,第 89 页。

[3]　金家凤:《中国交通之发展及其趋向》,正中书局 1937 年版,第 5 页。

二、推动商业交流

进一步考察,交通发达促进"商业组织的进步,……促进大都市商业之勃兴,与各种贩卖组合的林立"①。如城市空间结构的"同心圆模式"(the concerntric zone model,1925年)提出者——美国芝加哥学派代表人物 E.W.伯吉斯认为:城市的发展呈放射状,由中心到边缘循一环一环的同心圆发展。城市可划为五个环状的区域:第一环为中心商业区,是城市布局的中心,交通四通八达,土地极其有限,用地较少的银行、百货商店、剧院等在此立足。即城市商业区的规划,原则是有与居住区相通的、便捷的交通线路。② 推言之,人口、区位、交通是影响城市商业空间变化的最重要因素。即交通方便、人流集中形成商业繁荣,而商业中心一旦形成,反过来会吸引更多的人流。③ 事实上,抗战前南京公共交通即以城市各区域的商业状况作为设线依据,主要在商业繁盛、人流量大的区域设置及延展交通线路。

具如定都前,南京繁华区域除下关外,"皆在鼓楼以南。抵三山街、大功坊、夫子庙一带则行人如织,市廛栉比,几为全城精华所在"④。当时城内街道,"车马都可通行",进仪凤门南行,经过三牌楼、鼓楼、估衣廊、王府街,到内桥大街;再往南行,经过府东大街、三山街、大功坊、南门大街,直达聚宝门,"这是纵贯全城的南北大道"。至于横贯全城的东西大道有二:一从水西门东行,经过油市大街、讲堂街、黑廊街、驴子市大街、奇望街到大中桥止。一从汉西门东南行,经过堂子街、珠宝廊、中正街到大中桥止。"这两条东西大道的形势,适成弓形;那南北纵贯的大道,好像一剪"。⑤ 彼时"城内热闹地区,限于城南一隅,城外则下关开埠有年,商业比较繁盛"⑥。因此,公共交通多设站于这些繁盛地。具如公共汽车"按日开往于下关仪凤门大街、(城南)贡院商场等处,于商贾繁盛之处按段设站,听人上下",而市民"一旦分离而居,金陵商务之中心点必移至贡院,地方更不可无汽车往来下关等处,以便行旅"。⑦ 且人力车、马车也多设于上述地点营业。

---

① 金家凤:《中国交通之发展及其趋向》,正中书局1937年版,第6页。
② 转引自张钟汝、章友德等:《城市社会学》,上海大学出版社2001年版,第18—19页;黎德扬等:《交通社会学》,中国社会科学出版社2012年版,第215页。
③ 参见张文尝等:《城市交通与城市发展》,商务印书馆2010年版,第173—174、177页。
④ 陈植:《南京都市美增进之必要》,《东方杂志》第二十五卷第十三号,1928年7月10日发行,第35页。
⑤ 参见陆衣言:《最新南京游览指南》,中华书局1924年版,第51—52页。
⑥ 行政院新闻局:《首都建设》,1947年12月印行,第1页。
⑦ 参见《金陵汽车公司案之省咨》,《申报》1919年3月5日,第7版。

　　定都后,南京人口聚集、商业发展更速。据市商会统计,1934 年年底全市有商店 13003 家(另有不合营业登记的商店 5000 余家及特税免征商店 2000 家未列入),食粮绸布等 96 业,经理店员 86079 人,资本 1243 万余元, 1933 年营业额 7234 万余元(见表 5—14)。① 其时,从事商业、交通业、服务业的人口已约占职业总人口的 39.7%,全市商业集中在人流密集的三大商业区域:一是夫子庙、太平路、中华路等城南商业区;二是新街口商业区;三是下关商业区。由是,公共交通即以各区域的商业状况和人口流量作为设线的主要依据。

表 5—14　南京市商业分类统计表(1934 年)

业别	家数	资本数(元)	1933 年营业额(元)	业别	家数	资本数(元)	1933 年营业额(元)
粮食业	198	180335	4206140	国药业	130	229540	988420
面粉业	120	309655	1800010	棉花业	119	252140	196360
糖果罐头业	147	200000	800000	纺经业	156	13645	215900
酒菜馆业	1151	423862	2895410	鞋帽袜业	392	178274	1379377
烧饼油条业	426	9058	465080	估衣业	132	197900	1045050
鸡鸭业	156	33111	620000	军西服装业	120	99178	427490
豆腐茶干业	303	18995	360060	成衣业	734	44198	633860
水果业	108	33014	633460	棉织品业	124	138695	1261462
茶社水炉业	300	90000	240000	草织品业	226	645935	1236270
炒货业	125	30000	200000	染炼业	116	42225	166570
卷烟业	152	120000	5000000	钟表眼镜业	112	71570	202400
米业兼钱业	209	165940	3007665	竹木业	123	310000	1990000
铜铁锡器业	415	85019	391910	砖瓦石灰砂石业	224	281570	1000000
五金业	117	399690	1520000	旅馆业	321	1110000	710000
家具业	147	136625	579910	煤灰锅业	259	374470	2665600
理发业	481	123612	566805	洋广杂货业	1881	594900	6725224
寿材业	105	34930	159450	扇业	110	138770	745870
纸箔业	127	158450	2039230	旧货业	142	113270	415470
修理业	145	34942	209380	马车行业	142	39200	28400
屠业	180	66000	1300000	汽车行业	73	455520	1200000
备注	总计 13003 家,资本 12431332 元,1933 年营业额 72347271 元,表列家数为 100 家以上者						

资料来源:叶楚伧、柳诒徵:《首都志》下册,正中书局 1935 年版,第 1059—1066 页。

————————

　　① 　参见叶楚伧、柳诒徵:《首都志》下册,正中书局 1935 年版,第 1058 页。

1.城南商业区。抗战前南京"内桥以南,凡是纵横的街道上,商店林立,是城内商业最繁盛的地方"①。这一带贡院商场、太平商场及首都大戏院等娱乐场所相继开设,一些名店如李顺昌西服店、盛锡福鞋帽店、亨得利钟表店、精益眼镜店、张小泉刀剪店、冠生园食品店等竞放异彩,人流如潮。如当时"在南京许多新辟的道路中,以繁华见称的,要算太平路和中华路了"。(见图5—5)"太平路北自中山路大行宫起,南至近夫子庙的建康路,是就从前花牌楼太平街门帘桥的原路开辟而成的;中华路北自白下路内桥起,南面直通中华门,是就原来的南门大街开辟而成的。这两条可说是新南京的姐妹路,两旁都是新建的大厦,非常壮观。太平路比中华路筑得早,因此也格外热闹,每当华灯初上的时候,全路上炫耀着 neonlight(氖光灯),一片灿烂的灯影下,逐着行人和车辆,造成了一个热闹繁华的夜市面。"②可以说,太平路是南京重要的商业街,这条街夜晚的霓虹灯可与上海的南京路相媲美。

图5—5　太平路、中华门环城马路(20世纪30年代)

图片来源:南京市政府秘书处:《新南京》,南京共和书局1933年版,附页。

事实上,"公共交通因其将餐饮和娱乐在公共交通车站的步行范围内聚集的能力而成为城市夜生活的重要支撑之一"。例如表演艺术中心、酒店和零售商场都可以选址于公交站点附近。③ 由此,抗战前南京城南的商业场所也成为"生活性客流"聚集地。一般公共交通开辟路线均关涉此区,都要经过自城南至城北间重要或知名的商业场所。具如江南汽车公司"行车经过之繁盛市镇或乡村镇集,特分设车站或代办站"④;且因夫子庙,经淮

---

① 陆衣言:《最新南京游览指南》,中华书局1924年版,第51页。
② 倪锡英:《南京》,中华书局1936年版,第49页。
③ 参见[美]韦恩·奥图、帕特里夏·亨德森编:《公共交通、土地利用与城市形态》,龚迪嘉译,中国建筑工业出版社2013年版,第202页。
④ 《公司组织规程》,1935—1936年,江南汽车公司档案,档号1040-1-1062。

清桥、大中桥、复成桥、杨公井、二郎庙、成贤街等处而至下关江边,沿途机关、学校、公园、住宅暨名胜"商业繁盛,经兴华公司通车行驶后予废弃者",公司恳请当局鉴其"服务之殷切,准予承办"①。诸如当时兴华汽车公司第一路、江南汽车公司第一、四路公共汽车,途经的场所即有首都大戏院、大世界美化戏院、明星大戏院、京华大戏院、国民大戏院等9座之多,它们主要集中于城南区域(见表5—15)。

表5—15　南京娱乐场所一览表(1933年)

类型	名称	票价(元)	地址	电话号码
平剧院	大世界美化戏院	视所聘艺员优劣随时变更	奇望街	23713
	民业公司京剧场	同	科　巷	21033
	下关京都大戏院	同	下关商埠街	41572
电影院	国民大戏院	3角—6角	杨公井	22578
	世界大戏院	3角—4角	新街口	22322
	首都大戏院	3角—5角	贡院街	22207
	南京大戏院	2角—3角	新姚家巷	21960
	明星大戏院	2角—3角	朱雀路	22832
	京华大戏院	2角—3角	蔡家花园	22281

资料来源:南京市政府秘书处:《新南京》,南京共和书局1933年版,第30—31页。

　　同时,"汽车事业发达与否,与商业极有关系。商业繁盛,则汽车事业自然发达"。② 譬如战前江南公司开行市区公共汽车第六路,即途经"太平路等最繁盛之地带,及成贤街等未通车之路段,衙署林立,商肆栉比"。③ 斯时,全市公共汽车在夫子庙、中华门(图5—6)、下关江边、黄埔路、和平门等处"均为起讫点车站,停驶车辆甚多"。④ 出租汽车也分散在夫子庙、大行宫、新街口、下关码头、车站等地待客⑤,以运载商业地段的大幅人流。

① 参见《江南汽车公司组织》,1933—1937年,南京特别市政府工务局档案,档号1001-3-84。

② 林一:《南京道路状况及汽车事业》,《申报》1922年12月23日,第1版。

③ 参见《合同章程及第七年度报告》,1935—1938年,江南汽车公司档案,档号1040-1-1548。

④ 参见《总公司各种杂项文件》,1935—1936年,江南汽车公司档案,档号1040-1-1259。

⑤ 参见南京市地方志编纂委员会:《南京公用事业志》,海天出版社1994年版,第103页。

图5—6　江南汽车公司中华门车站（1935 年）

图片来源：江苏省交通史志编纂委员会：《江苏公路交通史》第一册，人民交通出版社 1989 年版，第
　　　289 页。

　　2. 新街口商业区。彼时新街口是南京"干道中心点，形势上把它形成
了一个辐射状的中点。有四条干道，两条支路，全集中着它"。当局为城市
交通良好运行，对道路、房屋多加改造，由此诞生新街口广场等交通繁盛、人
口众多路段。具如新街口广场 1930 年 8 月开建、拓宽改造，3 个月竣工完
成，"是南京市内街道第一个广场，故当时又称第一广场，也是全市交通中
心点"。广场设计为边长 100 米的平面正方形，面积约 1000 平方米。广场
中间为直径 16 米的圆形大草坪，种着各色的花草，周围有 9 米宽水泥三合
土花坛，用铁条编成一尺高的短篱拦着。向外依次是 5 米宽的环形水泥人
行道、8 米宽的环形停车场、20 米宽的环形沥青车行道，外面是一条 360 度
的圆形广道。然，"新街口在往年不过是一条很狭窄的十字街，两边的房屋
很稠密，而大半是简陋污秽不堪。中山路的测量线便从这又密又挤的许多
房屋间，向东南西北拆开四条大道，在首都的许多道路建设中，以新街口拆
毁的房屋顶多，而牺牲是最大。因此，在从前狭窄到两辆并行马车在转角处
不容易打弯的新街口，今日却已化成了一片平坦的大广场"。① 斯时，以新

_____

　　①　参见倪锡英：《南京》，中华书局 1936 年版，第 43—45 页。

街口环形交通为市区中心，中山、中正、汉中、中央路为东西南北中轴线。道路交叉处采用以中心广场为圆心、道路呈放射状的布局模式，适应城市生活节奏提高和人们快捷的出行方式。

具如江南汽车公司初行市区公共汽车，就将各路线网的中心定于新街口地区。如其《南京市公共客车计划》指出："路线网规划之际，应指定中心地点为各路线之交点，本市以新街口为中心"。① 再如兴华汽车的第一、二路线，均以人流众多的新街口（一路站为新街口、二路站为新街口半边街）为主要站点。② 另外，"为提倡工商业，繁荣京市市面起见，特此集资，并分在中正路北段、淮海路西段造建新式大厦"——中央商场，1936 年 1 月在新街口开业。其琳琅满目的商品引致无数顾客前来购买，生意兴隆，使新街口地区一带人潮如涌。如是年 3 月中央商场股份有限公司董事长曾养甫呈文当局："现中央商场业已开幕，每日车水马龙，往来络绎不绝。况本大华大戏院、江南汽车公司总车站，不久在即开幕，将来两路交通势必更形拥挤"。③ 从而，江南公共汽车第六路线依此而设，"始于建康路，经中正街、太平巷、国府路、中央大学、考试院、新街口、中央商场"④等处，以运载该地段的大幅客流。

进一步言，公共交通经设置完竣后，"因交通之供应所在，遂使人口与商业人驶集中，而促进过度之繁荣"⑤；即公共交通服务不仅将乘客鉴定为受益人，同样把广大公众、雇员、零售企业和私人开发商都囊括在内⑥。如抗战前新街口的四周"建了许多巍峨的洋楼，这些建筑大半都是银行。所以新街口又可以说是南京的一条银行街，那一带是一个经济区域"，两旁都是新建的银行、商店及公司房屋，"市面也渐渐地热闹起来，直到大行宫，更是繁华，这一带可说是中山路的商业线段"。晚间，新街口广场"是很静穆的，磁白色的街灯，耀着明朗的光，好像一个月亮挂在天空。黑衣的警士站在道口，时常有些车辆滚到圈子里来，轻轻的车轮在沥青路面上滑过，像这样的首都夜色，是很够玩味的"。⑦ 斯时，南京市公共交通已经非常发达，公

① 《江南汽车公司组织》，1933—1937 年，南京特别市政府工务局档案，档号 1001-3-84。

② 参见南京市政府秘书处：《新南京》，南京共和书局 1933 年版，第 49—50 页。

③ 参见《中央商场呈请放宽淮海路并修筑中正路人行道慢车道停车场以利交通》，1936 年，南京特别市政府档案，档号 1001-1-1098。

④ 《合同章程及第七年度报告》，1935—1938 年，江南汽车公司档案，档号 1040-1-1548。

⑤ 吴琢之：《都市合理化的交通工具》，载《交通月刊》第一卷第一期，京华印书馆 1937 年版，第 43 页。

⑥ 参见［美］韦恩·奥图·帕特里夏·亨德森编：《公共交通、土地利用与城市形态》，龚迪嘉译，中国建筑工业出版社 2013 年版，第 161 页。

⑦ 参见倪锡英：《南京》，中华书局 1936 年版，第 45—46 页。

共汽车有营业路线 8 条,形成了以新街口为中心的公共汽车线路网。①

3. 下关商业区。该地段是津浦铁路、沪宁铁路与长江航道的联接点,成为南京对外交通的北大门与全国重要的交通枢纽。时称"南有夫子庙,北有商埠街","南有秦淮河,北有大马路"。围绕水陆运输,在下关大马路、商埠街一带,商贾云集、洋楼林立,成为南京新兴商业区,客流居多。当时"以南洋劝业会之创设,南京市政因之促进者甚多"②,如市内铁路曾贡献该会交通。1905 年华商参加美国圣路易博览会和比利时黎叶斯博览会后,酝酿在南京举办博览会,"作为比较改良之张本"。1909 年清廷批准举办全国性工农业产品展览会倡议,前后任两江总督端方和张人骏筹款并有江浙民族实业家和华侨赞助,于 3 月设立"南洋劝业会事务所",并通令各省大商埠成立"出品协会事务所",所属各府县设"物产出品所",提供产品以供观摩、研究和改进。1910 年 6 月展览会在南京开幕,名为"南洋劝业会"。③ 该会创办集富商经费 70 万元,于丁家桥划地 700 余亩建筑会场,历 14 个月筹备,"罗十数行省之物产,创此举国轰动、空前之盛会"。④ 该会举办不仅促进我国商业和交通发展,且为开辟商品流通渠道及增加出口贸易起到良好作用。

具言之,1910 年 6 月 5 日—11 月 29 日劝业会期间,主会场中心建有四方形三层塔式楼房,分布着 40 余所以产品部类或以省市命名的陈列馆,及江宁缎业、湖南瓷业、博山玻璃 3 座专门实业馆。各馆展品数量号称 100 万件,共分 24 部 440 类。其中,通运馆陈设近代交通的展览,费资尤巨。馆内铺设轻便铁道及机车牵引的车厢。车厢每节可容二三十人,绕场一周为 5 分钟。据时人回忆,"南洋劝业会五个斗方大字用彩灯缀成,入门喷水池,珠帘高达丈余……周末演放焰花……游者特众,场地虽广,人山人海,拥挤水泄不通"。⑤ 因虑及该会人流所需的交通,当局动用库银 7700 余两在会址丁家桥加筑市内铁路支线一条通入会场,并在会场大门前增设"劝业会站"(会后改丁家桥站)。⑥ 彼时,观会游客一至下关码头,就可直接乘坐该

---

① 参见刘牧:《当代北京公共交通史话》,当代中国出版社 2007 年版,第 49 页。

② 南京市政府秘书处:《新南京》,南京共和书局 1933 年版,第 1 页。

③ 参见江苏省南京市公路管理处史志编审委员会:《南京近代公路史》,江苏科学技术出版社 1990 年版,第 19 页。

④ 参见南京特别市市政府秘书处编译股:《一年来之首都市政》,南洋印刷厂 1928 年印,第 15 页。

⑤ 参见江苏省南京市公路管理处史志编审委员会:《南京近代公路史》,江苏科学技术出版社 1990 年版,第 19—20 页。

⑥ 参见南京市地方志编纂委员会:《南京公用事业志》,海天出版社 1994 年版,第 16 页。

路火车到"劝业会站"即会场门口。会场很多物品的运送,也是通过该路进行。据鼓楼区档案载,除输送参观旅客和物品外,当时会场外还铺设轻便轨道,市内火车每小时绕会场一周。① 该会除各省派代表团来,日美德等国实业家也组团前来,大会总交易额达数千万银元。会间,市内铁路运载大量中外商旅,每月载客数十万人,"实为该路创办以来空前之繁盛时代"。②

从而,南洋劝业会创办,"实为南京市政蜕新之一大关键。凡属斯会或有连带系之公园、马路、小铁路、一切新式建筑及公共事业之经营,均随之兴起,足为当时之南京市政生色不少"③。具如彼时市内铁路自下关至中正街"日夜来回开驶,价极廉。自中正街至下关凡二十余里,票价仅大洋二角,故乘客甚多"④;其"下关鼓楼两站,居本市商业中心为最大"⑤。据表5—16显示,该路在下关载客数已为全路之最:1936年1月载客46343人,下关(江口、下关两站)21752人占总数的46.9%;2月载客41393人,下关23014人占总数的55.6%;1937年9月载客41941人,下关26237人,占总数的62.6%。此外,抗战前该路在下关与沪宁铁路办理联运,"使城内旅客往来京沪者可直达,徒旅客便利",上海来南京者可直达城内,城内居民可在城内附近车站上车直达上海。⑥

表5—16　市内铁路运载旅客人数表(1936—1937年)　　　单位:人

站名	江口	下关	新民门	三牌楼	丁家桥	鼓楼	国府	中正街	武定门	合计
1936年1月	12871	8881	1368	5689	1072	4692	8895	2875	—	46343
1936年2月	12851	10163	1356	4215	601	3440	6283	2484	—	41393
1937年9月	20028	6209	1255	1027	303	2534	5562	3888	1135	41941
1937年10月	—	—	—	—	—	—	—	—	—	27674
备注	1936年1月共开客车663次;1936年2月共开客车466次,该月计29天,又因修理2号机车开车单班三星期,营业收入故较各月减少;1937年9月共开客车321次,该月免费运送难民2450名									

资料来源:南京市政府秘书处编译股:《南京市政府公报》第161期,南京市救济院印刷厂1936年版,第212—213页;《营业概数报告表及铁路建筑工程》,1937年9—10月,南京特别市政府档案,档号1001-1-407。

① 参见张玉宝:《100年前南京就有"1号线"》,《金陵晚报》2010年4月14日,A12版。
② 参见章丽延:《营运五十年的南京市内小火车》,《南京史志》1987年第24期。
③ 南京特别市市政府秘书处编译股:《一年来之首都市政》,南洋印刷厂1928年印,第15页。
④ 林一:《南京道路状况及汽车事业》,《申报》1922年12月23日,第1版。
⑤ 南京市政府秘书处:《十年来之南京》,1937年6月编印,第50页。
⑥ 参见《拟展长路线与京芜路接轨计划》,1934年,南京特别市政府档案,档号1001-1-1606。

　　与此同时,"公共汽车和铁路在诸如停车换乘场地或铁路车站等站点将乘客运走,迅速地将他们直接带到中央商务区的工作场所"。① 当时下关商业区繁盛、人流攒动,需要多样化的公共交通予以承载。具如"下关第一舞台营业日见发达,城内之观客不少",陶保晋创设长途汽车,由夫子庙直达下关。② 定都初,南京特别市公共汽车公司往来于夫子庙及下关间,实因"夫子庙为城内最繁华之地点,下关则为水陆交通之要区"。③ 嗣后,江南汽车第一路以下关车站为终点,第四路讫下关江边澄平码头。④ 斯时,"在京沪路的终点处最近建了一座新式的大车站(见图5—7),站前有一片广场,场上停着各式车辆。每次当火车到站时,广场上便会扰动起来,各式的车辆都转动着,挟着一大群的人进城去,或是渡江去"。从下关进城,"最便当的便是走中山路",在下关停车场上各式的车都有,如果是没带行李的轻身客可乘公共汽车;东西带多了,可雇一辆马车或人力车;如果东西带的不多也不少,顶合算的便是坐营业小汽车。⑤ 且当时全市(乙等)人力车聚集处,亦"以下关为最,三牌楼次之",合共800辆之多。⑥

　　由上可见,个人可从城市所能提供的广泛设施便利得益。各项便利如公共交通、商店和文化活动等常随城市集中的规模而增长。⑦ 即交通越方便,城市成长越迅速,"现代化的交通工具,使物质和人口的移动更加频繁,城市之间、城乡之间的联系日益加强"。新式交通发展促进了商品经济发展,促进了人口向城市的流动和聚集。交通路线对城市位置起着至关重要的作用,而城市人口的流动聚集与货物聚散,又促进交通的进一步发展。⑧ 譬如公共交通的目标就是尽可能多地实现人的移动。每辆车、每小时或每公里的公共交通服务能够运送的人越多,它就越有效和越具有生产力。即当接送乘客时,无论是从家中、工作单位或在外部购物地点,乘客人数越密集,每提供一个单元的服务所运送的乘客数量越多,就会得到更多的收入,

①　[美]韦恩·奥图、帕特里夏·亨德森编:《公共交通、土地利用与城市形态》,龚迪嘉译,中国建筑工业出版社2013年版,第45页。

②　参见刘墨簃:《吾之宁垣长途汽车谈》,《申报》1926年6月5日,第10版。

③　参见《首都汽车业概况》,《中央日报》1934年8月8日,第2版。

④　参见《合同章程及第七年度报告》,1935—1938年,江南汽车公司档案,档号1040-1-1548。

⑤　参见倪锡英:《南京》,中华书局1936年版,第27、36—37页。

⑥　参见《征收车捐章程》,1929—1935年,南京特别市政府财政局档案,档号1001-2-402。

⑦　参见[英]K.J.巴顿:《城市经济学——理论和政策》,上海社会科学院部门经济研究所城市经济研究室译,商务印书馆1984年版,第91页。

⑧　参见何一民主编:《近代中国城市发展与社会变迁:1840—1949年》,科学出版社2004年版,第41—42页。

图 5—7　南京下关车站（1937 年）

图片来源：南京市政府秘书处：《南京特别市政府市政概况》，惠文印书馆 1941 年版，附页。

公共交通系统也将变得更有生产力。① 进而，"不少人的工作和生活与现代交通相互依存。这种大规模、大范围、经常性的人口流动，是现代交通条件下普遍的社会现象，是现代交通手段造就的崭新生活方式"。② 推广其意，抗战前南京商业繁盛致使城市人口密集流动，亟须公共交通予以承负；公共交通迅速快捷且载客众多，又使商业繁盛与人口流动再度持续。由此可见，城市人口、社会活动的高度集约化，使公共交通运载大幅人流，不仅引致南京人口日常流动愈加频繁，更让以往静态生活模式发生改变，直观凸现城市活力。

　　综合而言，"无论哪一种社会现象要能影响及其他种社会现象，必定要经过人口的关键。由此看来，我们可以结论说：'人口变迁是一切社会变迁的枢纽。'"③可以确定，城市人口的需求、分布和流动，是社会经济发展的基本内容之一，即"在大部分公交都市中，起决定作用的设计理念是城市是为

---

① 参见［美］韦恩·奥图、帕特里夏·亨德森编：《公共交通、土地利用与城市形态》，龚迪嘉译，中国建筑工业出版社 2013 年版，第 26 页。

② 黎德扬等：《交通社会学》，中国社会科学出版社 2012 年版，第 290 页。

③ 胡鉴民：《人口变迁与社会变迁》，载《中国人口问题》，世界书局 1932 年版，第 81 页。

人而建立的,发展高质量的公共交通与这一理念非常符合"①。由此,作为城市化进程重要动因的公共交通,不仅是保证城市生产、生活正常运转的动脉,更与城市人口的演变与城市繁荣紧密相关。自定都至抗战前,南京人口快速增长,其时身为城市沟通核心系统的公共交通业不仅适应人口增长的需求,缓解人口递增的压力,且为城市人口空间的拓展和人口密度的均衡化作出贡献,进而助力于职业人口的规律性出行和商业区域的频繁交流,使城市活力持续显现。即彼时"物畅其流与人畅其行交互影响,加速人口流动,加快专业分工,增加就业机会,扩大城市规模,加快城市化的步伐……进而加快了人的空间、时间、伦理、价值等观念的变化,促进了人自身的发展"②。既如此,近代南京公共交通与城市人口的共契共通,不仅为近现代公共交通体系发展夯实基础,且裨益于城市化进程的持续进步,使南京成为中国近代城市嬗变之显例。

---

① ［美］罗伯特·瑟夫洛:《公交都市》,宇恒可持续交通研究中心译,中国建筑工业出版社2007年版,第307页。
② 丁贤勇:《新式交通与社会变迁:以民国浙江为中心》,中国社会科学出版社2007年版,"序言",第2页。

第六章 公共交通与城市财政的逻辑关联

著名经济学家约瑟夫·熊彼特曾于《财政史》中言："一个民族的精神面貌、文明程度、社会结构以及政策可能酿成的行为方式,所有这些甚至更多,都记录在它的财政史上。"[1]作为国民财政主要征象的城市财政,其对于发展城市经济、增加城市国民收入和财政收入具有决定性作用。不仅如此,"近世城市之建设,其所持之主要目标有四:曰经济、曰交通、曰美观、曰卫生,此四者不可或缺"[2];而保障城市正常运转的公共交通,不仅为维护城市综合功能的重要设施,亦是沟通城市人流和物流、维持城市生机、促进城市经济发展的重要基础设施。因此,"市内(公共)交通与城市财政的关系非常密切"[3]。及1937年全面抗战爆发前,国民政府定都南京以来,"从事建设,不遗余力,全国视线复集中于金陵"[4],进而"轮轨交通,绾毂南北,首都斯奠,中外具瞻"[5]。其时,公共交通不仅风行于欧美国家,更为联接南京城市的纽带。彼时公共汽车、市内铁路[6]、出租汽车、人力车、马车等交通工具不断展现,不仅与城市财政呈现良性互动,并助力城市化进程的持续推演。本章力图概述抗战前南京城市财政和公共交通"纳捐"基本脉络,从一个侧面揭示城市财政与公共交通的内在逻辑,进而管窥彼此间的深层关联。

第一节 城市财政概览及释因

城市财政是以国家为主体,在城市这一特定地域内,由城市政府凭借国家权力无偿地强制地对城市社会产品进行分配和再分配的分配关系。[7] 同时,城市是坐落在有限空间地区内的各种经济市场——住房、劳动力、土地、

---

[1] 转引自[美]保罗·萨缪尔森、威廉·诺德豪斯:《经济学》第17版,萧琛主译,人民邮电出版社2004年版,第260页。

② 刘瑞恒:《首都之卫生建设》,《首都建设》1932年第2期。

③ 欧阳志高主编:《城市财政学》,中南工业大学出版社1989年版,第239页。

④ 中国科学社:《科学的南京》,科学印刷所1932年版,第1页。

⑤ 南京市政府秘书处:《新南京》,南京共和书局1933年版,第1页。

⑥ 抗战前因市内铁路并未对城市财政产生积极作用,反依靠政府财政挹注;而本章以探讨公共交通对于城市财政的正效用为中心,故该市内铁路不在本章研究畛域。

⑦ 参见欧阳志高主编:《城市财政学》,中南工业大学出版社1989年版,第24—25页。

运输等等——相互交织在一起的网状系统①；由此"交通运输速度的加快……公共交通车辆的车速加快，这些都增加了周转和流通，加快了城市改造的步伐"②。关注公共交通与城市财政的内在逻辑之前，须对抗战前南京城市财政的概况及其成因作出相应检视。

一、财政困境与筹措

从某种意义上说，"民所聚曰都。首都，所期首善以为民望也"。③ 历史上南京虽屡次建都，但直至清末却并无专设的市政机关。如 1904 年，当局将金陵洋务局改为两江通商洋务局，1907 年设农工商务局。1909 年将马路工程局所属兼管华洋诉讼案件的巡捕划归警务所，次年置交涉司，洋务局遂裁并，下设外交公所。④ 1911 年辛亥革命后，江苏省临时议会通过暂行市乡制，由江苏都督公布施行，但并无建制。嗣民国成立，孙中山先生力主"南京为首都"。其时废上元、江宁县，改江宁府为南京府，直隶于内务部，置秘书厅和民治、劝业、主计、庶务等科，并置南京卫戍区。随后，孙中山将临时大总统职禅于袁世凯，继而袁氏当国，国都复迁于北京。1912 年 6 月，北洋政府置江苏都督府于南京，兼理军民之治，至年底设江苏省行政公署，军政分治。翌年，再废南京府，设江宁县，仍为江苏省会。1914 年 5 月和 7 月，改为江苏省巡按公署和将军行署，1916 年 7 月又改为省长公署和督军公署。时江苏省设金陵等五道，"设金陵道尹治江宁"。金陵道辖江宁、江浦、六合、高淳、溧水、溧阳、句容、丹徒等 11 县，治所江宁。直至 1925 年，韩国钧任省长时，"始有（南京）市政公所之筹备，后有市政督办公署之筹设"。⑤然公署名义上虽设总务、财政、工务、公用、公文、卫生、教育、社会事业和都市计划 9 处，然因故均未能成立。⑥ 简言之，彼时南京为军阀盘踞，"市政设施，无暇顾及……仅由警厅及马路工程局分负责"⑦，但受军事影响，"市政

---

① 参见［英］K.J.巴顿：《城市经济学——理论和政策》，上海社会科学院部门经济研究所城市经济研究室译，商务印书馆 1984 年版，第 14 页。
② ［美］刘易斯·芒福德：《城市发展史——起源、演变和前景》，倪文彦等译，中国建筑工业出版社 1989 年版，第 312 页。
③ 马超俊："序"，第 1 页，载《十年来之南京》，1937 年 6 月编印。
④ 参见王树槐：《中国现代化的区域研究：江苏省，1860—1916》，（台北）中央研究院近代史研究所 1984 年版，第 219 页。
⑤ 参见南京市政府秘书处：《新南京》，南京共和书局 1933 年版，第 1 页；江苏省南京市公路管理处史志编审委员会：《南京近代公路史》，江苏科学技术出版社 1990 年版，第 23 页。
⑥ 参见付荣恩：《江浙市政考察记》，新大陆印刷公司 1931 年版，第 18 页。
⑦ 南京市政府秘书处：《新南京》，南京共和书局 1933 年版，第 1 页。

设施,率仍清末之旧,无进步之可言"①。

一般而论,"首都建设,经纬万端,苟欲繁荣都市,非有大规模之建设不可……然建设及教育,均以经济为先决条件"。② 然在国民政府定都初,南京市库支绌,"加之其时适值军事倥偬,人心惶惧,市政建设几于无可进行……外间所能目观之工作,惟开筑国府路(狮子巷)一段而已"。③ 1927年8月,刘纪文因病去职,何民魂继任市长,以"经费支绌"遂将土地局暂并财政局设土地课,将卫生局并于公安局设卫生课。翌年1月,应市政需要成立社会调查处,4月恢复土地局。同年2月,何氏在国民党中央全会上言:"南京民力本薄,迭遭兵燹,元气未复,商业益涸。就市理财穷于罗掘,虽积极整顿,仍不敷远甚……每月不但建设费虚悬无着,即所需经费,尚亏七八万元"。④ 其亦谈及,"市政事属新创,主政者虽抱一定理想,立一定计划,而外来之障碍,每足阻业务之进行,如民众之漠视一也,权界之不明二也,财力之不充三也。基此三因,而欲市政于极短时期,奏其成效,固戛乎其难"。⑤

嗣后,复掌京市的刘纪文于《请中央拨款建设首都案》中申明理由:"本市为首都所在,中外具瞻。值兹训政开始,举凡一切市政之建设,自应积极进行,方足以树民治之宏模。故经费为建设之母,经费竭蹶,虽有计划,难期实现。本市财政向恃中央补助,自改归财部拨发后,分文未给,积欠甚钜,左支右绌,挹注为艰。而本市地位重要,各方瞩目,……兹据各局先后拟具进行计划,及需费数目,呈报到府,……如土地之测量,道路之修筑,教育之普及,以及社会卫生之应行应革事宜,均为当务之急",所需经费当在790万元以上,"以本市财政之枯竭,断难办到",恳请国府"俯念本市建设重要,决定由中央筹拨大宗款项,以促进行,非特首都之幸,抑亦全国之光"。即据市府各局先后拟订具体计划及需费数目,如关于土地、工务、教育、社会、卫生等事项,总计所需经费当在7958864.52元。⑥ 由此可见,当时南京特别市政府开办时财政经费短绌,虽市财政局成立便开征市政建设捐,然财政基础仍十分薄弱,加以首都建设项目多,资金不敷之处甚巨。

实质上,定都一年来,南京当局"对于一切设施,无日不在惨淡经营之

① 南京特别市市政府秘书处编译股:《一年来之首都市政》,南洋印刷厂1928年印,第15页。

② 南京市政府秘书处:《十年来之南京》,1937年6月编印,第7页。

③ 刘纪文:《南京市政府成立十周年纪念感言》,第1页,载《十年来之南京》,1937年6月编印。

④ 参见何民魂:《在国民党中央全会上的讲话》,《市政公报》1928年第1期,第1页。

⑤ 南京特别市市政府秘书处编译股:《一年来之首都市政》,南洋印刷厂1928年印,第3页。

⑥ 参见秦孝仪主编:《革命文献》第91辑《抗战前国家建设史料——首都建设(一)》,(台北)中央文物供应社1982年版,第159、174页。

中"，全市收入每月不过数万元，"合计国府及苏省之补助，亦不过十余万元。此区区之数，以作维持之费，尚虑不足，遑论供建设之用"。① 更为重要的是，"以中国之大，而于首都无一定建设之费，宁不腾笑友邦。南京市政府经费现经中央核定每月十万元，此区区之数能做何用？苟长此以往，则十、二十年后，犹是今日之南京也，又何用特设市政府，又何所谓首都？"②其时，"以财力不足，权限未明，而市民又复漠视，种种窒碍，迄未能达到计划中之革命化艺术化科学化之新都"③；虽"稍具基础，而距吾人之理想，所谓革命化艺术化科学化之新都，则固相差甚远。此后宜如何经营之，缔造之，爱护之，发扬之，俾吾人之理想，一一见诸事实。在主政者固当负其全责，毅力进行，而全国民众，要亦当分负责任，共谋建设"④。

为改善此情况，消弥财政缺失并"开源之计"，南京市政府先后向国民政府建议：（1）请于二五附加税、卷烟特税、盐税三种项下每年各拨 600 万元、共 1800 万元，作为建设首都经费；（2）请通令各省政府在该省收入正杂赋税项下，提出 2%补助国都费用；（3）请于沪宁铁路及津浦铁路南段，无论客票货车一律每元附市政捐一成，预计全年可收八九十万元；（4）请于江浙禁烟收入全年 1540 万元项下，按月拨出 30 万元以为建设首都费。首都建委会也提出相应方案：建设经费先行决定 5000 万元，中央出 1500 万，其余3500 万由各省以财力及幅员六级分派，数目自十万以至数十万不等，限 5年内筹足。"苟此各项建议，如能通过，则建设工作，可以立时进行，使此破坏不堪之南京，一变而为庄严灿烂之新部"。⑤

且《首都计划》亦对"首都建设经费"（估算为 5180 万元）提出筹集办法："此数虽巨，顾南京为国都所在之地，为全国政治之中心点，中外观瞻之所系，凡所建设，不特市民获受其益，即全国人士，亦将乐观厥成，众擎易举，款项自不难立集"。当时欧美各国城市筹集建设费，以发行公债为多，"取之于民，亦偿之于民，揆诸情理，至为切当。南京之建设费，筹措之法虽多，要莫善于发行公债"。⑥ 曾任市长的刘纪文对此亦表示附议，南京"为全国

---

①　参见南京特别市市政府秘书处编译股：《一年来之首都市政》，南洋印刷厂 1928 年印，第3 页。

②　马饮冰：《首都建设问题》，《申报》1928 年 2 月 21 日，第 2 版。

③　南京特别市市政府：《南京特别市市政法规汇编·初集》，民智书局 1929 年版，"序"第1 页。

④　南京特别市市政府秘书处编译股：《一年来之首都市政》，南洋印刷厂 1928 年印，第 5 页。

⑤　参见南京特别市市政府秘书处编译股：《一年来之首都市政》，南洋印刷厂 1928 年印，第3—4 页。

⑥　参见国都设计技术专员办事处：《首都计划》，1929 年 12 月编印，第 267 页。

政治中心所在,万邦观瞻所系,亦为东方文化总汇之所,一切经营,规模自宜务取远大。而市库收入,数极有限,中央补助,额亦不巨"。有此难题,"则市政完成之不能一蹴而就,自无待言"。从而"以经费缺乏为一极大困难问题","南京既为全国首都,则其一切建设,皆为全国人民所需要,自非其他各市市政之仅属一地方事业者所可比拟"。由此提出,南京市建设经费应由"全国人民共同负担,实属正当办法"。①

综合上述思想,1930 年 3 月 6 日中国国民党三届三中全会正式通过"筹集首都建设经费案",指出:"国都奠定,建设肇基。树全国之楷模,隆友邦之观视,关系綦重,自不待言。惟创始经营,端赖经费,首都即为全国人民所共有,其经费自应由全国人民负担。现在建设计划已由首都建设委员会拟具大纲,一俟筹有得款,即可见诸实施。自应即日筹集经费,以便着手建设。兹隐度建设经费最低限度,本国民平均负担之旨,斟酌各省区经济状况",分别筹集公债 3000 万元,由各省区摊派 2000 万元,合计总额 5000 万元,"于最短期间筹集足额,俾首都建设得早日观成"。具体筹集及摊派办法:一、发行公债:由财政部发行首都建设公债 3000 万元,分两期发行,第一期为 1000 万元(1929 年 1 月 1 日发行),第二期(是年 7 月)为 2000 万元,"其本息基金,均以关余担保"。二、各省区分担:"权各省壤赋之上下与区域之广狭",分为五等支配,共担负 2000 万元,分作三年缴清,各省区分担数额如(甲)粤、苏、浙、鄂、川,总分担数 790 万元,每省缴款总数 158 万元;(乙)湘、燕、赣、晋、闽、奉,总分担数 780 万元,每省缴款总数 130 万元;(丙)鲁、豫、皖、桂,总分担数 280 万元,每省缴款总数 70 万元;(丁)秦、吉、黑,总分担数 87 万元,每省缴款总数 29 万元;(戊)滇、黔、新、甘,总分担数 48 万元,每省缴款总数 12 万元;(已)三特别区(热、察、绥),总分担数 15 万元,每省缴款总数 5 万元。②

经该全会议决,1929 年 6 月 22 日由首都建设委员会组成基金保管委员会,议决发行首都建设公债 3000 万元。上述 5000 万元建设经费,其中用于工程的占 3/5,用于发展经济的占 2/5。建设公债 3000 万元,本息基金均以全国官产营地收入、关税担保。公债推销办法:华侨方面请侨务委员会代为劝购 1000 万元;由各省市商会及各县商会分摊 1000 万元;全国各机关荐任职(含军衔校级)以上公务人员,由各省市长官劝购。公债定为年息 8

---

① 参见刘纪文:《南京市政府成立十周年纪念感言》,第 2、5—6 页,载《十年来之南京》,1937 年 6 月编印。

② 参见秦孝仪主编:《革命文献》第 91 辑《抗战前国家建设史料——首都建设(一)》,(台北)中央文物供应社 1982 年版,第 174—175 页。

厘,按照票面价额九八发行,即每票面 100 元实收国币 98 元。由财政部、军政部协定分担额数,每月依照还本付息表所载数目,尽先提存中央银行,至全数偿清为止。①

此外,首都建设经费还采用"摊费"办法筹集。如《首都计划》规定:南京市郊公路的经费筹集,"应由中央政府发行公债,利息及本金以受益产业之土地税及增价税偿还";且改良街道款项,"由受益市民负担,不足则由中央政府或市政府补助";路面筹款与改良街道"同一办法"。② 至 1930 年 4 月,首都建委会委员孔祥熙再指出:筑路费用浩繁,除由政府筹措一部分外,沿路两旁业户就是最大受益者,应尽一部分义务。如芝加哥拓宽其第十二街计费美金 3 亿元,其一半得于公债,另一半得于征费。因为道路修通,交通便利了,邻近道路之业户受益最多。就拿地价说也会大为涨价,所以当政者征收相当费用,实在是合理的。所以,首都开辟应就沿路两旁土地分别征费。③ 可见,当局认为首都建设经费除政府应筹资外,民众亦负相关责任。由是,在"新辟马路,两旁受益业主,应摊之筑路费"④指导思想下,1930 年 8 月 19 日首都建委会第 30 次常务会议正式通过《南京市筑路摊费暂行规则》(国民政府第 91 次国务会议核准,南京市政府 9 月 6 日公布),主要内容如次:

> 第二条　凡在本市区内新建或扩充道路所需经费如工程费地价补偿金及房屋拆迁费等,除有特别规定外,应照本规则之规定就道路两旁之收益土地所有人均摊,但应留河沟以及其他供公用部分土地应摊之费均由市政府负担。
>
> 第三条　受益土地不论公有、私有均须依照本规则之规定摊费。
>
> 第四条　前条收益土地之摊费区域以沿路两旁各 45 公尺深度之地区为限,但平行道路之距离不满 90 公尺或因建筑交叉道路或广场以致摊费重复时,其摊费区域及费额应视土地状况,另由摊费审查委员会酌定之。
>
> 第五条　沿路两旁各 15 公尺深度之地段为第一区,其余地段为第

---

① 参见江苏省南京市公路管理处史志编审委员会:《南京近代公路史》,江苏科学技术出版社 1990 年版,第 123—124 页。

② 参见国都设计技术专员办事处:《首都计划》,1929 年 12 月编印,第 268 页。

③ 参见江苏省南京市公路管理处史志编审委员会:《南京近代公路史》,江苏科学技术出版社 1990 年版,第 125 页。

④ 南京市政府秘书处:《新南京》,南京共和书局 1933 年版,第 3 页。

二区,每区摊费各为第二条规定费用总额 1/4。但应摊之费不得超过各该地段市价之半,其超过之费用由市政府负担之。

第六条　各区收益土地之摊费,悉照土地面积平均计算。

第七条　受益土地所有人得以筑路被征收土地之地价补偿金及被拆房屋拆迁费等,抵算其应摊之费。

第八条　市政府应将各项费用造具预算及摊费表并于施工前,定期预收摊费。俟完工后按照实用总额造具决算如缴之费有余时,应将余额摊还,不敷时应补收之,但预收及补收总额不得超过各该地段市价之半,前项摊费表及决算应交摊费审查委员会审定并公告之。

第九条　凡无力摊费或逾限不缴费之受益土地,得由市政府依法征收之。

第十条　凡在第一区地段内沿路深度不满 15 公尺或长度不满 4 公尺之残地,得由市政府召集该残地及其邻地各业主协议整理。如无结果时,市政府得连同差额邻地一并征收。

第十一条　凡在第二区地段内不满 20 平方公尺之残地,得由市府依照前条之程序办理之。

第十二条　凡新建或扩充道路之两旁 45 公尺以内之空地,市政府得征收之。

第十三条　第四条所定受益土地之所有人,应遵照市政府所定期限将土地作螺□至面积买价,以及其他土地关系情形连同契照呈请土地局登记,前项登记不收费用。①

进而,南京市筑路摊费经筑路摊费审查委员会"分别审定,经市府核准,即发交财政局征收"。其后,市政府"以各业主不无观望情事,遂规定新筑马路两旁受益业主,如须建筑房屋,非缴清摊费,不发建筑执照,以示限制"。② 如 1932 年 7 月 19 日,市府通知中华路各土地所有人,推举代表 4 人参加,组成筑路摊费审查委员会,但土地所有人拒绝派出代表,后由政府指定委员,强行决定。筑路摊费定为第一区每平方丈 29. 36 元(合每平方米 2. 6421 元),第二区为每平方丈 14. 68 元(每平方米 1. 32 元)。除应留河沟及其他公用部分土地应由市政府负担摊费外,其余各土地所有人应摊费,逐

---

① 《本市筑路摊费暂行规则及委员会组织规则》,1930 年,南京市筑路摊费审查委员会档案,档号 1001-10-1。

② 参见南京市政府秘书处:《新南京》,南京共和书局 1933 年版,第 3 页。

户通知,限期交纳。① 1935—1936 年,南京市筑路摊费概况见表 6—1,其他如"地价税之举办,亦为全国各省市之提倡"②。

表 6—1　南京市筑路摊费概况表(1935 年 7 月至 1936 年 6 月)

路名	路面种类	长度（公尺）	宽度（公尺）	建筑费	地价折费数（元）	摊费总额（元）	摊费户数（户）
国府路	柏油	937.00	28	62476.3	45641.7	108118.0	189
白下路	柏油	638.50	40	56343.9	38815.7	105159.6	175
莫愁路	柏油	1518.50	22	80884.9	63364.9	144249.8	—
广州路	土方工程	2567.50	28	173371.3	40977.6	214249.0	—
珠江路	柏油	2027.00	28	134665.2	130900.6	265565.8	—
瞻园路	弹石路	528.50	8	10481.4	10032.9	20514.3	171
中央路	柏油	3428.00	40	121024.2	89414.4	210438.6	—
建康路	柏油	896.80	28	55838.6	74020.2	129858.8	—

资料来源:南京市政府秘书处统计室:《南京市政府行政统计报告(民国二十四年度)》,南京胡开明印刷所 1937 年版,第 161 页。

自当局发行公债、试行筑路摊费及征收车捐,南京建设经费开始摆脱山穷水尽的境地。即"十年中,有经营于始,振厉于继者"③,全市新建或部分建成干道 48 条,新建次要道路 5 条,拓宽翻修次要道路 28 条,整修旧路 5 条,共计竣工道路 61 公里,耗资 250 万元。此情,诚如时人在"首都建设的展望"中所论,"世界各国首都,类皆有百余年以至数百年历史,在数百年中无间断地投以无量数之金钱物质,济以无量数之心思才力,铢积寸累,乃有如今日伦敦、巴黎、莫斯科、华盛顿之建设"。南京虽为我国历代名都,"但其为中华民国首都,开始现代化之建设,则为时尚短,期其建设粲然大备,要当需数十年乃至百年之时间,非可一蹴而就"。即以南京"地理条件之优越,在此山水名胜之区,益以现代化之道路,现代化之交通工具,现代化之建筑,现代化之水电供应,现代化之卫生文化设备,将来建设大成,必为国际名都,可无疑义。而今日之一点一滴之建设,即为未来发展之开始"。可以概见,"南京在过去有其光辉的历史,在未来必更有其灿烂的前程"。④

---

① 参见江苏省南京市公路管理处史志编审委员会:《南京近代公路史》,江苏科学技术出版社 1990 年版,第 125—126 页。
② 王漱芳:《十年来南京市政之回顾》,第 2 页,载《十年来之南京》,1937 年 6 月编印。
③ 马超俊:"序",第 1 页,载《十年来之南京》,1937 年 6 月编印。
④ 参见行政院新闻局:《首都建设》,1947 年 12 月印行,第 24 页。

二、财政概况及释因

1913 年 1 月,民国临时政府颁布《划一现行各省地方行政官厅组织令》《划一现行各道地方行政官厅组织令》《划一现行各县地方行政官厅组织令》,正式在全国范围推行省、道、县三级地方行政体制。至 1914 年 6 月,江苏、浙江两省的行政建制调整基本完成。江苏南部地区分设金陵道(含江宁、六合、溧水、江浦、高淳、丹徒、扬中、句容、丹阳、金坛、溧阳 11 县,治江宁)、苏常道(治吴县)、沪海道(治上海县)共 3 道,辖 35 县。① 根据《江苏清理财政报告书》记载,1912—1924 年,金陵道征收田赋正附税,正杂诸税,货物税及杂项等收入,共计银 1555.48 万元。财政支出的项目有外交费、内务费、司法费、教育费、财政费和农商费 6 项,共支出 439.1 万元,其中内务费 225.19 万元,占总支出的 51.29%。② 实际上,北洋政府 1925 年曾在预算草案中列岁需 3.1 亿元,而历年实收不过数百万元;当时江苏有的县附加税,则超过正税二三十倍。③ 但在上述款项中,还有大量军费开支则无法反映。如据档案载,江苏省 1914—1915 年间军费开支达 480 万元,1924—1925 年间军费便猛增到 1800 万元,当时苏省年财政收入不过 1500 万元。有一则史料可间接看出,军费开支在军阀混战时期南京地方财政的沉重负担,如 1924—1925 年金陵道 11 县共向银行、商会、社会团体等单位借款总额 56.74 万元,其中解充军饷就有 45.9 万元,占借款总额的 80.89%。④ 可见,北洋时期南京地区的军费之昂,即"本市财政向来入不敷出,相差甚巨"⑤。

1927 年国民革命军抵达江苏,"秉承总理遗志,重定南京为首都,改称为南京市",委刘纪文为市长,4 月 24 日在夫子庙贡院旧址先成立南京市政厅。⑥ 因刘氏奉令筹办南京市政始,"并无市政经费,亦无办公地址",只向国民革命军总司令部领取开办费 3000 元,觅得贡院遗留房屋

---

① 参见陈国灿:《江南城镇通史·民国卷》,上海人民出版社 2017 年版,第 24 页。
② 参见陈胜利、茅家琦主编:《南京经济史》上册,中国农业科技出版社 1996 年版,第 306 页。
③ 参见徐涤新等主编:《中国资本主义发展史》第三卷,人民出版社 2003 年版,第 60 页;汪敬虞主编:《中国近代经济史:1895—1927》中册,人民出版社 2000 年版,第 1390 页。
④ 参见南京财政史编写组:《南京财政志》,河海大学出版社 1996 年版,第 4 页。
⑤ 南京市政府秘书处:《十年来之南京》,1937 年 6 月编印,第 7 页。
⑥ 参见南京特别市市政府秘书处编译股:《一年来之首都市政》,南洋印刷厂 1928 年印,第 15—16 页。

"略事修葺,成立南京市政厅"。① 6月1日,市政厅改称市政府,"同时设立财政、工务、公安、教育、卫生各局"②;次日市长刘纪文与各局长(财政局长周雍能、工务局长陈扬杰、公安局长邱鸿钧、教育局长陈剑修、卫生局长周威)宣誓就职③;随之如"统计人员之养成,以及用人之一主公开,类无不谨慎将事"④。斯时,市政府下设财政局,实行与省平行的地方财政管理体系,这也是南京有史以来第一次有权编制预决算和执行收支管理的财政机构。

至1927年6月6日,国民政府颁布《南京特别市暂行条例》,正式规定"南京为特市,直接隶属于国民政府",土地局亦于7月20日成立。后刘纪文"复长京市",在原有秘书处及财政、土地、工务、公安、教育等局外,增设社会、卫生两处,"旋改为局"。⑤ 即特别市市政府成立,为南京设置市级行政建制始。同时,城市权属划分为必要。如1928年12月国民政府公布《南京特别市市政府组织条例》第二条规定:本市为中华民国政府所在地之特别行政区域,定名为南京特别市,不入省县行政范围。第七条,本特别市政府设秘书处及下列各局分掌全市行政事务:财政局、土地局、工务局、公安局、教育局、社会局、卫生局。⑥ 1929年3月,国民政府以"首都公安关系重要",令将市公安局划归内政部直辖,改为首都警察厅⑦;4月,再改南京特别市为"首都特别市"。

与此同时,国民政府于1929年正式开始建立岁计制度,以当年7月1日至次年6月30日为财政年度。至1930年7月,国民政府再"依照新制定之市组织法",明令规定"首都特别市"改称"南京市",直隶于行政院。嗣后,魏道明、马超俊、谷正伦"相继接长京市,市行政组织,大抵均仍旧贯"。⑧至1932年4月,石瑛继任南京市长,适逢一·二八事变后,"金融枯竭,市库拮据",为减少行政费增加事业费起见,遂将教育局并于社会局,土地局仍并于财政局,裁撤卫生局,由市政府直接掌理卫生行政事宜,卫生事

---

① 参见刘纪文:《南京市政府成立十周年纪念感言》第1页,载《十年来之南京》,1937年6月编印。
② 南京市政府秘书处:《新南京》,南京共和书局1933年版,第2页。
③ 参见《南京市各局长就职》,《申报》1927年6月2日,第2版。
④ 南京特别市市政府秘书处编译股:《一年来之首都市政》,南洋印刷厂1928年印,第5页。
⑤ 参见南京市政府秘书处:《新南京》,南京共和书局1933年版,第2页。
⑥ 参见南京特别市市政府:《南京特别市市政法规汇编·初集》,民智书局1929年版,第5—6页。
⑦ 参见南京市政府秘书处:《十年来之南京》,1937年6月编印,第5页。
⑧ 参见南京市政府秘书处:《新南京》,南京共和书局1933年版,第2页。

业则归卫生事务所办理。1935 年 4 月,马超俊复任市长,"因鉴于土地行政事务日益繁剧,财政局不遑兼办",7 月恢复土地局。1936 年 6 月 1 日又奉行政院令改称地政局。① 其间,中央的"首都建设"补助费已大幅增加。

至抗战前,南京市政府的组织系统为市政会议、秘书处、社会局、财政局、工务局、地政局、卫生事务所。此外还有市政府直属的自来水管理处、铁路管理处、公园管理处、市民银行、屠宰场等。② 并且,成立市建设计划委员会,由市长亲任主任,下设财政、工程、土地、公用卫生、教育、文化、户政、经济建设、社会福利、园林、治安 11 组。③ 可见,定都后以南京市政机关建立为标志,城市依法行政的理念已逐步确立,并在探索中取得成效。历届当局对财政事业均相当重视,将其作为行政管理的首要工作,就算市府经费支绌时,财政局也一直未被减裁或变为层级更低的单位,如要削减开支或将其他机构如土地局等并于财政局。这种政府机构的数量应现时需要而灵活更替,也适时降低了财政运营的成本。

简言之,1927 年 4 月国民政府成立,经一年努力岁入即达 3. 3 亿元,以后逐年增加,1936—1937 年度达 8. 7 亿元。④ 但这种岁入增长的 95%是由增加税收所致,并主要由关税、盐税、统税组成。这期间,政府整个经济政策可以说是以增加财政收入为目标,政府聘请的众多外国顾问也基本上是财政专家,他们也以改善财政的成绩自诩。⑤ 进一步言,抗战前十年间南京市财政收入有 4 年收入大于支出,财政盈余使城市状况日趋好转(见表 6—2)。其间,财政支出"悉数用于事业费,尤其教育文化费及建设费占最多数"⑥。即以建设费为最,占财政支出总数的 38. 32%;次为教育费,占 18. 25%;第三是行政费,占 14. 53%;其他债务费、卫生费、财务费、营业费等均在 10%以下,其中抚恤救济费只有 0. 11%。⑦

---

① 参见南京市政府秘书处:《十年来之南京》,1937 年 6 月编印,第 5 页。
② 参见南京市政府秘书处:《十年来之南京》,1937 年 6 月编印,第 6 页。
③ 参见《多种规程办法章则》,1937 年,南京特别市政府档案,档号 1001-1-19。
④ 参见徐涤新等主编:《中国资本主义发展史》第三卷,人民出版社 2003 年版,第 60 页。
⑤ 如曾任国民政府顾问杨格称:"国民党在现代化和发展方面的作为自然只能是星星点点的,但他们作出了非凡的财政变革"(参见[美]阿瑟·恩·杨格:《一九二七至一九三七年中国财政经济情况》,陈泽宪等译,中国社会科学出版社 1981 年版,第 456 页)。
⑥ 南京市政府秘书处:《十年来之南京》,1937 年 6 月编印,第 7 页。
⑦ 参见南京财政史编写组:《南京财政志》,河海大学出版社 1996 年版,第 5 页。

表 6—2   南京市财政收支表（1927—1937 年）   单位:元

（民国）年份	收入金额	支出金额	（民国）年份	收入金额	支出金额
十六年度	924920.55	941690.12	二十一年度	4799000.02	4608095.53
十七年度	4352280.42	3999063.08	二十二年度	5680070.77	5238112.98
十八年度	2419293.43	3046716.22	二十三年度	5883880.21	6650472.25
十九年度	3886488.63	4405682.67	二十四年度	8405020.22	8296082.01
二十年度	5161355.52	5693037.43	二十五年度	5939828.31	6286871.36
备注	自民国十八年度起,财政年度为本年 7 月 1 日至次年 6 月 30 日,其中仅民国二十五年度为本年 7 月 1 日至次年 4 月 30 日;此表数据与本书其他统计略有差异,但不影响定性,且为保持原貌,故不更改				

资料来源:南京市政府秘书处:《十年来之南京》,1937 年 6 月编印,第 7—8 页。

　　具如 1931—1933 年间,南京都市的定位是中央行政中心,故同期建设费支出年均占全市财政的 39.95%,为上海市工务局(1927—1929 年)年均经费的 2.4 倍。[1] 此期,城市建设投入所占比重已超 1/3,建树较大,今南京许多基础设施均在当时建成。如据政府宣称迄至 1937 年 6 月,首都建设的资金投入已达 7000 多万元。[2] 诚如学者指出,"财政支出是政府活动的一面镜子,观察政府财政支出结构可以大致了解一个政府在现代化进程中的角色表现"。[3] 由此,财政收支已为其时南京城市演进的关键映像,即"经营十载,已粗具规模"[4],市政较"初开办时,固已焕然改观"[5]。就此而言,国民政府也在向世界昭示,作为当时首都的南京已具一定规模。虽抗战前南京市财政收支相权虽并不完全均衡,但因财政支出多用于建设及教育等,相较于北洋时期悉用于军费而言,大相径庭。

　　进一步考察,城市财政收入主要源于财产税、营业税和其他小税种及中央政府的财政拨款。[6] 由表 6—2 及其他相关统计可见,民国十八年度南京

---

[1]　参见张仲礼、熊月之等:《长江沿江城市与中国近代化》,上海人民出版社 2002 年版,第 615—616 页。

[2]　参见南京市政府秘书处编译股:《南京市政府公报》第 178 期,南京市救济院印刷厂 1937 年版,第 128 页。

[3]　张连红:《整合与互动:民国时期中央与地方财政关系研究》,南京师范大学出版社 1999 年版,第 221 页。

[4]　南京市政府:《首都市政》,大成出版公司 1948 年版,第 1 页。

[5]　刘纪文:《南京市政府成立十周年纪念感言》,第 3 页,载《十年来之南京》,1937 年 6 月编印。

[6]　参见王晶:《城市财政管理》,经济科学出版社 2002 年版,第 334 页。

市财政收入 242.2 万元,其中税捐 115.5 万元、(中央)补助费 21.2 万元①,分别占财政收入的 47.7% 和 8.7%;民国二十一年度市财政收入 465.2 万元,其中税捐 149.8 万元、补助费 180.0 万元②,分占财政收入的 32.2% 和38.7%;民国二十四年度市财政收入 836 万元,其中税捐 226.4 万元、补助费 255.2 万元③,分别占财政收入的 27.1% 和 30.5%。再据相关资料统计,抗战前十年间南京市财政收入共计银 4640.69 万元,财政支出 4921.95 万元,不敷仅 281.26 万元。财政收入中,以中央拨款占总数的 35.13% 为最,如 1931—1933 年间年均财政收入中仅补助费已占 38.6%,其次是税捐收入占 28.93%,以下是地方财产收入、营业收入和事业收入分别仅占 10.64%、8.39% 和 0.08%。④ 以此推之,全市税捐和中央补费助已为抗战前南京市财政收入的主要构成,即税捐基本占比市财政收入的 25% 以上,补助费基本达到财政收入的 1/3。由此可见,当时南京财政收入主要依靠中央拨款弥补,拨款收入占其三分之一强,反映出明显的财政依附性。

很能说明问题的是,如不虑及其时"宜由中央指拨大量款项,付予南京市府,为进行建设之用,庶一切宏远规划有所措手,此实建设首都之根本要着"⑤的外力补助楔入,"税捐"则成为构成全市财政收入的最关键内因。进而可以确定,彼时居于税捐之首的公共交通所纳"车捐亦为市库主要收入"⑥,即"全市财政收入以各项车捐为大宗"⑦,其已成为当局筹措财政资金的重要渠道,是城市财政的关键支撑,并为南京规模化建设进献重要的经济力量。

第二节　车捐厘定与财政保障

应当承认,城市税收的设立和实施,既是城市财政问题,也是城市经济问题。城市税如何确立、运行和运用,在直接影响城市政府的财政收入水平

---

① 参见南京特别市市财政局:《南京市十八年度市财政统计》,京华印书馆 1930 年版,第 2 页。
② 参见南京市政府财政局:《南京市二十一年度市财政统计》,京华印书馆 1933 年版,第 2、6 页。
③ 参见南京市政府秘书处统计室:《南京市政府行政统计报告(民国二十四年度)》,南京胡开明印刷所 1937 年版,第 56—57 页。
④ 参见南京财政史编写组:《南京财政志》,河海大学出版社 1996 年版,第 5 页。
⑤ 刘纪文:《南京市政府成立十周年纪念感言》,第 6 页,载《十年来之南京》,1937 年 6 月编印。
⑥ 南京市政府秘书处:《十年来之南京》,1937 年 6 月编印,第 9 页。
⑦ 《请派宪兵协助稽查车捐》,1927—1928 年,南京特别市政府财政局档案,档号 1001-2-421。

的同时,也必然对城市经济产生较大的影响,带来积极或消极的效应。① 如定都初南京当局要求:公众交通车辆应规定"适宜之期间及税率,批商承办",作为首都建设的税源②;并于《南京特别市市政府组织条例》第十一条规定:财政局掌理事务为征收市捐税、管理市公产、经理市公债、收支市公款、管理市营业、编造预算及决算、其他市金融及一切市财政事项③。从而,公共交通的税捐须缴纳市财政局,税捐厘定亦成为此期城市当局获取财政收入的首要保障。

一、交通捐率厘定

　　国民政府定都后,南京成为当时中国的政治中枢,其经济、文化、交通、市政等因政治中心的聚集功能,而在较短期内得到较快发展。然定都前,公共交通税捐"原由前江苏省会警察厅征收,当初以车辆数目及种类不多,并未订有专章,市府成立后,即归由市财政局接管"④。由此定都初,特别市公共汽车公司即由市政府派专员两人,一人(陈德琦)监督财政状况,一人(张志鹏)监督设施情形;"以后所得纯利",承办者得6/10,市府得4/10,每月须缴纳财政局月捐。⑤

　　随之,关庙汽车公司1928年营业,南京市府规定"一切材料资本开销用人等悉归承办者自理,市政府并不加以监督"。但每日收取车利6元一辆,车辆最少须10辆;10辆以上按辆收取6元,不足10辆计先缴一个月车利1800元为保证金。⑥ 且值"训政时期",当局对新成立的公共汽车公司及将开办的振裕汽车公司,"尽力指导,监督内部,免踏覆辙,以维交通"。⑦ 但公共汽车公司开行两月后,经理邝振翎呈文市政府,"体恤商艰,饬工(务)财(政)两局照所开车辆缴纳车利"。市政府议决后仍定自9月1日前按车辆计,其后每日无论开车几辆,均照12辆计。⑧ 至1929年11月该公司亏损1

---

① 参见王晶:《城市财政管理》,经济科学出版社2002年版,第253—254页。
② 参见国都设计技术专员办事处:《首都计划》,1929年12月编印,第268页。
③ 参见南京特别市市政府:《南京特别市市政法规汇编·初集》,民智书局1929年版,第4—5页。
④ 南京市政府秘书处:《十年来之南京》,1937年6月编印,第9页。
⑤ 参见悟非:《首都长途汽车去年概况》,《申报》1929年1月19日,第10版。
⑥ 参见《南京市长途汽车将开驶》,《申报》1927年12月10日,第2版。
⑦ 参见南京特别市市政府秘书处编译股:《一年来之首都市政》,南洋印刷厂1928年印,第88页。
⑧ 参见南京特别市市政府秘书处编译股:《首都市政公报》第21期,南京印书馆1928年版,"邝振翎请照现开车辆缴纳车利案"第1页。

万余元,积欠车利 1.3 万元,市政府遂勒令其停业。1930 年初,公共和振裕两汽车公司合并后的公裕汽车公司再呈请市政府减免车利,但 1 月 28 日市政府批示:应由公司缴清欠缴车利,并缴清两月保证金,准予合并营业。公司因积欠车利 5 万多元无法缴纳,后拍卖资产而倒闭。① 由见,当局对于车捐征收,毫无商榷余地。

　　至 1928 年,南京市政府再按《江苏省管理汽车章程》规定,凡办理公共汽车公司及长途汽车公司,签订专营合同时,需按行车资本总额 5% 缴纳保证金,于专营期满后无利发还;并规定各种汽车尚须按期缴纳季捐及互通汽车附捐。同时,汽车公司取得专营权后,应负责路线养路工程,以运养路。② 是年 11 月,国民政府公布划分国家、地方收入标准,沿用旧章征收公共交通车捐。但因南京"乘车代价较数年前核定捐率时增高数倍,而捐率并未增加,殊欠公允。且本市建设经费以修路费为最巨,车辆最易损坏道路,即应酌予略增以资取偿",因而 1929 年 1 月正式订立《南京特别市市政府财政局征收车捐章程》,其中第二条规定:凡本市区内各种车辆应向财政局缴纳下列各款及领取各种照据,方准行驶:缴保证金领车证、缴车捐领车照、缴磁牌费领小磁牌。第三条,车辆每辆每季应缴捐率如:营业汽车捐银 36 元;公共汽车捐银 45 元;营业马车:甲种轿车、乙种篷车捐银分别 18 元、15 元;营业人力车:甲等黑斗车、乙等黄斗车捐银分别 10 元、8 元。③ 章程颁布即行实施,并与此前捐率有所区别(见表 6—3)。

表 6—3　南京特别市财政局征收车捐及捐率表(1929 年 12 月)

1929 年前		1929 年新订		每辆捐额	
车种	捐额（元）	车种	捐额（元）	增减（元）	共有辆数
长途汽车（公共汽车）	45.00	仍旧	仍旧	—	24
营业汽车	30.00	仍旧	36	6.00	307
自备汽车	24.00	仍旧	28.80	4.80	312
营业运货汽车	120.00	仍旧	仍旧	—	24
自用运货汽车	100.00	仍旧	96	4.00	80
电单车	10.00/12.00	自备/营业机器脚踏车	9.6/12	—	3/无

---

① 参见南京市地方志编纂委员会:《南京公用事业志》,海天出版社 1994 年版,第 20 页。
② 参见南京市地方志编纂委员会:《南京交通志》,海天出版社 1994 年版,第 326 页。
③ 参见《征收车捐章程》,1929—1935 年,南京特别市政府财政局档案,档号 1001-2-402。

（续表）

1929 年前		1929 年新订		每辆捐额	
车种	捐额（元）	车种	捐额（元）	增减（元）	共有辆数
一等营业马车	18.00	仍旧	仍旧	—	255
二等营业马车	15.00	仍旧	仍旧	—	172
自备马车	9.00	仍旧	12	3.00	18
特等人力车	9.00	甲等人力车	10	1.00	2018
一等人力车	6.90	乙等人力车	8	1.10	6002
自备人力车	4.50	仍旧	8	3.50	722
营业自行车	1.50	仍旧	2	0.50	889
自备自行车	1.00	仍旧	1.6	0.60	1364
一等货车	13.50	一等板车	15	1.50	46
二等拉板车	10.50	二等板车	12	1.50	112
三等拉板车	7.50	三等板车	9	1.50	171
三等货箱车	3.45	货箱车	5	1.55	111
手车	1.50	仍旧	仍旧	—	2354
水车	2.00	仍旧	仍旧	—	504

资料来源：《征收车捐章程》，1929—1935 年，南京特别市政府财政局档案，档号 1001-2-402。

继而，市工务局要求通行中山陵园的公共汽车，每辆每季须纳捐 90 元。[1] 至 1933 年 9 月，该局再通告《招商承办南京市公共汽车简则》，其中规定：公司资本至少须收足 23 万元，至少以 18 万元为购车费、5 万元为设备费，"以筹数目应呈请验明，而公司及修理厂地点并应经核准"；承办人须缴保证金至少 5 千元（无息）；每车每季缴纳车捐至少 90 元；承办人应在开办前，缴纳养路费至少 3 万元，并按每月收入 2% 作为经常养路费，"承办人应照章缴纳各项捐税，不得藉口推诿"。同年 10 月，该局和江南汽车公司签订"本市合同"第十一条要求：公司车辆应照章缴纳捐税、牌照等费，每车每季所缴车捐应规定至少大洋 90 元。[2] 至 1935 年，江宁县政府与江南汽车公司订立"京湖路合同"第六条再规定：每月按营业 5% 缴纳江宁县府

---

[1] 参见《江南汽车公司营业月报》，1933—1935 年，南京特别市政府工务局档案，档号 1001-3-85。

[2] 参见《江南汽车公司组织》，1933—1937 年，南京特别市政府工务局档案，档号 1001-3-84。

作专营费,于次月底前缴清不得短欠。每季应遵照五省市交通委员会长途汽车跨越省市办法,向县政府或南京市政府缴纳季捐及牌照等费。① 且《江苏省招商投资筑路行车办法大纲》(1934 年)中原则规定:汽车路线专营时间最短 5 年、最长 30 年。公共汽车及长途汽车承办人在专营期内,除应遵章交纳保证金、汽车牌照与季捐及负担养路费外,需按营业收入每年缴纳专营费,其费率最低为 3%、最高为 15%②,视承办人所交工程费为协款或借款及借款利率大小而定(见表6—4)。

表6—4 江苏省长途汽车公司专营合同条件一览表(1936 年 7 月)

公司名称	专营路线	里程(公里)	路线性质	垫款或协款数(万元)	垫款利率	还本付息办法	保证金(万元)	专营年限(年)	专营费率
江南	宜锡路	63.29	公有,路面自筑	1.00	年息5%	—	未缴	15	7%
	京杭路	—	公有	2.20	年息5%		0.5	—	2300 元/月
镇丹金溧	镇溧路	60.00	公有	5.00	年息8%	在专营费项下拨还	0.25	垫款清偿后收回自办	10%,在负责养路期间暂纳7%
武宜	武宜路	34.08	公有	5.00	年息8%	同	0.50	10	7%
锡澄	锡澄路	36.40	公有	6.30	年息6%	同	0.50	20	前10年5%,后10年10%
镇扬	扬霍路	8.40	—	1.00			0.10	—	7%
	镇扬路	23.26	自筑	—			0.75	—	2%
苏嘉	苏嘉路	76.00	公有				0.50	20	5%
武青	武青路	—	公有	7.00			0.50	30	5%

资料来源:江苏省交通史志编纂委员会:《江苏公路交通史》第一册,人民交通出版社 1989 年版,第273—275 页。

譬如据南京特别市市政府民国十九年上半年工作计划"财政方面"指出"汽车分等征捐":即民国十七年冬季全市车捐共收 7 万余元,民国十八年冬季计收 11 万数千元,"兹因马路日益开辟,各项汽车日益增多,惟汽车种类不一,大小不一,而税率不分,殊欠公允,拟会同工务局商定分等征捐方

---

① 参见《京湖公路招商承办行车办法》,1935 年 3 月,南京特别市政府工务局档案,档号1001-3-83。

② 参见江苏省交通史志编纂委员会:《江苏公路交通史》第一册,人民交通出版社 1989 年版,第 272 页。

法,依车辆之大小载量之轻重,而订捐额之等差,预计每季增收捐数,必大有可观"。① 后自 1934 年 6 月 29 日南京市府先后两次修正公共交通车捐率,但几无变动,仅公共汽车从 45 元跃为 90 元(见表 6—5)。1935 年国民政府再公布《财政收支系统法》,将车捐、船捐并称为"使用牌照税",但南京市仍按 1934 年修正的捐率征收,直至 1937 年年底。

表 6—5　南京市车捐捐额表(1934 年 6 月 29 日市政会议通过)

车种	捐额(元)	车种	捐额(元)
自用汽车	28.8	大板车:	
营业汽车	36.0	甲等	15.0
公共汽车	90.0	乙等	12.0
自用马车	12.0	脚踏车:	
营业马车		自用	4.0(年捐)
甲种 轿车	18.0	营业	6.0(年捐)
乙种 篷车	15.0	三轮	8.0(年捐)
自用人力车	8.0	机器脚踏车:	
营业人力车:		自用	9.6
甲种 黑斗	10.0	营业	12.0
乙种 黄斗	8.0		

资料来源:《征收车捐章程》,1929—1935 年,南京特别市政府财政局档案,档号 1001-2-402。

与此同时,因当时各省市"征收车捐方法各不相同……办法既不一致,捐率之大小亦各不同,关系车利及税捐之收益,俱属匪鲜",五省市交通委员会遂规定"统一征收车捐办法":乘人汽车以本身重量为收捐标准;以 250公斤为递进单位;车辆捐率比例,长途营业:城市专营:营业分别为 3.5:4.5:5。并由各省市购置磅秤,以便随时量定汽车重量,为各省市收捐标准。② 且因南京"汽车应缴捐税向系按车辆征收,盖以前之车辆不多,故未加以精确之规定。近年以来交通发达,车辆亦随之增加种类繁多,其车身重量大小不同,征捐之数自异,如仍沿用原有按辆收捐办法,殊欠公允"③;市

① 参见南京特别市市政府秘书处编译股:《首都市政公报》第 53 期,训练总监部印刷所 1930年版,第 34 页。
② 参见苏浙皖京沪五省市交通委员会:《苏浙皖京沪五省市交通委员会三年来工作概述》,1936 年 1 月编印,第 15 页。
③ 南京市政府:《南京市政府行政计划(民国二十四年度)》,出版时间、地点不详,第 37—38 页。

工务局遂即按照五省市交委会要求,计划开筑验车场、设置磅秤,即"本局检验车辆向在办公室前空地举行,面积狭小早感不敷应用。又未有权衡车重之设备,现行捐率不过约略分别种类,相沿已久殊嫌尚欠详善",故亟需完备的验车场设置磅秤,以便衡得各种车身重量,"藉作改订捐率之根据"①。

　　举例而言,1936年9月工务局呈文南京市府:经五省市交通委员会议定,本局应购置10公吨磅秤以便秤验车辆,按照重量厘定捐率,"现该项磅秤已经购料委员会核定订购就绪",全国公路交通委员会补助费500元亦照数领到,"一俟交货后装置完妥,自应将市内所有汽车过磅,按照将来核定修订捐率征捐"。但由于"本府地点狭隘,目前验车仅有本局矿场可以利用,以感拥挤不堪,实无余地可充装置该项磅秤及办理车辆过磅之所,而本市汽车年有增加,若不另开场所,殊不足以应需要",因而该局遂勘得傅厚岗与高楼门间面积约2亩余的市地一方,地点适中、交通不繁,堪作本市验车厂之用,"拟请钧府转饬地政局将该地拨交本局使用",以便举办磅验车辆事宜。② 但因该地紧邻居民区,市府不允。1937年春,该局又勘定汉中路铁管巷一方4亩余空地,"足供开筑验车场之用,征地手续业已办妥",计划建筑及布置一切设备,除开辟一广场以供停验车辆外,并构造办公室、磅车处等,同时向德商孔士洋行购置一具10公吨磅秤准备装置。③ 从而,铁管巷内的民地成为南京市汽车厘定捐率的验车场。由是,随着公共交通捐率的厘定和定捐设施的完善,全市车捐收入由每季平均收入15.6万余元,增至每季19.5万余元④,城市财政收入得到基本保障。

二、车捐引致重负

　　"现代城市居民,生活中的不少时间用在搭乘公共交通工具上……尽管是思想保守的人,他每天的生活也难以避免同政府以及许多地方公共服务的决策息息相关"。⑤ 毋庸讳言,抗战前南京当局为裕城市财政而厘定车

---

① 参见《南京市工务报告(二十四年四月至二十六年四月)》,1937年5月,南京特别市政府工务局档案,档号1001-3-515。

② 参见《工务局请设置验车场之有关来往文书》,1936年9月,南京特别市政府档案,档号1001-1-1064。

③ 参见《南京市工务报告(二十四年四月至二十六年四月)》,1937年5月,南京特别市政府工务局档案,档号1001-3-515。

④ 参见南京市政府秘书处:《十年来之南京》,1937年6月编印,第9页。

⑤ 〔英〕K.J.巴顿:《城市经济学——理论和政策》,上海社会科学院部门经济研究所城市经济研究室译,商务印书馆1984年版,第155页。

捐,但导致公共交通某些执业者不堪重负。如1930年7月南京市第二次全市代表大会尤伯熙等提案:"本市人力车夫终日东奔西走,臭汗淋漓,其生活不可谓不苦。每日博得血汗一己生活尚虞不给,何况尚有父兄儿女以赖其生活者,其担负亦至重矣。而政府尚须抽收捐税,每年计算每辆不下四五十元,如是苛剥,殊违总理维持人道之主义",由此特提请市政府减轻人力车捐,加征汽车捐税、以资抵补。再如1933年3月,市人力车业同业公会对当局增捐的决定"不胜骇异",并陈:乙等人力车捐在军阀时代每月每车捐洋2元3角,嗣市政府成立后该月捐为季捐,每季合为8元,增捐1元1角。查甲等黑斗人力车每季捐洋10元,而其租价每日小洋五六角不等,乙等人力车每日租价4角,而实受者不及3角,"租价悬殊亦非持平之法"。特别是公共汽车通行后,人力车营业"不及百分之一,是乙等人力车营业只限于下关之一隅。若更增其负担,不啻趋于死亡之途,岂人心所忍"。① 随着抗战临近,南京市人力车公会再呈:此次抗战日寇自8月15日敌机空袭及19日轰炸火药局各处,有资本的人力车商及各行车夫均回原籍避难,纵有营业者十分之一二,"现今仅少数车辆,全程不过数百余辆或系单头车辆为糊口之资,仍有一般未经营业,无力缴捐领证者"。由此车行营业减少无力缴捐,并请工务、财政两局保留捐证,豁免秋季捐、下季再缴,"以维车商"。②

且出租汽车业亦呈请当局减免税捐。如1932年5月,南京市汽车业同业公会呈请当局:营业凋零,核减车捐。即"创办之初车辆无几,缴纳捐费详遵定章。迨后逐渐繁荣,指数越趋进步",但日寇占据东北,国民政府西迁致使南京市"人口骤少,生计不克维持,经济沦与破产",由此向财政局请求,核减车(季)捐。③ 1937年11月5日,南京交通汽车公司再呈文当局:"窃商公司前因受时局影响营业清淡,业将原有之汽车十四辆停驶。兹请财政局体恤商艰,免于补缴冬季捐费"。④ 甚而是年10月,财政局局长陆肇强、工务局长宋系尚等亦呈市长:"本市各营业汽车现因抗战多被政府征调,请求减捐,以示体恤"。⑤

即便当时独营全市公共汽车的江南汽车公司,亦不能摆脱税捐的重负。

---

① 参见《征收车捐章程》,1929—1935年,南京特别市政府财政局档案,档号1001-2-402。
② 参见《关于人力车捐交纳及征收其它税收问题之往来文书》,1937年,南京特别市政府档案,档号1001-1-965。
③ 参见《征收车捐章程》,1929—1935年,南京特别市政府财政局档案,档号1001-2-402。
④ 参见《关于征收车捐事项之调查表及往来文书》,1934—1937年,南京特别市政府财政局档案,档号1001-2-501。
⑤ 参见《财政局车船捐磁牌》,1937年10月,南京特别市政府档案,档号1001-1-1613。

1933 年,该公司与工务局签订的承办合同中规定:一次缴纳养路费现金 3 万元(不再发还);缴纳承办保证金 5000 元;照营业收入缴纳 2% 为养路费。① 是年 11、12 月,江南市区公共汽车养路费分别为 172.69 元、490.21 元。1935 年,据该公司京杭路养路工程报告,全年实支养路费 43477 元,超过该段征收的专营费 13477 元。所以该公司"承担养路费年年亏欠",后将此路养路工程交出,不再承办。② 抗战前,其开行市区第六路,"虽蒙照准,但以中经之浮桥须加修理,复令饬公司负担该桥改建费用,待修理完工后方克通车"。经数度洽商,由公司缴纳改建该桥补助费洋 8000 元后,方能施工兴修。③ 由此,该公司所缴养路费已成递增趋势,其市区公共汽车月养路费 1934 年 1 月为 549 元,至 1937 年 4 月已达 2951 元(见表6—6)。

表 6—6　江南汽车公司市区公共汽车养路费表
(1934 年 1 月至 1937 年 4 月)　　　单位:元(法币)

1934 年	养路费	1935 年	养路费	1936 年	养路费	1937 年	养路费
1 月	549.02	1 月	1138.94	1 月	2100.63	1 月	2426.37
2 月	522.42	2 月	1091.90	2 月	1974.02	2 月	2401.65
3 月	574.33	3 月	1257.72	3 月	2156.32	3 月	2829.04
4 月	649.39	4 月	1228.98	4 月	2283.73	4 月	2951.85
5 月	854.25	5 月	1266.16	5 月	2372.34		
6 月	883.76	6 月	1317.88	6 月	2333.86		
7 月	858.89	7 月	1626.87	7 月	2396.88		
8 月	847.21	8 月	1675.02	8 月	2507.67		
9 月	986.02	9 月	1771.82	9 月	2536.65		
10 月	1012.81	10 月	1738.77	10 月	2720.35		
11 月	927.34	11 月	1898.95	11 月	2429.28		
12 月	1023.34	12 月	1872.56	12 月	2364.31		

资料来源:《江南汽车公司组织》《江南汽车公司营业月报》,1933—1937 年,南京特别市政府工务局档案,档号 1001-3-84、85。

---

① 参见《各种章则办法程序》,1947 年,江南汽车公司档案,档号 1040-1-1147。
② 参见《江南汽车公司组织》,1933—1937 年,南京特别市政府工务局档案,档号 1001-3-84。
③ 参见《合同章程及第七年度报告》,1935—1938 年,江南汽车公司档案,档号 1040-1-1548。

彼时,当局对公共汽车公司还要征收其他的额外费用。如1936年8月,市工务局决意征收江南汽车公司"包车"的养路费,其据此呈文,"在未承办市区公共汽车之前,即未有养路捐负担之先,已有包车之营业,现在亦不过仍前运营。且此项包车业务多为本京各机关租赁,价格既极低廉,故包车一项在公司有类于酬应各机关之义务,而实非优厚之营业,拟请钧局体恤商艰仍照前例",免予征收养路费。① 然该局仍旧征缴。至1937年3月,蒋介石再电致南京市政府,要求首都公共汽车公司的营业余利应拨20%—30%上交市政府,作为发展首都交通之用。市政府即令工务局通知江南汽车公司自该年度起遵照办理。后该公司呈市政府并请转呈蒋氏,"钧座垂注首都交通之至意,公司承办本市公共汽车交通,对于市府捐税负担已即伟巨,承办以来业务困难,谋生维持实属不易。公司惨淡经营埋首竭力,数年以来幸免立足,即或计算稍获薄利亦多未敢自私,悉用于增添车辆等发展事业之途,故实际上对于首都交通建设在经济上既有相当之贡献,在应用上亦以相当之匡助"。其最后请求:"负担捐税已巨,倘增设特别补助之担负,似于商营事业对于政府信仰之心发生动摇,而国内有志企业者亦将望风裹足",由此呈请免缴其工务局合同外的补助费。至7月,工务局仍以"蒋委员长电饬办理由",坚持征缴。② 后因抗战临近,且该公司董事吴稚晖谒见蒋氏说明与周旋,加捐事才得以束之高阁。

易于看出,抗战前江南汽车公司总支出中,除经营销售支出外,缴纳捐税较重,如特别养路费一次洋3万元,补助建设费一次洋8000元;专营捐则按月照年营业数目2%计,平均每月约2500元、全年约3万元;牌照费则每季约12000余元、全年约5万元。以上经常两项,每年应缴约8万元。此外,还有缴纳一些行车路线须经的道路、桥梁修理费等。至1937年度,该公司须缴纳税捐已占盈利项下约计15%,即"按公司捐税负担,以视过去承办之兴华公司既缴于市政府者,相去诚不可以道里计"。③ 由此可见,公共汽车公司不仅要缴纳捐税、保证金、专营费,且要承担相应的养路费用(见表6—7、6—8),经营负担和税赋之重可以想见。

---

① 参见《江南汽车公司组织》,1933—1937年,南京特别市政府工务局档案,档号1001-3-84。

② 参见《南京市征特别补助费用》,1937年,江南汽车公司档案,档号1040-1-1503。

③ 参见《南京市征特别补助费用》,1937年,江南汽车公司档案,档号1040-1-1503。

表6—7　江南汽车公司第三年度营业损益计算书

（1933年5月至1934年6月）

收益之部：	金额（元）		损失之部：	金额（元）	
	分计	共计		分计	共计
1-1 运输项下收入		457010.09	2-1 运输项下支出		438719.11
1-1-1　客运	416834.00		2-1-1 管理费	86372.67	
（1）京南段	170894.04		（1）薪金	74476.00	
（2）南长段	146141.52		（2）伸工	10408.27	
（3）宜锡段	53705.96		（3）津贴	1488.40	
（4）陵园区	22581.00		2-1-2 消耗费	131504.57	
（5）其他	23512.18		（1）材料	18949.39	
1-1-2　货运	315.77		（2）汽油	69499.39	
1-1-3　联运	88.00		（3）柴油	80.82	
1-1-4　租运	28496.58		（4）机油	5290.26	
1-1-5　通运	229.36		（5）轮胎	35509.74	
1-1-6　杂项	11045.68		（6）工具	1224.97	
1-2 修造项下收入		18729.98	2-1-3 办公费	10058.52	
1-2-1 修理车辆	2930.10		2-1-4 印刷费	4606.85	
1-2-2 造筑车身	1225.65		2-1-5 养路费	34181.87	
1-2-3 转售旧车	－		2-1-6 代办费	6579.83	
1-2-4 经售材料	13911.51		2-1-7 奖励金	21987.72	
（1）材料	3866.57		2-1-8 营业损税	8991.61	
（2）汽油	9460.62		（1）专营费	3132.83	
（3）柴油	2293		（2）车照捐	4880.76	
（4）机油	119.99		（3）营业税	978.02	
（5）轮胎	441.40		2-1-9 折旧	104663.92	
1-2-5 杂项	662.72		（1）路基	5035.00	
1-3 副业项下收入		253837.98	（2）建筑	4422.51	
1-3-1 绿荫旅馆	3379.79		（3）车辆	89438.79	
1-3-2 京杭直达车	15016.12	－	（4）固定工具	3825.12	
1-3-3 京市公共车	235442.07		（5）器具设备	1942.50	
			2-1-10 利息	1999.70	
			2-1-11 杂项	14953.94	
			2-1-12 筹备费	1824.05	

（续表）

收益之部：	金额（元）		损失之部：	金额（元）	
	分计	共计		分计	共计
			2-1-13 董事监察酬金	10993.86	
			2-2 修造项下支出		15633.70
			2-2-1 修理费	1882.07	
			2-2-2 造筑费	1022.74	
			2-2-3 旧车费	—	
			2-2-4 材料费	11431.22	
			（1）材料	2450.52	
			（2）汽油	8460.45	
			（3）柴油	20.33	
			（4）机油	92.63	
			（5）轮胎	407.29	
			2-2-5 杂项	1297.67	
			2-3 副业项下支出		227487.66
			2-3-1 绿荫旅馆	2063.05	
			2-3-2 京杭直达车	—	
			2-3-3 京市公共车	225424.61	
共计		729578.05			681840.47
纯利		47737.58			

资料来源：江南长途汽车股份有限公司：《江南长途汽车股份有限公司第三度报告（二十二年五月至二十三年六月）》，1935 年编印，第 12 页。

表6—8　江南汽车公司第五年度市区西郊公共汽车营业损益（1935 年 7 月至 1936 年 6 月）

收益之部	金额（元）	损失之部	金额（元）
	共计		共计
			共计
客运	36246.45	总务管理费	1099.55
西郊公共车		车务管理费	5874.02
杂项	1.62	修理费	2902.03
		消耗费	13397.76
		办公费	55.73
		印刷费	126.00

（续表）

收益之部	金额（元）	损失之部	金额（元）
	共计		共计
		养路费	724.91
		营业捐税	1180.40
		折旧费	6748.47
		奖励金	963.45
		杂项	137.83
		董事监察人酬金	342.52
共计	36248.07		36248.07
纯利	2695.40		

资料来源：《江南汽车公司营业月报》，1933—1937 年，南京特别市政府工务局档案，档号 1001-3-85。

　　具如上述，税收是国家和城市政府取得财政收入的重要手段。[①] 而"城市计划，若只求城市之美观，而不计市民负担之轻重，市内财政之盈绌，殊非得计"[②]；然抗战前南京当局为保障城市财政收入，从而将公共交通税捐加以厘定，虽引致一些执业者的怨怼，但不可否认，此举对于城市财政资金的正常筹措和城市规模建设的循序渐进，是不可或缺的[③]。

第三节　车捐计查与财政管控

　　不难发现，城市作为一个私人和公共活动相互联系、相互依赖的动态体系。其为企业提供工作空间、交通运输和通信，为公众提供居住空间、公共事业和其他服务。且因经济聚集所带来的优势，将人们和经济活动吸引到城市中去。[④] 如国民政府定都后，南京经济汇聚、人口辐辏，当局对于各项工作"矢慎矢勤，未敢或懈……以期无负党国之重托，市民之属望"[⑤]。在此

---

① 参见欧阳志高主编：《城市财政学》，中南工业大学出版社 1989 年版，第 71—72 页。
② 国都设计技术专员办事处：《首都计划》，1929 年 12 月编印，第 106 页。
③ 参见李沛霖、叶美兰：《抗战前南京城市财政与公共交通关联考议》，《民国档案》2014 年第2 期。
④ 参见［美］沃纳·赫希：《城市经济学》，刘世庆等译，中国社会科学出版社 1990 版，第10 页。
⑤ 南京特别市市政府秘书处编译股：《一年来之首都市政》，南洋印刷厂 1928 年印，第 4—5 页。

背景下,当局为管控城市财政,对公共交通车捐的各项统计与勘查进而
展现。

一、缴捐时限和统计

毋庸讳言,当时就欧美都市而言,"美国之市政,远胜于欧洲之各国者,
则以欧洲各都市,均已先有规模,渐次改善,故不免于削足就履之弊。美国
为新兴国家,建设之始,市政之学,已极昌明,故能循学理而规划,其建设乃
完善而无憾"。因此,南京建设始,"一切措施,应具远大之目光,制成详确
之计划,秉计划而推行,乃能适应于事实之需要,获收完善之效果"。① 即其
"全部计划,皆为百年而设,非供一时之用,且具整个性质,不能支节拟订,
故于设计事项,不敢不格外慎重";从而将建设费用核总约 5180 万元(见表
6—9),由此"将使首都一地,不独成为全国城市之模范,并足比伦欧美名城
也"。② 预计初步建设于 1930—1935 年 6 年内当完成,年均建设费约 860
万元,其中道路用费为最,约占总数的 23.17%,如加上其他有关交通经费
则占 37.7%。③ 然而,上述巨费将如何挹注? 问题实质在于,市政"欲谋建
设之进展,当谋财力之充足,苟财政无办法,即建设无从进行"④;由是,当局
对公共交通业展开缴捐统计、勘查及处罚,以杜绝财政漏卮。

表 6—9 首都建设费用预算表

事 项	款额(万元)	事 项	款额(万元)
政府职员 12000 人办公处所	1000	乘客总站及路轨	200
购地为公园	30	自来水厂及水管	760
购地并建筑 169 公里道路	1200	污水沟及雨水沟	700
码头仓库及各项设备	200	市政府各项建筑	100
火车渡船及其码头	300	校舍六所	70
飞机场	20	政府职员住宅及贫民房屋	600
合计			5180

资料来源:国都设计技术专员办事处:《首都计划》,1929 年编印,第 263 页。

---

① 参见吴琢之:《都市合理化的交通工具》,载《交通月刊》第一卷第一期,京华印书馆 1937
年版,第 37 页。
② 参见《国都设计技术专员办事处处长林逸民检送首都计划呈请首都建设委员会采用文》,
《中央日报》1930 年 2 月 15 日,第 3 版。
③ 参见李清悚、蒋子奇:《首都乡土研究》,南京书店 1930 年版,第 55 页。
④ 南京特别市市政府秘书处编译股:《一年来之首都市政》,南洋印刷厂 1928 年印,第 3 页。

具如定都之初,南京市财政局、工务局规定车辆缴捐的日期:营业甲/乙等人力车,营业马车,营业汽车/公共汽车,每年自4月1日至4月30日止,财政局负责收缴夏季捐、工务局负责检验换照。[1] 1933年12月,工务局再次布告:除汽车、机器脚踏车捐应依五省市交通委员会规定外,自用及营业自行车、板车、货箱车等定于1月1日起至31日止,"为春季检验缴捐之期"。[2] 夏季缴捐日期,亦有规定(见表6—10)。同时要求,人力车未经工务局登记及未领财政局捐照者,不准行驶;每月车捐执照应粘贴车后,不准涂抹胶油;工务局制法的磁牌须钉于右扶手板上的指定位置。马车行驶时,须随带财政局捐照,如遇警察或稽查查验时应即呈验,其未经缴捐领照者不准行驶。汽车开驶时,须随带财政局捐照及司机执照,如遇警察稽查查验时应即呈验,未经缴捐领照者,不准行驶。[3]

表6—10 南京市财政局、工务局车辆检验缴捐表(1936年夏季)

车别	财政局	工务局	检验缴捐期限	备注
营业甲/乙等人力车	缴夏季捐	检验换照	自4月1日起至4月30日止	除属下关区内车辆准循旧例检验外,余均应依工务局分日编号办法检验
营业/自用马车	同	同	同	
营业汽车/卡车	同	同	同	包括各种营业汽车、公共汽车
自用汽车	同	同	同	包括自用长途汽车、各自用小汽车
机器脚踏车	同	同	同	
自用/营业自行车	缴年捐	检验发照	无限期	
三轮自行车	同	同	同	

资料来源:《二十五年征收车捐》,1935—1936年,南京特别市政府财政局档案,档号1001-2-420。

与此同时,至1927年年底全市共检验公共交通的营业汽车215辆、人力车6500辆、马车435辆;车辆共纳捐19710元,其中营业汽车2150元、人力车14950元、马车2610元(见表6—11)。再据1931年7月全市车捐统计,本月收入57763.4元,较6月5187.8元增52575.6元。其中,汽车收入23852.2元较6月(1185.6元)增加22666.6元;人力车收入32150元较6月(3849元)增加28301元;自行车收入1641.2元较6月(153.2元)增加

---

[1] 参见《征收车捐章程》,1929—1935年,南京特别市政府财政局档案,档号1001-2-402。

[2] 参见《南京市政府行政报告(廿二年度)》,1933年1—12月,南京特别市政府档案,档号1001-1-1733。

[3] 参见南京特别市市政府:《南京特别市市政法规汇编·初集》,民智书局1929年版,第347、363、367页。

1488 元;兽力车 120 元,持平。① 从而,全市车捐收入已呈现递增趋势。

表 6—11　南京特别市车辆车捐统计表(1927 年)

车别	每辆月捐数 (元)	辆数统计 (辆)	捐数统计 (元)	已检验数 (辆)	应得捐数 (元)
营业汽车	10.00	250	2500.00	215	2150.00
自用汽车	24.00(季票)	200	4800.00	40	960.00
马车	6.00	450	2700.00	435	2610.00
人力车	2.30	7500	17250.00	6500	14950.00
人力小货车	0.50	1400	700.00	1200	600.00
水车	0.70	500	350.00	400	280.00
板车	4.50	300	1350.00	200	900.00
兽车	1.15	200	230.00	30	34.50
自行车	1.50(季票)	1000	1500.00	未	—

资料来源:南京特别市工务局:《南京特别市工务局年刊(十六年度)》,南京印书馆 1928 年版,第 263 页。

　　且因"本市交通繁盛,车辆日多,关于各车夫号衣亟应规定,以资鉴别而利稽查",当局规定车夫号衣和臂章,以便统计。如 1933 年 12 月南京市工务局、首都警察厅集各关系机关及车业同业公会推派代表,开会讨论决议:自用与营业汽车驾驶人助手以及自用与营业人力车夫、马车夫等,均须一律穿着号衣。天雨,人力车夫及马车夫并应穿着雨衣。所有各种号衣、雨衣颜色式样,经分别规则、限用国货,由车主制给穿着,并限自 1934 年 1 月 1 日"本市各车主一体遵照办理"。② 后因人力车夫号衣,"各车行主迄未遵照更换",由市工务局制备发给以期划一。计蓝布背心 12000 件,每件约洋 3 角 5 分、计洋 4200 元;铜质号牌 12000 块,每块约洋 1 角 5 分、计洋 1800 元,共计洋 6000 元。③

　　另须提及的是,由于"每季漏捐车辆,类多以捐牌与捐票分割使用。故每季来局覆验时,屡见是项车辆遗失磁牌及重号情形,统计殊为困难",

① 参见南京市政府秘书处编译股:《南京市政府公报》第 91 期,南京印书馆 1931 年版,第 95 页。
② 参见《南京市政府行政报告(廿二年度)》,1933 年 1—12 月,南京特别市政府档案,档号 1001-1-1733。
③ 参见南京市政府:《南京市政府行政计划(民国二十四年度)》,出版时间、地点不详,第 39 页。

1933 年市财政局"为便于管理及协助稽征起见",将车辆捐票改用邮票式印花,将车证改为捐证,于纳捐后将印花粘于捐证内指定地位,加盖验讫戳记,以便稽查车辆查验执照时,即可知该车辆是否纳捐而杜绝分割使用,"裨益税收,良非浅鲜"。① 具如车捐印花捐颜色为白蓝底红字,经统计:营业汽车捐证共 300 张,每张捐银 36 元;公共汽车 30 张,每张捐银 90 元;江南长途公共汽车捐证 20 张,每张捐银 70 元;甲、乙等马车捐证分别 250、200 张,每张捐银 18、15 元;甲、乙等人力车捐证分别 8000、1200 张,每张捐银 10、8 元(见表6—12)。

表6—12　南京市各种车捐印花捐银数目表(1933 年夏季)

车捐印花名称	颜色	张数	捐银(元)
营业运货汽车	白蓝底红字	150	220.0
自用运货汽车	同上	200	172.8
营业汽车	同上	300	36.0
自用汽车	同上	700	28.8
自用长途汽车	同上	50	45.0
长途汽车(公共汽车)	同上	30	90.0
江南长途公共汽车	同上	20	70.0
自用机器脚踏车	同上	50	9.6
甲等马车	同上	250	18.0
乙等马车	同上	200	15.0
自用马车	同上	10	12.0
甲等人力车	同上	8000	10.0
乙等人力车	同上	1200	8.0
自用人力车	同上	900	8.0
营业自行车	同上	300	6.0(年捐)
自用自行车	同上	2500	4.0(年捐)
三轮自行车	同上	100	8.0(年捐)

资料来源:《征收车捐章程》,1929—1935 年,南京特别市政府财政局档案,档号 1001-2-402。

　　根据 1937 年 1 月南京市财政局税捐征收处车捐结报显示:本月营业汽车已领捐照数 500 张,征银 2880 元;公共汽车领捐照数 130 张(见表6—13)。再据同月该处征收人力车捐牌照结报,甲、乙等人力车原领捐照数分

---

① 参见《征收车捐章程》,1929—1935 年,南京特别市政府财政局档案,档号 1001-2-402。

别为 4450 张、200 张,本月领捐证 3800 张、磁牌 4650 块,本月征银 20.80 元,累计卖出捐牌数 1148.6 元。[1] 且因该局缴纳车捐人数众多,车捐处房屋狭小不敷办公,"夏季缴捐期限将至,为重卫生并免危险起见",1937 年 4 月财政局局长陆肇强呈文市政府:拟请将车捐处后面走廊饬工放宽、地面垫高,以便缴捐人"如遇天雨易于立足并免拥挤,以维秩序",从而放宽车捐处走廊(所需工料为国币 116.66 元),以便收捐。[2] 至此,对于缴过捐的车辆牌照及征收税额详尽统计,以防错漏。

表 6—13　南京市财政局税捐征收处车捐牌照结报表(1937 年 1 月 16 日)

车捐项目	原领数（张）	本月卖出数（张）	累计卖出数（张）	结存数（张）	本月征收银数（元）
自用汽车	1500	80	799	701	2304.0
自用长途汽车	100	13	54	46	585.0
自用运货汽车	300	12	103	197	1113.6
营业汽车	500	80	135	365	2880.0
营业运货汽车	120	1	2	118	120.0
营业运货汽车	80	—	—	80	—
机器脚踏车	60		17	43	—
公共汽车	130		10	120	
自用人力车	1550	16	247	1303	128.0
自用马车	50	20	28	22	240.0
甲等马车	180	—	—	180	
乙等马车	270		4	266	
磁牌	4910	222	1449	3461	44.4
捐证	3400	5	125	1999	5.0
材料费	—	217	1276	同	43.4
跨省市长途汽车	150	—	2	148	—
备注	共计征收 43902.8 元,本月征收 7463.4 元				

资料来源:《二十六年征收车捐》,1936—1937 年,南京特别市政府财政局档案,档号 1001-2-418。

---

[1] 参见《二十六年征收车捐》,1936—1937 年,南京特别市政府财政局档案,档号 1001-2-418。

[2] 参见《财政局扩展车捐处走廊用费》,1937 年 4 月,南京特别市政府档案,档号 1001-1-949。

二、缴捐勘查及罚办

不仅如此,南京当局对于公共交通漏捐等情事严密勘查。如"车捐之偷漏,影响于收入甚钜,自非严密稽查不足以资整顿。惟本市为国都所在,冠盖往来不绝于道,常有车夫仗势作威,对职局稽查员负之行使职务或出言不逊或置之不理,比比皆是,似此情形实为整顿税收之障碍",由此 1927 年 7 月 29 日市财政局呈文市长函请宪兵司令部每月下半月拨派宪兵 4 名协助稽查,"既可以维护职权,而车捐亦可免于偷漏"。但因"首都正式军队不敷分配",市政府遂派保安队随月协助办理。① 是年 8 月,当局筹设公共汽车管理处,其职员由南京市特别市财政局委任(见表 6—14);10 月,公共汽车管理处文牍主任蒋伯治再呈"恢复南京公共汽车",后经市政会议议决:在最短期间内准以恢复,原有公共汽车管理处应即撤销,其账目由财政局接受,车辆由工务局接收。② 从而,将全市公共汽车业正式纳入税收管理的体系。

表 6—14　南京特别市公共汽车管理处职员表(1927 年 8 月)

组织机构	职员	组织机构	职员
票务主任	庞必祥	文牍主任	蒋伯治
票务员	曾友三、赵经邦	文牍员	吉蟾孙
庶务主任兼会计	秦修镛	总务课长	郭定宏(代理)
庶务员	戴云翔	总务课员	唐韫珊
会计员	戴臣仁	稽查主任	汤舜生
—	—	稽查员	陈凤翔、吴伯渊

资料来源:《委任南京特别市公共汽车管理处职员》,1927 年 8 月,南京特别市政府财政局档案,档号 1001-2-12。

且因此前公共交通业"稽查未臻完善,至隐匿漏捐者为数甚多"③,1928年市财政局公布《车务稽查员服务规则》,其中第一条规定:财政局车务稽查员于本市各种车辆有无漏捐及伪造捐票情事,均应依本规则规定稽查。第二条,稽查员每月售票期满后,应即分赴本市各路稽查。第三条,稽查员执行职务时,遇有须警协助者,就近报请该管区署协助办理。第四条,稽查

---

① 参见《请派宪兵协助稽查车捐》,1927—1928 年,南京特别市政府财政局档案,档号 1001-2-421。

② 参见《南京快信》,《申报》1927 年 10 月 16 日,第 6 版。

③ 南京市政府秘书处:《十年来之南京》,1937 年 6 月编印,第 9 页。

员如查有漏捐无票或以旧票蒙混者,应将车辆及车主带送财政局照章处罚。第五条,稽查员于查验各种车辆捐票时,应以和平态度及适宜方法严密稽查。第六条,车务稽查员如遇有确系损坏送修之车辆,得免查罚等。第七条,车务稽查员如有在外招摇及受贿索诈等情事,以渎职论依法治罪。[1] 如至 1933 年春季检验期届满,"漏捐车辆势所难免",当局特派员严密稽查,如查有漏未检验或违章的车辆即予扣留、分别照章罚办,"以重管理而裕收入"。且"本市任何车辆照章均应领牌缴捐方准施行,对于无牌照车辆自应取缔。近来本市时有无牌照车辆驶行,既违定章,复碍管理",由此工务局派员会同首都警察厅在大行宫一带,严行查扣。[2] 1935—1936 年间,全市共查处漏捐汽车 20 辆(见表 6—15)。

表 6—15　民国二十四年度南京市查觉违章车辆次数表(1935 年 7 月至 1936 年 6 月)

违章事项 车辆类别	伪造牌照私刻钢印	无牌照及钢印	未带执照或未挂号牌	牌照钢印模糊不清	试车牌照逾期交还	逾期检验	漏捐	违章营业	私自调车	载客场地失当	违背交通标志	车灯警号不备或不使用	机件及附属品损坏	载客载货失当	其他违章	合计
汽车	10	16	35	2	69	36	20	14	11	2	9	18	63	10	1	316
马车	—	—	—	—	—	2										2
人力车	1	521	3	297	—	633	—	1	—	4	2	—	14	—	7	1483
自行车	3	24	12	—	—	1167	9	1	—	—	—	—	1	—	3	1220
水车						213										213
货车						8										8
司机		4	71	4	—	50	—	268	4	—	8	—	—	—	5	415
板车						217										217
手车						435	1									436
合计	—	—	—	—	—	—	—	—	—	—	—	—	—	—	—	4310

资料来源:南京市政府秘书处统计室:《南京市政府行政统计报告(民国二十四年度)》,南京胡开明印刷所 1937 年版,第 227 页。

与此同时,当局规定从业车夫必须佩戴标志,以便稽查。如"本市经营小汽车业者,每有沿街争拉乘客及勒索车价情事,既无秩序复碍交通,亟应

---

① 参见南京特别市市政府:《南京特别市市政法规汇编·初集》,民智书局 1929 年版,第 108 页。

② 参见《南京市政府行政报告(廿二年度)》,1933 年 1—12 月,南京特别市政府档案,档号 1001-1-1733。

严予查禁",1933 年 8 月市工务局制定车夫臂章,并布告各小汽车车主一体遵照,于当月 22 日前来领取,分别悬佩,以资识别,如有逾期不领者,即不准车辆再在各停车场停放营业。① 后由于"本市汽车数量既日益增多,驾驶人分子复杂,服式参差不齐,非特有碍观瞻,抑且车站码头及其他公共场所任意营业,实于行旅之便利安全亦有莫大之关系",该局规定:自 1936 年起凡本市操汽车驾驶业者,务须穿着制服、佩挂徽章并编入号码,用资识别而臻整齐。制服为黄色、徽章为铜质,分帽章与襟章两种,其号码即依其所驾的汽车牌照号码编定,"违则由局随时取缔"。② 尔后,全市车夫实行统一着装并在制服上刻印号码,以便核查。

关于处罚衡定标准,譬如《南京特别市政府工务局公用科汽车章程》规定:规定期内不能向财政局如期缴捐,应于 5 日内将号牌及执照缴还本局,逾期罚款捐款之半数,但不捐而仍行驶时,一经查出,罚除与捐款相等数外,仍令补缴捐款。③ 再如 1929 年市财政局《车辆违章及处罚规则》第二条至第五条规定:漏捐车辆除照征收车捐章程第二条各种车辆捐率补缴捐款外,并加 2 倍处罚;各项车辆如有捐票号码与磁牌号码不符者,应分别按照本章程第二条罚则减半处罚;各项车辆不遵照指定地点订定磁牌者,罚银 1 元;各车捐票有换越者(如黑斗车贴黄斗票之类),除将原票吊销补购新票外,仍按第三条处罚。④ 另如前述《征收车捐章程》第四、七条规定:车捐按季缴纳,每季以首月为缴纳期,但遇必要时得酌量延长;如逾期不缴者,一经查获按漏捐处罚规则办理。凡车辆隔季不缴捐者,即将其车证车号取消。至1933 年 2 月,南京市第 244 次市政会议再将此第四条量化:如逾期除照章征收外,并按应征捐率加征 5% 滞纳金。逾限期仍不赴本局缴纳者,一经查获除照章征收车捐及滞纳金外,并按情节酌量处以罚金,此项罚金不得少于应纳捐额的 50%,不得多于应纳捐的全数。⑤ 从而,通过"滞纳金"的方式,对漏捐车辆进行量化处罚。

粗略看来,1928 年 7 月南京全市交通捐为 26273.75 元,交通罚金 33.7

①　参见《南京市政府行政报告(廿二年度)》,1933 年 1—12 月,南京特别市政府档案,档号1001-1-1733。

②　参见《南京市工务报告(二十四年四月至二十六年四月)》,1937 年 5 月,南京特别市政府工务局档案,档号 1001-3-515。

③　参见南京特别市工务局:《南京特别市工务局年刊(十六年度)》,南京印书馆 1928 年版,第 206 页。

④　参见南京特别市市政府:《南京特别市市政法规汇编·初集》,民智书局 1929 年版,第107 页。

⑤　参见《征收车捐章程》,1929—1935 年,南京特别市政府财政局档案,档号 1001-2-402。

元;8 月交通捐为 22334.80 元,交通罚金 85.6 元。① 再据财政局 1936 年 11 月 4 日一份欠捐车辆调查报告显示:被调查人马惠亮,车辆种类为营业汽车(号码 974),车主姓名沈浩如(住址:霞公府 1 号),欠捐季数为春季,情形为"函催未来缴捐",拟交车捐处核办。即"查霞公府并无此户,询之该经租处兴业银行则不知迁移何处,由此拟请函请警察厅随时注意该车行驶时",给予扣留。② 可见,当局对于漏捐、逾期检验、无牌、伪造牌照及未带执照等处罚尤严,对漏捐车辆登记在案并要求相关部门协助查扣。概言之,赋予城市政府以一定的税收自主权,可以更有效地发挥城市财政的配置职能。③ 抗战前南京当局通过对公共交通业纳捐严密统计、严加勘查及量化处罚等各种方式,使其裨益全市税收"良非浅鲜",进而让城市财政收入得以有效管控。

第四节　车捐占比与财政进献

依前而述,城市财政在城市发展中起着重要的作用,对发展生产、繁荣经济,对发展教育、科技、文化、卫生事业,对提高人民的物质文化生活水平,都至关重要。④ 其时南京"为首都所在,建设伊始,市面日兴,交通尤属要政"⑤,当局对于交通事业与城市财政尤加关注,由此,车捐收入对于城市财政的进献逐次展现。

一、车捐占比财政

不可否认的是,"实业建设之奋进,固在乎政治之安定,组织之健全,尤在乎财政之充裕"。⑥ 然由历史考之,定都前关于南京公共交通的税捐统计并不详尽。仅知 1896 年南京的江南巡警路工局,车捐年约 10 万余元。1927 年 4 月 24 日的就职典礼上,南京市市长刘纪文强调:"整顿交通,实在是建设市政的第一要务。交通于市政,好比血脉于人身,血脉不畅流,则身体疾病,什么事不能做,同样的交通不便利,则市政的基本未得巩固,则其他

---

① 参见南京特别市市政府秘书处编译股:《市政公报》1928 年第 18 期,第 1 页。
② 参见《关于征收车捐事项之调查表及往来文书》,1934—1937 年,南京特别市政府财政局档案,档号 1001-2-501。
③ 参见王晶:《城市财政管理》,经济科学出版社 2002 年版,第 242 页。
④ 参见欧阳志高主编:《城市财政学》,中南工业大学出版社 1989 年版,第 1 页。
⑤ 南京特别市市政府秘书处编译股:《一年来之首都市政》,南洋印刷厂 1928 年印,第 88 页。
⑥ 交通部铁道部交通史编纂委员会:《交通史·电政编》第一集,1936 年编印,序第 2 页。

一切建设事业,都无从着手,所以说整理交通,是建设的第一要务。"①嗣市政府成立之初,"财政收入,仅有车捐一种,每月一万余元,一切市政事业之支出,皆取给于此,其拮据情形,自不难推想而知"②。

图6—1　20世纪30年代南京市政府大门(贡院明远楼)

图片来源:南京市政府秘书处:《新南京》,南京共和书局1933年版,图片页。

鉴于"南京为首都所在,对外之水陆空及邮电交通,相当发达,为国内重要交通中心之一"③的背景,财政方面工作逐次展开,如"税收之整顿,开源计划之编拟,会计系统之确定,市金库之设立"④等。继而,市财政"经加以切实整理,始逐年渐有增加……更在于不增加人民负担原则下,整顿税收以为开源,再厉行缩减行政费以为节流,经历整顿之结果,收入部分已年有增加"⑤。如市政府成立之初,各项税收每月仅4万元左右;后经征捐纳税,财政收入1928年较1927年每月增加5万余元;1929年较1928年每月增4.5万元,较1927年增加9.5万余元。⑥ 至1929年,市财政局正式拟定"会计规程",并于"财力可能范围内,应行举办各事无不悉心规划,竭

① 参见秦孝仪主编:《革命文献》第93辑《抗战前国家建设史料——首都建设(三)》,(台北)中央文物供应社1982年版,第361—362页。
② 刘纪文:《南京市政府成立十周年纪念感言》第1页,载《十年来之南京》,1937年6月编印。
③ 南京市政府:《首都市政》,大成出版公司1948年版,第11页。
④ 南京特别市政府秘书处编译股:《一年来之首都市政》,南洋印刷厂1928年印,第4页。
⑤ 南京市政府秘书处:《十年来之南京》,1937年6月编印,第7页。
⑥ 参见《财政局直接收入概况》,《民国日报》1929年11月18日,第2版。

力实施"。① 如民国十八年度,全市财政收入 242.2 万元(见表 6—16),其中税捐 115.5 万元,占经常收入的 62.41%;全市所纳车捐为 45.6 万元(见表 6—17),占税捐的 39.53%且居首,其中人力车、汽车的缴捐收入位列前二。杂项收入为 111147 元,此中"牌照费"的车牌费为 20690.3 元,居牌照费第二(第一为营造执照)。② 由此,车捐不仅居于该年度税捐之首,且占全市财政收入的 18.8%。

表 6—16　民国十八年度南京市财政收支表(1929 年 7 月至 1930 年 6 月)

财政收入 (元)		占百分比 (%)	财政支出 (元)		占百分比 (%)
经常收入	1851693	76.43	经费支出	2481756	81.72
临时收入	301025	12.43	工程费支出	169711	5.59
补助费	211948	8.75	什项支出	91160	3.00
市公债	57995	2.39	公债基金	294170	9.69
总计	2422661	100.00	总计	3036798	100.00
备注	补助费为中央补助费 100000 元,江苏省省补助 15000 元,特别工程补助费 40000 元,各机关补助筑路费 53000 元,其他补助 3948 元;经费支出包括教育 480015 元、市政府 464055 元,工务局 360306 元,工程费支出 169711 元				

资料来源:南京特别市市财政局:《南京市十八年度市财政统计》,京华印书馆 1930 年版,第 2 页。

表 6—17　　民国十八年度南京市车捐收入逐季统计表(1929 年 7 月至 1930 年 6 月)

车捐名称 \ 季别	十八年秋季 (元)	十八年冬季 (元)	十九年春季 (元)	十九年夏季 (元)	合计 (元)	平均数 (元)
汽车	20778.00	29754.70	34024.50	33163.20	117720.40	29430.10
马车	7332.00	7296.00	7314.00	6285.00	28227.00	7056.75
人力车	62824.80	65481.00	67283.70	72228.00	267817.50	66954.38
自行车	2697.50	2220.50	2510.00	3059.60	10487.60	2621.90
拉板车	2742.00	2533.50	2765.20	3171.00	11211.70	2802.92
手车	3531.00	3543.00	2611.10	2809.50	12494.60	3123.65
水车	1058.40	1154.00	1032.00	990.00	4234.40	1058.60

---

① 参见南京市政府:《南京市政府行政计划(民国二十四年度)》,出版时间、地点不详,第 21—22 页。

② 参见南京特别市市财政局:《南京市十八年度市财政统计》,京华印书馆 1930 年版,第 2 页。

（续表）

车捐名称＼季别	十八年秋季（元）	十八年冬季（元）	十九年春季（元）	十九年夏季（元）	合计（元）	平均数（元）
货箱车	720.45	699.45	446.00	305.00	2170.90	542.72
电单车	30.00	20.00	10.80	19.20	80.00	20.00
其他	—	—	—	1701.60	1701.60	425.40
合计	101714.15	112702.15	117997.30	123732.1	456145.70	114036.42

资料来源:南京特别市市财政局:《南京市十八年度市财政统计》,京华印书馆1930年版,第5页。

　　值得指出的是,城市各项生产建设事业都涉及财政分配问题,都需要财政的支持。[1] 其时南京"衡之每月收入,不敷甚巨,故市府对于行政各费,现仍采取紧缩政策,对于各项税捐,则力求整顿,以免隐漏,期能充实事业经费,而符收支适合原则"。如至1932年年底,全市财政收入平均每月已由10万元增至20余万元,计车捐5.5万元,房捐4万元,契税2.5万元,营业税2万元,地方财产收入2万元,地方行政收入1万元,其他收入4万元,此外财政部协款每月5万元、铁道附捐每月10万元,总计月收入约36万元。支出方面,平均每月行政费约4.4万余元,较前约减少4万余元,救济及旅民给养约1.6万余元,财务费约2.4万元,土地整理费约8000余元,教育文化费约7万元,卫生费约2.4万余元,经常建设费如养路、清沟等约2.5万余元,协助费及自治经费约5000元,市铁路经常费约8000元,自来水工程处经常费约1.7万元,特别工程费(开筑道路、校舍、自来水工程等)平均每月约十二三万元。又以南京市历年举债及积欠筑路地价与各种应还暂记款项,为数不下570余万元,每月须拨付市公债基金4万元,此外尚须偿还其他债务约3.6万余元,总计每月支出约44万元。[2] 由上可见,除去外部补助外,在全市财政各项收入中,仍以车捐为巨。

　　表6—18　民国二十一年度南京市财政收入统计总表(1932年7月至1933年6月)

项目	经常收入(元)	临时收入(元)	补助款收入(元)	合计(元)
1932年7月	185827	737	227000	413565
8月	186440	15652	124079	326173
9月	136611	13011	148040	297663

[1]　参见王晶:《城市财政管理》,经济科学出版社2002年版,第334页。

[2]　参见南京市政府秘书处:《新南京》,南京共和书局1933年版,第1—2页。

（续表）

项目	经常收入（元）	临时收入（元）	补助款收入（元）	合计（元）
10 月	212098	53560	242066	507814
11 月	203880	6886	100571	311337
12 月	134552	12559	271525	418637
1933 年 1 月	187240	17415	281647	486302
2 月	228304	22279	106055	356639
3 月	118973	16474	283457	418905
4 月	229363	22748	75022	327134
5 月	230581	13917	203650	448150
6 月	154995	17059	167871	339926
合计	2208869	212393	2230988	4652250

资料来源:南京市政府财政局:《南京市二十一年度市财政统计》,京华印书馆 1933 年版,第 2 页。

　　具体而言,民国二十一年度南京市财政收入 465.2 万元(见表 6—18),其中税捐 149.8 万元(见表 6—20),此中车捐为 62.6 万元(见表 6—19),仍居税捐之首,并分别占全市税捐和财政收入的 41.77% 和 13.5%。概括说来,与同期(1931—1932 年)北平市相较,该市税收共计 1681132 元,车辆税为 207071 元,占税收量的 12.3%[1],然其车捐数不及南京市的 1/3。

表 6—19　民国二十一年度南京市车捐收入逐季统计表

时间 类别	二十一年 秋季 （元）	二十一年 冬季 （元）	二十二年 春季 （元）	二十二年 夏季 （元）	合计 （元）	每季平均数 （元）
汽车	42131.60	45703.80	45119.60	47045.90	179999.90	44999.97
人力车	9017.50	95265.00	96847.00	96696.70	378980.20	94745.05
马车	4884.00	5355.00	5319.00	5433.00	20991.00	5247.75
自行车	2979.60	3247.20	—	10034.00	16260.80	4065.20
其他	5011.65	5132.79	12030.10	7670.00	29844.54	7461.14
合计	145177.35	154703.79	159315.70	166879.60	626076.44	156519.11

资料来源:南京市政府财政局:《南京市二十一年度市财政统计》,京华印书馆 1933 年版,第 10 页。

---

①　参见北京市公路交通史编委会:《北京交通史》,北京出版社 1989 年版,第 55 页。

单位:元

表6—20 民国二十一年度南京市税捐收入统计(1932年7月至1933年6月)

类别\月别	7月	8月	9月	10月	11月	12月	1月	2月	3月	4月	5月	6月	合计	百分比(%)
契税	3027	18298	33564	20095	21225	19204	8156	8793	14343	22800	15971	19507	232038	15.48
营业税	12512	9889	17068	16707	13709	13936	15121	9846	12949	13474	15547	10690	161093	10.76
营业捐	1599	3573	1665	847	1239	328	944	222	435	475	398	698	12427	0.84
牙税	58	536	928	532	—	—	—	—	—	—	—	—	2054	0.13
当税	—	—	—	—	—	160	40	1810	—	—	—	160	2170	0.14
屠宰税	1400	1751	2674	2627	6297	5440	9416	2870	5774	5637	5804	3996	53692	3.58
房捐	36784	30326	30994	34868	35810	29770	34963	18815	24779	34919	41588	39592	393212	26.23
车捐	62230	79859	3087	69230	82014	3459	55199	99099	5017	59636	104625	2618	626076	41.77
船捐	1723	1451	962	1824	1353	467	640	934	1616	1847	1733	1583	16137	1.07
小计	146166	145686	90945	146733	161649	72807	124482	142391	64916	138789	185488	78846	1498902	100.00

备注:契税系契税、契纸;营业税系营业税及烟酒牌照税;营业捐系营业馆捐、旅馆捐、浴堂牌照捐;牙税系牙税及牙行牌照捐;当税系当税、典当牌照税;屠宰税系牛羊屠宰税、猪屠宰税;房捐系铺房捐、住房捐及附捐;车捐系汽车捐、人力车捐、自行车捐、兽力车捐、车证材料费;船捐系船捐及游船捐

资料来源:南京市政府财政局:《南京市二十一年度市财政统计》,京华印书馆1933年版,第6页。

二、车捐进献财政

质而言之，"南京为国都所在，中外具瞻，亟应积极建设，宏我汉京"，由此南京特别市市政府民国十八年度施政计划大纲"财政行政进行计划"中提出的"整理财政"，即就"原有捐款，加以整理"，计房捐每月可增收 6000 元，车捐可增收 6000 元，旅馆捐改造房金加收 5% 每月可增收 4000 元，筵席捐每月可增收 1500 元，市产全年可增收 2800 余元，此外尚有（市企业）公济、协济两典当，每年可增官利一万数千元，预计整理后本市全年可增收入 224800 元。[①] 南京特别市市政府成立后，车捐"即归由市财政局接管"。1929 年 1 月始制定章程，"规定各种车辆，均须先经工务局检验合格发给行车执照后，再向财政局缴捐"。计民国二十一年度南京车捐收入为 615800 余元，二十二年度收入为 697700 余元，二十三年度收入为 761720 余元，二十四年度收入为 825350 余元。[②] 再由表 6—21 所示，民国十八年度南京市财政收入为 242 万余元，二十四年度则达 836 万余元，6 年间增长 2.5 倍；前者入不敷出 60 万元，后者盈余 10 万元，可见其时全市财政状况在总体上得以改善。

表 6—21　民国二十四年度南京市财政收支表（1935 年 7 月至 1936 年 6 月）

财政收入（元）		财政支出（元）	
经常收入：		经常费：	
捐税收入	2264789.56	行政费	1212985.96
地方财产收入	193265.44	财务费	393684.25
地方事业收入	100651.05	教育文化费	1826943.07
地方行政收入	176316.23	建设费	2144478.78
地方营业收入	730033.30	卫生费	547189.08
其他	771422.65	协助费	340335.62
债款	739116.93	抚恤费	12963.05
合计	4975595.16	债务费	530528.12
临时收入：		实业费	21891.03
筑路摊费	161470.29	营业费	749665.86

---

① 参见南京特别市市政府秘书处编译股：《首都市政公报》第 29 期，训练总监部印刷所 1929 年版，第 42 页。

② 参见中央党部国民经济计划委员会：《十年来之中国经济建设》下篇，南京扶轮日报社 1937 年版，第 2 页。

（续表）

财政收入（元）		财政支出（元）	
标卖产价	671076.23	其他	316870.11
合计	832546.52	临时费：	198547.08
补助款收入：			
补助款收入	1025530.20		
铁道附加	408000.00		
其他补助款	1118891.52		
合计	2552421.72		
总计	8360563.40		8296082.01

资料来源：南京市政府秘书处统计室：《南京市政府行政统计报告（民国二十四年度）》，南京胡开明印刷所 1937 年版，第 56—57 页。

　　依此算来，将 1934 年 8—12 月南京市财政收入与公共交通车捐逐一比较，易于看出：8—12 月财政收入分别为 459776 元、407994 元、558719 元、532565 元、568124 元；车捐分别为 90595 元、93159 元、96182 元、85956 元、26633 元。① 斯时，公共交通纳捐已大致占全市财政收入的 12%。再由表 6—22 可见，1935 年 7—12 月，全市财政收入共计 367.3 万元，车捐为 39.1 万元，占前者的 10.6%；1936 年 1—6 月，财政收入共计 468.7 万元，车捐为 126.1 万元，占前者的 26.9%。

表6—22　民国二十四年度南京市财政收入与车捐比较表
（1935 年 7 月至 1936 年 6 月）

年月	财政收入（元）	车捐（元）	年月	财政收入（元）	车捐（元）
1935 年 7 月	536119.60	90992.56	1936 年 1 月	912402.27	91196.95
8 月	509029.78	95413.24	2 月	626485.13	129044.81
9 月	490723.50	3482.90	3 月	510132.49	8268.10
10 月	714081.95	100919.37	4 月	1224273.85	132425.09
11 月	578992.68	98664.65	5 月	681662.71	73820.58
12 月	844195.60	2119.75	6 月	732463.84	5540.44
总计	3673143.11	391592.47	总计	4687420.29	1261095.97

资料来源：南京市政府秘书处统计室：《南京市政府行政统计报告（民国二十四年度）》，南京胡开明印刷所 1937 年版，第 60—63 页。

---

① 参见南京市政府秘书处编译股：《南京市政府公报》第 145—149 期，南京市救济院印刷厂 1934 年版，第 58、65、68、45、56 页。

事实上,"以汽车之效能,不仅谋交通上之便利,而其最大之效能,在于可以促进市政之改善"。① 鉴于此,抗战前南京市财政虽"历来入不敷出,尤以国难期间,为最困难,收支相差更甚",但当局"以求适合收支为原则,一面积极整顿税收,以期收入之增加,一面厉行紧缩,以求支出之减少"。② 如据全市财政收支显示,民国十六年度财政收入 1484010 元,支出 1873413 元;十七年度收入 4352280 元,支出 3499063 元;十八年度收入 2236029 元,支出 3036798 元;十九年度收入 4771000 元,支出 4405682 元;二十年度收入 4830389 元,支出 5693037 元;二十一年度收入 4652250 元,支出 4661737 元。③ 其中,民国十七、十九年度分别盈余 853217 元、365318 元,亏折则从十六年度的 389403 元降至二十一年度的 9487 元。简言之,民国二十至二十五年度南京市财政收入与车捐基本呈现递增趋势,且较为稳定(见表6—23)。④ 再据 1929—1937 年(1930 年缺)南京市车船捐收入显示,车捐分别为 456145 元、625098 元、615805 元、660000 元、649936 元、831888 元、760200 元、850200 元(预算数)。⑤ 以此推之,1931—1937 年间车捐已分别占全市财政收入的 12.1%、12.8%、12.3%、12.9%、9.9%、12.8%,基本处于 10%以上,并居于税捐首位。

表6—23　南京市财政收入与税收征收金额表(1931—1937 年)

民国年度 科目	二十年度 (元)	二十一年度 (元)	二十二年度 (元)	二十三年度 (元)	二十四年度 (元)	二十五年度 (元)
财政收入	5161355	4799000	5680070	5883880	8405020	5939828
车捐	625098	615805	697702	761725	831888	760200
房捐	372933	390212	518518	686994	752405	315079
营业税	43555	142160	130190	183322	216179	131179
烟酒牌照税	—	20000	27000	54491	59358	28659
屠宰税	64216	42880	51020	56528	92496	40260

资料来源:建设委员会经济调查所统计课:《中国经济志·南京市》,正则印书馆 1934 年版,第 33—34 页;南京市政府秘书处:《十年来之南京》,1937 年编印,第 10 页。

① 谨:《汽车有促进市政改善之效能》,《申报》1927 年 2 月 5 日,第 9 版。
② 参见南京市政府秘书处:《新南京》,南京共和书局 1933 年版,第 1 页。
③ 参见南京市政府财政局:《南京市二十一年度市财政统计》,京华印书馆 1933 年版,第 61 页。
④ 参见南京市政府秘书处:《十年来之南京》,1937 年 6 月编印,第 7—10 页。
⑤ 参见南京市地方志编纂委员会:《南京税务志》,海天出版社 1994 年版,第 309 页。

虽上述统计略含差异，但诚如五省市交委会所言：自该会 1933 年 1 月起征收的"互通汽车附捐"及 1934 年 4 月起征收的"汽车驾驶人执照费"，截至 1935 年年底，计实收各省市附捐 168938.85 元、执照费 18369 元，由此"本会附捐及执照费之收入，与时俱增"；斯"值各省市财政税收，均告短绌，独车捐及执照费之收入，反能有长足之增进，诚因公路畅通以还，汽车之行驶，逐渐加多……至本会成立，甫及三年，各省市车捐收入，直超过从前一倍以上……而车捐捐率悉未增加"，足证各省市登记缴捐的汽车较 1933 年春自附税增收及驾驶执照数两方面推测，"不啻增加逾倍"。[①] 至此，南京市车辆捐额已"为市库收入之大宗"[②]。

约略说来，"现代交通运输事业发展越来越快，成本越来越低廉，这些条件都促进了大城市的发展"。[③] 城市政府能促进经济增长的方法之一，就是充分发展公用事业[④]；同时城市与交通的发展又必须以发展经济的需求为动力，即商业贸易、交通运输等现代经济体系成为城市发展的主要动力[⑤]。作为城市交通运输的主体、经济生活的力源中心——公共交通，不仅维系和支撑着城市功能正常运转，且"市内交通设备之完善与否，关系于市民之幸福者至大"[⑥]。可以确定的是，"市内交通发达，使人流物流得以畅通，城市经济效益得以提高，财政收入就能增加；反过来，城市财政力量雄厚，就能向城市交通增加投资，支持城市交通的进一步发展"。[⑦] 既如此，城市财政与公共交通的内在逻辑是社会经济史研究不应回避和绕开的重要课题。史实证明，抗战前南京当局通过对公共交通的税捐厘定、税捐计查，从而保障和管控城市财政，由此进献城市财政，最终使车捐成为"市库主要收入"。所以然者，其时公共交通与城市财政的良性互动、逻辑关联，不仅为城市规模化建设的资金筹措贡献巨力、为近代南京城市发展的循序以进提供经济动力，亦成为城市化进程交相嬗替的物质基础。

---

① 参见苏浙皖京沪五省市交通委员会：《苏浙皖京沪五省市交通委员会三年来工作概述》，1936 年 1 月编印，第 62—64 页。

② 《征收车捐章程》，1929—1935 年，南京特别市政府财政局档案，档号 1001-2-402。

③ ［美］R.E.帕克等：《城市社会学》，宋俊岭等译，华夏出版社 1987 年版，第 69 页。

④ 参见［英］阿瑟·刘易斯：《经济增长理论》，商务印书馆 1996 年版，中译本，第 520 页。

⑤ 参见何一民主编：《近代中国城市发展与社会变迁：1840—1949 年》，科学出版社 2004 年版，第 27、41 页。

⑥ 国都设计技术专员办事处：《首都计划》，1929 年 12 月编印，第 189 页。

⑦ 欧阳志高主编：《城市财政学》，中南工业大学出版社 1989 年版，第 239 页。

第七章　公共交通与城市管理的
相互推演

一般而论,城市是一种政治、经济和文化等各种群体开展异常多元和频繁的群体活动的社会单元。因此,为保证各种活动的正常进行和各种物质的顺利流通,必须对城市进行管理。由此,在各种城市事务中,城市管理(urban management)具有非常重要的地位,它是确保城市健康发展的前提和必要保证。作为城市管理的子系统,城市交通管理主要包括对城市道路、城市客运以及对交通控制和指挥系统的管理。尽量减少交通事故是城市交通管理的主要任务。[①] 并且,公共交通是关涉国计民生的社会公用事业,与城市经济发展和市民生活紧密相连。因而,政府必须对公共交通实行管理、进行调控。[②] 20 世纪初,"随着时间的推移,中国以国家为中心的城市主义模式最终构织成一个更为广阔的城市网络,较小的行政管理中心也随之在全国兴起"。[③] 迨及抗战前,公共交通成为联接南京城市结构空间和社会活动的关键线索,公共汽车、市内铁路[④]、出租汽车、人力车、马车等交通工具持续展现,从而近代南京城市公共交通管理体系应时而生、赓续递进。由是,本章对此展开考论,在探求近代南京城市公共交通体系的相为嬗代及其与城市管理相互推演的进程中"知古鉴今",进而对当代城市交通管理衍生某些启示。

第一节　公共交通法规的构建

交通规则是人们交通活动的秩序,没有规则或规则不健全,交通活动不可能正常进行。从社会学意义上讲,交通规则不仅是人们"行"的规则,还是人们社会联系和社会化的规则、文化模式和"生命线"。遵守交通规则,交通就会安全顺利运行;反之,就会发生事故甚至重大事故,给人们生命财

---

① 参见许英:《城市社会学》,齐鲁书社 2002 年版,第 234、246 页。
② 参见闫平、宋瑞:《城市公共交通概论》,机械工业出版社 2011 年版,第 54 页。
③ [美]乔尔·科特金:《全球城市史》,王旭等译,社会科学文献出版社 2010 版,"中文版序言"第 1 页。
④ 因市内铁路系当时官办企业,且对其管理方式已于前章探讨,故本章不再赘述。

产造成损失或重大损失。① 不容忽视的是,公共交通发展使城市嬗变步伐加快,但人口聚集亦给城市社会造成严重的交通问题。因此,城市政府完善交通法规成为首要之策,从而"交通法规创设,是进行城市交通管理的先决条件"②。与技术因素相比,严整的交通法规和高水平的交通管理模式在近代城市交通管理中具有更加重要的意义与作用。

一、法制意识的初成

(一) 管理部门权责确立

毋庸讳言,"交通工具,唯一之期望,即为运输之安全,俾其转移地点之目的,不致有所损害"。至于都市交通工具"仅为人的运输而设,故尤应以安全为第一要义"。③ 如当时在车马道上乱跑,"是儿戏自己的生命。在人行道上行走,方便与搭乘公共汽车。汽车伤人,大半由于车马道上行人拥挤,街心是车马道,不是人行走的"。从而,繁盛城市,"车辆络绎于路上,若非妥订交通法规,使驶车者知所适从,行人知所趋避,则市民之生命财产,实有莫大危险";即该项法规如能早日订立公布,"则人民之生命财产,必可省无限之损失"。④

具如 1912 年下半年,江苏军政与民政尚未分治时,外交事务由都督府接办。1922 年,韩国钧任江苏省省长后,筹设市政公所,即后来成立的南京市政督办公署,办理一切市政事务。该署设督办、会办和总办各一人,前两职由直鲁联军总司令和江苏省长分别兼任,并由他们会同任命总办人选。南京市政督办公署所管辖的区域,按其组织大纲规定,以南京省城及下关警察区域为范围,必要时"得斟酌扩充"。公署内设总务处、财政处、工务处、公用处、公文处、卫生处、教育处、社会事业处和都市计划处。其中都市计划处主管市区街道、沟渠、桥梁、港埠及其他公共建筑的管理和修缮业务,以及电灯、电话、煤气、自来水、公共卫生、消防、水患、教育、社会事业、户籍等事项的管理。马路工程处专责市区和近郊道路的整修,1925 年又设市政筹备处。⑤ 但"交通事业,在未建都以前,向乏有系统之管理机关",仅南京警察

---

① 参见黎德扬等:《交通社会学》,中国社会科学出版社 2012 年版,第 77、87 页。
② 许英:《城市社会学》,齐鲁书社 2002 年版,第 247 页。
③ 参见吴琢之:《都市合理化的交通工具》,《交通月刊》第一卷第一期,京华印书馆 1937 年版,第 38 页。
④ 参见国都设计技术专员办事处:《首都计划》,1929 年 12 月编印,第 113、119 页。
⑤ 参见王树槐:《中国现代化的区域研究:江苏省,1860—1916》,(台北)中央研究院近代史研究所 1984 年版,第 219—220 页。

厅会同马路工程处协办,交通事业"系无管理、无系统取缔办法"。① 由是,"本市交通事业向未整理",自南京市政府成立,开始逐渐设施。②

实质上,地方行政部门仍然握有一种独特权力,由固有的合理性和特有的行动手段支持的权力。③ 譬如,1927年5月24日,南京市市长刘纪文派陈扬杰负责筹备工务局,筹备处设夫子庙贡院内,6月1日,该局正式成立办公,3日奉令接收马路工程处。同时宣告:"本市各种车辆均与交通关系极重,若不从严取缔(管理),难免不生事端。"即车辆取缔"应严厉执行,使危险得以减少",对出租车辆如汽车、马车、人力车等亦应加以严密取缔,"以保公共之安全,而免路面易于损坏"。④ 具如1928年的《南京特别市市政府组织条例》第十一条规定,工务局的职责是:取缔房屋建筑及汽车、马车、货车、人力车、脚踏车;经营及监督电力、电话、电车、铁路、自来水、煤气及其他公用事项等。从而,将城市公共交通的管理权限划归工务局。该局时设有5科,即总务科、设计科、建筑科、取缔科及公用科。且在《工务局公用科办事细则》中具体规定,其"公用股"办理关于市内电车之规划及经营事项等。"交通股"办理关于市内汽车、马车及其他各种车辆的检验登记及取缔;关于公共汽车及长途运货汽车公司的监督指导及取缔;关于市内铁路的监督指导及改进;关于管理交通标志;关于市内交通驾驶人员技术资格的考验等事项。⑤

既因"本市交通日臻繁盛,各种车辆往来,关系公共安全及市容整齐至为密切"⑥,南京市工务局负责管理城市公用事业:如铁路、电灯、公共菜场及整理人行道、厘订门牌改订路名等事项;暂设车船管理处,管理市内所有公共汽车、运货汽车及其他各种车辆船舶的牌照检验、登记、调查等事项;关于车辆船舶的种类、容量、清洁、整齐各种状况是否妥适,"均应随时注意查察取缔"⑦。至此,南京城市公共交通管理部门的权责,自近代首次以行政

---

① 参见中央党部国民经济计划委员会:《十年来之中国经济建设》下篇,南京扶轮日报社1937年版,第16页。

② 参见南京特别市市政府秘书处编译股:《南京特别市政府工作总报告》,南京印书馆1930年版,第77页。

③ 参见[法]伊夫·格拉夫梅耶尔:《城市社会学》,徐伟民译,天津人民出版社2005年版,第102页。

④ 参见南京特别市工务局:《南京特别市工务局年刊(十六年度)》,南京印书馆1928年版,第29页;国都设计技术专员办事处:《首都计划》,1929年12月编印,第189、192页。

⑤ 参见南京特别市市政府:《南京特别市市政法规汇编·初集》,民智书局1929年版,第6、320—322页。

⑥ 《二十五年征收车捐》,1935—1936年,南京特别市政府财政局档案,档号1001-2-420。

⑦ 参见南京特别市工务局:《南京特别市工务局年刊(十六年度)》,南京印书馆1928年版,第27页。

法规及制度形式确立。由此可见,公共交通管理必须走上法制化的轨道,这是城市交通取得成功的基本条件,也是城市管理机制和社会活动秩序良性运行的重要保证。

（二）交通法规雏形的构建

管理责权得以确立,时任工务局局长陈扬杰呈文南京市市长:"本市车水马龙,肩摩毂击,因是交通发生阻滞肇祸之事,时有所闻。揆厥原因,固由街道窄狭,然车夫之任意驰驶,亦一大原因也。惟本市各种车辆现已归工务局专管",本局成立对于取缔章程,应从速颁布。具如,1928 年 1 月 28 日,市财政、公安及工务局联合布告:本市各种交通车辆船只"均与交通关系极重,若不从严取缔,难免不生事端",有鉴于此,正式布告取缔各种车辆船只规则。① 嗣自 1927 年 4 月至 1929 年 1 月间,南京出台市政法规共计 270 余则,"系就欧美、日本各国之设施,参以本市现状陆续订行……汇编公布俾行政人员有所奉行,而市民亦有所遵守。惟本市伟大事业,尚在次第策划,而将来或因社会情状变迁,则以后之补充及修订,事功尤巨,容当次第续编"。② 此中,关乎城市公共交通的管理法规充分涌现且愈为细化（如表7—1）,为南京交通管理法制化进程建立出良好雏形。③

表 7—1　1927—1929 年南京城市公共交通管理法规简表

所涉范围	登记与检验	行车与取缔	稽核与处罚
主要法规	《市政府工务局登记汽车规则》《工务局登记人力车规则》《工务局登记马车车辆章程》《工务局暂定汽车磁牌细则》《工务局检验汽车规则》《工务局考验汽车驾驶人规则》等	《市政府工务局取缔公共汽车行车规则》《工务局取缔汽车规则》《工务局取缔人力车规则》《工务局取缔马车规则》《工务局公用科马车行车章程》《特种马路限制车辆条规》等	《市政府财政局征收车捐章程》《财政局车务稽查员服务规则》《南京特别市车辆交通罚则》《工务局汽车罚款细则》《财政局车辆违章及处罚规则》等

资料来源:南京特别市市政府:《南京特别市市政法规汇编·初集》,民智书局 1929 年版,第 104—108、340—379 页。

---

① 参见南京特别市工务局:《南京特别市工务局年刊（十六年度）》,南京印书馆 1928 年版,第 190、356 页。

② 参见南京特别市市政府:《南京特别市市政法规汇编·初集》,民智书局 1929 年版,序第 1 页。

③ 参见李沛霖、叶美兰:《民国首都城市公共交通管理略论（1927—1937）》,《学海》2014 年第 5 期。

　　且为使"南京能与世界上的名都,如法国巴黎,英国伦敦,美国华盛顿,德国柏林并驾齐驱"①,1929 年年底关涉城市未来发展的《首都计划》出台,此中专设"交通之管理"一章,其中指出"南京现有车辆,为数尚少,而危险之发生,且不免有闻。后此车辆日增,危险必将愈甚,交通管理之法规,自不能不从速订立"。由此,应参照欧美城市交通管理经验制定首都交通管理法规,并明确规划:"中国各城市,已有交通管理法之规定者尚少……取美国之所定者,斟酌而损益之。订立南京交通管理法,再将其普通者布之全国,以为国道、省道、市道之用;其特别者,并备为全国之模式"。由此,此项法规宜分普通、特别二种。普通法规通行全国、应由中央政府颁布,特别法规应由各市参酌各市情形而定。具如普通法规包括:1. 车辆及车夫考验;2. 给照手续;3. 所有道路上规定章程;4. 车夫玩忽业务解释;5. 城外速度;6. 城外停车;7. 汽车用品如机械、汽笛、车灯设备;8. 商用汽车容积及重量;9. 意外事项报告;10. 法规施行及违章罚则。且因"国内各市之情形不同,于不背普通法规之原则以上",各市可制定特别法规为该市用,包括:1. 行人往来规则;2. 汽车停留法;3. 大道或林荫大道上、商业区、住宅区内速度限制;4. 公共车辆如长途汽车或营业汽车行驶;5. 人力车及手推车取缔;6. 一方进行路内行驶;7. 交通符号设置及运用;8. 交通警察责任。同时,南京当局计划在 1930 年正式"公布交通管理条例",并注意交通警察训练,以保交通法规实施;交通管理费用,由市内车辆牌照费等项下筹拨。②

　　继因"市内交通日增繁杂,而冲要交叉路口,尤为车辆辐辏及行人麇集之所"③,1930 年 10 月,首都警察厅和南京市市工务局正式联合颁行《陆上交通管理规则》《陆上交通管理规则处罚细则》。其中,"管理规则"设正文十一章 106 条,"人行道及道路"11 条、"行人"5 条、"车辆"17 条、"车辆驾驶人"11 条、"行车"24 条、"速度"4 条、"停车"9 条、"车辆载重及搬运货物"9 条、"车辆肇事"6 条、"牲畜"6 条、"惩罚"4 条。"处罚细则"共计 54 条。1933 年 5 月,《南京市陆上交通管理规则》公布,计 100 条,交通监理日益完善。④ 具如 1936 年 4 月,工务局向全市公共交通执业者宣告,"首都尤为中外观瞻所系,委座对此倍加关怀。本厅对于交通之整理责无旁贷,迭经督饬所属依照本市'陆上交通管理规则'及其他法令规定,切实执行",但警

---

①　《刘市长讲演建筑中山大道的经过》,《申报》1929 年 3 月 21 日,第 4 版。

②　参见国都设计技术专员办事处:《首都计划》,1929 年 12 月编印,第 113—114、255、268 页。

③　《南京市工务报告(二十四年四月至二十六年四月)》,1937 年 5 月,南京特别市政府工务局档案,档号 1001-3-515。

④　参见南京市地方志编纂委员会:《南京交通志》,海天出版社 1994 年版,第 345—346 页。

察取缔已属事后纠正,为减免违章事件、预防危险计,"尤赖车主对于管理车辆之职工司机等时时告诫,俾知遵守,切实遵照"。①

不啻如此,全国性的交通管理法规随之呈现。如1930年6月19日,国民政府行政院颁行"长途汽车公司条例";9月5日,铁道部再颁布"长途汽车公司营业规则""长途汽车公司发给执照规则"等。② 1935—1936年间,行政院、五省市交通委员会先后颁行第一个全国性的《陆上交通管理规则》《车辆应行遵守之重要事项》及《苏浙皖京沪五省市互通汽车暂行章程》等一系列关涉南京和其他都市的交通管理法规。具如,1935年4月五省市交委会"为保护行车安全而便公路管理起见,将各省市境内公路交通标志及号志划一规定,订有公路交通标志号志设置保护规则",并参考1930年国联召集欧洲大陆15国协定的图像,酌合国内情形,制成公路交通标号志图(见图7—1)。且因"公路交通法规既逐渐有划一之规定,同时交通管理方面,亦须统筹办理,以免各省市互不相谋,各自为政,徒影响互通汽车之通行,甚或妨碍公路之发展"。另外,普通公共汽车及长途汽车"每为竞争营业及减低成本之故,率将车身延长,希图增加客座,或设备简陋,节省费用等事。良非顾全公众安全及乘客舒适之道",该会还对京沪等市的公共及长途汽车标准构造(见图7—2)、营业汽车投保登记等作出规定,并由各省市政府自1934年起"一体施行"。③ 从而,五省市各项交通法规公布后,南京与邻近四省市的交通法规亦呈现一体化的趋势。

二、法规量化及阴翳

(一) 交通法规的量化程度

具体而言,由于"非京市车辆行驶或经过本市区者,除遵照本规则外并遵守本市公布之管理车辆规则",1932年,当局出台《南京市工务局管理非京市汽车规则草案》,其中第四、五条规定:通行费:1.载重3吨以上运货汽车,每日3角;2.2吨以上运货汽车,每日2角;3.临时公共乘人汽车,每日3角;4.普通乘人汽车,每日1角;5.机器脚踏车,每日5分。临时通行证内应注明起讫日期,除逾限在5日以内者免其补费外,其逾限在5—10日者按每

---

① 参见《二十五年征收车捐》,1935—1936年,南京特别市政府财政局档案,档号1001-2-420。

② 参见中央党部国民经济计划委员会:《十年来之中国经济建设》上篇,南京扶轮日报社1937年版,第10页。

③ 参见苏浙皖京沪五省市交通委员会:《苏浙皖京沪五省市交通委员会三年来工作概述》,1936年1月编印,第34—35、11页。

图 7—1　苏浙皖京沪五省市公路交通标号志图（1935 年）

日应纳费额加收一倍；逾限在 10—30 日以下者加收 3 倍，30 日以上者加收
5 倍，不满 1 日以 1 日计算。[①] 继因出租汽车业"大多设备简陋，组织营业皆
无一定之标准"，所有车辆"多系购取陈旧，苟以图利陋劣漫乱，既碍观瞻，
复妨交通秩序。此种现象，实尚为十年前本市初有汽车时所沿下而弗革者，
亟应加以整顿"，1936 年 2 月，《南京市工务局管理汽车行规则》颁行，将全
市所有新旧大小营业汽车行主一律办理登记，对于房屋场所设备、组织营业
方式均规定必要条件，如有不合规定者即不许其营业。[②] 该规则内容如次：

　　第一条　　本则所称汽车行，谓在本市区内以出租或出售汽车为营
业之商号。

　　第二条　　汽车行除遵照本市其他法令之规定外，应由本局依本规
则之规定管理之。

　　第三条　　开设汽车行须先填具申请书详载下列事项向本局申请登
记，俟检查合格发给开业执照后方准营业：（1）行名及其开设地点；（2）
资本数额；（3）经理姓名籍贯地址；（4）房屋构造及布置略图；（5）车辆

---

① 参见《互通汽车办法原则及征收通行费原则》，1932 年 7 月，南京特别市政府档案，档号
　1001-1-1580。

② 参见《南京市工务报告（二十四年四月至二十六年四月）》，1937 年 5 月，南京特别市政府
　工务局档案，档号 1001-3-515。

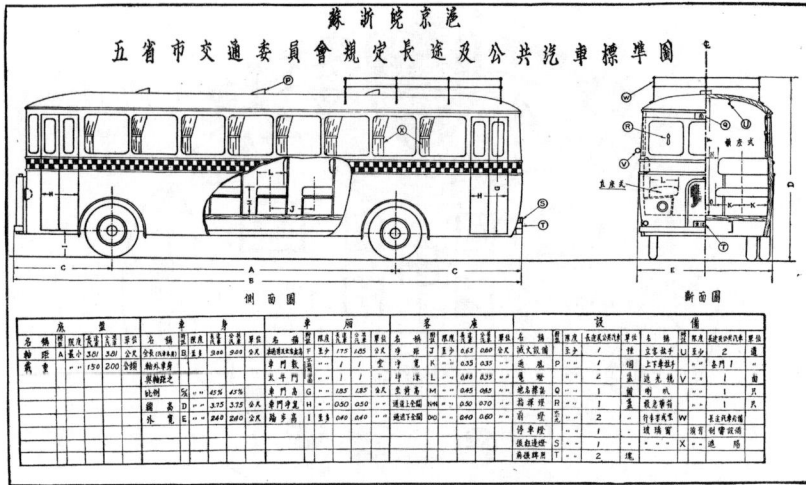

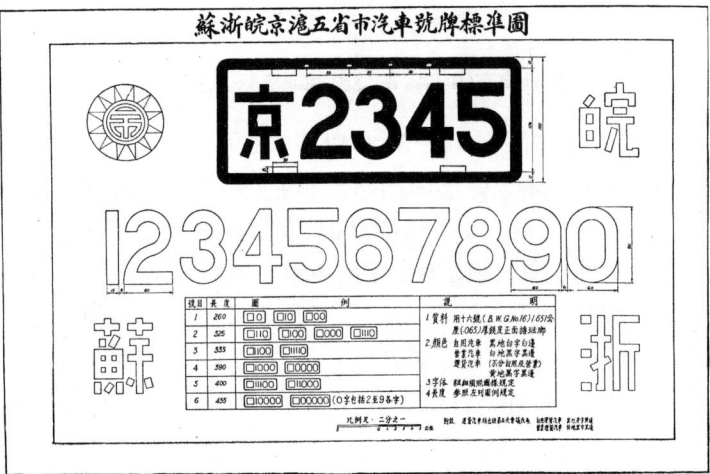

图 7—2　苏浙皖京沪五省市规定汽车标准和号牌图（1935 年）

图片来源：苏浙皖京沪五省市交通委员会：《苏浙皖京沪五省市交通委员会三年来工作概述》，1936 年 1 月编印，附页、第 12 页。

数目及制造厂牌号；(6)消防设施；(7)车夫及修理工人；(8)汽车行为公司组织时，其公司章程、商业执照号数及股东董事监察人名册。

第四条　登记书每份收费 2 角，以出租汽车为营业者执照每张收费 2 元，以出售汽车为营业者执照每张收费 6 元，其格式均另定之。

第五条　本规则施行前已开设营业之汽车行，应于本规则施行后依照规定期限向本局补行登记领照，逾期登记应纳逾期登记费银 3 元。

第六条　经营、出售之汽车行申请登记，经本局核准后，应取具本市殷实商家之保单方准领照营业。

第七条　经营出售之汽车行申请登记经本局核准后,除照前条规定取保外,应照下列规则缴纳保证金后方准领照营业:(甲)有出租汽车1—3辆者150元;(乙)有出租汽车4—6辆者200元;(丙)有出租汽车7—12辆者300元;(丁)有出租汽车13—20辆者400元;(戊)有出租汽车21辆以上者600元。

第八条　未依本规则第三条、第五条、第六条之规定领得开业执照,或逾第五条规定期限延不登记领照擅自营业之汽车行,应即停止其营业。

第九条　汽车行对于下列各项应切实置备:(1)应置备太平门及太平龙头、灭火器、沙箱等各种消防设备;(2)应装置油汁分离器以防油汁及易于挥发引火之液体流入阴沟;(3)除消防沙箱外应另备散沙随时吸去土地上之废油。

第十条　汽车行对于下列各项应切实遵守:(1)于本局稽查员执行职务时不得有抗拒行为;(2)汽车行迁移地址应先呈候本局查勘核定;(3)汽车行应将本局所发开业执照悬挂行内显明地位;(4)房屋及布置,经本局查勘核定后,未经本局允许或指示不得添置或更改;(5)汽车行存储装听汽油不得超过20听,其存储室式样由本局定之;(6)易于挥发引火之液体须设法不令流洩地上;(7)除办事室外不得吸烟,但办事室不得放置易于挥发引火之液体;(8)易于挥发引火之液体不得存于无盖或开盖之箱桶;(9)电器、钢铁器、炼炉以及其他同类器具不得与挥发引火之液体同置一室;(10)停放汽车之前后左右,至少须有半公尺之空间;(11)汽车不得久停放于马路及人行道附近;(12)除出租或出售汽车及其附属物件外,不得经营其他贸易;(13)汽车行备置之停车房,须能容纳该行所有之车辆。

第十一条　汽车行之房屋布置或其他设备本局认为不合时,应随时遵照指示各点分别改正补充呈候复查核定。

第十二条　汽车行半途停业应先呈本局核准并将执照缴还,如执照遗失应先补领然后缴还。

第十三条　遗失执照申请补领者依第四条之规定收执照费。

第十四条　汽车行如有违反本规则或本市各项法令时,除处以20元以下之罚金外,得调(吊)销其执照,并将应赔偿之款即在保证金内扣抵,不足时,再饬由该车行补缴前项保证金,扣抵后应由汽车行如额补缴之。

第十五条　汽车行不履行法令规定之义务时,由各该行之商保代负履行及损害赔偿之责。①

值得指出的是,当时在南京市内载客的马车,所用马匹大都羸弱衰病,然多数车主只知赢利、视而不见,对牲畜"身心健康"造成伤害。1934 年 6 月,南京市市长石瑛、行政院副院长褚民谊、首都宪兵司令谷正伦、首都警察厅长陈焯、外籍人士雷森德等发起成立"南京市禁止虐待动物协会"。这是南京有史以来成立的第一个动物保护组织,旨在树立"仁爱禽兽"典范。该会制定《禁虐动物细则》共 21 条,其中第六至八条明确规定:马、牛、骡等大型役畜实行"8 时工作制",冬季工作不得超过 8 小时,夏季工作不得超过 6 小时;不能任意鞭打动物,动物生病须加以治疗;并规定载重标准,如马车载客连车夫在内不得超 6 人,马运载重物不得超 90 公斤。其后,该会还印制 2 万多份《细则》宣传。在其干预下,首都警察厅通令各分局于车站、码头及交叉路口等,注意检查违规虐待动物事件,取缔马车载重过量等现象,违者即按章罚办。② 如 1935 年 7—9 月,该会呈请工务局查检马车业,"本市驾驶马车之马匹,每多残废疾病有远人道,自应加以取缔,并由南京市禁止虐待动物协会规定检查马车标准,以利施行"。③ 即从维护公共交通业一员——马匹的权利着手,对城市的法制意识产生激荡。

至 1937 年 3 月,当局再颁布《南京市取缔车辆驶入禁止通行区域办法草案》,其中第一条规定:本市区内各要塞区军事区及其他禁止通行区域通称为禁止通行区域。第二条,禁止通行区域由军事机关分别树立牌示,各种车辆非领有警备司令部之通行证一概不得驶入等。④ 迄抗战前,关涉南京公共交通管理事项"计订有水陆交通管理规则,检验各种车辆,严格考验汽车驾驶人,训练各种车夫,规定各种车辆价格,设立船只检验登记处,招商承办公共汽车,设立各种交通标志,建设各重要交叉路口交通指挥灯,交通安全带及岗警指挥台,规定笨重车辆行驶路线及通行时间等等"⑤,此中亦反

---

① 《南京市工务报告(二十四年四月至二十六年四月)》,1937 年 5 月,南京特别市政府工务局档案,档号 1001-3-515。

② 参见黄明生:《南京牛马曾实行"八小时工作制"》,《金陵晚报》2010 年 7 月 2 日,C11 版。

③ 参见南京市政府:《南京市政府行政计划(民国二十四年度)》,出版时间、地点不详,第 36 页。

④ 参见《取缔车辆驶入禁止通行区域办法》,1937 年 3 月,南京特别市政府档案,档号 1001-1-1591。

⑤ 中央党部国民经济计划委员会:《十年来之中国经济建设》下篇,南京扶轮日报社 1937 年版,第 16 页。

映出交通法规体系的形成及较为量化的规则模式。

（二）法制进程中的阴翳

不可否认，交通事业的经营主义可分为三种："一为无偿主义，二为用费主义，三为营利主义"。其中，无偿主义、用费主义（政府投资）"仅以维持为标准"，发展公共交通"还须营利主义"。至于营利主义，"大都为商营企业，投钜额之资本，费极大之心血，而取得盈利，固亦经济运用上正当之收益，但以事业关系公众，……故政府不仅不应加以干涉，抑尤应施以相当之保护者也"。① 然深究而论，抗战前南京公共交通业生存的法制环境并不完善，法治化进程中的阴翳时有迭现。

其如，1927 年 11 月，南京特别市公共汽车公司开业时，为免军警滋扰，对军警实行半价，开创公共汽车实行军警半价的先例，尔后，各公司均循此例。如关庙汽车公司开业不久，因政府机关随意借车，军警乘车不买票，亏损过巨，仅 5 个月即告停业。② 鉴此，继起的公共汽车公司"除兵士可半价优待外，其他无论任何人均须照价购票不稍通融，刻已由该公司呈请当局给示保护"。③ 1928 年 10 月，该公司再呈请规定免票办法案，市长刘纪文即复：该经理陶舜友为呈请规定免票办法及通令取消免票等情况，"批示该公司自有主权，毋庸本府规定"。④ 但效果依然不显。嗣后运营的振裕汽车公司因"营业迭受军警滋扰，资本亏损过半"，至 1929 年 12 月倒闭。⑤ 易言之，是年 6 月 25 日该公司经理罗世熙曾呈文南京市长要求"保护振裕汽车公司行驶汽车案"，即"敝公司自开办以来，社会不良困难特甚，供职之卖票员与稽查员等，不堪忍受联名同时辞职"⑥，以其经历诸多波折胪列：

1. 开业伊始，"汽车行驶半日忽被公安局勒令停止，谓敝公司开车未经呈报未领营业执照，科以罚金。岂知公司系向钧府承办一切手续，当钧局函致公安局执照，公司亦于未开业前呈请汽车开行日期请转行公安局出示并饬警保护有案。适其时系年关，在假期中未克转达，竟令停业两天损失不

---

① 参见吴琢之：《都市合理化的交通工具》，《交通月刊》第一卷第一期，京华印书馆 1937 年版，第 38—39 页。

② 参见南京市地方志编纂委员会：《南京公用事业志》，海天出版社 1994 年版，第 34、19 页。

③ 参见《首都公共汽车开始营业》，《申报》1928 年 7 月 21 日，第 9 版。

④ 参见南京特别市市政府秘书处编译股：《首都市政公报》第 22 期，南京印书馆 1928 年版，"公共汽车公司呈请规定免票办法案"第 2 页。

⑤ 参见中共南京市委党史工作办公室：《南京百年风云（1840—1949）》，南京出版社 1997 年版，第 89 页。

⑥ 参见南京特别市市政府秘书处编译股：《首都市政公报》第 39 期，训练总监部印刷所 1929 年版，第 68 页。

少"。即该公司对警察有维持社会安宁之责,沿途路线藉其保护,特准购半票与士兵同一待遇。士兵体念商艰照章购票,而警察多不肯打票。"公司处于两间难以应付,故日前据情呈请公安局转饬各区队警察照章购票,以免纠纷。旋奉批示准予照办,三二日内警察尚属遵照,乃日未久而顽又生不打票者,近更有令人无所适从有函索免票者,有函请公安局职员一体半票者"。2. 是年 7 月 21 日,卖票员因客争先上车不能制止,"稍有逾额,被东署扣留",罚金 10 元。23 日,卖票车在下关站坐客已满,一兵士强要上车,卖票员阻止,反诬打他带送卫戍司令部羁留一日夜,卖票员"尚幼稚何能打此强壮之兵士,其借端压迫可知"。26 日,"卖票客车本不逾额因多一小童",认为违章亦被扣留 1 天。同时,有士兵或送公文者因额满不能上车击破车窗、肆意殴打,遂使卖票员应拒皆非。警察不体恤商艰,每因小故扣留车辆……3. 每日据查票报告,车客虽满而打票者寥寥,"警察中之所谓便衣稽查与巡察队或联班游行、任意上下,视汽车为公安局之公物",此种损失有查票员日逐报告表可稽。至于查票员稽查乘客有无打票"原系职责应为之事,每因警察不打票致起口角之争,间有同车士兵见事不平横加干涉,遂捏造查票员鼓励军士殴打警士拘留旬日,无冤可雪",如北区总署拘留查票员王达臣一案等。①

基于此,振裕汽车公司呈请当局切实保障。市长遂令公安局通饬所属各区署岗警及便衣稽查,"嗣后因公乘坐长途汽车务必照章购买半票,毋得籍故为难"。但因行政长官更换频繁,加之军警充杂,保护对策无法彻底执行。由此,振裕汽车公司因营业迭受军警滋扰,资本亏损过半,于 1929 年12 月停业。简言之,1930 年前"本市汽车公司,前有三家因警察与社会不良,以致闭歇"。②

进入 20 世纪 30 年代,兴华、江南汽车公司亦不能摆脱军警滋扰的宿命。如兴华汽车公司开业不到半月,因军警滋扰激起驾乘人员反抗罢工,"一时全城交通瘫痪"。尔后,当局于兴华汽车公司办理期间"曾蒙垂恤商艰",痛斥"禁止赠送军警机关免票",但效果不显。为汲前鉴,1933 年 11月,江南汽车公司在开行市区前呈文当局,要求废除免费乘车证及规范军警乘车,"过去公共客车每有致赠各机关免费乘车证等情事,公司现在票价既廉,消耗负担均钜,自难再受免费牺牲,是以一律拒绝致送。至于本市军警

---

① 参见南京特别市市政府秘书处编译股:《首都市政公报》第 39 期,训练总监部印刷所 1929年版,第 68—69 页。

② 参见南京特别市市政府秘书处编译股:《首都市政公报》第 39 期,训练总监部印刷所 1929年版,第 69 页。

机关兵警，每有拒绝购票及不遵章按站购票情事，影响营业前途非浅。兹值开办之始，尤当整饬规章严格执行，绝不能稍有通融，一经积例成规即难挽补"。鉴于此，首都警察厅厅长陈焯发（安字第 11 号）布告："江南汽车公司系商人投资经营，军警乘车自应照上项规定购票，以维营业"。①

虽当局训令保障，但军警滋扰仍未消弭，企业不胜其扰。如 1935 年首都警察厅、宪兵司令部的特务人员在乘公共汽车时，"辄有口称'派司'，不特将证件出示车上查票及售票人眼，以致其他乘客冒混影戏，徒生流弊"。由此江南汽车公司呈请上述两部门饬令"所属特务工作人员于乘车时须持有特证，交售票查票人员乘车时查看，以杜流弊"。然宪兵部却不认同，"侦探及特务人员等身份应予秘密，不能轻易于稠人广众中给人认识，以免妨害工作。现本部对侦探特务人员等，经特制证章一种作普通识别之用；如有特殊可疑之点，必须出示侦探特务等证时，须于偏僻处所，无间杂人在场时方可"。② 至 1936 年 8 月，江南汽车公司总经理吴琢之再因"月票事件"呈文当局，即所发月票"初时原为应付一般有关系军警机关之便利因公而设，仅系赠送性质。而统计公司因各机关藉口公务而索赠之月票一项，所受业务损失实已伟巨。钧局责令月票纳养路捐一项难胜负担，即于月票之赠送，亦觉痛苦难胜，拟予取消即维成本"。且公司"系属商营，于关系及军政机关之要索未便拂逆，实为困衷"。复查其京杭路业务，"原于各关系军政机关致赠月票，在索者方源源而至，而公司实深以为苦。嗣奉江苏省政府布告一律禁赠以后，各机关军惧贻布告之所指，恪遵办理已一年余，既无影响公务之事实，公司实减重大之担荷"，随之恳请当局赐予公司禁赠免票，"月票亦可随之而取消"。③ 当时公务机关纷纷向江南汽车公司索要免费月票，公司不胜其烦，因此请求管理当局杜绝各机关借口公务而索赠票、以维成本。

其间，参加军事训练的非常规部队，亦出现乘车不购票的现象。如1936 年 3 月 26 日，江南汽车公司前奉军政部规定，凡属军警机关人员穿着规定制服并佩有证章或符号乘坐公共汽车时准予购买半票，"乃近自各处开展国民军事训练，竟有受训之普通民众，因其身着灰色军服佩戴符号，即自认为现役军人，故于乘坐公司客车时强购半票，以致纠纷迭起、秩序紊乱"。其认为，国民参加军事训练"其性质与现役军人迥不相同，即未取军

---

① 参见《江南汽车公司组织》，1933—1937 年，南京特别市政府工务局档案，档号 1001-3-84。

② 参见《禁止无票乘车强购半票》，1935 年，江南汽车公司档案，档号 1040-1-1504。

③ 参见《江南汽车公司组织》，1933—1937 年，南京特别市政府工务局档案，档号 1001-3-84。

人身份,自未能即予军人待遇,故于乘坐公共汽车,当然不能与军警同享半价优待。公司素仰均部维护交通,垂恤商艰,特饬所属随时设法制止军事训练班队员强购半票乘车情事,以免纠纷籍维公司营业,实为公德两便"。次月,首都国民军事训练委员会主任委员何志浩发出布告:国民军事训练为国民基本教育,凡参加受训者"尤宜遵守纪律,以示楷式,乃查少数人员身着制服强欲半价乘客,殊非所宜。为特布告周知各受训队员嗣后乘车,务须遵章办理,毋得有违切切,此令"。①

然至 1937 年 1 月该公司续呈首都国民军训会:据查票员顾世俊报告:本月 28 日中午 12 时 18 分,有国民军训队上新河第 25 队分队长赵觉民带领队员 20 人自上新河上车至新街口;又有上新河第 32 队队副朱光洲带领队员 14 人自江东门上车至新街口,"均欲强购半票。虽经婉为解释,卒以人众语杂,无法理喻。查国民军训队员,强购半票乘车一案,曾奉贵会布告严禁在案,乃该分队长等乘坐敝公司客车,尤复强购半票,显系故违功令。迅予转饬所属各区军训队一体制止,以维交通秩序,不胜感幸"。同时,该公司呈请首都警察厅通饬所属岗警,"遇有上项情事随时予以协助,以弭纠风而维秩序"。警察厅遂复,"饬属随时协助取缔"。② 但由上可见,彼时尽管当局三令五申加以保障,但军警及相关人员无票乘车风气甚盛,管理成效并不明显,各公共汽车公司均有军警滋扰的经历。凡此种种,不仅导致公共交通业运营环境缺失,亦是抗战前南京城市交通法制化进程中无法遮蔽的阴翳。

综览而论,抗战前南京当局基本以法规构建,作为城市公共交通管理的首要路径。诚如有学者指出:单是这些交通法规的颁布,就可以从一个侧面反映出当时法规意识在管理者的思想中已占据了相当位置。③ 进一步言,近代南京城市公共交通管理法规的构建与颁行,不仅使得法制路径进而展现,并对其时城市当局和市民的法制意识的日趋强化产生一定推力。

第二节　登记检验与行停管控

的确可以说,"交通从来就是社会有组织的活动,管理是交通的灵魂"。④ 即政府能够通过许可证等方法,限制、约束和控制对诸如汽车运输、

---

① 参见《禁止无票乘车强购半票》,1935 年,江南汽车公司档案,档号 1040-1-1504。
② 参见《禁止无票乘车强购半票》,1935 年,江南汽车公司档案,档号 1040-1-1504。
③ 参见王云骏:《民国南京城市社会管理》,江苏古籍出版社 2001 年版,第 178—179 页。
④ 黎德扬等:《交通社会学》,中国社会科学出版社 2012 年版,第 8—9 页。

铁路运输、货船贩运等产业的进入。① 由此,在持续订立交通管理法规的背景下,南京当局对于公共交通业的登记和检验以及行车与停放的管控随之展现。

<h2 align="center">一、车辆登记和检验</h2>

定都后,"市面日兴,各项车辆船舶日见增加,惟大都破旧窳劣,行驶路上,非常危险,为保护公众安全便利交通起见",南京当局特规定各项车船检验取缔章则,分别登记检验。② 即交通"欲图整顿之方,消极的严禁各种缺点,积极的先从登记检验入手"③。由此,公共交通业管理应从车辆登记和检验等事项着手。

（一）登记事项

1. 从业登记

当局首先公布登记车辆规则,如 1927 年,《南京特别市政府工务局登记马车车辆章程》第一条规定:各车主或车行须遵照工务局管理车辆规则,来本局公用科或工务局下关办事处登记。第二条,各车主取得登记书后,须尽5 日内填明送交工务局公用科或工务局下关办事处审核。第三条,填写登记书须用正楷,否则不受。第四条,登记书过规定期间送来者,每辆罚洋 1元。第五条,登记手续,每辆收小洋 6 角。第六条,登记后发给验车证一张,听候定期检验。④ 是年,《南京特别市政府工务局登记人力车规则》第一条规定:凡在本市行驶人力车均应依照本规则,由车主或车行主向工务局领取登记表登记。第二条,各车主或车行主取得登记表后,尽 5 日内填明送交工务局审核。第三条,填写登记表须用正楷,否则不受。第四条,登记表逾规定期间送局者,每辆罚洋小洋 6 角。第五条,登记手续费每辆收小洋 3 角。第六条,登记后发给验车证一张,于翌日由车主或车行主送车到局听候检验。此外,是年《南京特别市政府工务局取缔人力车规则》第二十一条至二十三条规定:年龄在 50 岁以上 18 岁以下者不准拉车。身体羸弱及染病者

---

① 参见［美］迈克尔·波特:《竞争战略》,陈小悦译,华夏出版社 2004 年版,第 12 页。

② 参见南京特别市市政府秘书处编译股:《一年来之首都市政》,南洋印刷厂 1928 年印,第86 页。

③ 南京特别市工务局:《南京特别市工务局年刊(十六年度)》,南京印书馆 1928 年版,第192 页。

④ 参见南京特别市工务局:《南京特别市工务局年刊(十六年度)》,南京印书馆 1928 年版,第 293 页。

不准拉车。裸体赤足者不准拉车。① 由是，"幼童及衰老拉车，最乖人道，且易发生危险"，1930 年，市政府令工务局按照交通取缔规则，会同首都警察厅严行取缔幼童及年老的人力车夫。②

另外，对于从业登记作出规定。具如 1927 年市工务局发布（第 45 号）布告："本市各项车辆，均由本局规定章程，定期登记检验"，特示本市各车主限于 4 月 15 日前来本局公用科或工务局下关办事处领取登记书、定期检验，"倘不前来领取，失去检验机会者，定即禁止营业"。③ 翌年《南京特别市市政府工务局取缔马车规则》第二条规定：凡在本市行驶的马车无论营业或自用，均依照本规则办理。第三条，凡置备马车者，均应向工务局及财政局呈报登记、缴捐、领照，其以此项车辆设行出租者，并应向公安局请领开张执照。第四条，应呈事项如：（1）车主或行主姓名、籍贯、住址、职业或车行名称及所在地；（2）马夫姓名、籍贯、年龄，其自行驾驶者亦须声明；（3）车辆数目及种类；（4）马匹数目；（5）马匹年龄及强弱；（6）车身现状。④

再如，1928 年的《南京特别市市政府工务局取缔公共汽车行车规则》第三、四条规定：公共汽车除遵照市政府颁行的注册章程呈准注册外，应依照本规则第四条的规定呈报工务局。呈报登记事项规定如：（1）公司名称、股本总额及所在地；（2）经理姓名、年龄、籍贯、住址；（3）司机人数、姓名、年龄、籍贯、住址及其司机执照号数；（4）车辆总数及图式原动机的式样，及最短转弯半径、马力、速率、制造厂牌号及年份；（5）行驶起讫地点、时刻及停车站；（6）车辆座位。⑤ 且 1932 年的《南京市工务局管理非京市汽车规则草案》第一条规定：凡非本市汽车及机器脚踏车在本市区内行驶或经过者，均于进城时依照本规则的规定登记检验。第二条，登记检验事项：（1）车辆所挂磁牌号码是否与该车辆所在地管理机关颁发的行车执照号码相符；（2）缴纳车捐凭证是否逾该车辆所在地征收机关规定的日期；（3）车辆设备是

---

① 参见南京特别市市政府：《南京特别市市政法规汇编·初集》，民智书局 1929 年版，第 368—369 页。

② 参见南京特别市市政府秘书处编译股：《首都市政公报》第 54 期，训练总监部印刷所 1930 年版，第 25 页。

③ 参见南京特别市工务局：《南京特别市工务局年刊（十六年度）》，南京印书馆 1928 年版，第 430 页。

④ 参见南京特别市市政府：《南京特别市市政法规汇编·初集》，民智书局 1929 年版，第 363 页。

⑤ 参见南京特别市市政府：《南京特别市市政法规汇编·初集》，民智书局 1929 年版，第 340—341 页。

否与本市颁布检验汽车规则相符;(4)驾驶人有无所在地主管机关颁发的驾驶执照。第三条,登记检验后,如认为合格即照章缴纳通行费给予临时通行证等。①

至1936年,市工务局颁布施行管理汽车行规则时规定:"凡未经登记合格者,一概不予检验换照。"②翌年7月,"为培养及驾驶人才救济失业起见",该局特举行全市失业汽车驾驶人总登记,办法如:第一,凡有驾驶汽车技能而失业者,不论已领或未领驾驶执照,均准来本局公用股登记。第二,登记日期为8月2—6日,每日上午7—12时。第三,8月7日考验(已领有执照者免考)。第四,考验及格后,给予免费证明书,加以集中训练并随时择优介绍工作。是年8月,蒋介石再令南京市长马超俊:市政府举办失业汽车司机登记已有300余名应即集中训练,时期暂定为3个月,"在训练时期酌给伙食费,如有司机缺出随时派遣工作"。如此次举办失业汽车驾驶人登记,司机前来申请登记者后觅得装甲兵团司机工作,月薪20—30元。③即当局为登记的失业司机介绍工作,其逐渐成为热门,首都救火会、陆军装甲兵团等单位亦纷纷来索要。

2. 车照号牌

定都前,时人已指出:坐人力车时须认明车夫及车号,"发生危险时,可以稽考"。④然而,各种车辆"向无系统,难于稽考",即南京"从前各种车船虽亦间有磁牌,然形式之参差不一,号码之重出难稽,遇事生端无可追就"。由是,定都之初当局认为编订号码事"应从速实行,庶一旦有事发生,职局方有所考察,职权亦易于行使",拟速将各车辆一律编订号牌,以资标识。即"为便利稽查及图整齐起见,则磁牌之装置,亟不容缓",除汽车磁牌已经市政会议通过一律编换外,其余马车、人力车、自行车、水车、手车、货车等均已拟具磁牌细则,绘成磁牌样子。⑤由是,当局整理号码、编订磁牌,以便稽考(见表7—2)。

---

① 参见《互通汽车办法原则及征收通行费原则》,1932年7月,南京特别市政府档案,档号1001-1-1580。
② 参见《南京市工务报告(二十四年四月至二十六年四月)》,1937年5月,南京特别市政府工务局档案,档号1001-3-515。
③ 参见《举行市内失业驾驶人总登记》,1937年8月,南京特别市政府工务局档案,档号1001-3-76。
④ 参见陆衣言:《最新南京游览指南》,中华书局1924年版,第53页。
⑤ 参见南京特别市工务局:《南京特别市工务局年刊(十六年度)》,南京印书馆1928年版,第190—192、356页。

表7—2 南京特别市各种车辆牌照及过户费(1928年)   单位:元

类别	执照费每号	磁牌费每份	补牌费每块	补车内小牌费每块	补照费	过户费
汽车	2.00	2.00	1.00	0.50	1.00	1.00
马车	1.00	1.00	0.50	0.30	0.50	0.50
货车	1.20	1.00	0.60	—	0.60	0.60
手车	0.30	0.30	0.15	—	0.15	0.15
机器脚踏车	1.00	1.00	0.50	—	0.50	0.50
自行车	0.50	0.50	0.25	—	0.25	0.25
水车	0.40	0.40	0.20	—	0.20	0.20
自用人力车	0.50	1.00	0.50	—	0.25	0.25
营业人力车	0.40	0.30	0.25	—	0.20	0.20

资料来源:南京特别市工务局:《南京特别市工务局年刊(十六年度)》,南京印书馆1928年版,第
195页。

　　同时,《南京特别市政府工务局暂定汽车磁牌细则》(1928年)第一条
规定:凡在本市行驶汽车,除试车外不论营业或自用,其前后号牌颜色,应分
别用黑底白字及白底黑字。第四条,凡在本市行驶汽车均冠用一京字以示
区别。第五条,为便于查核,暂编定号码:自1—20号留作试车号数;自
21—50号作为临时行车号数;自51—500号作为营业汽车号数;自501—
800号作为自用汽车号数;嗣本市汽车辆数增加时,再行自801号"依次增
编"。① 且南京特别市市政府民国十九年上半年工作计划中要求"重编车辆
号牌":截至1929年9月,本市各项车辆数量已达2万辆以上。工务局沿用
前车船管理处所拟订号牌"陆续增添但未能一致",饬该局从1930年春季
始,会同财政局拟制"坚宽之号牌,重行编发,以归一律,而资整理"。② 随
之,《苏浙皖京沪五省市互通汽车暂行章程》规定:所有各省市车辆号牌、颜
色亦经全国经济委员会分别规定,"以资识别,而便稽查"。③ 至1932年12
月31日,南京市汽车及其他交通工具号牌基本更换完毕(见表7—3)。

---

① 参见南京特别市工务局:《南京特别市工务局年刊(十六年度)》,南京印书馆1928年版,
第284页。
② 参见南京特别市市政府秘书处编译股:《首都市政公报》第54期,训练总监部印刷所1930
年版,第25页。
③ 参见《南京市政府行政报告(廿二年度)》,1933年1—12月,南京特别市政府档案,档号
1001-1-1733。

表 7—3　　南京市工务局造具各项照牌价格清册（1932 年 12 月）

类别	数量	单价（元）	总价（元）	备考
船只磁牌	4000 块	0.250	1000.0	每块收费 2 角
汽车磁牌	5000 块	0.500	2500.0	每副计 2 块收费 2 元
机器脚踏车磁牌	400 块	0.300	120.0	同上
船只执照	4000 份	0.056	224.0	每份收费 2 角
船只登记书	4000 份	0.008	32.0	同上
汽车登记书	2500 份	0.008	20.0	同上
汽车脚踏车登记书	300 份	0.008	2.4	同上
营业汽车执照	600 份	0.020	12.0	每份收费 2 元
自用汽车执照	900 份	0.020	18.0	同上
机器脚车执照	200 份	0.020	4.0	同上
营业运货汽车执照	200 份	0.020	4.0	同上
自用运货汽车执照	200 份	0.020	4.0	同上
住址表	3000 份	0.008	24.0	同上
人力车磁牌	12500 块	0.100	1250.0	每块收费 4 角
人力车执照	12700 份	0.020	254.0	同上
人力车住址表	12000 份	0.020	240.0	同上
建筑执照	1000 份	0.060	60.0	收费不一
营业登记执照	1000 份	0.060	60.0	同上
各项图则	2000 份	0.120	240.0	同上
合计			6068.4	

资料来源：《购置各种车船执照磁牌经费》，1932 年 12 月，南京特别市政府档案，档号 1001-1-1118。

　　抗战前南京当局还曾明确要求：公共汽车须呈请工务局发给车码号牌，其手续费照章缴纳，号牌应悬挂于车前、后的易见处。[1] 汽车所领牌号执照，只准在指定本号车上使用，不得顶替更换；领照汽车，如在有效期内废止其使用或移让与别人时，应于 5 日内来局报告，缴回执照号牌，不得私自废弃。并且，人力车须购领工务局制定号牌，一面钉于车后易见处，如有遗失及损坏情事，应凭证纳费补领；马车所领牌号只准在指定本号车上使用，不

――――――――――

[1]　参见南京特别市市政府：《南京特别市市政法规汇编·初集》，民智书局 1929 年版，第342 页。

得顶替更换。① 同时执行市政会议决定,将全市往来汽车编制号码、添置尾灯。② 可以说,登记事项已为城市当局施行公共交通法规的逻辑延续,成为标准化管理的基本依据。

(二) 检验事宜

定都之初,"原有各类车辆良窳不齐,其中使用时间较久者且破旧不堪,车主偷图苟且不知改善,妨害乘客安全及市容观瞻,实非浅鲜。为淘汰陋劣,使逐渐进入于标准化起见,检验工作,至关重要"。③ 如 1928 年 4 月,市工务局发(第 50 号)布告:"本市各种车辆日益增多,肇祸之事,时有所闻。本局为维护公众安全,保持交通秩序,免除车辆发生意外危险起见",特设立车船管理处,派员办理登记检验各车事物,"凡有设备不周、机件损坏之车,自当一律取缔"。④ 5 月 1 日,车船管理处在复成桥开始办公。

换言之,该处的检验宗旨为:汽车车身机件多有损坏、非修理合格者,不发给行车执照,不准在市内开行;汽车驾驶人关系綦重,非经考试及格者,不发给驾车执照,不准在外驾驶;马车、人力车有损坏者,非修理完整,亦不发给行车执照,不准在市行驶。⑤ 即如公共汽车公司呈报时,应将各种汽车送请工务局派员检验,如果车身坚固、机械完善、设备清洁,应即发给执照。⑥ 检验时限为:各种车辆登记检验分为四季举办,公共汽车每年春季"均应照章检验"。⑦ 据 1928 年的《南京特别市政府工务局检验汽车规则》《工务局公用科马车行车章程》等规定:凡在本市行驶汽车于每 4 个月内,应由车主呈报工务局检查一次。领照汽车,在有效期内变更如(1)发动机;(2)车架;(3)制动器、速率箱及方向机;(4)电气装置;(5)车身及车轮与其油漆的颜色等五个部分时,应于 5 日内报告本局,重受检验。马车车辆如有损坏时,必须修理完善后,始可在外行驶;验讫马车,如在有效期内变更车身颜色时,

① 参见南京特别市工务局:《南京特别市工务局年刊(十六年度)》,南京印书馆 1928 年版,第 206、208 页。

② 参见南京市地方志编纂委员会:《南京交通志》,海天出版社 1994 年版,第 326 页。

③ 《南京市工务报告(二十四年四月至二十六年四月)》,1937 年 5 月,南京特别市政府工务局档案,档号 1001-3-515。

④ 参见南京特别市工务局:《南京特别市工务局年刊(十六年度)》,南京印书馆 1928 年版,第 431 页。

⑤ 参见南京特别市工务局:《南京特别市工务局年刊(十六年度)》,南京印书馆 1928 年版,第 192 页。

⑥ 参见南京特别市市政府:《南京特别市市政法规汇编·初集》,民智书局 1929 年版,第 341 页。

⑦ 参见《南京市政府行政报告(廿三年度)》,1934 年 1—12 月,南京特别市政府档案,档号 1001-1-1734。

应于 5 日内报告本科重受检。① 再据 1935 年南京市车辆检验时期统计,营业汽车每年检验 2 次(春季 1 月、秋季 7 月);其他车辆均各检验 1 次,如人力车、自用运货汽车为夏季 4 月,马车、自用坐人汽车为秋季 7 月,水车、手车为冬季 10 月,自行车、板车、货箱车、机器脚踏车为春季 1 月。②

也因此,当局对检验车辆统计严密、以绝漏卮。如 1928 年,南京市车辆总计 11800 辆,检验车辆共 9025 辆,其中营业汽车 260 辆、马车 435 辆、人力车 6500 辆、人力小货车 1200 辆、水车 400 辆、板车 200 辆、兽车 30 辆(自行车未统计在列)。③ 此中受检的汽车、马车、人力车等公共交通工具,已占车辆总数的 79.7%。至 1929 年 9 月,全市受检车数共 19074 辆,其中汽车 1153 辆、人力车 9274 辆、马车 537 辆、自行车 3357 辆、手车 3422 辆、水车 569 辆、货车 462 辆、板车 300 辆。④ 即仅一年间检验总数增一倍强。仅 1933 年秋季,全市共检验营业汽车 370 辆。⑤ 后因各种车辆中以汽车及人力车数量为最多(见表 7—4),故自 1935 年起每次总检验事前,更为按号排日,"以免零乱不均之弊,而致影响工作及秩序"。⑥

表 7—4　南京市工务局检验各种车辆数量统计表
(1934 年 11 月至 1935 年 9 月)

单位:辆

时间 ＼ 类别	汽车		马车		人力车		机器脚踏车	货厢车	水车	板车	手车
	自用	营业	自用	营业	自用	营业					
1934 年 11 月	41	23	—	2	23	46	2	3	6	22	128
12 月	23	21	—	—	2	—	—	—	2	—	8
1935 年 1 月	63	33	1	4	52	282	43	—	2	7	19
2 月	27	33	—	2	23	27	4	—	3	9	18

---

① 参见南京特别市市政府:《南京特别市市政法规汇编·初集》,民智书局 1929 年版,第 355 页;南京特别市工务局:《南京特别市工务局年刊(十六年度)》,南京印书馆 1928 年版,第 206、208 页。

② 参见《南京市工务报告(二十四年四月至二十六年四月)》,1937 年 5 月,南京特别市政府工务局档案,档号 1001-3-515。

③ 参见南京特别市工务局:《南京特别市工务局年刊(十六年度)》,南京印书馆 1928 年版,第 261 页。

④ 参见南京特别市市政府秘书处编译股:《南京特别市市政府工作总报告》,南京印书馆 1930 年版,"工务统计"第 2 页。

⑤ 参见《南京市政府行政报告(廿二年度)》,1933 年 1—12 月,南京特别市政府档案,档号 1001-1-1733。

⑥ 参见《南京市工务报告(二十四年四月至二十六年四月)》,1937 年 5 月,南京特别市政府工务局档案,档号 1001-3-515。

（续表）

时间 \ 类别	汽车		马车		人力车		机器脚踏车	货厢车	水车	板车	手车
	自用	营业	自用	营业	自用	营业					
3 月	30	24	—	1	4	—	—	2	5	8	
4 月	99	16	—	3	86	219	29	12	7	29	41
5 月	50	7	—	—	45	75	3	7	11	22	23
6 月	16	17	1	10	4	—	3	11	2	1	3
7 月	60	64	1	4	43	208	3	9	12	10	18
8 月	18	4	—	7	20	28	1	6	2	7	16
9 月	21	15	—	6	—	—	8	—	—	—	—
总计	705		42		1187		96	48	49	112	282

资料来源：南京市政府秘书处：《一年来南京市政》，1935 年 10 月编印，"统计"页。

除此而外，当局严格处置违反检验的相关事项。如 1928 年 4 月，南京市政会议令工务局对南京特别市公共汽车公司的车辆"严行检验，如有不合应用之车辆，应即勒令停驶"。第 27 次市政会议决议：限该公司所有公共汽车新旧车辆一律由工务局查验其机械设备能否行驶；如到期所有车辆仍不合行驶，即按规程第七条办理。一周后，该局复饬公用科前往检查该公司旧有车辆，经查 7 辆汽车中，5、6 两号尚未呈报，无从检验。至于 1、2、4、7、9 号，"均与本局规定行车规则不合，行驶异常危险"。即据公用科检查结果，"所有车辆皆破坏，不合行驶"，由此令饬该公司停止营业，另行招商承办，"以维交通，而重市政"。① 1934 年 2 月，该局再派员前往江南与兴华两汽车公司"检验车辆，以重交通"。② 该局同时规定，各人力车行应改善四事：加装车前额披，以蔽风雨；加装车后铁撑，以免后倾而伤乘客；车灯向后移装，以免妨碍上下；护轮板改用包轮式弧形，以免刮破乘客衣服及擦伤行人飞溅泥水，并以此作为 1936 年夏季总检验时"去取之标准"。③ 抗战前夕，全市人力车总检验时，仍有不合规定者"一概严予剔除，不许行驶"。④

① 参见南京特别市工务局：《南京特别市工务局年刊（十六年度）》，南京印书馆 1928 年版，第 374、415 页。
② 参见《南京市政府行政报告（廿三年度）》，1934 年 1—12 月，南京特别市政府档案，档号 1001-1-1734。
③ 参见南京市政府秘书处编译股：《南京市政府公报》第 148 期，南京市救济院印刷厂 1934 年版，第 64 页。
④ 参见《南京市工务报告（二十四年四月至二十六年四月）》，1937 年 5 月，南京特别市政府工务局档案，档号 1001-3-515。

可以概见,彼时当局对于公共交通车辆"检验工作,限制亦甚周密"①。

二、装置和行停管控

(一) 车辆装置

通常认为,汽车肇祸为"各大都市不能避免之事实,然苟设备完善,亦足以补救于一时"②。由是,车辆装置对于行车安全尤为关键。如制动器"为汽车行驶之最重机关,而本市汽车大都缺少,此后总须逐辆装齐,以期减少汽车肇祸之危险"。由此 1928 年工务局通告全市:严禁有制动器损坏、缺少后灯、方向盘间隙过大、缺少风扇皮带、发动机声过大、缺少减声器等情事;并规定:行车驾驶均应调准脚踏制动器、手制动器及方向器。且因"都市繁盛,凡交通车辆能减少声浪,总以减至最少限度为适宜",从而要求汽车减声器的装设与人力车脚铃喇叭的取缔"均须厉行,不稍宽贷"。即人力车不准乱鸣车铃等。③

与此同时,因汽车、马车、人力车"从前对于车灯之装置,大半均属缺少",该局为"便利交通与稽查起见,亦非强制令其装全不可"。换言之,"首都汽车触目尽是,且于转向时只以手势为之。岗警日间尤可指挥,夜间即不免因视察不及,致遭撞辗行人之事",由此应于车厢前装置红色方向灯,违者科罚,"此后夜间驶车,行人即可知避免之所"。④ 如为"便利岗警指挥交通及减少汽车肇祸计",市政府拟定汽车行驶方向指挥灯一种,并严限工务局于 1930 年春季检验前一律装置。⑤ 从而,当局规定"车辆在夜晚行驶,须燃点灯火"。即马车于晚间须燃灯火。人力车夜间不点灯火,不准通行。公共汽车须妥配灯光,晚间燃灯后,行经交叉转弯各地方时,应由司机于150 英尺以外,先鸣喇叭为号,左转鸣一声、右转鸣两声、向前进行鸣一声而时间特长,预使岗警闻知明其趋向,以便指挥。即公共汽车行至转弯及交叉

---

① 悟非:《首都长途汽车去年概况》,《申报》1929 年 1 月 19 日,第 10 版。
② 南京特别市市政府秘书处编译股:《南京特别市市政府工作总报告》,南京印书馆 1930 年版,第 79 页。
③ 参见南京特别市工务局:《南京特别市工务局年刊(十六年度)》,南京印书馆 1928 年版,第 191—193 页;南京特别市市政府:《南京特别市市政法规汇编·初集》,民智书局 1929年版,第 368 页。
④ 参见南京特别市工务局:《南京特别市工务局年刊(十六年度)》,南京印书馆 1928 年版,第 193 页;南京特别市市政府秘书处编译股:《南京特别市市政府工作总报告》,南京印书馆1930 年版,第 79 页。
⑤ 参见南京特别市市政府秘书处编译股:《首都市政公报》第 54 期,训练总监部印刷所 1930年版,第 26 页。

之处,均须鸣干电喇叭或橡皮喇叭,知照行人及其他车辆。① 此外,因当时公共汽车车门皆向右开,"与乘客安全有碍",当局还饬令振裕汽车公司将车门改左边开设,以免危险。②

不仅如此,对于装置污损等情事,如1927年,南京特别市公安局、工务局、财政局规定:人力车有车轮橡皮外胎3处修补、轮边及钢丝已锈烂损坏或用木质无橡皮、左右弹簧高低不平或已腐朽、车身及叶子板木料已腐烂或损坏;油蓬油帘破碎漏水、前仓小篷撑破坏或撑出未及6英寸及不完全、靠背车垫已经破坏;车身肮脏、车夫年龄过老过幼、应用不法警号(脚铃及喇叭)等不良现象,"均不准上路行驶"。并严禁人力车有车身破裂、车胎损坏、轮边与钢丝大半锈烂、钢板歪斜不平及腐断、叶子板破坏、车篷破漏篷撑折断、轮轴弯曲、车垫靠背污坏等状况。③ 嗣因"市内旧有街道桥梁,类多狭窄,高低不平,人力车偶一不慎,极易翻倒,危险殊甚",1930年市政府要求工务局谕告营业人力车后应加装铁椿,以保乘客安全,并须在是年春季检验时,一律装齐。④ 至1936年,工务局公布《车辆应行遵守之重要事项》中再规定:车辆应注意清洁、坚实,如有污秽破旧情形,应即洗刷或修整完善。公共汽车须保持空气畅通及妥置汽油帆布坐垫,内均标明种类商号及其长度,悬置车内以备检查。人力车须坚固整洁,并常备洁净及厚实油布,抵御日光及雨水等。⑤

(二) 行车规制

行车速率对于交通安全,至关重要。因"汽车通行以来,以其行驶迅速,时肇祸端";从而汽车速率"宜有相当之规定","以保公共之安全"。⑥ 如1928年南京市政府宣告:"本市人烟稠密,马路在未改筑以前殊嫌狭小,

---

① 参见《二十五年征收车捐》,1935—1936年,南京特别市政府财政局档案,档号1001-2-420;南京特别市市政府:《南京特别市市政法规汇编·初集》,民智书局1929年版,第365—367、343—344页。

② 参见南京特别市市政府秘书处编译股:《市政公报》1928年第18期,"工务局十七年七月份事物报告"第1页。

③ 参见南京特别市工务局:《南京特别市工务局年刊(十六年度)》,南京印书馆1928年版,第192页。

④ 参见南京特别市市政府秘书处编译股:《首都市政公报》第54期,训练总监部印刷所1930年版,第26页。

⑤ 参见《二十五年征收车捐》,1935—1936年,南京特别市政府财政局档案,档号1001-2-420。

⑥ 参见苏浙皖京沪五省市交通委员会:《苏浙皖京沪五省市交通委员会三年来工作概述》,1936年1月编印,第49页;国都设计技术专员办事处:《首都计划》,1929年12月编印,第192页。

故所有汽车,非加以限制速率不可"。翌年,再因"市内旧有街道狭隘,汽车
任意停留,且行驶速率复漫无限制,是以辗伤行人之事时有发生,自非加以
整顿不足以维交通。现在各大干路已在次第开辟,关于汽车往来行驶速度
即应详为规定,以保行旅安全",由工务局派员分段查勘、制就汽车速度牌,
分别钉置各干路及交通冲要处,以便遵守。①

具体速率标准,参照《首都计划》中拟定汽车在城市内干路通常以每小
时 25 英里为最高限度、12 公尺宽道路速度应为每小时 20 英里、"无此宽度
者减少"②等基准规定。如南京市内的 5—8 公尺街道,汽车速率每小时不
得超 16 公里(合 10 英里);8—10 公尺街道,不得超 32 公里(20 英里);10
公尺以上街道,不得超 40 公里(25 英里)。③ 繁盛区域,汽车驶车速率每小
时不得超 15 英里,救火车及病车不在此限。公共汽车往来行驶,按"本市
街道形势"每小时最速不得逾 15 英里,其路心较窄地方须在 10 英里以下,
每至街巷路口或有岔道地方以及车马行人较多处所,须从缓行驶。④ 至
1930 年,因"本市交通日益繁盛,所有马路颇多狭窄,原有交通标识,亦尚不
足用",工务局拟规定汽车单行路线及加设交通标识,以限制行驶速度。⑤
再至 1934 年,该局规定江南、兴华汽车的行车速率每小时不得超 25 公里,
"并不得争先行驶以免危险,倘敢故违即予严惩"。⑥ 由此可见,当时南京市
内街道的行车速度,大多限制在每小时 25 公里左右。

关于行车路线,工务局则规定:公共汽车应遵照批准路线行驶,不准绕
越他道及中途兜揽乘客,往来行驶均须依照交通规则,靠左边行驶。公共汽
车司机于驶行路线不熟悉者,初开车 3 日内公司应派熟悉路线司机在旁指
导。另当汽车后车欲超前车时,须循前车右方急驶而过,但在狭路或繁盛
区,不得越过前车。同时,人力车不准在马路右边及人行路上行驶;转弯及
冲繁地点不准快行,并不准两车并行;后车如欲越过前车者,须先告知前车

----

① 参见南京特别市市政府秘书处编译股:《南京特别市政府工作总报告》,南京印书馆 1930
年版,第 77—78 页。

② 参见国都设计技术专员办事处:《首都计划》,1929 年 12 月编印,第 66、116 页。

③ 参见《二十五年征收车捐》,1935—1936 年,南京特别市政府财政局档案,档号 1001-2-
420。

④ 参见南京特别市市政府:《南京特别市市政法规汇编·初集》,民智书局 1929 年版,第
343、348 页。

⑤ 参见南京特别市市政府秘书处编译股:《首都市政公报》第 54 期,训练总监部印刷所 1930
年版,第 25 页。

⑥ 参见《南京市政府行政报告(廿三年度)》,1934 年 1—12 月,南京特别市政府档案,档号
1001-1-1734。

避于左方后,车由右方越过;救火车、病(救护)车经过时,须让其先行。并且,马车往来通行,均须靠马路左侧;其两车不准并行,如欲越过前车者,须告知前车避让;转弯交叉路口及江岸桥梁等处,应遵照工务局指示标准,不准急进;火场及群众聚集处,应即改道前进。①

对于载客事项,工务局规定各种车辆载人,不得超过原设座位数。② 即"乘客过多,弹簧不能支持,人数宜加以相当之限制",马车、人力车均以用橡皮轮为宜,而马车应设有弹簧,并限制其载运一定重量。人力车不准两人共坐一车(如年在 10 岁以内者不在此限),不准载运逾量及污秽物件。公共汽车须备挂乘客座位数目表一块,其所载乘客不得超过定数。③ 再如1929 年年底,该局将公共、振裕两公共汽车公司按载客人数分三等,大号车准载 30 人,中号车准载 22 人,小号车准载 16 人,"以保乘客安全,而免危险"。④ 至 1930 年,首都警察厅、市工务局颁行《南京市陆上交通管理规则》第三十四条明确规定,人力车、马车不能在公共汽车设站地违章载客、停放车辆,"如违应予重惩",并请首都警察厅分饬各局协助执行。⑤ 概括说来,南京车辆行驶"应遵守一切交通规则,并服从岗警之指挥"⑥。

(三) 停放管理

不难发现,城市"设计形式将要追随停车、街道设计和公共交通"⑦;即在成功的公交都市背后,有许多故事都与土地利用和公共交通服务一并发展的,如对停车的控制等⑧。如《首都计划》指出:南京区内如有未建筑空地,市政府应设为停车场;凡新建住宅、商店或办事处皆须自备停车处;即"美国各地,已有采用此制之趋势,其住宅及办事处,尤多自辟停车处或装卸处者,盖不特无碍公众之交通,而私人亦得无限之利便";另外,停车法规

---

① 参见南京特别市市政府:《南京特别市市政法规汇编·初集》,民智书局 1929 年版,第 342、353、365—367 页。

② 参见《二十五年征收车捐》,1935—1936 年,南京特别市政府财政局档案,档号 1001-2-420。

③ 参见国都设计技术专员办事处:《首都计划》,1929 年 12 月编印,第 192 页;南京特别市市政府:《南京特别市市政法规汇编·初集》,民智书局 1929 年版,第 368、356 页。

④ 参见南京特别市市政府秘书处编译股:《南京特别市政府工作总报告》,南京印书馆 1930 年版,第 81 页。

⑤ 参见《江南汽车公司组织》,1933—1937 年,南京特别市政府工务局档案,档号 1001-3-84。

⑥ 《二十五年征收车捐》,1935—1936 年,南京特别市政府财政局档案,档号 1001-2-420。

⑦ [美]韦恩·奥图、帕特里夏·亨德森编:《公共交通、土地利用与城市形态》,龚迪嘉译,中国建筑工业出版社 2013 年版,第 89 页。

⑧ 参见[美]罗伯特·瑟夫洛:《公交都市》,宇恒可持续交通研究中心译,中国建筑工业出版社 2007 年版,第 58 页。

须"牌示通衢，俾知遵守"。①

　　具如，面对南京旧有街道狭小、车辆任意停留等情事，1927 年 12 月，工务局规定汽车停留场所"应妥为规划，以维秩序"。② 且为"便利交通，维护秩序起见"，当月 22 日该局再将市内停车地点重新勘定，并于停车处竖立停车牌号，以资识别。整顿伊始，"车夫或仍溺于旧习，不易就范，非加以开导不可"，由此函请公安局分令各区署转饬全体岗警：凡市内所有车辆必须停放于指定的停车场范围内，非停车地点一律不许停放，并不准有空车在非停车处任意行走，"一俟本市车辆管理规则正式公布后，对于车辆越轨行动即当按章处理，惟在此过渡时期"，请公安局力予维持、以利进行。③ 1929年，当局再勘定夫子庙贡院街、鼓楼路旁、天保路、下关江边、沪宁车站旁 5 处为汽车停留场所，分别竖立标识，以示区别；并于第一公园设立停车场，"庶无交通阻塞之虞"。④ 继因"本市各种车辆多停留于人行道上，实属妨碍交通"，市政府令工务局于 1930 年度内增加划定停车场，并会同首都警察厅严行取缔；1934 年还在大行宫等 6 处，建筑人力车休息站。1935 年 7 月至 1936 年 6 月间全市继续建筑一批停车场及附属工程，如中央党部会场前停车场，建筑费 2490 元，1935 年 9 月完工；中央党部门前停车场，建筑费 1610.75 元，1935 年 9 月完工；秦淮小公园停车场，建筑费 300 元，1935 年 11 月完工；铺设山西路广场草皮等，建筑费 148.41 元，1935 年 12 月完工等。⑤

　　此外，对车辆停留地点详加规定。具如公共车辆"应规定停驻地点，以便公众之乘搭，惟在规定地点外，所有该项车辆，不得随处停留及招揽顾客"，即商业区及其他繁盛区域的停车限制，客车以乘客上落时间不过 1 小时为限。⑥ 由是，车辆须在指定地点或停车场以内，并注意顺序、排列整齐，

---

① 参见国都设计技术专员办事处：《首都计划》，1929 年 12 月编印，第 115—116 页。

② 参见南京特别市市政府秘书处编译股：《南京特别市政府工作总报告》，南京印书馆 1930 年版，第 77 页。

③ 参见南京特别市工务局：《南京特别市工务局年刊（十六年度）》，南京印书馆 1928 年版，第 409 页。

④ 参见南京特别市市政府秘书处编译股：《南京特别市政府工作总报告》，南京印书馆 1930 年版，第 78 页；南京特别市市政府秘书处编译股：《市政公报》1928 年第 18 期，"工务局十七年七月份事物报告"第 2 页。

⑤ 参见南京特别市市政府秘书处编译股：《首都市政公报》第 54 期，训练总监部印刷所 1930 年版，第 26 页；南京市政府秘书处统计室：《南京市政府行政统计报告（民国二十四年度）》，南京胡开明印刷所 1937 年版，第 213 页。

⑥ 参见国都设计技术专员办事处：《首都计划》，1929 年 12 月编印，第 114、116 页。

"不得错杂紊乱",各公共娱乐场所、大商店、旅馆门前不准停放车辆。① 如公共汽车的停放地点,以该公司呈定处所为限,如有变更或增加时,应呈候工务局核准。在繁盛区域内或狭小道路上,汽车不准停留致碍交通。人力车的空车不准在街衢道口盘旋,不准在停车场外任意停放;凡指定停车场,各人力车须按次排列不得错杂紊乱。马车的空车须停放停车处所,不准在道中盘旋。②

同时,设置全市停车标志。例如,江南汽车公司筹备市区线路时提出"建造待车篷屋",即"乘客待车,露处途中,烈日狂风及大雨大雪,苦痛殊甚",应规定大站间建造待车篷屋以供乘客休憩、招呼上下,停车小站则选择适当地点,树立明显标识。③ 嗣因"本市交通日繁,所有已设红线灯地点交叉各路线快车道上,应置限制车辆停留线,以示限制而保安全",1934年5月,工务局先就大行宫一处设置限制车辆停留铁标,而利交通;9月,再因马路交叉口"往来之车辆甚多,偶不经心即发生危险",为维护行路安全及便于岗警指挥起见,该局特在太平路、白下路、中华路、国府路、中山北路口、江边马路口等路的各交叉路口施划车辆停留限制线,"以策安全",并请首都警察厅转饬所属各交叉口岗警"特别注意指挥"。④ 至1936年,全市公共汽车行驶路线"年有增辟,其停车站自亦随之增加。惟已往对各车站地段嫌无显明标识,以致其他车辆每多靠站停放,行人亦任意梭巡往来,一遇公共汽车到站,稍缓趋避即有肇祸之虞",当局再饬江南汽车公司在交通冲繁的34站的水泥路沿上装置红白间色搪瓷标志,以示停车范围,"试用以来成绩甚佳,正设法推广中"。⑤

具如上述,抗战前南京当局对于"行驶之速率,装载之重量,停车越车之场合,均详细规定,车辆价目方便于民,订立各种交通标志,以利行驶,而免危险"⑥。从而,通过勘察公共交通业的登记、检验及装置,管控行车与停

---

① 参见《二十五年征收车捐》,1935—1936年,南京特别市政府财政局档案,档号1001-2-420。

② 参见南京特别市市政府:《南京特别市市政法规汇编·初集》,民智书局1929年版,第343、352、365、368页。

③ 参见《江南汽车公司组织》,1933—1937年,南京特别市政府工务局档案,档号1001-3-84。

④ 参见《南京市政府行政报告(廿三年度)》,1934年1—12月,南京特别市政府档案,档号1001-1-1734。

⑤ 参见《南京市工务报告(二十四年四月至二十六年四月)》,1937年5月,南京特别市政府工务局档案,档号1001-3-515。

⑥ 付荣恩:《江浙市政考察记》,新大陆印刷公司1931年版,第72页。

放事宜,形成严密性、程序化的规范路径,强化公共交通管理力度,进而使城市交通发展循是以进。

第三节　执业考验与违法惩治

"汽车驶行范围愈广,肇事案件,随以俱增,小则损坏财产,大则伤害人命"①。如 20 世纪二三十年代,汽车被市民称为"市虎"。虽时人对其缺乏了解,但交通事故及血腥场景,已让人对汽车产生莫名恐惧。② 事实上,公共交通执业者直接关系行车安全。由此,为避免交通肇事,当局对执业者不断加强训练及考验,并对交通违法行为严格惩治。唯其如此,城市公共交通管理才能获得永续保障。

一、执业训练和考验

(一) 从业人员训练

定都之初,"首都市面日兴,车辆日增,而各车夫对于行驶方法及停车地点大多未受训练,杂乱无章",1928 年,南京特别市工务局规定各种车辆行驶方法,"以便训练各种车夫,照章行驶"。③ 至 1933 年 9 月,该局通告《招商承办南京市公共汽车简则》规定:经理资格,须曾办理公共汽车车务 2 年以上著有成绩者或高等专门学校以上机械科毕业后、曾任职公共汽车交通事业负责职务 1 年以上著有成绩者;车务主任,须遴选曾任职公共汽车车务负责职务 2 年以上著有成绩者;机务主任,须遴选中等学校以上机械科毕

---

① 苏浙皖京沪五省市交通委员会:《苏浙皖京沪五省市交通委员会三年来工作概述》,1936 年 1 月编印,第 13 页。
② 具如当时《中央日报》刊载两起"市虎"伤人的报道。其一,《土街口市虎伤人》:"昨日下午九时许,土街口(今新街口附近)地方,四百三十八号汽车一辆,由北向东急驶而来。其时适有在土街口长兴点心馆中,年约六十余之老妇一名,赴老虎灶冲水,一时不及避让致被撞到,伤及面部颇为沉重。当由该处岗警,将该老妇送往医院治疗",并将肇祸汽车连同汽车夫,一并带局迅办。其二,《又一市虎伤人案》:"昨日下午,一百四十五号汽车在二郎庙地方,撞伤陆军第五十师代表阎君之妻腿部,随由值岗岗警将汽车夫陈掌生连同汽车,一并带所罚办",(均见《中央日报》1931 年 2 月 15 日,第 3 版)。再如,1937 年 8 月 7 日,南京市工务局下水道工程处外籍工程师邬尔梅行驶汽车时,撞伤行人丁秀春(19 岁,山东藤县)"现伤害住院候传。本院受理邬尔梅过失伤害一案,查该被告系荷兰国籍,首都地方法院检察官无权受理,拟送该案卷宗请查收核办由交南京市政府"。(参见《邬尔梅汽车撞伤行人》,1937 年 8 月,南京特别市政府档案,档号 1001-1-338)
③ 参见南京特别市工务局:《南京特别市工务局年刊(十六年度)》,南京印书馆 1928 年版,第 190—191 页。

业,曾任职公共汽车负责工作 2 年富有经验者。①

至 1934 年 4 月,当局办理"京市汽车驾驶人训练班",此前领有南京市汽车驾驶执照者,一律受此训练,"以期增进其技能"。② 如自 4 月 11 日起,除星期例假不计外,每日下午 7—9 时以南京市政府大礼堂为训练地点。全市约汽车驾驶人 2500 名,每日召 100 名受训,召集程序以原领驾驶执照为准。自第 1—100 号者列在第一日,第 101—200 号列第 2 日,以下类推。一个月内,全市汽车执业驾驶人均普遍受训,"俾执业驾驶人俱得受严格之训练,于公路交通安全,裨益匪浅"。③ 再至 1936 年,"为尽量增进汽车驾驶人之技术知识道德,并造成多数之驾驶人才以应需要起见",参照全国公路交通会议议定办法,南京当局再次筹拟举办本市汽车驾驶人训练班,并将"现在执业及练习驾驶人员分期抽调,加以普遍训练",拟先试办 3 期,每期受训人员暂定为 150 人。④ 翌年,江南汽车公司筹建"江南汽车职业传习所",以造就各种汽车交通事业的服务人才,"俾与现代汽车交通事业之发展相适应,而免于服务无人才难之叹,同时并可为社会造就职业青年,俾免于失业及无业可就之病。至于筹设班次、教授科目,亦由负责筹备人员拟议就绪",该年秋季拟开始招考。且司机"以后欲期充分满意,非自行举办长时期之训练造就不可。拟俟传习所开创以后,最先即办司机人之训练班,以为此后永久之基础"。⑤

此外,由于"公路事业突飞猛晋,苦乏多数专门人才,以供各省市公路机关调用。故在积极办理各种交通事业之时,仍一面拨款作储才之准备",除训练驾驶人外,全国经济委员会公路处与五省市交委会还在南京合办汽车机务人员训练所(见图 7—3)。如 1935 年 1 月于京沪镇杭闽六地招收高级中学毕业生,计录取学生 64 名。2 月授课,第一期学程,计学术讲授 4 个月,各种实习 4 个月,参观考察 1 个月,共 9 个月毕业,无寒暑假。⑥ 训练完

① 参见《江南汽车公司组织》,1933—1937 年,南京特别市政府工务局档案,档号 1001-3-84。

② 参见《南京市政府行政报告(廿三年度)》,1934 年 1—12 月,南京特别市政府档案,档号 1001-1-1734。

③ 参见苏浙皖京沪五省市交通委员会:《苏浙皖京沪五省市交通委员会三年来工作概述》,1936 年 1 月编印,第 48 页。

④ 参见《南京市工务报告(二十四年四月至二十六年四月)》,1937 年 5 月,南京特别市政府工务局档案,档号 1001-3-515。

⑤ 参见《合同章程及第七年度报告》,1935—1938 年,江南汽车公司档案,档号 1040-1-1548。

⑥ 参见苏浙皖京沪五省市交通委员会:《苏浙皖京沪五省市交通委员会三年来工作概述》,1936 年 1 月编印,第 46 页。

毕后,照章将毕业学生分别介绍前赴各省市公路机关服务,各生对于所派职务,"均能胜任愉快"。继以各省市"公路营业逐渐推广",除需用多数机务人员外,尚缺乏车务会计人员,故于续办第二期时添办车务会计班。1936年8月底,会计班、机务班分别期满卒业,分别介绍前往各公路机关服务。[1]由此可见,斯时当局对汽车机务管理人才,业有相当训练。

图7—3　五省市汽车机务人员训练所第一届开学典礼(1935年)

图片来源:苏浙皖京沪五省市交通委员会:《苏浙皖京沪五省市交通委员会三年来工作概述》,1936年1月编印,图片页。

　　且因当时南京市人力车夫总计不下5万人,"皆系知识低浅,不谙交通规则,每多违章受罚或发生意外危险。且其日常生活污秽恶劣,道德卫生全不讲究,非特有害个人抑且贻累社会",1936年夏,工务局于人力车总检验时,分日集合随车送检车夫,会同首都警察厅、社会局、新生活运动促进会逐日派员到场训练,编发励行新生活须知,灌输新生活知识及教导交通车常识、车辆保养、卫生道德等。至1937年夏,复邀新生活运动促进会派员逐日训练,并由卫生事务所派员当场免费注射防疫针。计受训者每日约400—500人,总检验一月间,计受训者有一万数千人。[2]

---

[1]　参见中央党部国民经济计划委员会:《十年来之中国经济建设》上篇,南京扶轮日报社1937年版,第29页。

[2]　参见《南京市工务报告(二十四年四月至二十六年四月)》,1937年5月,南京特别市政府工务局档案,档号1001-3-515。

（二）执业人员考验

进一步言,汽车驾驶人的知识技术,"关系市民之安全及交通之秩序甚大,故必须加以严格之考验,以资限制"。① 如1928年4月,工务局发(第50号)布告:驾驶汽车人员均须经车船管理处考验合格后方准驾驶,"仰各车主及车夫人等,一体知照"。② 即司机应由该局依法考验合格给照后,方准行驶;并规定依据考验汽车夫简章,实施考验、以资取缔。③

具如《南京特别市政府工务局考验汽车驾驶人规则》(1928年)第一条规定:凡在本市区内驾驶汽车者,均依照本规则考验。第二条,应试人不论男女,均须在20岁以上,四肢健全,耳目聪明而无神经病。第四条,车辆分四种:机器脚踏车;轻便汽车;公共汽车;载货汽车;应试人愿考何种车辆于报名时注明。第六条,考试事项由工务局委派专员执行,其考验范围分三项:驾驶部分、交通规则部分、机械构造及功用部分。上列第一项必须实地考验,第二、三项以口试进行。第七条,学习驾驶汽车者于学习时,必须领有驾驶执照者伴随指导,并不得在繁盛区域学习。第八条,应试人经试验合格后,由工务局予以驾驶执照,领照时随缴执照费5元。第十条,领有驾驶公共汽车或货车执照者,得免试验手续准予驾驶轻便汽车。第十一条,凡驾驶人持他处的执照而欲在本市驾驶汽车者,须先至工务局呈验执照,合格者缴验照费2元即准予驾驶,但持上海租界的执照者不生效力。第十二条,驾驶人于遗失执照时,应即至工务局声明补发,但须缴补领执照费2元。另外,公共汽车公司雇用的司机人应于5日内呈候工务局考验,合格者,由工务局发给开车执照,领取该项执照时应缴费2元;其已领有开车执照者免缴费,"但仍须考验"。④

例如,1933年8—12月南京市报考汽车驾驶人分别为108人、109人、27人、92人、106人,共计442人;其中各月经考验考取者分别为30人、25人、15人、27人、36人,共计133人,录取率为1/3。⑤ 1932—1934年,全市考验汽车驾驶人报名数分别为829人、870人、1147人,共计2846人;考取

---

① 参见《南京市工务报告(二十四年四月至二十六年四月)》,1937年5月,南京特别市政府工务局档案,档号1001-3-515。

② 参见南京特别市市政府:《首都市政周刊》第18期,1928年5月8日。

③ 参见南京特别市工务局:《南京特别市工务局年刊(十六年度)》,南京印书馆1928年版,第187页。

④ 参见南京特别市市政府:《南京特别市市政法规汇编·初集》,民智书局1929年版,第360—362、341页。

⑤ 参见《南京市政府行政报告(廿二年度)》,1933年1—12月,南京特别市政府档案,档号1001-1-1733。

数分别为 364 人、310 人、350 人,共计 1024 人。① 再由表 7—5 可见,1934 年 11 月至 1935 年 9 月全市考验汽车驾驶人报名数 901 人,合格数 330 人。可见,南京市考验驾驶人的录取比例基本上是逐年递增。

表 7—5　南京市考验汽车驾驶人及核发五省市统一执照统计表(1934—1935 年)

时期	考验汽车驾驶人		核发新考取的驾驶人执照		到限期的旧驾驶执照换新	
	报名数(人)	合格数(人)	普通执照(张)	执业执照(张)	普通执照(张)	执业执照(张)
1934 年 11 月	92	31	7	26	—	10
12 月	124	45	6	40	3	10
1935 年 1 月	61	32	8	24	6	6
2 月	103	41	4	37	2	10
3 月	116	38	9	30	1	15
4 月	13	10	6	7	1	6
5 月	57	7	4	3	1	8
6 月	124	25	9	16	1	21
7 月	33	17	3	4	—	—
8 月	113	41	9	32	—	—
9 月	65	43	13	31	—	—
合计	901	330	78	250	15	86

资料来源:南京市政府秘书处:《一年来南京市政》,1935 年 10 月编印,附页。

与此同时,五省市交委会"为兼顾公路交通之发展,及旅客行人之安全起见",制定汽车驾驶人执照统一办法及汽车驾驶人考验规则;并规定自 1934 年 4 月起改发五省汽车驾驶人统一执照,以便通用。统一后的汽车驾驶人执照,分为执业及普通两种,执照费均为 8 元。自 1934 年 4 月至 1935

---

① 参见南京市政府秘书处编译股:《南京市政府公报》第 160 期,南京市救济院印刷厂 1935 年版,第 15 页。

年10月止,五省市发出普通及执业驾驶人执照共22821张,"足证统一办法施行后,各省市驾驶人持有统一执照者,均可通行各省市境内",从而"便利实大"。① 并且,南京市工务局在考验汽车驾驶人时规定:自1935年度起各投考司机如以前未领五省市统一执照或其他省市驾驶证者,均须一律先领练习执照,实习6个月后始准应考。考验项目有:体格检验;交通规则;汽车常识;本市地理;桩考;路考。除第一项由卫生事务所代办外,其余均由该局严格考验。② 并且,汽车驾驶执照每年须去该局检验一次,如逾期不去检验者,视为无效;驾驶执照遗失时,当即须去该局公用科补领。③ 1935年7月—1937年7月,全市考验汽车驾驶人及驾驶执照情况详见表7—6、7—7。

表7—6　南京市工务局考验汽车驾驶人核发五省市统一执照统计表(1935—1936年)

类别	年份	1935						1936												合计
	月份	7	8	9	10	11	12	1	2	3	4	5	6	7	8	9	10	11	12	
考验汽车驾驶人(人)	投考	33	111	65	47	47	48	30	35	90	13	109	87	14	35	49	80	75	82	1050
	录取	17	41	43	28	31	28	22	21	51	14	50	45	8	12	20	36	32	35	534
遗失补照(张)	执业	20	17	10	9	6	7	4	5	5	10	10	11	20	11	11	11	6	11	184
	普通	—	—	2	1	1	—	—	—	—	—	—	1	—	—	—	—	2	—	7
考取新发照(张)	执业	3	9	13	7	3	3	4	8	17	6	29	28	10	4	12	15	24	21	226
	普通	4	32	31	21	23	25	18	6	13	8	11	37	1	7	2	6	18	11	290
加考(张)	执业	12	3	9	41	11	49	34	19	8	19	40	31	22	19	24	36	29	23	429
	普通	1	1	—	1	1	—	3	—	—	1	1	—	—	—	—	1	1	—	11

资料来源:《南京市工务报告(二十四年四月至二十六年四月)》,1937年5月,南京特别市政府工务局档案,档号1001-3-515。

---

① 参见苏浙皖京沪五省市交通委员会:《苏浙皖京沪五省市交通委员会三年来工作概述》,1936年1月编印,第23—24页;南京市政府秘书处:《一年来南京市政》,1935年10月编印,第16页。
② 参见《南京市工务报告(二十四年四月至二十六年四月)》,1937年5月,南京特别市政府工务局档案,档号1001-3-515。
③ 参见南京特别市工务局:《南京特别市工务局年刊(十六年度)》,南京印书馆1928年版,第207页。

表 7—7　南京市工务局发出五省市统一汽车驾驶
执照统计表（1937 年 7 月）

周次	类别	考试合格发出		
		起号	止号	张数
第一周	执业	4939	4943	5
	普通	502	503	2
第二周	执业	4944	4951	8
	普通	504	508	5
第三周	执业	4952	4959	6
	普通	509	514	6
第四周	执业	4960	4962	3
	普通	515	516	2
备注	执业执照共计发出 24 张,普通执照共计发出 15 张			

资料来源:《工务局关于各项工程材料报表等》,1937 年,南京特别市政府档案,档号 1001-1-1151。

　　另为"慎重考验汽车驾驶人起见",五省市交委会订立"汽车驾驶考验员任用标准",并规定"汽车匠徒统一执照"。[1] 再为提高汽车司机、匠徒技术及常识"暨谋便利管理起见",依照全国交通委员会规定办法,南京市举办汽车机匠徒登记考验,自 1937 年 2 月起登记,计登记者有 400 余人,4 月将续办考验事宜。[2] 一言蔽之,抗战前南京当局要求:汽车夫宜加以试验,确胜驾驶之任,方予给照;并应雇用机匠,于一定期间察验车内机件,责令修理完善,方准载客。[3]

二、违法行为的处罚

　　亚洲开发银行高级交通专家吉诺曾言:道路交通事故是人类的悲剧,能够引发一系列健康、环境和社会问题,对国家经济发展战略造成重大影响。交通运输业存在外部效应(externality),即运输活动所造成的他人或社会的

---

[1]　参见苏浙皖京沪五省市交通委员会:《苏浙皖京沪五省市交通委员会三年来工作概述》,1936 年 1 月编印,第 24—26 页。

[2]　参见《南京市工务报告(二十四年四月至二十六年四月)》,1937 年 5 月,南京特别市政府工务局档案,档号 1001-3-515。

[3]　参见国都设计技术专员办事处:《首都计划》,1929 年 12 月编印,第 192 页。

额外负担或好处。比如,客运中乘客时常负担的拥挤成本,运输工具运行带来的噪声、交通堵塞及交通事故等。实践证明,交通运输作为一个特殊行业,政府干预和调节是必要的。① 近年来,酒驾导致的交通事故不胜枚举。如 2009 年 6 月 30 日,张某某酒后驾车至南京江宁区岔路口,连撞 9 人、致 5 人死亡;2011 年 5 月 1 日起,最高人民法院规定酒驾可受刑责,某艺人因此拘役 6 个月。可以确定,要使公共交通系统持续进步、城市交通管理落至实处,没有相应的惩治路径作为保障,为缘木求鱼。其时,伴随南京公共交通管理的逐步规范和管控强化,当局对交通违法行为的惩治更为严苛。

（一）违反登记、检验和装置等行为的处罚

定都之初,南京市工务局规定:马车和人力车的登记书过规定时期送局者,每辆分别罚小洋 1 元、6 角。② 1928 年 6 月 10 日《南京特别市政府工务局汽车罚款细则》颁行,其中第一条规定:凡在本市区内行驶汽车(不论营业或自用)违反各项规则者,均依照本细则规定处罚。第二条,各项罚款规定如下:(1)已领有号牌而未悬挂者,罚银 12 元;(2)前、后不挂号牌者,分别罚银 3 元、5 元;(3)领有行车执照而未携带者,罚银 3 元;(4)号牌与行车执照号数不符者,罚银 6 元;(5)无号牌执照者,罚银 25 元,并责令至工务局登记检验凭发号牌;(6)车内的制造厂牌号有故使模糊不清者、有故意铲除痕迹者,分别罚银 5 元、10 元;(7)车内制造厂牌号与登记书上不符者,罚银 20 元;(8)车内制造厂牌号失落未向工务局报告而被查获者,罚银 10 元,并由工务局重行检验经证实后,另发证明号牌。③ 具如 1937 年 10 月 29 日德国人姚尔松驾驶自备(沪市 6945 号)轿车,顶上覆以德国旗载运乘客 4 人由京赴沪,被首都宪兵司令部察觉,饬令中山门宪兵扣留。查其以"华中捷运公司"为名,已往返载运乘客数次,售票为自京至沪车票每客单乘 75 元、来回 120 元。"因该德人等未经我政府许可,私用自备黑牌轿车于京沪间载客营业,以违反'长途汽车公司条例'第十六条甲款的规定处罚",除扣留德人所驾汽车一辆,并附侦讯笔录一并移送铁道部,依法罚办。④ 即处罚

①　参见黎德扬等:《交通社会学》,中国社会科学出版社 2012 年版,第 385、299 页。

②　参见南京特别市工务局:《南京特别市工务局年刊(十六年度)》,南京印书馆 1928 年版,第 293 页。

③　参见南京特别市市政府:《南京特别市市政法规汇编·初集》,民智书局 1929 年版,第 357—358 页。

④　参见《取缔德人姚尔松私营京沪长途汽车》,1937 年 11 月,南京特别市政府档案,档号 1001-1-1066。

未进行登记而私自运营的车辆。

关于检验,《南京特别市政府工务局检验汽车规则》第二条规定:检查事项如:(1)与登记各项有无不合处;(2)制动装置方向装置须随时调准;(3)车灯设备有无遗漏;(4)每车须备能闻100公尺距离的发音器;(5)车身前后应备工务局所发号牌各一面,须悬挂于规定处;(6)车内不得放置易于燃烧之物;(7)车辆各部须坚实清洁;(8)由出气管放出之气须经过减声器;(9)发动机、速率箱、开合器、电气装置等有无损坏。第七条,车辆在外肇祸时,须24小时内呈报工务局派人检验。第八条,车辆变更下列各部,须5日内呈报工务局重受检验:发动机;车架;制动器方向器及速率箱;车身及其油漆颜色。同时,第十、十一条中厘定处罚标准:如违背第二条第(1)、(2)、(9)项,处以30—50元罚金;违背第(6)、(7)、(8)项,处以5—10元罚金;违背第(3)、(4)、(5)项,处以10—30元罚金。且未经工务局检验或逾期不来检验的汽车,在外私自行驶者,处以10—20元罚金。再如,《南京特别市政府工务局公用科汽车章程》规定,汽车于每4个月内来局检验一次,如逾期,处以10—20元罚金。① 同时,人力车未经检验车辆,在街上行驶一经察觉,依每月执照费3倍处罚;逾期请验者,科以1元罚金。马车每4个月来局检验一次,如逾期,处以5—10元罚金;未经检验马车在街上行驶经查得者,依每月执照费3倍处罚;逾期请验者,科以2元罚金。②

对于汽车装置,如脚踏制动器未调准,罚银10元;手制动器未调准,罚银8元;方向器未调准,罚银8元;不用减声器而直接放气,罚银6元。并要求公共汽车的前后及两旁,均应置大小电灯各二盏,车后号牌旁应置小红灯一盏,夜间概须燃点,其于迎面遇有车马行人时,应收讫大灯、启用小灯;并应置干电喇叭或橡皮喇叭一个,随时知照行人,如至猝不及让时,该汽车应即停止前进。违背者,如责在公司(不置电灯及喇叭),该公司处30元以下罚金;如责在司机(启闭电灯鸣号停车),处以20日以下拘留或20元以下罚金。③ 再如汽车在日落后黎明前行驶,车前缺一、二白灯,分别罚银10

① 参见南京特别市市政府:《南京特别市市政法规汇编·初集》,民智书局1929年版,第355—357页;南京特别市工务局:《南京特别市工务局年刊(十六年度)》,南京印书馆1928年版,第206页。

② 参见南京特别市市政府:《南京特别市市政法规汇编·初集》,民智书局1929年版,第369页;南京特别市工务局:《南京特别市工务局年刊(十六年度)》,南京印书馆1928年版,第208、293页。

③ 参见南京特别市市政府:《南京特别市市政法规汇编·初集》,民智书局1929年版,第358—359、342—345页。

元、20元;车后不用红灯,罚银8元。① 并规定:公共汽车司机欲放车后的汽管时,须在空旷处所,以免妨公共卫生;违背者,其责在汽车司机人,亦由于该汽车公司疏于告诫,除将司机人处以30日拘留或30元以下罚金外,并将该公司一并科罚。且汽车车夫须时常洁净车机,不得有车油飞溅及放出秽气等情事;违背者,处以5—10元罚金(由公安执行)。②

(二) 违反行车和停放等行为的处罚

定都初公共交通乘价订定后,当局即派员分段稽查,"倘敢违,一经查出,定即从严处罚不贷"。③ 具如马车、人力车均不准"向坐客额外需索",如有违背,马车处5—10元罚金;人力车由工务、财政局按章分别处罚。而马车如有马匹狂暴倔强或瘦弱不堪以及受伤患病、车夫不熟悉驾驶术或未满18岁、车夫鞭挞马匹或施行他种虐待等情况,处以1—5元罚金。另对于行车速率,如:(1)汽车于日落后黎明前行驶,其速率每小时在10英里以上,而车前不备能射100公尺距离远射灯,罚银6元。(2)载重3吨以下汽车,速率若超下列规定,罚银10元:自成贤街至仪凤门每小时速率不得超10英里;有牌号指定速率街道,依其所规定数目行驶;无牌号指定速率街道,速率每小时不得超7英里。(3)载重3吨以上汽车,速率若超下列规定,罚银20元:自成贤街至仪凤门每小时速率不得超7英里;繁盛街道每小时速率不得超4英里;其他街道每小时速率不得超5英里。④

同时,公共汽车司机对于岗警指挥汽车开行及停止手势应遵守,其手势如:(1)停止手势:岗警将车行方向的右手向上高举;(2)放行手势:岗警将高举之手放下;(3)放右行手势:岗警将车行方向的左手向右方平抬;(4)放左行手势:岗警将车行方向的右手向左方平抬。并且公共汽车开行,如见有禁止通行或暂禁通行标示及岗警指挥警告不准行驶时,司机应立即停止,违则处罚。再如,公共汽车搭客不得超过额定座位;且其须配置车门,开车时将车门关闭,不得于行驶时任意开门,听客自由上下,违背者,责在司机人及售票人,处以10日以下拘留或10元以下罚金。凡乘公共汽车者,携带危险、违禁、腐坏物品或笨重行李时,售票人得禁止其登车,并得分别情由报告

① 参见南京特别市市政府秘书处编译股:《南京特别市市政府工作总报告》,南京印书馆1930年版,第79页。

② 参见南京特别市市政府:《南京特别市市政法规汇编·初集》,民智书局1929年版,第343—345、352页。

③ 参见南京特别市工务局:《南京特别市工务局年刊(十六年度)》,南京印书馆1928年版,第425页。

④ 参见南京特别市市政府:《南京特别市市政法规汇编·初集》,民智书局1929年版,第364—368、359—360页。

警察,如违,责在售票人,处 10 日以下拘留或 10 元以下罚金。同时,汽车、人力车及马车乘客遇有非常事故,如疾病暴死或形迹可疑及携带违禁品,驾驶人应随时报告岗警;乘客遗留物件,应即告知岗警,违者以盗窃论。① 再如,前述《南京市工务局管理非京市汽车规则草案》第六条规定:违背第二条第(1)项者,将车辆扣留,待其管理机关正式来函证明并依照本局汽车罚款细则处理后,始得放行;违背第(2)项者,除通知该管征收机关外,并照第四条所定费额 5 倍处罚;违背第(3)、(4)项者,"均照本市汽车罚款细则处理"。②

关于违章停车,当局规定:坐车人指定地点,人力车夫不得半途歇下;车夫不准争拉坐客或有侮慢情事。公共汽车往来客人须在规定停车站上下,违则处罚。③ 如 1928 年工务局之《特种马路限制车辆条规》规定:市内的唱经楼、北门桥、估衣廊等地禁止板车、汽车、马车在内行驶;禁止一切车辆在内停驻;南门大街至山街北口、太平街至四象桥、奇望街至陡门桥:自上午 9 时至下午 7 时,人力车送客至目的地后,即须停放指定停车场待雇;并禁止一切车在内停驻。如违,人力车处罚 5 角、马车 1 元、汽车 2 元。且公安局、工务局《整顿人行道规则》规定:不得在人行道上停放车辆,违者依警律处罚;不得在人行道上行驶车辆,违者罚洋 2 元等。④

（三）无照驾驶和车辆肇事等行为的处罚

是时,公共交通执业者如有操业未带执照、驾驶不慎伤害生命、乘客遗物不交警署、冒领牌照、不服警察及稽查员指挥、未经试验合格而擅驾、对乘客额外需索等情事,处罚具体标准是:(1)伤人不致残,应赔偿 100 元以下医药费;(2)伤人致残,除偿医药费外并令其给 300 元以下抚恤金;(3)伤人致命,除偿医药费外并令其给 500 元以下棺殓费。但执业者如违上述情事,且操业时不燃号灯、未鸣警号,除分别给医药、抚恤及棺殓费外,并移送法庭。如结案后 6 个月内再犯,加倍处罚;被罚者限期将罚金完缴,逾限扣留车辆变卖抵销(详见表 7—8)。

① 参见南京特别市市政府:《南京特别市市政法规汇编·初集》,民智书局 1929 年版,第 341—345、352 页。
② 参见《互通汽车办法原则及征收通行费原则》,1932 年 7 月,南京特别市政府档案,档号 1001-1-1580。
③ 参见南京特别市市政府:《南京特别市市政法规汇编·初集》,民智书局 1929 年版,第 368、342 页。
④ 参见南京特别市工务局:《南京特别市工务局年刊(十六年度)》,南京印书馆 1928 年版,第 314—315、433—434 页。

表7—8　南京特别市车辆交通罚则简表(1928年)

款项	款项	处罚标准
一、车照未置车内	十四、裸体卸车	1.车夫操业时已燃号灯、已鸣车铃或喇叭,违反本罚则第十六款、二十一款致伤害人命者,依下处断:(1)伤人不致残废,应赔偿100元以下医药费;(2)伤人致残废,除赔偿医药费外并令其给300元以下抚恤金;(3)伤人致命,除赔偿医药费外并令其给500元以下棺殓费。 2.车夫操业时不燃号灯、未鸣警号,违犯本规则第十六款、二十一款致人死伤者,除照前条责令分别出给医药抚恤棺殓费外,并移送法庭办理。 3.违反其余各款之一者,应依照各项单行规则处罚。 4.车夫犯本罚则各款,于结案后6个月内再犯,加倍处罚;凡被处罚者限期将罚金完缴,逾限即扣留车辆变卖抵销。
二、车照未依式悬挂	十五、车主车夫的姓名年龄籍贯住址混报不实冒领牌照	
三、车夫操业时未携带执照	十六、车夫操业时不服警察及稽查员干涉指挥	
四、车辆不依照指定地点停放,阻碍交通	十七、遇救火车病院车不即避让	
五、车辆停放路上,车夫远离无人照料	十八、乘客携带危险或违禁物品知情不报知警察	
六、无正当理由中途停放车辆	十九、乘客急病或暴亡不报告警察	
七、拦截人客争接生意	二十、车辆未经查验,或查验未发执照擅自行驶	
八、不用规定警号混乱行人听觉	二十一、车辆不照工务局规定各符号行驶及超限定速度	
九、醉时操业	二十二、御车人未经试验合格领有执照而擅自驾驶	
十、驾驶不慎伤害生命	二十三、晚间不燃灯火	
十一、车马行驶不靠路左边行走	二十四、对于乘客额外需索	
十二、载客逾额	二十五、已经工务局取缔车辆而仍然行驶	
十三、乘客遗物件不交警署		

资料来源:南京特别市市政府:《南京特别市市政法规汇编·初集》,民智书局1929年版,第379—382页。

　　具如,公共汽车司机开车时,未随身携带驾驶执照,其责在汽车司机人,亦由于该汽车公司疏于告诫,除将司机人处以30日拘留或30银元以下罚金外,并将该公司一并科罚。再如汽车驾驶人驾驶时未带驾驶执照,罚款6银元;驾驶人并未领得驾驶执照而私行在外驾驶,罚款20银元,仍禁止其驾驶;司机违背不缴罚金,改易拘留,由公安局执行。① 前述《南京市取缔车辆驶入禁止通行区域办法草案》第三、四条亦规定:未得通行证的各种车辆驶入禁止通行区域不受禁止者,由当地警卫将车辆扣送工务局,吊销其牌照及

---

① 参见南京特别市市政府:《南京特别市市政法规汇编·初集》,民智书局1929年版,第342—345、359页。

吊销司机人驾驶执照 3 个月至半年,必要时并送由警备司令部究办。持有通行证的车辆驶入禁止通行区域时,须受当地警卫稽查并服从其指挥,违者扣送就近警察局所处以 5—15 元罚金,必要时再送由警备司令部究办。①

再如,汽车驾驶人所驾车辆在外肇祸,须 24 小时内将肇祸情形呈报,于必要时由市工务局派人实地检验。② 例如,公共汽车遇发生事故时,应将该车立即靠左停止,专候警察依法处分;公共汽车司机负驾驶专责,遇有发生危害情事,应即将原车执照及司机执照一并交由警察依法办理,如该管警区认为应将司机或收票人留案候讯时,该公司应立刻另派司机将肇事车驶去,以免有碍交通。公共汽车行驶时,如有伤害行人情事,应由警察将汽车司机人拘送公安局、移送法院依法办理,并应由公共汽车公司给予受伤害者医药调养或棺殓抚恤等费。马车车夫不得擅离马车,倘因事离开,须将马匹栓系,防其肇祸。所有车辆的车夫操业时,冲撞伤害他人物品者应照价赔偿,其或辗毙牲畜者,除酌量赔偿外,应负掩埋责。③

关于"酒驾",处置更为严苛。如市工务局公用科规定:汽车驾驶人于醉后驾驶肇祸者,"至少当予以取消此项执照之惩罚"。④ 即汽车驾驶人违反马路交通章程时,"应按其情节轻重,分别处罚或撤销其驾驶执照"。如公共汽车司机行车时,不得与搭客及他人谈话,并不得乘醉开车。违背者,其责在司机,亦由于该汽车公司疏于告诫,除将司机处以 30 日拘留或 30 元以下罚金外,并将该公司一并科罚。⑤ 由此可见,管理方对于酒驾处罚甚严,采用吊销执照、罚款及拘留等形式,并对负有连带责任的公司一并处罚。

不难发现,抗战前南京市工务局在公共交通执业者"交通上一切规章,应切实遵守,并随时受本局查验,不得违抗"及"驾驶人不得违背本局所公布之马路行车章程"⑥的管理理念下。1935 年 7 月至 1936 年 6 月,仅一年间,全市共查处违章汽车 316 次、马车 2 次、人力车 1483 次、司机

---

① 参见《取缔车辆驶入禁止通行区域办法》,1937 年 3 月,南京特别市政府档案,档号 1001-1-1591。
② 参见南京特别市工务局:《南京特别市工务局年刊(十六年度)》,南京印书馆 1928 年版,第 207 页。
③ 参见南京特别市市政府:《南京特别市市政法规汇编·初集》,民智书局 1929 年版,第 343—345、365、382 页。
④ 参见南京特别市工务局:《南京特别市工务局年刊(十六年度)》,南京印书馆 1928 年版,第 207 页。
⑤ 参见南京特别市市政府:《南京特别市市政法规汇编·初集》,民智书局 1929 年版,第 362、343—345 页。
⑥ 南京特别市工务局:《南京特别市工务局年刊(十六年度)》,南京印书馆 1928 年版,第 207—208 页。

415 人次①。简言之,管理当局以罚金、撤销执照及拘留等多元化方式处置公共交通违法行为,从而形成保障性的管控路径,这对于提升近代南京城市交通管理的整体水平具有一定意义。

第四节　交通设施配置和建设

城市交通管理不仅包括对城市道路、城市客运等方面的管控,且涵盖对交通控制和指挥系统的管理。南京定都后,"年来新辟道路日多,交通指挥设备,于交通安全及秩序极为重要"②,由此,当局展开与公共交通发展相关的交通设施配置和建设,从而对于近代城市交通管理模式的形成及渐进起到推动作用。

一、硬件设施的配置

（一）交通标志牌

交通标志牌,"为指示车辆进止之重要设备,关系交通安全至巨"。③ 因彼时南京"道路原甚狭隘,而行人车辆,向无标志以指示其行驶方法,致途中及转弯等处时起冲撞,危险堪虞",1928 年当局订立各种交通标志,"以利行驶,而免危险"。同年再因"城厢辽阔,非有里程牌及道路牌,殊不足以资知识",拟将全市里程牌、路名牌统一改造。④ 具如,是年《南京市特别市市政府工务局取缔汽车规则》第十二条规定:凡汽车行驶转弯及交叉处,均须鸣号(须遵照工务局规定的喇叭)缓行,以免危险,对于下列各符号(图 7—4),尤应特别注意⑤:

再由表 7—9 可见,1934 年南京市的交通标志有四种,即指示、警告、禁令、指路。后因全市城乡区公路所竖立的木质标志牌,"久经风雨剥蚀,大部颓毁破烂,且系陆续设置,式样不一,以致参差不齐,不特难以辨识,亦且有碍观瞻",1935 年 7—9 月当局将所有交通标志,一律按照五省市交委会规定的式

① 参见南京市政府秘书处统计室:《南京市政府行政统计报告(民国二十四年度)》,南京胡开明印刷所 1937 年版,第 227 页。

② 《南京市工务报告(二十四年四月至二十六年四月)》,1937 年 5 月,南京特别市政府工务局档案,档号 1001-3-515。

③ 南京市政府:《南京市政府行政计划(民国二十四年度)》,出版时间、地点不详,第 37 页。

④ 参见南京特别市市政府秘书处编译股:《一年来之首都市政》,南洋印刷厂 1928 年印,第 86—87、89 页。

⑤ 参见南京特别市市政府:《南京特别市市政法规汇编·初集》,民智书局 1929 年版,第 348 页。

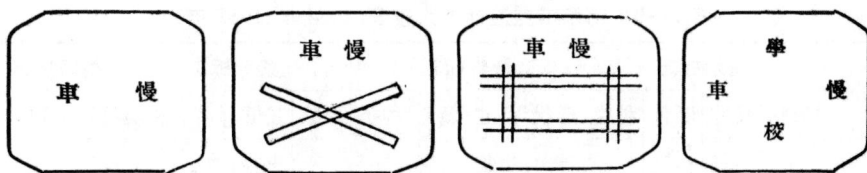

普通地点　　前面有十字路者　　前面有铁路者　　贴近学校者

（1）慢车符号：驶车速率每小时不得过 6 英里

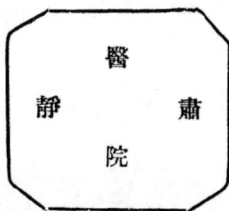

贴近医院者

（2）肃静符号：不得乱鸣汽笛声及开放汽管

（3）不准行驶符号：遇有不能行驶汽车之道路当钉有下列符号，汽车不准通过

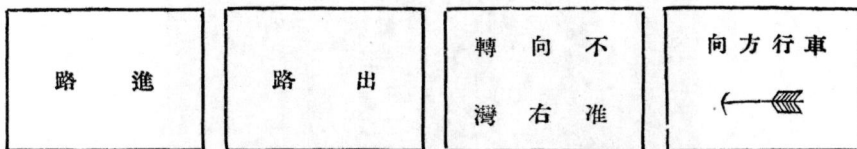

单向路准许驶入方向　　　　车辆不准驶入

（4）单向路符号：遇有马路狭小时车辆只准向指定方向行驶

图 7—4 南京特别市各种交通符号（1927 年）

图片来源：南京特别市市政府：《南京特别市市政法规汇编·初集》，民智书局 1929 年版，第 348—
351 页。

样，采用搪瓷牌装于铅管上，垫以熟水泥基脚，以期一劳永逸（见图 7—5）。①

---

① 参见南京市政府：《南京市政府行政计划（民国二十四年度）》，出版时间、地点不详，第
37 页。

表 7—9　南京市交通标志比较表（1934 年、1955 年）

年份	指示标志				警告标志				禁令标志				指路标志	
	形状	尺寸	颜色	种类	形状	尺寸	颜色	种类	形状	尺寸	颜色	种类	形状	种类
1934	方形	边长60厘米	白底蓝边黑色	6	等边三角形	边长70厘米	白底红边黑色	10	圆形	直径60厘米	白底红边黑色	10	矩形	5
1955	圆形	直径60—80厘米	黄底黑字	8	正方形	边长60—70厘米	黄底黑色	7	圆形	直径60—80厘米	白底红边黑色	16	—	—

资料来源：南京市地方志编纂委员会：《南京交通志》，海天出版社 1994 年版，第 274 页。

图 7—5　高楼门新装置的公路交通标志（1935 年）

图片来源：苏浙皖京沪五省市交通委员会：《苏浙皖京沪五省市交通委员会三年来工作概述》，
　　　　　1936 年 1 月编印，附页。

（二）安全线和加油站

其时，南京一般市民"往往漠视交通规则，任意闯越，以致肇祸之事时有发生"，当局为预防危险起见，经选择"交通特繁"的交叉路口十余处，绘制白漆安全线，明白标示人行道地带及车辆停留地位，"以资注意，而策安全"。① 具如"各马路交叉口，车辆往来甚繁，虽有交通指挥灯，控制其进止，而行人穿过街道，仍恐有发生危险之可能"，五省市交委会规定于马路交叉口处设置白色水泥安全带，"以为穿过街道之安全部分"。1935 年 7—9 月，南京市拟就白下路朱雀路口先行试办这种交叉路口过街安全带。② 再至 1937 年 5 月，改善交通指挥设备急需举办的油漆红绿灯岗亭和岗台标杆、漆化白漆安全线、白漆"停止"字等工事，经工务局呈奉市政府（第 002157 号）指令，核准拨款 825.5 元办理。具如该项工事，除白漆安全线及"停止"字一度油漆后尚须续加两度油漆外，"其余均已完竣"。白漆安全线及"停止"字两项，"因均设置交通要道，行人车马之践踏无时或息，稍隔时日即虞污损而变形迹"，故于第一度油漆施工时，由该局派定监工人员监督查验，并随时逐一派员验收核实，直至工程完竣。③ 即在全市下列交通要道漆画白漆安全线，并派定监工人员监督查验（见表 7—10）。

表 7—10　南京市划设马路白漆安全线地点数量表（1937 年 5 月）

地　点	线长（平方米）	字数（个）	地　点	线长（平方米）	字数（个）
太平路朱雀路白下路交叉口	20.740	8	白下路下桥交叉口	14.160	6
太平路杨公井交叉口	13.914	6	中华路建康路交叉口	20.500	8
太平路中山东路东海路交叉口	6.195	8	中山路珠江路交叉口	15.170	6
国府路东海路交叉口	19.550	6	中央路湖南路交叉口	9.425	6
国府路碑亭巷交叉口	16.477	8	中山北路湖北路交叉口	11.590	8
国府路中山路交叉口	13.400	6	湖北路狮子桥交叉口	7.520	6
中山东路二郎庙碑亭巷交叉口	11.998	8	中山北路盐仓桥北祖师庵交叉口	17.720	8
中山北路热河路交叉口	10.687	6	合计　15 处	209.060	106

资料来源：《改善交通指挥设备》，1937 年 5—9 月，南京特别市政府档案，档号 1001-1-1653。

① 参见《南京市工务报告（二十四年四月至二十六年四月）》，1937 年 5 月，南京特别市政府工务局档案，档号 1001-3-515。
② 参见南京市政府：《南京市政府行政计划（民国二十四年度）》，出版时间、地点不详，第 37 页。
③ 参见《改善交通指挥设备》，1937 年 5—9 月，南京特别市政府档案，档号 1001-1-1653。

另据《首都计划》规定:凡售汽油者应有一定地方,以备汽车驶入。① 嗣因"交通日繁,所有原设各处人行道上汽油站于车辆停留加油时,殊有阻碍交通之虞,为图改善起见",1933年5月市工务局规定办法四项,通饬各油商遵照改善:第一,原设各处人行道的汽油站,限期迁移至私地上装置,以利公众交通。第二,油站与马路间应开筑左出右进的车道,以利车辆加油。第三,以后各汽油商报设油站,一律限于私地内装设。第四,凡已设各汽油站,应由各油商向本局一律重新登记,由该局逐一复查,分别发给使用证或营业执照。同时,各汽油公司应设置地下仓库,"实与全市居民安全关系至巨,自应从速设置以防不测",由此饬令美孚、亚细亚、德士古等汽油公司遵照赶速设置,以保安全。至1936年12月,再因"本市汽车年来日益增多",工务局整顿汽车加油站:原有加油站60所不敷应用,"经本局于无妨交通原则之中",两年间先后核准添设10站,连原有共为70站(如表7—11),合计常时汽油储量为49500加仑。② 加油站中,涉及公共交通业的主要用户有:

表7—11　南京市汽车加油站(部分)设置地点一览表(至1936年12月底止)

类型	加油站地点	装户	用户	油箱容量(加仑)
专用	四牌楼	老润昌公司	中山汽车行	600
	淮海路公司总站	同	江南汽车公司	1200
	鼓楼	同	万方汽车公司	1200
	鼓楼	同	公用汽车公司	1200
	中央路薛家桥	荣昌号	江南汽车公司	1000
	雨花路	同	京芜汽车公司	750
	雨花路公共汽车始点站	同	江南汽车公司	750
	白下路14号	同	福记汽车行	750
	太平巷	同	交通汽车公司	750
	鼓楼中山路82号	同	中山汽车行	750
	杨公井	同	交通汽车公司	750
	四牌楼	福华号	中山汽车行	500
	中央路许家桥	同	江南汽车公司	1000
	雨花路156号京芜公司	同	京芜汽车公司	500
营业	中山东路首都汽车行	老润昌公司	营业	600
	中山路欧美汽车公司	福华号	同	1000
合计	专用39处,营业31处,共计70处,汽油贮量为49500加仑			

资料来源:《南京市工务报告(二十四年四月至二十六年四月)》,1937年5月,南京特别市政府工务局档案,档号1001-3-515。

① 参见国都设计技术专员办事处:《首都计划》,1929年12月编印,第116页。

② 参见《南京市工务报告(二十四年四月至二十六年四月)》,1937年5月,南京特别市政府工务局档案,档号1001-3-515。

至 1937 年,国民政府军事委员会规定:汽油商人在京请求建筑油池,均应由南京市政府转呈该会核准方能兴建,"以资统制"。如是年 5 月,荣昌及润昌两家汽油商先后申请在中山东路西华巷口首都电厂空地及湖北路 158 号中国服务社院内空地等处建造汽车加油站,"并遵章填具呈报图则,当经派员前往分别查勘"。① 抗战前夕,全市油站再增为 77 个(见表 7—13),此中以服务公共交通业者居多。

二、指挥设施的建设

(一) 交通岗亭台

至 1932 年 7 月,南京市工务局建筑白下路、中正路及国府路等处交通岗台,"为求安全,即添建此项站台以利指挥",应添设站台 14 处,"现已陆续兴工建筑"。② 后因该市各路口的岗警亭"大都破旧,损坏亟应改善,以壮观瞻",1935 年 7—9 月,分别改建新式岗亭,以利交通指挥。③ 翌年 12 月,移设东海路等警台因"该处地处冲要交通繁重",再将大行宫原有八角式岗亭拆除,并另在太平路中山路交叉口中心点设置楼梯式铁质岗亭一座(费用 1156.2 元),"以宏指挥效用"。④

由此,1935 年 4 月至 1937 年 4 月间,当局除随时查勘改善外,并添设八角式岗亭 3 座,修理及移设岗台 10 余座。且每值夏季,在各岗台上装置油布伞,"以蔽烈日"。又各岗亭上所设电线高度多嫌不足,妨碍卡车运输,由此将各岗亭柱顶加接长铁板提高电线,"以资畅利"。⑤ 至 1937 年 5 月,全市在大行宫太平路中山东路口、中山东路碑亭巷口、太平路杨公井口、中山路国府路口、国府路碑亭巷口、中山路珠江路口、珠江路成贤街口、中华路内桥白下路口、建康路中华路口、朱雀路白下路口、中山北路湖北路口、中山路保泰街口、中山北路中央路口、中央路湖南路口、中山路云南路口、中山北路热河路口、江边马路大马路口、中山北路商埠街口、热河路绥远路口,油漆岗

---

① 参见《荣昌润昌建造汽车加油站》,1937 年 5 月,南京特别市政府档案,档号 1001-1-1101。
② 参见南京市政府秘书处编译股:《南京市政府公报》第 112 期,南京印书馆 1932 年版,第 90 页。
③ 参见南京市政府:《南京市政府行政计划(民国二十四年度)》,出版时间、地点不详,第 38 页。
④ 参见《改善交通指挥设备设施往来文书》,1937 年 4—12 月,南京特别市政府档案,档号 1001-1-1654。
⑤ 参见《南京市工务报告(二十四年四月至二十六年四月)》,1937 年 5 月,南京特别市政府工务局档案,档号 1001-3-515。

亭19座。①

　　1937年7月,工务局仍函请南京市经理委员会"要求改善交通指挥设备"。如设立中华路及中华门内、镇淮桥北中央路交叉点、扫帚巷口中山东路铁道东等处岗亭,计有祥记厂商等三家招商比账,结果以祥记开价每座50.3元为最低(但仍超原预算17.3元),后经与该商商洽每座45.3元(共计五座总价为226.5元)。唯是项预算系1936年8月间拟定,"目前材料飞涨,委系该商所开价格尚属翔实",经奉准交办由报价最低的祥记厂商承办。② 同时,添设升州路评事街口、珠江路竺桥东口等5处交通指挥设备(见表7—12)。

表7—12　南京市工务局添设升州路等交通指挥设备工事决算书(1937年)

承包人	建兴祥记五金电料行	工竣日期	1937年5月8日
开工时日	1937年4月3日	承包人实做工程费额	310.00元
预算或原合同所订总价	310.00元	净付承包人	310.00元
实做工程详表			
种类	单位	数量	单价	总价
一、八角式岗亭	座	5	33.00元	165.00元
升州路评事街口		1	33.00元	—
珠江路竺桥东口		1	33.00元	—
珠江路小营入口处		1	33.00元	—
雨花路江南铁路站		1	33.00元	—
中央路厚载巷口		1	33.00元	—
二、单柱双灯式红绿灯	座	1	145.00元	145.00元
莫愁路汉中路口		1	—	—
合计				310.00元

资料来源:《改善交通指挥设备》,1937年5—9月,南京特别市政府档案,档号1001-1-1653。

----

① 《改善交通指挥设备》,1937年5—9月,南京特别市政府档案,档号1001-1-1653。
② 参见《改善交通指挥设备设施往来文书》,1937年4—12月,南京特别市政府档案,档号1001-1-1654。

（二）　交通指挥灯

值得强调的是，"交通指挥灯，关系行旅安全"①。如《首都计划》指出：所有直通干路、繁盛区域道路及偏僻孤静交叉点，皆应装置交通灯号，"以为汽车进止之程准"。具如灯色顺序，由绿而黄，由黄而红，周而复始。绿色为进行符号，红色为停止符号，黄色为预示符号。如交通指挥黄灯的作用，"不独有利于车辆交通，亦利行人之来往"。行人见此黄灯，"即知停止之车不久即复进行，而可预计其时间之若何"，于车辆未动前，横过路面到达安全地。② 由是，南京市工务局先对"干路交叉车辆繁重之处"的交通指挥灯酌量增设、随时改善，"以宏效用"。③ 具如1929年7月，该局公用科在中山路各交叉点安置红绿灯，择要次第设置如萨家湾、丁家桥、鼓楼北、鼓楼南、干河沿、新街口、碑亭巷及中山路至沪宁车站新开马路的兴中门外大街交叉处。除鼓楼北、新街口两处用塔形灯（每处需费527元）外，其余均用旁挂式塔形灯（每处需费750元）。④ 再如20世纪30年代的新街口，"车辆走上广道，都沿着圈子靠左边打弯，这一种设计，使得四面来往的车辆，不致于在这繁华的十字路口挤断，大家都能顺流地在圈子里打弯，不若上海的十字路口，一定要用交通警察将红绿灯来指挥街车的行止"。在新街口是用不到红绿灯及警察指挥的，"街车都会很有秩序地驶过去，各不相犯"。⑤

复如，江南汽车公司开行市区前，提出"装设红灯信号"的方策，即"乘客待车每觉不耐，拟造上海电车办法各站装设红灯，上车开出时掀动机扭下站灯明，夫可以坚乘客待车之心"。⑥ 1933年9月，因全市各路所设红绿灯"均因装置已久，业已损坏。兹为便利交通指挥起见"，工务局拟将各处红绿灯积极修理，并将灯台提高，以免车辆碰坏。12月该局再"为便利岗警指挥交通起见"，拟在大马路交叉口处装设三面红绿灯，并由韦庆福电器行招标承办。⑦

---

① 南京市政府：《南京市政府行政计划（民国二十四年度）》，出版时间、地点不详，第36页。

② 参见国都设计技术专员办事处：《首都计划》，1929年12月编印，第116—118页。

③ 参见《南京市工务报告（二十四年四月至二十六年四月）》，1937年5月，南京特别市政府工务局档案，档号1001-3-515。

④ 参见南京特别市市政府秘书处编译股：《首都市政公报》第39期，训练总监部印刷所1929年版，第6页。

⑤ 参见倪锡英：《南京》，中华书局1936年版，第44—45页。

⑥ 参见《江南汽车公司组织》，1933—1937年，南京特别市政府工务局档案，档号1001-3-84。

⑦ 参见《南京市政府行政报告（廿二年度）》，1933年1—12月，南京特别市政府档案，档号1001-1-1733。

随之，当局计划 1935 年度内添装交通指挥灯，除中山路与国府路口、建康路与中华路口、朱雀路与建康路口、中山桥与商埠街口等处均已招商承办，"现正装设外，其余新筑干路，及交通冲要之区，须即随时增设，以安行旅"。①

自 1935 至 4 月至 1937 年 4 月，除将海军部前红绿灯明线改为地下线装置、大行宫加装大警铃以为改换灯号前的准备信号外，当局在中山路珠江路口、珠江路成贤街口、中山路云南路口及东海路国府路口等处，各增设红绿灯 1 座。至 1937 年 4 月，全市干道交叉冲要处均设岗亭或岗台，"以便指挥交通，其大者即并装红绿灯设备"，如指挥红绿灯为 21 座、交通安全线 12 处、岗亭台 74 座。② 是年 5 月 7 日，工务局函致南京市经理委员会主席马超俊，呈请改善交通指挥设备、添置各种电料工程，经建业、祥记、谈恒昌、荣昌、罗森德五家招商比账，以建业厂开价（1170.5 元）最低（但未将应装置的红绿指挥灯、八角亭、雨伞顶子列入），而此项价目相差约 200 余元。此外，祥记电器行比较各项均较完全且全部开价 1180 元，最终决定交由祥记承包该项工程。③

此外，当局还对灯柱及路灯加以建筑。如树立车道正中的水泥灯柱"以分往来车道"，高约三四尺、间距百尺，用钢骨混凝土，灯臂左右二翅，电灯悬于其下，以资普照。基座长 10 尺、阔 4 尺，为腰圆形，"可以避免行人走路时与车马互撞之危险"。④ 具如当时中山路的路灯装置采用悬空格式，以横线悬挂于马路中线上，"此种悬空式装置，电灯如能供给充分光线，必致发射闪光，碍及汽车司机者之视线，且易为暴风雨所损坏，故以改在行人路边竖柱装设为宜"。⑤ 最初全市路灯并无专门管理机关，"以致应行改善之处，未克办理"，至 1935 年当局会同各关系机关组织路灯管理处，"以专责成，而利进行"。斯时，南京市设立路灯已约计 5000 余盏。⑥

① 参见南京市政府：《南京市政府行政计划（民国二十四年度）》，出版时间、地点不详，第36—37 页。
② 参见《南京市工务报告（二十四年四月至二十六年四月）》，1937 年 5 月，南京特别市政府工务局档案，档号 1001-3-515。
③ 参见《改善交通指挥设备设施往来文书》，1937 年 4—12 月，南京特别市政府档案，档号1001-1-1654。
④ 参见南京特别市市政府秘书处编译股：《一年来之首都市政》，南洋印刷厂 1928 年印，第73—74 页。
⑤ 参见国都设计技术专员办事处：《首都计划》，1929 年 12 月编印，第 195 页。
⑥ 参见南京市政府：《南京市政府行政计划（民国二十四年度）》，出版时间、地点不详，第39 页。

表7—13　南京市公用交通设备调查（1936年）

类别	交通指挥灯					岗亭	岗台	汽油站		公共汽车站	火车站	路灯	路牌	标准钟	
	单柱双灯	二柱六灯	三柱六灯	单柱八灯	四柱八灯			专用	营业					母钟	子钟
数量	9座	1座	3座	1座	4座	56座	16座	38站	39站	131站	10站	5540盏	3464块	3座	13座

资料来源:南京市政府秘书处统计室:《南京市政府行政统计报告(民国二十四年度)》,南京胡开明印刷所1937年版,第232页。

简言之,至1935年9月南京市交通设备完成指挥灯18处、岗亭台66处、汽油站54个(专用29站,营业用25站)、路牌3389块、路灯4990盏。[1]再据表7—13和相关统计,全市交通指挥灯1935年为18座,1937年4月增为21座;路灯1935年有4990盏,1936年增至5540盏;岗亭台1935年有66座,1936年为72座,1937年4月再增为74座(见表7—14)。[2] 可以发现,斯时南京交通标志牌、广告牌、各路交通指挥灯及交通安全线等"均按实际需要情形,随时随地,多已设置"。[3] 伴随交通设备建设与完善,使公共交通稳步推进,而该业渐进发展再反作用于交通设备的持续完善。

表7—14　南京市交通指挥设备分布及配置表(截至1937年4月)

警区	地点	指挥红绿灯			交通安全线		岗亭		岗台	
		灯式	数量(座)	路向(条)	线道(米)	式样	数量(座)	式样	标杆(座)	
一	中山东路太平路交叉口	三柱分立式	1	3	7.5	亭式	1	—	—
一	中山东路碑亭巷交叉口	单柱双灯式	1	4	10.0	篷式	1	—	—
一	国府路石板桥交叉口	单柱双灯式	1	4	10.0	篷式	1	—	—
一	中山路国府路交叉口	单柱双灯式	1	4	10.0	亭式	1	—	—
一	太平路杨公井交叉口	单柱双灯式	1	4	7.5	篷式	1	—	—

----

[1]　参见南京市政府秘书处:《一年来南京市政》,1935年10月编印,第41—45页。

[2]　参见《南京市工务报告(二十四年四月至二十六年四月)》,1937年5月,南京特别市政府工务局档案,档号1001-3-515。

[3]　参见南京市政府秘书处:《十年来之南京》,1937年6月编印,第76页。

（续表）

警区	地点	指挥红绿灯		交通安全线		岗亭		岗台	
		灯式	数量（座）	路向（条）	线道（米）	式样	数量（座）	式样	标杆（座）
一	中山路珠江路交叉口	单柱双灯式	1	—	—	亭式	1	—	—
一	珠江路成贤街交叉口	单柱双灯式	1	—	—	亭式	1	—	—
一	中山路薛家巷口	—	—	—	—	亭式	1	—	—
一	新街口广场北口	—	—	—	—	亭式	1	—	—
一	新街口官场东口	—	—	—	—	亭式	1	—	—
一	中山东路洪武街口	—	—	—	—	亭式	1	—	—
一	杨公井西口	—	—	—	—	亭式	1	—	—
一	中山东路黄埔路北口	—	—	—	—	亭式	1	—	—
一	党公巷西口	—	—	—	—	亭式	1	—	—
一	中山路焦状元巷西口	—	—	—	—	亭式	1	—	—
一	国府西街北口	—	—	—	—	—	—	长圆形	2
一	国府路估衣廊口	—	—	—	—	亭式	1	—	—
二	白下路、中华路交叉口	单柱双灯式	1	3	7.5	篷式	1	—	—
二	白下路、朱雀路交叉口	单柱八灯式	1	4	10.0	篷式	1	—	—
二	中正路南口	—	—	—	—	亭式	1	—	—
二	中山东路古物保存所前	—	—	—	—	亭式	1	—	—
二	中山路黄埔路南口	—	—	—	—	亭式	1	—	—
二	中山东路中山门内	—	—	—	—	亭式	1	—	—
二	中山东路电厂前	—	—	—	—	亭式	1	—	—
二	公园路第一公园前	—	—	—	—	—	—	—	—
二	大中桥西口	—	—	—	—	—	—	长圆形	2
二	大中桥东口	—	—	—	—	—	—	圆形	1
二	白下路升平桥	—	—	—	—	—	—	长圆形	2
二	大光路东口	—	—	—	—	—	—	圆形	1
三	建康路、中华路交叉口	单柱双灯式	1	4	7.5	亭式	1	—	—
三	朱雀路南口	—	—	—	—	亭式	1	—	—
三	朱雀路慧园街口	—	—	—	—	亭式	1	—	—

（续表）

警区	地点	指挥红绿灯		交通安全线		岗亭		岗台	
		灯式	数量（座）	路向（条）	线道（米）	式样	数量（座）	式样	标杆（座）
三	建康路口前	—	—	—	—	亭式	1	—	—
三	龙门街南口	—	—	—	—	—	—	长圆形	2
三	中华路道署街口	—	—	—	—	—	—	圆形	1
三	中华路内桥南	—	—	—	—	—	—	长圆形	2
四	中华路镇淮桥南	—	—	—	—	—	—	长圆形	2
四	中华路三坊巷口	—	—	—	—	—	—	长圆形	2
四	中华路璇子巷口	—	—	—	—	—	—	长圆形	2
四	中华路宝辉巷口	—	—	—	—	—	—	长圆形	2
四	雨花路扫帚巷口	—	—	—	—	—	—	长圆形	2
五	新街口广场南口	—	—	—	—	亭式	1	—	—
五	新街口广场西口	—	—	—	—	亭式	1	—	—
五	汉中路铁管巷口	—	—	—	—	亭式	1	—	—
五	汉中路牌楼巷口	—	—	—	—	亭式	1	—	—
五	汉中路莫愁路北口	—	—	—	—	亭式	1	—	—
五	汉中路朝天宫西街口	—	—	—	—	亭式	1	—	—
五	汉西门内	—	—	—	—	—	—	圆形	1
五	明瓦廊北口	—	—	—	—	—	—	圆形	1
五	玄武门外头道桥	—	—	—	—	—	—	圆形	1
六	中山路保泰街交叉口	四柱分立式	1	—	—	亭式	1	—	—
六	中山路中央路交叉口	二柱六灯式	1	—	—	篷式	1	长方型	2
六	中山北路湖北路交叉口	四柱分立式	1	4	10.0	亭式	1	—	—
六	湖北路狮子桥交叉口	三柱分立式	1	3	7.5	篷式	1	—	—
六	中央路湖南路交叉口	单柱双灯式	1	—	—	—	—	—	—
六	中山北路云南路交叉口	单柱双灯式	1	—	—	—	—	—	—
六	中山路黄泥冈口	—	—	—	—	亭式	1	—	—
六	湖南路丁家桥	—	—	—	—	亭式	1	—	—

（续表）

| 警区 | 地点 | 指挥红绿灯 | | 交通安全线 | | 岗亭 | | 岗台 | |
		灯式	数量（座）	路向（条）	线道（米）	式样	数量（座）	式样	标杆（座）
六	湖南路湖北路口	—	—	—	—	亭式	1	—	—
六	中山北路萨家湾北口	—	—	—	—	亭式	1	—	—
六	中山路和会街口	—	—	—	—	亭式	1	—	—
六	中山路将军庙口	—	—	—	—	亭式	1	—	—
七	中山北路、广东路交叉口	四柱分立式	1	4	10.0	亭式	1	—	—
七	中山北路、热河路交叉口	三柱分立式	1	3	7.5	亭式	1	—	—
七	中山北路、商埠街交叉口	单柱双灯式	1	—	—	亭式	1	—	—
七	江边路、大马路　交叉口	单柱双灯式	1	—	—	篷式	1	—	—
七	热河路、绥远路交叉口	四柱分立式	1	—	—	亭式	1	—	—
七	江边路澄平码头	—	—	—	—	亭式	1	—	—
七	江边路中山码头	—	—	—	—	亭式	1	—	—
备注	交通指挥灯共 21 座，交通安全线道共 105 米，岗亭台共 74 座								

资料来源：《南京市工务报告（二十四年四月至二十六年四月）》，1937 年 5 月，南京特别市政府工务局档案，档号 1001-3-515。

　　综上以观，公共交通是提高城市功能的重要基础设施之一，是维系城市经济和社会发展的主要动脉，是城市保持正常运行效率和生活秩序的关键条件。随着城市居民出行量的显著增加，流动人口大量增加，公共交通能否保持内外畅通、安全迅速，已成为亟须解决的管理任务，即"作为一个现代化城市，交通管理手段的现代化是十分迫切的课题"[1]。由历史考之，抗战前南京当局对于公共交通管理可谓铢积寸累，即"办理本市公用行政事宜……深悉各种公用事业，颇多应变革之点，只以限于经费，未能积极进行，但于财力可能范围内，应行举办各事，无不悉心规划，竭力实施"[2]。如"一方面固有严密之交通管理规章，使用路者遵循一定之纪律。一方面应施行车辆之检验，与驾驶人之考试，以及改良道路之构造，布置行车之设备，同时

①　张耀华：《城市的综合管理》，中国城市经济社会出版社 1988 年版，第 63 页。
②　南京特别市市政府秘书处编译股：《一年来之首都市政》，南洋印刷厂 1928 年印，第 85 页。

训练民众对于公路交通,具有常识。如此分途并进,庶可减少危险,易策安全"。① 从而,管理当局通过公共交通法规的构建、车辆登记检验与行车停放管控、执业者训练考验与违法行为惩治及交通设施的配置和建设等各个向度,进而形成具有法制、规范、管控和惩治等特质的管理路径,最终使城市管理的整体水平得以提升。推广其意,彼时南京公共交通业呈现有序发展的态势,对近代城市交通管理模式向现代演变产生深远影响,并在城市化历程不断演进中彼此融汇、相互推演。

---

① 苏浙皖京沪五省市交通委员会:《苏浙皖京沪五省市交通委员会三年来工作概述》,1936年1月编印,第49页。

第八章 公共交通与城市生活的 交相促进

众所周知,城市是社会现象和生活载体。如美国城市社会学派(芝加哥学派)代表人物帕克认为,"城市绝非简单的物质现象,绝非简单的人工构成物。城市已同其居民们的各种重要活动密切地联系在一起,它是自然的产物,而尤其是人类属性的产物"。① 该学派的人文生态学者路易斯·沃思曾为"城市主义"系统定义,即一种城市所特有的"生活方式",是城市环境的异质性、规模和人口密度相互作用的产物。② 从而,城市生活方式是指由城市特定的社会生活条件对居民社会生活产生的特殊影响而形成的生活方式,它为城市居民所接受,并体现于城市生活的各个方面。③ 可以确定,"交通直接影响于日常生活至巨"④;交通为人们的各种活动服务,城市结构、用地范围扩展、城市生活方式和特点及城乡差别消失等,全都跟城市交通系统的性质和质量有关⑤。由此,"良好的公共交通规划旨在确保长期的生活质量"⑥;即公共交通不仅成为生产和生活必不可少的社会公共设施,是城市投资环境和社会生产的基本物质条件,同时又是展示城市精神文明,反映城市国民经济、社会发展水平和市民道德思想风貌的窗口⑦;且回溯往祀,抗战前南京城市公共交通持续进步,并与城际联运、时间理念、权利意识及公众参与等城市生活的各个界面展开深切交互、互相促进,终而呈现近代城市向现代嬗变的真实场景。

---

① [美]R.E.帕克等:《城市社会学》,宋俊岭等译,华夏出版社 1987 年版,第 1 页。
② 转引自[澳]德波拉·史蒂文森:《城市与城市文化》,李东航译,北京大学出版社 2015 年版,第 25 页。
③ 参见向德平:《城市社会学》,武汉大学出版社 2002 年版,第 2 页。
④ 向默安:《我国交通事业之整理与发展》,《交通杂志》第一卷第一期,交通杂志社 1932 年版,第 10 页。
⑤ 参见徐光远主编:《城市经济学》,中国经济出版社 2009 年版,第 158 页。
⑥ [美]韦恩·奥图、帕特里夏·亨德森编:《公共交通、土地利用与城市形态》,龚迪嘉译,中国建筑工业出版社 2013 年版,第 192 页。
⑦ 参见杨兆升:《城市智能公共交通系统理论与方法》,中国铁道出版社 2004 年版,第 1 页。

第一节　公共交通与城际联运

究其实质,连接大型住宅区与城市的商贸及产业链等功能区的交通走廊,不仅影响着城市的形态,更塑造了人们的生产和生活方式。即交通工具是交通系统的基本要素,也是人的社会化的重要手段和物质成果。① 即交通的发展,为国家内部各个区域间、各个民族间的物资与文化的交流提供了必要的基础②,从而"我国近年在交通运输方面,最有成绩表显的是联运事业"③。

一、南北交汇铁路干线

公共交通对近代城市政治、经济、文化、科技的发展及居民生活的提高有着重要影响,是维系城市功能的重要手段。抗战前,南京"为天然便于交通之地……而所处之部位,更适于全国铁路之集中"④,其城市公共交通与他省市衔接的铁路联运主要有沪宁铁路和江南铁路。

（一）北联沪宁铁路

前已述及,沪宁铁路1908年通车(南京定都后改称京沪铁路)。其不仅是当时全国重要的铁路干线,更使南京成为长江下游水陆交通枢纽。1923年,南京市内铁路与沪宁铁路办理客货联运,沪、杭旅客可直达中正街。⑤ 如当时"从上海方面坐沪宁车,到了南京车站,可换坐江宁火车进城。江宁车的下关车站和沪宁车站相连",有行李的可交脚夫搬运,每件给铜元4枚。且如从津浦火车到了浦口,"换乘渡轮过江到江宁江边车站,坐江宁火车入城",如坐沪宁、津浦铁路连络的车——特别快车、普通快车,可坐从南京车站到沪宁江边车站的来回专车。⑥ 至1927年11月16日,南京特别市市政参事会提议市内铁路与京沪铁路互通接轨事宜,即"该路等互通接轨一事,颇属重大,自应先行派员前赴贵司(交通部路政司)磋商,一切方可着手进行",由此工务局派金肇祖等三员前赴该司面商各节、接洽办理。⑦

---

① 参见黎德扬等:《交通社会学》,中国社会科学出版社2012年版,第246、83页。
② 参见傅林祥:《交流与交通》,江苏人民出版社2009年版,第3页。
③ 金家凤:《中国交通之发展及其趋向》,正中书局1937年版,第149页。
④ 国都设计技术专员办事处:《首都计划》,1929年12月编印,第120页。
⑤ 参见南京市地方志编纂委员会:《南京公用事业志》,海天出版社1994年版,第17页。
⑥ 参见陆衣言:《最新南京游览指南》,中华书局1924年版,第69页。
⑦ 参见南京特别市工务局:《南京特别市工务局年刊(十六年度)》,南京印书馆1928年版,第404页。

表 8—1　京沪铁路头、二、三等乘客价目表(1933 年)　　　　单位:元

南京至	寻常快车			特别快车		
	头等	二等	三等	头等	二等	三等
栖霞山	0.90	0.60	0.30	—	—	—
龙 潭	1.35	0.90	0.45	1.95	1.20	0.60
镇 江	2.70	1.80	0.90	3.30	2.10	1.05
新 丰	3.45	2.30	1.15	—	—	—
丹 阳	3.75	2.50	1.25	4.35	2.80	1.40
奔 牛	4.35	2.90	1.45	—	—	—
常 州	4.95	3.30	1.65	6.15	3.90	1.95
戚墅堰	5.25	3.50	1.75	—	—	—
无 锡	6.15	4.10	2.05	7.35	4.70	2.35
望 亭	6.60	4.40	2.20	—	—	—
浒墅关	6.60	4.40	2.20	—	—	—
苏 州	6.90	4.60	2.30	8.70	5.50	2.75
昆 山	7.95	5.30	2.65	9.75	6.20	3.10
安 亭	8.55	5.70	2.85	—	—	—
黄 渡	8.85	5.90	2.95	—	—	—
南 翔	9.00	6.00	3.00	10.80	6.90	3.45
真 如	9.30	6.20	3.10	—	—	—
上海北站	9.45	6.30	3.15	11.85	7.50	3.75
备注	夜车卧车票,不论远近,每张上铺 3.5 元、下铺 4.5 元;月台票,上海北站每张 7 分,其他各站每张 5 分					

资料来源:南京市政府秘书处:《新南京》,南京共和书局 1933 年版,第 15—16 页。

该铁路运营初,每天京沪间开客车 3 对,沪常、沪苏、上海南翔、南京常州间各 1 对,共计 7 对;快车全程 7 时 26 分,停靠 10 站。至 1932 年,该路客运人数为 7903520 人、货运 841749 公吨、收入 8558263 元;津浦铁路客运为 3007264 人、货运 2268697 公吨、收入 16803482 元,但其客运人数不及京沪路的 1/2。[①] 1933 年,京沪特快车全程时刻缩短为 6 时 20 分(票价见表 8—1),1935 年冬为 5 时 45 分,1937 年 1 月上行 4 时 48 分、下行 4 时 50 分。[②] 且

---

① 参见建设委员会经济调查所统计课:《中国经济志·南京市》,正则印书馆 1934 年版,第 84 页。

② 参见张雨才:《中国铁道建设史略(1876—1949)》,中国铁道出版社 1997 年版,第 202 页。

自 1933 年 9 月"南京市铁路管理处派员与京沪路商办旅客联运"①，进而两路开展旅客联运，行车时刻与京沪路衔接（见表 8—2）。

表 8—2　市内铁路衔接京沪铁路时刻表（1933 年）

市内铁路 行车次数	衔接车次	到(京)开时刻： 上午	市内铁路 行车次数	衔接车次	到(京)开时刻： 下午
第三次	京沪路夜车	7:00 正到	第十五次	京沪路锡京车	1:15 分到
第四次	京沪路快车 及慢车	9:00 正及 9:25 分开	第十七次	京沪路特别快车	2:20 分到
第五次	京沪路通车	7:45 分到	第二十次	京沪路特别快车 及京锡车	5:25 分及 6:00 开
第十二次	京沪路快车	12:45 分开	第二十三次	京沪路快车	5:50 分开
第十三次	京沪路镇京车	11:50 分到	第二十九次	京沪路慢车	9:00 正到
第十四次	京沪路镇京车	2:05 分开	第三十次	京沪路夜车	11:00 分开

资料来源：南京市政府秘书处：《新南京》，南京共和书局 1933 年版，第 41—45 页。

至 1934 年 8 月 11 日，"为谋三四等旅客往来京沪路及南京市铁路便利起见"，市内铁路与京沪铁路办理三、四等旅客和行李联运，并订立《京沪沪杭甬铁路管理局、南京市铁路管理处办理联运合同》，主要条款如：（1）联运范围以三、四等旅客及各该等旅客行李为限。联运责任在京沪路范围内由管理局负责，在南京市铁路范围内由管理处负责。双方车辆暂不直达过轨，联运旅客及行李概在南京下关站转车。（2）联运车站在京沪路，以上海北站、苏州、无锡、常州、丹阳、镇江、镇江南门等站为限；在南京市铁路，以中正街、鼓楼、国府站为限。（3）联运票价，应按照两路票价合并计算。② 继至1936 年 6 月 14 日，两路代表商洽联运具体事宜："遵经邀同京沪路代表到京会商，并请彼等将京市铁路路面整理情形视察，由职等从速办理联运意见。兹京沪路代表函复，谓京沪路方面拟就京市客车开至下关站月台接运一点，约示日期以便继续洽商"。如在下关站月台办理两路接运，"虽不能达到本市所希望客车过轨之目的，但与一般三四等旅客及携有行李之旅客仍有相当之利便"。③ 是年 9 月，数度洽商接轨办法，"原则已大致决定，其

① 《京沪路与南京市铁路办理三四等旅客联运》，《京沪沪杭甬铁路日刊》第 1049 号，1934 年8 月 11 日，第 73 页。

② 参见《京沪路与南京市铁路办理三四等旅客联运》，《京沪沪杭甬铁路日刊》第 1049 号，1934 年 8 月 11 日，第 73 页。

③ 参见《派员赴铁道部接洽京市铁路联运》，1936—1937 年，南京特别市政府档案，档号1001-1-1608。

尚未解决者"即南京市政府希望京沪路能在金川门将入城旅客送至市铁路车站,或由尧化门转江南铁路再转市铁路入城,"现已将此项意见送请铁道部征求京沪路意见,将来果能照此实行,则由上海来京之旅客,当可得极大之便利"。① 嗣后,市内铁路下关站线2条中的1条,与京沪路南京站10股道衔接。

此情,有如当时日本一个汉语学校的旅行团从上海到南京去观光时所述:他们一行共有五六十人,都讲得一口流利中国话。"当(京沪)火车打栖霞山驶过来,快进尧化门车站的时候,有一个日本学生忽然看见了远处南京的城墙,便惊呼起来:'南京到啦'!"当他们把行李准备好后,准备下车时,火车却没有停止的意思,"而窗外的城墙却是连连不断地飞驰过去,这可把这班日本学生呆倒了,至他们直立了有一刻多钟,车才从和平门再过去,快行近下关站了,而绵绵的城垣,还是不断地拦住了视线,狮子山一个雄秀的山影,却包围在城墙里面。这不得不使他们赞叹观止了。大家在十分惊奇叹息中,吐出一句中国话来:'呦,好大的城啊!'"可以说,彼时南京城的"伟大将更胜于他们在车上所看见的。这样伟大的城区尤其是在素以狭小见称的日本人的目光中,实在是一桩惊人的见闻"。②

概言之,抗战前市内铁路"为便利商旅起见,特与京沪路毗连衔接,办理客货联运"③;即与"京沪路办理旅客联运,减低运费,以奖励农产品输出"④。从而,该路与京沪铁路"办理联运货物以来,商民咸称便利",并使城内旅客往来京沪者可以直达,"徒旅客便利"。⑤

(二) 南系江南铁路

1895年7月,两江总督张之洞筹划江南铁路时言,"由上海造铁路以通苏州,而至江宁(南京),旁通杭州,此路最有利于商……江宁、苏杭联为一气,外远内近",可以随时策应。⑥ 该路初名芜乍铁路,1933年7月由芜湖动工,南修至孙家埠。翌年秋,增修南京芜湖线,改为江南铁路(时亦称京芜

① 参见南京市政府秘书处编译股:《南京市政府公报》第169期,南京市救济院印刷厂1936年版,第107—108页。
② 参见倪锡英:《南京》,中华书局1936年版,第27—29页。
③ 南京市政府秘书处:《一年来南京市政》,1935年10月编印,第129页。
④ 中央党部国民经济计划委员会:《十年来之中国经济建设》下篇,南京扶轮日报社1937年版,第16页。
⑤ 参见《拟展长路线与京芜路接轨计划》,1934年8月,南京特别市政府档案,档号1001-1-1606。
⑥ 参见宓汝成:《中国近代铁路史资料(1863—1911)》第二册,中华书局1963年版,第436页。

铁路)。该路系"商办江南铁路股份有限公司所经营",南京总站设于中华门外雨花路,尧化门为联运站。其火车起自南京尧化门与京沪铁路接轨,中经中华门,达安徽当涂、芜湖,至宣城。[1] 斯时,其已成路线自南京迄孙家埠总长 178 公里,"并仍向前展筑"。南京由江南铁路达芜湖约 99.205 公里,该路客货运输日增,致使营业态势"日有迁进"(见表 8—3)。[2]

表 8—3　江南铁路营业状况简表(1935 年)

月份	载客数(人)	运货数(吨)	进款计(元)	月份	载客数(人)	运货数(吨)	进款计(元)
1 月	29993	4028	24296.98	8 月	83795	7226	55868.84
2 月	18569	2232	15163.98	9 月	92946	7848	62278.01
3 月	23666	3938	20604.13	10 月	95886	8479	65383.11
4 月	31969	3532	22147.02	11 月	94357	7152	63206.01
5 月	58451	4316	37456.40	12 月	96833	8228	66209.38
6 月	67331	5141	44874.01				
7 月	72411	5378	46365.03	合计	766207	67498	523852.90

资料来源:中央党部国民经济计划委员会:《十年来之中国经济建设》上篇,南京扶轮日报社 1937 年版,第 43 页。

然而,此前南京市民欲往镇江,需至下关或和平门上车,火车票三等仅需 1 元,自夫子庙至下关的汽车费则需 2 元,"而夫子庙至下关之路程仅长十余里,其车费反较下关至镇江尤贵,在时间上及金钱上均不经济。故为解除此种不经济状况起见,市铁路实有展筑之必要"。[3] 由此,1934 年江南铁路增修南京芜湖线后,同年南京市政府奉蒋介石手谕,"以市铁路亟应与京芜铁路接轨,以贯通京市南北交通。按市铁路之展筑,不特在全国交通方面有密切之关系,即在本市方面亦有迫切之需要"。从而,市铁路管理处主任徐文信呈文市长:"窃查本路横贯城厢内外,绾毂全市交通,关系至为重要。而报载铁道部拟在明故宫后宰门以北香林寺地方,建筑临时中央车站以联络各路交通,如成事实,本路难免不受其影响。复查国内铁路,可筑联络线直达中央车站者,仅京沪路与尚未完成之京芜路而已,其他各路姑不置论,

---

[1] 参见南京市政府秘书处:《十年来之南京》,1937 年 6 月编印,第 43 页。

[2] 参见中央党部国民经济计划委员会:《十年来之中国经济建设》上篇,南京扶轮日报社 1937 年版,第 34 页。

[3] 参见南京市政府秘书处编译股:《南京市政府公报》第 169 期,南京市救济院印刷厂 1936 年版,第 107 页。

即津浦路亦非假道京沪路不可",由此该路为谋此种计划实现,函准工务局派员同该处车务管理前往查勘,其采择由中正街站经八府塘东、钓鱼巷出城与京芜路接轨,线与本市马路干线尚无抵触,约计路程仅1华里有奇,所需工程费用为数不过数万元,"轻而易举与建筑中央车站需费浩繁之功效同一,如此种计划果能实现,则本路营业自可蒸蒸日上"。①

基于此,在市内铁路与京沪、津浦两路"已有联络,如京芜路告成,本路与之接轨,则全国铁路交通亦可藉此勾系"的背景下,1934年9月8日,在芜湖江南铁路公司办公地,南京市政府代表专员张剑鸣、市内铁路管理处主任徐文信、车务股股长高树华及商办江南铁路股份有限公司代表(襄理周贤颂、总工程师容祖诰)共同订立《江南铁路与京市铁路接轨联运合同草约》共七条,计如:一、经双方同意两路接轨。二、接轨地点在南京市通济门城门外口。三、接轨工程费用在城门外口以北由市政府承担(城门工程在内),自城门外口以南由铁路公司承担。四、实行接轨日期暂定于1935年1月21日,又有特别情由不及办理应由双方随时商议,最迟不得逾2月28日。五、在合同期内,两路办理客货联运及互相通行车辆,由双方立订细则规定。六、本合同有效期限暂定为20年。七、本合同市政府代表呈报市政府,公司代表报告公司,经双方核准后互换公文,方始正式发生效力。②

至1936年,市内铁路与江南铁路接轨事宜,经与江南铁路公司数次会议,"现已决定自安徽直达本市城内之旅客,由江南铁路送至武定门车站,再由市铁路接送,方法与条件均已谈妥"。③ 如是年3月30日的《江南铁路公司、南京市铁路管理处客货联运办法》第一节"客运"中规定:(1)旅客联运范围,暂以发售三、四等联运单程票及办理寻常行李包裹为限;(2)联运票价应按照两路的票价合并计算,但由联轨站至京市路下关站的票价,不得超过江南路现行中华门、下关间的票价,作为联运特价;(3)联运客票以2日为有效期间;(4)联运行李免费重量,按照两路客运规定办理。(4)联运行李包裹,在联轨站办理接受。接受时,由江南铁路至市内铁路者,其卸车及搬运工作归江南铁路负担,装车归市内铁路负担;由市内铁路至江南铁路者,卸车及搬运工作归市内铁路负担,装车工作归江南铁路负担;(5)两路

---

① 参见《拟展长路线与京芜路接轨计划》,1934年8月,南京特别市政府档案,档号1001-1-1606。

② 参见《拟展长路线与京芜路接轨计划》,1934年8月,南京特别市政府档案,档号1001-1-1606。

③ 参见南京市政府秘书处编译股:《南京市政府公报》第169期,南京市救济院印刷厂1936年版,第108页。

联运客票,结账手续限每日结算一次,由双方会计处造具清单,翌日付款。①

由是,当局为"发展京市交通",将市内铁路自中正街起展筑路线,经由中正街起向南沿致和街,穿国货陈列馆于利涉桥东,越秦淮河沿东沿路出城,与江南铁路衔接。自 1936 年 12 月该路武定门站通车后,"即进行与江南、京沪举办联运,一俟合同签订,即可实行"。② 具如,江南铁路"行将通车,拟京沪路相联络",须租用市内铁路"以资衔接",经南京市政府与江南铁路公司协商就绪,签订租借合同各执一份,并呈请行政院鉴核备案,"即将预备移交管理"。③ 另外,市内铁路机车、客车"现在已不敷应用,将来通车以后,如与京沪、京芜两路实行联运,则车辆势必愈形缺乏,而呈请购办又属缓不济急",该路还向京沪、京芜两路各租机车 1 部、客车 2 辆,"以应目前之需"。且江南铁路与该路联运后,江南路在下关的营业所"即可撤销,双方便利"。④ 至 1937 年 1 月 9 日,当局还要求市内铁路从速计划新车站及必需轨道,"以备与京沪、京芜两路联运,得以发展营业为要"。⑤ 既如此,"最近已在兴工把这条(江南)铁路延长到安徽,再接通江西的株萍铁路。这样一来,从南京到安徽、江西、湖南去,有一条横贯的铁道,交通上当然要便利得多"。⑥

由上而述,抗战前市内铁路的展长路线,直达中华门外马家山,"以与江南铁路接轨,与江南、京沪举办联运"。⑦ 因之,该路自下关至中华门外,"纵贯城区,北接京沪铁路,南与京芜铁路相连",京沪与江南两线亦可经"由下关至中华门外之市铁路互相衔接"。⑧ 彼时由安徽或上海来南京者,"可以直达城内,而城内市民可以在城内附近车站上车,直达安徽或上海"⑨。且就在城际联运的市内铁路上,乘客中有上下班职员,有外出采购的家庭主妇,有跑生意的商人,还有乘车玩的孩童。车厢内闲聊、叫卖及喧嚣声彼此交织,杂乱里平添热闹,市俗中透射风情,市民日常生活也渐趋近代化。可见,其时内铁路的持续展筑,使其与南京城内外的京沪、江南等

---

① 参见《派员赴铁道部接洽京市铁路联运》,1936—1937 年,南京特别市政府档案,档号 1001-1-1608。

② 参见南京市政府秘书处:《十年来之南京》,1937 年 6 月编印,第 51 页。

③ 参见南京市政府:《南京市政府行政计划(民国二十四年度)》,出版时间、地点不详,第 53 页。

④ 参见《租用机车客车以备联运》,1936 年 9 月,南京特别市政府档案,档号 1001-1-1603。

⑤ 参见《关于改建下关车站事》,1937 年 4 月,南京特别市政府档案,档号 1001-1-1610。

⑥ 倪锡英:《南京》,中华书局 1936 年版,第 33 页。

⑦ 参见南京市政府秘书处:《十年来之南京》,1937 年 6 月编印,第 51 页。

⑧ 参见南京市政府:《首都市政》,大成出版公司 1948 年版,第 11、82 页。

⑨ 南京市政府秘书处编译股:《南京市政府公报》第 169 期,南京救济院印刷厂 1936 年版,第 108 页。

铁路相互连接,奠定南京作为南北铁路交通枢纽的地位,不仅便利市民生活与出行,亦促进了城际和区域间的持续交流。

二、线性关联公路枢纽

抗战前我国公路联运事业,如"浙江公路管理局与商办江南汽车公司之合办京杭路直达车,江西公路处与湖南公路局在南昌长沙间之客货联运,江苏公路管理局之行驶苏嘉路全段……都是极显著的"[①]。具如江南汽车公司经营期间,以"发展汽车事业,促进公路交通,便利民行为宗旨"[②];至1933 年为便利南京、杭州间旅客往返起见,该公司与浙江省公路局合资办理京杭联运直达车,并设直达车管理处,直至南京沦陷前为止[③]。

表8—4　京杭联运直达车客票价目表(1936 年 1 月)

站名＼站名	里程(公里)及票价(元)	南京	句容	溧阳	宜兴
杭州	里程	325. 28	280. 38	202. 09	166. 98
	单程	5. 20	5. 00	3. 60	2. 90
	来回	8. 35	—	5. 80	4. 65
三桥埠	里程	271. 90	227. 00	148. 71	113. 60
	单程	4. 90	4. 10	2. 70	2. 00
	来回	—	—	—	—
湖州	里程	232. 83	187. 93	109. 64	74. 53
	单程	4. 20	3. 40	2. 00	1. 30
	来回	6. 75	—	3. 20	2. 10
附记	往返有效日期一律定为 7 天,已售出日算一日				

资料来源:《合同章程及第七年度报告》,1935—1938 年,江南汽车公司档案,档号 1040-1-1548。

至 1936 年,南京至杭州间的民众乘坐京杭路车,当日可多次往返,平均站距仅 5 公里,"实行以来,旅客称便"。[④] 同年为招徕客源,京杭直达车的

---

① 金家凤:《中国交通之发展及其趋向》,正中书局 1937 年版,第 149—150 页。
② 《各种章则办法程序》,1947 年,江南汽车公司档案,档号 1040-1-1147。
③ 参见《江南汽车公司股东名册》,1936 年,江南汽车公司档案,档号 1040-1-1393。
④ 参见《江南汽车股份有限公司第十六年度业务报告》,1948 年,江南汽车公司档案,档号 1040-1-735。

票价酌减,自 5 元 8 角改为 5 元 2 角,来回票给予 8 折优待(见表 8—4),"俾逐日往来车数得以平衡,为便利旅客起见,于先一日售票,每日以二车客座数为度额满,则次日再售旅客。固有此项办法规订得以安心待乘,故秩序尚佳"。① 1936 年 1 月 1 日,浙江省公路局、江南汽车公司还将原有合同修正,正式签订《合资办理京杭联运直达车合同》,主要内容如下:

第一条　双方资本金及营业分配,以双方所通行之里程比例为准。公路局的里程由杭州湖滨至长兴计长 118.59 公里,公司的里程由长兴至南京中正路总站计长 206.9 公里,兹经双方决定比例之数如下:公路局 36.5%;公司 63.5%。

第二条　资本金暂定为国币 1 万元照比例分摊:公路局资本金洋 3650 元;公司资本金洋 6350 元。资本金除车辆购置装造费外,余数悉充流动资本金。在本合同有效期内,如因营业发达有扩充车辆及设备之必要时,双方应增加的资本金届时会商决定。

第三条　暂购 WTL BEDFORD 牌汽油车 2 辆,专充京杭联运直达车之用。俟将来车辆折旧之款积有成数时,应再添购 1 辆以便替班。车辆的订购构造,由双方另行会商。

第四条　车辆折旧以 30 个月计算,每辆每月折旧费规定为洋 150 元。双方照比例于营业收入内提存当地之中国银行特立共同折旧专户,其印鉴由公路局局长及公司总经理盖章。

第五条　每日营业收入应由双方分别转存银行(属于公路局各站净收者应经解公路局存入杭州中国银行,属于公司各站者应经解公司存入南京农工银行),设立京杭直达车联运收入户至每月月终结算一次。每月总收入除经常支出及折旧费外,盈亏之数双方均照比例分配,但所有联运进款非至结算分配之时,双方均不得先行动用。

第六条　直达车管理处设正副管理员 2 人,共同负责办理直达车一切事项,正管理员驻南京,副管理员驻杭州。此外为照料行车及旅客午膳事宜,在杭州、长兴、宜兴、南京四处,各设办事员 1 人。以上人员均由公路局及公司就原有职员中会同委派兼充,但概不支给薪津。直达车所用之机司、工匠得由正副管理员呈请双方会派,其按月工食及年终奖金暨四季制服费用,均由直达车管理处列支。

---

① 参见《合同章程及第七年度报告》,1935—1938 年,江南汽车公司档案,档号 1040-1-1548。

第七条　经常支出预算由正副管理员编拟呈送双方会核。每日收支状况应由正副管理员照账,另缮副本送呈双方备查。每月收支及结算账单,亦由正副管理员办理于次月 15 日以前分呈双方审核。

第八条　直达车一切收支账目由正副管理员负责经营,并规定自第 1 个月起至第 15 个月止,由驻南京正管理员主办;第 16 个月起至第 30 个月止,由驻杭州副管理员主办。在移转主办责任时,除每月应存银行车辆折旧费仍不移转外,所有流动资本金在正管理员主办时期,应存入南京农工银行,印鉴由公司经理签名盖章;在副管理员主办期间,即应转存杭州中国银行其印鉴由公路局局长签名盖章。

第九条　购料及一切开支均须备具正副单据两份,由正副管理员会造报销。将单据之正份送公司,其副份送公路局。

第十条　直达车管理细则由双方会商另订,行车时刻由正副管理员随时会商规定分呈双方备查。

第十一条　直达车客票价目由双方商定来回票价目,照单程双倍 8 折计算。其尾数不及 5 分作 5 分计算,5 分以上不及 1 角作 1 角计算,各站间票价另定之。直达车旅客所带行李规定每客得免费 20 公斤,自 21—40 公斤止照客票价目 1/4 收费,各站间行李价目另定。

第十二条　遇有直达车中途发生停顿情事,在公路局营业段内,由公路局负责救济并调派替代车辆;在公司营业段内,由公司负责办理。其救济及替班车辆之津贴办法规定如:(甲)救济车按往返行驶里程每公里 1 角 5 分计算,行车消耗以距离停顿车辆最近之车场出发为原则。(乙)替班车按车辆行驶里程每公里 1 角 5 分计算行车消耗,但如仍有直达车机司驾驶替班车则应照扣该机司代驶日之工资。双方替班车行驶里程每月应以符合本合同第一条所定之比例为原则,每月月终由直达车管理处列表结算,如遇有不能适合固定比例时,应于下月内设法调剂。上项救济车及替班车之津贴,由派车方面于每月月终列表,向直达车管理处算收。

第十三条　直达车如遇各站联运旅客众多时,酌量加放车辆,但每次加车旅客人数,应占车辆座位半数以上方得开驶,半数以下仍应搭乘双方原有衔接车辆。其所售票款应列入当日联运营业进款之内,上项加放车辆拨车方面得按照该加车实际里程,以每公里 1 角 5 分计算,列表向直达车管理处算收行车消耗,但其回程如系空车则只可照算至双方长兴站为止。

第十四条　本合同有效期间暂定为 30 个月,经双方同意得延长之。

第十五条　未届期满任何一方,欲中途解约时,应于1个月前通知对方,经双方同意后其资产之分析办法如下:

(一)车辆　车辆之原价除已提存折旧费之积数外,余之数即为届时车辆之现值(例如两车之原价为10000元,提之折旧费设为3600元,则两车届时之现值应为6400元)。任何一方愿接受车辆时,应照车辆届时之现值,除照比例该方应得之数外,将余数找付对方(例如车辆届时之现值为6400元照比例公路局应得2336元,公司应得4064元,故公路局接受车辆时应付公司4064元,公司接受车辆时应付路局2336元)。

(二)折旧费　共同折旧费专户所积存之折旧费本息,届时亦照比例由双方分析提还,但接受车辆之一方,应将所得之折旧费本息尽先拨为(一)项规定应找付对方款项之用。

(三)结存材料　结存零星机器配件及各种材料油料应由双方会同估售之所得之款项比例分析。

(四)流动资本金　结存之流动资本金亦照比例分析。

第十六条　本合同正式签订之日,所有双方前订之合资试办京杭公共直达车合同即行废止。

第十七条　本合同附件计联运章程一份。

第十八条　本合同自双方正式签订之日起有效实行。

第十九条　本合同缮具一式三份,双方各执一份,其余一份由公路局呈送浙江省建设厅备案。①

再如彼时江南汽车公司在营业班次上,有直达车、区间车、团体包车等;在南京、句容、溧阳、宜兴等地段开区间车,实行旅客购来回票,3天内有效(见表8—5);并办理直接联运、衔接联运以及和铁路联运等。② 如该公司的宜锡路不仅与京杭路联运,并在无锡站与京沪铁路展开联运(见表8—6)。可见,汽车运输具有机动灵活、迅速方便和公路建设投资少、周期短等特点,在整个交通运输体系中,它是能够深入城市大街小巷和农村山区的一种运输方式。除了直接承担工农业生产和城乡物资交流等大量客货运输任

---

① 《合同章程及第七年度报告》,1935-1938年,江南汽车公司档案,档号1040-1-1548。

② 参见江苏省交通史志编纂委员会:《江苏公路交通史》第一册,人民交通出版社1989年版,第287—288页。

务外,它能为水运、铁路、航空等运输方式承担客货集散的任务。

表8—5　江南汽车公司京杭、宜锡联运各站客票价目表(1934年)单位:元

京杭路 宜锡路	南渡	溧阳	徐舍	汤渡	夹浦	长兴
屺亭桥	1.08	0.78	0.48	0.42	0.78	1.00
和　桥	1.16	0.86	0.56	0.50	0.86	1.08
漕　桥	1.34	1.04	0.74	0.68	1.04	1.26
雪堰桥	1.56	1.26	0.96	0.90	1.26	1.48
无　锡	2.02	1.72	1.42	1.36	1.72	1.94

资料来源:《江南汽车公司股东名册》,1936年,江南汽车公司档案,档号1040-1-1393。

表8—6　京沪沪杭甬铁路管理局、江南汽车公司联运里程表(1935年)

单位:公里

汽车公司里程								
站名	雪堰桥	漕桥	和桥	宜兴	汤渡	徐舍	溧阳	长兴
无锡	27	39	50	64	79	81	99	112
铁路里程								
站名	常州	苏州	丹阳	镇江西站	上海北站	南京		
无锡	39	43	84	114	129	183		

资料来源:《合同章程及第七年度报告》,1935—1938年,江南汽车公司档案,档号1040-1-1548。

具如抗战前江南汽车公司还与京沪沪杭甬铁路管理局签订《旅客及行李联运合同》,内容有:一、京沪沪杭甬铁路管理局(以下简称路局)与江南汽车股份有限公司(以下简称公司)为办理联运,增进旅客便利,双方同意后列各款订立本合同,以资遵守。二、路局以南京、镇江西站、丹阳、常州、苏州、上海北站6站,公司以雪堰桥、漕桥、和桥、宜兴、徐舍、溧阳、汤渡、长兴8站为联运站,发售联运客票,双方以无锡为联接站。路局按照票面规定的等级乘车,公司则不分等级,联运客票以2日为有效期。如火车迟到15分钟以内,公司应将原班汽车等候;如超过15分钟,公司酌量人数用专车载送。下午4时后,不再开驶专车。三、行车时刻表如须修改,双方应先期知照。四、联运客票价目按双方应得价并合订定。票价如有修改,双方须在充分日期前互相通知。联运客票价目,另于附表中详细规定。五、公司对于旅客携带行李,每一张客票得免费20公斤。超过20公斤,以每20公斤为一

单位,每一单位照客票 1/4 收费,不足一单位作一单位计算。孩童免费行李
重量,照普通旅客减半计算。六、路局规定旅客携带行李办法:(甲)每张客
票行李免费重量,计头等免费 80 公斤,二等免费 60 公斤,三四等各免费 40
公斤。(乙)孩童半价票,免费重量按其等次照甲项开列各数减半。(丙)旅
客行李逾上开重量,每 10 公斤或不满 10 公斤,每公里收费 1 厘起码收费 5
分。七、前项行李逾限费,关于路局者由路局应得,关于公司者由公司应得。
在出售联运客票时互相代收,双方登记订期结算。八、所有双方票价及行李
逾限费,规定每月 24 日由公司派员至路局会计处结算划清。九、公司须备
充分汽车,以便联运旅客乘坐及装载联运行李。十、双方员工因办理联运公
务往返乘车时,得凭路局或公司公函换给公务乘车证。十一、本合同规定利
益,非经路局书面同意不得移转。如有违背,路局得随时取消合同。十二、
各项联运票,由路局与公司协商规定式样并印刷。其印刷费凡由路局火车
站出售,归路局负担;凡由公司汽车站出售,归公司负担。十三、双方有关联
运的印刷品及时刻表等,应随时互为分发。十四、联运所用各项戳记,由双
方规定式样各自备用。十五、公司为联运用的汽车或其配件,直接向路局报
运者,得照七五折核收运费。其配件范围,由公司会商路局另行规定一表。
十六、本合同以 12 个月为满月,期内一方如欲终止或修改合同,须 1 个月前
行文协商。每满 12 个月,双方同意得再继续。若任何一方无意继续,须于
合同期满前 1 个月预先通知,否则即以承认继续办理论。① 由此,双方对联
运的票价、行李及款项交割等事项作出具体规定。

　　另外,当时京芜公路"为苏浙皖三省联络公路之一,复为七省联络公路
京黔干线之首段",长途汽车起自南京中华门外雨花路南端,迄于安徽芜湖
共长 92 公里,所经区域跨南京市及苏皖两省。其自南京至慈湖段,由江苏
省建设厅设长途汽车管理处于南京中华门外雨花路办理运输事务,自慈湖
至芜湖则由皖省承办,"相互联运"(见表 8—7)。② 且"非常时期,为便利后
方交通起见",全国经济委员会与国民政府军事委员会 1933 年 10 月 25 日还
在南京举办"京赣公路联运直达车",起点为南京(中华门外雨花路 241 号),
经芜湖、宣城、河沥溪、绩溪、和县、屯溪、渔亭、祁门、张王庙、景德镇、乐平、珀
玕、温家圳,迄于南昌(汽车总站),南京至南昌票价为 24 元 4 角;南京 7 时
始发,南昌 7 时 30 分始发,问询地址为南京站址,问询电话为 51603。③

---

① 参见《合同章程及第七年度报告》,1935—1938 年,江南汽车公司档案,档号 1040-1-
1548。
② 参见南京市政府秘书处:《十年来之南京》,1937 年 6 月编印,第 44 页。
③ 参见《五省市公路联运办法》,1933 年 11 月,南京特别市政府档案,档号 1001-1-1582。

表8—7　京芜汽车联运客票价目表（1933 年）

芜湖					
—	当涂				
—	—	采石			
1元9角	1元2角	9角	江宁镇		
2元4角	1元7角	1元4角	—	南京中华门	
2元6角	1元9角	1元6角	—	—	南京下关
备注	联运行李，每人只限免费 20 公斤，逾重每 20 公斤照票价 1/4 收费，不足 20 公斤照 20 公斤计算；凡京芜联运车沿途小站不停，自南京下关京沪车站起，经过鼓楼、新街口准上不准下，如由南门到下关准下不准上，由南门总站江宁镇慈湖采石当涂直达芜湖，共停 6 处。				

资料来源：南京市政府秘书处：《新南京》，南京共和书局 1933 年版，第 32 页。

综上可见，"交通利便，裨益于人民生计"。[1] 城市中提供的公共服务也是城市规模的一种功能，由于城市增长，提供类如公共交通、排污设施等服务。[2] 而为更好地对外交流，需要大力发展以城市为枢纽的现代交通网络，同时现代交通工具也为打破地域限制提供最有利的工具。交通运输发展加强城市的开放性，促进城市与乡村、城市与城市间的横向联系，打破城市在地域上的封闭状态。[3] 抗战前南京公共交通与全国铁路干线、公路枢纽展开联运，不仅促进城际交流，且便利市民日常出行和活动空间拓展，进而提升生活质量，为南京城市发展创造更为广阔的空间。

第二节　公共交通与时间理念

从一定意义上说，交通能在不同程度上满足人的多种需要，尤其是社会心理需要。交通能满足人出"行"的需要，快捷和便利的交通节省了人们的时间，而时间就是金钱和效率。[4] "交通运输之目的，在乎打破时间之障碍……现代人对于时间，已极重视，尤其在都市的人士，对于时间更为宝贵，故欧人有时间即金钱之谚，则都市交通工具之应以迅速为条件，

[1]　陈树棠：《道路建筑学》，中华道路建设协会 1934 年版，第 1 页。

[2]　参见［英］K.J.巴顿：《城市经济学——理论和政策》，上海社会科学院部门经济研究所城市经济研究室译，商务印书馆 1984 年版，第 101 页。

[3]　参见何一民主编：《近代中国城市发展与社会变迁：1840—1949 年》，科学出版社 2004 年版，第 57 页。

[4]　参见黎德扬等：《交通社会学》，中国社会科学出版社 2012 年版，第 137 页。

自不待言"。① 近代以降,交通运输系统是当时中国城市社会中最需要时间纪律以维系工作效率的部门,轮船、火车、汽车等近代新式交通工具的进入,对于人们时间意识的影响是多方面的。② 譬如公共交通使城市人开始确立科学的时间理念,时分的细分丰富了年月日的时间切分,交通工具甚至成为某一特定时间的表征。易于看出,抗战前南京公共交通改变城市生活的时间节奏,转变人们对时间距离的感知,新式交通带来的出行方式使市民渐次形成"时间即是金钱"的现代理念。

一、城市时间节奏转变

抽象意义上,时间不能完全脱离和独立于空间,而必须和空间结合,形成所谓的时空客体。即当一个物体运动时或一个力起作用时,它影响空间和时间的曲率;反之,时空的结构影响物体运动和力作用的方式。③ 事实上,交通运输即是一种实现客、货空间位移的服务,使空间中的物体位置发生人为变化,而时间是用来表示空间中物体位置变化的重要的计量标准。因此,交通运输业具有明显的时空特性,其对时间、空间和地域具有极强的依附性,即不可挪用性。④ 可见,交通运输是使得人、物产生位置移动的重要手段。

进一步言,交通方式的变迁,消弭时空距离的遥远。如麦哲伦环行世界一周需时 2 年 11 月半,"近世环行世界一周"63 日已足,最短时间为 33 日。⑤ 即在交通不便的时代,"旅行之苦不可言喻,即数百里内,费时多至数月,迁居更不自由,下层社会,尤有切肤之感",迨轮船、火车发明,"出万里于庭户……增进人民利益不鲜"。⑥ 由此,人类从步行的原始交通,演变为近代化运输方式,突破天命的樊笼。即随近世科学进步,时人渐知"利用各种动力,以繁复之结构,为交通工具,如用蒸汽力之火车,用电力之电车,用

① 吴琢之:《都市合理化的交通工具》,《交通月刊》第一卷第一期,京华印书馆 1937 年版,第 38 页。

② 参见丁贤勇:《新式交通与社会变迁:以民国浙江为中心》,中国社会科学出版社 2007 年版,第 360 页。

③ 参见[英]史蒂芬·霍金:《时间简史——从大爆炸到黑洞》,许明贤等译,湖南科学技术出版社 2002 年版,第 21、132 页。

④ 参见王惠臣:《论运输管制:公共性与企业性的悖论》,高等教育出版社 1997 年版,第 38 页。

⑤ 参见盛叙功:《交通地理》,商务印书馆 1931 年版,第 16 页。

⑥ 参见向默安:《我国交通事业之整理与发展》,《交通杂志》第一卷第一期,交通杂志社 1932 年版,第 9 页。

内燃机之飞机、汽车等等交通工具,于焉大备"①。从而,伴随新式交通工具的嚆矢,交通状况大为改观,人类的生产、活动范围也从家户、城乡逐步扩展。斯时,机械化交通作为工业文明和城市化进程的特有产物,以不可遏制的速率呈现于世。

很能说明问题的是,交通运输与时间本质上有天然联系。即近代新式交通成为新时间制度引入的重要途径之一,它不仅是新时间制度最大的利用者,更是推行这一制度的动力来源。② 如 19 世纪的铁路不仅将小麦从农场运到市场,且引入"时区"的新概念。其实,"准时"概念之所以变得关键,首先源于列车时刻表,列车不准点就会造成事故。③ 即铁路运输对于"时间经济,极关重要"④;由此"火车误点,迟一个钟头,虽不要紧,但是全车旅客须候一个钟头,设有千人的旅客,则损失一千个钟头,此种时间的损失,影响于国民经济甚大"⑤。

问题的实质在于,随着城市发展和地域扩大,城市的功能区分化愈加明显。为实现各种城市经济与社会活动,各城市功能区之间的移动机会大大增加,功能区的活动人口在一天内有很大变化,这就形成城市内部各地区之间人口的时间变化,即城市的活动节奏。⑥ 从而,城市人的时效观念更强,更注重时间和效益,生活节奏较快。交通运输、商店营业所有这些都是按统一时间安排的。时间的机械节奏证明它适用于组织集体生活和大众活动。⑦ 由此,"交通之效用,应以迅速为原则,都市交通工具,尤当以迅速为唯一之条件"⑧;即当"公共交通出行时间的节省程度比小汽车更大时,人们就会使用公共交通"⑨。可见,公共交通与时间有天然联系。具如 20 世纪

① 吴琢之:《都市合理化的交通工具》,《交通月刊》第一卷第一期,京华印书馆 1937 年版,第40 页。

② 参见丁贤勇:《新式交通与生活中的时间:以近代江南为例》,《史林》2005 年第 4 期。

③ 参见[美]保罗·萨缪尔森、威廉·诺德豪斯:《经济学》第 17 版,萧琛主译,人民邮电出版社 2004 年版,第 96 页。

④ 秦孝仪主编:《革命文献》第 78 辑《抗战前国家建设史料——交通建设》,(台北)中央文物供应社 1979 年版,第 440 页。

⑤ 向默安:《我国交通事业之整理与发展》,载《交通杂志》第一卷第一期,交通杂志社 1932年版,第 10 页。

⑥ 参见柴彦威等:《中国城市的时空间结构》,北京大学出版社 2002 年版,第 3 页。

⑦ 参见潘允康主编:《城市社会学新论:城市人与区位的结合与互动》,天津社会科学院出版社 2003 年版,第 104 页。

⑧ 吴琢之:《都市合理化的交通工具》,《交通月刊》第一卷第一期,京华印书馆 1937 年版,第42 页。

⑨ [美]韦恩·奥图、帕特里夏·亨德森编:《公共交通、土地利用与城市形态》,龚迪嘉译,中国建筑工业出版社 2013 年版,第 106 页。

初，南京下关滨临大江、远在城北，"平日行旅出入货物往来，每形不便。由城内以达下关"，往返需 1 日。市内铁路"专为便利城内与关之交通而设"，自通行后情形大为改观，已变为每日上下各约开 9 次，由下关至城内中正街约需时 40 分钟。[①] 20 世纪 20 年代，该路日行 18 次（见表 8—8），两车南北对开，每小时一趟，"各站均不办理闭塞，行车无路签、信号机"，但各站按时刻表规定时间接发列车。[②] 其发车、到站时间均精确到分。而在彼时钟表并不是十分普及的年代，市内铁路的来往时刻表已成为市民大略、替代性的计时工具之一，时间替代性的作用由此凸显。

表 8—8　1923 年市内铁路行车时刻表　　　　　单位:时分

由江口开往各站时刻	江口开	下关开	三牌楼开	丁家桥开	无量庵开	督军署开	中正街到
第一次	5:40	5:44	5:53	5:58	6:03	6:15	6:20
第三次	7:20	7:40	7:45	7:54	8:00	8:10	8:15
第五次	9:15	9:22	9:32	9:38	9:44	9:55	10:00
第七次	11:10	11:17	11:32	11:32	11:39	11:50	11:55
第九次	1:10	1:17	1:27	1:32	1:39	1:50	1:55
第十一次	3:10	3:20	3:30	3:36	3:41	3:52	3:57
第十三次	5:10	5:17	5:20	5:23	5:39	5:50	5:55
第十五次	7:10	7:17	7:26	7:32	7:37	7:47	7:52
第十七次	9:00	9:07	9:17	9:23	9:30	9:40	9:45
由中正街往各站时刻	中正街开	督军署开	无量庵开	丁家桥开	三牌楼开	下关开	江口到
第二次	6:30	6:36	6:46	6:51	6:56	7:06	7:10
第四次	8:20	8:25	8:35	8:40	8:45	8:55	9:00
第六次	10:05	10:11	10:21	10:27	10:32	10:45	10:50
第八次	12:05	12:11	12:21	12:27	12:32	12:45	12:50
第十次	2:05	2:11	2:21	2:27	2:33	2:43	2:48
第十二次	4:10	4:16	4:26	4:32	4:38	4:48	4:53
第十四次	6:05	6:11	6:21	6:27	6:32	6:44	6:50
第十六次	8:00	8:06	8:16	8:21	8:27	8:38	8:43
第十八次	10:00	10:05	10:15	10:21	10:26	10:36	10:40

资料来源:陆衣言:《最新南京游览指南》,中华书局 1924 年版,第 71—73 页。

---

①　参见中国旅行社:《首都导游》,1931 年 10 月编印,第 19 页。

②　参见陆衣言:《最新南京游览指南》,中华书局 1924 年版,第 70—71 页。

　　公共交通的一个关键因素是到车站的时间或距离。个人是否选择公共交通还要考虑出行时间。因此,公共汽车系统必须开发合适的路线来进行有效服务。[①] 如"汽车行驶便捷,在二三小时间可周行全城街市。以之宣传广告,在最短时间内,可使全城街上行人住家莫不知某公司之营业性质与夫出品名目,法至善也"[②];即"要求事业速成,必须交通便利。要求事业速成,必须时间经济。请看欧美列强,由人力车而马车,由马车而脚踏车而汽车、电车,愈来愈省时间,有利于农工商学各界"[③]。近代南京公共交通中占据主流地位的公共汽车,对于城市时间节奏形成的影响亦同样深刻。具如定都前,宁垣汽车公司已对行车时刻作出精准规定(见表8—9),每日上午6时开北行车第一次;6时45分开南行车第一次;后每隔10分钟门帘桥与沪宁车站各开一次;第二次后,各站开车时刻较第一次迟延10分钟。且公司还应市民要求开行夜车,北行车每夜12时开末次车出城,南行车每夜1时开末次车进城。[④] 自宁垣汽车开行,市民已感概"汽车裨益地方,节省时光"[⑤]。另1922年汤山游览车通行后,乘客亦感叹:"驱车出朝阳,言赴汤泉浴,忆昔骑驴此地游,匆匆又过十年秋,重来揽胜车如电,笑问山灵识我不?""册里飙轮如掣电,一家眷属漫疑仙","展轮铁瓮饶余兴,选胜汤泉迨暮春"。[⑥] 从而,公共汽车让城市社会交往变得更为迅捷,并进一步加快了市民的日常生活节奏。

表8—9　1924年宁垣汽车公司行车时刻表　　　　单位:时分

站名	北行车开到时	南行车开到时	站名	北行车开到时	南行车开到时
门帘桥	上午6:00	上午7:25	丁家桥	6:25	7:00
大行宫	6:05	7:20	三牌楼	6:30	6:55
珍珠桥	6:10	7:15	下关大马路	6:35	6:50
东南大学	6:15	7:10	沪宁车站	6:40	6:45
鼓　楼	6:20	7:05			

资料来源:交通部铁道部交通史编纂委员会:《交通史路政编》第十八册,1935年5月编印,第107—109页。

---

①　参见张文尝等:《城市交通与城市发展》,商务印书馆2010年版,第85页。
②　范凤源:《汽车的广告术》,《申报》1927年12月24日,第5版。
③　《华商公利公司开行圆路汽车启示》,《申报》1922年8月14日,第1版。
④　参见交通部铁道部交通史编纂委员会:《交通史路政编》第十八册,1935年5月编印,第110页。
⑤　磊夫:《宁垣长途汽车公司之近闻》,《申报》1924年2月16日,第3版。
⑥　严伟:《南汤山志》,南汤山陶庐出版社1927年版,第76页。

同时,近代公共交通的引入,首先要求城市有统一的标准时间。如南京定都初,"计时时钟多不划一,每日午间虽放午炮,亦难精准",市长刘纪文特向日本购电动授时发音机一架,安置在大学院鼓楼测侯所,"声巨如雷震动全市"。① 嗣全市自设立标准钟以来,"市民咸称便利,惟市区辽阔,需要增设之处甚多",1935年工务局调查适当地点,"以便陆续添设,并为推广起见,拟请各机关、学校、公共团体及商号,将自用标准钟,统与工务局标准钟接线,以统一全市时计",并由该年度起逐渐推行。② 从而,"时计关系至为重要",抗战前城市当局特于繁盛处装置标准钟,"以资划一时计";其母钟3座,设于工务局及该局下关办事处暨大行宫第一警察局;子钟13座,设于夫子庙前、中华门内、第一公园前、新街口、鼓楼北、中山门内、下关江边等处。③

由是,伴随当局对时间制度的持续关注,公共汽车乘客的多寡,也具有明显的时间特性。如1927—1928年,南京特别市公共汽车公司的行车时刻已为每日上午6时起至晚8:30止,每15分钟开行一次;关庙汽车公司每日行车上午6:30分起至晚8:30分止,每15分钟开一次。④ 继而,公共汽车公司的行车时间为每日晨5:30分开行,夜11时停车。⑤ 再如上午7—9时,中午12时—下午2时,下午4时半—6时,公务员、工商业员工上班,需车多,过此时间段则乘客稀松,如固定派车就不能完全适应需求。因此江南汽车公司对每一路线车辆,虽派有一定数目,但不一定自始至终开驶。繁忙时则车辆全部出动,至人数渐少时则有节奏地抽调一部分,停放在起终点附近的冷僻马路上;等乘客又将密集时,再逐步补充加入行驶;或起终点站在车上挂"进厂"牌,带客至山西路后开到北京路、颐和路一带停放,到快下班时陆续出动。南北行的数量据经验比例搭配,当乘客密集在站上时,前后车陆续开到,不致其久。⑥ 由是,抗战前全市"公共汽车之行驶,晨出夜返,川流不息"⑦。这些班车的运行时刻均能精确到分,使机械化公共交通逐步改变了城市时间的节奏。

---

① 参见《首都划时计》,《申报》1928年12月16日,第3版。

② 参见南京市政府:《南京市政府行政计划(民国二十四年度)》,出版时间、地点不详,第38页。

③ 参见南京市政府秘书处:《十年来之南京》,1937年6月编印,第76页。

④ 参见徐寿卿:《新南京志》,南京共和书局1928年版,第169、173页。

⑤ 参见《首都公共汽车开始营业》,《申报》1928年7月21日,第9版。

⑥ 参见徐泰来:《江南汽车公司内幕》,载《江苏文史资料选辑》第20辑,江苏古籍出版社1987年版,第271页。

⑦ 《各种章则办法程序》,1947年,江南汽车公司档案,档号1040-1-1147。

不难发现,在现代城市中,由于大量不同文化背景的人口密集居住在一起,城市规模和人口密度限制人与人之间的深度交往,因而城市生活中往往以非感情性的、存在时间短暂的次属关系占主导地位。① 但自公共交通诞生后,科学的时间走进城市,其逐渐成为近代城市新时间制度引入的重要途径之一,成为该制度的最大利用者和推行制度的力量之一。同时,公共交通的持续发展使近代南京市民克服时间与空间的局限成为可能,让交通与时间的线性关联更为明显,进而让城市传统的生活节奏发生改变、提速明显。

二、时间价值观念呈现

某些情况下,"当我们抬头仰望天空,就会发现最早的时间观念来自距离,时间就是光走过的距离"。② 古时我国已有"时光如水,日月如梭"、"一寸光阴一寸金,寸金难买寸光阴"的名言。但在漫长的农业时代,中国民间并没有准确的计时工具。而自工业时代后,"工业时代的关键机械不是蒸汽引擎,而是钟表"③。事实上,其时城市人已逐渐被时间所制约。如英国学者吉登斯所言:时间表是最重要的现代组织手段之一,它要求并且刺激着以数量化的时间来调节社会生活,这种方式是以前的社会所没有的。④ 近代以来,这种最为广泛的需求与公共交通密切相连。因为,公共交通在为城市居民和流动人口提供安全、高效、便捷、准点及舒适服务的同时,最大限度地节约出行时间,提高人民的生活质量,促进城市经济并引导城市的发展。⑤ 即近代中国城市社会虽对时间定位较为混沌,但伴随机械化公共交通的蔚然兴起,因其具有准确运行的基本特性,由此给民众带来更为精准的时间定位。

譬如1935年11月国民党第五次全国代表大会指出:"发展交通……必须达到时间迅速,运费低廉,保护周到之目的,而后方足成为完善之交通网,以适应国计民生之需要"。且"各路所行之时刻表,关于彼此衔接,尚未十分完善,实有改善之必要",1934年3月间国民政府铁道部召集各路主管高级职员举行全国铁路联运时刻网会议,"以沪平联运直达通车为标准,规定重要旅

---

① 参见康少邦:《城市社会学》,浙江人民出版社1986年版,第282页。

② 〔英〕史蒂芬・霍金:《时间简史——从大爆炸到黑洞》,许明贤等译,湖南科学技术出版社2002年版,第16页。

③ Lewis Mumford, *Technics and Civilization* (1934),转引自吴国盛:《时间的观念》,中国社会科学出版社1996年版,第105页。

④ 参见〔英〕安东尼・吉登斯:《民族——国家与暴力》,胡宗泽等译,生活・读书・新知三联书店1998年版,第215页。

⑤ 参见闫平、宋瑞:《城市公共交通概论》,机械工业出版社2011年版,第67页。

客列车,务须在衔接站互相衔接,俾旅客由此路往彼路者,不致耗费时间",经议决 7 月起各路一律实行。① 具如后任南通师范校长的张梅庵年少时曾去南洋劝业会场参观,从南京下关到丁家桥会场,只有乘市内铁路直达。"他们是第一次坐小火车,不仅新鲜且乘后感到高速运行",并记述乘坐观感,"汽笛一声,风驰雷逐,窗外树木,旋转如飞,模糊不可逼视。忽轰隆有声,暗黑无睹,众皆失色惊呼。一瞬间则又万象昭然,明朗如故矣。同学某君告我以穴城而过之故,余奇之"。② 即"忽轰隆有声,暗黑无睹"等正是形容火车经过城门洞的瞬时感觉。再由表 8—10 可见,1933 年市内铁路的行车时刻已十分精准。如据抗战前《京市铁路行车时刻表》,该路一是由江口开往中正街各站,二是由中正街开往江口各站;全天共 15 次往返、每日上下行车 30 次;具体时刻为:江口站上午 5:10 时向南开,中正街站 6:10 时向北开;中正街至下午 10 时止,江口至下午 10:40 时止,行车时间与京沪路衔接,"终日对开行驶"。③

表 8—10　市内铁路行车时刻表(1933 年)　　　单位:时分

由江口开往 中正街各站	江口 开	下关 开	三牌楼 开	丁家桥 开	无量庵 开	国府 开	中正街 到
第一次	5:10	5:15	5:25	5:30	5:35	5:45	5:50
第三次	7:00	7:05*	7:15	7:20	7:25	7:35	7:40
第五次	7:40	7:55*	8:05	8:10	8:15	8:25	8:30
第七次	8:50	8:55	9:05	9:10	9:15	9:25	9:30
第九次	9:50	9:55	10:05	10:10	10:15	10:25	10:30
第十一次	10:50	10:55	11:05	11:10	11:15	11:25	11:30
第十三次	11:50	12:00*	12:10	12:15	12:20	12:30	12:35
第十五次	1:05	1:25*	1:35	1:40	1:45	1:55	2:00
第十七次	2:20	2:40*	2:50	2:55	3:00	3:10	3:15
第十九次	3:30	3:40	3:50	3:55	4:00	4:10	4:15
第二十一次	4:35	4:45	4:55	5:00	5:05	5:15	5:20
第二十三次	5:40	5:55*	6:05	6:10	6:15	6:25	6:30
第二十五次	6:55	7:00	7:10	7:15	7:20	7:30	7:35
第二十七次	8:00	8:05	8:15	8:20	8:25	8:35	8:40
第二十九次	8:55	9:15*	9:25	9:30	9:35	9:40	9:50

①　参见秦孝仪主编:《革命文献》第 78 辑《抗战前国家建设史料——交通建设》,(台北)中央文物供应社 1979 年版,第 10、440 页。

②　参见黄明生:《穿越过去到 1914 年的南京玩"长假游"》,《金陵晚报》2010 年 10 月 5 日,B4 版。

③　参见南京市政府秘书处:《十年来之南京》,1937 年 6 月编印,第 50 页。

（续表）

由中正街 开往江口各站	中正街 开	国府 开	无量庵 开	丁家桥 开	三牌楼 开	下关 开	江口 到
第二次	6:10	6:15	6:25	6:30	6:35	6:45	6:50
第四次	7:50	7:55	8:05	8:10	8:15	8:25*	8:30
第六次	8:50	8:55	9:05	9:10	9:15	9:25	9:30
第八次	9:50	9:55	10:05	10:10	10:15	10:25	10:30
第十次	10:50	10:55	11:05	11:10	11:15	11:25	11:30
第十二次	11:50	12:00	12:10	12:15	12:20	12:30*	12:35
第十四次	1:10	1:20	1:35	1:40	1:45	1:55*	2:00
第十六次	2:25	2:35	2:50	2:55	3:00	3:10	3:15
第十八次	3:30	3:40	3:50	3:55	4:00	4:10	4:15
第二十次	4:35	4:40	4:55	5:00	5:05	5:15*	5:20
第二十二次	5:40	5:50	6:05	6:10	6:15	6:25	6:30
第二十四次	6:55	7:00	7:10	7:15	7:20	7:30	7:35
第二十六次	8:00	8:05	8:15	8:20	8:25	8:35	8:40
第二十八次	9:05	9:10	9:25	9:30	9:35	9:45	9:50
第三十次	10:00	10:05	10:15	10:20	10:25	10:35*	10:40
备注	* 此系衔接京沪路到车记号						

资料来源：南京市政府秘书处：《新南京》，南京共和书局1933年版，第41—45页。

　　至20世纪30年代，南京街头曾流传过一曲关于市内火车的小唱，并在金陵竹枝词中加以吟诵："扬子江头看落霞，秦淮河上响鸣蛙。乘车直入华灯市，风鼓铁轮送到家。"[1]可见该车迅捷，对于近代南京市民时间观念的转变及城市节奏的影响已渐次凸显。诚如诗人海涅所言：人类关于时间与空间的基本概念开始发生动摇，时间、空间被铁路消灭了。即"交通运输的发达，改变了城市的时空观念"[2]，市内铁路已成为抗战前南京城市精准时间制度引入的关键途径之一，对于市民的时间价值观念的持续呈现产生重要影响。

　　同时，"公共汽车之效用，为流动的，……诚以都市之繁荣程度，恒因时

①　参见王桂荣：《60年多前南京人出行》，《江苏地方志》2009年第6期。

②　向德平：《城市社会学》，武汉大学出版社2002年版，第284页。

间与环境为转移"。① 即公共交通工具因为运行时间上相对固定的规定,过时不候的车辆成为市民所要追赶之物;"赶汽车"等话语背后的日常生活行为,成为城市社会构成的重要内容。如 1933 年 9 月市工务局《招商承办南京市公共汽车简则》第六条明确规定公共汽车行车路线和时刻:自夫子庙经太平路、新街口、鼓楼、中山北路至下关车站,每 10 分钟 1 次;自雨花路经中华路、内桥、太平路、中山路、新街口、中正路回至雨花路,每 5 分钟 1 次;自大中桥经白下路、中正路、新街口至汉中门,每 10 分钟 1 次。随之,江南汽车公司在筹备市区线路时提出要"恪守时间信用",如"各车开驶起点及终点以及中经各站,均规定正确时间;稍有迟速即加纠正,务使各次车到站,无一分钟以上错误;各站均有规定时间,以增乘客信用而乐于等待"。② 该公司经营秉持"维公共交通之重,行驶客车逐渐增多,往来时间力求缩短,俾乘客无等待之烦"③的服务理念,"纠正车行时间,不得驶放快车"④。至1934 年,江南、兴华汽车公司共行公共汽车 108 辆,市内每 5 分钟开车 1 次,实行于夫子庙、中华门、国府路、下关江边、汤山等处,行旅称便。⑤ 即公共汽车每 1 班车、每 1 站点的开车时间,均有缜密规定(见表 8—11),为市民创设出精准的行车时刻表。

表 8—11　1933 年江南汽车公司陵园公共汽车行车时刻表　单位:时分

车次 站名	一 开点	三 开点	五 开点	七 开点	九 开点	十一 开点	十三 开点	十五 开点	十七 开点
中正街	上午 8:00	9:00	10:00	11:00	下午 1:00	2:00	3:00	4:00	5:00
新街口	上午 8:06	9:06	10:06		下午 1:06	2:06	3:06	4:06	
大行宫	上午 8:10	9:10	10:10		下午 1:10	2:10	3:10	4:10	
西华门	上午 8:12	9:12	10:12	11:10	下午 1:12	2:12	3:12	4:12	5:12

① 吴琢之:《都市合理化的交通工具》,《交通月刊》第一卷第一期,京华印书馆 1937 年版,第44 页。
② 参见《江南汽车公司组织》,1933—1937 年,南京特别市政府工务局档案,档号 1001-3-84。
③ 《票价变迁》,1934—1935 年,江南汽车公司档案,档号 1040-1-1507。
④ 《公司组织规程》,1935—1936 年,江南汽车公司档案,档号 1040-1-1062。
⑤ 参见建设委员会经济调查所统计课:《中国经济志·南京市》,正则印书馆 1934 年版,第66 页。

（续表）

车次 站名	二 开点	四 开点	六 开点	八 开点	十 开点	十二 开点	十四 开点	十六 开点	十八 开点
灵谷寺	上午 8：30	9：30	10：30	11：30	下午 1：30	2：30	3：30	4：30	5：30
中山墓	上午 8：27	9：27	10：33	11：33	下午 1：27	2：27	3：33	4：33	5：33
四方城	上午 8：23	9：23	10：37	11：37	下午 1：23	2：23	3：37	4：37	5：37
孝陵卫	上午 8：35	9：35	11：25		下午 1：35	2：35			
备注	上行车（由城内至陵园，车次为 1—17 次）、下行车（由陵园至城内，车次为 2—18 次）								

资料来源：南京市政府秘书处：《新南京》，南京共和书局 1933 年版，第 28 页。

再如 1935 年 1 月苏浙皖京沪《五省市公路汽车载客通则》中规定：各公路行车到开时刻，概用中国海滨时刻（中央广播无线电台所报时刻），以行车时刻表刊布；但力求准确，尤应与各种交通机关所定的往来时刻互相衔接。由此，江南汽车公司对于行驶南京至杭州的联运直达车，途径每一城市的发车时间及在宜兴站为旅客给予的用餐时间，均有明确规定（见表 8—12）；从而"行车遵时到开，乘客便捷安全，稍有微绩，绝不以此自满，仍在不断求进，以慰众望"①。

表 8—12　江南汽车公司京杭联运直达车行车时刻表（1933 年 1 月）

单位：时分

下行车							
站名	南京	句容	溧阳	宜兴	长兴	湖州	三桥埠	杭州
时间	7：30	8：55 9：00	11：20 11：25	12：20 12：50	14：10 14：15	14：50 14：55	16：00 16：05	17：30
上行车							
站名	杭州	三桥埠	湖州	长兴	宜兴	溧阳	句容	南京
时间	7：30	8：55 9：00	10：05 10：10	10：45 10：50	12：10 12：40	13：35 13：40	16：00 16：05	17：30
备注	在宜兴给予用餐时间半小时							

资料来源：《合同章程及第七度报告》，1935—1938 年，江南汽车公司档案，档号 1040-1-1548。

---

① 《江南汽车公司股东名册》，1936 年，江南汽车公司档案，档号 1040-1-1393。

由前表述之,上午 8:55、10:10,中午 12:40、12:50,下午 2:27、5:37 等这些时刻均细化至"分钟",在机械化公共交通的时刻表中得到体现。因其有固定班次,班车、火车所传递的标准时间讯号,何时哪个班次到达、开出及经过等具体时间均要求人们去等候。由是,乘车市民须恪守时间,在乘候车时均须以分为单位的制度去安排和遵循,由此跟着行车时刻走,此时"时间好像是一条笔直的铁轨,人们只能往一个方向前进"①。事实上,这种以"分钟"计的行车时刻,以全新的城市时间制度和尺度,在日常生活中让市民密集接触,逐渐深化对该套标准时间的认知和感悟,最终不自觉地强化了时间价值观念。

并且这种明显带有时间刻度的活动节奏,在转变市民时间价值观念的同时,亦深刻改变其日常出行方式。诚如时人指出,"运输的时间若不正确,要使我们的时间消费于无益,不但对于个人有极大的不利,即一般社会的各种经济关系,亦受重大之影响。在古代的策马乘舆时代,固难期其为定时之运输,即在稍进步之人力车、马车,其运输亦不易为有一定时间之往复"。然"近代交通机关进步以来,对于进行所需要的速度与距离所经过的时间,除中途发生事变外,皆能精确规定。由是出发与到达,皆有一定的时候,就可避免人类的时间消费于无益的了"。② 就此而言,彼时南京"下关城内往来者有公共汽车、普通汽车、小火车、马车之便利,谁雇人力车往来于下关城内,以牺牲其宝贵之光阴者"③? 全市马车数量日益递减,亦因"行驶迟缓,亦未能适合时间经济之原则"④等情势。

可以概见,公共交通"设备若周,则城内各区无远弗届,不特足以节省时间,而市民之生活亦必因而改善"⑤。抗战前南京机械化公共交通的行车时刻均能精确到分,其定时驶停所引致的结果,不仅使城市时间节奏逐渐加快,亦让市民的时间价值观念发生根本转变,由生"时间即是金钱"的现代理念。从而,公共交通已成为改变近代南京城市社会时间习性的重要推力之一,其行车时刻表的理论时间成为实务时间,缩短城市时空距离并打破空间阻隔,让以往模糊的"时辰",让位于精准的"分钟",市民已从"一炷香工

---

① ［英］史蒂芬·霍金:《时间简史——从大爆炸到黑洞》,许明贤等译,湖南科学技术出版社 2002 年版,第 142 页。

② 参见金家凤:《中国交通之发展及其趋向》,正中书局 1937 年版,第 4 页。

③ 《征收车捐章程》,1929—1935 年,南京特别市政府财政局档案,档号 1001-2-402。

④ 《首都无轨电车计划》,1930 年 1 月,南京特别市政府工务局档案,档号 1001-3-159。

⑤ 国都设计技术专员办事处:《首都计划》,1929 年 12 月编印,第 189 页。

夫"等计时语言,逐渐转化为"早班车刚开走"等明确感悟。① 这种公共交通所引致的"时光如梭"迫切感、以"分钟"为代表的时间界分,使全新的时间理念通过该系统渐渐融入近代南京城市,并作为一个宏大的时间制度渗入社会生活,使民众逐渐养成恪守时间的基本习性,并逐步形成具有时间价值观的生活模式,最终触及南京城市社会的每个角落。

第三节　公共交通与权利意识

确切地说,城市"绝不仅仅是许多单个人的集合体,也不是各种社会设施——诸如街道、建筑物、电灯、电车、电话等——的聚合体",且不只是各种服务部门和管理机构的简单聚集,"它是一种心理状态,是各种礼俗和传统构成的整体,是这些礼俗中所包含,并随传统而流传的那些统一思想和情感所构成的整体"。② 随着近代南京公共交通持续发展,以平等意识和契约意识为主要表征的权利意识不断渗透城市社会各个领域,进而以公共交通为核心的城市沟通系统,带来城市人口的习俗、习性和品格的变化。

一、平等意识的塑成

实质上,权利、民主意识的普及,使城市人更能做到相互尊重。因为在城市社会中,个体之间是平等的。所以城市人具有平等意识,既懂得尊重别人,也懂得尊重自己。③ 抗战前南京公共交通的乘价低廉及公交企业劳资双方的相互博弈,在潜移默化中促进了城市平等意识的潜滋暗长。

（一）乘价低廉促发平等意识

可以确定的是,交通影响经济于诸多方面。如关乎生产,"交通发达,运费低廉……尤利于大规模之生产经营与分业";对于交换,"因交通发达,需要供给之调节,各地物价,有平均之趋向";关涉消费,"运费低落,货价落下,各阶级的人们,皆得享用各种货物"。④ 具言之,体现在城市交通领域的权利平

---

① 参见李沛霖:《近代公共交通与城市生活方式:抗战前的"首都"南京》,《兰州学刊》2014年第9期。

② 参见[美]R.E.帕克等:《城市社会学》,宋俊岭等译,华夏出版社1987年版,第1页。

③ 参见潘允康主编:《城市社会学新论:城市人与区位的结合与互动》,天津社会科学院出版社2003年版,第201页。

④ 参见向默安:《我国交通事业之整理与发展》,载《交通杂志》第一卷第一期,交通杂志社1932年版,第8页。

等,即"公共交通工具为群众而设施",如都市交通工具的服务对象为整个都市群众,"其设备上便利与否,关系于全市人士之幸福弥巨……举凡布置设施,必须基于群众需要之立场,体贴享用者之心理,而尽量供给以便利"。① 从而,国家利用税收进行公共投资,如用来改善公共交通,这时不论穷人还是富人都可共同享受这些公共物品②;即一个综合的公共交通计划需要以尽可能低的价格提供更好、更快、更舒适的服务③。由此,公共交通应成为服务大众的"公共物品"④。如据美国学者对该国部分商品和劳务的"需求价格弹性"(price elasticity of demand,即 E_P)⑤的研究表明:公共交通属于需求弹性小(E_P 系数仅为 0.4),即缺乏弹性的物品。⑥ 为便于说明,著者以图8—1进行说明。

根据图8—1示例,图中的纵轴表示价格 P(price),横轴表示数量 Q(quantity),曲线 D(demand)表示需求曲线,曲线 S(supply)表示供给曲线,点 E(equantequation)表示需求曲线和供给曲线的交点即需求量等于供给量的均衡点。图中,公共交通的需求弹性系数 $E_P < 1$,供给弹性系数 $E_S > 1$,因而需求曲线 D 的斜率较大,比供给曲线 S 更为陡峭。例如,将公共交通业的乘车价格从 P_1 提至 P_2,将会使该业的总收益 TR(total revenue)增加,即从提价前的 TR_1 增加至提价后的 TR_2($TR_1 = P_1 \times Q_1$,$TR_2 = P_2 \times Q_2$)。很明显,TR_2 面积>TR_1 面积,即总收益增加;但如将该业的乘车价格由 P_2 降至 P_1,该业的总收益则会减少。如国外学者坎普(M.A.Kemp)发现从总体上看,城市公共交通的直接需求弹性较低(-0.7 到-0.1),这也说明大量的补贴是必需的。学者古德温(P.B.Goodwin)总结道:从短期来看,对公共汽车

---

① 参见吴琢之:《都市合理化的交通工具》,载《交通月刊》第一卷第一期,京华印书馆 1937 年版,第 38 页。

② 参见尹伯成主编:《西方经济学简明教程》(第六版),上海人民出版社 2008 年版,第 224 页。

③ 参见[美]韦恩·奥图、帕特里夏·亨德森编:《公共交通、土地利用与城市形态》,龚迪嘉译,中国建筑工业出版社 2013 年版,第 151 页。

④ 公共物品是可供社会成员享用的物品。一些公共物品的供给虽可来自市场,但又需要政府的管理和协调,如交通和通信等(参见刘凤良主编:《经济学》,高等教育出版社 1998 年版,第 180 页)。

⑤ 需求价格弹性通常简称为需求弹性,它是指一种商品的需求量对其价格变动的反应程度,其弹性系数等于需求量变动的百分比除以价格变动的百分比。需求弹性小于 1,即缺乏弹性;需求弹性大于 1,即富有弹性(参见尹伯成主编:《西方经济学简明教程》(第六版),上海人民出版社 2008 年版,第 20 页)。

⑥ 具如缺乏弹性的物品,还有汽油(需求弹性系数为 0.6)等;而单一弹性物品,如公共教育系数为 1.10、牛肉为 0.92;富有弹性物品,如小汽车系数为 2.1,饭店进餐为 2.27 等(参见许纯祯编:《西方经济学教程》,吉林大学出版社 1996 年版,第 93 页)。

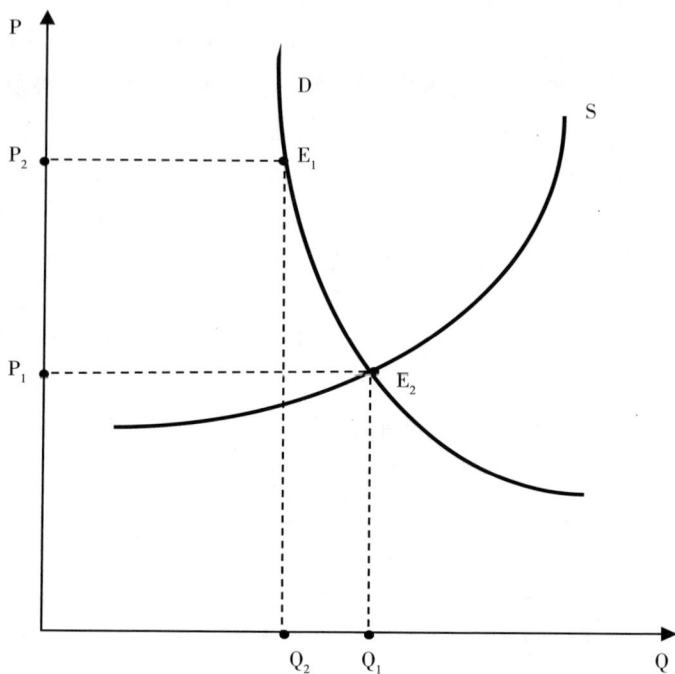

图 8—1　公共交通的需求价格弹性图例

的需求会保持刚性，即当车费上涨，收益将增加，但当车费下降时，需求会上升超过限度。① 从而，城市交通运输服务表现出成本的递减——服务供应量愈大，单位成本愈低。由于大多数城市的人口在增长，地方当局必须相应增加服务水平，以保证人人能获得同以前一样的服务。这种倾向使成本递减的服务事业，其增加部分的成本能够降低下来。② 由见，仅从企业经济利润（超额利润）的角度考量，公共交通业应提价而非降价，进而使总收益 TR 增加，由此获得一定的经济利润。

　　然而事实并非如此。公共交通业不能轻易提价，更须乘价低廉。即近代交通的根本意义，在于其可以低廉的价格，使大量商品和人员在短期内进行长距离的交流，大大拓宽了人与物的活动空间。③ 因为交通自发明汽船、

① 转引自［英］肯尼斯·巴顿：《运输经济学》，李晶等译，机械工业出版社 2012 年版，第 228 页。
② 参见［英］K.J.巴顿：《城市经济学——理论和政策》，上海社会科学院部门经济研究所城市经济研究室译，商务印书馆 1984 年版，第 161 页。
③ 参见江沛、熊亚平：《铁路与石家庄城市的崛起：1905—1937 年》，《近代史研究》2005 年第 3 期。

火车后,"既具有大量运输与输送迅速的二大特质,那末在其运费方面,亦要大大的低廉了"①;且公共汽车属于"大众日常需要之公用事业,应以'经济'为必备条件之一"②。其"经济"意义真实体现即为票价低廉,使普通民众均能享用。即交通"系公益事业,尤应注意于全国人民皆得使用,皆得便利。所以,正确、迅速和廉价三方面,务求适合……运费太昂,不独资本损失,一般贫民,差不多没有使用交通机关的机会了"③。从而,公共交通服务的票价制定的原则应是成本定价,同时要兼顾乘客的接受程度和政府补贴的承担能力④;进而"在城市交通问题中,最普遍的方法就是补贴公共交通"⑤。因为在一定道路容量水平下,公共交通会比私人交通运载更多的人。由见,在公共交通系统中,政府是整个系统的供给者,市民是需求者。市民需付费乘车,但公共交通作为福利设施收费应该低廉。其作为城市基本的社会福利设施及服务,社会中的普通收入阶层、老人、妇孺等都以公共交通系统为主要工具。政府如果不能提供相当水平的公共交通服务,将有失社会公平。

进一步言,"都市之交通工具,为全市人士所公用享受者,固不仅限于经济充裕之流,平心衡情,自应以费用低廉,负担减轻为原则"。⑥ 抗战前南京当局的指导思想即为"交通事业之经营,力求经济,使车费可以定价低廉,贫民得实受其益"⑦。如公共汽车开行前,自下关至中正街的市内铁路"日夜来回开驶,价极廉。自中正街至下关二十余里,票价仅大洋二角,故乘客甚多"⑧。1923 年,该路从江口至中正街的价目为一等客 6 角、二等客4 角、三等客 2 角;1935—1936 年一年间,该路载客量达 76 万多人。虽票价仍有一、二、三等,但已是经济等级之分,并无身份地位之别。由此,"在公共交通票价低廉的时代,公共交通为收入不多的工人们提供了方便的交通,

① 金家凤:《中国交通之发展及其趋向》,正中书局 1937 年版,第 3 页。

② 《各种章则办法程序》,1947 年,江南汽车公司档案,档号 1040-1-1147。

③ 向默安:《我国交通事业之整理与发展》,《交通杂志》第一卷第一期,交通杂志社 1932 年版,第 10 页。

④ 参见交通运输部道路运输司编:《城市公共交通管理概论》,人民交通出版社 2011 年版,第150 页。

⑤ [英]肯尼斯·巴顿:《运输经济学》,李晶等译,机械工业出版社 2012 年版,第 273 页。

⑥ 吴琢之:《都市合理化的交通工具》,《交通月刊》第一卷第一期,京华印书馆 1937 年版,第39 页。

⑦ 国都设计技术专员办事处:《首都计划》,1929 年 12 月编印,第 189 页。

⑧ 林一:《南京道路状况及汽车事业》,《申报》1922 年 12 月 23 日,第 1 版。

使他们勉能与拥有私人交通工具的人们处于相似的地位"①,进而促进了市民的平等意识。

再如南京开行公共汽车后,时人亦指出,"公共汽车勿以营利为第一目的,当注意一般市民之公益。自下关至城南,中间经过之公园、学校乃至其他一切建筑设备,公司当特别设法与乘客以便利或另开专车以为接送。俾不致空费时间或特别减价,以节省学子经济要之,不当专顾高等人民之舒畅,当注意一般平民之利益"。"如是,斯不负公共汽车之命意"②。即其认为,乘价"应微利不可过昂,使贫民为之裹足,不是公共事业真义"③。由此,定都初工务局将全市公共汽车票价订定为:每站旅客运费大洋5分,全线小洋4角。1929年年底再对振裕、公共两汽车公司行驶路线及经过站口,由该局派员妥为察勘并代为订定乘车价目,每站收车费不得超过小洋5分。④ 继而,新的汽车公司仍旧延续每站5分的票价(见前第二章表)。

至1933年9月,工务局正式通告《招商承办南京市公共汽车简则》,其中规定:行车每公里票价至多不得超过银元2分5厘(即铜元8枚),关于票价行车时刻及停车站等,须呈准该局办理。⑤ 随之江南汽车公司开行市区前,因"公共客车属公用事业,应使乘客负担减轻,庶符创办之旨";其与工务局的订立合同虽载明每公里票价2分2厘,"惟公司力持低廉之旨",价目均定于2分2厘以下,仅每大站取价铜元6枚两站起算,乘客称便。⑥ 具如是年江南汽车公司的第二路车为环形(见表8—13),价为:每一大站间以铜元6枚计,乘客上车至少须购两站票计铜元12枚,两站以上则照每站递加铜元6枚。且该公司长途汽车的南京总站在西华门逸仙桥,分站设中正街西成旅社,分站开车时刻较南京总站早20分钟,票价与总站同。⑦

---

① [美]刘易斯·芒福德:《城市发展史——起源、演变和前景》,倪文彦等译,中国建筑工业出版社1989年版,第319页。
② 林一:《南京城内筹办通行长途汽车》,《申报》1923年9月15日,第1版。
③ 秦伯未:《公共汽车组织法刍议》,《申报》1922年4月22日,第3版。
④ 参见南京特别市市政府秘书处编译股:《南京特别市政府工作总报告》,南京印书馆1930年版,第81页。
⑤ 参见《江南汽车公司组织》,1933—1937年,南京特别市政府工务局档案,档号1001-3-84。
⑥ 参见《南京市征特别补助费用》,1937年,江南汽车公司档案,档号1040-1-1503。
⑦ 参见南京市政府秘书处:《新南京》,南京共和书局1933年版,第27页。

表 8—13　江南汽车公司市区公共汽车二路（圆路）
左行车票价表（1933 年 11 月）　　　单位:铜元（枚）

站名

雨花路	雨花路								
中华门	12	中华门							
建康路	12	12	建康路（三山街）						
张府园	18	12	12	张府园（珠宝廊）					
新街口	24	18	12	12	新街口				
大行宫	30	24	18	12	12	大行宫			
太平巷	36	30	24	18	12	12	太平巷（门帘桥）		
建康路	42	36	30	24	18	12	12	建康路（三山街）	
中华门	48	42	36	30	24	18	12	12	中华门
雨花路	54	48	42	36	30	24	18	12	12	雨花路
备注	本路为圆路即环形,右行车线路与左行车反之								

资料来源:《江南汽车公司组织》,1933—1937 年,江南汽车公司档案,档号 1001-3-84。

　　至 1934 年,江南汽车公司的第一路车（夫子庙—下关车站）全票铜元 70 枚,第二路车（夫子庙—和平门）全票 56 枚,第三路车（中华门—黄浦路）全票 28 枚,第四路车（中华门—下关澄平码头）全票 70 枚[①];并"拟逐渐全部改用柴油车以应市民之需求,减低票价至最低限度"[②]。此外,江南汽车公司还发售市区公共汽车月票,"此一措施盖为减轻经常乘客之负担";并将京杭路江苏段的客票价目,"按照原定票价暂售一律半价",后经江苏省建设厅核准,将半价政策持续至抗战前。[③] 因票价低廉,引众多市民乘坐公共汽车,如该公司长途各路所定客票价目每 1 华里仅计法币 1 分,"较诸其他各方堪称格外低廉",平均每月载客总数竟达 20 余万人之多;1935—1936 年一年间,其市区、长途乘客数已近 2000 万人次。[④]

　　很明显从当时南京客流量看,在如此大幅公交乘客中,普通市民已占绝对多数,公共交通成为"公共物品"。诚如美国经济学家约翰·康芒斯指出

① 参见建设委员会经济调查所统计课:《中国经济志·南京市》,正则印书馆 1934 年版,第 86 页。
② 《江南汽车公司组织》,1933—1937 年,南京特别市政府工务局档案,档号 1001-3-84。
③ 参见《票价变迁》,1934—1935 年,江南汽车公司档案,档号 1040-1-1507。
④ 参见《江南汽车公司股东名册》,1936 年,江南汽车公司档案,档号 1040-1-1393。

的那样:金银虽有价值,但"和食物、衣服及运输工具比起来,它们真是对人类生活没有什么用处"①。再如前章所论,"从公共汽车开办以来,平民也可坐汽车,真是都市进步的表现"。斯时公共交通特别是公共汽车、市内铁路等票价低廉,使南京市民皆得享用,不仅促进城市平等意识的塑成,亦标志真正为普罗大众服务的交通新时代的到来。

（二）劳资博弈展现平等意识

"现代社会问题中最重要者,厥为劳动问题……政府为求社会之安宁及谋劳动者之幸福,自应采用科学方法,考察实际情形,以为行政根据,俾能得到劳资双方之满意。"②1929年国民政府颁布劳动法,对于劳资两方利益"皆有相当之保障,关于工人纠纷问题,当亦无所顾虑"③。然是年6月,南京公共汽车公司发生"工会开除工友并工头捣乱"一案。后经国民党南京特别市执行委员会会同市社会局数度调解,认为该公司"压迫工友、摧残工会、捏造谰言",责令其:（1）须在京沪各报登载启事,承认破坏工会、压迫工友及不受调查、捏造谰言的错误,并公开道歉,声明以后不得再有此种行为;（2）公司车务主任饶竞群串通徐麟、陈鸿涛等压迫工友、破坏工会,应立即开革彼等职务;（3）钱东海、刘秀武、朱根宝、王有才、应国良、朱维钧、唐长宝7人为办理工会而横遭停止工作,"应令着该公司即予恢复彼等工作",并偿付停工时间的工资。④

但该公司对该处理结果并不苟同,嗣向当局申述:"被开除工友饰词耸听,以片面理由构成冤抑公司,殊难忍受"。如售票股领班朱维钧伪称请假,赴沪赌博、嗜吸大烟,敲诈售票员;司机唐长宝在中正街撞伤行人,公司赔偿数十元后,其又在成贤街撞坏电杆后逃跑、坚不承认,后行车导致售票员周某受伤;其余5人皆为"不守行车规则,玩忽人命,漠视警章,敲诈同事"等事被公司开除。其进而申辩,"公司以私人血本办理交通事业纯处商人地位,一年以来惨淡经营,此七人均咎由自取,绝非因办理工会而停止工作者。倘令彼等复工,公司章程纵可不论,而党国法令钜能宽容。公司与工友同隶党治之下,当受平等待遇不容有任何方面偏受冤抑之理",表示此三点办法纯系冤错、甘难接受,呈请市府收回成命,"以彰公道"。然市党部、

---

① 参见［美］约翰·康芒斯:《制度经济学》上册,于树生译,商务印书馆1962年版,第46页。
② 南京市政府秘书处:《十年来之南京》,1937年6月编印,第113页。
③ 国都设计技术专员办事处:《首都计划》,1929年12月编印,第219页。
④ 参见南京特别市市政府秘书处编译股:《首都市政公报》第39期,训练总监部印刷所1929年版,第78页。

市政府最终议决,"该公司强备狡辩,再严令限期准照"。①

再如南京社会局劳动仲裁委员会调解的兴华汽车公司劳资纠纷一案。1931 年 7 月 13 日经劳(南京市汽车业职业工会)资(兴华汽车公司)双方协商,劳方将 9 项条件改 7 条,具如:(1)每售票员售票 1 元,公司应津贴其铜元 8 枚,但银角铜元则不合并计算;(2)奖励现金范围及标准由公司提交董事会议决于 10 日内公布,其余奖励事件照公司原有奖励规则办理;(3)奖惩规则中加添"因公劳累开具正当理由,经查明属实,公司应负责分别给予饭食、医药、救护并照给工资,以资保障而示体恤";(4)公司处罚犯规工友,应查证确实公布事由,并予工友答辩机会;(5)工友在中央公布的年节纪念休假日工作者,应加给双份工资,但不在班者只发一工薪资;(6)工友因公得病,应遵照工厂法第 9 章第 45 条各节办理;(7)现公司所有汽车 26 辆,以现有售票员 75 人分配工作,嗣后公司方面增车 1 辆只能添加售票员 2 人等。最终,双方同意处理结果并在调解笔录上签订合约(见表 8—14)。②

表 8—14　兴华汽车公司劳资纠纷表(1931 年)

| 争议当事人 | | 业务种类 | 纠纷原因 | 所属工商团体 | 纠纷工人数 | 调解机关 | 调解结果 | 纠纷经过时间 |
劳方	资方							
兴华公司工友	兴华汽车公司	汽车业	为因公受伤要求公司给予医药费及终生恤金。	汽车业职业工会	1	市党部及社会局	由公司给予医药费 50 元,并恤金大洋 500 元。	2 月 26 日至 5 月 8 日,计 81 天。
兴华公司全体售票员	兴华汽车公司	汽车业	为工人要求改良待遇及公司停止售票员张天宝职务,激起全体罢工。	汽车业职业工会	75	社会局	张天宝等 6 工友,行动失常,由公司分别记过;工会指导无方,着予警告;工方提出 9 条件改为 7 条件。	6 月 28 日至 7 月 13 日,计 16 天。

资料来源:南京市社会局:《南京社会特刊》第三册,文心印刷社 1932 年版,第 89 页。

由上述两汽车公司劳资纠纷案的处理结果看,其时劳资双方已处于较平等的地位,当局并未因资方实力较为雄厚而加以倾斜,为维护社会稳定及就业等,对处于相对弱势的劳方则稍带关照。这一举措,让劳资双方的平等

---

① 参见南京特别市市政府秘书处编译股:《首都市政公报》第 39 期,训练总监部印刷所 1929 年版,第 79—80 页。

② 参见南京市社会局:《南京社会特刊》第三册,文心印刷社 1932 年版,第 88 页。

意识不断滋长。具如 1931 年南京市的劳资纠纷 18 起,汽车业 1 起。[①] 1931—1936 年,全市劳资纠纷共 119 件,其中汽车业 5 件、铁路业 1 件。在抗战前十年南京市劳资纠纷中,资方参加的工厂、商店共有 1144 家,劳方参加的工人为 17038 人,其中汽车业仅 287 人。[②] 由见,汽车业的劳资纠纷并不多,这也与劳资双方平等意识的逐渐提升息息相关。

不啻如此,公共交通的女子职业化亦是城市平等意识的重要体现。如 1929 年年初,振裕汽车公司招用女售票员 20 余人,开创公共汽车招用女工的先例。但女售票员在社会上却引起轩然大波,有人认为良家妇女"应在家养儿育女,操持家务,在车上钻来钻去、抛头露面,男女相授不成体统"。但高喊"提高女权"的政府却不以为然,指出:女卖票员为顺应潮流服务社会,以求经济独立。[③] 然而该公司经营后,女售票员"除受无赖侮辱外迭受警察摧折,早有联同辞职之意"。如 1929 年 7 月 24 晚,首都卫戍司令部驻军拦绝该公司汽车不许通过,是以汽车 7 辆与女卖票员停留下关不能返厂卖票,其"受此苦辱"于 25 日早联名辞职,汽车一时无人服务。8 月 15 日,首都警察厅再以女售票员体质孱弱、知识缺乏、对于乘客不能安全保护,而无赖青年趁人多挤护时"故意轻佻毫无忌惮,有碍首都观瞻为由",宣布取缔。[④] 但此令一经下达,有识之士展开抨击,迫于舆情,该局不得不收回成命,至此女售票员服务于公共汽车上。虽该公司后因经营不善倒闭,致其失业。但女售票员登场,让"平等意识"的权利思潮于近代南京城市中更为激荡。

二、契约意识的锻造

事实上,契约是城市社会中连接人与人之间关系的纽带,城市人拥有强烈的契约意识。契约意识是指城市人能够尊重承诺,诚实守信。即现代城市社会具有市场性,城市区位又具有人口多、密度大、社会分工发达等特点,短暂的、理性的、功利的交往多。所以,城市人在交往中就需由契约这种方式来明确双方的权利、义务关系以及违约责任,订立契约就成为了一种普遍的交往手段。[⑤] 进一步言,"合同"是契约的主要形式,又是契约意识的具体

---

① 参见南京市社会局:《南京社会特刊》第三册,文心印刷社 1932 年版,第 91 页。

② 参见南京市政府秘书处:《十年来之南京》,1937 年 6 月编印,第 124—126 页。

③ 参见中共南京市委党史工作办公室:《南京百年风云(1840—1949)》,南京出版社 1997 年版,第 89 页。

④ 参见南京特别市市政府秘书处编译股:《首都市政公报》第 39 期,训练总监部印刷所 1929 年版,第 69 页。

⑤ 参见潘允康主编:《城市社会学新论:城市人与区位的结合与互动》,天津社会科学院出版社 2003 年版,第 202 页。

呈现。如抗战前在南京公共交通企业与官方合同中,形成"当事人双方相互享有权利,互负给付义务的'双务合同'"①,这对于城市契约意识的持力锻造具有深远影响。

（一）公共交通企业的权利

其时,公共交通企业享有如下权利,但实际上这些权利同时又构成官方所须履行的义务。

1. 经营期限

譬如 1933 年 9 月南京市工务局通告《招商承办南京市公共汽车简则》,其中规定:承办期限为 10 年,倘不能供给本市需要或不履行承办合同,取消其承办权。是年 10 月 31 日,工务局长侯家源、江南汽车公司全权代表吴琢之正式签订《南京市政府工务局交办、江南汽车公司承办本市公共汽车合同》(以下简称《本市合同》),其中第一条明确公司的经营期限:承办期限定为 10 年,在此期内,工务局不另行招商承办公共汽车。② 1935 年 3 月 13 日,江宁自治实验县县政府代表人梅思平、江南汽车公司代表人吴琢之又签订《专营京湖路长途汽车合同》(以下简称《京湖路合同》)第一条规定:公司专营期限为 15 年。在此期内,除与公司订有联运办法呈准备案者外,县府负责禁止其他长途汽车同时在本路线内行驶。至于通过本路一段而转往其他路线,不在本路线内营业者应按照五省市交通委员会规定办理。③

同时,《本市合同》第二十二条规定:本合同无论期满与否,倘公司无力或无意继续承办时,得由工务局呈请市政府另行处理。④ 而《京湖路合同》第十三条亦规定:在专营期满时,车站房屋等固定建筑物(行车标志及里程碑除外)由公司斥资自建的行车设备,由县府议价收回,其他能移动之物件准由公司移运。本条议价当以时价及各该物使用程度为标准。⑤

2. 营业保障

关于江南汽车公司设站地点,市工务局准予布告禁止营业小汽车、马车

---

①　李仁玉主编:《经济法概论:财经类》,中国财政经济出版社 2010 年版,第 106 页。

②　参见《江南汽车公司组织》,1933—1937 年,南京特别市政府工务局档案,档号 1001-3-84。

③　参见《京湖公路招商承办行车办法》,1935 年 3 月,南京特别市政府工务局档案,档号 1001-3-83。

④　参见《江南汽车公司组织》,1933—1937 年,南京特别市政府工务局档案,档号 1001-3-84。

⑤　参见《京湖公路招商承办行车办法》,1935 年 3 月,南京特别市政府工务局档案,档号 1001-3-83。

停留,其车夫下手人等亦不得至设站地点兜揽乘客(《本市合同》第十六条)。① 同时,江宁县府亦允许江南汽车公司以有效方法制止营业汽车在专营路线内兜揽乘客,以免妨害营业(《京湖路合同》第十四条)。另该公司自京湖路江宁县辖境起,依五省市交通委员会规定,征收营业汽车通行费,其章程由公司订定呈准县府后施行,唯应遵照下列各项原则:乘人小客车座位7位内(连司机在内),单程每车每公里不得超3分;营业运货汽车,单程每车每公里不得超6分。关于征收通行费,须按五省市商营公路征收通行费办法规定各条办理(《京湖路合同》第十二条)。②

并且,机关团体雇佣客车应照江南汽车公司定章纳费,否则得予拒绝。公司对于身着武装、佩带符号兵警,乘车应一律优待半价,唯官长学员须购全票(《本市合同》第七、八条)。③《京湖路合同》第十五条亦有相似规定:公司对于身着武装佩带符号兵警,确系因公乘车应一律优待半价,唯官长学员以及其他公务员须购全票。县府应令饬地方警察机关,切实协助保护。④

3. 优先权

例如《本市合同》第二十一条规定,本合同期满后,公司如欲继续承办,应在期满前6个月内通知工务局。工务局将来招商续办,公司具有与其他商同等条件时,得享受优先权。⑤《京湖路合同》第二十一、二十二条也分别规定:本合同期满后,公司如愿继续承办,应在期满前6个月内通知县府,如县府将来招商专营,公司具有与其他商最优同等条件时,得享受优先权。京湖路倘或延长,县府招商专营,公司具有与其他商同等条件时,得享受优先权。⑥

(二) 公共交通企业的义务

斯时,公共交通企业须履行如下义务,事实上这些义务,同时又构成官方所享有的权利。

---

① 参见《江南汽车公司组织》,1933—1937年,南京特别市政府工务局档案,档号1001-3-84。

② 参见《京湖公路招商承办行车办法》,1935年3月,南京特别市政府工务局档案,档号1001-3-83。

③ 参见《江南汽车公司组织》,1933—1937年,南京特别市政府工务局档案,档号1001-3-84。

④ 参见《京湖公路招商承办行车办法》,1935年3月,南京特别市政府工务局档案,档号1001-3-83。

⑤ 参见《江南汽车公司组织》,1933—1937年,南京特别市政府工务局档案,档号1001-3-84。

⑥ 参见《京湖公路招商承办行车办法》,1935年3月,南京特别市政府工务局档案,档号1001-3-83。

1. 缴纳费用

第一，保证金。如《本市合同》第十一条规定：签订合同时，江南汽车公司应缴工务局承办保证金洋5000元，俟合同期满后，如无欠款等情事，照数发还不计利息。[①] 再如《京湖路合同》第六条规定：签订合同时，公司应缴纳行车保险金洋2000元，合同期满时如无欠款等情，照数发还不计利息。第十条，公司除缴纳保证金外，并应就殷实铺保出具保证书，担保公司履行所订合同一切条款。第二十三条，前项保证人，须经县府认可。[②] 且如公司中途不能供给本市需要或不履行本合同时，工务局得取消其承办权，并没收其保证金（《本市合同》第一条）。[③]《京湖路合同》第三条也规定：在专营期内，公司中途停顿或不履行本合同时，县府得衡情处罚。其情节重大者，得取消其专营权，并没收其保证金。但有特殊情形呈经县府核准者不在此例。[④]

第二，捐税。如《本市合同》第十一条规定：江南汽车公司车辆应照章缴纳捐税、牌照等费，每车每季所缴车捐，应规定至少需洋90元。[⑤] 而该公司每月按营业额的5%缴纳江宁县府作专营费，于次月底前缴清不得短欠。每季应遵照五省市交通委员会长途汽车跨越省市办法，向县府或南京市政府缴纳季捐及牌照等费（《京湖路合同》第六条）。[⑥]

第三，养路费。如《本市合同》第四条规定：江南汽车公司开办前，资本须筹足国币25万元，18万元为购车费，其余7万元为设备、养路等费。第十一条，同时在开办前，应向工务局缴纳养路费洋3万元，不再发还。但非因违反本合同及其他有关法令，而经工务局令饬停办时，依照年限按成退还。并按每月营业收入提2%缴工务局为经常养路费，并须于次月20日前缴清，不得短欠。[⑦] 而《京湖路合同》第四条亦规定：公司在开办前须筹足资

① 参见《江南汽车公司组织》，1933—1937年，南京特别市政府工务局档案，档号1001-3-84。

② 参见《京湖公路招商承办行车办法》，1935年3月，南京特别市政府工务局档案，档号1001-3-83。

③ 参见《江南汽车公司组织》，1933—1937年，南京特别市政府工务局档案，档号1001-3-84。

④ 参见《京湖公路招商承办行车办法》，1935年3月，南京特别市政府工务局档案，档号1001-3-83。

⑤ 参见《江南汽车公司组织》，1933—1937年，南京特别市政府工务局档案，档号1001-3-84。

⑥ 参见《京湖公路招商承办行车办法》，1935年3月，南京特别市政府工务局档案，档号1001-3-83。

⑦ 参见《江南汽车公司组织》，1933—1937年，南京特别市政府工务局档案，档号1001-3-84。

本国币 6 万元,以 2.6 万元缴纳偿还县府筑路费,其余 3.4 万元则作为行车设备费。而此 2.6 万元不再发还,缴纳时间为签订合同时缴纳 1.6 万元,签订合同后两个月缴纳 1 万元。第六条,另在专营期内,公司如无违背合同及其他有关法令而经县府令饬停办时,依照年限按成发还养路费,不计利息。第十一条,自本路线本县辖境起至湖熟镇止,公司应负全段养路责任。除路面全部翻修及桥涵之重要工程外,凡路面桥涵修养以及其他行车设备,公司均须遵县府指示负责办理。①

2. 接受监管

第一,运行设备的管理。譬如当局规定,江南汽车公司在市区开办时,各路合计至少有车 30 辆,并应陆续扩充以足敷市民需要为止。每车载重量至少需有 2 吨,至多不得超过 3 吨。车辆种类、车身式样、座位数及广告地位等,均须预呈工务局核准(《本市合同》第三、九、十条)。② 而《京湖路合同》第四条亦规定:公司开办时,至少应有大客车 6 辆,其间 4 辆应完全新置。每车载重量至少须有 1.5 吨,至多不得超过 3 吨,倘置办运货车其载重量不得超过 4 吨。车辆种类及车身式样座位数目等,须呈请江宁县府核准。第十一条,公司应于签订合同日起,1 个月内开始建造车站及交通标志里程碑等,同时并须购置车辆积极筹备,于 2 个月内定期通车,逾期作为无故停车论。③

第二,行车规范的管理。如《本市合同》第六条规定:公司每公里票价至多不得超大洋 2 分 2 厘,倘因人工油料增长确有加价必要时,应呈请工务局核准。④《京湖路合同》第六条亦要求:本合同所谓专营系包括全段客运及土山镇以东之货运两项。其货运价目表由公司订定,呈请县府核准施行。公司客运票价,每人每公里不得超大洋 2 分 2 厘。公司应根据上项原则,订定价目表呈请县府核准施行,嗣后倘因人工及油料等涨价,确有加价必要时应先行呈请县府核准。⑤ 另对该公司的市内行车时刻、沿途车站价目表等,

---

① 参见《京湖公路招商承办行车办法》,1935 年 3 月,南京特别市政府工务局档案,档号 1001-3-83。

② 参见《江南汽车公司组织》,1933—1937 年,南京特别市政府工务局档案,档号 1001-3-84。

③ 参见《京湖公路招商承办行车办法》,1935 年 3 月,南京特别市政府工务局档案,档号 1001-3-83。

④ 参见《江南汽车公司组织》,1933—1937 年,南京特别市政府工务局档案,档号 1001-3-84。

⑤ 参见《京湖公路招商承办行车办法》,1935 年 3 月,南京特别市政府工务局档案,档号 1001-3-83。

均须呈请工务局核准;行驶路线非经工务局核准不得更改;公司行车在规定行驶时间以内,非经工务局核准不得停驶(《本市合同)》第十五、十七、十八条)。① 而京湖路方面,公司拟订行车时刻、车站价目表及其他一切章则,均须呈请县府核准,其更改同(《京湖路合同》第十八条)。② 除此以外,两合同的第二十条均规定:公司除遵照本合同规定外,应遵守其他一切法令及其他有关交通或公用事业之各项章则。③

第三,经营财务的督察。如《本市合同》第五条规定,因江南汽车公司在南京市区外尚有长途汽车营业,故所筹承办市公共汽车资本应另行划出,不得并入该公司长途汽车营业资本内,以免收来挪用影响市内交通。第十二条,公司应将每月营业状况列表呈报工务局查核,每届结账时并须填送会计师证明之资产负债表、损益表、财产目录等,工务局得随时派员稽核公司营业及各项账目财产。④《京湖路合同》第九条也规定:公司应将每月营业状况列表同式二份,呈报县府查核。每届结账时,并须填送资产负债表、损益计算书、财产目录等同式二份,县府视有必要时,并得随时派员稽核公司关于本路各项账目。⑤ 另当局规定:江南汽车公司应于开办后两个月内编制股东股本清册,呈请工务局备案;而公司倘更换经理车务或机务主任时,须预先呈送继任人姓名履历,经工务局审查核准方得任用(《本市合同》第十四、十九条)。⑥《京湖路合同》第十七、十九条亦要求:公司应于合同签订后两个月内编制股东股本清册,呈请江宁县府备案。倘有内部改组,不得影响行车事宜,其经理并应事先开具姓名履历及证明文件等,呈请县府核准方可任用,更换同。⑦

第四,承办权转让的限制。如《本市合同》第十三条规定:江南汽车公

---

① 参见《江南汽车公司组织》,1933—1937 年,南京特别市政府工务局档案,档号 1001-3-84。

② 参见《京湖公路招商承办行车办法》,1935 年 3 月,南京特别市政府工务局档案,档号 1001-3-83。

③ 参见《江南汽车公司组织》,1933—1937 年,南京特别市政府工务局档案,档号 1001-3-84;《京湖公路招商承办行车办法》,1935 年 3 月,档号 1001-3-83。

④ 参见《江南汽车公司组织》,1933—1937 年,南京特别市政府工务局档案,档号 1001-3-84。

⑤ 参见《京湖公路招商承办行车办法》,1935 年 3 月,南京特别市政府工务局档案,档号 1001-3-83。

⑥ 参见《江南汽车公司组织》,1933—1937 年,南京特别市政府工务局档案,档号 1001-3-84。

⑦ 参见《京湖公路招商承办行车办法》,1935 年 3 月,南京特别市政府工务局档案,档号 1001-3-83。

司自签订合同后,无论个人或公司不得将工务局所核准之承办权移转或抵
押任何方面及将财产抵押外国资本或招外国股本。如有上项情形一经查
实,工务局得取消其承办权。① 《京湖路合同》第十六条也要求,该公司自签
订合同后无论个人或公司不得将江宁县府核准之承办权移转或押与任何方
面及将财产抵押外国资本或招外国股本等情事,如违一经查实,县府立即取
消其专营权并没收一切已缴款项等。②

由是,上述合同的内容和形式,明确了双方的权利和义务,体现出公共
交通企业与官方之间的契约意识。具如企业权利为享有专营及盈利,官方
权利是获取捐费;企业义务为接受监管,官方义务是提供保障。由此,"双
务合同"的真实意义得以体现。诚然,"在这种交往中,诚实信用是一个重
要的前提,如果人们言而无信或随意更改承诺,社会秩序显然无法维持。在
这种情况下,诚实守信是每个人的理性选择、也成为了城市社会的必然品
性"。③ 管理当局与公共交通企业的合同订立和执行所构成的要约关系,使
城市契约意识得以生根发芽、不断滋长。

第四节　公共交通与公众参与

社会学家哈雷曾指出:城市和文明是同一事物的两个不同侧面。如果
文明是指一种高度发展、广为传播的文化,那么每一种文明就有一个中心,
把知识、思想、经验等逐渐累积起来,并整理、加工、组织成为一种约定俗成
的生活秩序,同时还能把这种新的生活秩序逐渐传播到邻近地区去,那么这
个中心就是城市。④ 可以确定,公共交通与城市生活、社会文明紧密相连,
其不仅满足市民基本的出行需求,且对行为规范、参与意识等所体现的公众
参与领域亦起到积极的引导及推动作用。

一、乘车行为的规范

可以说,"交通频繁,各地习惯风俗言语,易起同化,破除隔阂,实为增

① 参见《江南汽车公司组织》,1933—1937 年,南京特别市政府工务局档案,档号 1001 - 3 - 84。

② 参见《京湖公路招商承办行车办法》,1935 年 3 月,南京特别市政府工务局档案,档号 1001 - 3 - 83。

③ 潘允康主编:《城市社会学新论:城市人与区位的结合与互动》,天津社会科学院出版社 2003 年版,第 202 页。

④ 转引自陈一筠主编:《城市化与城市社会学》,光明日报出版社 1986 版,第 77 页。

进和平之阶梯"。[①] 公共交通作为现代化的大众工具,已不能像传统个体工具那样完全听从乘者支配,为保证城市秩序的循是以进和企业的正常运营,乘客行为须受到约束,进而对行为规范的形成产生一定推力。

(一) 乘车规则设定

具言之,针对此前市内铁路"乘客纷杂,半为兵士,尤感不便"[②],即8/10 为军士、2/10 为旅客又有 2/5 无票者,"客车日常行驶,难免尘埃飞积,而乘客又任意涕吐或乱抛果皮杂物,对于公众卫生大有妨碍。客车军民杂坐,秩序欠佳"[③];宁垣公共汽车"车内污秽,不分等级又无固定之人数,多者一车每致三四十人,夏季炎热,臭气难闻"[④];振裕汽车公司的汽车到站后"候车者争先拥上,不计车上客之满与否无法阻止,诉诸近站岗警亦不干涉"[⑤]等诸多乱象,定都之初南京当局正式宣告:"公共汽车影响市民生活巨大,应由政府设立监督机关,严密查勘,务使其能便利全市人民为主旨"。

随之,公共交通企业制定相关乘车规则,用以约束乘客行为。如 1933年江南汽车公司规定:票价以铜元为单位,乘客购票须照本公司订定洋价表折合计算;凡自各招呼站上下车者,其车资上车须照已过的大站计算,下车照未到的大站计算。[⑥] 是年 1 月,江南汽车公司与浙江公路局《京杭联运直达车章程》第五、十四条规定:公司遗失乘客行李,赔偿事项如衣箱、皮包、皮箱等每件以 50 元为限、铺盖每捆以 20 元为限、网篮全件遗失每件以 10元为限。联运直达车,军警无半价票;孩童 4 岁以下抱在手中不占座位者免费乘车,4—12 岁应购半价票,12 岁以上照购全票。唯一客携带 4 岁以下孩童 2 人以上时,除一孩免费外,其余均须购半票。[⑦] 另外,对短途旅客"念及长途汽车票价过低,往往羼杂乘长途车,以致长途旅客深感拥挤而碍舒适"

① 向默安:《我国交通事业之整理与发展》,《交通杂志》第一卷第一期,交通杂志社 1932 年版,第 9 页。
② 林一:《南京城内筹办通行长途汽车》,《申报》1923 年 9 月 15 日,第 1 版。
③ 参见南京市政府秘书处:《一年来南京市政》,1935 年 10 月编印,第 128—129 页。
④ 刘墨簃:《吾之宁垣长途汽车谈》,《申报》1926 年 6 月 5 日,第 10 版。
⑤ 南京特别市市政府秘书处编译股:《首都市政公报》第 39 期,训练总监部印刷所 1929 年版,第 5 页。
⑥ 参见《江南汽车公司组织》,1933—1937 年,南京特别市政府工务局档案,档号 1001-3-84。
⑦ 参见《合同章程及第七年度报告》,1935—1938 年,江南汽车公司档案,档号 1040-1-1548。

等情事,该公司将长途票价加以限制、定起价 2 分,凡票价里程折算不及 1
角 2 分者照 1 角 2 分起算,使短程乘客"因价昂而放弃共乘车之习惯,间接
则保障长途旅客之舒适便益"①;并明文规定:职工外出,不得在乘客群中抢
先登车,不得抢占座位②。

此外,市内铁路规定购买"团体票"的购票资格,即 10 人以上方能购
用,人数 50 人内照普通客票 6 折收费,50 人以上照客票 5 折收费;年龄不
满 12 岁及童子军,照折扣实数再减半收费。③ 该路还对乘客携带的寻常
品、危险品分别规制。如寻常品、危险品,自江口下关至三牌楼行李价分别
为 2 角、4 角,自江口下关至无量庵分别为 4 角、8 角,自江口下关至中正街
分别为 8 角、1 元 6 角;品种为 1 至 5 吨止。④ 再如 1936 年 3 月 30 日《江南
铁路公司、南京市铁路管理处客货联运办法》规定:孩童票标准,以不满 8
公寸者免费,8 公寸—1.33 公尺者半价,已满 1.33 公尺者全票;军人优待票
不办联运;乘客补票不补联运票等。⑤

关乎违规购票,江南汽车公司规定:"乘客购票不照规定到站下车而越
站者,须照章加倍补票"⑥。市内铁路亦要求"乘客如不先行在站购票,而上
车补票者,则须由首站补起"⑦。即该路旅客"时有不先购票上车乘坐者,一
经查验补票,因起站地点不明滋多纠纷",由此规定 1935 年 8 月 10 日起旅
客不论何站上车,如在车上补票,概从首站补起,"以杜蒙混而免争执"。⑧

（二）行为规范厘定

譬如江南汽车公司《市区各站组织规程》第四条规定:站长负责处理意
外事件纠纷;应答乘客讯问;洽派车辆;就近各有关机关交涉及联络事项。
站员则承站长指派分理行车签票,维持乘客上下车秩序等。⑨ 1933 年,时人

① 参见《票价变迁》,1934—1935 年,江南汽车公司档案,档号 1040-1-1507。
② 参见江苏省交通史志编纂委员会:《江苏公路交通史》第一册,人民交通出版社 1989 年版,第 287 页。
③ 参见南京市政府秘书处编译股:《南京市政府公报》第 163 期,南京市救济院印刷厂 1936 年版,第 16 页。
④ 参见《南京市铁路运货章程》,1933 年 12 月,南京特别市政府档案,档号 1001-1-1593。
⑤ 参见《派员赴铁道部接洽京市铁路联运》,1936—1937 年,南京特别市政府档案,档号 1001-1-1608。
⑥ 《江南汽车公司组织》,1933—1937 年,南京特别市政府工务局档案,档号 1001-3-84。
⑦ 《规定市内水陆交通舟车价格标准》,1930—1937 年,南京特别市政府财政局档案,档号 1001-2-57。
⑧ 参见南京市政府秘书处:《一年来南京市政》,1935 年 10 月编印,第 129 页。
⑨ 参见《公司组织规程》,1935—1936 年,江南汽车公司档案,档号 1040-1-1062。

乘坐江南陵园游览车拜谒中山陵,还须遵守《谒陵规则》。① 且公司要求
"凡正式服务之兵警(服装佩戴整齐)得照半价购票乘车,但官长学员及无
服装符号之兵警,须照章购买全票"②;开行西郊线时,规定只有服装整齐的
军警及4—10岁孩童,乘车时才可买取大洋1角2分的优惠票③。另外,
1936年南京市工务局《车辆应行遵守之重要事项》中第十三、十四条规定:
工人乘坐运输车或工程车时,不得攀援车旁围系的绳索或站立于边缘跳板
上及其他危险地位。不得在车上吸烟或任意嬉笑以及有横卧或放荡姿
态。④ 抗战前夕,蒋介石还曾干预过乘车行为,如其函令南京市长马超俊、
首都警察厅长王固磐:"脚踏车不许乘有二人;马路行人不许在路中横窜,
必须至路口在警察岗位处受警察之指导,方得准备向对街通行,并希令警察
切实执行"⑤;凡"民众坐车不正直者,与着衣之不扣钮以及行动歪斜者,皆
应由岗警与巡查督察员警,切实干涉纠正为要"⑥。

　　不仅如此,因"军人乘车向不购票,而每次人数均较乘客为多",市内铁
路制定军人乘车规范。如"优待军警票前经规定,现已呈请军事委员会出
示布告,军警应一体照优待办法,购买车票乘坐军人车",军人车应与客车
分别乘坐,并函请宪兵司令部派宪兵随车稽查。⑦ 1936年7月13日公布
《南京市铁路管理处军用车票章程》第一条规定:国内军人乘坐本路车辆往
来者,应遵照本章程规定办理。第二条,军人无论整队或个人因公乘车,悉
应坐本路特备的军用车,不得乘坐客车。第三条,军人乘坐军用车者应购买
军用票,每人每站纳票价铜元2枚。第四条,军人整队出动,有长官率领,乘
坐本路军用车者,得依照本章程第三条规定价目半数,按人数计算收费,以
作开车时煤费津贴;并须于12小时以前,由该军事机关将日期人数及起讫
地点等通知本路预备车辆,否则只能就常备的军用车尽量装运,如不敷时须

----

① 《谒陵规则》:一、入祭堂须脱帽致敬,入墓门须静默致敬;二、不得携带手杖雨伞及照相机
　　等件入内;三、不得喧哗,不得随意涕吐,不得践踏草地、攀折花木;四、不得带犬或其他动
　　物;五、不得涂抹墙壁;六、不准吸烟;七、不准在地上抛掷果皮纸屑等物。(参见南京市政
　　府秘书处:《新南京》,南京共和书局1933年版,第7页)
② 《江南汽车公司组织》,1933—1937年,南京特别市政府工务局档案,档号1001-3-84。
③ 参见《禁止无票乘车强购半票》,1935年,江南汽车公司档案,档号1040-1-1504。
④ 参见《二十五年征收车捐》,1935—1936年,南京特别市政府财政局档案,档号1001-2-
　　420。
⑤ 《蒋介石谕脚踏车不许乘两人及行人不许在路中横窜》,1936年3月13日,南京特别市政
　　府档案,档号1001-1-508。
⑥ 《民众坐车不正直着衣不扣钮行动歪斜者应纠正》,1936年6月1日,南京特别市政府档
　　案,档号1001-1-520。
⑦ 参见南京市政府秘书处:《一年来南京市政》,1935年10月编印,第129页。

由下次车续运,不得越坐客车。第五条,军人个人或少数同队士兵不成整队者,无论公私乘坐本路军用车,概须依照第三条规定纳费购票。第六条,凡军人欲乘坐普通客车者,一律须照普通客车章程购票,不适用本章程第三条规定。第七条,本章程所称之军人,系指服装整齐、佩有符号或证章的正式军人而言,凡非前项军人概不得乘坐军用车。第八条,凡违背本章程各条规定的军人,得由随车宪兵随时带部讯办,转解各该军事机关依法惩处。①

此外,由于此前市内铁路乘客行为欠佳,该路遂指派工役随车时加以打扫,并于每日晚间停车后,将全部车厢及座位一律洗刷清楚②;且"行人来往不绝,甚至有小学生逗留游玩,无法禁止,危险甚虞",1933年12月该路在太平桥旁添设木桥一座,以利行走而免危险③。嗣后,该路训练全路员警,对于站上、车上的清洁与秩序"特别注意维持,以为推行,新运之助";且"为谋行车及行人之安全",推行交通宣传周,印发文字图画分发张贴,并借广播电台广播;进而取缔路旁乘凉和路旁棚户,加设新筑各马路栅栏及各站红绿号灯,增设沿路岗亭岗棚,装置机车远射灯,"从此不幸事件,遂少发生"。④

表8—15　南京市市民违警原因(1935年7月至1936年6月)　单位:人

原因 年月	诬告 伪证	湮没 证据	妨害 交通	事涉 淫乱	类似 赌博	妨害 卫生	妨害他 人身体	妨害他 人财产
1935年7月	2	12	752	112	174	187	443	52
8月	3	3	752	169	393	123	442	43
9月	4	2	488	232	604	114	321	32
10月	2	3	593	238	455	166	228	57
11月	—	—	367	141	408	176	248	72
12月	—	2	351	117	326	110	175	43
1936年1月	1	3	372	132	319	58	168	37
2月	3	4	428	170	684	141	169	31
3月	5	4	611	179	444	305	245	68

① 参见南京市政府秘书处编译股:《南京市政府公报》第167期,南京市救济院印刷厂1936年版,第18页。

② 参见南京市政府秘书处:《一年来南京市政》,1935年10月编印,第129页。

③ 参见《南京市政府行政报告(廿二年度)》,1933年1—12月,南京特别市政府档案,档号1001-1-1733。

④ 参见南京市政府秘书处:《十年来之南京》,1937年6月编印,第51页。

（续表）

年月＼原因	诬告伪证	湮没证据	妨害交通	事涉淫乱	类似赌博	妨害卫生	妨害他人身体	妨害他人财产
4 月	—	—	1354	241	302	389	214	34
5 月	—	4	1112	279	352	322	326	40
6 月	—	4	1212	197	472	676	343	41
合计	20	41	8389	2197	4933	2767	3322	550

资料来源：南京市政府秘书处统计室：《南京市政府行政统计报告（民国二十四年度）》，南京胡开明印刷所 1937 年版，第 314 页。

由表 8—15 可见，1935—1936 年间南京市民的违警原因，以妨害交通的人数为最多，占总数的 37.8%。再据同期南京市民违警者职业统计，市民违警者总人数为 33260 人，其中农业 1469 人、工业 9565 人、商业 8415人、交通运输业 4697 人、公务 434 人、自由职业 767 人、人事服务 836 人、无业 6311 人、未详 856 人，此中交通运输业占违警总数的 14.1%。[1] 这些数据亦从侧面反映，抗战前南京当局对于交通违法行为的规制日趋严格，对于干扰、妨害交通的行为严肃处置。由上所述，管理当局和公共交通企业的相关规则并附惩戒措施，从而使市民在乘车、候车时须遵循相应秩序，这对于市民行为规范的逐渐形成显然有所裨益。

二、参与行动的养成

城市社会是一个"权利社会"，城市人有着强烈的权利、民主意识，能够积极地主张自己的政治、经济、文化与参与社会管理的权利。[2] 不难发现，与公共交通相关的问题，关乎市民的切身利益，因而总成为热点事件。就在其中，公众的参与行动不断养成并加以呈现。

（一）民众热议

1918 年，金陵汽车公司申请承办南京市第一家公共汽车公司后，江苏省议会答复："事关省办铁路存废问题，宜如何预筹结束抑别有维持之法，除批示外相应依据省议会暂行法第十六条第七项之规定备文咨询即希公议

---

[1]　参见南京市政府秘书处统计室：《南京市政府行政统计报告（民国二十四年度）》，南京胡开明印刷所 1937 年版，第 316 页。

[2]　参见潘允康主编：《城市社会学新论：城市人与区位的结合与互动》，天津社会科学院出版社 2003 年版，第 201 页。

答复,以便施行"①。由此,开行公共汽车事,引致广泛争议和讨论。

其一,反对之声。此中,以省议员许堃锡、朱积祺等人为首,理由如下数端。

(1)道路狭窄、安全堪虞。南京"官街自明都迁燕经数百年来,民家之侵占,宽处不过丈余,窄处甚至未能盈丈,马车人力车络绎不绝,已为徒行者之妨碍",虽下关有汽车数辆"偶尔来城,经过路线地旷人稀而发生危险不一而足,警案可稽"。且金陵省会"户口既密,街衢不宽。省垣城南一带街道甚狭,自置汽车偶一乘坐尚有撞伤人民危及性命者,若经开设公司往来驶行络绎不绝,一至人烟稠密街市拥挤之处,断难免损及生命之虞"②。亦有人登报表示附议,"南京道路甚狭,竟有不能过两车者。五马街中正街之间,道路之狭达于极点。马车、汽车等均宜稍待,一车已过其后者方准前行,若有二马车,一去一来则其间不能行人。闻南京有发起通行长途汽车者,予以为太早",长途汽车一通行,则于狭隘街道,"祸必日肇"。③

(2)影响苦人生计。自仇姓士绅管理路政后,"全城路线贯通,人力车极端发达,苦人靠此苦力生活者殆近万人,汽车畅行,伊等生机半绝,即无他患亦甚可悯"。且金陵五方杂处、劳力尤多,"以拉人力车资生者就月缴车捐核计约在万人之谱。若汽车通行势必侵夺彼等利益,以此等劳力之人与之争利而使顿失生机,似非仁人所忍出"。原谓可辅东洋车、马车不足,而究其弊所至,"适得其反"。④

(3)疑虑营业目的。如时人认为,"以宁垣户口之繁,开阔街道行人众多,创一汽车营业以补各种代步之不足,自表面观之,未尝非利人利己之举而核其实在。查此项营业宁商早经有人议办,因格于众议而作罢,论讵宁人不能自办,反使越俎者之代谋,有是理乎?"且当时议长、议员所处的地位与责任,"当为全省兴利计,不当为个人兴利计,况为个人之小利而为地方之大害乎"。事实上,彼时市内铁路"资本耗费数十万金,在开办之初原期日渐发达,即使机车损坏,经修理之后仍可开驶双班",每开一次约计 30 分钟,"极便利,即无供求不应之虑"。目前,暂开单班乃偶然尔,若设汽车公司则以数万元之资本妨碍数十万省办铁路之营业,重个人之利权,减公家之收入,轻重未免倒置。此外,还有议员指出:"军民两长官出乘汽车岁无多

① 《金陵汽车公司案之省咨》,《申报》1919 年 3 月 5 日,第 7 版。
② 参见《宁省兴办汽车公司问题》,《申报》1919 年 3 月 9 日,第 7 版。
③ 参见林一:《改良南京道路计划刍议》,《申报》1923 年 8 月 11 日,第 2 版。
④ 参见《宁省兴办汽车公司问题》,《申报》1919 年 3 月 9 日,第 7 版。

次,且有岗位指挥其间,俨同警跸,省中各界尚以此为诟病。"①

其二,支持之议。自上述"省咨案"付诸公议后,荣棣辉等议员和一些市民则表示支持。如其认为,"国内行驶汽车,已风行于京津沪汉等各大商埠。如外国领事、邮政局、各银行、各大公司、督军省长、巨绅寓公,向之自用马车者,此刻则无不改用汽车矣,亦渐觉汽车实利人之具,非害人之具"。②即"电车曾几何时稳快价廉,大众可坐矣。迩来提议公共汽车者,安知他日汽车之终为奢华品,而不能稳快价廉耶?汽车之为奢华品者,因其用以夸耀一时,若用以利便交通,尚何奢华之可言"③。由此,金陵士绅"或谓街道宽窄不一,行车宜深顾虑。不知金陵城内现有汽车已不下数十余辆,皆购置者自行乘坐无贸易性质,未闻有窄处不能通行之。于士绅所购之汽车与伊等一律且南来北往,分驶两道并无冲突之患,而城内得开慢车,将来行驶自无他忧"④。具如公共汽车入手初,"当现测量道路,必于两旁各有余地五尺以上,可备行人停避。若狭窄如五马街、四象桥、益仁巷等处,当依公用土地征收法,收纳两旁民地,扩充道路,然后可以通行无阻。要以便民为第一目的,营利为第二目的,则公私两便。虽有反对之人,亦无从施其恶技"。由是公共汽车"便利行旅也。行旅即便营业发达,利亦随之"。⑤ 总之,"公共汽车是有益、便利的事业。尽我的天职,牺牲着精神去做,何必过于求繁,生出种种的障碍物来呢"。⑥

另关乎公共汽车对市内铁路的影响,有人再度进言:"群众鼓吹声中,南京方面乃有反对长途汽车之说,斯诚异矣。宁垣筹备长途汽车费时两载,中经阻梗,近始由官厅立案,乃竟有反对者,以妨碍宁省火车营业与行人生命为言,抑何不思之甚"。同时,市内铁路"火车无票乘车者时有所闻,即无长途汽车亦难望其盈余,以云防(妨)碍,诚属不当,若两者并进,相互改革,容有进步之望乎? 至行人生命之虑,虽属正当,但道途管理以法驾车,得人则此事决难发见,且伤害生命只可视为非常之事,不可藉此反对也。"⑦既如此,"汽车公司之设立不可谓无妨于铁路之营业",然徒以"一陈腐不适用之宁省铁路,故而阻遏便利交通新事业之发生,此种姑息政策,殊非所以

---

① 参见《宁省兴办汽车公司问题》,《申报》1919年3月9日,第7版。
② 磊夫:《宁垣长途汽车公司之近闻》,《申报》1924年2月16日,第3版。
③ 省:《汽车——奢华品》,《申报》1922年4月22日,第1版。
④ 《金陵汽车公司案之省咨》,《申报》1919年3月5日,第7版。
⑤ 参见林一:《南京城内筹办通行长途汽车》,《申报》1923年9月15日,第1版。
⑥ 秦伯未:《公共汽车组织法刍议》,《申报》1922年4月22日,第3版。
⑦ 参见豪:《告反对南京长途汽车者》,《申报》1924年2月16日,第2版。

力求进化之道";进而提出,"宜乘此时机,下斩钉截铁之手求根本解决之方,进行废止宁省铁路,由官商合资改办宁省电车以利交通,而奠永基,似较有益"。①

其三,建议之论。譬如南京未开行公共汽车前,时人已指出,"其注重之点,首在扩充路线,而以汽车道路为发轫之始。此次规划路线自宜大展规模,断不能草率从事。旧有道路务须亟行修治,以便汽车之通行。歪斜者宜左右展宽,便汽车之旋转,新开汽车路,当分干线支线。干线为各项车辆行驶所必经,务须格外宽阔(宽度在四丈内外);支线则取交通便利之地,其路线之指定当分城内与城外分办"。且当时上海除办公共汽车外,"又发起建筑环租界汽车路,已得省长同意,但以巨款难集尚未开工。其他之类此者,如南通之环城马路,浙江之环湖马路,或已在建筑中或已通车,均斑斑可考"。南京城直径较长、周围面积亦最大,"为交通便利起见,自以能达到筑成环城汽车道为准。将来铁道线之沪宁铁路,津浦铁路,宁省铁路固可联络一气,即钟汤汽车路,镇句汽车路,俱可溶成一片,脉络贯通,此实吾苏开通路务之大关键"。②

嗣后,针对 1930 年前关庙、振裕等汽车公司短暂的经营,亦有人表示,"办理不善竟而停歇,甚为可惜",并分析缘由:第一,南京各公司"不能多置预备车,整日公司尽驶于长途,自然机件容易损坏,以及修费及营业损失,颇为不赀"。第二,因公司组织"不甚健全,且置冗员甚多,以致虚费及无形损失,亦属不少"。总之,汽车"苟能逐渐扩充,其收入未有不加增,事业未有不进展。惜经营汽车公司者,未能办理得法"。③ 由是看来,上述对公共交通反对、支持和建议等民众热议中,参与行动已潜滋暗长。

(二) 维护权益

关乎公共交通运营及与自身生活相关的情事,市民更是普遍关心。如 1923 年 10 月宁垣公共汽车将通行际,附近居民展开行动。"经创办人一再疏通,已得地方人士同意,闻不久将开始营业。惟南城街道狭窄,行驶汽车极为不便",该公司为免除危险起见,再三讨论只有出价拆让经过地方民屋一法。而汽车规定路线所必经的东牌楼、五马街、益仁巷等处最为狭窄,两旁民屋各须让出 9 尺 5 寸,方可通行无阻。"此事业经省署暨地方士绅议决,正待实行。而东牌楼等处商民为先发制人之计,拟联合各商店居户定期

---

① 参见《宁省兴办汽车公司问题》,《申报》1919 年 3 月 9 日,第 7 版。

② 参见雷生:《南京汽车道之新计划》,《申报》1924 年 1 月 26 日,第 2 版。

③ 参见悟非:《首都长途汽车去年概况》,《申报》1929 年 1 月 19 日,第 10 版。

集议,共谋对待办法"。① 嗣自宁垣汽车开行,民众亦表示"诚佳事也"②。
但经一段时期尝试,市民指责其不足,望主办者改良:(1)车身多为旧式汽
车改造,开行时东倒西撞,"乘客颇感不舒"。车身方面必须另造,轮宜采用
双轮式,尤宜用硬橡皮。(2)座位多为木板做成,开行时股骨疼痛,年少身
强者或可勉强安身,年迈身弱者"实不堪其苦"。(3)乘客须在站上小屋中
购票,闲静时尚无痛苦,拥挤时往往有购票不及未能乘坐者。又查票不在车
上,每于车停后乘客下车时始逐一检查,"公司方面固多损失,而乘客亦感
不便,实不合经济原则"等。③

　　同时,对于公共交通可能影响自身权益,民众要求当局予以制止。如金
陵女子文理学院(今南京师范大学)院长吴贻芳1934年2月呈文当局:要
求"顾全女子高等教育机关发展",改变汉口路道路路线。被否决后,又于
1935年4、6月再呈:"永不兴筑该院西南二面两次要路线",并将汉口路线
在本学院教室及宿舍一面向北移2丈或将该路改为宽12公尺。最终,其建
议被国民政府行政院获准。④ 再如1936年9月,宋代忠襄公后裔杨靖等呈
文当局:"先祖忠襄共仕健康通判,金人南侵,殉国以剖心。去年江南铁路
公司经理张静江承建京芜路筑中华门站,不惜违背中央长官核准保存三忠
祠古迹明令,出以强迫征毁手段,使先祖忠魂顿失寄托之所,迁延将一载。
今工务局拓建京芜汽车路线又有拟将雨花台先祖剖心处碑亭划入线内,拓
建京芜汽车路线,不能再开千古恶例,应请依例保护设法避免,以崇忠烈而
重古迹。"工务局回复:拓建京芜汽车路线系金陵兵工厂于上年8月间函请
兴筑雨花路与京湖公路间的新路线,经本局与金陵兵工厂派员屡次勘察洽
商,于最近始经勘定。"该路线因地形交通关系无法避免,应由该民在附近
另择地址设法移建"。但杨氏继续向市长行文,最终市府作出妥协,"该线
路北面确有平坦之地,路线可资移改,自应将忠襄公剖心碑亭所在地,全部
避让以重古迹",万一无法避让,则应由该局与金陵兵工厂及杨等会同觅地
迁移,所有迁移地点的地价与工程用费,并由金陵兵工厂担负。⑤

　　另外,江南汽车公司拓展公共汽车路线时,亦直面市民反对。如1936

①　参见《南京长途汽车之阻碍》,《申报》1923年10月27日,第3版。

②　林一:《南京城内筹办通行长途汽车》,《申报》1923年9月15日,第1版。

③　参见刘墨簃:《吾之宁垣长途汽车谈》,《申报》1926年6月5日,第10版。

④　参见《金陵女大文理学院请变更汉口路线》,1933—1935年,南京特别市政府工务局档案,
　　档号1001-3-136。

⑤　参见《俞绍江扬靖等请饬江南汽车公司更改路线以保护古迹》,1936年9月,南京特别市
　　政府档案,档号1001-1-1365。

年 9 月俞绍江等呈文南京市政府："先豫国公俞公通海坟茔、祠宇、古迹迭奉政府明令保护在案。查九月四日兹有江南汽车公司派员测量行车路线，经过聚宝山将先豫国公坟茔划入界内，并钉木椿大有挖掘之虞。现虽勘定路线，似可予变更，乃该测量员竟置之不理，擅自钉椿，不独摧毁古迹，抑且藐视政府维护功令"。由此呈请当局讯予令饬江南汽车公司改道路线，"以保古迹而慰忠魂"。① 至 1937 年，该公司再应民众要求调整公共汽车路线，如第三路的东段"原仅行至黄埔路为止"，后因接受中央陆军军官学校的函请"延长至竺桥为止"。第四路的山西路至挹江门间，"原与第一路完全相同似觉重复，而原来中山路北段楼子巷一带本通公共客车者，今则无车行，似觉有偏废之憾"，由此特接受该段住户要求，将第四路自湖北路的丁家桥站后，即改驶将军庙、三牌楼、楼子巷、铁道部后门、萨家湾而循原路出挹江门。② 上述情事体现出在公共交通的发展进程中，市民对于自身权益的切实维护。

（三）积极介入

彼时当局进行交通宣传，市民亦积极介入。如定都后，南京工务局会同首都警察厅"训练民众，俾其增加交通常识，以保行旅安全"③。中国交通安全运动始于 1934 年春，由五省市交通委员会邀请全国经济委员会公路处、南京市政府、首都警察厅、新生活运动总促进委员会等单位各派代表，于是年 2 月 5 日在南京成立"公路交通安全设计委员会"，聘请各省市有关负责人或专门人才为委员。该设计委员会附设在五省市交委会内，"更加入美国安全协会，就本会议定之安全运动大纲，分为五省市一致举办者，先就（南）京市试办者"。即为使广大驾驶人员增强责任心、提高警惕性，公路沿线居民群众懂得交通安全的常识，该委员会议定有《公路交通安全大纲》，并筹划安全事业费基金 1.5 万元。嗣至 1935 年 10 月 10—13 日，国民政府在南京举行第一次全国公路交通安全运动会，以"五省市重要区域路段举行安全运动宣传，藉以唤起民众注意，期收事半功倍之效"，即务使于文字、图画、实物及演讲、电影各方面，"将公路交通安全意义作普遍之宣传，灌注于一般民众知所警惕"。筹备 3 个月，期间，该会邀京市有关机关各派代表

---

① 参见《俞绍江扬靖等请饬江南汽车公司更改路线以保护古迹》，1936 年 9 月，南京特别市政府档案，档号 1001-1-1365。

② 参见《合同章程及第七年度报告》，1935—1938 年，江南汽车公司档案，档号 1040-1-1548。

③ 参见南京市政府：《南京市政府行政计划（民国二十四年度）》，出版时间、地点不详，第 37 页。

组织筹备会,集会 8 次、议决要案 60 余件。①

自全国公路交通安全运动会开幕,陈列展览处位于南京夫子庙的市立图书馆,公开展览共分 6 部,将模型图表及实物等分类陈列。该会支经费3947.56 元,大部分用费均系订制模型、图表、实物、电影片的开支。展会开始后,当局按日在场散送文字宣传品,计有《公路交通安全须知》《公路卫生须知》《区乡镇长交通安全须知》《汽车驾驶人须知》《人力车夫交通安全须知》等;图画如交通标志缩图与旅行指南图,"亦在场分赠及代售"。并于开会前,将该会编印的市内道路交通常识,函转南京市社会局分发各中小学作为教材之用,"其图画标语及搪瓷牌标语,亦先期转由首都警察厅代为张贴全市通衢,唤起民众注意,增加安全知识"。简言之,自 1935 年 10 月 10—13 日,《中央日报》附印特刊,载有安全论文常识及各种统计图表;并通过中央及南京广播电台,由经委会公路卫生处实验处、南京市府、市社会局、中宣会、市党部、警察厅及该会等 8 个机关派员播音演讲。展会期间,南京的民众教育馆、公共体育场及下关中央大戏院日夜放映安全电影作普遍宣传,每场均告座满,夜间在公共体育场放映时,参观民众"尤为拥挤"。由此,该会"每日参观人数平均逾万,星期假日尤恐倍之"②。即通过展会、广播、电影等形式,向民众广泛宣传交通安全的意义。

且其时公共汽车上的广告,不仅是别样文化景观,同时就一些事务对市民的宣传,汽车成为宣传载体。如 1933 年,国民政府军事委员会、南京市政府开展"防空展览会",为便利观众往来,令江南汽车公司加派直达第一公园会场的公共汽车若干辆。1936 年 3 月,"首都造林委员会"还与江南汽车公司及各出租汽车行商洽,使南京街面上川流不息的大小汽车都挂贴五颜六色的宣传植树标语。至 1937 年,江南汽车公司于杂志上刊登长途路线(京杭路、宜锡路、京湖路)、市郊路线(陵园路、西郊路)、市区路线(第一路至第六路)的营业广告,向民众广而告之其客车式样、服务路线。③ 另为"考察沿途地方情形,且宣扬中央德化及提倡公路交通",是年 4 月,京滇公路周览团(170 人)在南京成立,"设法要求加入者,犹接踵而至,应接不暇",确定 19 辆各式汽车,路线自京经皖赣湘黔至滇。其来往行程 1 万里、历时

---

① 参见中国公路交通史编审委员会:《中国公路运输史》第一册,人民交通出版社 1990 年版,第 208 页;苏浙皖京沪五省市交通委员会:《苏浙皖京沪五省市交通委员会三年来工作概述》,1936 年 1 月编印,第 50—52 页。

② 参见苏浙皖京沪五省市交通委员会:《苏浙皖京沪五省市交通委员会三年来工作概述》,1936 年 1 月编印,第 52—53 页。

③ 参见中国军事交通学会:《交通月刊》第一卷第一期,京华印书馆 1937 年版,第 50 页。

两月,均按预定计划进行无阻。"重返京沪之日,团员无不精神焕发,喜斯行收获之丰富,有出于意料者,于是视听一新。昔日隔绝几同化外之黔滇,今已旦夕往返;昔日在家千日好,出路万般难之谣,今当改咏旅行乐矣"。[①]

既如此,在南京当局加强交通宣传、安全教育背景下,不仅让公众的参与行动持续展现,亦使交通安全渐显起色。如 1935—1936 年间全市因汽车伤害致死仅 11 人、重伤 73 人、微伤 30 人(见表 8—16),火车致死为 8 人。[②]同期车辆肇事较此前呈现递减趋势。可见,"城市人生活在一个快节奏、变化迅速的社会中,不停的变化是城市人生活的常态。所以,城市人能够欣然接受周围发生的社会变革和变化,积极参与其中,并推进城市的社会变革"。[③]易于看出,在与城市公共交通系统的不断交互中,公众参与潜滋暗长、持续生根。

表 8—16　南京市汽车肇祸统计(1935 年 7 月至 1936 年 6 月)　单位:人

年月	死亡人数		重伤人数		微伤人数		肇祸次数
	男	女	男	女	男	女	
1935 年 7 月	—	1	6	—	—	1	12
8 月	—	—	3	—	8	—	7
9 月	1	—	7	1	3	1	13
10 月	—	—	2	3	3	3	10
11 月	—	—	7	2	3	—	10
12 月	—	1	7	—	—	—	8
1936 年 1 月	1	—	3	1	1	—	7
2 月	1	—	2	—	1	—	4
3 月	4	—	6	3	—	—	13
4 月	—	—	11	—	2	—	9
5 月	1	—	7	—	2	1	10
6 月	1	—	2	—	—	—	4
合计	9	2	63	10	23	7	107

资料来源:南京市政府秘书处统计室:《南京市政府行政统计报告(民国二十四年度)》,南京胡开明印刷所 1937 年版,第 322 页。

---

① 参见王世坼:《京滇公路周览纪要调查报告》,《交通月刊》第一卷第一期,京华印书馆 1937 年版,第 97—98 页。

② 参见南京市政府秘书处统计室:《南京市政府行政统计报告(民国二十四年度)》,南京胡开明印刷所 1937 年版,第 54 页。

③ 潘允康主编:《城市社会学新论:城市人与区位的结合与互动》,天津社会科学院出版社 2003 年版,第 203 页。

　　综上所述,人类的社会经济活动和日常生产活动,诸如商品交换、贸易往来、文化交通和信息传递等都离不开交通。一个国家、地区的社会进步、经济发展及人民生活水平的改善和提高,有赖于建立健全畅通、安全、便捷的现代化的综合运输体系。交通在国民经济发展和世界经济繁荣中应处于先行地位。① 并且交通发展既塑造了城市的具体空间物质形态,也形塑了城市居民生产、生活的社会形态。② 迨及近代"自援用各式运输工具后,运输之作用更大,需要更多",从而"近代新式运输,其能力大而费用廉……可见运输事业之发展,于生活上、经济上,确有大助"③。作为近代新式运输典型代表的公共交通,不仅表现为评估城市近代化的关键标志,亦是城市功能和生活的重要物质载体。史实证明,抗战前南京不仅成为全国政治、文化中心,且是国际知名的大都市。在推进城市嬗变的诸多因素中,公共交通成为其中重要的牵拽力,并与城际联运、时间理念、权利意识和公众参与等各界面交相促进。推广其意,其时南京的公共交通持续进步,与城市生活展现良性交互,进而为城市社会的鼎故革新提供关键助力。所以然者,在赓续推演中,南京城市化进程的印痕更加明显,进而演绎中国近代城市向现代嬗变的历史场景。

---

① 参见《中国大百科全书》总编委会编:《中国大百科全书》(第二版)第11卷,中国大百科全书出版社2009年版,第387页。
② 参见黎德扬等:《交通社会学》,中国社会科学出版社2012年版,第217页。
③ 参见龚学遂:《中国战时交通史》,商务印书馆1947年版,第1页。

结　语

　　交通对人类的影响至关重要,是人类文明的重要标志之一。即"交通为国家脉络,脉络遂其流通,则裨益于人身者至大。交通妙其运用,斯收效于国家者至宏。盖政教之统一,货物之互通,文化之交融,经济之发展,平时既赖是以赴功效能;而战时国家总动员集人力物力财力为一用,尤舍此莫属"①。1977 年,世界规划学者共同制定《马丘比丘宪章》时明确指出,城市交通政策应使私人汽车从属于公共运输系统的发展。2005 年,我国建设部、发展改革委、公安部、财政部、国土资源部等出台"关于优先发展城市公共交通的意见",其中提出城市交通以发展公共交通为优先。至2017 年,习近平总书记在《决胜全面建成小康社会　夺取新时代中国特色社会主义伟大胜利——在中国共产党第十九次全国代表大会上的报告》"贯彻新发展理念,建设现代化经济体系"中,提出建设"交通强国"的重要理念。②

　　不可否认,城市化是伴随着城市经济活动日益发达、管理和政治组织的增加、交通网络的普及而不断增长的一国人口去往城市生活的过程。③ 同时新的运输形式随之发展,并成为城市化的一个主要推动力。④ 由此,城市的形成、发展与演变取决于交通,城市发展又促进了交通发展。交通发展与城市演变互相影响、兴衰与共,是不可分割的有机整体。⑤ 即"公共交通不仅仅是一个交通问题,它同时还是土地使用、经济发展、城市设计和生活质量的问题",其与经济、便捷性及社会发展阶段有更多的关系。⑥ 推广其意,近代中国城市经历了不断由旧式向新式、传统向近代的剧变与转型过程中,

---

① 中国军事交通学会:《交通月刊》第一卷第一期,京华印书馆 1937 年版,"发刊词"第 1 页。
② 参见《中国共产党第十九次全国代表大会文件汇编》,人民出版社 2017 年版,第 24—25 页。
③ 参见［美］史蒂文·瓦戈:《社会变迁》(第 5 版),王晓黎等译,北京大学出版社 2007 年版,第 85 页。
④ 参见［澳］德波拉·史蒂文森:《城市与城市文化》,李东航译,北京大学出版社 2015 年版,第 18 页。
⑤ 参见张文尝等:《城市交通与城市发展》,商务印书馆 2010 年版,第 33 页。
⑥ 参见［美］韦恩·奥图·帕特里夏·亨德森编:《公共交通、土地利用与城市形态》,龚迪嘉译,中国建筑工业出版社 2013 年版,第 6、106 页。

公共交通与城市发展可谓互相推演、相互促进。因之,公共交通不仅是城市功能正常运转的重要载体,亦表现为衡量城市化进程及其现代化的关键标志。既如此,近代城市交通值得研究,作为民国"首都"南京的公共交通且尤待探索,由此不仅能一叶知秋,更可深化对近代中国城市化进程的整体理解和历史感悟。

一、国外都市公共交通概览

值得指出的是,把握全面抗战前国内外都市公共交通的概况,对于探寻与定位彼时南京公共交通的发展态势具有一定的参考意义。事实上,其时世界各大都市公共交通系统持续发展,电车、公共汽车等新式交通方式在城市中不断呈现。由此,共时类比国内外都市相关情事[1],可以管窥近代中国城市公共交通发展的大致水平。

(一) 英国

譬如,彼时英国"汽车事业方兴未艾,车数年有增加"。截至 1928 年 8 月,较上年共增加 12 万辆,"观乎该年英国汽车厂家之努力,可以预测来年出品额数,必较今年为允钜"。据英国汽车协会确认,各地(英格兰、苏格兰、威尔士、爱尔兰)共有私家车 88 万辆,运货车 31.5 万辆,公共汽车、长途汽车等 9.2 万辆,合计 116.7 万辆。至于汽车与人口的比率,1927 年为 35.5 人得车一辆,翌年 32 人得车一辆,"有相当之进展。惟与美国相较,不免相形见绌"。如美国车辆与人口比数为每 5 人可得一车,但自 1922—1928 年汽车已增加 60%,"进步不可谓不速"。[2] 至 1926 年,伦敦已有电车路 250 英里、车站 600 余座。[3] 其市内虽有地道电车,"但不如巴黎之完善,过去八百万市民所认为地面交通惟一之工具者,即为有轨与无轨电车,路线遍布市内,乘客络绎熙攘。近数年来逐渐减废,现已将电车之轨道与杆悉数拆除,移之郊外",采用单、双层公共汽车以替代。至 1936 年,伦敦行驶公共汽车路线有 200 余条,单、双层公共汽车合计有 5000 余辆。且就伦敦唯一的公共交通公司"承办各项交通工具者一年内各项车辆乘坐人数之统计而比较,即可知乘客选择目标之所在"。如 1935 年 7 月至 1936 年 6 月,伦敦交通公司载客总数为 36 亿人,其中公共汽车载客 21 亿人(见表结语—1);平均每人乘坐车辆次数分别为:公共汽车为 223 次、无轨电车 7 次、有轨电

---

[1]　因抗战前中国几大都市中均有公共汽车通行,但南京、汉口等未通行电车,故以公共汽车进行共时类比,以求普遍意义。

[2]　参见怀:《今年英国汽车事业之进展》,《申报》1928 年 10 月 13 日,第 29 版。

[3]　参见中国科学社:《科学的南京》,科学印刷所 1932 年版,第 3 页。

车 103 次、地道电车 49 次,合计 384 次。由此,相较伦敦交通设备数据及乘客人数,"不难知群众好恶之所在,及工具优劣之判别矣"。①

表结语—1 英国伦敦交通公司各种车辆比较表(1936 年 6 月统计)

车别	每里延车费用(便士)	现有辆数	客位	载客总数	全数百分比(%)
地道电车	5.752	3148	137696	467869687	13
公共汽车	11.078	6298	306898	2127498934	58
有轨电车	11.194	2323	163825	983012848	27
无轨电车	10.411	300	19475	69581164	2
合　计	38.435	12069	627894	3647962633	100

资料来源:吴琢之:《都市合理化的交通工具》,载《交通月刊》第一卷第一期,京华印书馆 1937 年版,第 45 页。

(二) 美国

20 世纪 40 年代,美国汽车工业每年可制造小汽车约 350 万辆、运货汽车 100 万辆,有汽车业技术工人 100 万名,"这是个世界无与伦比的庞大工业"。② 由美国汽车出品可见,1922、1923、1924 年(1—6 月)客车分别为 1036131 辆、1830916 辆、1820063 辆,货车分别为 116130 辆、200177 辆、184281 辆,即客车合计为 4687110 辆、货车合计为 500588,"可知其发达状之一般"。③ 由此可见,美国为"汽车事业最盛之邦,其公共汽车事业之日形发展,早在吾人意料之中"。如 1927 年,美国汽车公会公布:公共汽车共载乘客 2.5 亿人,车线共长 635609 英里,较火车及电车路线且长 338515 英里,"司见其发展之神速"。再据 1928 年 1 月 1 日调查,美国共有公共汽车公司 22611 所,合诸公司的分公司计 85636 所,其资本共计 5 亿美金,"亦云盛矣"。而美国铁路当局每以乘客拥挤、车辆不敷应用,商诸各公共汽车公司借用汽车以用急需,统计 1927 年铁路当局共借用公共汽车 1000 辆以上,"公共汽车事业之在美国只五年,在此发韧之五年中已有此成。续更五年而后其发展情形,更有非吾人所得逆料者,是诚经营汽车事业者之莫大机会"。④ 且纽约"为新兴之都市,人口繁多而地面狭隘。因之,房屋与交通乃

① 参见吴琢之:《都市合理化的交通工具》,《交通月刊》第一卷第一期,京华印书馆 1937 年版,第 41—45 页。
② 参见何乃民:《汽车与公路》,商务印书馆 1946 年版,第 25 页。
③ 参见郑天雁:《美国汽车出品比较表》,《申报》1924 年 8 月 23 日,第 3 版。
④ 参见怀:《美国公共汽车事业之发展》,《申报》1928 年 8 月 11 日,第 30 版。

不得不利用于空际与地下,以免车辆与行人受往来之障碍"。故架空电车、地道电车"最为发达,路线遍设全市"。地面电车此前虽有行驶,至 1936 年架空及地道电车依然如前,地面电车则已渐废,即"美国为制造汽车之国家,视汽车为极平常之用具,地面电车乃益感觉不需要",进而改用公共汽车及小汽车。①

（三）法国

1900 年 7 月,法国第一条地铁(地下电车)在巴黎建成通车,沿香榭丽舍大街由西向东长约 10 公里,其时巴黎人口为 280 万。② 其市内公共交通工具,"实极繁多,惟地道电车办理最完善伟大周备,路线繁密遍及全市,交车最密之处重叠构建凡五六层"。此外,1926 年以前地面电车亦极盛行,路线有 130 余条,"铺设遍及全市,蔚为市内重要之民行工具"。至 1936 年,巴黎地道电车盛况依然如前,但地面的有轨与无轨电车"已完全拆除,只极少数移于郊外冷僻之处,共余大都废置不用",地面交通替代电车者即为公共汽车。如此前营业最繁盛、获利最优厚、乘客最拥挤的第八号电车路线,亦于是年 8 月 13 日拆除。故至 1936 年,"未获再观电车行驶,只见公共汽车驰骋往来",行驶者有 3500 辆、路线有 200 余条。③

（四）德国

早于 19 世纪 70 年代,德国政府对运输业的发展给予极大的关注,道路建设主要由公共投资完成。德国政府对铁路长期投资的股份大于铁路公司提出的请求。在许多场合,政府以红利为 4% 的担保来支持私人对铁路的投资。④ 世界上第一辆有轨电车也于 1881 年在德国柏林街头出现,此后由美国人弗兰克改进,于 1888 年在美国东部城市里士满建起第一个有轨电车系统。⑤ 柏林市内主要的交通工具,为环城火车。此外,"在以前亦以地面有轨与无轨电车为衔接运输的大众交通工具",但至 1935 年均改用公共汽车,原行电车或拆除移于冷僻地点。⑥

①　参见吴琢之:《都市合理化的交通工具》,《交通月刊》第一卷第一期,京华印书馆 1937 年版,第 41 页。

②　参见蔡君时:《世界公共交通》,同济大学出版社 2001 年版,第 16 页。

③　参见吴琢之:《都市合理化的交通工具》,《交通月刊》第一卷第一期,京华印书馆 1937 年版,第 41 页。

④　参见王惠臣:《论运输管制:公共性与企业性的悖论》,高等教育出版社 1997 年版,第 40 页。

⑤　参见王瑞芳:《近代中国的新式交通》,人民文学出版社 2006 年版,第 30 页。

⑥　参见吴琢之:《都市合理化的交通工具》,《交通月刊》第一卷第一期,京华印书馆 1937 年版,第 41 页。

（五）日本

日本第一条地铁线于 1927 年 12 月在东京建成通车，路线自浅草到上野长 2.7 公里。① 1928 年，东京有电车路 200 英里，"尚觉拥挤"；后又筑地下电车路（地铁）5 条共长 50 英里。横滨为东京外港，相距 18 英里，比南京下关至栖霞山（15 英里）路程尚远，但其间有铁道、汽车路、有电车路 2 条，"几使东京横滨合而为一"。② 至 1936 年，东京交通"亦极繁复"，空际有架空电车，地面有有轨电车、无轨电车，"今则以感觉地面电车之不适于需要"，陆续增设公共汽车路线以替代。③ 诚如斯时日本汽车公司评论，"美国公共汽车事业固称发达。然在日本及其他远东各处，公共汽车事业发达之神速，盖亦驾乎其各项事业之上"。④

由上可见，抗战前世界各大强国及五大都市的"交通工具，莫不具同一之趋势，即已有地道电车者，不特繁荣不减，且尤过之"，而架空电车"多数都市大都不甚采用"。地面交通工具如有轨电车、无轨电车，"已经行驶而有成效，群众附乘，已有习惯者，均毅然决然拆除废弃，另起炉灶，代之以公共汽车"。而各都市当局，"最足引起吾人之惊异者，即为伦敦市；英伦人士，固素以保守为习性"，竟将已成已用的电车陆续拆废，毫不犹豫而用公共汽车，"苟非地面电车与公共汽车比较上有特殊之利弊，当不足以引起此革新之精神，而促成此事实"。⑤

二、国内都市公共交通简论

（一）上海

1922 年 8 月，华商董杏生在得到公共租界工部局核准后成立"公利汽车公司"，开辟自静安寺路至曹家渡折回静安寺的圆路。此线是上海市内第一条公共汽车线路，但该公司 1924 年 10 月停业。⑥ 租界的英商安利洋行与沙逊、波兹等外商于 1923 年 6 月向香港当局注册，成立中国公共汽车公司。翌年 10 月 9 日，该公司第一条线路 9 路公共汽车通行，自静安寺始

---

① 参见蔡君时：《世界公共交通》，同济大学出版社 2001 年版，第 23 页。
② 参见中国科学社：《科学的南京》，科学印刷所 1932 年版，第 3 页。
③ 参见吴琢之：《都市合理化的交通工具》，《交通月刊》第一卷第一期，京华印书馆 1937 年版，第 41 页。
④ 参见怀：《美国公共汽车事业之发展》，《申报》1928 年 8 月 11 日，第 30 版。
⑤ 参见吴琢之：《都市合理化的交通工具》，《交通月刊》第一卷第一期，京华印书馆 1937 年版，第 41—42 页。
⑥ 参见上海市公用事业管理局：《上海公用事业（1840—1986）》，上海人民出版社 1991 年版，第 349—350 页。

沿爱多亚路至洋泾浜外滩,共配车 6 辆,票价高于电车。1929 年 2 月,其正式获得公共租界内经营公共汽车的垄断权,业务发展更速。至抗战前该公司已有车 154 辆,行驶路线为 16 路,乘客数较开行初时增幅达一百余倍(见表结语—2);且 1924—1937 年间,除 1925、1926、1932 年因战争、政局动荡、油价机件涨价等影响而有所亏损外,其余各年均为盈利。①

表结语—2　上海公共租界(英商)中国公共汽车公司业务情况表(1924—1937 年)

年份	车辆拥有数(辆)	乘客人次(千人次)	行驶英里数(千英里)	年份	车辆拥有数(辆)	乘客人次(千人次)	行驶英里数(千英里)
1924	20	295	90	1931	120	24446	3823
1925	30	3514	982	1932	164	24836	4408
1926	50	12358	1567	1933	164	31600	4406
1927	52	12851	1529	1934	164	37329	5147
1928	77	16563	2295	1935	168	36363	5149
1929	98	22613	3567	1936	170	35851	5762
1930	106	22111	3346	1937	154	35803	4472

资料来源:张仲礼、陈曾年:《沙逊集团在旧中国》,人民出版社 1985 年版,第 81 页。

　　然与租界外商公共汽车经营的良好态势相比,抗战前上海华界内的国人的经营状况却有些滞后,如经营闸北区域的华商公共汽车公司行驶路线 6 条、车辆 45 辆,经营南市区域的公共汽车管理处(市办)行驶路线 5 条,车辆 45 辆。② 即华界公共汽车加起来不及南京的 1/3。再将 20 世纪 20、30 年代上海部分中外公共汽车企业盈亏对比,此期华界的华商汽车公司盈亏对半、沪南汽车公司全为亏折③,公共租界的英商公司除三年亏折外,其余全为盈利。可见,外商经营的公共汽车公司在上海已占据绝对优势。从而,近代中外经济和国力的悬殊,在企业竞争方面进而显现。

　　(二) 北京

　　近代北京公共汽车业,从 1935 年 8 月创办到 1948 年 8 月停业,历经 13 年。具如 1935 年 7 月,初北平市政府派专员朱梦珍等 9 人组成北平公共汽车筹备委员会。同月发布了《北平市政府公共汽车管理处组织章程》,组建

---

① 参见张仲礼、陈曾年:《沙逊集团在旧中国》,人民出版社 1985 年版,第 82 页。

② 参见上海市公用事业管理局:《上海公用事业 1840—1986》,上海人民出版社 1991 年版,第 350—359 页。

③ 参见陈文彬:《近代化进程中的上海城市公共交通研究(1908—1937)》,复旦大学 2004 年博士论文,第 62 页。

公共汽车管理处管理城郊公共汽车业务。市府又通过抵押贷款 30 万银元，从美国买了 30 辆道奇牌大客车，于 8 月正式成立北平市公共汽车管理处，直辖于市公用局。该处成立后，通行四条营业路线：1 路：由东四至虎坊桥；2 路：由鼓楼至菜市口；3 路：由东华门至南苑；4 路：由东华门至八大处。公共汽车管理处的营业方针是在市区辅助电车运力不足，便利郊区游览。但汽车运营亏折严重。为减亏损，开行仅三月市政府停运市区公共汽车，仅运营带有旅游线路的郊区三线：4 路：东华门至八大处；6 路：东华门至温泉；7 路：东华门至汤山。后至 1937 年 7 月卢沟桥事变前，全市仅行公共汽车 15 辆，余均被市府拨作他用。卢沟桥事变后，公共汽车全部停驶。[①] 可见，自 1935 年 7 月，筹备北平公共汽车到 8 月成立第一条路线运营，仅一个多月时间，投入资金 30 万银元。然北平电车运营则需要修钢轨，架高架电线、建发电厂，电车公司从 1921 年组织到 1924 年成立历时 3 年，耗资 400 万。[②]这体现出公共汽车既省钱又省力的特点。但因公共汽车业市营垄断、城市发展缓慢、政治环境不靖、自身经营等弊端，并不能满足北京城市大众交通需求，由此可见其对城市空间和居民生活的影响远没有西方城市乃至上海、南京那样深远。

（三）天津

20 世纪初，天津正式创办中国第一个城市有轨电车系统，此系比利时通用银行财团于 1906 年在天津开办的第一条有轨电车。公共汽车在天津的出现则较晚。20 世纪 20 年代初，天津出现租赁汽车的汽车行，最早的公共汽车即为这些汽车行创办。1925 年，同兴汽车公司进口几辆旧汽车，在万国桥（即解放桥）至河东大直沽之间运行，这是天津第一条公共汽车路线。此后，又有几家汽车公司经营公共汽车。由于他们将汽车分别涂成黄色或蓝色，所以人们称其为"黄公交"或"蓝公交"。1927 年，从法国花园（今中心花园）至英租界大营门一带经营汽车的就有 4 家公司，行驶汽车共 10 余辆。由于电车公司属于垄断经营，当时公共汽车只能在不能行驶电车的道路上运行。除上述路线外，英租界马场道至日租界多伦道、老城区官银号至北站之间也有公共汽车往来。民国时期，在现海河东岸和租界边缘形成了天津城市工业区，企业工人和职员有相当一部分居住在老城区或租界，电车等城市公共交通成为他们每天上下班所依赖的交通工具。20 年代出现的公共汽车，有的路线连接电车终端和工业区。抗战前，天津城市中心区

---

① 参见北京市公路交通史编委会：《北京交通史》，北京出版社 1989 年版，第 143—148 页。
② 参见北京市档案馆：《北京电车公司档案史料》，北京燕山出版社 1988 年版，第 2 页。

和城市资源的分布已经形成以电车路线为轴,向周围辐射的形态。整个城市空间数倍扩展,呈带状分布,其中心一是海河,一是电车线,这种构成奠定了现代天津城市空间结构的基础。如据 20 世纪 30 年代统计,天津人均每年乘坐电车的次数为 52,高于上海的 38 和北京的 17,成为全国电车乘坐率最高的城市。① 即天津公共交通系统的中心是电车,公共汽车仅为辅助角色。

(四) 汉口

彼时,地处华中地区的汉口"自辟埠以来,工商业务日见增加,全市面积因亦扩大……自以创办电车为根本救济之策,但限于财力,急难举办",后经市政会议提议令工务局创办公共汽车,1928 年遂成立公共汽车管理处,隶属工务局,于 1929 年 1 月 1 日开始试运营公共汽车。最初拟订开办的公共汽车有三条路线,但起初只开通第一线:由硚口至六合路,长约 20 华里,并规定将该路分 8 段、每段收洋 2 分 5 厘、每华里收 1 分,以至于出现"每站候车者至数十人,大有供不应求之势"。至 1929 年 3 月,公共汽车平均每日有 500 元收入。嗣后,管理处又将每段改为取资 3 分(合铜元 12 枚)"并实行分段售票,便利乘客,整顿收入"。具如汉口公共汽车收入 1930 年1—12 月(11 月缺)收入银数分别为 10903 元、16557 元、19311 元、21444元、25229 元、23242 元、22937 元、23434 元、29131 元、31542 元、24478 元。另外,1929 年、1930 年 11 月每日平均开车数分别为 20 辆、23 辆,行驶路程分别为 1814 里、1918 里;且 1930 年 6—11 月,乘客分别 431859 人、432359人、447554 人、565415 人、583266 人、448794 人,月均 50 万余人次,日均 1.6万人次。② 简言之,汉口公共汽车"自创办至今,已有年余,每月除开销外,尚能盈余不少"③。然 1931 年,大水将汉口淹没,交通瘫痪、车辆损毁,公共汽车业走向破产。尽管退水后当局经营整理数月,但仍无法挽救停办的命运,其经营仅两年而已。

(五) 南京

彼时作为国民政府首都,南京与上述都市情事大相径庭。抗战前其公共汽车业不仅经营良好,且在全国同业中可为翘楚。这不仅因"南京是兴办城市公共汽车业较早的城市",且公共汽车票价"为京沪区各地汽车票价中之最低者",并"在国内官办商营事业中比较,尚为独廉"。更为重要的

---

① 参见刘海岩:《电车、公共交通与近代天津城市发展》,《史林》2006 年第 3 期。
② 参见艾智科:《公共汽车:近代城市交通演变的一个标尺——以 1929 到 1931 年的汉口为例》,四川大学 2007 年硕士学位论文,第 14、29—30 页。
③ 董修甲:《京沪杭汉四大都市之市政》,大东书局 1931 年版,第 70 页。

是,在南京最终诞生20世纪30年代我国规模最大的国人自办的公共汽车公司——江南汽车公司。依前所述,1935—1936年一年间该公司的公共汽车载客量近2000万人,车站达195站;抗战前有汽车304辆,职工1600余人。另从营业收支看,其1933年度盈利4.7万余元;1935年度盈利8.3万余元;1937年度盈利41万余元。仅4年间,公司盈利增加8.6倍;因"营业昌盛、盈利颇丰",成为当时"国内规模最大的商办汽车运输企业"。概言之,抗战前上海外商公共汽车公司经营良好,但华商却亏折严重;彼时电车成为上海最主要的公共交通工具。汉口公共汽车业虽有良好开端,但由于不可抗力等原因,经营仅两年。此外在北平和天津,电车大行其道,公共汽车仅为辅助之用,在电车无法涉及的路段,聊以生存。反观南京,其公共汽车业发展日益精进且为国人自办并具商办性质,规模不断扩张直至出现当时"我国最大的商办汽车公司",最终成为全国公共交通业翘楚。

如此观之,将抗战前南京作为个案研究,不仅于全国而言具有典型意义,并可在同一区域内对不同交通工具的不同性能的不同影响进行比较分析,且能够从多维度、多侧面、多途径、多视角了解公共交通对于城市嬗变的综合影响。即通过管窥当时南京公共交通的发展态势,检视其与城市人口、城市财政、城市管理和城市生活等各个向度的深切交互,以此观测近代南京城市嬗变的历史进程。

一是公共交通与城市人口。抗战前作为南京城市沟通核心系统的公共交通业,不仅适应人口增长的需求,缓解人口递增的压力,且为城市人口空间的拓展和人口密度的均衡化作出重要贡献,进而有利于职业人口的规律出行和商业区域的频繁交流,使城市活力得以持续显现。近代南京公共交通与城市人口的共契共通、良性交互,不仅为近现代公共交通体系的持续发展夯实基础,而且裨益于城市化进程的相与赓续。

二是公共交通与城市财政。抗战前南京市公共交通业所纳捐税,年均占全市财政总收入的12%以上。从而,当局通过对公共交通的税捐厘定、税捐计查,从而保障和管控城市财政,进而进献城市财政,最终使该业纳捐成为"市库主要收入"。由此,公共交通对城市财政的良性影响,不仅为其时城市规模化建设的资金筹措贡献巨力、为近代南京城市发展的循是以进提供动力,亦为城市变迁的交相嬗替提供基础设施和物质保障。

三是公共交通与城市管理。抗战前南京当局对城市公共交通管理的铢积寸累,是从公共交通法规构建、车辆登记检验与行车停放规制、执业者训练考验与违法行为惩治以及交通硬件配置和基础设施建设等各个方面展现。进而,形成具有法制、规范、管控和惩治等特质的管理路径,最终使城市整体管理水平得以提升。彼时,南京公共交通业发展呈现的有序态势,对于城市交通管理模式自近代向现代演变产生深远影响,并助力城市嬗变的持续推演。

四是公共交通与城市生活。抗战前南京公共交通交汇铁路干线、关联公路枢纽,使城际间的交流与联接更为频繁;该业的行车时刻及由此引致的新时间制度,对城市生活节奏转变和市民时间价值观念产生重要影响;公共交通票价低廉使普通市民均能享用展现平等意识,公交企业与官方签订合同体现契约意识等,显示出该业对城市权利意识的促进;管理当局和公交企业对市民、军警乘车行为的规范,及民众热议、维护权益、积极介入等参与行为的养成,彰显公共交通对公众参与的强力推进。这种公共交通带来的城市生活深刻革新,演绎近代城市向现代演进的真实场景。

应当承认,历史研究灵感不仅源于度之往昔的情怀,更可溯至历史与现实的杂糅。如法国年鉴学派奠基人马克·布洛赫所言,“各时代的统一性是如此紧密,古与今之间的关系是双向的。对现实的曲解必定源于对历史的无知;而对现实一无所知的人,要了解历史也必定是徒劳无功的。”由是,我们“可以通过过去来理解现在,通过现在来理解过去”①。既如此,研究过往是为更好地理解现在,进而温古知今、鉴往知来。如据 2016 年度中国主要城市公共交通大数据分析报告显示:南京市轨道交通情况为:运营里程 249 公里,线路条数 8 条,站数 139 站,换乘站数 10 处;公共汽电车线路规模为:线路条数 681 条,线路里程 1.02 万公里。在同年度全国城市公共交通排行榜综合得分中,南京位列第六;在公共交通用户评价中:南京以满意度89%排位第二,仅次于哈尔滨(90%)。② 至 2017 年 12 月 11 日,国家交通运输部正式授予南京、上海为“国家公交都市示范城市”的荣誉称号。由此,南京与上海一同成为首批获得该称号的两个城市。③

兹综合之,城市发展与交通发展互为因果,具有互动性。交通运输对城市发展的作用是多方面的。城市的经济、政治、军事、人口等因素影响交通

---

① 参见［美］马克·布洛赫:《历史学家的技艺》,张和声等译,上海社会科学院出版社 1992
　　年版,第 36 页。

② 参见交通运输部科学研究院:《2016 年度中国主要城市公共交通大数据分析报告》,交通
　　人网 2017 年 4 月 27 日,见 http://www.hijtr.com/2016-report-of-public-transits-big-data。

③ 参见交通运输部运输服务司:《关于拟授予上海市、南京市“国家公交都市示范城市”称号
　　的公示》,交通运输部网 2017 年 11 月 24 日,见 http://zizhan.mot.gov.cn/zfxxgk/bnssj/
　　dlyss/201711/t20171124_2941207.html。

运输的发展,反之,交通运输对上述因素也有着十分重要的影响。① 而历史发展使人们从教训中得到一条宝贵的经验:要解决大、中型城市的交通问题,并使其具有必要的活力,应该特别重视优先发展城市公共交通,它是城市可持续发展的必由之路。② 从而,近代公共交通的发展影响城市变迁的整体过程,亦是学界探讨近现代城市嬗变的重要窗口之一。毋庸讳言,近代南京公共交通不仅成为民众出行的主要参考,亦与城市变迁的演化轨迹关联至密。该业作为器物层面浸润于城市社会各个界面的同时,进而助力于南京城市化进程的赓续推演。本著以抗战前公共交通与南京城市嬗变为中心,通过历史检视为现世决策追本溯源,为当代公共交通体系完善与城市可持续发展产生启示;且在当下中国乃至世界各大城市交通拥堵、事故频发之际,拟为今之世界提供历史借镜与现实参考,进而呈现"引古以筹今,因事以制宜"的应用价值及时代意义。

---

① 参见何一民主编:《近代中国城市发展与社会变迁:1840—1949 年》,科学出版社 2004 年版,第 40—41 页。
② 参见杨兆升:《城市智能公共交通系统理论与方法》,中国铁道出版社 2004 年版,第 1 页。

参 考 文 献

一、著 作 类

《列宁全集》第 23 卷,人民出版社 2017 年版。

《列宁选集》第 4 卷,人民出版社 1972 年版。

王倬:《交通史》,商务印书馆 1923 年版。

叶恭绰:《交通救国论》,商务印书馆 1924 年版。

陆衣言:《最新南京游览指南》,中华书局 1924 年版。

严伟:《南汤山志》,南汤山陶庐出版社 1927 年版。

孙中山:《建国大纲·地方自治开始实行法·修道路》,国民书局 1927 版。

徐寿卿:《新南京志》,南京共和书局 1928 年版。

南京特别市政府秘书处编译股:《一年来之首都市政》,南洋印刷厂 1928 年印。

南京特别市工务局:《南京特别市工务局年刊(十六年度)》,南京印书馆 1928
年版。

南京特别市市政府秘书处编译股:《市政公报》第 1、18、19 期,1928 年编印。

南京特别市市政府:《首都市政周刊》第 1、18 期,1928 年编印。

南京特别市市政府:《南京特别市市政法规汇编·初集》,民智书局 1929 年版。

国都设计技术专员办事处:《首都计划》,1929 年 12 月编印。

南京市政府秘书处:《南京特别市政府工作报告及计划概要》,1929 年编印。

南京特别市市政府秘书处编译股:《首都市政公报》第 20—23、29、32、39、53—54
期,南京印书馆 1928 年版、训练总监部印刷所 1929、1930 年版。

南京特别市市财政局:《南京市十八年度市财政统计》,京华印书馆 1930 年版。

南京特别市市政府秘书处编译股:《南京特别市政府工作总报告》,南京印书馆
1930 年版。

林震:《实用首都指南》,商务印书馆 1930 年版。

李清悚、蒋子奇:《首都乡土研究》,南京书店 1930 年版。

中国旅行社:《首都导游》,1931 年 10 月编印。

盛叙功:《交通地理》,商务印书馆 1931 年版。

周汉章:《最新首都指南》,民智书局 1931 年版。

付荣恩:《江浙市政考察记》,新大陆印刷公司 1931 年版。

董修甲:《京沪杭汉四大都市之市政》,大东书局 1931 年版。

实业部中央农业实验所、南京技术合作委员会给养组合编:《南京市之食粮与燃

料》,1932 年编印。

　　南京社会局:《南京社会特刊》第三册,文心印刷社 1932 年版。

　　中国科学社:《科学的南京》,科学印刷所 1932 年版。

　　中国社会学社:《中国人口问题》,世界书局 1932 年版。

　　铁道部铁道年鉴编纂委员会:《铁道年鉴》第一卷,1933 年编印。

　　国民政府实业部国际贸易局:《中国实业志·江苏省》,1933 年 2 月编印。

　　南京市政府秘书处:《新南京》,南京共和书局 1933 年版。

　　南京市政府财政局:《南京市二十一年度市财政统计》,京华印书馆 1933 年版。

　　建设委员会经济调查所统计课:《中国经济志·南京市》,正则印书馆 1934 年版。

　　陈树棠:《道路建筑学》,中华道路建设协会 1934 年版。

　　言心哲:《南京人力车大显示生活的分析》,国立中央大学 1935 年版。

　　舒新城主编:《中华百科辞典》,中华书局 1935 年版。

　　叶楚伧、柳诒徵:《首都志》上下册,正中书局 1935 年版。

　　江南长途汽车股份有限公司:《江南长途汽车股份有限公司第三年度报告(二十二年五月至二十三年六月)》,1935 年编印。

　　交通部铁道部交通史编纂委员会:《交通史路政编》第十八册,1935 年 5 月编印。

　　首都各界提倡国货委员会调查组:《南京市各业概况调查》,东南印刷所 1935 年版。

　　南京市社会局:《南京社会:调查统计资料专刊》,华东印务局 1935 年版。

　　南京市政府秘书处:《一年来南京市政》,1935 年 10 月编印。

　　南京市政府秘书处编译股:《南京市政府公报》第 91、111—112、145—149、159—163、167—169、178 期,南京印书馆 1931、1932 年版,南京市救济院印刷厂 1934、1935、1936、1937 年版。

　　苏浙皖京沪五省市交通委员会:《苏浙皖京沪五省市交通委员会三年来工作概述》,1936 年 1 月编印。

　　交通部铁道部交通史编纂委员会:《交通史·电政编》第一、二集,1936 年编印。

　　南京市地方自治推进委员会:《南京市户口调查资料》,1936 年编印。

　　倪锡英:《南京》,中华书局 1936 年版。

　　南京市政府:《南京市政府行政计划(民国二十四年度)》,出版时间、地点不详。

　　南京市政府秘书处统计室:《南京市政府行政统计报告(民国二十四年度)》,南京胡开明印刷所 1937 年版。

　　南京市政府秘书处:《十年来之南京》,1937 年 6 月编印。

　　中国军事交通学会:《交通月刊》第一卷第一期,京华印书馆 1937 年版。

　　中央党部国民经济计划委员会:《十年来之中国经济建设》下篇,南京扶轮日报社 1937 年版。

　　金家凤:《中国交通之发展及其趋向》,正中书局 1937 年版。

　　刘大钧:《中国工业调查报告》第 2 编下册,经济统计研究所 1937 年编印。

　　南京市政府秘书处:《南京特别市政府市政概况》,惠文印书馆 1941 年版。

赵曾珏:《中国之电信事业》,商务印书馆 1943 年版。

何乃民:《汽车与公路》,商务印书馆 1946 年版。

龚学遂:《中国战时交通史》,商务印书馆 1947 年版。

江南汽车股份有限公司:《十年业务报告:二十六年度—三十五年度》,1947 年 8 月印行。

行政院新闻局:《首都建设》,1947 年 12 月印行。

南京市政府:《首都市政》,大成出版公司 1948 年版。

孙毓棠:《中国近代工业史资料》第一辑(上),科学出版社 1957 年版。

宓汝成:《中国近代铁路史资料(1863—1911)》第二册,中华书局 1963 年版。

夏征农主编:《辞海》,上海辞书出版社 1979 年版。

秦孝仪主编:《革命文献》第 78 辑《抗战前国家建设史料——交通建设》,(台北)中央文物供应社 1979 年版。

马洪主编:《中国经济结构问题研究》,人民出版社 1981 年版。

广东省社会科学院历史研究室等合编:《孙中山全集》第二卷,中华书局 1981 年版。

陈达:《现代中国人口》,天津人民出版社 1981 年版。

王铁崖:《中外旧约章汇编》第一册,生活·读书·新知三联书店 1982 年版。

秦孝仪主编:《革命文献》第 91、93 辑《抗战前国家建设史料——首都建设(一)、(三)》,(台北)中央文物供应社 1982 年版。

中国国民党中央委员会党史委员会:《张静江先生文集》,(台北)中央文物供应社 1982 年版。

于素云、张俊华等:《中国近代经济史》,辽宁人民出版社 1983 年版。

王树槐:《中国现代化的区域研究:江苏省,1860—1916》,(台北)中央研究院近代史研究所 1984 年版。

梁中堂:《人口学》,山西人民出版社 1983 年版。

胡焕庸、张善余:《中国人口地理》上册,华东师范大学出版社 1984 年版。

石三友:《金陵野史》,江苏人民出版社 1985 年版。

张仲礼、陈曾年:《沙逊集团在旧中国》,人民出版社 1985 年版。

康少邦:《城市社会学》,浙江人民出版社 1986 年版。

陈一筠主编:《城市化与城市社会学》,光明日报出版社 1986 版。

南京市地方志编纂委员会:《南京简志》,江苏古籍出版社 1986 年版。

江苏省政协文史委员会编:《江苏文史资料选辑》第 20 辑,江苏古籍出版社 1987 年版。

张耀华:《城市的综合管理》,中国城市经济社会出版社 1988 年版。

北京市档案馆:《北京电车公司档案史料》,北京燕山出版社 1988 年版。

刘统畏:《交通通讯与国民经济》,重庆出版社 1988 年版。

吕华清主编:《南京港史》,人民交通出版社 1989 年版。

南京市政协文史资料委员会:《金陵破晓》,南京出版社 1989 年版。

北京市公路交通史编委会：《北京交通史》，北京出版社1989年版。

欧阳志高主编：《城市财政学》，中南工业大学出版社1989年版。

江苏省交通史志编纂委员会：《江苏公路交通史》第一册，人民交通出版社1989年版。

中国公路交通史编审委员会：《中国公路运输史》第一册，人民交通出版社1990年版。

江苏省南京市公路管理处史志编审委员会：《南京近代公路史》，江苏科学技术出版社1990年版。

中国大百科全书总编辑委员会《社会学》编辑委员会编：《中国大百科全书·社会学》，中国大百科全书出版社1991年版。

刘国光主编：《中外城市知识词典》，中国城市出版社1991年版。

上海市公用事业管理局：《上海公用事业（1840—1986）》，上海人民出版社1991年版。

中共南京市委党史办公室：《石城星火》，南京出版社1991年版。

中国大百科全书总编辑委员会《建筑·园林·城市规划》编辑委员会编：《中国大百科全书·建筑·园林·城市规划》，中国大百科全书出版社1992年版。

姜涛：《中国近代人口史》，浙江人民出版社1993年版。

南京市地方志编纂委员会：《南京物资志》，中国城市出版社1993年版。

南京市地方志编纂委员会：《南京邮政志》，中国城市出版社1993年版。

南京市地方志编纂委员会：《南京粮食志》，中国城市出版社1993年版。

南京市地方志编纂委员会：《南京公用事业志》，海天出版社1994年版。

南京市地方志编纂委员会：《南京交通志》，海天出版社1994年版。

南京市地方志编纂委员会：《南京市政建设志》，海天出版社1994年版。

南京市地方志编纂委员会：《南京税务志》，海天出版社1994年版。

沈嘉荣主编：《南京史话》下册，南京出版社1995年版。

中国第二历史档案馆、吉林省社会科学院合编：《南京大屠杀》，中华书局1995年版。

许纯祯编：《西方经济学教程》，吉林大学出版社1996年版。

陈胜利、茅家琦主编：《南京经济史》上册，中国农业科技出版社1996年版。

南京财政史编写组：《南京财政志》，河海大学出版社1996年版。

南京市地方志编纂委员会：《南京日用工业品商业志》，南京出版社1996版。

南京市地方志编纂委员会：《南京价格志》，海天出版社1996年版。

杨子慧：《中国历代人口统计资料研究》，改革出版社1996年版。

胡平：《近代市场与沿江发展战略》，中国财政经济出版社1996年版。

吴国盛：《时间的观念》，中国社会科学出版社1996年版。

谢文蕙等：《城市经济学》，清华大学出版社1996年版。

曹树基：《中国移民史》第六卷，福建人民出版社1997年版。

王惠臣:《论运输管制:公共性与企业性的悖论》,高等教育出版社 1997 年版。

张雨才:《中国铁道建设史略(1876—1949)》,中国铁道出版社 1997 年版。

中共南京市委党史工作办公室:《南京百年风云(1840—1949)》,南京出版社 1997 年版。

刘凤良主编:《经济学》,高等教育出版社 1998 年版。

南京地方志编纂委员会:《南京机械工业志》,方志出版社 1998 年版。

夏永祥:《经济学基础》,苏州大学出版社 1999 年版。

芮明杰主编:《管理学:现代的观点》,上海人民出版社 1999 年版。

俞明主编:《下关开埠与南京百年》,方志出版社 1999 年版。

罗玲:《近代南京城市建设研究》,南京大学出版社 1999 年版。

张连红:《整合与互动:民国时期中央与地方财政关系研究》,南京师范大学出版社 1999 年版。

杨巨钧、陈励志等:《压缩时空的交通运输》,地震出版社 1999 年版。

汪敬虞主编:《中国近代经济史:1895—1927》上、中、下册,人民出版社 2000 年版。

张曾芳等:《运行与嬗变——城市经济运行规律新论》,东南大学出版社 2000 年版。

严中平主编:《中国近代经济史:1840—1894》上、下册,人民出版社 2001 年版。

南京市地方志编纂委员会:《南京人口志》,学林出版社 2001 年版。

卢海鸣:《南京民国建筑》,南京大学出版社 2001 年版。

蔡君时:《世界公共交通》,同济大学出版社 2001 年版。

张钟汝、章友德等:《城市社会学》,上海大学出版社 2001 年版。

王云骏:《民国南京城市社会管理》,江苏古籍出版社 2001 年版。

宋国强主编:《南京市公共交通总公司成立七十周年纪念画册(1931—2001)》,南京市公共交通总公司 2001 年 12 月编印。

柴彦威等:《中国城市的时空间结构》,北京大学出版社 2002 年版。

许英:《城市社会学》,齐鲁书社 2002 年版。

向德平:《城市社会学》,武汉大学出版社 2002 年版。

张仲礼、熊月之等:《长江沿江城市与中国近代化》,上海人民出版社 2002 年版。

王晶:《城市财政管理》,经济科学出版社 2002 年版。

徐涤新等主编:《中国资本主义发展史》第一、二、三卷,人民出版社 2003 年版。

潘允康:《城市社会学新论:城市人与区位的结合与互动》,天津社会科学院出版社 2003 年版。

王佃利等主编:《现代市政学》,中国人民大学出版社 2004 版。

杨兆升:《城市智能公共交通系统理论与方法》,中国铁道出版社 2004 年版。

何一民主编:《近代中国城市发展与社会变迁:1840—1949 年》,科学出版社 2004 年版。

经盛鸿:《南京沦陷八年史》上册,社会科学文献出版社 2005 年版。

梁峰:《国外的交通》,中国社会出版社 2006 年版。

王瑞芳:《近代中国的新式交通》,人民文学出版社 2006 年版。

南京市鼓楼区地方志编纂委员会:《鼓楼区志》,中华书局 2006 年版。

张南琛、宋路霞:《张静江张石铭家族:一个传奇家族的历史纪实》,重庆出版社 2006 年版。

丁贤勇:《新式交通与社会变迁:以民国浙江为中心》,中国社会科学出版社 2007 年版。

刘波等:《城市公共交通管理》,中国发展出版社 2007 年版。

刘牧:《当代北京公共交通史话》,当代中国出版社 2007 年版。

尹伯成:《西方经济学简明教程》(第六版),上海人民出版社 2008 年版。

王静霞等:《城市智能公共交通管理系统》,中国建筑工业出版社 2008 年版。

傅林祥:《交流与交通》,江苏人民出版社 2009 年版。

郑也夫:《城市社会学》,上海交通大学出版社 2009 年版。

吴增基等主编:《现代社会学》(第四版),上海人民出版社 2009 年版。

《中国大百科全书》总编委会编:《中国大百科全书》(第二版)第 3、7、11 卷,中国大百科全书出版社 2009 年版。

徐光远主编:《城市经济学》,中国经济出版社 2009 年版。

张文尝等:《城市交通与城市发展》,商务印书馆 2010 年版。

李仁玉主编:《经济法概论:财经类》,中国财政经济出版社 2010 年版。

张恒主编:《徐志摩诗选》,云南人民出版社 2010 年版。

交通运输部道路运输司编:《城市公共交通管理概论》,人民交通出版社 2011 年版。

闫平、宋瑞:《城市公共交通概论》,机械工业出版社 2011 年版。

周里捷、姚振平:《大型活动地面公共交通运营组织与调度系统》,电子工业出版社 2011 年版。

冯云廷主编:《城市经济学》,东北财经大学出版社 2011 年版。

孙中山:《孙中山选集》上册,人民出版社 2011 年版。

刘贤腾:《交通方式竞争:论我国城市公共交通的发展》,南京大学出版社 2012 年版。

黎德扬等:《交通社会学》,中国社会科学出版社 2012 年版。

陈国灿:《江南城镇通史·民国卷》,上海人民出版社 2017 年版。

习近平:《决胜全面建成小康社会　夺取新时代中国特色社会主义伟大胜利——在中国共产党第十九次全国代表大会上的报告》,人民出版社 2017 年版。

[美]约翰·康芒斯:《制度经济学》上册,于树生译,商务印书馆 1962 年版。

[英]亚当·斯密:《国民财富的性质和原因的研究》上卷,郭大力等译,商务印书馆 1972 年版。

[美]阿瑟·恩·杨格:《一九二七至一九三七年中国财政经济情况》,陈泽宪等译,中国社会科学出版社 1981 年版。

[英]K.J.巴顿:《城市经济学——理论和政策》,上海社会科学院部门经济研究所城

市经济研究室译,商务印书馆 1984 年版。

[美]弗雷德里克·泰罗:《科学管理原理》,冯风才译,中国社会科学出版社 1984 年版。

[美]R.E.帕克等:《城市社会学》,宋俊岭等译,华夏出版社 1987 年版。

[英]安东尼·吉登斯:《民族——国家与暴力》,胡宗泽等译,生活·读书·新知三联书店 1998 年版。

[美]刘易斯·芒福德:《城市发展史——起源、演变和前景》,倪文彦等译,中国建筑工业出版社 1989 年版。

[美]沃纳·赫希:《城市经济学》,刘世庆等译,中国社会科学出版社 1990 版。

[法]马克·布洛赫:《历史学家的技艺》,张和声等译,上海社会科学院出版社 1992 年版。

[美]费正清编:《剑桥中华民国史 1912—1949》上卷,杨品泉等译,中国社会科学出版社 1994 年版。

[美]费正清、费维恺编:《剑桥中华民国史 1912—1949》下卷,刘敬坤等译,中国社会科学出版社 1994 年版。

[英]阿瑟·刘易斯:《经济增长理论》,中译本,商务印书馆 1996 年版。

[美]不列颠百科全书公司:《不列颠百科全书:国际中文版》,中国大百科全书出版社不列颠全书编辑部译,中国大百科全书出版社 1999 年版。

[英]史蒂芬·霍金:《时间简史——从大爆炸到黑洞》,许明贤等译,湖南科学技术出版社 2002 年版。

[美]保罗·萨缪尔森、威廉·诺德豪斯:《经济学》第 17 版,萧琛主译,人民邮电出版社 2004 年版。

[美]迈克尔·波特:《竞争战略》,陈小悦译,华夏出版社 2004 年版。

[法]伊夫·格拉夫梅耶尔:《城市社会学》,徐伟民译,天津人民出版社 2005 年版。

[英]彼得·伯克:《法国史学革命:年鉴学派(1929—1989)》,刘永华译,北京大学出版社 2006 年版。

[美]史蒂文·瓦戈:《社会变迁》(第 5 版),王晓黎等译,北京大学出版社 2007 年版。

[美]罗伯特·瑟夫洛:《公交都市》,宇恒可持续交通研究中心译,中国建筑工业出版社 2007 年版。

[美]乔尔·科特金:《全球城市史》,王旭等译,社会科学文献出版社 2010 版。

[英]阿诺德·汤因比:《历史研究》,郭小凌等译,上海人民出版社 2010 年版。

[英]托马斯·马尔萨斯:《人口原理》珍藏本,陈小白译,华夏出版社 2012 年版。

[美]贝赞可、德雷诺夫、尚利、谢弗:《战略经济学》第 4 版,徐志浩等译,中国人民大学出版社 2012 年版。

[英]肯尼斯·巴顿:《运输经济学》,李晶等译,机械工业出版社 2012 年版。

[美]韦恩·奥图、帕特里夏·亨德森编:《公共交通、土地利用与城市形态》,龚迪

嘉译,中国建筑工业出版社 2013 年版。

[英]阿尔弗里德·马歇尔:《经济学原理》,刘生龙译,江西教育出版社 2014 年版。

[美]约瑟夫·熊彼特:《经济发展理论》,郭武军等译,华夏出版社 2015 年版。

[澳]德波拉·史蒂文森:《城市与城市文化》,李东航译,北京大学出版社 2015 年版。

Sam.B.Warner, *Street Suburbs : The Process of Growth in Boston*, *1870—1900*, Cambridge: Harvard University Press,1962.

Joseph. W. Esherick, *Remaking the Chinese City : modernity and national identity*, *1900—1950*.Honolulu : Hawaii University Press,2000.

Zwia Lipkin, Useless To The State : Social Problems and Social Engineering in Nationalist Nanjing, 1927—1937, University of Harvard East Asia study center,2006.

二、档　案　类

(一) 南京市档案馆藏"南京特别市政府"档案

《各区公所工作报告和计划大纲》,1930 年 5 月,档号 1001—1—366。

《市政会议记录》,1931 年 5 月,档号 1001—1—189。

《互通汽车办法原则及征收通行费原则》,1932 年 7 月,档号 1001—1—1580。

《购置各种车船执照磁牌经费》,1932 年 12 月,档号 1001—1—1118。

《南京市政府行政报告(廿二年度)》,1933 年 1—12 月,档号 1001—1—1733。

《五省市公路联运办法》,1933 年 11 月,档号 1001—1—1582。

《南京市铁路运货章程》,1933 年 12 月,档号 1001—1—1593。

《拟展长路线与京芜路接轨计划》,1934 年 8 月,档号 1001—1—1606。

《南京市政府行政报告(廿三年度)》,1934 年 1—12 月,档号 1001—1—1734。

《南京市铁路管理处组织规则》,1935 年 10 月,档号 1001—1—1601。

《蒋介石谕脚踏车不许乘两人及行人不许在路中横窜》,1936 年 3 月,档号 1001—1—508。

《中央商场呈请放宽淮海路并修筑中正路人行道慢车道停车场以利交通》,1936 年 3 月,档号 1001—1—1098。

《关于车辆人口乡镇保甲等统计表》,1936 年 4 月,档号 1001—1—1720。

《民众坐车不正直着衣不扣纽行动歪斜者应纠正》,1936 年 6 月,档号 1001—1—520。

《组织人力车夫福利会或俱乐部》,1936 年 7 月,档号 1001—1—674。

《俞绍江扬靖等请饬江南汽车公司更改路线以保护古迹》,1936 年 9 月,档号 1001—1—1365。

《租用机车客车以备联运》,1936 年 9 月,档号 1001—1—1603。

《工务局请设置验车场之有关来往文书》,1936 年 9 月,档号 1001—1—1064。

《派员赴铁道部接洽京市铁路联运》,1936—1937 年,档号 1001—1—1608。

《南京市政府铁路管理处职员调查表》,1937 年,档号 1001—1—35。

《多种规程办法章则》,1937 年,档号 1001-1-19。

《关于人力车交捐及征收其它税收问题之往来文书》,1937 年,档号 1001-1-965。

《工务局关于各项工程材料报表等》,1937 年,档号 1001-1-1151。

《关于改建下关车站事》,1937 年 3 月,档号 1001-1-1610。

《取缔车辆驶入禁止通行区域办法》,1937 年 3 月,档号 1001-1-1591。

《填报民用马车调查表》,1937 年 4 月,档号 1001-1-1612。

《财政局扩展车捐处走廊用费》,1937 年 4 月,档号 1001-1-949。

《修理中正街车站及粉饰江口总站房屋》,1937 年 5 月,档号 1001-1-1604。

《荣昌润昌建造汽车加油站》,1937 年 5 月,档号 1001-1-1101。

《关于建筑雨花路火车站工程》,1937 年 6 月,档号 1001-1-1143。

《制发员警夏季制服请鉴核拨款由》,1937 年 6 月,档号 1001-1-1589。

《仲明机器公司请采用自造燃炭汽车》,1937 年 6 月,档号 1001-1-907。

《京市无轨电车案》,1937 年 6 月,档号 1001-1-606。

《铁路处购运钢轨等材料请财政部免缴关税》,1937 年 7 月,档号 1001-1-1614。

《为奉交第七届全国运动会函请计划进行交通路线一案》,1937 年 7 月,档号 1001-1-1080。

《铁路管理处经费》,1937 年 7 月,档号 1001-1-1600。

《呈请购发统煤及发预备费以资救济》,1937 年 8 月,档号 1001-1-589。

《邬尔梅汽车撞伤行人》,1937 年 8 月,档号 1001-1-338。

《改善交通指挥设备》,1937 年 5—9 月,档号 1001-1-1653。

《关于人力车交捐及征收其它税收问题之往来文书》,1937 年 9 月,档号 1001-1-965。

《南京铁路管理处用煤耗用月报》,1937 年 9 月,档号 1001-1-1598。

《财政局车船捐磁牌》,1937 年 10 月,档号 1001-1-1613。

《关于公路铁路交通问题及汽车侵占取缔办法》,1937 年 11 月,档号 1001-1-592。

《取缔德人姚尔松私营京沪长途汽车》,1937 年 11 月,档号 1001-1-1066。

《改善交通指挥设备设施往来文书》,1937 年 4—12 月,档号 1001-1-1654。

(二) 南京市档案馆藏"南京特别市政府财政局"档案

《委任南京特别市公共汽车管理处职员》,1927 年 8 月,档号 1001-2-12。

《请派宪兵协助稽查车捐》,1927—1928 年,档号 1001-2-421。

《征收车捐章程》,1929—1935 年,档号 1001-2-402。

《二十五年征收车捐》,1935—1936 年,档号 1001-2-420。

《二十六年征收车捐》,1936—1937 年,档号 1001-2-418。

《规定市内水陆交通舟车价格标准》,1930—1937 年,档号 1001-2-57。

《关于征收车捐事项之调查表及往来文书》,1934—1937 年,档号 1001-2-501。

(三) 南京市档案馆藏"南京特别市政府工务局"档案

《首都无轨电车计划》,1930 年 1 月,档号 1001-3-159。

《金陵女大文理学院请变更汉口路线》,1933—1935 年,档号 1001-3-136。

《江南汽车公司营业月报》,1933—1935 年,档号 1001-3-85。

《修筑放宽道路工程及郊外六路工程合同》,1934—1935 年,档号 1001-3-539。

《京湖公路招商承办行车办法》,1935 年 3 月,档号 1001-3-83。

《公私汽车购储汽油》,1936 年 10—11 月,档号 1001-3-71。

《江南汽车公司组织》,1933—1937 年,档号 1001-3-84。

《各省市管理营业汽车驾驶人暂行章程》,1937 年 4 月,档号 1001-3-79。

《南京市工务报告(二十四年四月至二十六年四月)》,1937 年 5 月,档号 1001-3-515。

《展长京市铁路面》,1937 年 5—7 月,档号 1001-3-495。

《举行市内失业驾驶人总登记》,1937 年 8 月,档号 1001-3-76。

《推行柴油掺和棉籽油应用于各项车辆及工厂办法》,1937 年 9—10 月,档号 1001-3-74。

(四)南京市档案馆藏“江南汽车公司”档案

《员工福利委员会会议及章程》,1932 年 6 月,档号 1040-1-58。

《票价变迁》,1934—1935 年,档号 1040-1-1507。

《承办各路行车》,1934—1935 年,档号 1040-1-1510。

《禁止无票乘车强购半票》,1935 年,档号 1040-1-1504。

《公司组织规程》,1935—1936 年,档号 1040-1-1062。

《总公司各种杂项文件》,1935—1936 年,档号 1040-1-1259。

《更正新闻卷》,1936 年,档号 1040-1-180。

《有关公共汽车新闻资料》,1936 年,档号 1040-1-53。

《江南汽车公司股东名册》,1936 年,档号 1040-1-1393。

《修车厂登记》,1937 年 1 月,档号 1040-1-739。

《南京市征特别补助费用》,1937 年,档号 1040-1-1503。

《消费合作社等章程》,1937 年,档号 1040-1-24。

《合同章程及第七年度报告》,1935—1938 年,档号 1040-1-1548。

《战前征车京市汽车总部文件》,1937 年 3 月—1938 年 5 月,档号 1040-1-382。

《关于财务企业管理费方面的制度和计划》,1938 年 8 月,档号 1040-1-755。

《内部整洁检查》,1942 年 7 月,档号 1040-1-276。

《员工福利卷》,1944 年 6 月,档号 1040-1-315。

《招考战前售票员国文试卷》,1946 年,档号 1040-1-162。

《各种章则办法程序》,1947 年,档号 1040-1-1147。

《江南十年史料》,1947 年,档号 1040-1-1506。

《战前售票员保证金》,1947 年 4 月,档号 1040-1-532。

《江南汽车股份有限公司第十六年度(三十六年)业务报告》,1948 年,档号 1040-1-735。

《江南汽车公司概况报告》,1949 年 5 月,档号 1040-1-726。

《江南汽车公司档案分类清册》,1950 年,档号 1040-1-1602。

（五）南京市档案馆藏"南京市筑路摊费审查委员会"档案

《本市筑路摊费暂行规则及委员会组织规则》,1930 年,档号 1001-10-1。

三、论 文 类

沙公超:《中国各埠电车交通概况》,《东方杂志》第二十三卷第十四号,1926 年 7 月 25 日发行。

陈震异:《大上海建设策》,《东方杂志》第二十三卷第十八号,1926 年 9 月 25 日发行。

傅斯年:《历史语言研究所工作之旨趣》,《国立中央研究院历史语言研究所集刊》第一本第一分册,商务印书馆 1928 年版。

陈植:《南京都市美增进之必要》,《东方杂志》第二十五卷第十三号,1928 年 7 月 10 日发行。

虞清楠:《首都的交通问题》,《首都市政周刊》第 32 期,1928 年 8 月 12 日。

刘瑞恒:《首都之卫生建设》,《首都建设》1932 年第 2 期。

向默安:《我国交通事业之整理与发展》,《交通杂志》第一卷第一期,交通杂志社 1932 年版。

《京沪路与南京市铁路办理三四等旅客联运》,《京沪沪杭甬铁路日刊》第 1049 号, 1934 年 8 月 11 日。

蔡斌咸:《从农村破产所挤出来的人力车夫问题》,《东方杂志》第三十二卷第十六号,1935 年 8 月 16 日发行。

吴琢之:《都市合理化的交通工具》,《交通月刊》第一卷第一期,京华印书馆 1937 年版。

韦以黻:《现代交通政策国防化》,《交通月刊》第一卷第一期,京华印书馆 1937 年版。

王世圻:《京滇公路周览纪要调查报告》,《交通月刊》第一卷第一期,京华印书馆 1937 年版。

陈敏之:《论城市的本质》,《城市问题》1983 年第 2 期。

李雄飞:《历史文化名城建筑遗产的保护》,《城市规划》1982 年第 3 期。

章丽廷:《营运五十年的南京市内小火车》,《南京史志》1987 年第 24 期。

唐文起等:《试论 1927—1937 年南京城市经济发展与农村腹地之关系》,《民国档案》1987 年第 2 期。

刘海岩:《近代中国城市史研究的回顾与展望》,《历史研究》1992 年第 3 期。

晓寒:《南京市内小火车忆旧》,《档案与建设》1999 年第 7 期。

徐泰来:《回忆南京江南汽车公司》,《钟山风雨》2001 年第 1 期。

陈燮阳、乔惠英:《城市公共交通的发展》,《汽车研究与开发》2003 年第 2 期。

邱国盛：《北京人力车夫研究》，《历史档案》2003 年第 1 期。

陈文彬：《近代化进程中的上海城市公共交通研究（1908—1937）》，复旦大学 2004 年博士学位论文。

江沛、熊亚平：《铁路与石家庄城市的崛起：1905—1937 年》，《近代史研究》2005 年第 3 期。

丁贤勇：《新式交通与生活中的时间：以近代江南为例》，《史林》2005 年第 4 期。

刘海岩：《电车、公共交通与近代天津城市发展》，《史林》2006 年第 3 期。

艾智科：《公共汽车：近代城市交通演变的一个标尺——以 1929 到 1931 年的汉口为例》，四川大学 2007 年硕士学位论文。

王桂荣：《60 年多前南京人出行》，《江苏地方志》2009 年第 6 期。

李沛霖：《城市公共汽车事业考辨——以抗战前"首都"南京为中心》，《历史教学》2011 年第 9 期。

李沛霖：《1930 年代中国公共交通之翘楚——江南汽车公司》，《档案与建设》2013 年第 11 期。

李沛霖、叶美兰：《抗战前南京城市财政与公共交通关联考议》，《民国档案》2014 年第 2 期。

李沛霖、叶美兰：《民国首都城市公共交通管理略论（1927—1937）》，《学海》2014 年第 5 期。

李沛霖：《公共交通与城市人口关系辨析——以民国时期南京为中心的考察》，《史学集刊》2014 年第 6 期。

李沛霖：《近代公共交通与城市生活方式：抗战前的"首都"南京》，《兰州学刊》2014 年第 9 期。

李沛霖：《民国时期南京公共交通工具博弈及政府因应》，《暨南学报（哲学社会科学版）》2015 年第 9 期。

李沛霖：《中国近代城市公共交通研究的回顾与展望》，《武汉大学学报（人文科学版）》2017 年第 1 期。

李沛霖：《城市道路与公共交通关系探微——近代南京的个案分析》，《西南交通大学学报（社会科学版）》2017 年第 5 期。

李沛霖：《城市人畜力公共交通析论——以 1910—1937 年的南京为中心》，张利民主编：《城市史研究》第 36 辑，社会科学文献出版社 2017 年版。

《莫干山避暑之便利》，《申报》1916 年 7 月 9 日，第 10 版。

《金陵汽车公司案之省咨》，《申报》1919 年 3 月 5 日，第 7 版。

《宁省兴办汽车公司问题》，《申报》1919 年 3 月 9 日，第 7 版。

《江苏钟汤路开工之先声》，《申报》1921 年 2 月 12 日，第 8 版。

省：《汽车——奢华品》，《申报》1922 年 4 月 22 日，第 1 版。

秦伯未：《公共汽车组织法刍议》，《申报》1922 年 4 月 22 日，第 3 版。

《华商公利公司开行圆路汽车启示》，《申报》1922 年 8 月 14 日，第 1 版。

志政:《沪太汽车游行之盛况》,《申报》1922 年 10 月 21 日,第 3 版。

林一:《南京道路状况及汽车事业》,《申报》1922 年 12 月 23 日,第 1 版。

郭济民:《钟汤马路之近状及其发展计划》,《申报》1923 年 3 月 17 日,第 2 版。

林一:《改良南京道路计划刍议》,《申报》1923 年 8 月 11 日,第 2 版。

林一:《南京城内筹办通行长途汽车》,《申报》1923 年 9 月 15 日,第 1 版。

郁毅庵:《南京行驶汽车之近状》,《申报》1923 年 10 月 13 日,第 2 版。

《南京长途汽车之阻碍》,《申报》1923 年 10 月 27 日,第 3 版。

《宁垣反对长途汽车之余波》,《申报》1923 年 12 月 15 日,第 4 版。

《续志宁垣反对长途汽车风潮》,《申报》1923 年 12 月 22 日,第 3 版。

雷生:《南京汽车道之新计划》,《申报》1924 年 1 月 26 日,第 2 版。

豪:《告反对南京长途汽车者》,《申报》1924 年 2 月 16 日,第 2 版。

磊夫:《宁垣长途汽车公司之近闻》,《申报》1924 年 2 月 16 日,第 3 版。

率真:《南京反对长途汽车讯》,《申报》1924 年 3 月 29 日,第 3 版。

郑天雁:《美国汽车出品比较表》,《申报》1924 年 8 月 23 日,第 3 版。

《南京电车进行近讯》,《申报》1924 年 8 月 23 日,第 3 版。

《镇汤间创设长途汽车》,《申报》1924 年 8 月 23 日,第 3 版。

丁祖泽:《南京长途汽车公司成立》,《申报》1925 年 4 月 4 日,第 3 版。

刘墨簃:《吾之宁垣长途汽车谈》,《申报》1926 年 6 月 5 日,第 10 版。

谨:《汽车有促进市政改善之效能》,《申报》1927 年 2 月 5 日,第 9 版。

《南京市各局长就职》,《申报》1927 年 6 月 2 日,第 2 版。

《南京快信》,《申报》1927 年 10 月 16 日,第 6 版。

《首都将行驶电车》,《申报》1927 年 11 月 12 日,第 9 版。

《南京市长途汽车将开驶》,《申报》1927 年 12 月 10 日,第 2 版。

范凤源:《汽车的广告术》,《申报》1927 年 12 月 24 日,第 5 版。

马饮冰:《首都建设问题》,《申报》1928 年 2 月 21 日,第 2 版。

《新都之交通新事业》,《申报》1928 年 7 月 14 日,第 9 版。

《首都公共汽车开始营业》,《申报》1928 年 7 月 21 日,第 9 版。

《刘市长就职后各局处之训话》,《申报》1928 年 8 月 6 日,第 3 版。

怀:《美国公共汽车事业之发展》,《申报》1928 年 8 月 11 日,第 30 版。

怀:《今年英国汽车事业之进展》,《申报》1928 年 10 月 13 日,第 29 版。

《首都划时计》,《申报》1928 年 12 月 16 日,第 3 版。

悟非:《首都长途汽车去年概况》,《申报》1929 年 1 月 19 日,第 10 版。

《刘市长讲演建筑中山大道的经过》,《申报》1929 年 3 月 21 日,第 4 版。

《刘市长在中山路开路典礼中之演说》,《申报》1929 年 4 月 8 日,第 2 版。

《财政局直接收入概况》,《民国日报》1929 年 11 月 18 日,第 2 版。

《国都设计技术专员办事处处长林逸民检送首都计划呈请首都建设委员会采用文》,《中央日报》1930 年 2 月 15 日,第 3 版。

《请中央拨款建设首都刘纪文提案原文》,《民国日报》1930 年 3 月 6 日,第 3 版。

《首都建设委员会议案》,《中央日报》1930 年 4 月 14 日,第 5 版。

《土街口市虎伤人》,《中央日报》1931 年 2 月 15 日,第 3 版。

《首都汽车业概况》,《中央日报》1934 年 8 月 8 日,第 2 版。

《马达征服了血汗》,《中央日报》1934 年 6 月 13 日,第 3 版。

《江南汽车公司公共汽车改用柴油》,《中央日报》1935 年 5 月 27 日,第 2 版。

明秋:《流通京市血脉的江南公司参观记:全部人事管理均用科学方法》,《中央日报》1936 年 5 月 15 日,第 4 版。

黄明生:《节能减排,南京有过"公共马车"》,《金陵晚报》2010 年 3 月 28 日,A12 版。

黄明生:《南京牛马曾实行"八小时工作制"》,《金陵晚报》2010 年 7 月 2 日,C11 版。

黄明生:《穿越过去到 1914 年的南京玩"长假游"》,《金陵晚报》2010 年 10 月 5 日,B4 版。

张玉宝:《100 年前南京就有"1 号线"》,《金陵晚报》2010 年 4 月 14 日,A12 版。

于峰:《南京"小火车"南延曾有野蛮拆迁》,《金陵晚报》2010 年 4 月 17 日,C6 版。

徐印:《女售票员上岗引起满城风雨》,《金陵晚报》2010 年 11 月 15 日,C8 版。

徐印:《一枚"江南徽章"隐藏动人公交旧事》,《金陵晚报》2011 年 1 月 29 日,D3 版。

张荣:《民国期间公交公司的一场商战》,《现代快报》2011 年 1 月 31 日,A30 版。

施顺福:《80 年前南京公交创立:南京首条公交线是到句容的》,《金陵晚报》2011 年 3 月 21 日,A3 版。

后　记

　　个体之积,论其深广,终存囿限;一生之命,何其悠久,终于有涯。既如此,于囿限之个体、有涯生命之中,如何体悟与因应,著书论世可为吾之所求。本著是在查阅诸多未刊档案与近代文献的基础上,汲取相关学科的理论范式,以博士学位论文为最初基础,并注意吸收新近出版、发表的有关论著成果及新收集的档案、文献史料,博士毕业后再历经8年的大幅修改、持续增补、磨砺而成。由是,本著将付梓之际,应向给予关心及帮助的单位与师友,致以谢忱!

　　首先,要感谢我的师爷张宪文先生。作为蜚声海内外的著名历史学家、中国近现代史学界泰斗、民国史研究巨子、江苏社会科学名家、南京大学荣誉资深教授,张宪文先生时以86岁高龄对本著细心审读并欣然作序,且对吾今后继续努力的方向加以指点、循循善诱。这不仅使作为张门第三代弟子的我感受无上荣光,也深刻体悟到史学大师对后辈的奖掖之情。在此,谨向张宪文先生,致以崇高的敬意!

　　其次,须感谢我博士期间的导师、现任南京师范大学副校长的张连红教授。作为近代史研究领域著名专家,张连红导师承担着江苏省中国近现代史学会副会长、侵华日军南京大屠杀史研究会副会长、南京历史学会副会长、南京中华民国史学会副会长等学术职务及研究工作。进入博士阶段前,我所学专业均与经济学相关,于史学而言可谓门外汉。张连红导师突破畛域、宽广豁达,容我向其学习,嗣成为我在史学道路上的领路人。毋庸讳言,本人能够完成本部书稿,无不凝结着业师的汗水与心血。张连红导师于我不吝赐教、传道授业一以贯之:在选题时,给予详尽建议;继而不厌其烦地指导书稿框架,并明确写作重点及方法;行文过程中,对每一稿均严格要求,并指出尚需改进处,直至最终定稿。业师为人虚怀若谷、识力精到;其严谨的治学态度、渊博的专业知识、敏锐的学术思维及诲人不倦的师者风范,使吾深为倾倒,并视为终生效仿之楷模。在此,谨向为我引领道路、默默付出、鼎力支持的张连红导师,致以诚挚的敬意和谢意!

　　复次,中国近现代史研究领域专家杨天石教授、慈鸿飞教授、叶美兰教授、齐春风教授、江沛教授、张利民研究员、任吉东研究员,对本著也给予悉心指点与关心帮助,并给我提供许多有益的学术启示。如在学科的应用方法和义理铺陈上提供相当指点及理论指导,并对行文细节处理上亦有多次宝贵建议。据此,对上述各位专家表示由衷感谢! 同时,亦向为本著查阅资料提供帮助及便利的南京市档案馆、南京图书馆民国典藏部等诸位老师,表示谢忱!

再次,感谢国家社会科学基金后期资助项目、江苏省社会科学基金后期资助项目、南京大学中华民国史研究中心学术前沿系列研究项目、南京邮电大学"1311 人才项目"的资助与支持。同时,感谢南京邮电大学的学校领导暨马克思主义学院的同事,感谢中国城市史研究会的领导及专家,感谢季我努学社社长范国平等。他们对于本书的修改、定稿等事宜,给予宝贵建议与帮助支持,使我的学术生涯日益积淀、不断求进,在此致以谢意!

最后,本著献给我 2019 年夏季逝去的父亲——李敬尧先生,父子之情一生难忘,也希望父亲能在天堂安度! 同时,致谢一直对我默默奉献的母亲郭晓明女士、儿子李予之。回顾近十年收集资料的奔波、撰著写作的艰辛,如身后没有你们的无私付出、坚持激励,我亦无法细心思忖、增益学养,并倾注更多精力开展研究,数十万字的著作更不可能顺利告罄。在此,袒露肺腑:感谢我的家人! 有幸相携一生!

借着本书出版,我衷心希望得到各方面的指正与建议,并乐于为中国城市史、交通史研究继续朝乾夕惕、添砖加瓦。

李沛霖　　谨　识

2020 年 3 月 30 日于南京市西流湾寓所

责任编辑：杨文霞

封面设计：毛　淳　徐　晖

责任校对：白　玥

图书在版编目(CIP)数据

抗战前南京公共交通与城市嬗变/李沛霖 著. —北京：人民出版社，2021.2
（国家社科基金后期资助项目）

ISBN 978 - 7 - 01 - 022353 - 7

Ⅰ.①抗…　Ⅱ.①李…　Ⅲ.①公共交通-研究-南京-近代②城市史-南京-
　近代　Ⅳ.①U491.1②K295.31

中国版本图书馆 CIP 数据核字(2020)第 135800 号

抗战前南京公共交通与城市嬗变
KANGZHANQIAN NANJING GONGGONGJIAOTONG YU CHENGSHISHANBIAN

李沛霖　著

人 民 出 版 社 出版发行

（100706　北京市东城区隆福寺街 99 号）

环球东方(北京)印务有限公司印刷　新华书店经销

2021 年 2 月第 1 版　2021 年 2 月北京第 1 次印刷

开本：710 毫米×1000 毫米 1/16　印张：32.25

字数：551 千字

ISBN 978 - 7 - 01 - 022353 - 7　定价：118.00 元

邮购地址 100706　北京市东城区隆福寺街 99 号

人民东方图书销售中心　电话 (010)65250042　65289539